MASSA E PODER

ELIAS CANETTI

MASSA E PODER

Tradução
Sergio Tellaroli

Copyright @ 1960 by Claassen Verlag GmbH, Hamburg

Copyright @ 1992 by Claassen Verlag GmbH, Hildescheim

Grafia atualizada segundo o Acordo Ortográfico da Língua Portuguesa de 1990, que entrou em vigor no Brasil em 2009.

Título original
Masse und Macht

Capa
Jeff Fisher

Preparação
Márcia Copola

Revisão
Renato Potenza Rodrigues
Érica Borges Correa

Atualização ortográfica
Verba Editorial

Dados Internacionais de Catalogação na Publicação (CIP)
(Câmara Brasileira do Livro, SP, Brasil)

Canetti, Elias, 1905-1994.
  Massa e poder / Elias Canetti ; tradução Sergio Tellaroli. —
1ª ed. — São Paulo : Companhia das Letras, 2019.

  Título original: Masse und macht.
  Bibliografia.
  ISBN 978-85-359-3227-0 (ed. de bolso)

  1. Comportamento de massa 2. Poder (Ciências sociais)
3. Psicologia social 4. Sociedade de massa I. Título.

19-25353	CDD -302.3

Índice para catálogo sistemático:
1. Comportamento de massa : Psicologia social 302.3

Iolanda Rodrigues Biode — Bibliotecária — CRB-8/10014

2019

Todos os direitos desta edição reservados à
EDITORA SCHWARCZ LTDA.
Rua Bandeira Paulista, 702, cj. 32
04532-002 — São Paulo — SP
Telefone: (11) 3707-3500
Fax: (11) 3707-3501
www.companhiadasletras.com.br
www.blogdacompanhia.com.br

Para Veza Canetti

SUMÁRIO

A MASSA

A inversão do temor do contato *11* • Massa aberta e massa fechada *13* • A descarga *15* • A ânsia de destruição *17* • A erupção *19* • O sentimento de perseguição *22* • A domesticação das massas nas religiões universais *24* • O pânico *26* • A massa como anel *29* • As propriedades da massa *30* • O ritmo *33* • O estancamento *37* • A lentidão ou a lonjura da meta *44* • As massas invisíveis *48* • Classificação das massas segundo o afeto dominante *56* • Massas de acossamento *57* • Massas de fuga *62* • Massas de proibição *66* • Massas de inversão *69* • Massas festivas *75* • A massa dupla: homens e mulheres. Os vivos e os mortos *76* • A massa dupla: a guerra *83* • Cristais de massa *91* • Símbolos de massa *93*

A MALTA

A malta e as maltas *115* • A malta de caça *121* • A malta de guerra *123* • A malta de lamentação *129* • A malta de multiplicação *135* • A comunhão *142* • A malta interna e a malta silenciosa *144* • A determinação das maltas e sua constância histórica *147* • As maltas nas lendas dos antepassados dos arandas *149* • As formações humanas dos arandas *154*

MALTA E RELIGIÃO

A transformação das maltas *158* • A floresta e a caça entre os leles de Kassai *160* • Os despojos de guerra dos jivaros *165* • As danças da chuva dos índios pueblos *170* • Sobre a dinâmica da guerra: o primeiro morto — o triunfo *173* • O islamismo como religião de guerra *177* • As religiões de la-

mentação *179* • A festa xiita do muharram *183* • Catolicismo
e massa *195* • O fogo sagrado em Jerusalém *199*

MASSA E HISTÓRIA
Os símbolos de massa das nações *210* • A Alemanha de
Versalhes *224* • A inflação e a massa *229* • A essência do
sistema parlamentar *235* • Partilha e multiplicação. O socialismo e a produção *239* • A autodestruição dos xosas *242*

AS ENTRANHAS DO PODER
Captura e incorporação *253* • A mão *264* • Sobre a psicologia do comer *276*

O SOBREVIVENTE
O sobrevivente *283* • Sobrevivência e invulnerabilidade *285*
• A sobrevivência como paixão *287* • O detentor do poder
como sobrevivente *289* • A salvação de Flávio Josefo *293* • A
aversão dos poderosos pelos sobreviventes. Os soberanos e
seus sucessores *304* • As formas da sobrevivência *310* • O
sobrevivente na crença dos povos primitivos *316* • Os mortos como aqueles aos quais se sobreviveu *331* • As epidemias *346* • Sobre os cemitérios e o sentimento que provocam *349* • Da imortalidade *352*

ELEMENTOS DO PODER
Força e poder *355* • Poder e velocidade *357* • Pergunta e res-
posta *360* • O segredo *367* • Veredictos e condenações *375* •
O poder do perdão. A misericórdia *377*

A ORDEM
A ordem: fuga e aguilhão 380 • A domesticação da ordem *385*
• O contragolpe e o medo da ordem *387* • A ordem dada a
muitos *388* • A expectativa da ordem *391* • A expectativa da
ordem nos peregrinos de Arafat *394* • O aguilhão da ordem
e a disciplina *396* • A ordem, o cavalo e a flecha *398* • As
emasculações religiosas: os skoptsys *401* • Negativismo e

esquizofrenia *405* • A inversão *409* • A dissolução do aguilhão *413* • Ordem e execução. O carrasco satisfeito *416* • Ordem e responsabilidade *418*

A METAMORFOSE
Pressentimento e metamorfose entre os bosquímanos *421* • As metamorfoses de fuga. A histeria, a mania e a melancolia *428* • Automultiplicação e autoingestão. A figura dupla do totem *436* • Massa e metamorfose no delirium tremens *450* • Imitação e simulação *465* • A figura e a máscara *470* • A contrametamorfose *476* • As proibições da metamorfose *478* • A escravidão *484*

ASPECTOS DO PODER
Das posições do homem e do poder que contêm *486* • O regente *496* • A fama *499* • A ordem do tempo *500* • A corte *503* • O trono crescente do imperador de Bizâncio *505* • As ideias de grandeza dos paralíticos *506*

DOMINAÇÃO E PARANOIA
Reis africanos *516* • O sultão de Delhi: Muhammad Tughlak *534* • O caso Schreber. Primeira parte *548* • O caso Schreber. Segunda parte *567*

Epílogo *587*
Notas *595*
Bibliografia *605*
Sobre o autor *617*

A MASSA

A INVERSÃO DO TEMOR DO CONTATO

Não há nada que o homem mais tema do que o contato com o desconhecido. Ele quer ver aquilo que o está tocando; quer ser capaz de conhecê-lo ou, ao menos, de classificá-lo. Por toda parte, o homem evita o contato com o que lhe é estranho. À noite ou no escuro, o pavor ante o contato inesperado pode intensificar-se até o pânico. Nem mesmo as roupas proporcionam segurança suficiente — quão facilmente se pode rasgá-las, quão fácil é avançar até a carne nua, lisa, indefesa da vítima.

Todas as distâncias que os homens criaram em torno de si foram ditadas por esse temor do contato. As pessoas trancam-se em casas que ninguém pode adentrar, somente nelas sentindo-se mais ou menos seguras. O medo do ladrão não se deve unicamente a seu propósito de roubar, mas é também um temor ante seu toque súbito, inesperado, saído da escuridão. A mão transformada em garra é o símbolo que sempre se emprega para representar esse medo. Trata-se aí de uma questão que, em boa parte, manifesta-se no duplo sentido da palavra *agarrar* [*angreifen*]. Nesta encontram-se contidos ao mesmo tempo tanto o contato inofensivo quanto o ataque perigoso, e algo deste último sempre ecoa no primeiro. Já o substantivo *agressão* [*Angriff*], por sua vez, viu-se reduzido exclusivamente ao sentido negativo da palavra.

Tal aversão ao contato não nos deixa nem quando caminhamos em meio a outras pessoas. A maneira como nos movemos na rua, em meio aos muitos transeuntes, ou em restaurantes, trens e ônibus, é ditada por esse medo. Mesmo quando nos encontramos bastante próximos das pessoas; mesmo quando podemos observá-las bem e inspecioná-las, ainda assim evitamos, tanto quanto possível, qualquer contato com elas. Se fazemos o contrário, é porque gostamos de alguém, e, nesse caso, a iniciativa da aproximação parte de nós mesmos.

A presteza com que nos desculpamos quando do contato não intencional; a tensão com que se aguardam tais desculpas; a reação veemente e, por vezes, violenta quando elas não vêm; a **repugnância e o ódio** sentidos em relação ao "malfeitor", mesmo quando não nos é possível ter certeza de quem foi que nos tocou — todo esse emaranhado de reações psíquicas em torno do contato com o estranho demonstra, pela instabilidade e irritabilidade extremas, tratar-se aí de algo muito profundo, sempre desperto e melindroso, algo que, uma vez tendo o homem estabelecido as fronteiras de sua pessoa, nunca mais o abandona. Mesmo o sono, estado em que nos encontramos muito mais indefesos, é facilmente perturbável por esse tipo de temor.

Somente na *massa* é possível ao homem libertar-se do temor do contato. Tem-se aí a única situação na qual esse temor transforma-se no seu oposto. E é da massa *densa* que se precisa para tanto, aquela na qual um corpo comprime-se contra o outro, *densa* inclusive em sua constituição psíquica, de modo que não atentamos para quem é que nos "comprime". Tão logo nos entregamos à massa não tememos o seu contato. Na massa ideal, todos são iguais. Nenhuma diversidade conta, nem mesmo a dos sexos. Quem quer que nos comprima é igual a nós. Sentimo-lo como sentimos a nós mesmos. Subitamente, tudo se passa então como que *no interior de um único corpo*. Talvez essa seja uma das razões pelas quais a massa busca concentrar-se de maneira tão densa: ela deseja libertar-se tão completamente quanto possível do temor individual do contato. Quanto mais energicamente os homens se apertarem uns contra os outros, tanto mais seguros eles se sentirão de não se temerem mutuamente. Essa *inversão do temor do contato* é característica da massa. O alívio que nela se propaga — e do qual falaremos ainda, em outro contexto — alcança uma proporção notavelmente alta quando a massa se apresenta em sua densidade máxima.

MASSA ABERTA E MASSA FECHADA

Um fenômeno tão enigmático quanto universal é o da massa que repentinamente se forma onde, antes, nada havia. Umas poucas pessoas se juntam — cinco, dez ou doze, no máximo. Nada foi anunciado; nada é aguardado. De repente, o local preteja de gente. As pessoas afluem, provindas de todos os lados, e é como se as ruas tivessem uma única direção. Muitos não sabem o que aconteceu e, se perguntados, nada têm a responder; no entanto, têm pressa de estar onde a maioria está. Em seu movimento, há uma determinação que difere inteiramente da expressão da curiosidade habitual. O movimento de uns — pode-se pensar — comunica-se aos outros; mas não é só isso: as pessoas têm uma meta. E ela está lá antes mesmo que se encontrem palavras para descrevê-la: a meta é o ponto mais negro — o local onde a maioria encontra-se reunida.

Haverá muito a dizer aqui acerca dessa forma extrema da massa espontânea. No local onde ela surge, em seu verdadeiro cerne, ela não é tão espontânea quanto parece. No mais, porém — excetuando-se aquelas cinco, dez ou doze pessoas que lhe deram origem —, ela de fato o é. Tão logo adquire existência, seu desejo é consistir de *mais*. A ânsia de crescer constitui a primeira e suprema qualidade da massa. Ela deseja abarcar todo aquele que esteja ao seu alcance. Quem quer que ostente a forma humana pode juntar-se a ela. A massa natural é a massa *aberta:* fronteira alguma impõe-se ao seu crescimento. Ela não reconhece casas, portas ou fechaduras; aqueles que se fecham a ela são-lhe suspeitos. A palavra *aberta* deve ser entendida aqui em todos os sentidos: tal massa o é em toda parte e em todas as direções. A massa aberta existe tão somente enquanto cresce. Sua desintegração principia assim que ela para de crescer.

Sim, pois tão subitamente quanto nasce a massa também se desintegra. Nessa sua forma espontânea, ela é uma construção delicada. Seu caráter aberto, que lhe possibilita o crescimento, representa-lhe também um perigo. A massa traz sempre vivo em si um pressentimento da desintegração que a ameaça e da qual busca escapar através do rápido crescimento. Enquanto pode, ela absorve tudo; uma vez, porém, que tudo absorve, tem ela também de, necessariamente, desintegrar-se.

Em contraposição à massa aberta — que é capaz de crescer até o infinito, está em toda parte e, por isso mesmo, reclama um interesse universal — tem-se a massa *fechada*.

Esta renuncia ao crescimento, visando sobretudo a durabilidade. O que nela salta aos olhos é, em primeiro lugar, sua *fronteira*. A massa fechada se fixa. Ela cria um lugar para si na medida em que se limita; o espaço que vai preencher foi-lhe destinado. Tal espaço é comparável a um vaso no qual se derrama um líquido: sabe-se de antemão a quantidade de líquido que ele comporta. Os acessos a esse espaço são em número limitado; não se pode adentrá-lo em um ponto qualquer. A fronteira é respeitada, seja ela de pedra ou de alvenaria. Talvez um ato particular de admissão seja necessário; talvez tenha-se de pagar uma certa quantia pelo ingresso. Uma vez preenchido o espaço, apresentando-se ele denso o suficiente, ninguém mais pode entrar, e, ainda que transborde de gente, o principal segue sempre sendo a massa densa no interior do espaço fechado, massa esta à qual não pertencem de fato os que ficaram do lado de fora.

A fronteira impede um crescimento desordenado, mas também dificulta e adia a desintegração. O que sacrifica assim em termos de possibilidade de crescimento, a massa ganha em durabilidade. Ela se encontra protegida de influências exteriores que lhe poderiam ser hostis e perigosas. Aquilo, porém, com que ela conta muito especialmente é a *repetição*. Graças à perspectiva de voltar a reunir-se, a massa sempre se ilude quanto a sua dissolução. O edifício espera por ela, existe por sua causa, e, enquanto ele existir, as pessoas voltarão a reunir-se de modo semelhante. Mesmo na maré baixa, o espaço lhes pertence, e, vazio, ele lembra a época da cheia.

A DESCARGA

O mais importante acontecimento a desenrolar-se no interior da massa é a *descarga*. Anteriormente a ele, a massa ainda não existe de fato. É somente a descarga que efetivamente a constitui. Trata-se do momento em que todos os que a compõem desvencilham-se de suas diferenças e passam a sentir-se *iguais*.

Por diferenças há que se entender particularmente aquelas impostas a partir do exterior — as diferenças determinadas pela hierarquia, posição social e pela propriedade. Individualmente, os homens estão sempre conscientes dessas diferenças. Elas pesam sobre eles, apartam-nos com grande vigor uns dos outros. Postado em lugar definido e seguro, o homem, com gestos jurídicos eficazes, afasta de si tudo quanto dele se aproxima. Sua postura assemelha-se à de um moinho de vento, expressivo e em movimento em meio a uma enorme planície: nada há até o próximo moinho. A totalidade da vida, conforme ele a conhece, assenta-se em distâncias; a casa na qual ele encerra a si próprio e a suas posses, o cargo que ocupa, a posição pela qual anseia — tudo isso serve para criar, consolidar e ampliar *distâncias*. A liberdade do movimento mais profundo rumo ao próximo é cerceada. Impulsos e contraimpulsos esvaem-se qual num deserto. Ninguém é capaz de chegar próximo ou à altura do outro. Hierarquias solidamente estabelecidas em cada domínio da vida não permitem a pessoa alguma tocar naquele que está mais acima, ou descer — a não ser em aparência — até o que se encontra mais abaixo. Em sociedades diversas, diversa é a maneira pela qual tais distâncias se contrabalançam. Em algumas, dá-se ênfase às diferenças de origem; em outras, àquelas determinadas pela profissão e pela propriedade.

Não se trata aqui de caracterizar uma a uma essas hierarquias. O essencial é que elas existem em toda parte; que se aninham na consciência dos homens e determinam decisivamente o seu comportamento para com os outros. A satisfação de situar-se hierarquicamente acima dos demais não oferece compensação pela perda da liberdade de movimentos. Em suas distâncias, o homem se faz rijo e sombrio. Ele se arrasta sob o peso de tais cargas e não sai do lugar. Esquece que foi ele próprio quem se impôs essas cargas e anseia por libertar-se delas. Mas como há de libertar-se sozinho? O que quer que faça — e por mais decidido que esteja —, encontrar-se-á em meio a outros que frustrarão o seu empenho. Enquanto estes últimos aferrarem-se a suas distâncias, ele não logrará aproximar-se um milímetro sequer.

Somente a união de todos é capaz de promover-lhes a libertação das cargas da distância. E é precisamente isso o que acontece na massa. Na *descarga*, deitam-se abaixo as separações, e todos se sentem *iguais*. Nessa sua concentração, onde quase não há espaço entre as pessoas, onde os corpos se comprimem uns contra os outros, cada um encontra-se tão próximo do outro quanto de si mesmo. Enorme é o *alívio* que isso provoca. É em razão desse momento feliz, no qual ninguém é *mais* ou melhor que os outros, que os homens transformam-se em massa.

Contudo, o momento da descarga, tão cobiçado e feliz, encerra em si o seu próprio perigo. Padece de uma ilusão básica: embora sintam-se subitamente iguais, os homens não o são de fato, nem o são para sempre. Retornam cada um a sua casa e põem-se em suas camas para dormir. Conservam suas posses e não renunciam ao próprio nome. Não repudiam seus parentes nem abandonam a família. Somente em conversões de natureza mais séria é que os homens rompem antigos vínculos, assumindo novos. *Tais* vinculações, que, por sua natureza, podem acolher apenas um número limitado de membros e precisam assegurar a própria existência mediante duras regras, eu as chamo cristais de massa. De sua função, tratar-se-á mais detalhadamente adiante.

Quanto à massa, porém, esta desfaz-se. Sente que irá desfazer-se. Ela só é capaz de seguir existindo se se dá continuidade ao processo da descarga, com novas pessoas juntando-se a ela. Somente o *crescimento* da massa impede que seus componentes voltem a arrastar-se sob o peso de suas cargas privadas.

A ÂNSIA DE DESTRUIÇÃO

Fala-se muito da ânsia de destruição da massa; é a primeira coisa nela que nos salta aos olhos, e é inegável que se trata de algo encontrável em toda parte, nos mais diferentes países e culturas. Embora se constate e desaprove tal ânsia, ela jamais é realmente explicada.

A massa destrói preferencialmente edifícios e objetos. Como frequentemente se trata de coisas quebradiças — como vidraças, espelhos, vasos, quadros, louça —, inclinamo-nos a acreditar que é justamente esse caráter quebradiço dos objetos que estimula a massa à destruição. Seguramente o ruído da destruição — o espatifar-se da louça, o tinir das vidraças — contribui de modo considerável para o prazer que se tem nela: são os vigorosos sons vitais de uma nova criatura, os gritos de um recém-nascido. O fato de ser tão fácil provocá-los intensifica-lhes a popularidade: todos gritam em uníssono, e o tinir é o aplauso dos objetos. Uma necessidade especial desse tipo de barulho parece estar presente no início do processo, quando não se é ainda uma reunião de um número grande de pessoas e pouco ou nada aconteceu. O barulho promete o fortalecimento pelo qual se espera, constituindo ainda um feliz presságio dos feitos que estão por vir. Seria, porém, equivocado acreditar que o decisivo aí é a facilidade com que as coisas se espatifam. Homens lançaram-se sobre esculturas de pedra dura, não descansando até vê-las despedaçadas e irreconhecíveis. Cristãos destruíram as cabeças e os braços de deuses gregos. Reformadores e revolucionários puseram abaixo as imagens dos santos, por vezes derrubando-as de alturas que punham em risco a sua vida, e, amiúde, tão dura era a pedra que buscavam destroçar que somente em parte lograram fazê-lo.

A destruição de imagens representando algo é a destruição de uma hierarquia que não se reconhece mais. Violam-se as distâncias universalmente estabelecidas, visíveis a todos e vigentes em toda parte. A dureza das imagens era a expressão de sua durabilidade; elas existem há muito tempo — pensa-se —, existem desde sempre, eretas e inamovíveis; e era impossível aproximar-se delas munido de um propósito hostil. Agora, foram derrubadas e reduzidas a escombros. Nesse ato consumou-se a *descarga*.

Esta, porém, nem sempre vai tão longe. A destruição de tipo mais comum, da qual se falava aqui a princípio, nada mais é do que um ataque a todas as *fronteiras*. Vidraças e portas são parte dos edifícios; elas constituem a porção mais frágil de sua separação do exterior. Uma vez arrombadas portas e vidraças, o edifício perde sua individualidade. Qualquer um pode, então, e a seu bel-prazer, entrar; nada, ninguém lá dentro se encontra protegido. Nesses edifícios — pensa-se — encontram-se geralmente enfiados aqueles que buscam excluir-se da massa: os inimigos dela. Destruiu-se, pois, aquilo que os aparta. Nada mais há entre eles e a massa. Podem, pois, sair e juntar-se a ela. Ou pode-se ir buscá-los.

Há, contudo, mais coisas envolvidas aí. O próprio indivíduo tem a sensação de que, na massa, ele ultrapassa as fronteiras de sua pessoa. Sente-se aliviado por se terem eliminado todas as distâncias que o compeliam de volta a si próprio e o encerravam. Com a eliminação das cargas da distância, ele se sente livre, e sua liberdade consiste nesse ultrapassar das fronteiras. Mas o que acontece com ele deve ocorrer também aos outros: ele espera que se dê o mesmo com eles. O que o irrita num vaso de barro é que este nada mais é do que uma fronteira. Num edifício, irritam-no as portas trancadas. Ritos, cerimônias, tudo quanto mantém distâncias o ameaça, é-lhe insuportável. A esses recipientes pré-formados buscar-se-á reconduzir a massa estilhaçada. Esta odeia suas prisões futuras, as quais sempre viu como prisões. Aos olhos da massa nua, tudo parece uma Bastilha.

O mais impressionante de todos os meios da destruição é o *fogo*. Ele é visível de longe e atrai mais pessoas. Além disso, destrói de modo irrevogável. Depois de um incêndio, nada permanece como era. Ateando fogo às coisas, a massa julga-se invencível. À medida que o fogo se propaga, tudo se junta a ela.

Ele aniquila tudo o que lhe é hostil. Como se verá, o fogo é o símbolo mais vigoroso que existe para a massa. E, terminada a destruição, o fogo, assim como a massa, tem de extinguir-se.

A ERUPÇÃO

A massa *aberta* é a massa propriamente dita, que se entrega livremente a seu ímpeto de crescimento. Uma massa aberta não tem uma ideia ou sensação clara de *quão* grande poderá vir a ser. Ela não se atém a nenhum edifício que conheça e deva preencher. Sua medida não se encontra fixada; ela deseja crescer até o infinito, e aquilo de que precisa para tanto são mais e mais pessoas. É nesse seu estado nu e cru que a massa mais chama a atenção. Ainda assim, ela conserva algo de extraordinário e, visto desintegrar-se sempre, não é levada totalmente a sério. Talvez se persistisse não a encarando com a seriedade que lhe é devida, não fosse pelo fato de o aumento vertiginoso da população mundial e o rápido crescimento das cidades, ambos característicos desta nossa época moderna, terem propiciado oportunidades cada vez mais frequentes para sua formação.

As massas *fechadas* do passado, das quais ainda se falará mais adiante, transformaram-se todas em instituições conhecidas. O estado peculiar no qual mergulhavam amiúde seus participantes parecia algo natural; as pessoas sempre se reuniam com um determinado fim — fosse ele de natureza religiosa, comemorativa ou bélica —, e esse fim parecia santificar seu estado. Quem assistia a uma pregação certamente acreditava de boa-fé ser a pregação o que lhe interessava; tê-lo-ia espantado e mesmo revoltado, talvez, que alguém lhe explicasse causar-lhe maior satisfação o grande número de ouvintes presentes do que o próprio pregador. Todas as cerimônias e regras pertinentes a tais instituições visavam fundamentalmente *apanhar* a massa: melhor uma igreja segura, cheia de fiéis, do que todo o inseguro mundo. Na regularidade das idas à igreja, na repetição familiar e precisa de certos ritos, assegura-se à massa uma espécie de experimentação domesticada dela mesma. O transcorrer dessas cerimônias, realizadas de tempos em tempos, transforma-se num sucedâneo para necessidades de natureza mais rude e violenta.

Tivesse o número de homens permanecido aproximadamente o mesmo, talvez tais instituições houvessem bastado. Mas cada vez mais pessoas circulavam pelas cidades; nos últimos duzentos anos, a multiplicação da população deu-se numa velocidade crescente. Com isso, estavam dados todos os incentivos para a formação de massas novas e maiores, e, sob tais condições, nada — nem mesmo o governo mais experimentado e refinado — teria sido capaz de coibi-las.

Todas as insurreições contra um cerimonial tradicional que a história da religião relata apresentam-se voltadas contra a limitação da massa, que, afinal, quer tornar a sentir o seu crescimento. Tome-se, por exemplo, o Sermão da Montanha, no Novo Testamento: ele acontece ao ar livre — milhares de pessoas podem ouvi-lo — e dirige-se, não há dúvida, contra a realização restritiva das cerimônias no templo oficial. Pense-se, ademais, na tendência do cristianismo paulino a romper as fronteiras do judaísmo, enquanto nação e tribo, e tornar-se uma crença universal, para toda a humanidade. E veja-se o desdém do budismo pelo sistema de castas da Índia de outrora.

Mesmo a história *interna* de cada uma das religiões universais é rica em acontecimentos de significado semelhante. O templo, a casta e a igreja são sempre demasiado estreitos. As Cruzadas conduzem à formação de massas de uma proporção que nenhuma igreja do mundo de então teria sido capaz de abrigar. Posteriormente, cidades inteiras transformam-se em espectadoras dos atos dos flagelantes, que, ademais, peregrinam de cidade em cidade. Ainda no século XVIII, Wesley constrói seu movimento a partir de pregações ao ar livre. Tem plena consciência do significado da enorme massa dos seus ouvintes e, por vezes, calcula em seu diário quantos o terão ouvido em sua última pregação. Invariavelmente, a erupção para além dos locais fechados significa que a massa quer de volta o velho prazer que lhe proporciona o crescimento súbito, rápido e ilimitado.

Denomino, pois, *erupção* a repentina transformação de uma massa *fechada* em *aberta*. Trata-se de um fenômeno frequente, mas não se pode entendê-lo num sentido puramente espacial. Em geral, seu aspecto é o de uma massa transbordando de um espaço no qual se encontrava bem protegida para a praça e para as ruas de uma cidade, onde, atraindo todos para si e exposta a tudo, ela se movimenta livremente. Mais importante, porém, do que esse processo interior é o fenômeno exterior correspondente: a insatisfação com o caráter limitado do número de participantes; a vontade súbita de *atrair*, a firme e apaixonada disposição de atingir a *todos*.

A partir da Revolução Francesa, tais erupções repentinas adquiriram uma forma que entendemos como moderna. Talvez em função de a massa ter se libertado tão grandemente do teor das religiões tradicionais, é-nos desde então mais fácil vê-la nua e crua, vê-la biologicamente — poder-se-ia dizer —, destituída dos significados e metas transcendentais que, anteriormente, ela se deixava inculcar. A história dos últimos 150 anos culminou numa veloz multiplicação de tais erupções, incluindo até mesmo as guerras, transformadas em guerras de massas. A massa não se contenta mais com condições e promessas pias; deseja vivenciar ela própria a grandiosa sensação de sua força e paixão animais, valendo-se continuamente para tanto de tudo quanto se lhe oferece em termos de oportunidades e demandas sociais.

É importante estabelecer, antes de tudo, que a massa jamais se sente saciada. Enquanto houver alguém que não se tenha deixado apanhar por ela, ela demonstrará apetite. Se seguiria demonstrando-o, uma vez tendo realmente absorvido a *totalidade* dos homens, isso ninguém pode afirmar com certeza, embora seja de se supor que sim. Há algo de impotência em suas tentativas de *persistir*. E o único caminho promissor para tanto é a formação de massas duplas, quando, então, uma massa se mede com outra. Quanto mais próximas elas forem em força e intensidade, tanto mais longamente sobreviverão ambas as massas a medir-se.

O SENTIMENTO DE PERSEGUIÇÃO

Dentre os traços mais notáveis na vida da massa encontra-se algo que se poderia denominar um sentimento de perseguição, uma particular e irada suscetibilidade e irritabilidade em relação àqueles que ela caracteriza definitivamente como inimigos. Façam estes o que quer que façam — comportem-se eles com rispidez ou simpatia, sejam solidários ou frios, duros ou brandos —, tudo é interpretado como proveniente de uma inabalável malevolência, de uma disposição hostil à massa: um propósito já firmado de, aberta ou dissimuladamente, destruí-la.

A fim de se explicar esse sentimento de hostilidade e perseguição, tem-se mais uma vez de partir do fato básico de que a massa, uma vez surgida, deseja crescer velozmente. Dificilmente se pode fazer uma ideia exagerada da força e da determinação com a qual a massa se propaga. Enquanto sente que está crescendo — em situações revolucionárias, por exemplo, que principiam com massas pequenas, mas extremamente tensas —, tudo quanto se contraponha a esse seu crescimento é por ela percebido como um cerceamento. A massa pode ser dispersada e fracionada pela polícia, mas isso produzirá um efeito apenas temporário, feito um espantar com a mão uma nuvem de mosquitos. Pode também, no entanto, ser atacada a partir do seu interior, na medida em que se vá ao encontro das demandas que conduziram a sua formação. Nesse caso, os mais fracos separam-se dela, e outros, em vias de juntar-se a ela, recuam na metade do caminho.

O ataque *exterior* à massa só faz fortalecê-la. Os corpos apartados são atraídos tanto mais vigorosamente para junto uns dos outros. Já o ataque proveniente do *interior*, pelo contrário, é realmente perigoso. Uma greve que tenha obtido algumas conquistas espedaça-se a olhos vistos. O ataque proveniente do interior apela a desejos individuais. A massa o sente como um suborno, como "imoral", visto ir ele de encontro a sua clara e límpida disposição básica. Cada um dos membros de uma tal massa abriga em si um pequeno traidor, que deseja comer, beber, amar e ter o seu sossego. Na medida em que ele realiza tais atos secundariamente, deles não fazendo grande alarde, deixam-no estar. Tão logo, porém, ele lhes dá voz, começam a odiá-lo e temê-lo. Sabe-se, então, que ele deu ouvidos às tentações do inimigo.

A massa assemelha-se sempre a uma cidade sitiada — mas duplamente sitiada: o inimigo encontra-se tanto diante de seus muros quanto nos porões. Ao longo da luta, ela atrai cada vez mais adeptos. Seus novos amigos reúnem-se diante de todos os portões e batem impetuosamente, pedindo para entrar. Nos momentos favoráveis, seu pedido é atendido; contudo, eles escalam os muros também. A cidade se enche mais e mais de combatentes, mas cada um deles traz consigo seu pequeno e invisível traidor, que depressa se mete em algum porão. O sítio consiste no fato de se procurar interceptar os recém-chegados. Para os inimigos, do lado de fora, os muros são mais importantes do que os sitiados em seu interior. São os sitiadores que os constroem e elevam continuamente. Buscam subornar os recém-chegados e, quando já não podem mais detê-los, cuidam para que o pequeno traidor que os acompanha seja munido de suficiente hostilidade em seu caminho rumo à cidade.

O sentimento de perseguição da massa nada mais é do que esse sentimento de uma dupla ameaça. Os muros exteriores são estreitados progressivamente, e os porões interiores cada vez mais minados. As ações do inimigo a trabalhar nos muros são abertas e visíveis, mas ocultas e dissimuladas nos porões.

Imagens como essa, porém, sempre capturam apenas uma parte da verdade. Os que acorrem provindos do exterior, os que desejam entrar na cidade, não são somente novos adeptos, reforços, apoios: são também o *alimento* da massa. Uma massa que não aumenta encontra-se em jejum. Existem meios para suportar esse jejum, e as religiões desenvolveram grande maestria nesse aspecto. Demonstrar-se-á a seguir de que forma as religiões universais conseguem manter suas massas, mesmo sem que elas aumentem aguda e violentamente.

A DOMESTICAÇÃO DAS MASSAS
NAS RELIGIÕES UNIVERSAIS

Tão logo reconhecidas, as religiões com pretensões universais mudam a tônica de seu assédio. De início, trata-se para elas de atingir e conquistar todos quantos há para atingir e conquistar. A massa que têm em mente é universal; cada alma é importante, e cada uma delas deve ser sua. A batalha, porém, que tais religiões têm de vencer conduz paulatinamente a uma espécie de respeito recôndito pelos adversários já instituídos. Elas veem como é difícil manter-se. Instituições que lhes emprestem solidariedade e durabilidade parecem-lhes cada vez mais importantes. Estimuladas pelas dos adversários, fazem, então, de tudo para criar suas próprias instituições; e, quando o conseguem, estas últimas passam a ser, com o tempo, a coisa mais importante. O peso próprio das instituições que adquirem assim vida própria abranda pouco a pouco o ímpeto do assédio inicial. Igrejas são construídas de modo a abrigar os fiéis já existentes. Havendo realmente necessidade de ampliá-las, isso é feito com moderação e prudência. Há uma forte tendência a reunir os fiéis existentes em unidades separadas. Precisamente porque estes agora são muitos, bastante grande é a propensão para a desagregação, um perigo ao qual tem-se sempre de fazer frente.

As religiões universais históricas trazem no sangue, por assim dizer, uma sensibilidade para as insídias da massa. Suas próprias tradições, assumindo o caráter de leis, ensinam-lhes quão súbita e inesperadamente elas cresceram. Suas histórias de conversões em massa parecem-lhes milagrosas, e o são. Nos movimentos de apostasia, temidos e perseguidos pelas Igrejas, a mesma espécie de milagre volta-se contra elas, e os ferimentos que assim lhes são infligidos na própria carne são dolorosos e inesquecíveis. Tanto o rápido crescimento do início quanto as posteriores e não menos rápidas apostasias mantêm sempre viva sua desconfiança em relação à massa.

O que tais igrejas desejam para si é, ao contrário dessa massa, um *rebanho* obediente. É comum contemplarem os fiéis como cordeiros e louvarem-lhes a obediência. À tendência fundamental da massa — o crescimento veloz —, renunciam inteiramente. Contentam-se com a ficção temporária de uma igualdade entre os fiéis, igualdade esta que jamais é levada a cabo com demasiado rigor; satisfazem-se com uma certa densidade, mantida dentro de fronteiras comedidas, e com uma direção vigorosa. A meta, situam-na de bom grado a uma enorme distância, num além que não se pode adentrar de imediato, enquanto ainda se vive, e que se tem de fazer por merecer mediante muito esforço e submissão. Aos poucos, a direção vai se tornando o mais importante. Quanto mais distante a meta, tanto maior a perspectiva de durabilidade. No lugar daquele outro princípio — o princípio aparentemente indispensável do crescimento —, coloca-se algo inteiramente diverso: a repetição.

Em determinados espaços e em certos momentos, reúnem-se os fiéis e, por meio de atividades sempre idênticas, são colocados em um estado semelhante ao da massa, mas sob uma forma abrandada — um estado que os impressiona, sem, contudo, tornar-se perigoso, e ao qual eles se acostumam. O sentimento da própria unidade é-lhes administrado de forma *dosada*. Do acerto dessa dose depende a durabilidade da Igreja.

Onde quer que os homens se tenham acostumado a essa experiência repetida e delimitada com precisão em suas igrejas e templos, não mais serão eles capazes de prescindir dela. Dependem dessa experiência da mesma forma como dependem de alimentação e de tudo o mais que compõe sua existência. Uma súbita proibição do culto ou a repressão de sua religião por um decreto estatal não deixará de acarretar consequências. A perturbação de seu gerenciamento cuidadosamente equilibrado como massa fatalmente conduzirá, após algum tempo, à erupção de uma massa *aberta*. Esta possuirá, então, todas as características elementares que se conhecem. Ela se propagará com rapidez, implantará uma igualdade real em lugar da fictícia e buscará para si densidades novas e muito mais intensas. Momentaneamente, abandonará aquela meta longínqua e dificilmente atingível para a qual foi educada, impondo-se uma nova meta no *aqui*, no âmbito imediato da vida concreta.

Todas as religiões que se veem subitamente proibidas vingam-se por intermédio de uma espécie de *secularização*: o caráter de sua fé modifica-se completamente numa erupção de grande e inesperada selvageria, sem que elas próprias sejam capazes de compreender a natureza dessa modificação. Julgam tratar-se ainda da velha fé e acreditam que seguem apegando-se apenas às suas mais profundas convicções. Na realidade, porém, transformaram-se de repente em algo inteiramente diverso, algo dotado de um aguçado e singular sentimento da massa aberta que agora compõem e que não desejam de modo algum abandonar.

O PÂNICO

Conforme já se observou repetidas vezes, o pânico num teatro constitui uma *desagregação* da massa. Quanto mais unidas as pessoas se encontravam em função do espetáculo, quanto mais fechada a forma do teatro que exteriormente as mantém coesas, tanto mais violenta a desagregação.

É igualmente possível, contudo, que apenas a encenação não dê ensejo à formação de uma massa genuína. Com frequência, o público não se sente tomado pelo espetáculo, permanecendo reunido apenas porque já está ali. Mas o que a peça não logrou produzir, um *incêndio* acarretará de imediato. O fogo não é menos perigoso para os homens do que para os animais: trata-se do mais forte e mais antigo símbolo da massa. A percepção da sua presença subitamente intensifica ao máximo o que quer que tenha existido de sentimento de massa no público. Graças ao perigo comum e inequívoco, nasce um medo compartilhado por todos. Assim, por um breve período, o público constitui uma verdadeira massa. Não estivessem as pessoas num teatro, elas poderiam fugir em grupo, qual um bando de animais em perigo, elevando com seus movimentos sincronizados a energia da fuga. Um medo ativo dessa natureza, vivenciado em massa, é a grande experiência coletiva de todos os animais que vivem em bandos e, como bons corredores, se salvam juntos.

No teatro, pelo contrário, a massa tem de desagregar-se do modo mais violento. As portas somente dão passagem a uma única ou a umas poucas pessoas por vez. A energia da fuga transforma-se por si só numa energia do rechaço. Entre as fileiras de poltronas só é possível passar uma pessoa de cada vez; cada um encontra-se absolutamente apartado do outro: as pessoas sentam-se sós, levantam-se sós e têm cada uma o seu lugar. A distância até a porta mais próxima é diferente para cada um. O teatro normal visa fixar as pessoas em suas poltronas e deixar-lhes apenas a liberdade de suas mãos e vozes. O movimento das pernas é, tanto quanto possível, limitado.

A ordem súbita para a fuga que o fogo dá aos homens confronta-se, pois, de imediato, com a impossibilidade do movimento conjunto. A porta que todos precisam atravessar, que todos veem e em que se veem nitidamente apartados dos demais, é a moldura de um quadro que logo os domina. Assim, e justamente no seu auge, a massa é obrigada a desagregar-se com violência. A reviravolta faz-se nítida nas tendências as mais violentas dos indivíduos: todos empurram, batem e pisoteiam selvagemente ao seu redor.

Quanto mais as pessoas lutam "por sua própria vida", tanto mais claro se torna que lutam *contra* os outros, que, por toda parte, as estorvam. Estes estão ali feito cadeiras, balaustradas, portas trancadas; a diferença, todavia, é que lutam também. Empurram para cá e para lá, para onde lhes convém — ou, na verdade, para onde estão eles próprios sendo empurrados. Mulheres, crianças e velhos não são poupados: não se diferenciam dos homens. Isso é da própria constituição da massa, na qual todos são iguais; e mesmo não mais se sentindo como massa, o indivíduo está ainda inteiramente circundado por ela. O pânico é uma desagregação da massa *no interior* dela própria. O indivíduo aparta-se dela e deseja escapar-lhe — escapar da massa que, como um todo, está em perigo. Como, porém, encontra-se ainda fisicamente nela, tem de combatê-la. Entregar-se à massa nesse momento seria a sua ruína, visto que ela própria está ameaçada de arruinar-se. Num tal momento, o indivíduo não se cansa de enfatizar sua singularidade. Com seus golpes e empurrões, ele atrai mais golpes e empurrões. Quanto mais golpes dá e recebe, tanto mais claramente sente-se a *si próprio*, e tanto mais nitidamente recolocam-se para ele as fronteiras de sua pessoa.

É surpreendente observar o quanto a massa assume o caráter do fogo para aquele que combate em seu interior. Ela nasceu da inesperada visão de uma chama ou do grito: "Fogo!". E é tal como as chamas que ela joga com aquele que busca escapar. As pessoas que este empurra para longe são, para ele, objetos incandescentes; seu toque é-lhe hostil, assustando-o onde quer que elas lhe toquem o corpo. Quem quer que se interponha no caminho é contaminado por essa disposição genericamente hostil do fogo; a maneira como este se propaga, como vai paulatinamente cercando as pessoas e, por fim, as envolve por completo, assemelha-se bastante ao comportamento da massa, a ameaçá-las por todos os lados. Os movimentos imprevisíveis em seu interior, o braço, o punho, a perna que sobressai, são como as chamas, capazes de, subitamente e por toda parte, erguerem-se em labaredas. Manifestando-se sob a forma de um incêndio numa floresta ou estepe, o fogo é uma massa hostil; todo homem é capaz de senti-lo intensamente. Na condição de símbolo da massa, o fogo penetrou-lhe a economia psíquica, traduzindo-se num seu componente imutável. Aquele enérgico pisotear de homens que tão frequentemente se observa em situações de pânico e que se afigura tão sem sentido nada mais é do que um *pisotear* o fogo, *com o intuito de apagá-lo.*

A desagregação pelo pânico somente se deixa evitar na medida em que se prolonga o estado original de medo experimentado homogeneamente em massa. Numa igreja ameaçada, isso é possível: compartilhando do medo, as pessoas rezam para um deus comum, que tem nas mãos a possibilidade de, através de um milagre, extinguir o fogo.

A MASSA COMO ANEL

Uma massa duplamente fechada é o que temos diante de nós numa *arena*. Não será ocioso examiná-la à luz dessa sua notável qualidade.

Relativamente ao exterior, a arena encontra-se bem delimitada. Normalmente, ela é visível de longe. Sua localização na cidade, o espaço que ocupa, é conhecida de todos. Sente-se sempre a sua presença ali, mesmo quando não se está pensando nela. Os gritos que dela provêm avançam na distância. Se não é coberta, muito da vida que nela se desenrola comunica-se à cidade ao seu redor.

Mas, por mais estimulantes que sejam tais comunicados, uma livre afluência de pessoas rumo à arena é impossível. O número de lugares que ela contém é limitado. Estabelece-se uma meta para sua densidade. Os assentos são dispostos de maneira a não comprimir demasiadamente as pessoas. Estas devem sentir-se confortáveis em seu interior. De seus assentos, devem ter uma boa visão e não incomodar umas às outras.

Ao exterior, à cidade, a arena exibe um muro *inanimado*. Em seu interior, ela constrói um muro de gente. Todos os presentes voltam as *costas* à cidade. Desprenderam-se da ordem urbana, dos muros e ruas da cidade. Não se preocupam com nada do que nela acontece ao longo de sua permanência na arena. Deixam para trás a vida de seus conhecidos, suas regras e costumes. Sua reunião em grande número encontra-se assegurada por um certo tempo; foi-lhes prometido excitação, mas sob uma condição assaz decisiva: a descarga da massa tem de se dar *para dentro*.

As fileiras encontram-se dispostas uma acima da outra, a fim de que todos vejam o que se passa lá embaixo. A consequência disso, porém, é que a massa encontra-se sentada diante de si mesma. Cada um tem à sua frente milhares de pessoas e cabeças. Enquanto ele permanecer ali, todos permanecerão. O que o excita, excita os outros também, e ele o *vê*. Os demais encontram-se sentados a uma certa distância dele; desaparecem as singularidades que normalmente os distinguem, tornando-os indivíduos. Todos se tornam muito parecidos e comportam-se de modo semelhante. Nos outros, cada um percebe apenas aquilo que ele próprio está sentindo. A excitação visível dos demais intensifica a sua própria.

A massa que assim se exibe a si mesma não apresenta nenhuma interrupção. O anel que compõe é fechado. Nada lhe escapa. Há algo de estranhamente homogêneo nesse anel de rostos fascinados, uns sobre os outros. Ele abarca e contém tudo quanto se passa lá embaixo. Desse todo, ninguém abre mão; ninguém quer ir embora. Qualquer lacuna nesse anel poderia advertir para a desagregação, para a futura dispersão. Mas inexistem lacunas: essa massa é fechada para o exterior e fechada em si — é, pois, duplamente fechada.

AS PROPRIEDADES DA MASSA

Antes de se intentar empreender uma *classificação* da massa, convém resumir brevemente aqui suas propriedades principais. As quatro características abaixo devem ser ressaltadas:

1) *A massa quer crescer sempre.* Fronteira alguma impõe-se naturalmente ao seu crescimento. Onde quer que tais fronteiras sejam criadas artificialmente — ou seja, em todas as instituições empregadas para a preservação de massas fechadas —, sua erupção é sempre possível e, de fato, se dá de tempos em tempos. Inexistem expedientes absolutamente seguros que possam impedir em definitivo o crescimento da massa.

2) *No interior da massa reina a igualdade.* Absoluta e indiscutível, tal igualdade jamais é questionada pela própria massa. Ela é de tão fundamental importância que se poderia definir o es-

tado da massa como um estado de igualdade absoluta. Uma cabeça é uma cabeça; um braço é um braço — as diferenças não importam. É por causa dessa igualdade que as pessoas transformam-se em massa. O que quer que possa desviá-las desse propósito é ignorado. Toda demanda por justiça, todas as teorias igualitárias retiram sua energia dessa experiência da igualdade que todos, cada um a seu modo, conhecem a partir da massa.

3) *A massa ama a densidade*. Ela nunca é densa o bastante. Nada deve obstruí-la, nada deve interpor-se: tanto quanto possível, tudo deve ser a própria massa. O sentimento da densidade maior, ela o tem no momento da descarga. Um dia será possível definir e medir com maior exatidão essa densidade.

4) *A massa necessita de uma direção*. Ela está em movimento e move-se rumo a alguma coisa. A direção comum a todos os seus membros fortalece o sentimento de igualdade. Uma meta exterior aos indivíduos e idêntica para todos soterra as metas particulares e desiguais que significariam a morte da massa. A direção é imprescindível para sua durabilidade. O medo da desagregação, sempre vivo nela, torna possível guiá-la rumo a quaisquer metas. Enquanto possuir uma meta inatingível, a massa persiste. — Mas há nela ainda um movimento obscuro, conduzindo a formações novas e superiores. É frequentemente impossível predizer a natureza dessas formações.

Cada uma dessas quatro propriedades aí constatadas pode estar presente em maior ou menor grau. Dependendo daquela que se contemple, chegar-se-á a uma *classificação* diferente das massas.

Já se falou aqui em massas abertas e fechadas, e explicou-se também que tal classificação encontra-se relacionada com o seu *crescimento*. Enquanto esse crescimento não for obstruído, a massa é aberta; ela será fechada tão logo se lhe limitar o crescimento.

Uma outra diferenciação de que ainda se falará aqui é aquela entre as massas rítmicas e as estanques. Esta relaciona-se às duas propriedades seguintes da massa — isto é, à *igualdade* e à *densidade* —, e, aliás, a ambas a um só tempo.

A massa *estanque* vive em função de sua descarga, mas, tendo-a como certa, posterga-a. Deseja um período relativamente longo de adensamento, a fim de que possa preparar-se para o momento da descarga. Poder-se-ia dizer que ela se aquece adensando-se, retardando a descarga tanto quanto possível. No seu caso, o processo não principia com a igualdade, mas com a densidade. A igualdade torna-se a meta principal da massa, aquela na qual ela, por fim, desemboca; cada grito conjunto, cada manifestação conjunta constitui, então, expressão autêntica dessa igualdade.

Contrariamente a isso, densidade e igualdade coincidem desde o princípio na massa *rítmica*. Nesta, tudo depende do movimento. Todos os estímulos corporais que se hão de verificar são predeterminados e traduzidos em dança. A densidade é conscientemente configurada por intermédio de afastamentos e reaproximações. A igualdade, por sua vez, coloca-se ela própria à mostra. Representações da densidade e da igualdade produzem engenhosamente o sentimento de massa. Tais formações rítmicas nascem de forma veloz, e é somente o cansaço físico que lhes põe um fim.

O próximo par conceitual — o das massas *lentas* e *velozes* — define-se exclusivamente em função da natureza de sua meta. As massas que despertam atenção, aquelas das quais normalmente se fala e que compõem elemento tão essencial de nossa vida moderna — as massas políticas, esportivas, bélicas, com que hoje deparamos diariamente —, são todas elas massas *velozes*. Bastante distintas destas são as massas religiosas do *além* ou as de *peregrinos*. A meta de ambas encontra-se distante; o caminho é longo e a formação propriamente dita da massa é deslocada para uma terra longínqua ou para um reino dos céus. Dessas massas lentas, o que efetivamente vemos é tão somente a sua afluência, pois o estado final a que almejam é *invisível*, além de inatingível para os descrentes. A massa lenta reúne-se vagarosamente e, a grande distância, vê-se a si própria como perene.

Todas essas formas cuja essência foi aqui apenas sugerida necessitam de um exame mais detalhado.

O RITMO

Em sua origem, o ritmo é o ritmo dos pés. Todo homem caminha, e como caminha sobre duas pernas, pisando o chão com seus dois pés alternadamente; como, ademais, somente avança se segue pisando à frente, nasce daí — quer ele queira ou não — um ruído ritmado. Seus dois pés jamais pisam com intensidade exatamente igual. A diferença entre eles pode ser maior ou menor, de acordo com a disposição pessoal ou o humor. Mas pode-se caminhar mais rápida ou vagarosamente; pode-se correr, parar subitamente ou saltar.

O homem sempre se pôs a escutar os passos de outros homens e, por certo, atentava mais para estes últimos do que para os seus próprios. Também os animais tinham seu modo bem conhecido de andar. Muitos de seus ritmos eram mais ricos e audíveis do que os dos homens. Os ungulados fugiam em bandos, feito regimentos compostos unicamente de tambores. O conhecimento dos animais de que estava rodeado, daqueles que o ameaçavam e aos quais dava caça constitui o mais antigo saber do homem. Ele aprendeu a conhecê-los pelo ritmo de seu movimento. A escrita mais antiga que aprendeu a ler foi a dos *rastros* — uma espécie de notação rítmica que sempre existiu. Tal notação estampava-se por si só no chão macio, e o homem que a lia associava a ela o ruído que lhe dera origem.

Muitas dessas pegadas apareciam em grandes quantidades, bem juntas umas das outras. Mesmo a partir da contemplação serena de tais rastros, os homens, que originalmente viviam em bandos, puderam perceber a disparidade entre o seu pequeno número e o número gigantesco de algumas manadas. Estavam famintos e sempre atrás da caça; quanto mais caça, melhor para eles. Mas queriam também, eles próprios, ser *mais*. O senso do homem para sua própria multiplicação sempre foi forte. Não se há de entender por isso apenas aquilo a que, valendo-se de uma expressão insuficiente, chamam a ânsia de reprodução. Os homens querem ser *mais* agora, no lugar e momento específicos em que se encontram. O grande número de animais pertencentes a uma manada à qual davam caça e seu próprio número — que desejavam grande — misturaram-se em seu sentimento de um modo particular. A isso deram eles expressão num determinado estado de excitação conjunta ao qual chamo de *massa rítmica* ou *palpitante*.

Para atingi-lo, valeram-se, antes de mais nada, do ritmo de seus pés. Onde muitos caminham, outros caminham com eles. Os passos que, em rápida repetição, se juntam a outros passos simulam um número maior de homens. Não saem do lugar; na dança, persistem na mesma posição. O som de seus passos não se perde; eles se repetem e permanecem por muito tempo igualmente vívidos e soando alto. Substituem pela intensidade o que lhes falta em número. Se pisam com maior força, soam como se fossem mais. Exercem sobre todos os que estão próximos uma força de atração que não cede enquanto não param de dançar. Qualquer ser vivente que possa ouvi-los juntar-se-á a eles, e com eles permanecerá reunido. O natural seria que cada vez mais pessoas se juntassem aos que dançam. Contudo, como logo não resta mais ninguém, têm eles de simular o crescimento por si próprios, a partir de seu número reduzido. Movem-se como se fossem em número cada vez maior. Sua excitação cresce, intensificando-se até o delírio.

Mas de que maneira substituem aquilo que não podem ter em termos de crescimento numérico? O importante aí é que cada um faça a mesma coisa que os outros. Todos batem os pés, e o fazem de maneira idêntica. Todos agitam os braços e mexem a cabeça. A equivalência dos participantes *ramifica-se* na equivalência de seus membros. Tudo quanto se move num homem adquire vida própria — cada perna, cada braço vive como que por si só. Os membros todos fazem-se um. Estão bastante próximos entre si, e frequentemente repousam uns sobre os outros. À sua equivalência acresce-se, assim, sua densidade: densidade e igualdade tornam-se uma única e mesma coisa. Por fim, tem-se uma única criatura a dançar, munida de cinquenta cabeças, cem pernas e cem braços, os quais agem todos exatamente da mesma maneira, ou movidos por um mesmo propósito. No auge de sua excitação, esses homens sentem-se realmente como um só ser, e apenas o esgotamento físico os derruba.

Graças justamente ao ritmo que nelas impera, todas as massas palpitantes têm algo de parecido. O relato que, a seguir, pretende ilustrar *uma* tal dança data do primeiro terço do século XIX e trata da *haka* dos *maoris* da Nova Zelândia, originalmente uma dança de guerra.

Os maoris posicionavam-se numa linha prolongada, com quatro homens de profundidade. A dança, chamada haka, enchia de medo e pavor todo aquele que a presenciava pela primeira vez. Toda a sua sociedade — homens e mulheres, homens livres e escravos — misturava-se, sem levar em conta a posição hierárquica que cada um ocupava na comunidade. Os homens apresentavam-se totalmente nus, à exceção de uma cartucheira que traziam pendurada ao corpo. Todos encontravam-se armados de espingardas ou baionetas, as quais haviam atado às pontas das lanças ou a pedaços de pau. As jovens, inclusive as mulheres do chefe, participavam da dança com o busto despido.

O compasso do canto que acompanhava a dança era mantido com grande rigor. A mobilidade era espantosa. De repente, saltavam verticalmente do chão para o ar, todos exatamente ao mesmo tempo, como se *uma única* vontade animasse a totalidade dos dançarinos. No mesmo instante, brandiam suas armas e faziam caretas, e, graças aos cabelos longos que mulheres e homens costumam ostentar entre eles, assemelhavam-se a um exército de górgonas. Ao cair, batiam sonoramente no chão com ambos os pés ao mesmo tempo. Esse salto para o ar, eles o repetiam com frequência e velocidade cada vez maior.

Seus traços contorciam-se de todas as maneiras possíveis aos músculos de um rosto humano; cada nova careta era, de imediato, adotada por todos os participantes. Se um deles contraía o rosto tão fortemente como se o fizesse com uma tarraxa, os demais prontamente o imitavam. Giravam os olhos de um lado para o outro; às vezes, somente o branco dos olhos ficava visível; era como se, no instante seguinte, eles fossem saltar da órbita. A boca, abriam-na de uma orelha a outra. Ao mesmo tempo, todos esticavam as línguas inteiras para fora, de um modo que nenhum europeu seria capaz de imitar; o exercício prolongado e precoce os havia capacitado para tanto. Seus rostos ofereciam uma visão pavorosa; era um alívio desviar deles o olhar.

Cada membro de seus corpos agia separadamente — os dedos das mãos e dos pés, os olhos, as línguas, assim como braços e pernas. Estalavam a palma da mão ora sobre o lado esquerdo do peito ora sobre a coxa. O barulho de seu canto era de entorpecer os ouvidos, com mais de 350 pessoas tomando parte na dança. Pode-se imaginar o efeito que tal dança provocava em tempos de guerra; o quanto ela elevava a coragem e o quanto intensificava ao máximo a aversão entre as duas partes.

O girar dos olhos e o estirar das línguas são sinais do enfrentamento e do desafio. Contudo, embora a guerra seja, de um modo geral, assunto dos homens — e, aliás, dos homens livres —, *todos* se entregam à excitação da haka. A massa, nesse caso, não reconhece diferenças de sexo, idade ou posição: todos agem como iguais. O que, todavia, distingue essa dança de outras de propósito semelhante é uma *ramificação* particularmente extrema da igualdade. É como se cada corpo fosse desmembrado em todas as suas partes — não apenas em braços e pernas, como frequentemente ocorre, mas também em dedos das mãos e dos pés, em línguas e olhos, de modo que as línguas todas se juntam e fazem, a um só tempo, exatamente o mesmo. Ora são todos os dedos dos pés, ora todos os olhos a igualar-se numa única e mesma empreitada. Os homens, em cada minúscula parte de seu corpo, são tomados por essa igualdade, a qual é sempre exibida numa ação que se intensifica de maneira violenta. A visão de 350 pessoas saltando juntas para o alto, esticando suas línguas e girando seus olhos todas ao mesmo tempo só pode causar uma impressão inexpugnável de unidade. A densidade é não apenas uma densidade de pessoas, mas também de cada um de seus membros em particular. Poder-se-ia pensar que os dedos e as línguas, ainda que não fizessem parte dos homens, reunir-se-iam e combateriam por si sós. O ritmo da haka faz valer cada uma dessas igualdades isoladamente. Juntas, e em sua intensificação, elas são insuperáveis.

E isso porque tudo se passa tendo por premissa que será *visto*: o inimigo observa. A intensidade da ameaça conjunta é que faz a haka. Mas, uma vez principiada a dança, ela se faz mais do que isso. Exercitada desde a infância, a haka possui muitas formas diferentes e é exibida em todas as ocasiões possíveis. Muitos viajantes já receberam as boas-vindas por intermédio dela. A uma tal ocasião devemos o relato citado acima. Quando uma tropa amistosa reúne-se com outra, ambas saúdam-se por intermédio de uma haka, e a seriedade de tal saudação é tanta que um espectador inocente temerá a todo instante o eclodir da batalha. Nas solenidades fúnebres em honra de um grande chefe, seguindo-se às fases da mais violenta lamentação e automutilação — conforme manda o costume entre os maoris —, e após uma refeição solene e bastante farta, subitamente todos se levantam de um salto, tomam de suas espingardas e põem-se em formação para a haka.

Nessa dança, na qual todos podem tomar parte, a tribo percebe-se a si própria na condição de massa. Valem-se dela sempre que sentem a necessidade de fazer-se massa e apresentar-se aos outros como tal. Na perfeição rítmica que atingiu, a haka cumpre com segurança o seu propósito. Graças a ela, a unidade dos maoris jamais foi seriamente ameaçada a partir do interior da tribo.

O ESTANCAMENTO

A *massa estanque* encontra-se densamente compactada; o movimento realmente livre ser-lhe-ia impossível. Seu estado tem algo de passivo: a massa estanque *espera*. Espera por uma cabeça que lhe deverá ser exibida, espera por palavras ou assiste a uma luta. Importante aí é particularmente a *densidade*: a pressão, sentida de todos os lados, serve aos envolvidos também como medida da força da formação da qual eles agora tomam parte. Quanto maior a confluência de homens, tanto maior será essa pressão. Os pés não podem mover-se; os braços estão comprimidos; livres permanecem somente as cabeças, para ver e ouvir; os corpos transmitem estímulos diretamente uns aos outros. Através do próprio corpo, toma-se parte, ao mesmo tempo, de diversas pessoas ao redor. Sabe-se que se trata de diversas pessoas, mas como estas apresentam-se tão densamente relacionadas umas às outras, são sentidas como uma única. Esse tipo de densidade não tem pressa; ao longo de um certo tempo, seu efeito é constante; ela é amorfa, não sujeita a nenhum ritmo conhecido e treinado. Por um bom tempo, nada acontece, mas o desejo de ação se acumula e intensifica, eclodindo afinal com tanto maior violência.

A *paciência* das massas estanques talvez não seja tão espantosa, se se tem presente a importância que para elas possui esse sentimento de densidade. Quanto mais densa for a massa estanque, tanto mais pessoas novas atrairá. Seu tamanho, ela o *mede* por sua densidade, a qual, por sua vez, constitui também o estímulo a um maior crescimento. A massa mais densa é a que cresce com maior velocidade. O estancamento que precede a descarga é uma exibição dessa densidade. Quanto mais tempo permanecer estanque, tanto mais longamente essa massa sentirá e exibirá sua densidade.

Do ponto de vista dos indivíduos que compõem a massa, o momento do estancamento é um momento do espanto; as armas e os aguilhões dos quais eles normalmente se armam tão bem uns contra os outros são depostos; as pessoas se tocam e não se sentem constrangidas; o toque já não é mais toque: as pessoas não têm medo umas das outras. Antes de partir, qualquer que seja a direção a tomar, querem ter certeza de que todos permanecerão juntos. Tem-se aí um crescimento conjunto para o qual se necessita de tranquilidade. A massa estanque ainda não está totalmente segura de sua unidade, razão pela qual se mantém quieta o maior tempo possível.

Essa paciência, porém, tem seus limites. Uma descarga é, por fim, indispensável: sem ela, não se pode dizer se anteriormente havia ali, de fato, uma massa. O grito que, no passado, costumeiramente se ouvia nas execuções públicas, quando o carrasco erguia a cabeça do malfeitor, ou o grito como o que hoje se conhece das competições esportivas, é a *voz* da massa. De grande importância é a sua espontaneidade. Gritos ensaiados e repetidos a espaços regulares de tempo não constituem ainda um sinal de que a massa adquiriu vida própria. Eles deverão, por certo, conduzir a isso, mas podem ser exteriores, como os movimentos treinados de um destacamento militar. Já o grito espontâneo, impossível de ser previsto com exatidão pela massa, este é inequívoco, e seu efeito, gigantesco. Um tal grito pode dar expressão a afetos de toda sorte; que afetos são esses é algo que frequentemente importa menos do que sua força, diversidade e a liberdade de sua sucessão. São eles que conferem à massa o seu espaço psíquico.

Podem, entretanto, apresentar-se tão fortes e concentrados que *despedaçam* a massa de imediato. As execuções públicas produzem esse efeito; uma mesma vítima só pode ser morta uma única vez. E, em se tratando de alguém que sempre foi considerado invulnerável, duvida-se até o último instante da possibilidade de que venha de fato a ser morto. A dúvida, oriunda da ocasião, aumenta o caráter estanque natural da massa. Tanto mais aguda e penetrante afigura-se, então, a visão da cabeça cortada. O grito que se segue é terrível, mas trata-se do derradeiro grito dessa massa específica. Pode-se, portanto, dizer que, nesse caso, a massa paga com sua própria morte imediata o excesso de expectativa estanque de que desfrutou com a máxima intensidade.

Nossas modernas competições esportivas são mais funcionais. Os espectadores podem *sentar-se*; a paciência de todos exibe-se a si própria. As pessoas têm os pés livres para batê-los, mas permanecem no mesmo lugar. E têm as mãos livres para bater palmas. Uma certa duração está prevista para o espetáculo; em geral, não se supõe que ela seja abreviada; ao menos por esse período de tempo é certo que todos permanecerão reunidos. Mas nesse espaço de tempo tudo pode acontecer. Não há como saber antecipadamente se, quando, e de que lado será marcado um gol; e, mesmo paralelamente a esses ansiados acontecimentos principais, há diversas outras coisas que podem conduzir a ruidosas erupções. A voz faz-se ouvir com frequência e em ocasiões variadas. A predeterminação temporal, porém, retira algo do caráter doloroso da desagregação final, da separação. Ademais, dá-se aos perdedores a oportunidade de uma revanche, e nem tudo terminou para sempre. Nesses espetáculos, a massa pode pôr-se realmente à vontade: ela pode aglomerar-se nas entradas e, posteriormente, estancar nos assentos; pode gritar de todas as maneiras, quando o momento certo se apresenta; e, mesmo estando já tudo acabado, pode nutrir a esperança de, no futuro, voltar a ter oportunidades semelhantes.

Massas estanques de natureza bastante mais passiva formam-se nos *teatros*. O caso ideal é aquele em que os atores representam para uma casa cheia. O número desejado de espectadores é dado de antemão. Eles se reúnem por si sós e, à exceção da pequena aglomeração diante da bilheteria, encontram cada um por si o seu caminho rumo à plateia. São conduzidos a seus lugares. Tudo se encontra já definido: a peça a ser encenada, os atores que nela trabalharão, o horário do início do espetáculo e os próprios lugares dos espectadores. Os que chegam atrasados são recebidos com ligeira hostilidade. As pessoas encontram-se sentadas qual um rebanho ensinado, quietas e munidas de paciência infinda. Ainda assim, cada um tem plena consciência de sua existência individual; cada espectador pagou por seu ingresso e observa bem quem está sentado a seu lado. Antes do início do espetáculo, contempla calmamente a fileira de cabeças reunidas: estas despertam nele um sentimento agradável, mas não demasiado intenso, de densidade. Na verdade, a igualdade entre os espectadores consiste unicamente no fato de todos compartilharem da mesma experiência, proveniente do palco. Mas suas reações espontâneas ao que estão assistindo são limitadas. Mesmo o aplauso ocorre em momentos prescritos, e, na maioria das vezes, as pessoas realmente só batem palmas quando devem fazê-lo. É tão somente da força do aplauso que se pode depreender em que medida tornaram-se massa; ele é a única medida para tanto, e é assim que os próprios atores o avaliam.

O estancamento no teatro tornou-se já em tão grande medida um rito que os espectadores o sentem exteriormente, como uma suave pressão que não os toca mais profundamente e, de todo modo, mal chega a dar-lhes a sensação de uma comunhão e unidade interior. Contudo, não se pode esquecer quão grande e comum é a *expectativa* que, sentados ali, abrigam, e como essa expectativa se mantém ao longo de toda a encenação. Só muito raramente as pessoas deixam o teatro antes do final do espetáculo; mesmo decepcionadas, elas se mantêm firmes — o que significa que, ao longo desse tempo, mantêm-se coesas.

O contraste entre o silêncio dos espectadores e a ação ruidosa do aparato que sobre eles atua é ainda mais notável nos *concertos*. Nestes, tudo depende de uma completa imperturbabilidade. Todo movimento é indesejado; todo ruído, proibido. Enquanto a música que está sendo executada vive em grande medida de seu ritmo, nenhum efeito rítmico pode fazer-se perceptível nos ouvintes. Os diferentes afetos que a música desperta em incessante sucessão são de natureza a mais variada e intensa. Não há possibilidade de eles não serem sentidos pela maioria dos presentes, nem de estes não os sentirem *ao mesmo tempo*. Contudo, as reações exteriores não têm lugar. As pessoas encontram-se sentadas imóveis em seus lugares, como se conseguissem *nada* ouvir. É claro que, nesse caso, uma educação prolongada, artificial, para o estancamento foi necessária, educação esta a cujos resultados já nos acostumamos. Afinal, contemplando-se imparcialmente a questão, poucos são os fenômenos de nossa vida cultural tão impressionantes quanto um público de concerto. As pessoas que se expõem *naturalmente* aos efeitos da música comportam-se de maneira totalmente diversa; e aqueles que, em sua vida, ainda não ouviram música alguma podem mergulhar na mais desenfreada excitação ao vivenciá-la pela primeira vez. Quando, ao desembarcar na Tasmânia, os marinheiros tocaram a *Marselhesa* para os nativos, estes expressaram sua satisfação por meio de estranhas contorções do corpo e dos mais espantosos gestos, fazendo com que os marinheiros morressem de rir. Um jovem entusiasmado pôs-se a arrancar os cabelos, coçar a cabeça com as duas mãos e emitir repetidos gritos.

Um minúsculo resquício de descarga corporal conservou-se também em nossos concertos. Batem-se palmas como um agradecimento aos músicos — um barulho breve e caótico em homenagem a outro, longo e bem organizado. Se o aplauso não acontece, se as pessoas se separam no mesmo silêncio de quando estavam sentadas, é porque sentem-se já inteiramente na esfera do fervor religioso.

É dessa esfera que originalmente deriva o silêncio no concerto. O *reunir-se de pé* diante de deus constitui prática disseminada em diversas religiões. Caracterizam-no os mesmos traços do estancamento que hoje conhecemos das massas mundanas, e ele é capaz de conduzir a descargas igualmente súbitas e violentas.

Talvez o exemplo mais impressionante seja o da famosa *estação de Arafat*, o ponto culminante da peregrinação a Meca. Na planície de Arafat, algumas horas distante de Meca, de 600 mil a 700 mil peregrinos se reúnem num determinado dia, estabelecido de acordo com o ritual. Agrupam-se todos num grande círculo ao redor do "monte da Misericórdia", uma colina escalvada que se ergue no meio da planície. Por volta das duas horas da tarde, quando o calor é maior, os peregrinos tomam posição e permanecem de pé ali até o pôr do sol. Não cobrem a cabeça e vestem todos a mesma túnica branca dos peregrinos. Com apaixonado interesse, ouvem atentamente as palavras do pregador que lhes fala do alto da colina. Seu sermão compõe-se de uma ininterrupta louvação a deus. Os peregrinos respondem com uma fórmula repetida milhares de vezes: "Esperamos por tuas ordens, senhor. Esperamos por tuas ordens!". Muitos soluçam de emoção; outros batem no peito. Alguns desmaiam em razão do terrível calor. É essencial, porém, que permaneçam na planície sagrada durante essas longas e escaldantes horas. Somente ao pôr do sol dá-se o sinal para a partida.

Os acontecimentos subsequentes, que estão entre o que se conhece de mais enigmático em termos de costumes religiosos, serão tratados e interpretados mais adiante, em outro contexto. O que nos interessa aqui é tão somente esse *momento do estancamento*, que se estende por horas. Em um estado crescente de excitação, centenas de milhares de pessoas são mantidas na planície de Arafat, não lhes sendo permitido — aconteça-lhes o que acontecer — abandonar essa estação perante Alá. Juntas elas se apresentam e juntas recebem o sinal para a partida. O pregador as inflama, e elas próprias inflamam-se umas às outras com seus gritos. Na fórmula que utilizam está contida a "espera", que, enquanto tal, retorna constantemente. O sol, movendo-se com lentidão imperceptível, mergulha tudo na mesma luz radiante, no mesmo calor: poder-se-ia chamá-lo a *encarnação* do estancamento.

Todos os graus tanto de enrijecimento quanto de silêncio podem ser encontrados nas massas religiosas, mas o grau mais elevado de passividade que elas são capazes de atingir é violentamente imposto de fora à massa. Numa *batalha*, duas massas lançam-se uma sobre a outra, cada uma delas pretendendo ser a mais forte. Por intermédio de seu grito de guerra, elas procuram provar para *si* e para o inimigo que são realmente a mais forte. O objetivo da batalha é fazer calar o outro lado. Tombados os inimigos todos, cala-se para sempre a sua voz, que era a reunião de todas as vozes numa só — uma ameaça que se tinha razão em temer. A mais silenciosa das massas é a dos *inimigos mortos*. Quanto mais perigosa ela tenha sido, tanto mais se aprecia vê-la reunida inerte num amontoado. Vê-la tão indefesa, na condição de um amontoado de mortos, constitui um vício em si. Afinal, foi na qualidade de um amontoado que ela, anteriormente, se lançou sobre o inimigo, que gritou para ele. Essa *massa silenciada* dos mortos não era vista outrora como inanimada. Supunha-se que, em alguma outra parte, os mortos seguiriam vivendo à sua maneira, todos novamente reunidos; e, no fundo, tratar-se-ia de uma vida semelhante àquela conhecida que levavam. Assim, jazendo no chão como cadáveres, os inimigos representavam para aquele que os contemplava o exemplo extremo de uma massa estanque.

Também essa noção, porém, experimentou uma intensificação maior. Em vez apenas dos inimigos tombados, podem transformar-se nessa massa *todos os mortos* jazendo juntos na terra, esperando por sua ressurreição. Cada um que morre e é enterrado aumenta-lhe o número; todos quantos já passaram por esta vida pertencem a essa massa, e destes tem-se uma quantidade já infinda. A terra que os une é sua densidade, de modo que, ainda que jazam isoladamente, tem-se a sensação de que estão bem juntos um do outro. E jazem ali por um tempo infinitamente longo, até o dia do *juízo final*. Sua vida paralisa-se até o momento da ressurreição, e esse momento coincide com o de sua reunião perante deus, que os julgará. Nada há entre um momento e outro: jazem como massa e, também como massa, ressuscitam. Não há prova mais grandiosa da realidade e do significado da massa estanque do que o desenvolvimento dessa concepção da ressurreição e do juízo final.

A LENTIDÃO OU A LONJURA DA META

À massa *lenta* vincula-se a *lonjura* de sua meta. Com grande perseverança, as pessoas se movem rumo a uma meta inamovível e, aconteça o que acontecer, permanecem juntas enquanto estão a caminho. O caminho é longo; os obstáculos, desconhecidos; perigos as ameaçam, provindos de todos os lados. Antes que tenham atingido sua meta, qualquer descarga lhes é vedada.

A massa lenta assume a forma de um cortejo. Já desde o princípio, ela pode consistir de todos os que dela participam, como na partida do Egito dos filhos de Israel. Sua meta é a Terra Prometida, e seus participantes constituirão uma massa enquanto acreditarem nessa meta. A história de sua peregrinação é a história de sua crença. As dificuldades são amiúde tão grandes que as pessoas começam a duvidar. Passam fome ou sede e, tão logo começam a resmungar, ameaça-lhes a desagregação. O homem que as conduz empenha-se continuamente por restabelecer-lhes a crença. E logra consegui-lo sempre, ou, se não o consegue ele próprio, conseguem-no os inimigos pelos quais as pessoas se sentem ameaçadas. A história dessa peregrinação estendendo-se por mais de quarenta anos encerra muitas formações isoladas de massas de natureza veloz e aguda; oportunamente, haverá aqui muito a dizer a seu respeito. Tais massas, contudo, encontram-se todas elas subordinadas à noção mais abrangente de uma única massa lenta, movendo-se rumo à meta que lhe foi prometida, à Terra da Promissão. Os adultos envelhecem e morrem; crianças nascem e crescem; porém, mesmo sendo outros os indivíduos, o cortejo como um todo permanece o mesmo. Não aflui para essa massa nenhum grupo novo. Desde o princípio, encontra-se definido quem a ela pertence e tem direito à Terra Prometida. Considerando-se que essa massa não pode crescer aos saltos, uma pergunta capital permanece ao longo de toda a sua peregrinação: como logra ela não *desagregar-se*?

Uma segunda forma de massa lenta é comparável antes a um sistema fluvial. Ela principia com pequenos regatos confluindo paulatinamente; no rio que assim se forma desembocam outros rios que para ele afluem provindos de toda parte; dispondo de terra suficiente diante de si, o todo faz-se uma torrente, e sua meta é o mar. A peregrinação anual a Meca é, talvez, o exemplo mais impressionante dessa forma de massa lenta. Das porções mais longínquas do mundo islâmico partem caravanas de peregrinos, todas caminhando em direção a Meca. Várias delas começam pequenas, talvez; outras, providas de grande esplendor por príncipes, constituem, já de início, o orgulho de suas terras de origem. No decorrer da peregrinação, porém, todas elas encontram outras caravanas dotadas da mesma meta, de modo que crescem mais e mais, transformando-se, já próximas de sua meta, em portentosos rios. Meca é o seu mar, aquele no qual desembocam.

É da constituição de tais peregrinos que haja neles muito espaço para vivências de natureza mais corriqueira, as quais nada têm a ver com o sentido em si de sua marcha. Eles vivem seus dias sempre iguais, enfrentam muitos perigos, são pobres em sua maioria e têm de prover sua comida e sua bebida. A vida desses homens, desenrolando-se em terra estranha — terra esta que muda continuamente —, encontra-se aí muito mais exposta a perigos do que em casa. Não se trata absolutamente de perigos relacionados à natureza de sua empreitada. Assim, esses peregrinos permanecem, em grande medida, indivíduos a, separadamente, viver cada um a sua vida, como os seres humanos em toda parte. Enquanto, porém, seguirem aferrando-se a sua meta — como é o caso da maioria deles —, serão sempre parte de uma massa lenta, a qual — seja qual for o modo como se comportem para com ela — seguirá existindo e perdurará até que tenha atingido sua meta.

Uma terceira forma assumida pela massa lenta observa-se em todas aquelas formações relacionadas a uma meta invisível e inatingível nesta vida. O além no qual os bem-aventurados aguardam todos aqueles que fizeram por merecer um lugar ali é uma meta bem articulada, pertinente somente aos crentes. Eles o veem clara e nitidamente diante de si, não precisando contentar-se com um símbolo vago que o represente. Sua vida é como uma peregrinação rumo a esse além; entre eles e sua meta encontra-se a morte. O caminho não se apresenta delineado em detalhes, e é difícil abarcá-lo com os olhos. Muitos desviam-se, perdendo-se nele. Ainda assim, a esperança no além matiza de tal forma a vida dos crentes que se pode, com razão, falar aqui em uma massa lenta à qual pertencem conjuntamente todos os adeptos de uma crença. Como não conhecem uns aos outros, espalhando-se por diversas cidades e países, a anonimidade dessa massa é particularmente impressionante.

Mas que aspecto tem ela *em seu interior*, e o que mais a diferencia das formas *velozes* da massa?

À massa lenta não é dado conhecer a *descarga*. Poder-se-ia dizer que essa é sua característica principal, de modo que, em vez de lentas, seria admissível falar-se em massas desprovidas de descarga. Preferível é, entretanto, a primeira designação, pois o que ocorre não é que possam renunciar *totalmente* à descarga. Esta, ainda que deslocada para um ponto longínquo, permanece sempre contida na noção de um estado final da massa. Lá, onde a meta se encontra, encontra-se também a descarga. Uma vigorosa visão dela está sempre presente; sua certeza situa-se no final do processo.

No caso da massa lenta, o que se tem em mira é o *retardamento* para o longo prazo do processo que conduz à descarga. Nesse retardamento, as grandes religiões desenvolveram particular maestria. Importa-lhes conservar os adeptos que conquistaram. Para conservá-los e, ao mesmo tempo, conquistar novos adeptos, cumpre reuni-los de quando em quando. Se, nessas reuniões, chegaram a ocorrer alguma vez violentas descargas, estas devem repetir-se, e, na medida do possível, superar-se em intensidade; ao menos uma repetição regular dessas descargas faz-se imprescindível, senão se há de pôr a perder a unidade dos crentes. O que se passa durante esse tipo de cerimônia envolvendo massas rítmicas não é controlável a grandes distâncias. O problema central das religiões universais é o controle de seus fiéis, espalhados por vastas porções da terra. Tal controle somente se faz possível mediante uma diminuição consciente da velocidade dos processos de massa. As metas distantes precisam adquirir importância; as próximas têm de, progressivamente, perder o seu peso e, por fim, afigurarem-se sem valor algum. A descarga terrena jamais dura; duradouro é o que é deslocado para o além.

Assim sendo, meta e descarga coincidem; a primeira é, porém, invulnerável. E isso porque a Terra Prometida aqui sobre a terra pode ser ocupada e devastada por inimigos, e o povo ao qual foi prometida pode dela ser expulso. Meca foi conquistada e saqueada pelos sármatas, que roubaram a pedra sagrada — a caaba. Durante muitos anos não se pôde empreender nenhuma peregrinação até a cidade.

O além, no entanto, com seus bem-aventurados, encontra-se a salvo de toda devastação dessa espécie. Ele vive unicamente da fé e só pode ser alcançado por meio desta. A desagregação da massa lenta do cristianismo teve início no momento em que a fé nesse além começou a dissolver-se.

AS MASSAS INVISÍVEIS

Por toda a terra, onde quer que haja seres humanos, encontra-se presente a concepção dos *mortos invisíveis*. Poder-se-ia designá-la a mais antiga concepção da humanidade. Certamente inexiste uma horda, tribo ou povo que não tenha refletido fartamente sobre seus mortos. O homem esteve sempre possuído por eles; sua importância era enorme e sua influência sobre os vivos foi sempre um componente essencial desta vida.

Imaginavam-se os mortos todos juntos, assim como os homens vivem juntos, e tendia-se a supor a existência de muitos deles. "Os antigos *bechuanas*, tanto quanto os demais nativos da África do Sul, acreditavam que a totalidade do espaço encontrava-se repleta dos espíritos de seus antepassados. A terra, o ar e o céu apresentavam-se repletos de espíritos capazes, a seu bel-prazer, de exercer uma influência maléfica sobre os vivos."

Os *bolokis* do Congo acreditam-se rodeados de espíritos que procuram, em todas as ocasiões, fazer-lhes mal, prejudicá-los a qualquer hora do dia ou da noite. Os rios e regatos encontram-se cheios dos espíritos de seus antepassados. Mesmo a floresta e a mata estão apinhadas de espíritos que podem tornar-se perigosos para os que viajam por terra ou pela água, deixando-se surpreender pela noite. Ninguém é suficientemente corajoso para, durante a noite, andar pela floresta que separa uma aldeia da outra; mesmo a perspectiva de uma grande recompensa é incapaz de seduzir alguém a fazê-lo. A resposta para tais ofertas é sempre: "Há espíritos demais na floresta".

Acredita-se geralmente que os mortos moram juntos num país distante, embaixo da terra, numa ilha ou numa morada celeste. Uma canção dos *pigmeus* do Gabão diz: "Os portões da caverna estão fechados. As almas dos mortos amontoam-se lá, aos bandos, qual uma nuvem de mosquitos a dançar à noite. Uma nuvem de mosquitos a dançar à noite, quando já escureceu e o sol se foi, uma nuvem de mosquitos: o esvoaçar de folhas mortas em meio à tempestade uivante". Mas não é o bastante que os mortos se tornem cada vez mais numerosos e que o sentimento de sua densidade faça-se predominante. Eles estão também em movimento, e atrás de empreitadas comuns. Às pessoas comuns, eles permanecem invisíveis, mas há homens com dons especiais — os *xamãs* —, entendidos em conjurações e capazes de subjugar os espíritos, que se tornam seus servos. Entre os *tchutches*, na Sibéria, "um bom xamã dispõe de legiões inteiras de espíritos auxiliares e, quando os convoca a todos, eles vêm em quantidades tamanhas que, qual uma parede, circundam completamente a pequena tenda onde tem lugar a conjuração".

Os xamãs *dizem* o que veem.

Com uma voz trêmula de emoção, o xamã grita do iglu:

"O espaço celeste está repleto de seres nus que vagam pelo ar. Seres humanos, homens nus, mulheres nuas que voam, atiçando a tempestade e a nevasca.

"Ouvis o zunido? O vento lá em cima zune feito o bater de asas de pássaros enormes. Esse é o medo dos seres humanos nus, a fuga dos seres nus! Os espíritos do ar sopram a tempestade; os espíritos do ar cobrem a terra de neve esvoaçante."

Provém dos *esquimós* essa grandiosa visão de espíritos nus em fuga.

Muitos povos imaginam seus mortos, ou uma certa parcela deles, como exércitos em combate. Entre os *celtas* das montanhas escocesas, o exército dos mortos é designado por uma palavra específica: *sluagh*. Em inglês, pode-se traduzir por *"spirit-multitude"*, "multiplicidade de espíritos". O exército de espíritos voa em grandes nuvens de um lado para o outro, feito os estorninhos sobre a face da terra. E os espíritos sempre retornam aos locais de seus pecados terrenos. Com suas infalíveis flechas venenosas, matam gatos, cachorros, ovelhas e o gado dos homens. Travam batalhas no ar como os homens o fazem na terra. Nas noites claras e geladas, podem-se ver e ouvir seus exércitos avançando e recuando, recuando e novamente avançando uns contra os outros. Depois de uma batalha, seu sangue tinge rochas e pedras de vermelho. A palavra *gairm* significa "grito, chamado", e *sluagh-ghairm* era o grito de guerra dos mortos. Desta última originou-se, posteriormente, a palavra *slogan*: a designação para a convocação à luta de nossas massas modernas provém dos exércitos dos mortos das montanhas escocesas.

Dois povos setentrionais que vivem assaz distantes um do outro — os *lapões*, na Europa, e os *índios tlinkits*, no Alasca — possuem a mesma concepção da aurora boreal como uma batalha.

Os lapões-kolta acreditam ver na aurora boreal os tombados na guerra que, na condição de espíritos, seguem lutando uns contra os outros no ar. Os lapões russos veem nela os espíritos dos que foram mortos. Eles moram numa casa onde às vezes se reúnem; matam-se, então, uns aos outros, e o chão se enche de sangue. A aurora boreal anuncia o início da batalha entre as almas dos que foram assassinados. Para os tlinkits do Alasca, todos os que morrem não na guerra, mas por doença, vão tão somente para o mundo subterrâneo. No céu ficam apenas os valentes guerreiros mortos em combate. Vez por outra, o céu se abre para acolher novos espíritos. Ao xamã, estes se mostram sempre como guerreiros plenamente armados. As almas dos que tombaram na guerra com frequência aparecem sob a forma da aurora boreal, particularmente daquelas suas labaredas que se parecem com flechas ou feixes, movendo-se de um lado para o outro, às vezes ultrapassando-se umas às outras ou trocando de lugar, o que lembra muito a maneira como os tlinkits combatem. Uma aurora boreal intensa anuncia — acredita-se — um grande derramamento de sangue, significando que os guerreiros mortos desejam para si novos camaradas.

Segundo creem os *germanos*, um número enorme de guerreiros encontra-se reunido no Valhala. Ali chegam todos os homens que, desde o princípio do mundo, morreram em combate. Seu número cresce cada vez mais, pois as guerras não têm fim. Fartam-se de comer e beber; a comida e a bebida renovam-se eternamente. Toda manhã, pegam suas armas e partem para a batalha. Matam-se de brincadeira e põem-se novamente de pé: não se trata de uma morte verdadeira. E retornam, então, ao Valhala por seus 640 portões, em fileiras de oitocentos homens cada.

Mas não são apenas os espíritos dos mortos que se imaginam sob a forma dessas multidões invisíveis aos homens comuns. Num antigo texto *judaico* lê-se: "Depende do ser humano saber, e ele deve lembrar-se disso, que não há nenhum espaço vazio entre o céu e a terra, mas tudo se encontra repleto de bandos e multidões. Uma parte destas é pura, cheia de misericórdia e clemência; uma parte, porém, constitui-se de criaturas impuras, de malfeitores e verdugos. Todos eles voam pelo ar: alguns desejam a paz, outros buscam a guerra; alguns promovem o bem, outros fazem o mal; alguns trazem vida, mas outros a morte".

Na religião dos antigos *persas*, os demônios compõem um exército particular, sujeito a um comando próprio. Em seu livro sagrado, o *Zend Avesta*, encontra-se a seguinte fórmula para expressar a inumerabilidade desses demônios: "Milhares e milhares de demônios, dezenas e dezenas de milhares, miríades inumeráveis deles".

A Idade Média *cristã* refletiu seriamente sobre o número de *diabos*. No *Diálogo dos milagres* de Caesarius de Heisterbach conta-se que, certa vez, eles lotaram tão densamente o coro de uma igreja que perturbaram o canto dos monges. Estes haviam começado a entoar o terceiro salmo: "Senhor, quão numerosos são os que me atormentam". Os diabos puseram-se a voar de um lado a outro do coro, misturando-se aos monges, que já nem sabiam o que estavam cantando; confusos, uma parte buscava encobrir com sua voz a voz da outra. Se tantos diabos reúnem-se num local para perturbar uma única missa, quantos haverão, então, de existir por toda a terra! Já o Evangelho — crê Caesarius — atesta que uma legião deles penetrou num único homem.

Um padre mau, em seu leito de morte, disse a um parente sentado a seu lado: "Vês aquele grande celeiro ali em frente? Sob seu teto há tanta palha quanto o número de diabos agora reunidos à minha volta". Os diabos espreitam-lhe a alma, a fim de conduzi-la a seu castigo. Mas tentam a sorte também junto ao leito de morte dos pios. No enterro de uma bondosa abadessa havia mais diabos reunidos à sua volta do que folhas nas árvores de uma grande floresta. Circundando um abade moribundo, seu número era maior do que o de grãos de areia à beira do mar. Esses dados devem-se a um diabo, ali presente em pessoa, e a um cavaleiro com quem veio a conversar, justificando-se. O diabo não ocultou sua decepção ante os vãos esforços e confessou ter estado presente à morte de Cristo, sentado num braço da cruz.

Vê-se, pois, que a impertinência desses diabos é tão gigantesca quanto o seu número. Quando fechava os olhos, o abade cisterciense Richalm via-os densamente feito poeira em torno de si. Fizeram-se estimativas mais exatas de seu número. Destas, conheço duas, as quais, no entanto, diferem bastante uma da outra. Uma informa serem 44 635 569 os diabos; a outra, 11 bilhões.

Em grande e natural contraste com isso encontra-se a noção que se tem dos anjos e dos bem-aventurados. Junto destes, tudo é paz; nada mais há que se deseje conseguir — a meta já foi alcançada. Também eles, contudo, encontram-se reunidos; são exércitos celestiais, "um sem-número de anjos, patriarcas, profetas, apóstolos, mártires, confessores, virgens e outros justos". Dispostos em grandes círculos, circundam o trono de seu senhor, qual os súditos de uma corte voltados para seu rei. Suas cabeças estão bem juntas umas das outras; em sua proximidade do senhor assenta-se a sua bem-aventurança. Ele os acolheu para sempre, e, assim como jamais o abandonarão, tampouco abandonarão uns aos outros. Encontram-se mergulhados na sua contemplação e o louvam. É só o que ainda fazem, e o fazem em conjunto.

A mente dos crentes apresenta-se povoada dessas noções de massas invisíveis. Sejam elas de mortos, de diabos ou de santos, são imaginadas como grandes bandos concentrados. Poder-se-ia dizer que as religiões *principiam* com essas massas invisíveis. Sua estratificação varia; em cada crença desenvolve-se um equilíbrio específico para elas. Uma classificação das religiões segundo a maneira pela qual elas manipulam suas massas é possível, e seria mesmo bastante desejável. As religiões superiores — entendendo-se por estas as que alcançaram validade universal — demonstram nesse aspecto uma segurança e clareza soberanas. Às massas invisíveis que mantêm vivas através de sua pregação encontram-se atrelados os medos e os desejos dos homens. Esses seres invisíveis são o sangue da fé. Tão logo perdem a cor, a crença se enfraquece, e, enquanto esta vai aos poucos definhando, outros bandos substituem os que empalideceram.

De *uma* dessas massas invisíveis — talvez a mais importante de todas — ainda não se falou aqui. Ela é a única que, a despeito de sua invisibilidade, parece natural a nós, homens de hoje: trata-se da massa dos *descendentes*. Até duas, talvez três gerações, o homem logra ainda abarcá-la com os olhos; depois disso, porém, ela pertence ao futuro. Precisamente em sua inumerabilidade, a descendência não é visível a pessoa alguma.

Sabe-se que ela vai aumentar — primeiro, paulatinamente; depois, com velocidade crescente. Tribos e povos inteiros remontam sua origem a um antepassado; pelas promessas que lhe são feitas percebe-se que descendentes magníficos, mas, acima de tudo, *que número* de descendentes ele deseja: numerosos como as estrelas no céu e a areia no mar. No *Shi-King*, o clássico cancioneiro dos *chineses*, encontra-se um poema no qual a descendência é comparada a uma nuvem de gafanhotos:

> *As asas dos gafanhotos dizem: Aperta, aperta!*
> *Oh, que teus filhos e netos*
> *Formem um exército inumerável!*
>
> *As asas dos gafanhotos dizem: Ata, ata!*
> *Oh, que teus filhos e netos*
> *Sucedam-se numa linha infinda!*
>
> *As asas dos gafanhotos dizem: Una, una!*
> *Oh, que teus filhos e netos*
> *sejam para sempre um!*

Os três desejos relativos à descendência aqui expressos são o grande número, a não interrupção — e, portanto, uma espécie de densidade ao longo do tempo — e a unidade. A nuvem de gafanhotos, como símbolo para a massa dos descendentes, é particularmente impressionante porque os insetos não são vistos aí como bichos daninhos, mas como algo exemplar, e justamente em função da força de sua multiplicação.

O sentimento da descendência encontra-se hoje tão vivo quanto sempre esteve. O caráter de massa, porém, desvinculou-se da descendência própria, transferindo-se para a humanidade futura como um todo. Para a maioria de nós, os exércitos de mortos transformaram-se em superstição vazia. Mas tem-se por um empenho nobre e nada ocioso pensar na massa dos que ainda não nasceram, querer-lhe bem e preparar-lhe uma vida melhor e mais justa. Esse sentimento em relação aos que ainda não nasceram é de grande importância no medo de todos quanto ao futuro da terra. É possível que o repúdio a sua mutilação, que a preocupação quanto a que aspecto terão, se hoje deflagrarmos nossas guerras modernas, contribuam mais para a abolição dessas guerras, e da guerra em si, do que todos os nossos medos individuais.

Ademais, tomando-se em consideração o *destino* das massas invisíveis das quais se falou aqui, poder-se-á dizer que algumas desapareceram já em grande parte, e outras, completamente. Nestas últimas incluem-se os diabos; em sua forma conhecida, não são mais encontrados em parte alguma, a despeito da grande quantidade em que existiam outrora. Ainda assim, deixaram seus vestígios. De sua *pequenez*, apresentaram-se muitos testemunhos surpreendentes à época de seu maior florescimento — os de Caesarius de Heisterbach, por exemplo. Desde então, os diabos abandonaram todos os traços que poderiam lembrar a figura humana, tendo se tornado ainda muito menores. Bastante modificados, portanto, e em quantidade ainda maior, eles ressurgiram no século XIX sob a forma de *bacilos*. Em vez de voltar-se contra a alma, seu ataque volta-se contra o corpo do homem. E, para este, podem representar grande perigo. Pouquíssimos homens já olharam através de um microscópio, podendo, assim, realmente vê-los. Todos, porém, que deles já ouviram falar têm sempre consciência da sua presença, esforçando-se por não entrar em contato com eles — uma empreitada algo vaga, considerando-se-lhes a invisibilidade. Sua periculosidade e concentração em gigantescas quantidades em espaços minúsculos, os bacilos indubitavelmente as herdaram dos demônios.

Uma massa invisível que sempre existiu, mas que somente foi reconhecida como tal a partir do microscópio, é a massa dos *espermatozoides*. Duzentos milhões desses bichinhos põem-se a um só tempo a caminho. São todos iguais entre si, reunidos em grande densidade. Todos têm uma meta, mas, à exceção de um único, perecem todos no caminho. Poder-se-ia dizer que eles não são seres humanos e que, no seu caso, não se deveria falar propriamente em massa, no sentido em que o termo foi descrito aqui. Tal objeção, porém, não atinge o fulcro da questão. Cada bichinho desses traz consigo tudo quanto se conservará dos antepassados. Cada um contém os antepassados: *é, ele próprio*, esses antepassados. Trata-se de uma enorme surpresa reencontrá-los aqui, entre uma existência humana e outra, e sob uma forma inteiramente diversa: todos os antepassados numa *única* e minúscula criatura invisível — e tal criatura, em quantidades tão imensuráveis.

CLASSIFICAÇÃO DAS MASSAS SEGUNDO O AFETO DOMINANTE

As massas que conhecemos estão repletas dos mais variados afetos. Mal se falou aqui, porém, da natureza de tais afetos. O propósito inicial desta investigação voltou-se para uma classificação da massa segundo princípios formais. Se ela é aberta ou fechada, lenta ou veloz, invisível ou visível — o que pouco nos diz acerca daquilo que ela sente, de seu conteúdo.

Tal conteúdo, entretanto, nem sempre pode ser apreendido em seu estado puro. São já conhecidas aquelas ocasiões em que a massa percorre toda uma série de afetos sucedendo-se velozmente. As pessoas podem passar horas a fio num teatro, e as experiências de que compartilham ali são de natureza a mais diversa. Num concerto, suas sensações apresentam-se ainda mais desvinculadas da ocasião do que no teatro; poder-se-ia dizer que alcançam aí o máximo de variedade. Contudo, tais ocasiões são artificiais; sua riqueza é o produto final de culturas elevadas e complexas. Seu efeito é moderado. Os extremos anulam-se mutuamente. De um modo geral, tais disposições servem a um abrandamento e uma diminuição das paixões de que os homens, e somente eles, sentem-se à mercê.

Os conteúdos afetivos principais da massa remontam a um passado bem mais distante. Eles surgem bem cedo; sua história é tão antiga quanto a da própria humanidade, e, no caso de dois desses conteúdos, mais antiga ainda. Um colorido homogêneo caracteriza cada um deles; uma só paixão principal os domina. Uma vez tendo sido discernidos com clareza, torna-se impossível voltar a confundi-los.

A seguir, diferenciar-se-ão cinco espécies de massas, de acordo com seu conteúdo afetivo. As mais antigas são a massa de acossamento e a massa de fuga. Estas verificam-se tanto em meio aos animais quanto entre os homens, e é provável que, isoladamente, seu desenvolvimento entre os homens se tenha sempre nutrido de modelos animais. As massas de proibição, de inversão e a massa festiva são especificamente humanas. Descrever esses cinco tipos principais de massa é imprescindível e sua interpretação pode conduzir a descobertas de considerável envergadura.

MASSAS DE ACOSSAMENTO

A massa de acossamento forma-se tendo em vista uma meta que se pode atingir rapidamente. Esta é-lhe conhecida e definida com precisão; é-lhe também próxima. Seu objetivo é matar, e ela sabe quem quer matar. Munida de uma determinação sem par, a massa de acossamento lança-se sobre sua meta; é impossível enganá-la. Para que uma tal massa se constitua, basta anunciar a meta e propagar o nome daquele que deve morrer. A concentração no matar é de natureza especial, insuperável por qualquer outra em intensidade. Todos querem participar; cada um quer desferir seu golpe. A fim de poder fazê-lo, comprimem-se todos o mais próximo possível da vítima. Se alguém não logra golpeá-la, ele desejará vê-la sendo golpeada pelos demais. É como se os braços todos saíssem de uma única e mesma criatura. Mas aqueles que *acertam* têm maior peso e valor. A meta é tudo. A vítima é a meta, mas é também o ponto de máxima densidade: ela reúne em si as ações de todos. Meta e densidade coincidem.

Uma razão importante para o rápido crescimento da massa de acossamento é a ausência de perigo da empreitada. Esta não oferece perigo algum, pois a superioridade da massa é enorme. A vítima nada lhe pode fazer. Ela foge ou é capturada. Não lhe é possível o contragolpe; indefesa, ela é tão somente vítima. Foi, ademais, abandonada à própria ruína, destinada a essa sorte — ninguém precisa temer sanção alguma por sua morte. O assassinato permitido substitui todos aqueles aos quais se tem de renunciar, aqueles que, uma vez cometidos, ter-se-ia de temer a imputação de pesadas penas. Um tal assassinato — permitido, recomendado, sem perigo algum e partilhado com muitos outros — afigura-se irresistível à grande maioria da humanidade. Há que se notar a esse respeito que a ameaça de morte a que estão sujeitos todos os homens e que, sob os mais variados disfarces, atua permanentemente, ainda que não se lhe perceba a todo momento, torna necessário *desviar* a morte para os outros. A formação de massas de acossamento atende a essa necessidade.

A empreitada é tão fácil e desenrola-se com tamanha rapidez que as pessoas precisam apressar-se para chegar a tempo. A pressa, a euforia e a segurança de uma tal massa têm algo de sinistro. Trata-se da excitação de cegos que atingem o auge de sua cegueira quando, subitamente, creem estar enxergando. A massa caminha rumo ao sacrifício e à execução, e o faz com o intuito de, repentinamente e para sempre, livrar-se da morte de todos os que a compõem. Mas o que então se passa com ela é o contrário disso. Em razão da execução — mas somente depois dela —, a massa sente-se mais ameaçada do que nunca pela morte. Assim, desagrega-se e espalha-se numa espécie de fuga. Quanto mais importante era a vítima, tanto maior é o medo da massa. Ela só logra permanecer reunida quando se tem uma série de acontecimentos dessa mesma natureza sucedendo-se com grande rapidez.

A massa de acossamento é muito antiga; ela remonta à mais primitiva unidade dinâmica que a humanidade conhece: a malta de caça. Das maltas, que são pequenas e também em outros aspectos diferem em muito das massas, falar-se-á mais detidamente adiante. No momento, tratar-se-á apenas de algumas ocasiões gerais que dão ensejo à formação de massas de acossamento.

Dentre os tipos de morte a que uma horda ou um povo condena o indivíduo podem-se distinguir duas formas principais: a primeira é a *expulsão*. O indivíduo é abandonado numa situação na qual se vê exposto sem nenhuma defesa a animais selvagens, ou na qual morrerá de fome. A comunidade humana à qual pertencia anteriormente nada mais tem a ver com ele; não lhe é permitido abrigá-lo ou dar-lhe algum alimento. Qualquer contato com ele a macula, tornando ela própria culpada. A solidão, em sua forma mais rigorosa, é aí a punição extrema; a separação do indivíduo de seu próprio grupo constitui um tormento ao qual, sobretudo em contextos primitivos, somente muito poucos logram sobreviver. Uma variação desse isolamento é o abandono aos inimigos. Em se tratando de seres humanos, e ocorrendo sem luta, essa variante é sentida como particularmente cruel e humilhante — como uma morte dupla.

A segunda forma é a do *matar coletivamente*. O condenado é conduzido a um campo aberto e apedrejado. Todos participam do ato de matar; atingido pelas pedras de todos eles, o culpado sucumbe. A ninguém delegou-se a tarefa de executor; a comunidade inteira mata. As pedras a representam: elas são a marca de sua decisão e de seu ato. Mesmo nos lugares em que o apedrejamento caiu em desuso, essa tendência do matar conjuntamente persiste. Pode-se compará-la à *morte pelo fogo:* este age em lugar da multidão que desejava a morte do condenado. Provindas de todos os lados, as chamas atingem a vítima; por toda parte, poder-se-ia dizer, ela é agarrada e morta. Nas religiões infernais, um outro elemento acresce-se a isso. À morte coletiva pelo fogo, que é um símbolo para a massa, vincula-se a ideia da expulsão — isto é, da expulsão para o inferno —, o abandono aos inimigos infernais. As chamas do inferno erguem-se até a terra, agarrando e levando consigo o herege que lhes pertence. O crivar a vítima de flechas e o fuzilamento do condenado à morte por um pelotão de soldados têm no grupo executor os delegados da comunidade. Ao se enterrar pessoas em formigueiros — prática que se conhece da África e de outras partes —, deixa-se às formigas, representando uma numerosa massa, a penosa tarefa desta última.

Todas as formas de execução pública vinculam-se à antiga prática do matar coletivamente. O verdadeiro carrasco é a massa, que se reúne ao redor do cadafalso. Ela aprova o espetáculo; apaixonadamente, conflui desde longe em sua direção, a fim de assistir a ele do começo ao fim. Ela quer que ele aconteça e não aceita de bom grado que a vítima lhe escape. O relato da condenação de Cristo ilustra a essência desse processo. O "Crucificai-o!" parte da massa. É ela o elemento verdadeiramente ativo; em outros tempos, teria ela própria se desincumbido da tarefa e apedrejado Cristo. O julgamento, que em geral se dá diante de um grupo limitado de pessoas, representa a grande multidão que, mais tarde, assiste à execução. A pena de morte, que, pronunciada em nome do direito, soa abstrata e irreal, torna-se real ao ser executada na presença da massa. É, afinal, para ela que a sentença é pronunciada, e quando se diz que o direito é público, é a massa que se tem em mente.

A Idade Média dota suas execuções de magnífica pompa, e estas se realizam tão vagarosamente quanto possível. Ocorre, por vezes, de a vítima advertir os espectadores com discursos edificantes. Preocupa-se com o destino destes últimos, que não devem fazer o que ela fez. Expõe-lhes aonde é que se chega, levando-se uma vida como a sua. Os espectadores sentem-se bastante lisonjeados com essa preocupação. Pode-se conceder à vítima a derradeira satisfação de, ainda uma vez, figurar diante dos espectadores como um *igual*, como alguém igualmente bom que, juntamente com eles, abandona e condena sua vida pregressa. O arrependimento de malfeitores ou descrentes diante da morte — arrependimento pelo qual, valendo-se de todos os meios disponíveis, se empenham os sacerdotes — possui, paralelamente à intenção declarada de salvar-lhes a alma, também o sentido de predispor a massa de acossamento à transformação numa futura massa festiva. Todos devem sentir-se fortalecidos em sua bondade e acreditar na recompensa que, em decorrência disso, os espera no além.

Em tempos revolucionários, aceleram-se as execuções. O verdugo parisiense Samson orgulha-se do fato de seus auxiliares não necessitarem de mais de "um minuto por pessoa". Pode-se atribuir muito da disposição febril das massas nessas épocas à rápida sucessão de incontáveis execuções. É importante para a massa que o carrasco exiba-lhe a cabeça daquele que foi morto. Esse, e nenhum outro, é o momento da descarga. A quem quer que tenha pertencido tal cabeça, esse alguém foi *degradado*; no breve momento em que fita a massa, ela se faz uma cabeça como todas as demais. É possível que antes figurasse sobre os ombros de um rei; ainda assim, graças ao fulminante processo de degradação perante os olhos de todos, igualou-se às demais. A massa, que consiste aí de cabeças a olhar fixamente, obtém o sentimento de sua igualdade no momento em que também essa cabeça a fita. Quanto mais poderoso tenha sido o executado, quanto maior a distância que anteriormente o separava da massa, tanto maior será a excitação da descarga. Se era um rei, ou um poderoso de magnitude semelhante, então atuará aí também a satisfação provocada pela inversão. O direito à justiça sangrenta, que tão longamente lhe coube, foi agora exercitado contra ele. Mataram-no os que, antes, ele mandava matar. Não há como superestimar o significado dessa inversão: há um tipo de massa que se forma unicamente em função de uma tal inversão.

O efeito da cabeça exibida à multidão absolutamente não se esgota na descarga. Na medida em que esta última, com tremenda violência, a reconhece como uma das suas; na medida em que tal cabeça cai, por assim dizer, no meio da multidão e não é mais do que ela; na medida, pois, em que torna as pessoas umas iguais às outras, cada indivíduo vê-se refletido nela. A cabeça cortada constitui uma *ameaça*. Fitaram-lhe a morte com tamanho apetite que agora não conseguem mais libertar-se dela. Uma vez que tal cabeça pertence à massa, também a própria massa foi atingida por sua morte: misteriosamente enferma e assustada, ela começa a desagregar-se. Como que fugindo dessa cabeça, a massa, então, se dispersa.

É particularmente veloz a desagregação da massa de acossamento que já obteve sua vítima — um fato do qual têm plena consciência os detentores do poder, quando em perigo. A fim de deter-lhe o crescimento, eles arremessam à massa uma vítima. Muitas execuções políticas já foram ordenadas com esse único propósito. Os porta-vozes de partidos radicais, por outro lado, em geral não percebem que, ao atingir sua meta — a execução pública de um perigoso adversário —, ferem mais fundo a própria carne do que a do partido inimigo. Após uma tal execução, pode ocorrer-lhes de sua massa de adeptos dispersar-se, e de por muito tempo, ou mesmo para sempre, não conseguirem recuperar a antiga força. Mais adiante, na abordagem das maltas e, especialmente, das maltas de lamentação; falar-se-á ainda de outras causas para essa reviravolta.

A *repugnância* ao matar coletivamente é de origem assaz moderna. Não se deve superestimá-la. Ainda hoje, pelos *jornais*, todos participam das execuções públicas. Como tudo, também isso fez-se apenas mais confortável. Sentado tranquilamente em casa, o homem pode, dentre centenas de detalhes, deter-se naqueles que mais o excitam. A aclamação só se dá depois de tudo terminado; nem o mais leve vestígio de culpa turva o prazer. Não se é responsável por coisa alguma: nem pela sentença, nem pelo jornalista que testemunhou-lhe a execução, nem por seu relato, nem mesmo pelo jornal que publicou tal relato. Mas sabe-se mais a respeito do ocorrido do que em tempos passados, quando se tinha de caminhar e permanecer de pé durante horas para, por fim, ver apenas muito pouco. No público formado pelos leitores de jornal conservou-se viva uma massa de acossamento abrandada, mas, em função de sua distância dos acontecimentos, ainda menos responsável; conservou-se aí, é-se tentado a dizê-lo, a sua forma ao mesmo tempo mais desprezível e estável. Como sequer precise reunir-se, ela evita também sua desagregação; a repetição cotidiana do jornal a provê de variedade.

MASSAS DE FUGA

A *massa de fuga* constitui-se a partir da *ameaça*. É próprio dela que todos fujam, que todos sejam arrastados por ela. O perigo de que se sente ameaçada é o mesmo para todos. Ele se concentra num determinado lugar e não faz distinções: pode ameaçar os habitantes de uma cidade, todos os que professam uma mesma crença ou todos os falantes de uma única e mesma língua.

As pessoas fogem juntas porque assim fogem melhor. A excitação é a mesma: a energia de um intensifica a dos outros, e as pessoas compelem-se todas adiante, na mesma direção. Enquanto estão juntas, sentem o perigo *distribuído* por todos. Uma noção antiquíssima crê que o perigo atacará em *um único* ponto. Enquanto o inimigo se apodera de um, os outros todos poderão escapar. Os flancos da fuga apresentam-se abertos, mas alongados como são é inconcebível que o perigo ataque todos ao mesmo tempo. Em meio a tantas pessoas, ninguém supõe que venha a ser *ele* a vítima. Uma vez que todos se movem rumo à salvação, cada um sente-se inteiramente impregnado da possibilidade de obtê-la.

O que mais chama a atenção na fuga em massa é precisamente a força de sua direção. A própria massa transformou-se inteiramente em direção, por assim dizer — uma direção que significa longe do perigo. Uma vez que importa apenas a meta, na qual se está salvo — isto é, o percurso específico até lá, e nada mais —, as distâncias anteriormente existentes entre os homens são irrelevantes. Criaturas bastante singulares e opostas, que jamais se aproximaram uma da outra, podem aí subitamente reunir-se. É certo que, na fuga, não se anulam as suas diferenças, mas anulam-se nela todas as distâncias que as separavam. De todas as formas da massa, a de fuga é a mais abrangente. Contudo, o quadro desigual que ela oferece não é produzido apenas pela participação de absolutamente todos, mas faz-se ainda mais confuso pelas velocidades bastante diversas de que os homens são capazes em sua fuga. Dentre eles há jovens e velhos, fortes e fracos, pessoas levando consigo cargas maiores ou menores. A variedade desse quadro pode confundir um observador externo. Ela é casual e — comparada à força avassaladora da direção — absolutamente insignificante.

A energia da fuga multiplica-se na medida em que cada participante reconheça os demais: ele pode impeli-los adiante, mas não empurrá-los para o lado. No momento em que passa a preocupar-se apenas consigo próprio e a sentir os que o circundam tão somente como um obstáculo, o caráter da fuga em massa altera-se completamente, transformando-se em seu oposto: ela se transforma em *pânico*, uma luta de cada um contra todos os demais que lhe barram o caminho. Na maioria das vezes, uma tal reviravolta ocorre quando a direção da fuga é reiteradamente perturbada. Basta que se obstrua o caminho da massa para que ela irrompa em outra direção. Obstruindo-se lhe seguidamente o caminho, ela logo não saberá mais que rumo tomar. Confundir-se-á em sua direção, o que fará com que sua consistência se modifique. O perigo, que até então produzira um efeito acelerador e unificador, coloca *uns* como inimigos dos *outros*, de modo que cada um tentará salvar-se por si só.

Contrariamente ao pânico, porém, a fuga em massa extrai sua energia de sua coesão. Enquanto ela não se deixar dispersar por coisa alguma, enquanto persistir em seu caráter irrompível, qual uma portentosa torrente que não se subdivide, também o medo que a impele permanecerá suportável. Tão logo ela se põe em marcha, uma espécie de exaltação caracteriza a fuga em massa: a exaltação do movimento conjunto. Ninguém se encontra menos em perigo do que o outro, e embora cada um corra ou cavalgue a não mais poder, a fim de pôr-se em segurança, cada um tem o seu lugar no todo — um lugar que reconhece e ao qual, em meio à agitação geral, se aferra.

No decorrer da fuga, que pode estender-se por dias ou semanas, muitos ficam para trás — seja porque sua força os abandonou ou porque o inimigo os atingiu. Cada um que cai constitui um estímulo para que os outros prossigam. A sorte que o vitimou excetuou os demais. O atingido é um sacrifício oferecido ao perigo. Por mais importante que tenha sido para alguém em particular, como companheiro de fuga, na condição daquele que caiu ele se faz importante para todos. Sua visão dá nova força aos exaustos. Ele era mais fraco que eles; era a ele que o perigo visava. O isolamento desse seu ficar para trás, o isolamento no qual os demais ainda o veem por um breve instante, aumenta para estes o valor de sua coesão. Nunca é demais enfatizar o significado para a consistência da fuga daquele que tombou.

O término natural da fuga é o alcance de sua meta. Em segurança, a massa volta a dissolver-se. O perigo, porém, pode também ser aniquilado em sua fonte. Decreta-se uma trégua, e a cidade da qual se fugiu já não está mais em perigo. Se antes haviam fugido em conjunto, agora as pessoas retornam separadamente; apresentam-se novamente tão apartadas quanto antes. Contudo, há ainda uma terceira possibilidade, a que se pode chamar o escoar-se da fuga na areia. A meta encontra-se demasiado distante; o meio é hostil; os homens têm fome, tornam-se fracos e exaustos. Em vez de um único, centenas, milhares jazem no chão. Essa desintegração física estabelece-se paulatinamente, e o movimento inicial mantém-se por um tempo infinitamente longo. Os homens arrastam-se adiante, tendo já desaparecido qualquer perspectiva de salvação. De todas as formas da massa, a de fuga é a mais tenaz; seus últimos integrantes permanecem juntos até o instante derradeiro.

Exemplos de fuga em massa efetivamente não faltam. Nossa época fez-se novamente bastante farta nesse fenômeno. Até os acontecimentos da última guerra, ter-se-ia pensado primeiramente no destino da Grande Armada de Napoleão, por ocasião de sua retirada da Rússia. Trata-se do exemplo mais grandioso: a composição desse exército de homens de tantas e tão diversas línguas e países, o inverno terrível, a distância gigantesca, que tinha de ser percorrida a pé pela maioria — conhece-se em todos os seus detalhes essa retirada que tinha, necessariamente, de degenerar numa fuga em massa. — A fuga de uma *metrópole* foi provavelmente vivenciada pela primeira vez, nas proporções em que se deu, em 1940, quando os alemães se aproximavam de Paris. O famoso "êxodo" não durou muito tempo, uma vez que logo se estabeleceu a trégua. Contudo, a intensidade e a amplitude desse movimento foram tais que ele se converteu para os franceses na principal lembrança relacionada à massa da última guerra.

Não cabe enumerar aqui os exemplos de tempos mais recentes. Sua lembrança apresenta-se fresca ainda na mente de todos. Importante afigura-se, porém, destacar que a fuga em massa era já, desde sempre, conhecida dos homens, mesmo quando estes viviam ainda em grupos bastante reduzidos. Ela desempenhou um papel em sua imaginação antes mesmo de ser-lhes numericamente possível. Basta lembrar aquela visão de um xamã esquimó: "O espaço celeste está repleto de seres nus que vagam pelo ar. Seres humanos, homens nus, mulheres nuas que voam, atiçando a tempestade e a nevasca. Ouvis o zunido? O vento lá em cima zune feito o bater de asas de pássaros enormes. Esse é o medo dos seres humanos nus, a fuga dos seres nus!".

MASSAS DE PROIBIÇÃO

Um tipo especial de massa forma-se graças a uma *proibição:* um grupo de muitos *não* quer mais fazer o que até então faziam como indivíduos. A proibição é repentina; eles a impõem a si próprios. Pode ser que se trate de uma velha proibição, caída no esquecimento; ou de uma proibição que, de tempos em tempos, é novamente resgatada. Mas pode tratar-se também de uma proibição inteiramente nova. De todo modo, ela golpeia com força máxima. É incondicional feito uma ordem, mas o decisivo nela é seu caráter negativo. Ainda que venha a parecer o contrário, ela jamais provém realmente de fora. Origina-se sempre de uma necessidade daquele mesmo a quem atinge. Tão logo decretada a proibição, a massa começa a formar-se. Todos se negam a fazer o que deles espera um mundo exterior. Tudo o que até então faziam sem grande alarde, qual lhes fosse coisa natural e simples, passam de súbito a não fazê-lo de forma alguma. Pode-se conhecer-lhes a coesão a partir da determinação de sua negativa. O caráter negativo da proibição comunica-se a essa massa desde o momento de seu nascimento, e, enquanto ela durar, permanecerá sendo sua característica mais essencial. Poder-se-ia, pois, falar aqui também em uma massa negativa. A resistência a compõe: a proibição é uma fronteira e um dique — nada é capaz de transpor a primeira; nada logra transbordar o segundo. Um vigia o outro, a fim de verificar se ele permanece sendo parte do dique. Aquele que cede, transgredindo a proibição, é repudiado pelos demais.

Em nossa época, o melhor exemplo de massa negativa ou de proibição é a *greve*. Os trabalhadores estão acostumados a executar regularmente o seu trabalho em determinadas horas. Trata-se de tarefas da mais variada espécie: uns fazem uma coisa, outros fazem algo inteiramente diferente. Mas apresentam-se à mesma hora para trabalhar, e à mesma hora deixam o local de trabalho. São iguais entre si no que respeita a esse momento conjunto do início e do término da jornada. A maioria executa seu trabalho com as mãos. Ainda um outro aspecto os aproxima: a questão da remuneração de seu trabalho. No entanto, seus salários variam de acordo com a tarefa que desempenham. Como se vê, sua igualdade não vai muito longe. Sozinha, ela não basta para conduzir à formação de uma massa. Quando, porém, ocorre uma greve, os trabalhadores igualam-se de uma forma mais unificadora: igualam-se em sua negativa a seguir trabalhando. Tal negativa abrange o homem por inteiro. A proibição do trabalho gera uma postura aguda e resistente.

O momento da paralisação é um grande momento, glorificado nas canções dos trabalhadores. Muitos fatores colaboram para o sentimento de alívio que marca o início da greve para os trabalhadores. Sua igualdade fictícia — a igualdade de que lhes falam, mas que, na verdade, não vai além do fato de todos trabalharem com as mãos — faz-se subitamente real. Enquanto trabalhavam, tinham de fazer as coisas mais diversas, e tudo lhes era prescrito. Quando paralisam o trabalho, passam todos a fazer o mesmo. É como se, num mesmo momento, todos deixassem cair as mãos e tivessem, então, de empregar toda a sua força para *não* tornar a levantá-las, não importa quão faminta esteja a sua gente. A suspensão do trabalho torna os trabalhadores iguais. Comparada ao efeito produzido por esse momento, sua reivindicação concreta é de pouca importância. A meta da greve pode ser um aumento de salário — e, decerto, os trabalhadores sentem-se unidos também em torno dessa meta. Sozinha, porém, ela não bastaria para transformá-los em massa.

As mãos que abaixam exercem um efeito contagioso sobre outras mãos. O que elas *não* fazem comunica-se a toda a sociedade. A greve, que se propaga por "simpatia", impede a outros, que de início não pensavam em uma paralisação, de se dedicarem a sua ocupação habitual. O sentido da greve é que ninguém deve fazer coisa alguma, enquanto os trabalhadores nada fizerem; e quanto mais bem-sucedidos forem nesse seu propósito, tanto maior será sua perspectiva de vitória.

No interior da greve propriamente dita, é importante que cada um se atenha à proibição. De dentro da própria massa, forma-se espontaneamente uma organização. Sua função é a de um Estado que nasce com plena consciência de sua vida curta e no qual vigem apenas umas poucas leis; estas, porém, são cumpridas com o máximo rigor. Sentinelas vigiam os acessos ao local onde a ação teve seu início: o próprio local de trabalho é terreno proibido. A interdição que sobre ele pesa o isenta de seu caráter cotidiano, emprestando-lhe uma dignidade muito especial. A responsabilidade por ele torna-o propriedade comum. Enquanto tal, ele é protegido e impregnado de um significado mais elevado. Em seu vazio e em seu silêncio, o local de trabalho possui algo de sagrado. Quem quer que dele se aproxime é examinado quanto a seu posicionamento. Aquele que o faz com intenções profanas, aquele que quer trabalhar, é tido por inimigo ou traidor.

A organização cuida da distribuição de gêneros alimentícios ou dinheiro. O que já se tem deve durar por um tempo o mais longo possível. É importante que todos recebam pouco. Não ocorrerá ao mais forte que ele deva ter mais; mesmo o ambicioso resignar-se-á de bom grado. Como o que se tem é habitualmente muito pouco para todos, e a repartição se faz com honestidade — isto é, publicamente —, esse tipo de distribuição contribui para o orgulho da massa por sua igualdade. Há algo de extraordinariamente sério e respeitável numa tal organização. Quando se fala na selvageria e na ânsia de destruição da massa, não se pode deixar de pensar no sentimento de responsabilidade e na dignidade de uma tal formação, nascida espontaneamente de seu próprio seio. Já pelo fato de ela exibir características totalmente distintas, e mesmo opostas, o exame da massa de proibição é imprescindível. Enquanto permanecer fiel a sua essência, ela será contrária a toda e qualquer destruição.

É verdade, no entanto, que não é fácil mantê-la nesse estado. Quando as coisas vão mal e a carência alcança proporções insuportáveis — e, particularmente, quando ela se sente atacada ou sitiada —, a massa negativa tende a transformar-se em positiva e ativa. Aos grevistas que se abstiveram tão subitamente da atividade habitual de suas mãos poderá custar grande esforço, passado algum tempo, mantê-las inativas. Tão logo sintam que a unidade de sua resistência encontra-se ameaçada, tenderão eles à destruição, e, aliás, sobretudo na esfera de sua própria e costumeira atividade. É aí que começa a principal tarefa da organização: ela tem de manter puro o caráter da massa de proibição e impedir qualquer ação isolada efetiva. Tem, ainda, de reconhecer quando é chegado o momento de suspender a proibição à qual a massa deve sua existência. Se sua percepção corresponde ao sentimento da massa, terá ela própria de, retirando a proibição, determinar sua dissolução.

MASSAS DE INVERSÃO

"Bom e caro amigo: os lobos sempre comeram as ovelhas; será que desta vez as ovelhas comerão os lobos?" Tais palavras encontram-se numa carta que madame Jullien escreveu a seu filho durante a Revolução Francesa. Reduzida a uma fórmula sucinta, elas contêm a essência da inversão. Até agora, uns poucos lobos mantiveram-se à custa de muitas ovelhas. Chegou a hora de as muitas ovelhas voltarem-se contra os poucos lobos.

É sabido que as ovelhas não comem carne. Mas, precisamente nessa sua aparente falta de sentido, essas palavras são significativas. As revoluções são típicas épocas de inversão. Aqueles que por tanto tempo foram indefesos subitamente adquirem dentes. Seu número tem de compensar o que lhes falta em experiência de maldade.

A inversão pressupõe uma sociedade estratificada. A fronteira que separa determinadas classes, das quais uma possui mais direitos do que a outra, precisa ter existido por um certo tempo, precisa ter se feito sentir longamente na vida cotidiana dos homens, antes que possa surgir a necessidade de uma inversão. É necessário que o grupo superior tenha desfrutado do direito de dar ordens ao inferior — quer tenha o primeiro conquistado o país e se imposto a seus habitantes, quer tenha a estratificação resultado de processos internos.

Cada ordem deixa fincado naquele que é obrigado a cumpri-la um doloroso *aguilhão*. Maiores detalhes sobre a natureza desses aguilhões, que são indestrutíveis, saber-se-ão mais adiante. Homens aos quais muitas ordens foram dadas, homens que se apresentam repletos de tais aguilhões, sentem um poderoso impulso de livrar-se deles. Duas são as maneiras de conseguir essa libertação. Eles podem repassar para baixo as ordens que receberam de cima — e, para isso, é necessário que haja uma camada inferior, pronta a acolher tais ordens. Ou podem, também, pagar na mesma moeda o que tão longamente sofreram e armazenaram daqueles que lhes são superiores. Um indivíduo sozinho, fraco e desamparado como é, apenas raramente terá a sorte de dispor de uma tal oportunidade. Quando, porém, muitos deles reúnem-se numa massa, é possível que consigam o que, isoladamente, lhes fora negado. Juntos, podem voltar-se contra aqueles que, até então, lhes davam as ordens. A situação revolucionária pode ser encarada como a de uma tal inversão. E a essa massa, cuja descarga consiste principalmente de uma libertação conjunta dos aguilhões fincados pelas ordens, há que se denominar *massa de inversão*.

Considera-se a queda da Bastilha o início da Revolução Francesa. Esta, porém, tivera já anteriormente o seu início, com um massacre de lebres. Em maio de 1789, os Estados Gerais haviam se reunido em Versalhes. Discutiam a supressão dos direitos feudais, dentre os quais estava também o direito de caça da nobreza. Em 10 de junho, um mês *antes* da queda da Bastilha, Camille Desmoulins — que, na qualidade de deputado, participava das discussões — relatou a seu pai numa carta: "Os bretões estão pondo provisoriamente em prática alguns dos artigos de suas reivindicações. Estão matando as pombas e os animais selvagens. Da mesma forma, cinquenta jovens estão promovendo aqui na redondeza uma devastação sem igual das lebres e dos coelhos. Diz-se que, ante os olhos dos guardas, teriam matado de 4 a 5 mil animais na planície de Saint-Germain". Antes de aventurar-se contra os lobos, as ovelhas voltam-se contra as lebres. Antes da inversão, dirigida contra os próprios superiores, as pessoas se lançam incólumes contra os que lhes são inferiores: os animais de caça.

O acontecimento propriamente dito dá-se, então, no Dia da Bastilha. Toda a cidade provê-se de armas. A rebelião tem por alvo a justiça real, a qual o edifício atacado e tomado de assalto incorpora. Prisioneiros são libertados, podendo, então, juntar-se à massa. O governador responsável pela defesa da Bastilha e seus auxiliares são executados. Ladrões são também pendurados nos postes. A Bastilha é posta no chão: demolem-na pedra por pedra. Em seus dois aspectos principais — como pena de morte e como perdão —, a justiça passa às mãos do povo. Consuma-se aí — para o momento — a inversão.

Massas dessa espécie formam-se nas mais variadas circunstâncias: sublevações de escravos contra seus senhores, de soldados contra os oficiais, de pessoas de cor contra brancos que se fixaram em seu meio. Invariavelmente, os primeiros passaram um longo período sob o comando dos últimos. Os revoltosos agem sempre motivados por seus aguilhões, e têm sempre de esperar um longo tempo até que possam agir.

Contudo, muito do que se observa na superfície das revoluções desenrola-se entre *massas de acossamento*. Indivíduos são caçados e, quando apanhados, mortos por todos em conjunto, seja sob a forma de um julgamento ou mesmo sem que tenha sido sentenciado. Mas não é disso, absolutamente, que a revolução *consiste*. Massas de acossamento, atingindo rapidamente o seu fim natural, jamais bastam para fazê-la. A inversão, uma vez começada, segue sempre em frente. *Cada um* busca alcançar uma posição na qual possa livrar-se de seus aguilhões, e todos os têm em profusão. A massa de inversão é um processo que abrange toda uma sociedade; mesmo que porventura obtenha êxito logo de início, ainda assim somente lenta e dificultosamente caminha ela para o seu fim. Da mesma forma como, na superfície, a massa de acossamento esvai-se com rapidez, a inversão, partindo do nível mais profundo, dá-se vagarosamente, em muitos saltos sucessivos.

A inversão pode, entretanto, ser ainda muito mais lenta: pode-se prometê-la para o além. "Os últimos serão os primeiros." Entre a situação presente e a futura encontra-se a morte. No outro mundo, voltar-se-á a viver. Aquele que foi pobre no aqui e não praticou mal algum, tanto mais valerá ele no além. Seguirá existindo como um ser novo e mais bem situado. Ao crente, promete-se a libertação de seus aguilhões. Mas nada se lhe diz acerca das circunstâncias exatas dessa libertação; e, ainda que mais tarde todos se vejam reunidos no além, não se aponta propriamente para a massa como o *substrato* da inversão.

No centro dessa espécie de promessa encontra-se a ideia do revivescimento. Casos de revivescimento neste mundo, operados por Cristo, são relatados nos Evangelhos. Os pregadores dos famosos *revivals* nos países anglo-saxões empregaram de todas as formas possíveis o efeito produzido pela morte e pela ressurreição. Ameaçados por eles com as mais terríveis penas do inferno, os pecadores reunidos mergulhavam numa atmosfera de medo que mal se pode descrever. Viam um vasto lago de fogo e enxofre diante dos olhos, e a mão do todo-poderoso em vias de mergulhá-los no pavoroso abismo. A veemência de suas invectivas — diz-se de um desses pregadores — tinha seu efeito ainda mais intensificado pelas medonhas contorções de seu rosto e pelo trovejar de sua voz. De uma distância de quarenta, cinquenta, cem milhas, as pessoas afluíam de todas as partes para ouvir tais pregadores. Os homens traziam suas famílias em carroças cobertas e proviam-se de roupa de cama e alimento para vários dias. Por volta de 1800, uma parte do estado do Kentucky mergulhou num estado febril graças a assembleias desse tipo. Estas tinham lugar ao ar livre — edificação alguma teria, nos estados de outrora, comportado essas massas gigantescas. Em agosto de 1801, 20 mil pessoas reuniram-se no encontro de Cane Ridge. Cem anos mais tarde, a lembrança desse acontecimento ainda não se desvanecera no Kentucky.

Os ouvintes eram aterrorizados pelos pregadores até caírem no chão, nele jazendo feito mortos. As ameaças eram ordens de deus. Tais ordens os compeliam à fuga, fazendo com que buscassem a salvação numa espécie de morte aparente. "Abatê-los" era o propósito deliberado e declarado do pregador. Tudo se passava como num campo de batalha: à direita e à esquerda, fileiras inteiras de pessoas caíam no chão. A comparação com um campo de batalha é de autoria dos próprios pregadores. Esse susto supremo e derradeiro parecia-lhes imprescindível para a inversão moral que pretendiam provocar. O êxito da pregação era medido em função do número de "tombados". Uma testemunha que contabilizou com precisão esse número relata que, no decorrer daquele encontro de vários dias, 3 mil pessoas tombaram desamparadas no chão — quase um sexto de todos os presentes. Os caídos eram carregados para uma sala de reuniões ao lado. Em momento algum as pessoas deitadas recobriram menos da metade do chão. Um número grande, bastante grande delas permaneceu imóvel ali por horas, incapaz de falar ou mover-se. Às vezes voltavam a si por uns poucos instantes e, mediante um profundo gemido, um grito penetrante ou uma fervorosa prece por misericórdia, demonstravam estar vivas. Algumas tamborilavam com os calcanhares no chão. Outras, agonizantes, gritavam e remexiam-se feito peixes içados vivos da água. Outras, ainda, rolavam horas a fio pelo chão. E havia também aquelas que, súbita e freneticamente, saltavam por sobre o púlpito e os bancos e precipitavam-se na floresta gritando: "Perdido! Perdido!".

Quando os tombados voltavam a si eram outra pessoa. Levantavam-se e exclamavam: "Redenção!". Haviam "renascido" e podiam agora dar início a uma vida boa e pura. Haviam deixado para trás sua antiga existência de pecadores. A conversão, porém, só era digna de crédito se precedida de uma espécie de morte.

Fenômenos de caráter menos extremado, mas produzindo o mesmo efeito, ocorriam também. Uma assembleia inteira explodiu em choro. Muitos foram acometidos por convulsões inelutáveis. Alguns, geralmente grupos de quatro ou cinco, puseram-se a latir feito cães. Passados alguns anos, tendo a excitação assumido uma forma mais branda, primeiro pessoas isoladas, depois todo um coro foi assaltado por uma "risada sagrada".

Tudo quanto acontecia, porém, acontecia no interior da massa. Desta, quase não se conhecem formas mais excitadas e tensas.

A inversão aí almejada é diversa daquela das revoluções. Trata-se, nesse caso, da relação dos homens com os mandamentos divinos. Até o momento, agiram contrariamente a eles. Agora, temem o castigo. Esse medo, intensificado de todas as formas pelos pregadores, compele-os a um estado de inconsciência. Fingem-se de mortos, qual animais em fuga; mas seu medo é tão grande que perdem a consciência dele. Quando voltam a si, declaram-se prontos a acatar as ordens e proibições de deus. Em compensação, abranda-se neles o medo intensificado ao máximo do castigo imediato. Trata-se, por assim dizer, de um processo de domesticação: as pessoas deixam-se domesticar pelo pregador, transformando-se em servos obedientes de deus.

Tal fenômeno é precisamente o oposto daquele que se verifica numa revolução, conforme foi interpretado mais acima. Lá, tratava-se de libertar-se dos aguilhões que, graças à longa sujeição a uma dominação, vão pouco a pouco sobrecarregando os homens. Aqui, trata-se de uma nova sujeição aos mandamentos de deus, de uma pronta disposição, pois, de acolher de boa vontade todos os aguilhões que tal sujeição possa gerar. Em comum, ambos os fenômenos têm apenas a consumação de uma inversão e o cenário psíquico no qual esta se desenrola: tanto em um como no outro caso, a massa.

MASSAS FESTIVAS

Uma quinta espécie de massa, eu a caracterizaria como a *massa festiva*. Num espaço limitado, tem-se uma grande variedade de coisas, e as muitas pessoas que se movem no interior dessa área determinada podem, todas elas, compartilhar do que ali está. Os produtos, quaisquer que sejam eles, são expostos em grandes montes. Uma centena de porcos jazem atados numa fileira. Montanhas de frutas são empilhadas. Preparada em portentosos recipientes, a bebida mais apreciada espera por seus degustadores. Disponível tem-se mais do que todos juntos seriam capazes de consumir, e, a fim de consumi-lo, mais e mais pessoas vão chegando. Enquanto ainda houver algo, elas se servirão; é como se a coisa jamais tivesse um fim. Há mulheres em profusão para os homens, e homens em profusão para as mulheres. Nada nem ninguém os ameaça; nada os compele à fuga; a vida e o prazer estão assegurados por toda a duração da festa. Muitas proibições e separações estão suspensas; aproximações deveras incomuns são permitidas e favorecidas. Para o indivíduo, a atmosfera não é de descarga, mas de descontração. Inexiste uma meta que seja a mesma para todos e que todos tenham de alcançar em conjunto. A própria *festa* é a meta, e esta já se atingiu. A densidade é bastante grande; a igualdade, por sua vez, é em boa parte aquela do arbítrio e do prazer. As pessoas se movem não com as outras, mas por entre as outras. As coisas que ali jazem aos montes e das quais as pessoas se servem constituem parte essencial da densidade: são o seu cerne. Elas são reunidas primeiro, e somente então é que os homens reúnem-se em torno delas. Anos podem ser necessários até que tudo esteja ali, e as pessoas podem ter suportado uma longa privação em troca dessa breve fartura. Vivem, porém, voltadas para esse momento, e o produzem como uma meta deliberada. Pessoas que em geral raramente se veem são solenemente convidadas em grupos. A chegada dos diversos contingentes é vigorosamente marcada, intensificando aos saltos a alegria geral.

Intervém nesse estado o sentimento de que, desfrutando conjuntamente dessa festa, está-se cuidando para que muitas outras ocorram no futuro. Por meio de danças rituais e representações dramáticas, recordam-se ocasiões anteriores de natureza semelhante. A tradição formada por estas está contida no presente da festa em curso. Quer as pessoas comemorem o promotor primordial dessas festas, o mítico causador de todas as maravilhas de que os homens se comprazem, os antepassados ou, como nas sociedades posteriores e mais frias, apenas os ricos donatários — seja como for, uma futura repetição de ocasiões semelhantes parece garantida. As festas *chamam* outras festas, e, graças à densidade de coisas e pessoas, a vida se multiplica.

A MASSA DUPLA: HOMENS E MULHERES. OS VIVOS E OS MORTOS

A mais segura e, frequentemente, a única possibilidade de a massa *conservar-se* reside na existência de uma segunda massa com a qual ela se relacione. Seja porque se enfrentem e se meçam num jogo, seja porque ameacem seriamente uma à outra, o fato é que a visão ou a vigorosa concepção de uma segunda massa não permite que a primeira se desintegre. Enquanto, de um lado, as pernas se apresentam postadas bem juntas umas das outras, os olhos, do outro lado, encontram-se dirigidos para outros olhos à sua frente. Enquanto os braços se movem aqui segundo um ritmo comum, os ouvidos atentam para o grito que aguardam de lá.

Fisicamente próximas, as pessoas encontram-se reunidas com sua própria gente e agem conjuntamente com ela numa unidade familiar e natural. No entanto, toda curiosidade, expectativa ou todo medo encontra-se voltado para um segundo aglomerado de pessoas, apartado do primeiro por uma clara distância. Se o veem à sua frente, ficam fascinados por essa visão; se não o veem, decerto podem ouvi-lo. Tudo quanto eles próprios fazem depende da ação ou da intenção daquele segundo aglomerado. O estar defronte atua sobre o estar junto. A confrontação, demandando de ambas as massas uma atenção especial, altera a natureza da concentração no interior de cada grupo. Enquanto o segundo grupo não se dispersar, o primeiro permanecerá reunido. A tensão entre os dois aglomerados age como uma pressão sobre a gente do primeiro grupo. Quando se trata da tensão de um jogo ritual, tal pressão se manifesta como uma espécie de vergonha: coloca-se todo o empenho em não pôr a nu frente ao adversário o próprio lado em que se está. Mas quando os opositores ameaçam e a vida encontra-se efetivamente em jogo, essa pressão transforma-se na couraça de uma defesa decidida e una.

Qualquer que seja o caso, uma massa mantém viva a outra, pressupondo-se aí, porém, que sejam mais ou menos equivalentes em tamanho e intensidade. A fim de se prosseguir sendo massa, não se pode ter um adversário demasiado superior — ou, ao menos, não se pode tomá-lo por demasiado superior. Onde viceja o sentimento de que a resistência não é possível, as pessoas procurarão salvar-se mediante a fuga em massa, e se também esta se revela sem esperanças, a massa desintegrar-se-á em pânico, cada um pondo-se em fuga por conta própria. Esse, entretanto, não é o caso que interessa aqui. É próprio da formação do *sistema de duas massas* — como também se pode chamá-lo — o sentimento de ambas as partes de que suas forças mais ou menos se equivalem.

Se se deseja compreender como surge um tal sistema, tem-se de partir de três oposições básicas. Estas podem ser encontradas onde quer que haja seres humanos; todas as sociedades conhecidas tiveram consciência delas. A primeira e mais óbvia dessas oposições é aquela entre homens e mulheres; a segunda, a oposição entre os vivos e os mortos; a terceira, que é hoje quase exclusivamente a única em que se pensa quando se fala em duas massas contrapostas, é aquela entre os amigos e os inimigos.

Contemplando-se a primeira bipartição — aquela entre homens e mulheres —, não será difícil perceber o que ela poderia ter a ver com a formação de massas especiais. Homens e mulheres vivem juntos em famílias. Podem, é certo, propender para atividades diversas, mas mal se pode imaginá-los contrapostos em aglomerados raivosos e apartados. A fim de se obter um quadro diferente da forma que essa oposição assume, tem-se já de recorrer a relatos acerca de modos de vida mais primitivos.

Em 1557, Jean de Léry, um jovem huguenote francês, testemunhou uma grande festa dos tupinambás no Brasil.

Ordenaram-nos que permanecêssemos na casa onde as mulheres estavam. Não sabíamos ainda o que iriam fazer, quando, de repente, começou uma barulheira na casa onde estavam os homens, distante nem dez passos de nós e das mulheres. O som era semelhante ao murmurar de preces.

Ao ouvi-lo, as mulheres — aproximadamente duzentas — levantaram-se todas de um salto, aguçaram os ouvidos e comprimiram-se num aglomerado, uma bem junto da outra. Pouco depois, os homens ergueram suas vozes. Ouvíamos claramente todos cantando juntos e, a fim de estimularem-se uns aos outros, repetindo seguidamente um grito: "He, he, he, he!". Ficamos espantadíssimos quando, em resposta, as mulheres passaram a emitir o mesmo grito: "He, he, he, he!". Por mais de quinze minutos gritaram e berraram tão alto que não sabíamos que cara fazer diante daquilo.

Gritando ainda, saltavam com grande ímpeto para o ar; seus peitos tremiam e uma espuma evolvia-lhes a boca. Algumas caíram inconscientes no chão, feito sofressem de epilepsia. Para mim, era como se o diabo as tivesse possuído, deixando-as loucas.

Bem perto de nós, numa sala só para elas, ouvíamos as crianças sacudindo-se e fazendo barulho. Embora eu já estivesse então havia mais de meio ano em contato com os silvícolas, tendo me adaptado bastante bem à vida deles, fiquei — não desejo ocultá-lo — apavorado. Perguntava-me no que iria dar aquilo, e desejava estar já de volta a nosso forte.

O pandemônio por fim se acalma, mulheres e crianças se calam, e Jean de Léry ouve os homens cantando em coro tão maravilhosamente que não resiste mais à ânsia de vê-los. As mulheres procuram detê-lo; elas conhecem a proibição e sabem que não lhes é permitido, em hipótese alguma, ir até onde estão os homens. Léry, porém, consegue imiscuir-se furtivamente; nada lhe acontece, e, acompanhado de dois outros franceses, ele assiste à festa.

Homens e mulheres encontram-se, pois, rigorosamente separados uns dos outros, em casas diferentes, mas próximas. Não podem ver-se; com a maior atenção um grupo põe-se, então, a ouvir o barulho feito pelo outro. Emitem ambos os mesmos gritos e, por meio deles, intensificam o seu estado até o da excitação de massa. Os acontecimentos propriamente ditos desenrolam-se em meio aos homens. As mulheres, porém, participam da excitação da massa. É notável como, aos primeiros sons que ouvem, provenientes da casa onde estão os homens, elas se juntam num denso aglomerado e respondem elas próprias, cada vez mais selvagemente, aos gritos selvagens que logo ouvem de lá. Estão com muito medo; uma vez que estão encerradas ali — não podem sair de maneira alguma —, e considerando-se que não lhes é possível saber o que está se passando entre os homens, sua excitação adquire uma coloração de natureza especial. Saltam para o alto qual saltassem para fora. Os traços histéricos que o observador registra são característicos de uma fuga em massa obstruída. A tendência natural das mulheres seria fugir rumo aos homens; como sobre isso pesa uma severa proibição, fogem, por assim dizer, sem sair do lugar.

Digno de nota é o que sente o próprio Jean de Léry. Ele compartilha da excitação das mulheres, mas não lhe é possível pertencer efetivamente à massa que compõem. É um estranho e, além disso, um homem. Em meio a elas e, não obstante, delas apartado, ele só pode temer transformar-se na vítima dessa massa.

Que a participação das mulheres, à sua maneira, não é desimportante, tal é o que se percebe a partir de uma outra passagem do relato. Os feiticeiros da tribo — ou "caraíbas", como os chama Jean de Léry — proíbem-nas rigorosamente de deixarem a casa. Ordenam-lhes, porém, que prestem cuidadosa atenção ao canto dos homens.

A influência que mulheres reunidas exercem sobre seus homens pode ser importante mesmo que uma distância bem maior os separe. Por vezes, as mulheres têm sua contribuição a dar ao êxito de expedições bélicas. Seguem-se três exemplos disso, provenientes da Ásia, América e da África — de povos, portanto, que jamais tiveram contato algum entre si, e, certamente, tampouco influência uns sobre os outros.

Entre os *kafirs* de Hindu Kush, são as mulheres que executam a dança de guerra, enquanto os homens estão ausentes em expedição. Transmitem, assim, força e coragem aos guerreiros, intensificando lhes a atenção, a fim de que não se deixem surpreender por um inimigo astuto.

Entre os *jivaros* da América do Sul, enquanto seus homens estão em expedição bélica, as mulheres se reúnem noite após noite numa determinada casa, onde executam uma dança especial. Carregam chocalhos de conchas de caracol pelo corpo e cantam canções de conjuro. Supõe-se que essa dança de guerra das mulheres possua um poder próprio: ela protege seus pais, homens e filhos das lanças e balas do inimigo, além de embalar este último, fazendo-o crer-se seguro, de modo que não perceba o perigo senão tarde demais; e impede-o ainda de vingar-se pela derrota.

"Mirary" é o nome que se dá em *Madagascar* a uma antiga dança das mulheres, a qual só pode ser executada no momento da luta. Anunciada uma batalha, mensageiros avisavam as mulheres. Elas, então, soltavam os cabelos, começavam a dança e estabeleciam assim um vínculo com os homens. Quando, em 1914, os alemães marchavam rumo a Paris, as mulheres em Tananarive dançaram o mirary para proteger os soldados franceses. A despeito da grande distância, a dança parece ter surtido efeito.

Por toda a terra encontram-se festas nas quais mulheres e homens dançam em grupos separados, mas à vista um do outro e, em geral, em direção um ao outro. Não há necessidade de descrevê-las: são conhecidas de todos. Restringi-me cautelosamente a alguns casos mais extremos, nos quais a separação, a distância e também a medida da excitação chamam a atenção. Certamente, pode-se falar aí em uma massa dupla profundamente arraigada. Nesse caso, ambas as massas apresentam-se bem-intencionadas uma em relação à outra. A excitação de uma deve promover o bem-estar e a prosperidade da outra. Homens e mulheres pertencem a um *mesmo* povo e dependem uns dos outros.

Nas *lendas das amazonas*, que absolutamente não se restringem à antiguidade grega, delas havendo exemplos inclusive entre os nativos da América do Sul, as mulheres separam-se para sempre dos homens, contra os quais guerreiam feito um povo contra o outro.

Mas, antes de nos voltarmos à contemplação da guerra, onde a essência perigosa e aparentemente inescapável da massa dupla encontrou sua expressão mais forte, é conveniente que lancemos um olhar à antiquíssima oposição entre os *vivos* e os *mortos*.

Em tudo quanto se passa entre os moribundos e os mortos é importante a ideia de que, do outro lado, atua uma quantidade muito maior de espíritos aos quais, por fim, juntar-se-á aquele que morre. O lado dos vivos não entrega de bom grado os seus membros. Sua perda os enfraquece, e, em se tratando de um homem na flor da idade, essa perda é sentida com particular dor pelos seus. Resistem a ela o melhor que podem, mas sabem que sua resistência não é de muita utilidade. A massa do outro lado é maior e mais forte, e para lá ele será atraído. O que quer que façam os vivos, fazem-no cientes dessa supremacia. Tem-se de evitar tudo quanto possa irritá-la. Os espíritos exercem influência sobre os vivos e podem prejudicá-los de todas as maneiras. Para muitos povos, a massa dos mortos é o reservatório de onde saem as almas dos recém-nascidos. Dela depende, então, se as mulheres terão ou não filhos. Por vezes, os espíritos assumem a forma de nuvens e trazem a chuva. Podem negar aos homens as plantas e os animais de que se alimentam. Podem vir buscar novas vítimas entre os vivos. Na condição de membro do poderoso exército do outro lado, o morto de que somente se abriu mão após dura resistência acalma-se.

Morrer é, portanto, uma luta — uma luta entre dois inimigos de forças desiguais. Os gritos que as pessoas dão, os ferimentos que se infligem pelo pesar e pelo desespero pretendem ser também, talvez, expressão dessa luta. O morto não deve crer que foi entregue facilmente: por ele debateram-se os vivos.

É bastante singular essa luta. Trata-se de uma luta que está sempre perdida, não importa quão valentemente se lute. Desde o princípio, está-se a fugir do inimigo; na verdade, confronta-se com ele apenas na aparência, na esperança de que, numa escaramuça de retaguarda, se possa livrar-se dele. A luta é também uma bajulação que se finge para o moribundo, que breve estará em vias de engrossar as fileiras do inimigo. O morto, passando-se para o outro lado, deve ter em boa conta — ou, pelo menos, não em demasiada má conta — aquele que aqui ficou. Afinal, lá chegando furioso, ele poderia incitar os inimigos potenciais a um novo e perigoso saque.

O fundamental nessa espécie particular de luta entre os vivas e os mortos é seu caráter intermitente. Nunca se sabe quando acontecerá de novo. É possível que, por um bom tempo, nada aconteça. Mas não se pode confiar nessa possibilidade. Cada novo golpe dá-se de repente, provindo da escuridão. Não há uma declaração de guerra. Após uma única morte, é possível que tudo tenha se acabado. Mas pode ser também que o combate se estenda por um longo tempo, como no caso das pestes e epidemias. Está-se sempre em retirada, e a luta nunca tem, de fato, um fim.

Da relação entre os vivos e os mortos voltar-se-á a tratar aqui. Para o momento, o importante era contemplar ambos como massas duplas cujos componentes relacionam-se continuamente.

A terceira forma da massa dupla é a de guerra. É a que hoje nos diz respeito mais de perto. Depois de tudo quanto se viveu neste século, muito se daria para compreendê-la e dissolvê-la.

A MASSA DUPLA: A GUERRA

Na guerra, o que interessa é matar. "As fileiras inimigas foram dizimadas." E matar aos *montes*. Abate-se o maior número possível de inimigos; a perigosa massa de adversários vivos deve transformar-se num amontoado de mortos. O vencedor é aquele que mais inimigos matou. O que se enfrenta na guerra é a massa crescente dos vizinhos. Seu crescimento é, em si, assustador. Sua ameaça, contida já nesse mero crescimento, desencadeia a massa agressiva que compele à guerra. Ao lutá-la, busca-se sempre a superioridade — isto é, dispor do grupo mais numeroso e explorar em todos os aspectos a fraqueza do adversário, antes que ele próprio aumente o seu número. A condução da guerra é, pois, no âmbito particular, um quadro exato daquilo que se passa no âmbito geral: quer-se constituir a massa maior de vivos. Que pertença ao lado oposto o amontoado maior de mortos. Nessa disputa das massas em crescimento situa-se uma causa essencial, a causa mais profunda — poder-se-ia dizer — das guerras. Em vez de mortos, podem-se fazer também escravos — particularmente mulheres e crianças —, os quais servirão, então, para aumentar a massa dos vencedores. A guerra, contudo, jamais é realmente guerra se não visa primeiramente um amontoado de inimigos mortos.

Todo o bem conhecido vocabulário empregado para fatos bélicos nas línguas antigas e novas expressa de maneira precisa essa situação. Fala-se em "batalha" e em "matança". Fala-se em "derrota". Torrentes de sangue tingem os rios de vermelho. O inimigo é massacrado até o último homem. Os guerreiros se batem "até o último homem". Não há "perdão".

É, porém, significativo apontar para o fato de que mesmo o *amontoado de mortos* é percebido como uma *unidade* e, em algumas línguas, designado por palavras especiais. A palavra alemã *Walstatt*, que significa "campo de batalha", contém o antigo radical *wal*, significando "os tombados no campo de batalha"; *Valhall* nada mais é do que "a morada dos guerreiros tombados". Por apofonia, originou-se da palavra *wal*, do alto alemão antigo, a palavra *wuol*, que significa "derrota". A palavra correspondente em anglo-saxão — *wol* — significa, porém, "peste, epidemia". Comum a todas essas palavras — trate-se dos tombados no campo de batalha, de derrota, peste ou epidemia — é a ideia de um *amontoado de mortos*.

Tal ideia, entretanto, não é, em absoluto, puramente germânica. Pode-se encontrá-la em toda parte. Numa visão do profeta Jeremias, a terra inteira aparece como um único campo de cadáveres apodrecendo. "E aqueles que o Senhor entregar à morte naquele dia ficarão estendidos desde um polo da terra até o outro polo, não serão chorados, nem recolhidos, nem enterrados; como esterco jazerão sobre a face da terra."

O profeta Maomé tem um sentimento tão vigoroso em relação ao monte de inimigos mortos que lhes dirige a palavra numa espécie de sermão triunfal. Após a batalha de Bedr, sua primeira grande vitória sobre seus inimigos de Meca,

mandou que jogassem os inimigos mortos numa cisterna. Somente um único deles foi sepultado sob terra e pedra, porque estava tão inchado que não foi possível arrancar-lhe de imediato a couraça. Foi, pois, o único que restou, e deixaram-no deitado. Quando os demais estavam já na cisterna, Maomé postou-se diante deles e exclamou: "Ó homens da cisterna! Confirmou-se a promessa de vosso Senhor? A promessa do meu, descobri-a verdadeira". Seus companheiros apartearam: "Ó enviado de Deus! São cadáveres!". E Maomé respondeu: "Mas, *sim, sabem* que se cumpriu a promessa do Senhor".

Assim reuniu ele aqueles que, anteriormente, não quiseram dar ouvidos a suas palavras; na cisterna, encontram-se bem guardados e bem juntos uns dos outros. Desconheço exemplo mais convincente desse resquício de vida e do caráter de massa que o homem atribui ao amontoado de seus mortos. Estes não mais o ameaçam, mas ele pode ameaçá-los. Pode-se impingir--lhes impunemente qualquer vileza. Sejam ainda capazes de senti-la ou não, o homem supõe que o são, a fim de elevar o próprio triunfo. Encontram-se reunidos de tal forma na cisterna que nenhum deles poderia mover-se. Acordasse algum deles, ele nada teria senão mortos a seu redor — sua própria gente cortar-lhe-ia o ar; o mundo para o qual teria retornado seria um mundo dos mortos, consistindo daqueles que eram seus entes mais próximos.

Dentre os povos da Antiguidade, os *egípcios* eram tidos por um povo não propriamente beligerante; a energia de seu Velho Império foi canalizada mais para a construção de pirâmides do que para as conquistas. Mas, já nessa época, chegaram vez por outra a promover campanhas militares. O quadro que se segue foi esboçado por Une, um alto juiz nomeado por seu rei, Pepy, comandante supremo na campanha contra os beduínos. Em sua tumba, Une nos fala de si próprio:

Este exército foi feliz e despedaçou a terra dos beduínos.
Este exército foi feliz e despedaçou a terra dos beduínos.
Este exército foi feliz e tombou suas torres.
Este exército foi feliz e cortou suas figueiras e videiras.
Este exército foi feliz e tocou fogo em todas as suas aldeias.
Este exército foi feliz e lá abateu suas tropas às dezenas de milhares.
Este exército foi feliz e trouxe consigo prisioneiros em grande quantidade.

O forte quadro da destruição culmina no verso que noticia as dezenas de milhares de inimigos mortos. — No Novo Império, os egípcios chegaram, então, ainda que não por muito tempo, a praticar uma política agressiva planejada. Ramsés II trava demoradas guerras contra os hititas. Um hino em seu louvor diz: "Aquele que esmaga a terra dos hititas, transformando-a num *amontoado de cadáveres*, equipara-se a Sekhmet, enraivecida após a peste". Já no mito, a deusa Sekhmet, com sua cabeça de leão, promove um terrível banho de sangue entre os homens revoltosos. Fica sendo a deusa da guerra e da matança. O poeta do hino de louvor, porém, associa a ideia do amontoado de cadáveres dos hititas à das vítimas de uma peste — uma vinculação que já não constitui novidade para nós.

Em seu célebre relato acerca da batalha de Kadesh, travada por ele contra os hititas, Ramsés II conta como foi apartado de sua gente e com que força e coragem sobre-humanas ganhou sozinho a batalha. Sua gente "descobriu que todos os povos que eu invadira jaziam mortos em meio a seu próprio sangue, juntamente com todos os melhores guerreiros dos hititas e os filhos e irmãos de seu príncipe. Eu tingira de branco os campos de Kadesh, e não se podia pisar no chão, tamanha a quantidade de gente". É a multidão de corpos e de sua vestimenta branca que modifica a cor dos campos — a mais terrível e ilustrativa das frases para expressar o resultado de uma batalha.

Trata-se, porém, de um resultado que só é visto pelos guerreiros. A batalha foi travada no estrangeiro e, em casa, o povo gostaria também de desfrutar um pouco do amontoado de inimigos mortos. Os homens são inventivos e sabem como proporcionar-lhe tal satisfação. Acerca do rei seguinte, Merenptah — o filho de Ramsés II —, conta-se de que forma ele venceu uma grande batalha contra os líbios. Todo o acampamento destes, com todos os seus tesouros e os parentes de seu príncipe, caiu nas mãos dos egípcios e, terminada a pilhagem, foi incendiado. Nove mil, trezentos e setenta e seis prisioneiros complementaram o saque. Isso, porém, não era o bastante; a fim de comprovar ao povo em casa o número de mortos, cortaram-se os órgãos genitais dos tombados; se circuncidados, as mãos serviam, e toda essa carga foi transportada em lombo de burro. Mais tarde, Ramsés III teria novamente de lutar contra os líbios. Desta feita, o número de troféus chegou a 12 535. Está claro que esses carregamentos horripilantes nada mais são do que o amontoado de inimigos mortos reduzido, tornado transportável e visível a todo o povo. Cada um dos tombados contribui com uma parte de seu corpo para o amontoado; e é importante que todos eles se igualem na condição de troféus.

Outros povos interessaram-se mais por cabeças. Entre os assírios, estabelecia-se sempre uma recompensa pela cabeça de cada inimigo; um soldado esforçava-se por conseguir o maior número possível delas. Num alto-relevo da época do rei Assurbanipal, pode-se ver como os escribas, postados em suas amplas tendas, registram o número de cabeças cortadas. Cada soldado traz sua cabeça, joga-a numa pilha comum, diz seu nome e sua divisão e vai-se embora de novo. Os reis assírios tinham paixão por esses montes de cabeças. Se acompanhavam o exército, presidiam a entrega dos troféus e distribuíam eles próprios os prêmios aos soldados. Na sua ausência, mandavam trazer até eles todo o amontoado de cabeças; se tal era impossível, tinham de contentar-se com as dos comandantes inimigos.

A meta imediata e totalmente concreta da guerra está, portanto, clara. Seria supérfluo buscar mais exemplos ilustrativos. A história é verdadeiramente pródiga neles. Tem-se a impressão de que ela prefere tratar disso, não tendo se dedicado a outras recordações da humanidade senão à custa de grandes e repetidos esforços.

Se se contemplam conjuntamente ambas as partes em guerra, o quadro que se obtém é o de *duas massas duplamente entrelaçadas*. Um exército o maior possível almeja produzir um amontoado o maior possível de inimigos mortos. O mesmo vale para o lado oposto. *O entrelaçamento* resulta do fato de que cada participante de uma guerra pertence sempre a *duas* massas ao mesmo tempo: para sua própria gente, ele pertence ao número dos guerreiros vivos; para o adversário, ao número dos mortos potenciais e desejáveis.

Com o intuito de manter a atmosfera beligerante, o guerreiro tem sempre de reafirmar primeiramente quão forte ele é — ou seja, de quantos homens compõe-se o seu exército — e, em segundo lugar, quão grande é já o número de inimigos mortos. Desde tempos remotos, os relatos de guerra caracterizam-se por essa dupla estatística: tantos soldados partiram para a batalha, tantos inimigos estão mortos. Grande é a tendência ao exagero, sobretudo no número de inimigos mortos.

Enquanto se está em guerra, não se admite que o número dos inimigos vivos é demasiado grande. Mesmo que isso seja sabido, silencia-se a esse respeito e busca-se remediar o inconveniente através da distribuição das tropas em combate. Conforme já se assinalou acima, faz-se de tudo para, mediante a fácil remoção e mobilização das divisões de um exército, conseguir-se uma superioridade imediata. Somente *depois* da guerra é que se fala em quantos homens se perdeu.

Que as guerras possam durar tanto, que continuem acontecendo mesmo quando já estão perdidas há muito tempo, tal se deve ao instinto mais profundo da massa: o de manter-se em seu estado agudo, de não desintegrar-se, de permanecer massa. Esse sentimento é por vezes tão forte que se prefere sucumbir a olhos vistos a reconhecer a derrota e, assim, vivenciar a desagregação da massa da qual se é parte.

Como se *forma*, porém, a massa beligerante? O que produz, de um momento para outro, essa sinistra coesão? Tal processo é ainda tão enigmático que se tem de abordá-lo com algum cuidado.

Trata-se de uma empreitada assaz espantosa. Decide-se que se está ameaçado de aniquilação física e proclama-se publicamente, perante o mundo todo, tal ameaça. "Eu posso ser morto", declara-se, ao mesmo tempo em que, veladamente, se pensa: "porque quero matar este ou aquele." Na realidade, a tônica teria de recair sobre a oração complementar: "Quero matar este ou aquele e, por isso, posso eu mesmo ser morto".

Em relação, porém, ao início da guerra, a seu *eclodir*, ao nascimento da disposição beligerante entre as pessoas, o que se admite é tão somente a primeira versão. Quer se seja verdadeiramente o agressor ou não, buscar-se-á sempre criar a ficção de que se está ameaçado.

Tal ameaça consiste no fato de alguém arrogar-se o direito de matar outra pessoa. Cada indivíduo, de cada um dos lados, encontra-se sob a mesma ameaça: esta os torna todos iguais — a ameaça volta-se contra todos. A partir de um determinado momento, que é o mesmo para todos — o momento da declaração de guerra —, o mesmo pode ocorrer a todos. A aniquilação física, da qual a vida em sociedade normalmente protege o homem, avizinha-se justo por causa dessa sociedade, em razão mesmo de se pertencer a ela. A terrível ameaça paira igualmente sobre todos aqueles que se creem membros de um determinado povo. Milhares de pessoas às quais se disse ao mesmo tempo "Você deve morrer" reúnem-se para afastar a ameaça de morte. Buscam, então, atrair rapidamente para si todos quantos possam vir a ser objeto da mesma ameaça; reúnem-se em grande densidade e, para sua defesa, sujeitam-se a uma direção conjunta de seu agir.

Em geral, os envolvidos de ambos os lados reúnem-se prontamente, ou em sua realidade física ou na imaginação e no sentimento. A eclosão de uma guerra é, primordialmente, a *erupção de duas massas*. Uma vez constituídas, o propósito supremo de cada uma delas é *manter-se*, tanto em sua disposição quanto em sua ação. Abandoná-las significaria abrir mão da própria vida. A massa beligerante age sempre como se fosse *morte* tudo quanto lhe é *exterior*, e o indivíduo que logrou sobreviver a muitas guerras sucumbirá sem opor resistência alguma a essa mesma ilusão diante de uma nova guerra.

A morte, de que, na realidade, todos se veem continuamente ameaçados, tem de ser proclamada um *veredicto coletivo*, a fim de que seja enfrentada ativamente. Há, por assim dizer, um *tempo declarado da morte*, tempo este no qual ela se volta para a totalidade de um determinado grupo, escolhido arbitrariamente. "Agora chegou a vez dos franceses" ou "agora é a hora dos alemães". O entusiasmo com que os homens recebem uma tal declaração tem suas raízes na covardia do indivíduo diante da morte. Sozinho, ninguém desejará enfrentá-la. Mais fácil é enfrentá-la a dois, quando dois inimigos executam a sentença um no outro, por assim dizer. E já não se trata absolutamente da mesma morte quando milhares a enfrentam conjuntamente. O pior que pode acontecer aos homens numa guerra — que sucumbam *juntos* — poupa-lhes da morte como indivíduos, a qual temem acima de tudo.

Não creem, porém, de forma alguma, que esse pior possa ocorrer. Veem uma possibilidade de desviar e passar adiante o veredicto coletivo proferido contra eles. Esse seu *desvio da morte* é o *inimigo*, e tudo quanto têm a fazer é antecipar-se a ele. Basta que se seja rápido o suficiente e não se hesite um instante sequer em matar. O inimigo vem mesmo a calhar: ele pronunciou o veredicto; foi ele quem disse "morram!" primeiro. Volta-se contra ele o que ele fez contra os outros. Invariavelmente, foi o inimigo quem começou tudo. Se não foi, talvez, o primeiro a pronunciar o veredicto, decerto planejou-o, e se não o planejou, pensou nele; e se ainda não havia pensado, tal pensamento logo *ter-lhe-ia* ocorrido. Na condição de um desejo, a morte está realmente em toda parte, e nem é necessário ir fundo nos homens para trazê-la à tona.

A notável e inconfundível alta tensão que caracteriza os fenômenos bélicos possui duas causas: o homem *quer antecipar-se à morte* e *age em massa*. Na ausência deste último elemento, não há nenhuma perspectiva de êxito relativamente ao primeiro. Enquanto a guerra durar, os homens têm de permanecer massa; e ela termina de fato tão logo eles não mais o sejam. Contribuiu muito para a popularidade da guerra a perspectiva de um certo tempo de vida que ela oferece à massa enquanto tal. Pode-se demonstrar que a densidade e duração das guerras em tempos modernos vinculam-se às massas duplas muito maiores às quais se impregna de disposição bélica.

CRISTAIS DE MASSA

Designo cristais de massa grupos pequenos e rígidos de homens, muito bem delimitados e de grande durabilidade, os quais servem para desencadear as massas. É importante que esses grupos sejam avistáveis em seu conjunto, isto é, que se possa abarcá-los com os olhos em sua totalidade. Sua *unidade* importa muito mais do que seu tamanho. Sua atividade tem de ser conhecida: é necessário que se saiba por que razão estão ali. Qualquer dúvida relacionada a sua função privar-lhes-ia de todo sentido; o melhor é que permaneçam sempre iguais. Não se deve confundi-los. Um uniforme ou um local de atuação é-lhes bastante conveniente.

O cristal de massa é *duradouro*. Seu tamanho jamais se altera. Seus membros são treinados em sua atividade ou disposição. É possível que possuam funções distribuídas entre si, qual numa orquestra, mas é importante que se manifestem como um todo. Aquele que os vê ou vivencia tem de sentir, antes de mais nada, que eles jamais se dispersarão. Sua vida fora do cristal não conta. Mesmo quando se trata de uma profissão, como no caso dos músicos de orquestra, jamais se pensará em sua existência privada: eles são a orquestra. Em outros casos, apresentam-se uniformizados, e só assim são vistos reunidos. Tão logo tiram o uniforme, são homens completamente diferentes. Soldados e monges podem ser caracterizados como a forma mais importante assumida por essa espécie. O uniforme exprime aí que os membros de um cristal *moram* juntos; mesmo quando aparecem individualmente, pensa-se sempre na sólida unidade à qual pertencem — o monastério ou a divisão do exército.

A clareza, o isolamento e a constância do cristal contrastam enormemente com os acontecimentos agitados que se desenrolam no interior da massa. Não atuam no interior do cristal o processo de crescimento rápido e incontrolável e a ameaça da desagregação que conferem à massa sua inquietude característica. Mesmo no ápice de sua excitação, ele sempre se distingue dela. Qualquer que seja a massa à qual ele dê ensejo — e por mais que, aparentemente, ele se dissolva nela —, o cristal jamais perderá inteiramente o sentimento de sua singularidade, voltando a reunir-se logo após a desagregação da massa.

A massa *fechada* difere do cristal não apenas por sua maior amplitude, mas também por um sentimento mais espontâneo de si própria, bem como pela impossibilidade de admitir qualquer distribuição séria de funções. Na realidade, excetuando-se a clara delimitação e a repetição regular, ela tem pouco mais em comum com o cristal. Neste, porém, tudo é fronteira; cada indivíduo que o compõe constitui-se de uma fronteira. Contrariamente a isso, a fronteira da massa fechada é fixada em seu limite exterior — na forma e no tamanho do edifício no qual ela se reúne, por exemplo. Interiormente a essa fronteira — lá, onde cada um de seus participantes comprime-se contra os demais —, ela permanece fluida, razão pela qual as surpresas, como uma súbita e inesperada mudança de comportamento, são sempre possíveis. A massa fechada pode sempre, mesmo nessa sua constituição delimitada, atingir um grau de densidade e intensidade que conduza a sua erupção. O cristal de massa, por outro lado, é invariavelmente estático. Seu tipo de atividade foi-lhe prescrito, e ele tem consciência exata de suas manifestações ou movimentos.

Espantosa é também a permanência *histórica* do cristal de massa. Novas formas, é certo, estão sempre se constituindo, mas, em sua obstinação, as antigas seguem existindo paralelamente a elas. É possível que, temporariamente, recuem para um segundo plano e percam algo de sua agudeza e de seu caráter imperioso. As massas a elas pertencentes talvez tenham perecido, ou sido totalmente reprimidas. Mas, na condição de grupos inofensivos, incapazes de produzir qualquer efeito exterior, os cristais seguem existindo por si sós. Pequenos grupos de comunidades religiosas ainda subsistem em países que mudaram inteiramente sua crença. O momento de sua reutilização é tão certo quanto a existência de novas espécies de massa a cuja excitação e desencadeamento elas podem prestar-se. Todos esses grupos enrijecidos em seu repouso podem ser resgatados e reativados. Pode-se reanimá-los e, a partir de insignificantes alterações em sua constituição, reempregá-los como cristais de massa. Praticamente inexiste uma revolução política de maior porte que não se lembre desses grupos antigos e isolados e os tome, galvanize e empregue com tal intensidade que eles figuram então como algo inteiramente novo e perigosamente ativo.

Mais adiante, ver-se-á em detalhe como funcionam os cristais de massa. De que maneira eles efetivamente desencadeiam massas, tal somente se deixa demonstrar a partir de casos concretos. Os cristais apresentam constituição diversa e, por isso, conduzem também a massas bastante diversas. Quase que imperceptivelmente, tomar-se-á conhecimento de uma série deles no decorrer desta investigação.

SÍMBOLOS DE MASSA

Unidades coletivas não constituídas de seres humanos, mas, ainda assim, percebidas como massas, estas eu as designo *símbolos de massa*. Unidades assim são o trigo e a floresta, a chuva, o vento, a areia, o mar e o fogo. Cada um desses fenômenos abriga em si qualidades deveras essenciais da massa. Embora não se constituam de seres humanos, eles lembram a massa, representando-a simbolicamente no mito e no sonho, no discurso e na canção.

É aconselhável diferenciar nítida e inequivocamente esses símbolos dos *cristais*. Os cristais de massa apresentam-se sob a forma de um grupo de pessoas que chama a atenção por sua coesão e unidade. Eles são concebidos e vivenciados como unidade, mas compõem-se sempre de pessoas efetivamente atuantes — soldados, monges, uma orquestra inteira. Contrariamente a isso, os símbolos de massa nunca são eles próprios pessoas, são apenas *sentidos* como massa.

Tratá-los em profundidade pode, à primeira vista, parecer inadequado a nosso objeto de estudo. Ver-se-á, no entanto, que tal nos possibilitará aproximar-nos da massa em si de uma maneira nova e produtiva. A luz que sobre esta incide, a partir da contemplação de seus símbolos, é uma luz natural; agiríamos insensatamente se nos fechássemos a ela.

O FOGO

Sobre o fogo, há que se dizer em primeiro lugar que ele é igual em toda parte: seja ele pequeno ou grande, surja aqui ou ali, dure muito ou pouco, em nossa imaginação ele será sempre semelhante, independentemente da ocasião. Para nós, a imagem do fogo é como uma marca — vigorosa, inextinguível e definida.

O fogo se propaga; é contagioso e insaciável. A violência com que atinge florestas, estepes e cidades inteiras é uma de suas qualidades mais impressionantes. Anteriormente ao seu desencadeamento, as árvores estavam uma ao lado da outra, as casas enfileiradas, cada uma separada da outra, existindo individualmente. O que, porém, encontrava-se apartado, o fogo une num instante. Os objetos isolados e distintos consomem-se todos nas mesmas chamas. Igualam-se em tamanha medida que desaparecem inteiramente: casas, seres vivos, o fogo os apanha a todos. E é contagioso: a ausência de resistência possível ao contato com as chamas é algo sempre espantoso. Quanto mais vida algo abriga, tanto menos será ele capaz de defender-se do fogo; capaz de fazer-lhe frente é apenas o que há de mais inanimado:, os minerais. Sua veloz desconsideração não conhece fronteiras. Ele quer conter tudo e nunca se dá por satisfeito.

O fogo pode surgir em qualquer parte. Possui o caráter do súbito. Não surpreende ninguém que aqui ou ali um incêndio principie; em toda parte, está-se preparado para ele. Sua subtaneidade, contudo, é sempre impressionante, e as pessoas põem-se a investigar-lhe as causas. Que, com frequência, não se consiga encontrá-las é algo que contribui para o sentimento reverente que se vincula à ideia do fogo. Este possui uma onipresença secreta; a todo momento e em toda parte ela pode fazer-se visível.

O fogo é múltiplo. Não se trata apenas do fato de que se tem sempre consciência de que ele existe em muitos, inúmeros lugares. O fogo é múltiplo em si: fala-se em chamas, em labaredas. Nos *Vedas*, o fogo é chamado "o Agni único, o multiplamente inflamado".

O fogo é destrutivo; pode ser combatido e domado; ele se extingue. Tem um opositor elementar, a água, que a ele se contrapõe sob a forma de rios e chuvas torrenciais. Tal opositor sempre existiu; com todas as suas múltiplas qualidades, ele lhe é igual. A inimizade de ambos é proverbial: "fogo e água" é a expressão empregada para uma inimizade da mais extrema e irreconciliável natureza. Nas antigas concepções acerca do fim do mundo, o vitorioso é sempre um ou outro. O dilúvio põe fim a toda vida com a água. A conflagração mundial destrói o mundo com o fogo. Por vezes, figuram ambos numa única e mesma mitologia, moderando-se mutuamente. O homem, porém, nesta sua existência temporal, aprendeu a dominar o fogo. Ele não apenas logra sempre contrapor-lhe a água, como conseguiu também preservar o fogo isolado. Mantém-no preso em fornos e fogões. Alimenta-o da mesma forma como se alimenta um animal; pode fazê-lo morrer de fome e pode sufocá-lo. Com isso, encontra-se já sugerida a última qualidade importante do fogo: ele é tratado como se tivesse vida. Tem uma vida inquieta e se extingue. E se é sufocado aqui, segue vivendo noutras partes.

Tomando-se em conjunto esses traços particulares do fogo, o que se obtém é um quadro surpreendente: ele é igual por toda parte, propaga-se com rapidez, é contagioso e insaciável, pode surgir assaz repentinamente em qualquer parte, é destrutivo, possui um inimigo, extingue-se, tem o aspecto de um ser vivo e é tratado como tal. Todas essas qualidades são, porém, as da *massa*: seria difícil resumir seus atributos com maior exatidão. Basta que sejam examinados um a um: a massa é igual por toda parte; nas mais diversas épocas e culturas, dentre homens de qualquer origem, língua ou educação, ela é fundamentalmente a mesma. Uma vez surgida, espraia-se com grande violência. Poucos são capazes de resistir-lhe ao contágio; ela quer sempre seguir crescendo; fronteira alguma lhe é imposta a partir de seu interior. A massa pode surgir em qualquer parte onde homens encontrem-se reunidos; sua espontaneidade e subtaneidade são inquietantes. Ela é múltipla e, no entanto, coesa; compõe-na uma quantidade inumerável de pessoas, nunca se sabe ao certo quantas. A massa pode ser destrutiva. Ela é atenuada e domesticada. Busca um inimigo para si. Extingue-se tão repentinamente quanto surgiu, e, amiúde, de forma igualmente inexplicável. E, claro, possui sua própria vida, inquieta e violenta. Tais semelhanças entre o fogo e a massa conduziram a uma estreita amalgamação de ambos. Transformam-se um no outro e podem representar um ao outro. Dentre os símbolos da massa que sempre atuaram na história da humanidade, o fogo é um dos mais importantes e mutáveis. Faz-se necessário, pois, examinar mais detalhadamente algumas dessas relações entre o fogo e a massa.

Dentre os traços perigosos e constantemente ressaltados da massa, o que chama mais a atenção é a tendência a provocar incêndios. Tal tendência encontra no *incêndio de florestas* uma importante raiz sua. A floresta, ela própria um antiquíssimo símbolo da massa, é frequentemente incendiada pelos homens, a fim de se criar espaço para povoações. Há boas razões para se supor que os homens aprenderam a lidar com o fogo a partir dos incêndios nas florestas. Entre a floresta e o fogo há um vínculo pré-histórico evidente. As lavouras ocupam o lugar das florestas incineradas, e, se as lavouras hão de expandir-se, é sempre a floresta que tem de ser desbravada.

Os animais *fogem* da floresta em chamas. O medo em massa é a reação natural, a reação eterna — poder-se-ia dizer — dos animais a um grande incêndio, reação esta que, um dia, foi também a do homem. Este último, porém, apoderou-se do fogo: ele tem o incêndio em suas mãos e não precisa temê-lo. No lugar do velho medo alojou-se seu novo poder, e ambos firmaram uma aliança espantosa.

A massa que outrora fugia do fogo sente-se agora fortemente atraída por ele. É conhecido o efeito mágico dos incêndios sobre homens de toda espécie. Eles não se contentam com os fornos e fogões que cada grupo tem em sua moradia; querem uma fogueira visível de longe, à volta da qual possam reunir-se. Uma notável inversão do velho medo em massa ordena aos homens que, sendo ele grande o suficiente, corram ao local do incêndio, onde sentem um pouco do calor radiante que outrora os unia. Em tempos de paz, são geralmente obrigados a prescindir longamente dessa experiência. Constitui um dos instintos mais poderosos da massa, tão logo tenha ela se formado, criar o seu próprio fogo e apoderar-se da força de atração que ele possui em favor de seu próprio crescimento.

Todo homem carrega hoje em seu bolso um pequeno resquício dessa antiga e importante relação: a caixa de fósforos. Ela representa uma floresta homogeneizada de troncos isolados, cada um deles provido de uma cabeça inflamável. Poder-se-ia acender vários deles ou todos de uma vez e, assim, produzir artificialmente um incêndio na floresta. As pessoas podem sentir-se tentadas a fazê-lo, mas normalmente não o fazem porque o formato minúsculo de um tal acontecimento privá-lo-ia de todo o seu antigo fulgor.

A atração exercida pelo fogo pode, no entanto, ir bem mais longe. Os homens não apenas correm em sua direção e o rodeiam; antigos costumes fazem também com que eles se equiparem ao fogo. Um dos mais belos exemplos disso é a famosa dança do fogo dos índios *navajos*.

Os navajos do Novo México preparam uma enorme fogueira em torno da qual dançam a noite toda. Entre o pôr e o nascer do sol, onze atos definidos são representados. Tão logo desaparece o disco solar, seus promotores adentram a clareira dançando freneticamente. Apresentam-se quase nus e com o corpo pintado; os cabelos longos, eles os deixam movimentar-se livremente. Carregam bastões de dança com penachos na ponta e, em saltos frenéticos, aproximam-se das elevadas chamas. Esses índios dançam de uma forma desajeitadamente contida, meio de cócoras, meio rastejando. Na realidade, a fogueira é tão quente que os dançarinos têm de serpentear pelo chão a fim de aproximar-se suficientemente do fogo. O que querem é pôr fogo nas penas que adornam os bastões de dança. Um disco, representando o sol, é alçado ao alto, e em torno dele tem prosseguimento a dança frenética. Cada vez que o disco é baixado e reerguido uma nova dança principia. Perto do pôr do sol, as cerimônias sagradas aproximam-se já de seu fim. Homens pintados de branco adiantam-se e acendem pedaços de cascas na brasa já a se extinguir; depois, numa caçada selvagem, põem-se novamente a saltar em torno do fogo, lançando fagulhas, fumaça e chamas pelo próprio corpo. Saltam verdadeiramente em meio às brasas, confiando na argila branca que lhes há de proteger o corpo de queimaduras mais graves.

Dançam, pois, o próprio fogo; transformam-se nele. Seus movimentos são os das chamas. Aquilo que têm nas mãos e acendem deve causar a impressão de que eles próprios estão queimando. Por fim, dispersam as últimas fagulhas da brasa até o sol nascer e receber deles o fogo que dele os dançarinos haviam recebido ao findar-se o dia anterior.

Aqui, portanto, o fogo é ainda uma massa viva. Assim como, em suas danças, outros índios transformam-se em búfalos, os navajos representam o fogo ao dançar. O fogo vivo no qual eles se transformam tornar-se-á para os pósteros um mero símbolo da massa.

Para cada símbolo da massa que se conhece é possível identificar a massa concreta da qual ele se nutre. Nesse campo, não se depende tão só de suposições. A tendência do homem para tornar-se fogo, para reativar esse antigo símbolo, é igualmente forte em culturas posteriores e mais complexas. Cidades sitiadas, já sem nenhuma esperança de que o bloqueio a elas seja levantado, frequentemente ateiam fogo em si mesmas. Reis e suas cortes, acossados inapelavelmente, incineram-se. Exemplos disso encontram-se tanto nas antigas culturas do Mediterrâneo quanto entre os índios e chineses. A Idade Média, que acreditava no fogo do inferno, contenta-se com hereges isolados, que ardem em lugar do público reunido a sua volta: ela manda seus representantes para o inferno, por assim dizer, e cuida para que eles ardam de fato. Uma análise do significado que o fogo assumiu em diversas religiões seria do maior interesse. Contudo, ela só teria algum valor se minuciosa, razão pela qual há que se guardá-la para mais tarde.

Correto, porém, afigura-se investigar de imediato o significado dos *atos incendiários impulsivos* para o indivíduo que os comete, para aquele que se encontra realmente isolado, não pertencendo à esfera de uma convicção religiosa ou política qualquer.

Kräpelin descreve o caso de uma mulher solitária e já de mais idade que, ao longo de sua vida, provocou cerca de vinte incêndios, os primeiros quando ainda criança. Por seis vezes ela é acusada de ter provocado incêndios, passando mais de 24 anos de sua vida na prisão. "Se ao menos isto ou aquilo fosse reduzido a cinzas", ela pensa consigo. Trata-se de uma ideia fixa. Particularmente quando ela carrega fósforos nos bolsos, algo a compele ao ato, como um poder invisível. Importa-lhe assistir ao incêndio, mas ela *confessa* também de bom grado o que fez, e, aliás, de modo assaz minucioso. Desde cedo, ela deve ter vivenciado o fogo como um meio de atrair as pessoas. Sua primeira visão da massa foi, provavelmente, a aglomeração em torno de um incêndio. O fogo pôde, então, facilmente passar a representar para ela a própria massa. À inculpação e à autoinculpação compele-a o sentimento de que todos a estão observando. Isso é o que ela quer; transforma-se, assim, ela própria no fogo que todos estão olhando. Sua relação com o ato incendiário tem, portanto, um caráter duplo. Por um lado, ela deseja ser parte da massa que olha fixamente para o fogo. Este está presente simultaneamente em todos os olhos, reunindo-os sob *uma* poderosa compulsão. Em razão de sua miserável história pregressa, que desde cedo a isolou, ela não dispõe de oportunidade alguma de se integrar a uma massa, menos ainda ao longo dos intermináveis períodos em que esteve presa. Então, uma vez terminado esse primeiro processo — o do incêndio —, e ameaçando a massa escapar-lhe de novo, ela a mantém viva subitamente metamorfoseando-se ela própria no fogo. Isso se dá de uma maneira bastante simples: ela confessa ter causado o incêndio. Quanto mais minucioso o seu relato, quanto mais ela tiver a dizer a respeito, tanto mais longamente será olhada, e tanto mais longamente será ela própria o fogo.

Casos dessa espécie não são tão raros quanto se pensa. Ainda que nem sempre sejam tão extremos, eles fornecem, do ponto de vista do indivíduo isolado, a comprovação irrefutável da conexão entre a massa e o fogo.

O MAR

O mar é múltiplo, está em movimento e possui sua densa coesão. Sua multiplicidade são suas ondas: elas a compõem. São incontáveis; quem se encontra no mar está rodeado de ondas por todos os lados. A uniformidade de seu movimento não implica a inexistência de diferenças de tamanho entre elas. As ondas jamais se encontram em repouso absoluto. O vento, vindo de fora, determina-lhes a direção: de acordo com a ordem que ele lhes dá, elas rebentam num ou noutro lugar. A densa coesão das ondas expressa algo que também os homens, quando reunidos numa massa, sentem muito bem: uma condescendência do indivíduo para com os demais que é como se ele fosse os *outros*, como se não possuísse mais fronteiras a delimitá-lo; uma dependência, pois, de que não há escapatória e, em decorrência disso, uma sensação de força, um ímpeto que todos os outros juntos lhe conferem. A natureza singular dessa coesão entre os homens é desconhecida. Tampouco o mar a explica, mas ele a expressa.

Além das ondas, no entanto, há ainda um outro elemento múltiplo que é parte do mar: as *gotas*. Estas, porém, estão isoladas, são apenas gotas; quando não vinculadas entre si, sua pequenez e seu isolamento possuem algo de impotente. São quase nada e despertam um sentimento de compaixão no ob-

100

servador. Mergulhe-se a mão na água, erga-se a mão novamente e contemplem-se as gotas escorrendo isoladas e débeis por ela. A compaixão que se sente é como se elas fossem pessoas desesperadamente sós. As gotas só *contam* quando não se pode mais contá-las, quando se dissolvem novamente no todo.

O mar tem uma voz que é bastante mutável e que se ouve sempre. Trata-se de uma voz que soa como milhares de vozes. A ela atribuem-se muitas características: paciência, dor, ira. Mas o que essa voz possui de mais impressionante é sua tenacidade. O mar nunca dorme. Pode ser ouvido continuamente, de dia, de noite, anos a fio, décadas; sabe-se que séculos atrás já o ouviam. Em seu ímpeto como em seu protesto, ele lembra a única criatura que com ele compartilha essas qualidades nas mesmas proporções: a massa. O mar possui, contudo, a constância que falta a esta última. Ele não se esvai e desaparece de tempos em tempos: está sempre ali. Nele, o maior e sempre vão desejo da massa — o de *permanecer* — apresenta-se já realizado.

O mar abrange tudo e nunca se pode preenchê-lo inteiramente. Todos os rios, torrentes, nuvens, todas as águas da terra poderiam derramar-se sobre o mar e, ainda assim, ele não aumentaria de fato; não teria mudado; ter-se-ia sempre a sensação de que se trata do mesmo mar. É, pois, tão grande, que pode servir de modelo à massa, cujo desejo é crescer sempre mais. Esta poderia tornar-se tão imensa quanto o mar, e é para consegui-lo que ela atrai mais e mais pessoas. Na palavra *oceano*, o mar encontrou algo como sua dignidade mais solene. O oceano é universal; é ele que chega a todas as partes, que banha todos os países; é nele que, segundo uma antiga concepção, a terra nada. Não fosse o mar impreenchível, a massa não teria um modelo para sua insaciabilidade. Ela poderia não adquirir tanta consciência de seu impulso mais profundo e obscuro: o de atrair mais e mais pessoas. Estendendo-se, porém, naturalmente diante de seus olhos, o oceano confere-lhe um direito mítico a seu inexpugnável ímpeto de universalidade.

Embora seja mutável em seus afetos — pode acalmar e ameaçar, pode irromper em tempestades —, o mar está sempre ali. Sabe-se onde ele está; sua localização tem algo de aberto, de não oculto. Ele não surge de repente onde antes nada havia. Não possui o caráter misterioso e súbito do fogo; este — um animal impetuoso — assalta as pessoas provindo do nada, de modo que é de se esperar que surja em qualquer parte. Já o mar, somente se pode esperar encontrá-lo onde se sabe com certeza, que ele está.

Nem por isso se pode dizer, entretanto, que ele não possua segredos. Seu segredo não reside em sua subtaneidade, mas no seu conteúdo. As massas que nele vivem e o preenchem são tão próprias do mar quanto sua evidente constância. Assim, sua magnificência é ainda intensificada pelo pensamento no seu conteúdo — em todas as plantas e animais que ele oculta em enormes quantidades.

O mar não possui fronteiras internas e não se subdivide em povos e regiões. Ele tem *uma única* língua, idêntica em toda parte. Não há ser humano, por assim dizer, que se possa excluir dele. É, também, demasiado abrangente para equivaler exatamente a qualquer uma das massas que conhecemos. O mar é, porém, o modelo de uma humanidade saciada em si mesma, na qual desemboca toda a vida e que tudo contém.

A CHUVA

Por toda parte, e sobretudo onde ela é rara, a *chuva*, antes de cair, é percebida como uma unidade. Na qualidade de nuvem, ela se aproxima e cobre primeiro o céu; antes da chuva, escurece, e tudo se reveste de cinza. Talvez se tenha uma consciência mais una daquele momento em que a chuva afigura-se uma certeza do que do fenômeno propriamente dito. E isso porque, frequentemente, a chuva é desejada, podendo mesmo tornar-se questão de vida ou morte se ela vai *cair* ou não. Nem sempre ela atende facilmente aos chamados, e os homens socorrem-se então da magia; numerosos e variados são os métodos para atraí-la.

A chuva cai em muitas gotas. As pessoas as veem, e veem

muito particularmente a sua direção. Em todas as línguas diz-se que a chuva cai. Ela é vista sob a forma de muitos riscos paralelos, e o número das gotas que caem acentua a unidade de sua direção. Não há direção que mais impressione o homem do que a da queda; comparadas a ela, todas as demais têm algo de derivado e de secundário. A queda é o que, desde pequeno, o homem mais teme, e aquilo contra o qual ele se arma primeiramente na vida. As pessoas aprendem a proteger-se dela; fracassar aí faz-se ridículo ou perigoso a partir de uma certa idade. É a chuva que, contrariamente ao homem, *deve* cair. Não há nada que caia com tanta frequência e profusão quanto a chuva.

É possível que o número de gotas prive a queda de algo de seu peso e dureza. Ouve-se-lhes o ruído, e o som é agradável. Podem ser sentidas na pele, e a sensação é igualmente agradável. Talvez não seja desprovido de importância o fato de que pelo menos três dos sentidos estão envolvidos na percepção da chuva: a visão, a audição e o tato. Todos esses sentidos percebem-na como multiplicidade. É fácil proteger-se dela, que raramente faz-se realmente ameaçadora e, na maioria das vezes, envolve o homem de uma maneira benfazejamente densa.

Sente-se o ruído das gotas como uniforme. O paralelismo dos riscos, a semelhança do som, a mesma sensação de umidade que cada gota provoca na pele — tudo isso contribui para acentuar-lhes a igualdade.

A chuva pode tornar-se mais violenta ou mais leve; sua densidade varia. O número de suas gotas está sujeito a grandes oscilações. Não se pode, em absoluto, contar com seu constante crescimento; sabe-se, ao contrário, que tal crescimento tem um fim, e esse fim significa que as gotas da chuva esvaem-se na terra sem deixar vestígios.

Embora tenha se transformado num símbolo da massa, a chuva caracteriza não a fase do crescimento frenético e inequívoco que o *fogo* representa. Ela nada tem da constância do *mar*, e somente às vezes apresenta algo da inesgotabilidade deste último. A chuva é a massa no momento de sua descarga, caracterizando também a sua desagregação. As nuvens das quais ela se origina desfazem-se em chuva; as gotas caem porque não mais conseguem permanecer juntas, e incerto é ainda se e como elas voltarão a reencontrar-se no futuro.

O RIO

O que mais chama a atenção no rio é sua direção. Ele se move entre margens estáticas, a partir das quais pode-se ver incessantemente o seu correr. A inquietude de suas massas de água sucedendo-se ininterruptamente, enquanto o rio for verdadeiramente um rio; o caráter decidido de sua direção conjunta, ainda que esta se altere aqui ou ali; a determinação com que caminha para o mar; a absorção de outros rios menores — tudo isso possui inegavelmente o caráter da massa. E o rio tornou-se de fato um símbolo da massa; não tanto da massa em si, mas de algumas de suas manifestações isoladas. A limitação de sua largura, que não pode aumentar incessante e inesperadamente, faz com que o rio, como símbolo da massa, assuma sempre um caráter provisório. Ele simboliza as procissões; as pessoas que assistem a elas da calçada são como as árvores às margens do rio; o fixo acolhe o fluido. As passeatas nas grandes cidades possuem um caráter semelhante ao do rio. Dos diversos bairros chegam afluentes, até que a verdadeira corrente principal tenha se formado. Os rios simbolizam particularmente o tempo que a massa leva para se formar; o tempo dentro do qual ela ainda não se tornou o que virá a ser. Falta ao rio a capacidade de propagar-se do fogo e a universalidade do mar. Em compensação, a direção é levada ao extremo; e, sendo o fluxo incessante, ela está presente desde o início, por assim dizer — uma direção que parece inesgotável e que é, talvez, levada ainda mais a sério em sua origem do que em sua meta.

O rio é a *vaidade* da massa; é a massa exibindo-se. O ser visto não é menos importante que a direção. Sem margem não há rio; o corredor de vegetação que o ladeia é como o de pessoas. O rio tem uma pele, por assim dizer, que deseja ser vista. Todas as formações de caráter fluvial — como as procissões e as passeatas — exibem o mais possível de sua superfície: enquanto podem, elas se estendem, oferecendo-se ao maior número possível de espectadores. Querem ser admiradas ou temidas. Sua meta imediata não importa realmente; importante é a extensão da distância que as separa desta, o comprimento das ruas pelas quais se estendem. No que se refere, porém, à densidade em meio aos participantes, esta não se reveste de um caráter demasiado rígido. Ela é maior entre os espectadores, e uma espécie particular de densidade tem origem entre aqueles e estes. Tal densidade possui algo de uma aproximação amorosa entre duas criaturas bastante compridas, uma das quais envolve a outra e a faz, lenta e carinhosamente, deslizar por seu corpo. O crescimento dá-se a partir da nascente, mas por meio de afluentes predefinidos espacialmente com precisão.

No rio, a igualdade das gotas é óbvia, mas ele carrega uma grande diversidade de coisas consigo, e o que carrega é mais determinante e importante para sua aparência do que as cargas contidas no mar, que desaparecem sob sua superfície gigante.

Resumindo-se tudo, somente com restrições poder-se-ia designar o rio um símbolo de massa. Ele o é de um modo deveras distinto do fogo, do mar, da floresta ou do trigo. O rio é um símbolo de uma situação ainda sob controle, *anterior* à erupção e *anterior* à descarga, simbolizando mais a ameaça do que a realidade destas: ele é o símbolo da massa *lenta*.

A FLORESTA

A floresta está *acima* do homem. Ela pode ser fechada e coberta de todo tipo de mato; entrar nela pode exigir esforço, e sair, mais ainda. Contudo, sua verdadeira densidade, aquilo que realmente a compõe — sua folhagem —, está *no alto*. É a folhagem das árvores isoladas que se entrelaça, formando um teto coeso; é a folhagem que absorve boa parte da luz, lançando sombras enormes sobre toda a floresta.

O homem, ereto como uma árvore, alinha-se entre as demais árvores. Mas elas são bem maiores que ele, de modo que, para

105

vê-las, ele precisa olhar para cima. Inexiste à sua volta qualquer outro fenômeno natural que paire tão constantemente sobre ele, apresentando-se lhe ao mesmo tempo tão próximo e múltiplo. As nuvens seguem adiante, a chuva escoa-se e as estrelas estão distantes. De todos esses múltiplos fenômenos que atuam de cima para baixo, nenhum possui a proximidade constante da floresta. A altura das árvores é acessível; os homens trepam nelas, trazendo para baixo seus frutos; já viveram lá em cima.

A direção para a qual a floresta atrai o olhar humano é a de sua própria transformação: a floresta segue crescendo constantemente para cima. A igualdade dos troncos é aproximada; também ela é, na verdade, uma igualdade de direção. Quem está na floresta sente-se seguro; não está em seu ponto mais alto, onde ela segue crescendo, nem tampouco no local onde ela é mais densa. Precisamente essa densidade é que protege o homem, e tal proteção encontra-se lá em cima. A floresta transformou-se, assim, num modelo da *devoção*. Ela obriga os homens a olhar para cima, agradecidos pela proteção superior. Esse olhar para cima, ao longo dos muitos troncos, torna-se um erguer dos olhos em si. A floresta antecipa aquilo que se sente numa igreja: o estar de pé diante de deus, entre colunas e pilares. Sua expressão mais harmoniosa e, por isso, mais perfeita é a cúpula abaulada, todos os troncos entrelaçados numa unidade suprema e inseparável.

Um outro e não menos importante aspecto da floresta é sua múltipla imobilidade. Cada tronco em particular encontra-se firmemente enraizado, não cedendo a nenhuma ameaça exterior. Sua resistência é absoluta; ele não sai do lugar. Pode-se cortá-lo, mas não deslocá-lo. Assim, a floresta tornou-se o símbolo do *exército*: um exército em posição; um exército que não foge em circunstância alguma e que se deixa ceifar em pedaços até o último homem antes de ceder um palmo de chão.

O TRIGO

O trigo é, em mais de um aspecto, uma floresta reduzida. Ele cresce onde antes havia uma floresta, e jamais se torna tão alto quanto esta. Depende inteiramente do homem e de seu trabalho. O homem o semeia e ceifa; em antigos rituais, trabalha para que ele cresça. O trigal é flexível como a grama, exposto à influência dos ventos. Juntas, todas as suas hastes cedem ao movimento do vento; o trigal inteiro dobra-se de uma só vez. As tempestades o abatem, e o trigo jaz, então, longamente no solo. Possui, contudo, a misteriosa capacidade de reerguer-se, e, se não afetado com demasiada gravidade, põe-se, de súbito, novamente de pé — o trigal inteiro. As espigas repletas são como pesadas cabeças; acenam para nós ou voltam-se para o outro lado, conforme sopra o vento.

Normalmente, o trigo é menos alto que o homem. Este, porém, permanece sempre o seu senhor, ainda que o trigo cresça acima de sua cabeça. Ele é ceifado em conjunto, assim como em conjunto cresceu e foi semeado. Também a grama, que o homem não emprega para seu próprio uso, permanece sempre reunida. Quão mais coletivo é, porém, o destino do trigo, que é semeado, ceifado, colhido, debulhado e armazenado em conjunto. Enquanto cresce, mantém-se firmemente enraizado; jamais pode apartar-se das demais hastes. O que quer que aconteça, acontecerá a *todas* as hastes. Apresenta-se, pois, denso, sua altura não variando mais do que a dos homens; em seu conjunto, o trigal parece sempre ostentar uma altura homogênea. Seu ritmo, quando o vento o move, assemelha-se ao de uma dança simples.

Aprecia-se ver na imagem do trigo a igualdade dos homens perante a morte. O trigal, porém, cai *a um só tempo*, razão pela qual lembra um tipo bastante específico de morte: a morte conjunta na batalha, quando fileiras inteiras de homens são ceifadas — o campo de trigo qual um campo de batalha.

A flexibilidade do trigo converte-se em submissão; tem algo de um aglomerado de súditos fiéis, incapazes de conceber a ideia de qualquer resistência. Obedientes, eles se apresentam ligeiramente trêmulos, receptivos a toda e qualquer ordem. Quando o inimigo se abater sobre eles, serão todos impiedosamente pisoteados.

O fato de o trigo originar-se de um amontoado de sementes é tão importante e significativo quanto o amontoado de grãos no qual, por fim, ele resulta. Seja o número destes sete ou cem vezes maior, os montes em que são armazenados são muito maiores do que aqueles que lhes deram origem. Crescendo em conjunto, o trigo multiplicou-se, e essa multiplicação é sua bênção.

O VENTO

Sua força varia e, com ela, varia também a sua voz. O vento pode gemer ou uivar, alto ou baixo; poucos são os sons que ele é incapaz de produzir. Assim, causa ainda a impressão de algo vivo, muito tempo depois de outros fenômenos naturais terem perdido para os homens o seu caráter animado. Além de sua voz, o que mais chama a atenção no vento é sua direção. A fim de nomeá-lo, é importante saber de onde ele vem. Como o vento circunda inteiramente as pessoas, suas rajadas são sentidas fisicamente: as pessoas sentem-se dentro do vento, que tem algo de abrangente e, nas tempestades, faz rodopiar em seu interior tudo quanto apanha.

O vento é invisível, mas o movimento que empresta às nuvens e às ondas, às folhas e à grama constitui uma de suas manifestações, e elas são muitas. Nos hinos dos *Vedas*, os deuses da tempestade — os *maruts* — figuram sempre no plural. Três vezes sete ou três vezes sessenta é o número em que existem. São todos irmãos, têm a mesma idade, habitam o mesmo local e nasceram no mesmo lugar. O ruído que produzem é o trovão e o uivar do vento. Eles sacodem as montanhas, tombam árvores e engolem as florestas qual elefantes selvagens. Frequentemente são chamados também os "cantores" — o canto do vento. São poderosos, furiosos e terríveis como leões, mas são também alegres e dispostos a brincar feito crianças ou bezerros.

A equiparação antiguíssima da respiração com o vento comprova de que forma concentrada este último é sentido. Ele possui a densidade da respiração. Precisamente devido à sua invisibilidade, o vento revela-se adequado para representar as massas invisíveis. Assim é que é atribuído aos *espíritos*, que chegam rugindo sob a forma de tempestade — um exército selvagem; ou são tidos por espíritos em fuga, como naquela visão do xamã esquimó.

As *bandeiras* são o vento tornado visível. Elas são como pedaços recortados de nuvens, mais próximos e mais coloridos, fixos e possuindo forma constante. É em seu movimento que elas realmente chamam a atenção. Qual lograssem repartir o vento, os povos se servem das bandeiras a fim de chamar seu o ar que paira sobre suas cabeças.

A AREIA

Das qualidades da *areia* que possuem importância no presente contexto, cumpre destacar especialmente duas. A primeira delas é a pequenez, a uniformidade de suas partes. Trata-se aí de uma só qualidade, uma vez que os grãos de areia somente são percebidos como uniformes por serem tão pequenos. A segunda é sua infinidade. Não se pode abrangê-la com os olhos: sua quantidade é sempre maior do que a que eles são capazes de perceber. Onde a areia apresenta-se em pequenos montes não se lhe dá atenção. Realmente notável ela se faz apenas quando incontável, como a areia do mar e a do deserto.

O movimento incessante da areia faz com que ela se situe aproximadamente a meio caminho entre os símbolos de massa líquidos e os sólidos. Ela forma ondas como o mar e pode rodopiar no ar qual uma nuvem; o pó é uma areia ainda mais fina. Uma sua característica significativa é o modo pelo qual a areia constitui uma ameaça, a maneira pela qual ela se apresenta ao indivíduo como algo agressivo e hostil. O caráter uniforme, gigantesco e inanimado do deserto coloca o homem diante de um poder quase insuperável, um poder composto de incontáveis partículas homogêneas. Tal poder o sufoca como o mar, mas de uma maneira mais astuciosa, porque mais demorada.

A relação do homem com a areia do deserto antecipa algumas de suas atitudes futuras: a luta que, com um poder crescente, ele tem de travar contra enormes legiões de minúsculos inimigos. A secura da areia foi transferida para os gafanhotos. O homem que cultiva plantas os teme feito à areia: o que eles deixam para trás é o deserto.

É de se admirar que a areia tenha podido algum dia tornar-se um símbolo da descendência. Mas o fato que tão bem conhecemos da Bíblia demonstra quão violento é o desejo de uma multiplicação gigantesca. A ênfase absolutamente não recai aí apenas sobre a qualidade. Decerto, o que se deseja para si é toda uma legião de filhos vigorosos e íntegros. No que se refere, porém, ao futuro mais distante, enquanto soma da vida de gerações, o que se quer é mais do que grupos ou legiões: quer-se uma massa de descendentes, e a maior, a mais extensa e incontável das massas que se conhece é a da areia. Em que pouca medida importa aí a valoração individual dos descendentes, tal é o que se depreende de um símbolo chinês equivalente. Os chineses equiparam os descendentes a uma nuvem de gafanhotos, e as qualidades do número, da coesão e da inseparabilidade destes tornam-se um modelo obrigatório para a descendência.

Um outro símbolo para a descendência utilizado na Bíblia são as estrelas. Também aí o que importa é seu caráter incontável; não se fala da qualidade de estrelas isoladas e excepcionais. Mas que elas permaneçam, que jamais pereçam, que estejam sempre presentes, isso é importante.

OS MONTES

Todos os montes aos quais o homem atribui alguma importância foram por ele reunidos. A unidade de um monte composto de frutas ou grãos é o resultado de uma atividade. Muitas mãos trabalharam na colheita; esta vincula-se a uma determinada época do ano e possui significado tão decisivo que uma antiga divisão do ano tem nela a sua origem. Os homens comemoram com festas a sua alegria acerca dos montes que lograram reunir. Exibem-nos com orgulho. Com frequência, as festas têm lugar ao redor desses montes.

Aquilo que se reuniu ostenta uma natureza homogênea; trata-se de um determinado tipo de frutos ou grãos. São empilhados o mais densamente possível. Quanto maior a quantidade e a densidade, melhor. Tendo-se já muito à mão, não se precisa trazer mais de longe. O tamanho do monte é importante, e os homens gabam-se disso; ele bastará para todos e por muito tempo apenas se for grande o suficiente. Tão logo tenham se acostumado a colher o conteúdo de seus montes, estes jamais serão grandes o bastante. Recordam-se com maior prazer os anos que trouxeram as maiores bênçãos. Nos anais, tais anos são registrados como os mais felizes. As colheitas competem entre si, de um ano para outro, de um lugar para outro. Sejam eles propriedade de uma comunidade ou de indivíduos, os montes são modelares, e sua segurança, uma garantia.

É verdade que tais montes são, então, consumidos — repentinamente, em alguns lugares, em ocasiões especiais; outras vezes, com vagar, segundo a necessidade. Sua constância é limitada, e sua diminuição está contida já desde o princípio na ideia que deles se faz. Sua nova reunião encontrar-se-á, então, sujeita ao ritmo das estações do ano e dos períodos de chuva. Toda colheita constitui um amontoar rítmico, e a celebração de festas é determinada por esse mesmo ritmo.

OS MONTES DE PEDRA

Contudo, há também montes inteiramente diversos, não comestíveis. Os montes de pedra são erigidos porque é difícil desfazê-los. São erigidos para que durem muito tempo, uma espécie de eternidade. Eles não devem sofrer diminuição alguma, mas permanecer como são. Não se transferem para um estômago qualquer, e nem sempre se mora neles. Em sua forma mais antiga, cada pedra representa o homem que contribuiu para juntá-la ao amontoado. Posteriormente, o tamanho e o peso das partes aumenta, de modo que somente a reunião de muitos é capaz de dar conta de cada uma delas. O que quer que tais montes representem, eles contêm em si o esforço concentrado de árduos e incontáveis caminhos percorridos. É amiúde enigmático de que forma se logrou construí-los. Quanto menos se compreende a sua presença, quanto mais distante o local de origem da pedra e mais longos os caminhos, tanto maior o número de homens que se há de imaginar como seus construtores, e tanto mais vigorosa a impressão que causarão nos pósteros. Tais montes de pedra representam o esforço rítmico de muitas pessoas, um esforço do qual nada mais permanece senão esse monumento indestrutível.

O TESOURO

Também o tesouro, como todos os montes, foi reunido. Contrariamente, porém, aos frutos e grãos, ele consiste de unidades que não se podem saborear e que são imperecíveis. Importante é o valor particular que tais unidades possuem, e somente a confiança na durabilidade desse valor é que incita as pessoas a juntar o tesouro. Trata-se de um monte que deve persistir e crescer sem ser perturbado. Se pertence a um poderoso, ele estimula outros poderosos ao roubo. O respeito que empresta a seu proprietário coloca-o em perigo. Muitas lutas e guerras tiveram já por origem um tesouro, e alguns homens teriam vivido mais tempo, possuíssem eles um tesouro menor. Assim é que o tesouro é forçosamente mantido *em segredo*. Sua singularidade consiste, portanto, na tensão entre o brilho que lhe cumpre irradiar e o segredo que o protege.

Em sua forma mais palpável, a volúpia do *número crescente* desenvolveu-se a partir do tesouro. Todas as demais contagens visando resultados cada vez mais elevados — as do gado e de homens, por exemplo — não logram produzir tamanha concentração. A imagem do proprietário contando seu tesouro em segredo não se encontra menos profundamente inscrita no espírito humano do que a esperança de, subitamente, descobrir um tesouro — um tesouro tão bem escondido que não pertence mais a pessoa alguma, mas foi esquecido em seu esconderijo. Exércitos bem disciplinados foram já assolados e decompostos por essa súbita avidez por tesouros, e muitas vitórias foram por ela convertidas em seu oposto. A transformação de um exército, antes ainda de qualquer batalha, num amontoado de caçadores de tesouros é descrita por Plutarco em *Vida de Pompeu.*

Mal acabara ele de atracar com sua frota em Cartago, 7 mil homens das hostes inimigas passaram-se para o lado de Pompeu; ele próprio levara consigo para a África seis legiões inteiras. Um cômico incidente sucedeu-lhe ali. Alguns soldados encontraram casualmente um tesouro, obtendo assim uma considerável soma em dinheiro. Quando o fato tornou-se conhecido, ocorreu a todos os demais soldados que a região devia estar repleta de riquezas, as quais, em desventura, os cartagineses teriam outrora enterrado. Por muitos dias, então, Pompeu nada pôde fazer com seus soldados, ocupados exclusivamente com a caça de tesouros. Sorrindo, ele passeava entre seus homens, observando milhares deles a cavar e revirar a terra. Por fim, cansaram-se todos da procura e disseram-lhe que os levasse para onde quisesse, pois já haviam sido suficientemente punidos por sua tolice.

Paralelamente, porém, a esses montes, irresistíveis por seu ocultamento, há outros que são reunidos publicamente, qual uma espécie de tributo voluntário, na esperança de que, um dia, venham a caber a um único homem, ou a uns poucos. Pertencem a essa categoria todas as formas de loteria, tesouros que se formam rapidamente. Sabe-se que, tão logo pronunciado o veredicto da sorte, eles serão entregues ao felizardo. Assim, quanto mais reduzido o número dos contemplados, tanto maior o tesouro, e tanto maior a atração que ele exerce.

A cobiça que atrela os homens a tais oportunidades pressupõe uma confiança absoluta na *unidade* do tesouro. Da força dessa confiança é difícil fazer-se uma ideia exagerada. O homem

113

se equipara a sua unidade monetária. Duvidar dessa unidade o ofende; abalá-la faz vacilar sua autoconfiança. Degradando-se essa unidade atinge-se o próprio homem, diminuindo-o. Quando a velocidade desse processo se intensifica, quando o que se tem é uma *inflação*, os homens desvalorizados juntam-se em formações que se há de equiparar inteiramente às das massas em fuga. Quanto mais as pessoas perdem, tanto mais unas elas se fazem em seu destino. O que para alguns privilegiados isolados, em condições de salvar alguma coisa para si próprios, apresenta o aspecto do pânico, torna-se fuga em massa para todos os demais, privados de seu dinheiro e, portanto, igualados. As consequências desse fenômeno, de importância histórica incomensurável em nosso século, serão tratadas num capítulo especial.

A MALTA

A MALTA E AS MALTAS

Os cristais de massa e a própria massa, no sentido moderno da palavra, derivam ambos de uma unidade mais antiga, unidade esta na qual ainda coincidiam. Essa unidade mais antiga é a *malta*. Nas hordas de número reduzido, vagando em pequenos bandos de dez ou vinte homens, a malta é a forma que assume a excitação coletiva, visível em toda parte.

Característico da malta é o fato de ela não poder crescer. No vazio que a circunda inexistem pessoas que possam juntar--se a ela. A malta consiste em um grupo de pessoas excitadas que nada mais deseja tão veementemente do que *ser mais*. O que quer que façam em conjunto — quer partam para a caça ou para a guerra —, melhor seria para elas que fossem em maior número. Para o grupo que é constituído de tão poucos membros, cada indivíduo que a ele se juntasse significaria um claro acréscimo, importante, imprescindível. A força que tal indivíduo traria consigo equivaleria a um décimo ou um vigésimo da força total. Todos atentariam cuidadosamente para o lugar que ele ocuparia. Tal indivíduo teria para a economia do grupo uma importância real que, hoje, pouquíssimos de nós podem ter.

Na malta que, de tempos em tempos, se forma a partir do grupo e exprime com o máximo vigor seu sentimento de unidade não é possível ao indivíduo perder-se tão completamente quanto, nos dias de hoje, o homem moderno se perde numa massa qualquer. Ele estará continuamente à *margem* das cambiantes constelações da malta, de suas danças e suas expedições. Estará em seu interior e, em seguida, à sua margem; à margem e, logo depois, novamente em seu interior. Quando a malta forma um anel em torno do fogo, cada um de seus membros pode ter vizinhos à direita e à esquerda, mas não terá ninguém às suas costas; as costas apresentam-se expostas à vastidão. A densidade no interior da malta tem sempre algo de simulado: as pessoas comprimem-se, talvez, umas às outras e representam a multidão com movimentos rítmicos tradicionais. Contudo, elas não são muitas, mas poucas; compensam com a intensidade o que lhes falta em densidade real.

Das quatro qualidades essenciais da massa, conforme as aprendemos, duas são fictícias na malta — isto é, são desejadas e *representadas* com a máxima ênfase; as duas outras, em compensação, encontram-se efetivamente presentes, e com tanto maior vigor. O *crescimento* e a *densidade* são representados; a *igualdade* e o *direcionamento* estão presentes. A primeira coisa que chama a atenção na malta é o caráter inequívoco de sua direção. Quanto à igualdade, porém, está se expressa no fato de estarem todos possuídos por uma única e mesma meta — a visão de um animal, por exemplo, que desejem abater.

A malta é limitada em mais de um aspecto. Não se trata apenas do fato de ela ser integrada por relativamente poucos — dez, vinte pessoas, raras vezes um número maior, todas elas, porém, conhecendo-se muito bem umas às outras. Essas poucas pessoas sempre viveram juntas, encontram-se diariamente, aprenderam a avaliar com precisão uma à outra em muitas empreitadas conjuntas. Dificilmente pode a malta experimentar um crescimento inesperado; são muito poucos os homens que vivem sob tais condições, e eles se encontram espalhados. Como, porém, constitui-se apenas de *conhecidos*, a malta é superior à massa — esta, capaz de crescer infinitamente — em um ponto: mesmo quando dispersada por circunstâncias adversas, a malta sempre torna a reunir-se. Ela pode contar com a permanência; enquanto seus membros viverem, sua durabilidade estará garantida. A malta pode desenvolver certos ritos e cerimônias, aqueles que devem executá-los apresentar-se-ão. Pode-se confiar neles. Sabem qual o seu lugar e não se deixam atrair para outras partes. Tais tentações são insignificantes, tão insignificantes que não chega a formar-se o hábito de ceder a elas.

Em sendo possível às maltas fazerem-se maiores, tal crescimento se dá *quanticamente*, e com a concordância de seus participantes. Uma malta que se tenha formado a partir de um segundo grupo pode deparar com a primeira e, caso não lutem entre si, é possível que ambas se juntem para empreitadas passageiras. Contudo, sempre há de conservar-se a consciência própria de cada um desses quanta; talvez essa consciência desapareça momentaneamente no calor da ação conjunta, mas não por muito tempo. De todo modo, ela reaparecerá na distribuição das honrarias ou em outras cerimônias. Mais forte do que o sentimento daquilo que se é como indivíduo, quando não se está em ação em companhia da malta, é sempre o sentimento da própria malta. O sentimento quântico desta é decisivo para um determinado nível da convivência humana, e nada pode abalá-lo.

Deliberadamente, contrapõe-se aqui uma nova unidade — a da *malta* — a tudo quanto se costuma designar por tribo, estirpe ou clã. Por mais importantes que sejam, esses conhecidos conceitos sociológicos têm todos algo de estático. A malta, pelo contrário, é uma unidade de *ação* que se manifesta de forma *concreta*. Dela há de partir todo aquele que deseja investigar as origens do comportamento das massas. A malta é a forma mais antiga e mais limitada que a massa assume entre os homens; ela já existia antes do aparecimento das massas humanas, no sentido moderno da palavra. E manifesta-se das mais diversas formas. É sempre claramente palpável. Sua atividade ao longo de milhares de décadas foi tão intensa que a malta deixou vestígios por toda parte, e mesmo em nossa época, tão inteiramente diversa, seguem vivendo ainda algumas formações que derivam diretamente dela.

Desde sempre, a malta apresenta-se sob *quatro* diferentes formas ou funções. Estas têm todas algo de fluido, transformando-se com facilidade umas nas outras; importante é, porém, definir, antes de mais nada, em que elas *diferem*. A malta mais natural e genuína é aquela da qual a palavra deriva: a malta de *caça*. Esta se forma em qualquer parte onde se trate de enfrentar um animal perigoso ou forte, dificilmente capturável por um indivíduo sozinho; forma-se, ademais, onde quer que uma presa se apresente em massa, massa esta da qual se deseja perder o menos possível. O tamanho do animal abatido, seja ele uma baleia ou elefante, e ainda que tenha sido atingido por indivíduos isolados, resulta em que ele só possa ser capturado e partilhado por muitas pessoas agindo em conjunto. A malta de caça passa, assim, a um estado de *partilha*; por vezes, o que se tem é apenas este último estado, mas ambos — caça e partilha — encontram-se intimamente ligados e precisam ser investigados em conjunto. O objeto comum a ambos esses estados é a *presa*, e somente esta, seu comportamento, sua singularidade — quando viva e quando morta —, determina com precisão o comportamento da malta que se forma por sua causa.

A segunda forma assumida pela malta, possuindo muito em comum com a de caça e a esta atrelada por muitos elementos, é a *malta de guerra*. Esta pressupõe a existência de uma segunda malta de homens contra a qual ela se volta e a qual percebe mesmo que, no momento, essa segunda malta nem sequer exista ainda. Em sua forma mais antiga, a malta de guerra persegue uma única vítima, da qual tem de vingar-se. Na *certeza* da vítima a ser morta, a malta de guerra aproxima-se bastante da de caça.

A terceira forma da malta é a de *lamentação*. Esta forma-se quando um membro do grupo é arrebatado pela morte. O grupo, que é pequeno e sente cada perda como insubstituível, reúne-se então numa malta. É possível que, antes de perdê-lo por completo, o grupo almeje reter o moribundo, arrebatar de sua força vital tanto quanto possa ele próprio incorporar; quererá acalmar-lhe a alma, a fim de que esta não se torne inimiga dos vivos. Seja como for, uma ação qualquer afigura-se-lhe necessária, e em parte alguma encontram-se homens dispostos a renunciar inteiramente a ela.

Reúno sob uma quarta forma assumida pela malta uma multiplicidade de fenômenos os quais, a despeito de sua diversidade, possuem uma coisa em comum: o propósito da multiplicação. *Maltas de multiplicação* formam-se porque o próprio grupo, ou as criaturas a ele vinculadas — sejam elas animais ou

118

plantas — devem fazer-se *mais*. Frequentemente, tais maltas manifestam-se sob a forma de danças às quais se atribui um certo significado mítico. Também estas são conhecidas onde quer que haja seres humanos vivendo juntos. O que nelas invariavelmente se expressa é que o grupo não está satisfeito com seu tamanho. Uma das características essenciais da massa moderna — o ímpeto de tornar-se maior — aparece, pois, desde cedo, em maltas que, em si, são absolutamente incapazes de crescer. Certos ritos e cerimônias têm por função forçar esse crescimento; seja qual for a nossa opinião acerca de sua eficácia, há que se considerar que, no curso do tempo, ritos e cerimônias assim efetivamente conduziram à formação de grandes massas.

A investigação pormenorizada dessas quatro formas distintas assumidas pelas maltas leva a resultados surpreendentes. Elas tendem a transformar-se umas nas outras, e nada se revela mais rico em consequências do que a transformação de uma espécie de malta em outra. A instabilidade da massa — massa esta que é bem maior que a malta — verifica-se já nessas formações pequenas e aparentemente mais sólidas. Suas transformações frequentemente ensejam singulares fenômenos religiosos. Demonstrar-se-á aqui de que maneira as maltas de caça podem converter-se em maltas de lamentação, e como mitos e cultos específicos desenvolveram-se em torno desse fenômeno. Quando isso ocorre, os lamentadores não mais desejam assumir que foram caçadores, e a vítima que lamentam existe para expiar a culpa deles pela morte da caça.

A escolha do termo *malta* para designar essa forma mais antiga e limitada da massa pretende lembrar que também ela deve seu surgimento entre os homens a um modelo animal: aos bandos de animais caçando em conjunto. Os lobos, que o homem conhecia bem e educou ao longo de milênios, transformando-os em cães, impressionaram-no desde cedo. Sua presença como animal mítico entre tantos povos; as diversas concepções do lobisomem; as histórias versando sobre homens que, disfarçados de lobos, assaltam e dilaceram outros homens; as lendas sobre a origem de crianças criadas por lobos — tudo isso, e muito mais, demonstra quão próximo o lobo estava do homem.

A malta de caça — pela qual hoje se entende uma matilha de cães adestrados para a caça conjunta — é o resquício vivo daquela antiga união. Os homens aprenderam com os lobos. Seu ser lobo era, por assim dizer, exercitado em diversas danças. Naturalmente, outros animais deram também a sua contribuição para o desenvolvimento de habilidades semelhantes entre os povos caçadores. Emprego o termo *malta* com referência aos homens, em vez de relativamente aos animais, porque ele é o que melhor expressa o caráter conjunto do movimento rápido, bem como a meta concreta diante dos olhos — meta esta que é aí o que importa. A malta deseja uma presa: quer seu sangue e sua morte. Se deseja obtê-la, tem de persegui-la com rapidez e sem desviar-se, com astúcia e perseverança. Estimula-se a si própria latindo em conjunto. Não se pode subestimar o significado desse ruído, no qual se juntam as vozes de cada um dos animais. Ele pode diminuir e, então, novamente aumentar, mas é imperturbável: contém em si o ataque. A presa, enfim alcançada e abatida, é devorada por *todos*. Verifica-se de um modo geral o "costume" de reservar algum pedaço da presa abatida para cada participante; rudimentos até mesmo de uma malta de partilha podem ser encontrados entre os animais. Utilizo o termo *malta* também para as três outras formas básicas mencionadas, embora dificilmente se possa falar aí em modelos animais. Não conheço palavra melhor para exprimir o caráter concreto, direcionado e intenso desses fenômenos.

Também a sua *história* justifica o uso do termo nesse sentido. A palavra *malta* deriva do latim médio *movita*, que significa "movimento". *Meute*, a palavra do francês antigo que daí se originou, possui um duplo sentido, podendo significar tanto "revolta, sublevação" quanto "partida de caça". O elemento humano apresenta-se aí ainda vigorosamente em primeiro plano. A palavra antiga designa com exatidão aquilo que se deseja compreender aqui por "malta": é precisamente esse duplo sentido que nos interessa. O uso mais restrito do termo, no sentido

120

de "matilha de cães de caça", é muito posterior e, no alemão, conhecido somente a partir de meados do século XVIII, ao passo que palavras como *amotinador* e *motim* — derivadas da antiga palavra francesa — aparecem já por volta de 1500.

A MALTA DE CAÇA

Com todos os meios de que dispõe, a malta de caça move-se em direção a um ser vivo que deseja abater para, então, incorporar. O abater é, pois, sempre a sua meta mais próxima. O *alcançar* e o *cercar* são seus meios mais importantes. Seu alvo é um único e grande animal, ou um grande número de animais a fugir em massa diante de seus olhos.

A presa está sempre em movimento e é perseguida. Tudo depende da rapidez do movimento da malta: ela deve correr mais que a caça, a fim de cansá-la. Em se tratando de animais, e em se conseguindo cercá-los, a fuga em massa da presa converte-se em pânico: cada um dos animais caçados procurará, então, safar--se por seus próprios meios do cerco de seus inimigos.

A caçada estende-se por um espaço amplo e cambiante. No caso da caça a um único animal, a malta *seguirá existindo* enquanto a caça for capaz de defender a própria pele. A excitação aumenta durante a caçada, exprimindo-se nos gritos que um caçador dirige a outro e que intensificam a sede de sangue.

A concentração num único objeto — objeto este que está sempre em movimento, que se perde de vista mas reaparece, que desaparece com frequência e que se precisa novamente procurar, que jamais se vê livre do propósito assassino de seu perseguidor e é mantido incessantemente num estado de medo mortal —, tal concentração é a de *todos juntos*. Cada um tem em vista o mesmo objeto e se move em sua direção. A distância entre a malta e seu objeto, que diminui pouco a pouco, faz-se menor para todos. A caçada possui um ritmo mortal e comum a todos. Tal ritmo mantém-se pelo terreno cambiante, e faz-se mais violento quanto mais próximo se chega do animal. Uma vez que se alcançou o animal, chegada a hora de atingi-lo, todos têm oportunidade de matar, e todos experimentam fazê-lo. Suas lanças ou flechas podem concentrar-se numa *única* criatura. Elas constituem o prolongamento dos olhares cobiçosos ao longo da caçada.

Todo estado dessa espécie tem seu fim natural. Se clara e nítida é a meta almejada, nítida e súbita é também a transformação da malta, uma vez atingida aquela meta. O frenesi diminui no momento de abatê-la. Postados ao redor da vítima tombada, todos se fazem subitamente silentes. Os presentes formam o círculo de todos aqueles aos quais cabe uma porção da presa. Qual lobos, eles poderiam fincar os dentes na caça. Contudo, a incorporação a que as alcateias dão início com a vítima ainda viva é adiada pelos homens para um momento posterior. A *partilha* ocorre sem desavenças e segundo determinadas regras.

Pouco importa se o que se abateu é grande ou vário: se a caçada foi empreendida por toda uma malta, a partilha da presa entre seus membros é indispensável. O processo que então tem início é exatamente o oposto daquele da *formação* da malta. Agora, cada um quer a sua parte, e que ela seja a maior possível. Não possuísse a partilha regras precisas; não houvesse algo como uma antiga lei a regulá-la, e homens experientes a velar por seu cumprimento, ela haveria de terminar em assassinato e morte. A lei da *partilha* é a *mais antiga* das leis.

Da partilha, há duas versões fundamentalmente diversas: segundo uma, ela se restringe unicamente ao círculo de caçadores; segundo a outra, acrescem a estes também as mulheres e aqueles homens que não participaram da malta de caça. Originalmente, aquele que preside a partilha, a quem cabe zelar para que sua execução se dê em ordem, não extrai desse seu posto vantagem alguma. Pode mesmo ocorrer, conforme é o caso nas caças de alguns esquimós a baleias, que, em nome de sua honra, ele renuncie a tudo. O sentimento do caráter comunitário da presa pode ir bem longe: entre os koriaks da Sibéria, o caçador ideal convida a todos a servirem-se de sua presa, contentando--se com os restos que lhe deixarem.

A lei da partilha é assaz complexa e variável. A porção de honra da presa nem sempre cabe àquele que lhe desferiu o golpe mortal. O direito a tal porção é, por vezes, daquele que viu primeiro a caça. Contudo, mesmo quem, de longe, foi apenas testemunha da morte pode ter direito a uma parte da presa. Nesse caso, os espectadores são considerados cúmplices do ato e, sendo corresponsáveis por ele, gozam também de seus frutos. Cito esse preceito extremo e não tão frequente com o intuito de mostrar quão forte é o sentimento de unidade que irradia da malta de caça. Qualquer que seja a regulamentação que reja a partilha, *avistar* e *matar* a presa são os dois atos considerados decisivos.

A MALTA DE GUERRA

A diferença fundamental entre as maltas de guerra e de caça situa-se na *duplicidade* da primeira. Na medida em que se tenha uma tropa excitada a dar caça a um único homem a quem ela deseja punir, tem-se uma formação de natureza análoga à da malta de caça. Caso esse homem pertença a um outro grupo que dele não deseja abrir mão, logo teremos duas maltas a se enfrentar. Os inimigos não são muito diferentes entre si. Trata-se de seres humanos, homens, guerreiros. Na forma original como as guerras eram travadas, os inimigos assemelham-se tanto que demanda esforço distingui-los. Ambos possuem a mesma maneira de lançar-se uns sobre os outros, e seu armamento é aproximadamente o mesmo. De ambos os lados dão-se gritos selvagens e ameaçadores, e as duas partes apresentam-se munidas da mesma *intenção* para com o inimigo. A malta de caça — contrariamente a isso — é *unifacetada*: os animais contra os quais ela investe não tentam cercar ou capturar os homens. Eles estão em fuga, e se por vezes se defendem, tal se dá no momento em que se deseja matá-los. Na maioria das vezes, nem sequer têm condições de, então, defender-se dos homens.

Decisivo e verdadeiramente característico da malta de guerra é a existência de duas maltas munidas exatamente da mesma intenção uma para com a outra. Sua bipartição é total, e absoluto o corte que as divide, enquanto se tiver um estado de guerra. A fim de se descobrir o que é que elas verdadeiramente pretendem uma contra a outra, basta que se leia o relato que se segue. Trata-se da narrativa da expedição de uma tribo sul-americana — os *taulipangues* — contra seus inimigos, os *pischaukos*. O relato é, todo ele, de um taulipangue e contém tudo quanto é necessário saber acerca da malta de guerra. O narrador apresenta-se impregnado da empreitada na qual toma parte, entusiasmado com ela, e a descreve a partir de seu interior, do ponto de vista de uma das partes; fá-lo com uma crueza ao mesmo tempo verídica e horripilante, da qual dificilmente se encontrará paralelo.

No começo, havia amizade entre os taulipangues e os pischaukos. Depois, entraram em conflito por causa das mulheres. Primeiro, os pischaukos assassinaram alguns taulipangues que atacaram na floresta. Depois, mataram um jovem taulipangue e uma mulher, e, em seguida, mais três taulipangues na floresta. Desse modo, os pischaukos queriam, pouco a pouco, acabar com toda a tribo dos taulipangues.

Então, Manikuza, o chefe guerreiro dos taulipangues, convocou toda a sua gente. Os taulipangues tinham três chefes: Manikuza — o cacique supremo — e dois caciques menores. Destes, um era um homem pequeno e gordo, mas muito valente, e o outro, seu irmão. Estava presente também o velho cacique, pai de Manikuza. E, dentre a sua gente, havia ainda um homem pequeno, muito valente, da tribo vizinha dos arecunás. Manikuza mandou preparar uma massa fermentada de caxiri, cinco grandes cabaças cheias dela. Depois, mandou que preparassem seis canoas. Os pischaukos moravam nas montanhas. Os taulipangues levaram consigo duas mulheres, que deveriam tocar fogo nas casas. Partiram, então, não sei por que rio. Até que a guerra acabasse, não comeram nada: nenhuma pimenta, nenhum peixe grande ou animal de caça; apenas peixes pequenos. Com eles, levavam ainda tinta e argila branca, para se pintarem.

Chegaram perto de onde moravam os pischaukos. Manikuza mandou cinco homens até a casa deles, a fim de descobrir se estavam todos lá. *Todos estavam lá.* Era uma casa grande, com muita gente, cercada por uma paliçada circular. Os espiões retornaram e deram essa informação ao cacique. Em seguida, o velho e os três caciques puseram-se a soprar a massa fermentada do caxiri. Sopraram também a tinta, a argila branca e os tacapes de guerra. Os velhos levavam apenas arcos e flechas com pontas de ferro; nenhuma arma de fogo. Os demais tinham espingardas e chumbo. Cada um trazia consigo um saco de chumbo e seis cartuchos de pólvora. Também esse material todo foi soprado [isto é, insuflado de poder mágico]. Pintaram-se, então, com listras vermelhas e brancas: começando pela testa, uma listra vermelha em cima e outra branca embaixo, pelo rosto todo. Sobre o peito, cada um pintou três listras, alternando vermelho e branco em cima e embaixo; e fizeram o mesmo no antebraço, para que os guerreiros fossem capazes de reconhecer-se uns aos outros. Também as mulheres pintaram-se dessa mesma maneira. Manikuza ordenou, então, que derramassem água na massa do caxiri.

Os espiões disseram que havia muita gente nas casas. Havia uma casa bem grande e, mais para o lado, três casas menores. Os pischaukos eram bem mais numerosos que os taulipangues, que eram apenas quinze, fora o arecuná. Beberam caxiri; cada um bebeu uma cabaça cheia, caxiri suficiente para dar coragem. Então, Manikuza disse: "Este aqui atira primeiro! Enquanto ele recarrega sua espingarda, outro atira. Um de cada vez!". E dividiu sua gente em três grupos de cinco homens cada, num amplo círculo ao redor da casa. Depois, ordenou: "Não desperdicem um único tiro! Quando um homem cair, deixem-no no chão e atirem naquele que ainda está de pé!".

Avançaram, pois, separados em três grupos, tendo as mulheres atrás de si, com as cabaças cheias de bebida. Chegaram à beira da savana, e Manikuza disse: "O que fazemos agora? Eles são muitos. Talvez seja melhor voltarmos para buscar mais gente!". Ao que o arecuná respondeu: "Não! Em frente! Se eu avançar acompanhado de muita gente, não vou encontrar ninguém para matar!". [o que significa: essa gente toda ainda não é suficiente para meu tacape, pois mato muito rápido]. E Manikuza emendou: "Avante! Avante! Avante!". Incitava a todos. Aproximaram-se da casa. Era noite. Em seu interior, estava um pajé a soprar um doente. Avisando os habitantes da casa, o pajé disse: "Vem vindo gente!". Ao que, então, o dono da casa — o cacique dos pischaukos — replicou: "Pois que venham! Eu sei quem é! É Manikuza! E daqui ele não sairá!". O pajé prosseguiu advertindo e disse: "Eles já chegaram!". E o cacique respondeu: "É Manikuza! Ele não voltará para casa! Sua vida vai terminar aqui!".

Manikuza cortou, então, o cipó que atava a paliçada. As duas mulheres entraram e puseram fogo na casa — uma na entrada, a outra na saída. Havia muitas pessoas lá dentro. A seguir, as mulheres tornaram a recuar para trás da paliçada. O fogo tomou conta da casa. Um velho subiu nela, tentando apagá-lo. Muitas pessoas deixavam-na, atirando muito com suas espingardas, mas a esmo, pois não viam ninguém; atiravam apenas para assustar o inimigo. O velho cacique dos taulipangues quis dar uma flechada num pischauko, mas errou o alvo: o pischauko estava dentro de seu buraco na terra. Quando o velho preparava a segunda flecha, o pischauko derrubou-o com sua espingarda. Manikuza viu que seu pai estava morto. Os guerreiros puseram-se então a atirar bastante. Haviam cercado a casa toda, e os pischaukos não tinham para onde fugir.

Foi aí que um guerreiro taulipangue chamado Ewama invadiu a casa. Atrás dele, um dos caciques menores; e atrás deste, seu irmão; e atrás deste, Manikuza, o chefe guerreiro; e atrás dele o arecuná. Os demais permaneceram do lado de fora, a fim de matar os pischaukos que pretendessem fugir. Os cinco que entraram avançaram até os inimigos e os derrubaram com seus tacapes. Os pischaukos atiraram neles, mas não acertaram ninguém. Manikuza, então, matou o cacique dos pischaukos, e o cacique menor deles foi morto pelo cacique menor dos taulipangues. O irmão deste último e o arecuná matavam rápido e deram cabo de muita gente. Somente duas virgens fugiram, e vivem ainda rio acima, casadas com taulipangues. Todos os outros foram mortos. Depois, incendiaram a casa toda. As crianças choravam, e eles jogaram todas elas no fogo. No meio dos mortos, um pischauko ainda vivia. Ele se lambuzara inteirinho de sangue e se deitara entre os mortos, a fim de fazer crer aos inimigos que estava morto também. Os taulipangues pegaram então os pischaukos tombados e, um a um, cortaram-nos em dois pedaços com um facão. Encontraram o homem que ainda estava vivo, agarraram-no e o mataram. Depois, pegaram o cacique dos pischaukos, amarraram-no a uma árvore com os braços levantados e esticados e atiraram nele com o restante da munição, até fazê-lo em pedaços. Em seguida, pegaram uma mulher morta. Com os dedos, Manikuza rasgou lhe o órgão sexual e disse a Ewama: "Veja isto aqui: um bom lugar para você entrar!".

Os demais pischaukos, ainda nas três outras casas menores, fugiram cada um para um lado, dispersando-se pelas montanhas da região. Ali, seguem vivendo até hoje, inimigos mortais das outras tribos e *assassinos secretos*, tendo por alvo especialmente os taulipangues.

Seu velho cacique morto, os taulipangues o enterraram no próprio local. Além dele, somente dois outros tinham ferimentos leves de chumbo na barriga. Depois, voltaram para casa gritando: "Hai-hai-hai-hai-hai!". Em casa, encontraram seus banquinhos já preparados para eles.

O conflito principia por causa das mulheres. Pessoas isoladas são mortas. Registram-se apenas os que os *outros* mataram. A partir desse momento, impera a crença inabalável de que os inimigos querem acabar com toda a tribo dos taulipangues. O cacique conhece bem sua gente, a qual agora convoca; não são muitos — dezesseis, contando com o homem da tribo vizinha — e todos sabem o que esperar um do outro na luta. Jejua-se com rigor: as pessoas podem alimentar-se apenas de peixes minúsculos. A partir da massa fermentada, prepara-se uma bebida forte. Antes da luta, os guerreiros bebem dela, para "dar coragem". Com as tintas, pintam no próprio corpo uma espécie de uniforme, "para que os guerreiros sejam capazes de reconhecer-se uns aos outros". Todos os apetrechos considerados pertinentes à guerra são "soprados", e muito particularmente as armas. Assim, um poder mágico é-lhes insuflado, e eles estão abençoados.

Tão logo se encontram próximos do acampamento inimigo, espiões são enviados para examinar se estão todos ali. Estão todos presentes. Quer-se que estejam todos reunidos, pois todos devem ser aniquilados a um só tempo. Trata-se de uma casa grande, abrigando grande quantidade de pessoas — uma perigosa superioridade. Os dezesseis têm todos os motivos para embebedar-se de coragem. O cacique dá, então, suas instruções, exatamente como um oficial. Contudo, tendo alcançado as proximidades da casa inimiga, ele sente sua *responsabilidade*. "Eles são muitos", diz, e hesita. Seria melhor dar meia-volta e buscar reforços? Mas entre seus homens há um para quem o número de inimigos a matar nunca é suficiente. A determinação deste comunica-se ao cacique, que dá a ordem: "Avante!".

É noite, mas as pessoas no interior da casa estão acordadas. Um pajé está trabalhando; um doente está sendo tratado, e todos se encontram reunidos ao redor de ambos. O pajé, mais desconfiado que os demais, tem seus sentidos aguçados e pressente o perigo. "Vem vindo gente!", avisa, e, logo em seguida: "Eles já chegaram!". Mas o cacique, no interior da casa, sabe muito bem de quem se trata. Ele possui um inimigo de cuja inimizade está seguro. E seguro está também de que seu inimigo vem apenas para ali perder a própria vida. "Ele não voltará para casa! Sua vida vai terminar aqui!" A cegueira do que vai morrer é tão notável quanto a hesitação do que irá atacar. O ameaçado nada faz: a desgraça logo se abate sobre ele.

Não tarda muito, e está em chamas a casa na qual as mulheres puseram fogo; seus habitantes correm para fora. Não podem ver quem, da escuridão, neles atira, mas eles próprios são alvos bem iluminados. Os inimigos invadem a casa e põem-se a golpeá-los com seus tacapes. A história de seu fim completa-se numas poucas frases. O que interessa aí não é uma luta, mas a aniquilação total. As crianças a chorar são arremessadas no fogo. Os mortos são despedaçados um a um. Um sobrevivente, que se lambuza de sangue e se deita ao lado dos mortos, na esperança de escapar, tem o mesmo destino destes. O cacique morto, eles o esticam, amarram a uma árvore e atiram até fazê--lo em pedaços. A violação de uma mulher morta constitui o clímax horripilante. Tudo sucumbe inteiramente ao fogo.

Os poucos habitantes das casas vizinhas e menores que se salvam nas montanhas seguem vivendo ali como "assassinos secretos".

Quase nada há a acrescentar a essa descrição da malta de guerra. Dentre incontáveis relatos de natureza semelhante, esse é, em sua crueza, o mais verídico de todos. Ele nada contém que não seja pertinente; nada foi melhorado ou embelezado pelo narrador.

Os dezesseis homens que partiram nessa expedição não trouxeram de volta para casa nenhuma espécie de presa; não se fizeram mais ricos com sua vitória. Não deixaram uma única mulher ou criança com vida. Sua meta era a aniquilação da malta inimiga, de modo que dela nada mais resta, literalmente nada. Descreve-se com volúpia o que se fez. Os outros, no entanto, é que eram e continuam sendo os assassinos.

A MALTA DE LAMENTAÇÃO

A descrição mais impressionante que conheço de uma malta de lamentação provém dos *warramungas* da Austrália Central.

Antes ainda que o moribundo houvesse dado seu último suspiro, começaram os lamentos e as autoflagelações. Tão logo se soube que o fim estava próximo, os homens todos correram velozmente para o local. Algumas das mulheres, que se haviam reunido provindas de todas as partes, jaziam prostradas sobre o corpo do moribundo, enquanto outras se encontravam de pé ou ajoelhadas ao redor, e cravavam as extremidades pontiagudas de seus cajados na própria cabeça: o sangue escorria-lhes pelo rosto, ao mesmo tempo que se podia ouvir-lhes o choro e o lamento ininterruptos. Muitos dos homens que acorreram ao local lançavam-se em grande confusão sobre aquele que ali jazia; as mulheres levantaram-se para lhes dar lugar, até que, por fim, nada mais se podia ver senão uma tumultuada massa de corpos nus. De súbito, gritando estridentemente, chegou correndo um homem brandindo uma faca de pedra. Ao chegar ao local, ele subitamente enfiou a faca nas próprias coxas, atravessando os músculos, de modo que, não conseguindo mais ficar em pé, caiu sobre a tumultuada massa de corpos. Sua mãe, suas mulheres e suas irmãs retiraram-no daquele tumulto e puseram a boca em suas feridas abertas, enquanto ele, exausto e desamparado, jazia no chão. Pouco a pouco, a massa de corpos escuros foi se desenredando, permitindo a visão do desafortunado moribundo que era o objeto — ou, antes, a vítima — dessa bem-intencionada demonstração de afeto e aflição. Se, antes, já estava doente, agora, com a partida dos amigos, piorara ainda mais; estava claro que não viveria por muito tempo. O choro e a lamentação persistiram. O sol se pôs e a escuridão se fez no acampamento. Naquela mesma noite o homem morreu. A choradeira fez-se, então, ainda mais alta do que antes. Como que desvairados de aflição, homens e mulheres lançavam-se de um lado para o outro, ferindo-se a si próprios com facas e lanças pontiagudas, ao passo que as mulheres golpeavam-se na cabeça com tacapes; ninguém se defendia dos cortes ou dos golpes.

Uma hora mais tarde, iluminado por tochas, um cortejo fúnebre pôs-se a caminho em meio à escuridão. Carregaram o corpo para um bosque, distante cerca de uma milha, e, sobre uma plataforma de galhos, depositaram-no no interior de uma seringueira baixa. Quando clareou, na manhã seguinte, não mais se percebia nenhum vestígio de assentamento humano no acampamento em que o homem havia morrido. Todos haviam deslocado suas miseráveis cabanas para mais longe, deixando para trás, em total abandono, o local de sua morte, pois ninguém queria deparar com o fantasma do falecido, que certamente vagava nas redondezas; menos ainda desejavam encontrar o espírito do homem que, ainda vivo, provocara aquela morte valendo-se de algum feitiço maligno, espírito este que, com certeza, sob a forma de um animal, retornaria ao local do crime a fim de desfrutar de seu triunfo.

Por toda parte, no novo acampamento, havia homens estirados no chão com as feridas abertas nas coxas, feridas que, com as próprias mãos, se haviam infligido. Tinham cumprido sua obrigação para com o morto e carregariam até o fim da vida as profundas cicatrizes nas coxas, como sinais de sua honra. Em um deles podiam-se contar não menos que 23 marcas de feridas, as quais ele se havia infligido ao longo do tempo. — Enquanto isso, as mulheres haviam retomado a lamentação, conforme era seu dever. Com os braços entrelaçados, quarenta ou cinquenta delas, distribuídas em grupos de cinco ou seis, choravam e gritavam numa espécie de desvario, enquanto algumas, tidas por parentes mais próximas, golpeavam a própria cabeça com lanças pontiagudas, e as viúvas iam ainda além, chamuscando as feridas na cabeça com pedaços de pau em brasa.

De imediato, essa descrição, à qual se poderiam somar muitas outras semelhantes, deixa clara uma coisa: o importante é a *excitação* em si. Vários propósitos imiscuem-se no fato descrito, demandando que sejam analisados. O essencial, porém, é a excitação como tal — um estado no qual todos têm, juntos, algo a lamentar. A selvageria da lamentação; sua duração; sua retomada na manhã seguinte, no novo acampamento; o ritmo espantoso no qual ela se intensifica e recomeça, a despeito mesmo da fadiga total — todos esses fatores bastariam para provar que o importante aí é, acima de tudo, a excitação da lamentação conjunta. Tendo-se conhecido apenas esse único caso, característico dos aborígines australianos, compreender-se-á por que razão tal excitação é qualificada como a de uma *malta*, e por que se afigura indispensável criar para esta a designação especial de *malta de lamentação*.

Tudo principia com a notícia de que a morte está *próxima*. Os homens acorrem a toda a pressa para o local, onde já se encontram as mulheres. Dentre estas, as parentes mais próximas jazem amontoadas sobre o doente. É importante que a lamentação não tenha início apenas depois da morte, mas tão logo não mais existam esperanças de que o doente se recupere. Acreditando-se já que ele vai morrer, não mais se é capaz de conter a lamentação. A malta irrompe; estava à espreita de sua oportunidade e não mais permite que a vítima lhe escape. A força gigantesca com a qual ela se lança sobre seu objeto sela-lhe o destino. Dificilmente pode-se supor que o doente grave submetido a esse tratamento venha a se recuperar dele. Sob a gritaria desvairada dos homens, ele quase sufoca; é de se supor que, por vezes, o doente realmente morra sufocado; em todo caso, sua morte é apressada. A exigência, usual entre nós, de que se deixe a pessoa morrer em paz soaria totalmente incompreensível a essa gente, interessada na própria excitação.

O que significa esse amontoado que se forma sobre o moribundo, essa confusão de corpos que, evidentemente, lutam por aproximar-se o mais possível dele? Afirma-se que as mulheres, as primeiras a chegar, se levantam para dar lugar aos homens, como se também estes — ou, de todo modo, alguns deles — tivessem um direito à maior proximidade possível com o doente. Quaisquer que sejam as interpretações que os nativos deem para a formação desse aglomerado de gente, o que efetivamente ocorre é que o amontoado de corpos mais uma vez absorve integralmente o moribundo.

A proximidade física de todos quantos pertencem à malta — sua *densidade* — não poderia ser levada mais além. Juntamente com o moribundo, eles formam um amontoado. O doente ainda lhes pertence, e eles o retêm consigo. Não podendo levantar-se, juntar-se a eles, eles é que *se deitam com o moribundo*. Quem quer que acredite possuir algum direito sobre ele luta para participar daquele amontoado que tem nele o seu centro. É como se desejassem morrer com ele: as feridas que se infligem, o lançar-se sobre o amontoado ou sobre o que quer que seja, o sucumbir dos que se autoflagelaram — tudo isso tem por função demonstrar a seriedade com que agem. Talvez fosse correto dizer ainda que desejam *igualar-se* ao moribundo. Mas não pretendem realmente matar-se. O que deve persistir é o *amontoado* ao qual pertence o doente, e é isso que eles pretendem com sua conduta. A essência da malta de lamentação consiste nessa equiparação ao moribundo, anteriormente à chegada da morte.

Contudo, é próprio também dessa malta *repelir* o morto, tão logo ele morra. A verdadeira tensão da malta de lamentação constitui-se da transformação dessa desvairada retenção e detenção do moribundo numa amedrontada expulsão e isolamento do morto. Ainda durante a noite, desaparece-se com ele às pressas. Destroem-se todos os vestígios de sua existência — seus apetrechos, sua cabana e o que mais lhe tenha pertencido; até mesmo o acampamento no qual ele vivia juntamente com os outros é exterminado e queimado. De súbito, todos se voltam duramente contra ele, que, tendo se afastado dos demais, tornou-se perigoso. É possível que ele passe a invejar os vivos, deles vingando-se pelo fato de estar morto. Todos os sinais de afeto não foram capazes de retê-lo, nem mesmo a densidade dos corpos amontoados. O ressentimento do morto torna-o um inimigo; valendo-se de centenas de ardis e maldades, ele pode imiscuir-se furtivamente entre os vivos, que, por sua vez, necessitarão de idêntica profusão de meios para dele defender-se.

No novo acampamento, dá-se prosseguimento à lamentação. Não se abre mão de imediato da excitação que emprestou ao grupo o forte sentimento de sua unidade. A necessidade desse sentimento faz-se agora maior do que nunca, pois está-se em perigo. As pessoas exibem sua dor na medida em que seguem ferindo-se a si próprias. É como numa guerra; aquilo, porém, que o inimigo poderia impingir-lhes, elas mesmas se impingem. O homem que ostenta em seu corpo 23 cicatrizes de ferimentos encara-as como condecorações, como se as tivesse conquistado em expedições militares.

Temos de nos perguntar se esse é o único sentido dos perigosos ferimentos que os homens se impingem nessas ocasiões. Aparentemente, as mulheres vão ainda mais longe que os homens nessa prática. Em todo caso, sua lamentação é mais persistente. Há muita *raiva* nessa automutilação — a raiva da impotência diante da morte —, e é como se as pessoas se punissem pela morte. Poder-se-ia pensar também que, com a perda que impinge ao próprio corpo, o indivíduo deseja manifestar o dano causado à totalidade do grupo. A destruição, entretanto, volta-se também contra a própria moradia — mesmo sendo ela miserável —, e, nesse sentido, lembra a ânsia de destruição da massa, conforme a conhecemos e elucidamos anteriormente. Mediante a destruição das coisas isoladas, destruição esta na qual a malta se completa, ela *dura* mais; e mais agudo faz-se seu apartar-se do tempo em que conheceu e sofreu o infortúnio ameaçador. Tudo começa de novo, e começa precisamente no vigoroso estado da excitação coletiva.

É importante, para concluir, fixar ambos os movimentos essenciais no desenvolvimento da malta de lamentação. O primeiro é o movimento impetuoso rumo ao moribundo e a formação ao seu redor de um amontoado ambíguo, a meio caminho entre a vida e a morte. O segundo é a fuga amedrontada para longe do morto — dele e de tudo quanto ele possa ter tocado.

A MALTA DE MULTIPLICAÇÃO

Qualquer que seja o povo primitivo que contemplemos, depararemos sempre e de imediato em sua vida com momentos de concentração: as maltas de caça, de guerra ou de lamentação. O desenvolvimento dessas três espécies de malta é claro; todas elas têm algo de elementar. Onde uma ou outra dessas formações tenha sido compelida para um segundo plano, é comum encontrarmos resquícios dela, a comprovar sua presença e importância no passado.

Na *malta de multiplicação* tem-se uma formação mais complexa. Seu significado é enorme, pois ela constituiu a verdadeira força propulsora da propagação do ser humano. Ela conquistou-lhe a terra e conduziu a civilizações cada vez mais ricas. Sua eficácia jamais foi apreendida em toda a sua amplitude, pois o conceito da reprodução desfigurou e obscureceu os verdadeiros processos da multiplicação. Desde o princípio, só se pode compreendê-la em sua atuação conjunta com os processos da *metamorfose.*

Os primeiros homens, movendo-se em número reduzido por espaços enormes e frequentemente vazios, confrontam-se com uma quantidade de animais que lhes é superior. Nem todos lhes são hostis; a maioria nem sequer representa algum perigo para eles. Muitos, porém, apresentam-se em número gigantesco; trate-se de rebanhos de antílopes ou búfalos, de peixes, gafanhotos, abelhas ou formigas — comparado ao seu, o número de homens é insignificante.

É escassa a descendência humana. Os descendentes anunciam-se um a um, e um longo tempo se passa até que eles cheguem. O anseio por *mais*, por um número maior de pessoas ao qual se pertença, deve ter sido sempre profundo e premente. E tal desejo intensificou-se incessantemente; toda ocasião que ensejava a formação de uma malta só podia fortalecer o impulso no sentido da elevação do número de homens. Uma malta de caça maior era capaz de cercar mais animais selvagens. Nem sempre se podia confiar nos animais; de repente, surgiam mui-

135

tos deles; quanto maior o número de caçadores, tanto maior era a presa. Na guerra, queria-se ser mais forte que as hordas inimigas: tinha-se sempre consciência do perigo de se estar em número reduzido. Cada morte, particularmente se se tratasse de um homem experiente e ativo, significava uma perda assaz decisiva. A fraqueza do homem era seu número reduzido.

É certo que, com frequência, também os animais que representavam perigo viviam isolados ou em pequenos grupos, tal como o homem. Este, tanto quanto aqueles, era um animal de rapina, mas de um tipo que nunca queria estar sozinho. Podia viver em bandos tão grandes quanto os dos lobos, mas, ao contrário destes, não se satisfazia com seu tamanho. E isso porque, ao longo do gigantesco lapso de tempo em que viveu em pequenos grupos, o homem de certa maneira incorporou, pela *metamorfose*, todos os animais que conhecia. Foi somente a partir desse seu aprendizado da metamorfose que o homem fez-se homem: a metamorfose era seu dom e prazer característicos. Em suas primeiras metamorfoses em outros animais, o homem representou e dançou como outras espécies existentes em maior número. Quanto mais perfeita a sua representação dessas criaturas, tanto mais intensamente sentiu ele a grandeza de seu número. Sentiu o que era ser *muitos*, adquirindo, então, a consciência recorrente de seu isolamento, na qualidade de homem vivendo em pequenos grupos.

É indubitável que, tão logo se fez homem, o ser humano quis ser *mais*. Todas as suas crenças, mitos, ritos e cerimônias estão impregnados desse desejo. Os exemplos são muitos, e alguns deles poderão ser encontrados no curso desta investigação. Considerando-se que tudo aquilo que no homem almeja a multiplicação apresenta-se dotado de força tão elementar, pode causar surpresa o fato de, no princípio deste capítulo, se ter enfatizado o caráter complexo da malta de multiplicação. Um pouco de reflexão demonstrará, porém, por que razão ela se manifesta de tantas e tão diversas formas. Ao ser procurada, ela aparecerá onde, com naturalidade, se esperava que o fizesse. Mas a malta de multiplicação possui também seus recantos secretos, e surge repentinamente onde menos se supunha encontrá-la.

No princípio, o homem não pensou em sua própria multiplicação como desvinculada da dos outros animais. Seu anseio por ela, ele o transfere para tudo o que o cerca. Tanto quanto o compele o impulso no sentido de aumentar seu próprio bando, provendo-o abundantemente de crianças, o homem quer também mais animais e mais frutos, mais rebanhos e mais trigo — mais, enfim, do que quer que seja que ele se alimente. Para que ele prospere e se faça maior em número, é preciso que tenha à sua disposição tudo quanto necessita para viver.

Onde a chuva é escassa, o homem concentra-se em fazer chover. Assim como ele, aquilo de que todas as criaturas mais necessitam é da água. Desse modo, em muitas regiões da terra, os ritos relacionados à chuva coincidem com aqueles que visam a multiplicação. Quer sejam eles próprios a dançar a dança da chuva, como ocorre entre os índios pueblos, quer reúnam-se sedentos ao redor de seu feiticeiro, quando este lhes atrai a chuva, sua constituição, em todos os casos dessa natureza, é a de uma malta de multiplicação.

A fim de que se perceba o estreito vínculo existente entre multiplicação e metamorfose faz-se necessário examinar mais detalhadamente aqui os ritos dos australianos. Há mais de meio século, pesquisadores diversos os estudaram minuciosamente.

Os *ancestrais* de que tratam os mitos australianos da criação são seres raros: são criaturas duplas, em parte animal, em parte homem — ou, dizendo-o com maior precisão, são ambas as coisas. Foram eles os introdutores das cerimônias, e estas seguem sendo praticadas porque assim eles ordenaram. É notável o fato de que cada uma delas vincula o homem a uma determinada espécie animal ou vegetal. Assim, o ancestral-canguru é, ao mesmo tempo, canguru e homem, e o ancestral-ema, homem e ema simultaneamente. Jamais se encontram dois bichos distintos representados num *único* ancestral. O homem está sempre presente, constituindo uma metade, por assim dizer, a outra metade cabendo a um determinado animal. Há que se insistir, porém, no fato de que ambos estão presentes ao mesmo tempo, *numa única* forma; para nós, suas características misturam-se da forma mais ingênua e surpreendente possível.

É claro que tais ancestrais não representam outra coisa senão o resultado de metamorfoses. O homem, a quem sempre foi possível sentir-se e ver-se como um canguru, transformou-se num totem-canguru. Essa metamorfose específica, praticada e empregada com frequência, revestiu-se do caráter de uma conquista, sendo transmitida de geração em geração por meio de mitos que se podiam representar dramaticamente.

O ancestral dos cangurus de que os homens se viam cercados converteu-se, ao mesmo tempo, no ancestral daquele grupo de homens que se denominavam cangurus. A metamorfose presente na origem dessa dupla descendência era representada nas ocasiões em que todos se reuniam. Uma ou duas pessoas faziam o papel do canguru; as demais participavam como espectadoras dessa metamorfose tradicional. Numa apresentação posterior, elas próprias podiam dançar o canguru, seu ancestral. O prazer advindo dessa metamorfose, a importância especial que ela adquiriu com o passar do tempo, seu valor para as novas gerações, tudo isso exprimia-se na sacralidade dos ritos durante os quais era praticada. A metamorfose bem-sucedida e, assim, estabelecida tornou-se uma espécie de *dádiva*: era cultivada da mesma forma como se cultiva o tesouro composto das palavras que formam uma determinada língua, ou aquele outro tesouro, composto de objetos, a que *nós* designamos e percebemos como material — o das armas, ornamentos e certos objetos sagrados.

Essa metamorfose, que, na qualidade de uma bem preservada tradição, de um totem, marcava um parentesco de certos homens com os cangurus, significava ainda uma vinculação com o *número* destes últimos. Tal número era sempre maior do que o dos homens; desejava-se o seu crescimento, pois este vinculava-se ao dos homens. Se os cangurus se multiplicavam, multiplicavam-se também os homens. A multiplicação do animal-totem era idêntica à sua.

Não há, pois, como superestimar a força dessa conexão entre metamorfose e multiplicação: ambas caminham de mãos dadas. Tão logo uma metamorfose é estabelecida e, na qualidade de uma tradição, cultivada com precisão em sua forma, ela assegura a multiplicação de *ambas* as criaturas que nela se fizeram unas e inseparáveis. Uma dessas criaturas é sempre o homem. Em cada totem ele garante para si a multiplicação de um *outro* animal. A tribo formada de vários totens apropriou-se da multiplicação deles todos.

A grande maioria dos totens australianos é composta de animais. Alguns deles, porém, são plantas, e, como se trata, na maioria dos casos, de plantas que o homem come, jamais causaram surpresa os ritos a elas dedicados. Parece natural que o homem saia à cata de ameixas e nozes, e que as deseje em grande quantidade. Dentre os totens figuram ainda alguns dos insetos que consideramos daninhos — certas larvas, cupins e gafanhotos — mas que são guloseimas para o australiano. O que dizer, porém, diante de homens que têm por totem escorpiões, piolhos, moscas e mosquitos? Nesse caso, não se pode falar em utilidade, no sentido corriqueiro da palavra; essas criaturas são pragas tanto para o australiano quanto para nós. O que o atrai só pode ser o número gigantesco desses seres, e, ao estabelecer um parentesco seu com eles, interessa-lhe assegurar para si o seu número. O homem que descende de um totem-mosquito quer que sua gente se faça tão numerosa quanto os mosquitos.

Não quero concluir essa referência passageira e assaz sumária às figuras duplas australianas sem mencionar uma outra espécie de totem encontrável entre eles. A lista que se segue causará espanto, mas o leitor já a conhece. Dentre esses totens australianos encontram-se as nuvens, a chuva e o vento, a grama, a grama em chamas, o mar, a areia e as estrelas. Trata-se da lista dos *símbolos naturais de massa*, já interpretados aqui em detalhes. Inexiste prova melhor de sua antiguidade e significado do que sua presença entre os totens australianos.

Seria, contudo, equivocado supor que as maltas de multiplicação vinculam-se em toda parte a totens, ou que sempre demandam tanto tempo quanto entre os australianos. Existem práticas de natureza mais simples e compacta, nas quais se trata de atrair rápida e imediatamente o animal desejado. Tais práticas pressupõem a presença de grandes manadas. O relato que se segue, acerca da famosa dança dos búfalos dos *mandans* — uma tribo indígena da América do Norte —, data da primeira metade do século XIX.

Os búfalos reúnem-se, por vezes, em massas gigantescas e vagueiam pelo país em todas as direções, do Leste para o Oeste, do Norte para o Sul, para onde quer que sua disposição os leve. De repente, então, os mandans ficam sem ter o que comer. Formam uma tribo pequena e, diante de inimigos mais fortes a atentar contra sua vida, não ousam afastar-se demasiado de casa. Assim sendo, chegam próximos de morrer por inanição. Em crises como essa, cada mandan apanha em sua tenda uma máscara, que deixam preparada para tais ocasiões: trata-se da pele da cabeça de um búfalo, encimada pelos chifres. Inicia-se, então, a dança dos búfalos, para que "os búfalos venham". Ela deve seduzir a manada a mudar de direção, encaminhando-se para a aldeia dos *mandans.*

A dança tem lugar no centro da aldeia. Por volta de dez a quinze mandans participam dela, cada um deles ostentando sobre a própria cabeça uma cabeça de búfalo com os chifres e tendo à mão o arco ou a lança de sua preferência para matar búfalos.

A dança sempre surte o efeito desejado; ela não cessa jamais; prossegue dia e noite, até que "os búfalos venham". Tocam-se tambores, chacoalham-se os chocalhos, cantam-se canções, dão-se gritos. Os espectadores postam-se mais para o lado, com máscaras na cabeça e armas na mão, prontos para substituir qualquer um que, cansado, abandone o círculo.

Durante esse período de excitação geral, espias postam-se no alto das colinas ao redor da aldeia e, notando que os búfalos se aproximam, fazem o sinal combinado, o qual é imediatamente visto e compreendido por todos na aldeia. Essas danças estendem-se por duas, três semanas ininterruptas, até o feliz momento em que os búfalos aparecem. Elas nunca falham, e a elas se atribui o fato de os búfalos virem.

Da máscara que usam pende ainda, geralmente, uma tira de pele do comprimento do animal, contendo o rabo em sua extremidade; essa tira assenta-se sobre as costas do dançarino e arrasta pelo chão. Quem se cansa, indica-o curvando-se bem para a frente e aproximando seu corpo do chão; um outro apontar-lhe-á, então, seu arco e o alvejará com uma flecha embotada, de modo que o primeiro cai no chão feito um búfalo. Os circundantes agarram-no, arrastam-no pelos calcanhares para fora do círculo e sacam de suas facas. Com elas, fazem os movimentos da despela e do esquartejamento e, depois, deixam-no ir; seu lugar é imediatamente ocupado por outro, que, tendo a máscara sobre a cabeça, põe-se a dançar no círculo. Desse modo, a dança pode facilmente prosseguir por dias e noites, até que se tenha alcançado o efeito desejado e os "búfalos venham".

Os dançarinos representam búfalos e caçadores ao mesmo tempo. Em sua indumentária, eles são búfalos, mas o arco, a flecha e a lança caracterizam-nos como caçadores. Enquanto o indivíduo segue dançando, ele deve ser visto como búfalo, e assim se comporta. Quando se cansa, torna-se um búfalo cansado. Não lhe é permitido abandonar a manada sem ser abatido. Atingido por uma flecha — e não em razão do cansaço —, ele tomba. Até na agonia da morte permanece sendo búfalo. É, então, transportado e esquartejado pelos caçadores. No início, ele era "manada"; agora, termina como presa.

A ideia de que, por meio da dança impetuosa e prolongada, a malta poderia atrair a manada de búfalos propriamente ditos pressupõe uma série de coisas. Os mandans sabem, pela experiência, que a massa cresce e atrai para seu círculo tudo quanto lhe é semelhante e se encontra nas proximidades. Onde quer que muitos búfalos se achem reunidos, mais búfalos juntar-se--ão a eles. Mas sabem também que a excitação da dança eleva a intensidade da malta. Sua força depende da impetuosidade do movimento rítmico. O que lhe falta em número, a malta pode obter por meio da impetuosidade.

Os búfalos, afinal — cuja aparência e movimentos são bem conhecidos —, são como os homens, pois gostam de dançar e deixam-se atrair por seus inimigos mascarados para uma festa. A dança persiste porque deve surtir seu efeito à distância. Os búfalos, que, em algum ponto longínquo, sentem-na como atração rumo à malta, cedem a essa atração na medida em que ela, na qualidade de dança, for intensa. Se a dança arrefecesse, não se teria mais uma verdadeira malta, e os búfalos — ainda longe, talvez — poderiam dirigir-se para outro lugar qualquer. Manadas existem por toda parte, e qualquer uma delas poderia distrair-lhes a atenção. Os dançarinos precisam transformar-se numa fortíssima atração. Na condição de uma *malta de multiplicação* cuja excitação não arrefece em momento algum, eles são mais fortes do que qualquer manada dispersa, e atraem os búfalos de forma irresistível.

A COMUNHÃO

Um ato de multiplicação de natureza particular é a *refeição conjunta*. Num rito próprio, entrega-se a cada um dos participantes um pedaço do animal abatido. Come-se junto o que se conseguiu junto. A malta inteira incorpora porções do mesmo animal. Algo de *um único* corpo penetra neles todos. Todos pegam, mordem, mastigam e engolem a mesma coisa. E todos os que desfrutaram de um pedaço do animal encontram-se agora atrelados por esse mesmo animal: ele está contido em todos eles juntos.

Esse rito da incorporação conjunta é a *comunhão*. Dá-se lhe um sentido próprio: ela deve ocorrer de forma que o animal de

142

que se desfrutou sinta-se honrado. Ele deve retornar e trazer muitos de seus irmãos. Não se lhe quebram os ossos, ao contrário, são guardados cuidadosamente. Se se faz tudo direito, como se deve, os ossos revestem-se novamente de carne, o animal se levanta e deixa-se caçar mais uma vez. Mas se se procede erradamente e o animal se sente ofendido, ele se retrairá. Fugirá, então, na companhia de todos os seus irmãos, e não mais se verá um único deles: os homens morrem de fome.

Em certas festas, imagina-se que o animal do qual se está comendo encontra-se ele próprio presente. Assim, alguns povos siberianos tratam o *urso* que estão comendo como convidado. Homenageia-se esse convidado servindo-lhe os melhores pedaços de seu próprio corpo. Palavras convincentes e solenes são-lhe ditas, e pede-se-lhe que interceda pelos presentes junto a seus irmãos. Quando se sabe conquistar-lhe a amizade, ele, de muito bom grado, se deixa até mesmo caçar novamente. Tais comunhões podem conduzir a uma ampliação da malta de caça. Delas participam, então, mulheres e homens que não tomaram parte na caçada. Mas podem igualmente restringir-se a um pequeno grupo, correspondente ao dos próprios caçadores. No que se refere ao caráter da malta, o processo interior é sempre o mesmo: a *malta de caça* transforma-se em *malta de multiplicação*. Uma caçada em particular pode ter sido bem-sucedida; desfruta-se, então, de sua presa, mas, no momento solene da comunhão, o pensamento se volta para todas as caçadas futuras. A imagem da massa invisível de animais que se deseja paira diante de todos os que participam da refeição, e cuida-se muito bem para que ela se torne realidade.

Essa antiga comunhão dos caçadores preservou-se até mesmo onde o que interessa são anseios de multiplicação de natureza assaz diversa. Entre camponeses, por exemplo, preocupados com a multiplicação de seu trigo, com seu pão de cada dia: eles decerto desfrutarão conjunta e solenemente do corpo de um animal, como nos velhos tempos em que eram exclusivamente caçadores.

Nas religiões superiores, um elemento novo intervém na

comunhão: a ideia da multiplicação dos *fiéis*. Permanecendo intacta a comunhão, transcorrendo ela corretamente, a crença seguirá propagando-se, e mais e mais adeptos aderirão a ela. Contudo, importância muito maior tem, como se sabe, a promessa de uma nova vida e da ressurreição. O animal do qual os caçadores cerimoniosamente saborearam vai viver novamente: vai ressuscitar e deixar-se caçar mais uma vez. Nas comunhões superiores, tal ressurreição torna-se a meta fundamental; em vez de um animal, porém, desfruta-se do corpo de um deus, e a ressurreição deste é relacionada pelos fiéis à sua própria.

Voltaremos ainda a falar desse aspecto da comunhão quando tratarmos das religiões de lamentação. O que nos interessa no momento é a passagem da malta de caça a malta de multiplicação: um certo tipo de alimentação assegura a multiplicação do alimento. Este último é, originalmente, imaginado como algo vivo. — Verifica-se aí a tendência a se preservar a valorosa substância psíquica da malta transformando-a em algo novo. Qualquer que seja essa substância — e é, talvez, discutível se a palavra *substân*cia se aplica aqui —, faz-se de tudo para que ela não se desintegre e se disperse.

O vínculo entre a alimentação conjunta e a multiplicação do alimento pode ser *imediato*, mesmo na ausência da reanimação e da ressurreição. Basta lembrar o milagre do Novo Testamento, onde cinco pães e dois peixes saciam muitos milhares de famintos.

A MALTA INTERNA E A MALTA SILENCIOSA

As quatro formas básicas assumidas pela malta deixam-se agrupar de diversas maneiras. Pode-se fazer uma distinção entre as maltas *internas* e as *externas*.

A malta *externa*, que chama mais a atenção e, por isso mesmo, pode ser caracterizada com maior facilidade, move-se rumo a uma meta exterior a ela. Estende-se por um longo caminho. Comparado ao da vida cotidiana, seu movimento é mais intenso. Maltas externas são tanto as maltas de caça quanto as de guerra. O animal que se caça precisa ser encontrado e capturado, assim como se tem de ir até o inimigo que se quer combater. Por maior que seja a excitação que se consegue mediante uma dança de caça ou de guerra, a atividade propriamente dita da malta externa projeta-se na distância.

A malta *interna* tem algo de concêntrico. Forma-se, assim, em torno de um morto que se tem de enterrar. Ela tende não ao atingimento, mas à retenção de alguma coisa. A lamentação pelo morto enfatiza de todas as maneiras que seu lugar é aqui, junto daqueles reunidos em torno do seu cadáver. Seu caminho para longe, ele o trilha sozinho. Trata-se de um caminho perigoso e medonho a percorrer, até que ele chegue ao outro lado, onde os outros mortos o aguardam e acolhem. Como não se deixe reter, o morto é, por assim dizer, *desincorporado*. Precisamente na condição de uma malta, os que lamentam a sua perda compõem algo como um corpo próprio, do qual o morto é liberado e afastado não sem algum esforço.

Também a malta de multiplicação é uma malta interna. Um bando de dançarinos forma-se junto a um centro ao qual, a partir do exterior, deve agregar-se algo que é ainda invisível. Mais homens devem juntar-se aos já presentes, mais animais àqueles que se caçam ou criam, mais frutos àqueles que se colhem. O sentimento predominante é uma crença na já-existência de tudo quanto deve juntar-se ao visível que tanto se aprecia. O que se quer encontra-se já em alguma parte: necessário é apenas atraí-lo. Tende-se aí a realizar as cerimônias onde se supõe que aquilo que se deseja, embora não se possa vê-lo, exista em grande número.

Uma significativa passagem de uma malta externa a interna ocorre na *comunhão*. Mediante a incorporação de um determinado animal, abatido durante a caçada, e graças à consciência solene de que, uma vez tendo-o desfrutado, passa a haver algo dele em todos os presentes, a malta se *interioriza*. Nesse estado, ela pode, então, esperar pela reanimação e, acima de tudo, pela multiplicação do animal.

Uma outra maneira de se classificar as maltas é diferenciar as *silenciosas* das *ruidosas*. Nesse sentido, basta lembrar quão ruidosa é a lamentação. Caso não se fizesse notar com a máxima veemência, ela não teria sentido. Tão logo o barulho tem um fim, tão logo ele não é mais ouvido ou é sobrepujado de alguma maneira, a malta de lamentação se dispersa, tendo-se novamente cada um por si. Por sua própria natureza, a caçada e a guerra são ruidosas. Se, como ocorre com frequência, um silêncio temporário se faz necessário para enganar o inimigo, tanto mais barulhento é, então, o desfecho dos acontecimentos. O latido dos cães, os gritos dos caçadores, mediante os quais eles intensificam um no outro a excitação e a sede de sangue, constituem em toda parte os momentos decisivos da caçada. Na guerra, porém, a selvageria da provocação e a ameaça dirigida contra o inimigo sempre foram imprescindíveis. Os gritos e o fragor das batalhas atravessam a história, e mesmo as guerras de hoje não podem prescindir do estrondo das explosões.

A malta *silenciosa* é aquela que espera. Ela tem paciência, uma paciência particularmente notável, em se tratando de pessoas reunidas. E manifesta-se onde quer que a meta de uma malta não seja atingível pela intervenção rápida e excitada. Talvez a palavra *silenciosa* seja aqui um pouco equívoca; mais clara seria, então, a designação malta de *espera*. Afinal, esse tipo de malta pode caracterizar-se por toda sorte de atividades — canto, conjurações, sacrifícios. Próprio de tais atividades é que elas almejam algo distante, que não pode apresentar-se de imediato.

É essa espécie de espera e de silêncio que penetrou nas religiões que tratam do além. Existem, pois, pessoas que passam uma vida inteira esperando que haja uma vida melhor no além. Mas o exemplo mais elucidativo da malta silenciosa permanece sendo a comunhão. O processo da incorporação, se há de ser perfeito, demanda um silêncio e uma paciência concentrados. A reverência pelo sagrado e muito importante que cada um abriga em si exige, por algum tempo, um comportamento calmo e digno.

A DETERMINAÇÃO DAS MALTAS
E SUA CONSTÂNCIA HISTÓRICA

As pessoas *conhecem* o morto cuja perda lamentam. Somente aqueles que lhe eram próximos ou sabem exatamente quem ele é têm o direito de juntar-se à malta de lamentação. A dor aumenta na proporção da familiaridade que se tinha com ele. Os que o conheciam melhor são os que se lamentam com maior veemência. O ápice da lamentação cabe à mãe de cujo ventre ele proveio. Não se guarda luto pela morte de estranhos. Em sua origem, a malta de lamentação não podia formar-se em torno de qualquer um.

Contudo, essa *determinação* em relação a seu objeto caracteriza todas as maltas. Não se trata apenas de os pertencentes a uma malta conhecerem-se bem uns aos outros: eles conhecem sua meta também. Quando estão caçando, sabem do que estão atrás. Quando guerreiam, conhecem muito bem o inimigo. Na lamentação, sua dor tem por objeto um morto que sabem muito bem quem é. E, nos ritos de multiplicação, sabem com idêntica precisão *o que* deve multiplicar-se.

A malta é de uma determinação imutável e assustadora. Essa determinação, porém, possui também um elemento de familiaridade. Um carinho singular por sua presa é inegável nos caçadores primitivos. Na lamentação e na multiplicação, essa familiaridade carinhosa é natural. Mas, por vezes, algo desse interesse íntimo recai até mesmo sobre o inimigo, se não é temido em demasia.

As metas que a malta se fixa são sempre as mesmas. A repetição infinda, própria de todas as atividades vitais do homem, caracteriza também as suas maltas. A determinação e a repetição conduziram aí a formações de enorme constância. É essa constância, o fato de estarem sempre prontas e à disposição, que possibilita o emprego das maltas em civilizações mais complexas. Na qualidade de *cristais de massa*, são empregados repetidamente, onde quer que se trate de produzir massas com rapidez. Mas muito do que há de arcaico em nossas culturas modernas expressa-se também sob a forma da malta. É precisamente esse o teor do anseio por uma vida simples ou natural, por um desligamento das pressões e exigências crescentes do nosso tempo: trata-se do desejo de viver em *maltas isoladas*. As caças à raposa na Inglaterra, as viagens oceânicas em barcos pequenos e escassamente tripulados, os retiros espirituais em conventos, as expedições a terras desconhecidas e mesmo o sonho de, juntamente com uns poucos, viver em meio a uma natureza paradisíaca, onde, por assim dizer, tudo se multiplica por si só, sem nenhum esforço por parte do homem — todas essas situações arcaicas têm em comum a ideia de um número reduzido de pessoas que se conhecem bem umas às outras e participam conjuntamente de uma empreitada clara e inequívoca, bastante bem determinada ou delimitada.

Uma forma desavergonhada da malta tem-se ainda hoje em todo e qualquer ato de *justiça por linchamento*. A expressão é tão descarada quanto aquilo que por ela designa, pois trata-se aí, na verdade, de uma *supressão* da justiça. Não se considera digna dela a pessoa inculpada. Tal pessoa deve morrer feito um animal, sem direito a nenhuma das formalidades usuais entre os homens. A diversidade de sua aparência e conduta, o abismo que, para os assassinos, os separa de sua vítima, torna-lhes mais fácil tratá-la como um animal. Quanto mais longamente ela fugir deles, tanto mais avidamente eles se transformarão numa malta. Um homem forte e saudável, um bom corredor, propicia-lhes a oportunidade para uma caçada, oportunidade esta que agarram com prazer. Por sua própria natureza, tais caçadas não podem ser muito frequentes; a raridade aumenta-lhes o encanto. As crueldades que os homens se permitem no ato do linchamento explicam-se possivelmente pelo fato de não poderem eles devorar sua vítima. Provavelmente, veem-se como homens porque não cravam nela os dentes.

A acusação de natureza sexual, na qual esse tipo de malta tem amiúde seu ponto de partida, transforma a vítima num ser perigoso. Imagina-se o crime real ou suposto que cometeu. A união de um homem negro a uma mulher branca; a imagem da proximidade corporal entre ambos enfatiza-lhes a diferença aos olhos dos vingadores. A mulher faz-se cada vez mais branca, assim como o homem torna-se cada vez mais negro. Ela é inocente, pois, sendo homem, ele é mais forte. Se ela consentiu no ato, é porque foi enganada pela força superior do homem. É a ideia dessa superioridade que se afigura insuportável aos vingadores e os compele a unirem-se contra ele. Na qualidade de um animal feroz — afinal, atacou uma mulher —, ele é acossado e morto conjuntamente. Seu assassinato afigura-se lícito e imperioso aos vingadores, proporcionando-lhes franca satisfação.

AS MALTAS NAS LENDAS DOS ANTEPASSADOS DOS ARANDAS

Como é que a malta se delineia, segundo o pensamento dos aborígines australianos? Um quadro claro disso dão-nos duas lendas dos *arandas* sobre seus antepassados. A primeira delas trata de Ungutnika, um famoso canguru de seu passado mítico. Sobre suas experiências com os *cães selvagens* conta-se o seguinte:

Ele ainda não era propriamente adulto, mas um animalzinho pequeno, quando partiu em peregrinação. Tendo viajado cerca de três milhas, alcançou uma planície descampada, avistando ali uma malta de cães selvagens. Jaziam todos juntos da mãe, que era bem grande. Ele, então, ficou por ali, observando os cães selvagens, até que estes notaram a presença dele e começaram a correr em seu encalço. Ele fugiu aos saltos, o mais rápido que podia, mas os cães o apanharam numa outra planície. Rasgaram-lhe o ventre, comeram-lhe primeiro o fígado, tiraram-lhe a pele, jogaram-na para o lado e puseram-se a arrancar-lhe toda a carne dos ossos. Assim que terminaram, deitaram-se novamente.

Ungutnika, porém, não fora totalmente destruído, pois restavam-lhe ainda a pele e os ossos. Diante dos olhos dos cães, a pele foi até os ossos e recobriu-os. Ungutnika pôs-se novamente de pé e fugiu. Os cães o perseguiram, apanhando-o dessa vez perto de Ulima, uma colina. Ulima significa "fígado", e a colina tem esse nome porque os cães, então, não comeram, mas jogaram fora o fígado, que se transformou na colina escura que caracteriza o lugar. O que se passara antes tornou a acontecer, e Ungutnika, que se recompusera mais uma vez, correu até Pulpunja — palavra que designa um ruído peculiar produzido por morcegos pequenos. Nesse lugar, Ungutnika virou-se e produziu tal ruído, para zombar dos cães, que, mais uma vez, apanharam-no e o abriram de imediato. Mas, para grande espanto de seus perseguidores, ele novamente se recompôs. Correu, então, até Undiara, tendo os cães atrás de si. Ali, ao alcançar um ponto bem próximo de um poço, eles o apanharam e comeram-no inteiro. Cortaram fora o rabo e o enterraram no local onde, em forma de uma pedra, ele se encontra até hoje. A pedra chama-se Churinga-Rabo-de-Canguru; nas cerimônias de multiplicação, ela é desenterrada, exibida a todos e cuidadosamente polida.

Por quatro vezes, o canguru é caçado pela malta de cães selvagens. É morto, rasgado e devorado. As três primeiras vezes em que isso acontece, deixam intocada a pele e os ossos. Enquanto ambos permanecem intactos, o canguru é capaz de reerguer-se, e seu corpo volta a crescer; de novo, os cães dão-lhe caça. Um único e mesmo animal é comido, portanto, *quatro vezes*. E a carne que se comeu reaparece de súbito. De um canguru fazem-se quatro, e, no entanto, trata-se sempre do mesmo animal.

Também a caçada é sempre a mesma; mudam somente os locais em que ela se dá, e os locais dos acontecimentos fabulosos ficam marcados para sempre na paisagem. O morto não cede: torna a viver e zomba da malta, que não para de se assombrar. Mas tampouco ela cede: tem de matar sua presa, mesmo tendo-a já incorporado. Impossível seria expressar com maior clareza e simplicidade a determinação da malta e o caráter repetitivo de sua ação.

A multiplicação é obtida aí através de uma espécie de ressurreição. O animal não é adulto, não tendo ainda produzido filhotes. Em compensação, quadruplica-se a si mesmo. Multiplicação e reprodução absolutamente não são, como se vê, coisas idênticas. A partir da pele e dos ossos, ele se recompõe ante os olhos de seus perseguidores, e os incita à caça.

O rabo, que é enterrado, segue existindo sob a forma de uma pedra: ela é o monumento e a testemunha do milagre. A força das quatro ressurreições encontra-se nela agora, e, se tratada corretamente — como acontece nas cerimônias —, ela auxilia continuamente na multiplicação.

A segunda lenda principia com um único homem caçando um canguru grande e muito forte. Tendo-o visto, ele quer matá-lo e comê-lo. Segue-o, então, por grandes distâncias — trata-se de uma caçada demorada —, e ambos acampam em vários lugares, a uma determinada distância um do outro. Por toda parte onde o animal se detém, ele deixa vestígios na paisagem. Numa certa localidade, ele ouve um ruído e põe-se de pé sobre as patas traseiras. Uma pedra de oito metros de altura ergue-se ainda hoje no local, representando-o naquela posição. Posteriormente, atrás de água, cava um buraco na terra, e também esse poço segue existindo.

Afinal, porém, terrivelmente esgotado, o animal se deita. O caçador topa com um certo número de homens, pertencentes a um subgrupo de seu totem. Os homens lhe perguntam: "Você tem lanças grandes?". "Não", responde ele, "só pequenas. Vocês têm lanças grandes?" E os primeiros respondem: "Não. Só pequenas". O caçador, então, lhes diz: "Ponham as lanças no chão". Ao que os homens replicam: "Está bem, mas ponha as tuas também no chão". As lanças são jogadas no chão e todos partem unidos para cima do animal. O caçador permanece apenas com um escudo e sua churinga — sua pedra sagrada — nas mãos.

O canguru era muito forte e rechaçou os homens. Todos lançaram-se então sobre o animal, e o *caçador*, que ficou por baixo do amontoado de gente, *morreu pisoteado*. Também o canguru parecia estar morto. Os homens enterraram o caçador com seu escudo e churinga, e levaram o animal consigo para Undiara. Na realidade, o canguru não estava morto, mas morreu logo em seguida, sendo depositado numa caverna. Os homens não o comeram. No lugar da caverna onde seu corpo jazia surgiu, então, um patamar de pedra, no qual, após a morte do animal, seu espírito penetrou. Pouco depois, também os homens morreram, e seus espíritos penetraram no charco logo ao lado. Reza a tradição que, tempos depois, grandes hordas de cangurus vieram até a caverna e penetraram na terra; também os seus espíritos adentraram a pedra.

A caçada individual transforma-se aí na caçada de toda uma malta. Os homens lançam-se desarmados sobre o animal. Querem enterrá-lo sob um amontoado de gente. O peso dos caçadores reunidos deve sufocá-lo. O canguru, porém, é muito forte e revida com golpes para todos os lados, dificultando a empreitada dos homens. No calor da luta, o próprio caçador acaba debaixo do amontoado de gente, e, em vez do canguru, é ele quem morre pisoteado. Os homens enterram-no, então, com seu escudo e churinga sagrada.

Essa história de uma malta de caça que, no encalço de um animal em particular, em vez de matá-lo mata por engano um nobre caçador encontra-se difundida por todo o mundo. Ela termina com o lamento pelo caçador: a *malta de caça* transforma-se em *malta de lamentação*. Essa transformação constitui o cerne de muitas religiões importantes e amplamente disseminadas. Também aqui, na lenda dos arandas, fala-se no sepultamento da vítima. Escudo e churinga são enterrados com ela, e a menção da churinga, tida por sagrada, confere ao acontecimento seu toque solene.

Quanto ao animal, que só morre depois, ele é enterrado em outro lugar. Sua caverna torna-se um centro para os cangurus. No curso de tempos que se seguiram, uma grande quantidade deles vem até a mesma pedra e nela penetra. Undiara, que é como se chama o lugar, torna-se um local sagrado no qual os membros do totem-canguru celebram suas cerimônias. Estas se prestam à multiplicação desse animal, e, enquanto desenrolarem-se corretamente, haverá cangurus em número suficiente na redondeza.

É notável a maneira pela qual se alinham nessa lenda dois acontecimentos religiosos cruciais e inteiramente distintos. O primeiro deles contém, como foi dito, a transformação de uma malta de caça em malta de lamentação; e o segundo, que se passa na caverna, apresenta a transformação da malta de caça em malta de multiplicação. Para os australianos, esse segundo acontecimento reveste-se de uma importância muito maior: ele está verdadeiramente no centro de seu culto.

Que ambos ocorram um ao lado do outro é algo que corrobora uma tese central desta investigação. Cada uma das quatro formas básicas da malta está presente desde o princípio e por toda parte onde haja seres humanos. Assim sendo, todas as transformações de uma malta em outra são igualmente, e sempre, possíveis. De acordo com a ênfase que se dá a uma ou outra transformação constituem-se diferentes formas religiosas básicas. Distingo como os dois grupos principais as religiões de lamentação e as de multiplicação. Contudo, existem também — como se verá — religiões de caça e de guerra.

Um vestígio de procedimentos bélicos encontra-se presente até mesmo na lenda mencionada acima. A conversa sobre as lanças, mantida pelo caçador com o grupo de homens que encontra, diz respeito a possibilidades bélicas. Se, ao mesmo tempo, todos jogam no chão as lanças que possuem, eles estão renunciando a um combate. É somente depois disso que, unidos, lançam-se sobre o canguru.

Deparamos aí com o segundo ponto que me parece notável nessa lenda: o *amontoado* de homens que se projeta sobre o canguru; uma massa coesa de corpos humanos deve sufocá-lo. Entre os australianos, são frequentes as referências a semelhantes amontoados de corpos humanos. Eles figuram constantemente em suas cerimônias. Num determinado momento da cerimônia de circuncisão dos jovens, o candidato se deita no chão e um certo número de homens deita-se sobre ele, de modo que o jovem tem de suportar-lhes o peso total. Em algumas tribos, um amontoado de pessoas lança-se sobre o moribundo, comprimindo-o por todos os lados. Essa situação, que já conhecemos, é particularmente interessante: ela representa uma passagem dos vivos para o amontoado dos moribundos e dos mortos, passagem esta da qual se fala com frequência neste livro. Alguns casos australianos de densos amontoados serão tratados no próximo capítulo. Para o momento, basta notar que o denso amontoado dos *vivos*, reunido intencional e violentamente, não é menos importante do que o dos mortos. Se este último *nos* parece mais familiar, tal se vincula ao fato de, no curso da história, ele ter assumido proporções gigantescas. É natural que frequentemente nos pareça juntarem-se os homens em maior quantidade apenas quando mortos. O amontoado dos vivos, porém, é igualmente bem conhecido: não é outra coisa o que se encontra no cerne da *massa*.

AS FORMAÇOES HUMANAS DOS ARANDAS

Ambas as lendas tratando de antepassados que acabamos de conhecer foram extraídas do livro de *Spencer* e *Gillen* sobre a tribo dos arandas (chamados por eles de "arunta"). A maior parte dessa famosa obra é dedicada à descrição de suas festas e cerimônias. Dificilmente se poderia ter uma ideia exagerada da multiplicidade destas. Particularmente notável é a riqueza de formações que os participantes constroem no decorrer dessas cerimônias. Trata-se, em parte, de formações que conhecemos muito bem, porque conservaram seu significado até os nossos dias; em parte, porém, são cerimônias que nos desconcertam por sua estranheza. O que se segue é uma enumeração sumária das principais dentre elas.

Em todas as atividades secretas, que se processam em silêncio, a *fila indiana* figura com frequência. Os homens partem em

154

fila indiana para buscar suas churingas sagradas, escondidas em cavernas ou em outros lugares. Caminham, talvez, uma hora até atingirem sua meta; os jovens que participam dessas expedições são proibidos de fazer perguntas. Quando o velho que os comanda deseja explicar-lhes alguma coisa — certas formações na paisagem relacionadas às lendas dos antepassados —, ele se serve da mímica.

Nas cerimônias propriamente ditas, atua em geral um número bastante reduzido de protagonistas, os quais, caracterizados como antepassados de um totem, os representam. Na maioria das vezes, esse número é de dois ou três; com frequência, reduz-se a apenas um. Os jovens formam um círculo, dançam em torno deles e emitem determinados gritos. Esse *girar* em círculo constitui uma formação bastante frequente, sendo constantemente mencionado.

Em outra ocasião, durante as cerimônias do engwura — o acontecimento mais importante e solene na vida da tribo —, os jovens deitam-se no chão, enfileirados sobre uma elevação pequena e alongada do terreno, ali jazendo mudos por um certo número de horas. Esse *deitar-se em fileira* repete-se com frequência, tendo chegado, em certa ocasião, a estender-se por oito horas: das nove da noite às cinco da manhã.

Assaz impressionante é uma outra formação, bastante mais densa. Os homens juntam-se num denso amontoado — os velhos no centro, os jovens à borda. Essa formação *semelhante a um disco*, na qual todos os participantes se comprimem uns contra os outros, põe-se a girar numa dança por duas horas inteiras, cantando sem cessar. A seguir, dispostos ainda da mesma maneira, sentam-se todos, de forma que o amontoado permanece tão compacto quanto antes, quando estavam todos de pé; os homens, então, seguem cantando, por mais umas duas horas, talvez.

Por vezes, os homens postam-se de pé em *duas fileiras*, uma defronte da outra, e cantam. — Para a cerimônia decisiva, que põe fim à parte ritual do engwura, os jovens formam-se num *quadrado* e, acompanhados dos velhos, partem para o outro lado do rio, onde as mulheres e crianças os esperam.

Essa cerimônia é bastante rica em detalhes, mas, no âmbito de nossa enumeração, centrada unicamente nas formações, há que se mencionar sobretudo um *amontoado no chão*, formado a partir da reunião de todos os homens. Três velhos, carregando juntos uma imagem sagrada que representa o saco que continha as crianças dos tempos primitivos, são os primeiros a cair, cobrindo com seus corpos a imagem, a qual, na realidade, mulheres e crianças não podem ver. A seguir, todos os demais homens — isto é, principalmente os jovens, a cuja iniciação tal cerimônia se presta — precipitam-se sobre os três velhos, jazendo todos juntos no chão, num amontoado desordenado. Não se vê mais coisa alguma; do amontoado salientam-se somente as cabeças dos três velhos. Permanecem todos deitados por alguns minutos, quando, então, todos tentam levantar-se e desembaraçar-se. A formação de tais amontoados no chão ocorre também em outras situações; essa é, porém, a ocasião mais grandiosa e importante mencionada pelos observadores.

Nas *provas de fogo*, os jovens deitam-se sobre galhos ardentes, mas, naturalmente, não uns sobre os outros. As provas de fogo transcorrem de maneiras bastante variadas. Uma das mais frequentes realiza-se como se segue: os jovens vão-se para o outro lado do rio, onde, divididas em dois grupos, as mulheres os aguardam; lá, elas avançam sobre eles e os cobrem de uma chuva de galhos ardentes. Em outra oportunidade, a longa fileira de jovens posta-se defronte à fileira de mulheres e crianças; as mulheres dançam, e os homens lançam vigorosamente ramos em brasa por sobre suas cabeças.

Por ocasião de uma cerimônia de circuncisão, seis homens, deitados no chão, formam juntos uma mesa. O noviço deita-se sobre eles e é operado. O "deitar-se sobre o noviço", pertencente a essa mesma cerimônia, já foi mencionado no capítulo anterior.

Se se procura por algo como um sentido nessas formações, talvez se possa dizer o seguinte:

A fila indiana expressa a *peregrinação*. Seu significado na tradição da tribo é enorme. Diz-se frequentemente que os antepassados peregrinaram sobre a terra. É como se, um atrás do outro, cada um dos jovens tivesse de seguir as pegadas dos antepassados. A natureza de seu movimento e o silêncio encerram o respeito perante os caminhos e metas sagradas.

O *girar* ou o dançar em círculo figura como um amuralhamento das representações que se desenrolam em seu centro. Elas são protegidas de tudo quanto é estranho e exterior ao círculo. São aplaudidas, rendem-se homenagens a elas e toma-se posse de tais representações.

O *deitar-se* em fileira poderia constituir uma representação da morte. Nessa disposição, os noviços permanecem totalmente mudos, e, por muitas horas, nada se mexe. Súbito, então, eles se levantam de um salto e estão novamente vivos.

As *duas fileiras*, dispostas uma defronte da outra a fim de que interajam, exprimem a divisão em duas maltas hostis, sendo possível que o sexo oposto substitua aí a malta inimiga. O *quadrado* parece ele próprio uma formação para a proteção de todos os flancos; ele pressupõe que se esteja caminhando em ambiente hostil. Conhecemo-lo bastante bem em nossa história mais recente.

Restam, então, as formações verdadeiramente mais densas: o disco dançante, repleto de homens, e o *amontoado emaranhado* no chão. O disco, precisamente em seu movimento, constitui o exemplo extremo de uma massa rítmica — uma massa tão densa e fechada quanto possível, na qual não há lugar para mais nada, a não ser para aqueles que a ela pertencem.

O amontoado no chão está a proteger um precioso segredo. Ele indica que se quer encobrir e reter alguma coisa com toda a força. Num tal amontoado, acolhe-se inclusive um moribundo, prestando-lhe assim, pouco antes da morte, uma última homenagem. Ele é muito precioso para sua gente, e, tendo-o ao centro, esse amontoado lembra aquele dos mortos.

MALTA E RELIGIÃO

A TRANSFORMAÇÃO DAS MALTAS

Todas as formas da malta, conforme descritas aqui, tendem a transformar-se umas nas outras. Constante como é em sua repetição, e por mais idêntica que seja a cada reaparecimento, a malta tem sempre algo de fluido em seu transcurso isolado e único.

Já o atingimento da meta que almeja tem por consequência uma modificação inevitável em sua constituição. A *caçada* conjunta que obteve algum resultado conduz a uma partilha. À exceção dos casos "puros", nos quais se trata unicamente de massacrar o inimigo, as *vitórias* degeneram em saque. — A *lamentação* termina com a remoção do morto; tão logo tenha sido colocado onde se quer, tão logo as pessoas sintam-se mais ou menos seguras em relação a ele, a excitação da malta arrefece, e seus integrantes se dispersam. Contudo, isso não esgota verdadeiramente o relacionamento com o morto. Supõe-se que ele siga vivendo em alguma parte, e, para obter auxílio ou conselho, é possível que voltem a mencioná-lo entre os vivos. Evocando seu morto, a malta de lamentação reconstitui-se, por assim dizer, mas o objetivo de sua conduta é agora oposto ao original. De alguma forma, o morto, antes removido, é trazido de volta para junto dos seus. — A dança dos búfalos dos mandans culmina com a chegada dos búfalos. Uma vez bem-sucedida, a *malta de multiplicação* transforma-se numa festa de partilha.

Toda forma de malta tem, como se vê, um negativo no qual ela se transforma. Mas, paralelamente a essa passagem para o negativo, que parece natural, há ainda um movimento de natureza bastante diversa: a transformação umas nas outras de maltas *distintas*.

Lembremos um tal caso, recordando aquela lenda dos arandas versando sobre seus antepassados. Um vigoroso canguru é pisoteado por muitos homens até a morte. Nesse ato, vitimado por seus companheiros, morre o próprio caçador, que é por eles enterrado solenemente: a malta de caça transforma-se aí em malta de lamentação. — Já se falou aqui em detalhes sobre o sentido da comunhão, onde a malta de caça transforma-se em malta de multiplicação. — Uma outra transformação pode ser encontrada no início das guerras: um homem é morto, e os membros de sua tribo lamentam sua morte; em seguida, porém, reúnem-se num grupo e partem para vingar tal morte no inimigo. A malta de lamentação converte-se aí em malta de guerra.

A transformação das maltas é um processo notável. Ela ocorre por toda parte e deixa-se investigar nas mais diferentes esferas da atividade humana. Sem o seu conhecimento preciso, tornam-se absolutamente incompreensíveis os acontecimentos sociais, sejam de que natureza forem.

Algumas dessas transformações foram retiradas de contextos mais amplos e *estabelecidas*. Adquiriram seu sentido particular e tornaram-se um ritual. Tais transformações realizam-se continuamente, e sempre de maneira idêntica. Elas constituem o verdadeiro conteúdo, o cerne de toda crença significativa. A dinâmica das maltas, e a maneira particular pela qual elas se interpenetram, explica a ascensão das religiões universais.

A seguir, contemplar-se-ão algumas poucas formações sociais ou religiosas segundo as maltas que nelas predominam. Verificar-se-á, então, que existem religiões de caça e de guerra, de multiplicação e de lamentação. A despeito de seus parcos resultados, a caça encontra-se no centro da vida social dos *leles*, no Congo Belga. Os *jivaros* do Equador vivem exclusivamente para a guerra. Os índios *pueblos*, no Sul dos Estados Unidos, distinguem-se pela atrofia entre eles das atividades de caça e de guerra, e por uma espantosa repressão da lamentação: sua vida volta-se inteiramente para a *multiplicação* pacífica.

Para a compreensão das *religiões de lamentação*, que em tempos históricos recobriram e reuniram a terra, voltar-nos-emos para o cristianismo e para uma variação do islamismo. Uma descrição do muharram dos xiitas deverá confirmar a posição central que a lamentação ocupa nesse tipo de crença. O derradeiro capítulo deste segmento será dedicado à descida do fogo sagrado da Páscoa na igreja do Santo Sepulcro, em Jerusalém. Trata-se da festa da ressurreição, na qual desemboca a lamentação cristã, sua justificativa e seu significado.

A FLORESTA E A CAÇA ENTRE OS LELES DE KASSAI

Num estudo profundo e recente, a antropóloga inglesa *Mary Douglas* logrou realmente encontrar a unidade de vida e religião num povo africano. Não se sabe o que admirar mais em seu trabalho: se a clareza de observação ou o caráter aberto e imparcial de seu pensamento. A melhor maneira de agradecer-lhe é segui-la ao pé da letra.

Os *leles*, um povo de aproximadamente 20 mil pessoas, vivem no Congo Belga, nas proximidades do rio Kassai. Suas aldeias situam-se numa pradaria, em quadrados compactos de vinte a cem cabanas, nunca longe da floresta. Seu principal alimento é o milho, que nela cultivam: todo ano, abre-se uma nova clareira para o seu cultivo, do qual esperam não mais que uma colheita. Na mesma clareira crescem então palmeiras de ráfia, e destas eles utilizam quase tudo. Das folhas novas obtém-se um material com o qual os homens tecem pano de ráfia. Ao contrário de seus vizinhos, todos os homens da tribo sabem tecer. Pedaços quadrados do tecido servem como uma espécie de dinheiro. Dessa mesma palmeira faz-se um muito apreciado vinho não fermentado. Embora cresçam melhor na floresta, bananeiras e palmeiras são plantadas também ao redor da aldeia; já o amendoim é cultivado apenas em torno desta última. Tudo o mais que há de bom provém da floresta: água, lenha, sal, milho, mandioca, azeite, peixes e carnes. Ambos os sexos, homens e mulheres, têm muito trabalho a fazer na floresta. A cada três dias, porém, as mulheres são dela excluídas. Suas provisões de alimentos, lenha e água, elas têm de providenciá-las na véspera. Os leles consideram a floresta uma esfera do homem.

Incomensurável é o prestígio da floresta. Os leles falam dela com um entusiasmo quase poético [...] Frequentemente enfatizam a oposição entre floresta e aldeia. No calor do dia, quando a aldeia poeirenta faz-se desagradavelmente quente, eles buscam refúgio na fresca escuridão da floresta. O trabalho ali os cativa e faz felizes; trabalhar em outro lugar é-lhes maçante. "O tempo", dizem eles, "passa devagar na aldeia e rápido na floresta." Os homens gabam-se de poder trabalhar ali o dia inteiro sem sentir fome; na aldeia, têm sempre de pensar em comida.

Mas a floresta é também um lugar perigoso. Aquele que está de luto ou teve um sonho ruim não pode adentrá-la. Um tal sonho é interpretado como uma advertência. Quem, no dia seguinte, não evitá-la, será vítima de algum infortúnio: uma árvore cairá sobre sua cabeça, ele vai se cortar com a faca ou despencar de uma palmeira. Um homem que não dê atenção a essa advertência põe em perigo apenas sua própria pessoa. Uma mulher que, no dia proibido, penetre na floresta, põe em risco a aldeia toda.

"Parece haver três razões específicas para o grande prestígio de que desfruta a floresta: ela é a fonte de todas as coisas boas e necessárias — do alimento, da bebida, da habitação e do vestuário; é ainda a fonte dos medicamentos sagrados; e, por fim, é o local da caça, que, a seus olhos, é tida pela mais importante das atividades."

Os leles ostentam uma verdadeira avidez por carne. Considera-se uma grave ofensa oferecer a um convidado uma refeição à base de vegetais. Em suas conversas sobre acontecimentos sociais, detêm-se de bom grado a falar sobre a quantidade e o tipo da carne servida. Não obstante, não criam cabras ou porcos como seus vizinhos ao sul. A ideia de comer animais que tenham crescido na aldeia os enoja. A boa alimentação, dizem, deve provir da floresta, onde ela é pura e saudável, como os javalis e antílopes. Ratos e cães são impuros — *hama*, a palavra que os designa, é a mesma utilizada para designar o pus e o excremento. Igualmente impuros são, pois, considerados as cabras e os porcos, e justamente pelo fato de terem sido criados na aldeia.

A avidez dos leles por carne jamais os seduz a comer carne que não tenha sido obtida na floresta ou por meio da caça. São muito bons em criar cães e, se ao menos quisessem, não lhes seria difícil manter cabras.

"A separação entre mulheres e homens, floresta e aldeia; a dependência da floresta por parte da aldeia e a exclusão das mulheres da primeira são os elementos mais importantes e sempre recorrentes de seu ritual."

A pradaria, seca e estéril, não goza de nenhum prestígio; deixada às mulheres, é tida por uma esfera neutra entre a floresta e a aldeia.

Os leles acreditam num deus, criador dos homens e dos animais, dos rios e de todas as coisas. Creem também em *espíritos*, acerca dos quais falam com cuidado e reserva, pois os temem. Tais espíritos jamais foram homens, assim como nunca foram vistos por homens. Tivesse alguém visto um espírito, teria ficado cego e morrido de úlceras. Os espíritos moram nas profundezas da floresta, particularmente nas nascentes dos cursos d'água. Durante o dia, eles dormem; à noite, põem-se a vagar. Não morrem nem jamais ficam doentes. Deles depende a sorte dos homens na caça e a fertilidade das mulheres. Podem trazer doença a uma aldeia. As capivaras são consideradas os animais mais fortemente dotados de poder suprassensível; vivem a patejar nas nascentes, o lugar preferido dos espíritos. O porco é algo como um cão dos espíritos: vive com eles e a eles obedece como o cão ao caçador. Se uma capivara desobedeceu a um espírito, ela será punida por ele, que faz com que, numa caçada, ela seja morta por um homem, ao qual, assim, concede ao mesmo tempo uma recompensa.

Os espíritos exigem dos homens toda sorte de coisas, mas, muito particularmente, que a paz reine na aldeia. "O mais claro indício de que tudo vai bem na aldeia é uma caçada feliz. A reduzida porção de carne que, tendo-se abatido um javali, cada um recebe — homem, mulher ou criança — não é suficiente para explicar a alegria que, semanas depois, as pessoas ainda externam a respeito em suas conversas. A caçada é uma espécie de barômetro espiritual cujas oscilações são fervorosamente observadas por toda a aldeia."

Chama a atenção a maneira pela qual os leles correlacionam o parto das crianças à caça, qual fossem elas funções análogas de mulheres e homens. "A aldeia 'estragou-se'", pode-se ouvi-los dizer: "a caçada fracassou, as mulheres estão estéreis, tudo está morrendo." Mas, quando estão satisfeitos com o estado das coisas, dizem: "Nossa aldeia agora é boa e rica. Matamos três javalis e quatro mulheres pariram. Estamos todos saudáveis e fortes".

A atividade que goza do máximo prestígio é a caçada *conjunta*. É esta que importa, e não a caçada particular empreendida pelo indivíduo.

Homens armados de arcos e flechas postam-se num círculo ao redor de uma porção da floresta. Os batedores com seus cães desencovilam a caça. Jovens e velhos, já quase incapazes de andar, procuram juntar-se à caçada. Estimados ao máximo são os que possuem cães e, com eles, penosamente se embrenham pela mata, estimulando-os e dirigindo-os com seus gritos. O animal desencovilado precipita-se contra as flechas dos caçadores a esperá-lo. Esse é provavelmente o método mais eficaz de caça na densa floresta. Seu objetivo é surpreender o animal; atira-se, então, com rapidez e a uma distância bastante curta.

Espantosa num povo que tanto se orgulha de suas caçadas é a carência generalizada de aptidões individuais. Um homem que vai para a floresta carrega sempre consigo um arco e algumas flechas, mas os emprega unicamente para matar pássaros e esquilos, não lhe passando pela cabeça atirar sozinho em animais de grande porte. As técnicas especializadas do caçador solitário são desconhecidas dos leles. Eles não sabem espreitar os animais ou imitar lhes os gritos; desconhecem tanto as iscas quanto as camuflagens. Raramente alguém penetra sozinho nas profundezas da floresta. Todo o seu interesse concentra-se na caçada conjunta. Se, na floresta, um homem topa com uma manada de javalis patejando num pântano, é possível que, arrastando-se, ele se aproxime tanto dela até ouvir-lhe a respiração; mas, sem arriscar um único tiro, ele se afastará na ponta dos pés, em busca dos moradores da aldeia.

Na pradaria, caça-se apenas uma vez por ano: na época da seca, quando se pode atear fogo à grama. Várias aldeias se unem, então, a fim de cercar a paisagem em chamas. Os meninos contam com a possibilidade de obter sua primeira presa. A matança, conta-se, é tremenda. Trata-se da única ocasião em que o grupo de caça compõe-se de mais do que a população masculina de uma única aldeia; das caçadas na floresta participam somente, e sempre, os homens de uma aldeia. Em última instância, a aldeia constitui uma unidade política e ritual porque compõe uma unidade de caçadores. Não há de causar surpresa o fato de os leles contemplarem sua própria cultura como uma cultura primordialmente de caça.

De importância particular é a *partilha* da caça. Ela se apresenta estritamente regulamentada, e, aliás, de um modo que sublinha o sentido religioso da caçada. No que se refere ao culto, os leles subdividem-se em três grupos. Cada um deles tem direito a uma comida bem definida, proibida àqueles que não pertencem a ele. O primeiro desses grupos é o dos genitores, constituído de todos os homens que geraram um filho. A estes cabe o peito de toda e qualquer caça, bem como a carne de todos os animais jovens. Entre os genitores, há alguns que geraram um filho e uma filha. Dentre estes são escolhidos os

membros do segundo grupo, mais exclusivo: o dos homens-
-pangolim. Chamam-se assim porque somente eles têm direito
à carne do pangolim, um animal desdentado que tem o corpo
coberto de escamas. O terceiro grupo é o dos adivinhos. Estes
recebem a cabeça e as tripas do javali.

Nenhum animal de maior porte pode ser morto sem que
— precisamente em sua partilha — se torne objeto de um ato
religioso. O mais importante de todos os animais é o javali, e
sua partilha dá-se da seguinte maneira. Após terem os adivinhos recebido a cabeça e as tripas do animal, o peito é dado aos
genitores, os ombros aos homens que o trouxeram para a aldeia,
o pescoço aos que possuem cães, o dorso, um quarto traseiro e
um dianteiro ao homem que o matou e, finalmente, o estômago
aos ferreiros da aldeia que produziram as flechas.

A estratificação da sociedade dos leles fortalece-se, por assim dizer, depois de cada caçada. Mas a excitação da malta de
caça ampliou-se num sentimento que sustenta toda a comunidade. Pode-se, assim, sem cometer uma violência contra a autora,
falar numa *religião de caça*, no verdadeiro sentido da expressão.
Uma tal religião jamais havia sido descrita de uma forma tão
convincente, sem deixar nenhum espaço para a dúvida. Obtém-
-se aí, ademais, uma preciosa visão do desenvolvimento da floresta como símbolo da massa. Ela contém tudo quanto é tido
por valioso, e o que há de mais valioso obtém-se conjuntamente
dela. Os animais, que são o objeto da malta de caça, habitam em
seu interior, mas na floresta moram também os temidos espíritos que concedem aos homens seus animais.

OS DESPOJOS DE GUERRA DOS JIVAROS

O povo mais guerreiro em toda a América do Sul constitui-
-se hoje dos *jivaros* do Equador. É particularmente elucidativo
contemplar seus costumes e disposições em relação à guerra e
seus despojos.

Relativamente a esse povo, não se pode falar em uma superpopulação. Ele não vai à guerra para conquistar novas terras. O espaço de que dispõe para viver é antes grande do que pequeno. Numa área de mais de 60 mil quilômetros quadrados vivem, talvez, 20 mil pessoas. Os jivaros desconhecem assentamentos maiores; não apreciam sequer as aldeias. Cada família mora sozinha numa casa, sob o comando do homem mais velho — o chefe; a família mais próxima encontra-se, talvez, a alguns quilômetros de distância. Nenhuma organização política as vincula umas às outras. Em tempos de paz, cada pai de família constitui a instância suprema, a ninguém cabendo dar-lhe ordens. Se os jivaros não procurassem uns aos outros com propósitos hostis, eles jamais haveriam de encontrar-se no espaço gigantesco de suas matas virgens.

A argamassa que os mantém unidos é a *vingança de sangue*, ou, mais propriamente, a morte. Para eles, inexiste morte natural; quando um homem morre é porque um inimigo o enfeitiçou à distância. É dever de seus parentes descobrir, então, quem foi o responsável pela morte e vingá-la no feiticeiro. Toda morte é, portanto, um *assassinato*, e só pode ser vingada com outro assassinato. Se, contudo, a feitiçaria letal do inimigo surte efeito a grande distância, a vingança física ou de sangue a que se está obrigado somente se faz possível *procurando-o*.

Assim, os jivaros procuram uns aos outros a fim de que possam vingar-se, e, nesse sentido, pode-se designar a vingança de sangue sua argamassa social.

A família que vive reunida numa casa compõe uma unidade assaz densa. Tudo quanto um homem empreende, ele o faz em conjunto com os demais homens da casa. Para as expedições maiores, que são mais perigosas, reúnem-se homens de várias casas relativamente próximas. E é somente para esse propósito de uma séria campanha em busca de vingança que eles elegem um chefe — um homem experiente, em geral de mais idade, ao qual se submetem voluntariamente pelo tempo que durar a empreitada.

A malta de guerra é, pois, a verdadeira unidade dinâmica dos jivaros. Ao lado da unidade estática da família, ela é a única importante. Em torno da malta de guerra giram todas as suas festas. As pessoas juntam-se uma semana antes de partir, e, mais tarde, ao retornarem vitoriosas da batalha, tornam a reunir-se para uma série de grandes festas.

As guerras servem exclusivamente à *destruição*. Todos os inimigos são mortos, à exceção de uma ou duas jovens mulheres e, talvez, de algumas crianças, acolhidas pela família. A propriedade do inimigo — que é, em si, de pequena monta: seus animais domésticos, suas plantações, sua casa — é destruída. O único objeto que realmente se almeja é a cabeça cortada do inimigo. Por essa, entretanto, tem-se verdadeira paixão; voltar para casa com pelo menos uma tal cabeça constitui a meta suprema de todo guerreiro.

A cabeça é preparada de um modo especial e reduz-se mais ou menos ao tamanho de uma laranja. Chamam-na, então, *tsantsa*. O possuidor de uma tal cabeça adquire por meio dela uma reputação especial. Passado algum tempo — um ou, talvez, dois anos —, celebra-se uma grande festa em cujo centro encontra-se a cabeça corretamente preparada. Para essa festa são convidados todos os amigos; come-se, bebe-se e dança-se muito; tudo quanto se faz obedece a um cerimonial estabelecido. Trata-se de uma festa de caráter inteiramente religioso, e seu exame minucioso mostra que o anseio pela *multiplicação* e os meios para alcançá-la constituem sua verdadeira essência. É impossível entrar aqui nos detalhes que *Karsten* apresenta com certa amplitude em seu trabalho *Blood Revenge, War and Victory Feasts Among the Jíbaro Indians*. Suficiente será destacar uma de suas danças mais importantes, na qual, com grande veemência, são evocados um a um todos os animais que são objeto de caça e, depois deles, o próprio ato sexual humano, que serve à multiplicação do grupo.

Essa dança constitui o verdadeiro preâmbulo à grande festa. Homens e mulheres organizam-se num círculo ao redor do pilar central da casa, dão-se as mãos e põem-se, então, a girar lentamente, utilizando-se, como palavras de evocação, dos nomes de todos os animais cuja carne apreciam comer. A estes, acrescentam nomes de alguns objetos que o próprio índio fabrica e emprega na vida doméstica. Depois de cada um desses nomes, exclamam alto e veementemente um "hei!".

A dança principia com assobios estridentes. A evocação propriamente dita é a seguinte:

> *Hei, hei, hei!*
> *Macaco urrador, hei!*
> *Vermelho, hei!*
> *Macaco pardo, hei!*
> *Macaco preto, hei!*
> *Macaco capuchinho, hei!*
> *Macaco cinza, hei!*
> *Javali, hei!*
> *Papagaio verde, hei!*
> *De rabo grande, hei!*
> *Porco caseiro, hei!*
> *Gordo, hei!*
> *Roupa de mulher, hei!*
> *Cinto, hei!*
> *Cesto, hei!*

Dura aproximadamente uma hora essa evocação, ao longo da qual os dançarinos movem-se ora para a direita ora para a esquerda. A cada parada para inverter a direção, eles emitem altos assobios e gritam "tchi, tchi, tchi, tchi", como se pretendessem, com esse grito, preservar a continuidade da evocação.

Uma outra evocação destina-se às mulheres e sua fertilidade:

> *Hei! hei! hei!*
> *Mulher, hei! Mulher, hei!*
> *Coito, hei!*
> *Que a tsantsa nos conceda o coito!*
> *Acasalar, hei! Acasalar, hei!*
> *Mulher, hei! Mulher, hei!*
> *Que seja de verdade, hei!*

Assim nós fazemos, hei!
Que seja bonito, hei!
Chega, hei!

No centro dessas evocações e de todos os demais atos da festa encontra-se a tsantsa — a cabeça capturada, preparada e encolhida do inimigo. Seu espírito mantém-se sempre nas proximidades dela e é altamente perigoso. O jivaro busca, de todas as formas, amansá-lo; tão logo tenha conseguido colocá-lo a seu serviço, esse espírito passa a ser de grande utilidade. Ele cuida para que seus porcos e galinhas se multipliquem, e é graças a ele também que a mandioca se multiplica. Tal espírito traz, enfim, todas as bênçãos que, sob a forma de multiplicação, se podem desejar. Mas não é fácil escravizá-lo por completo. De início, ele se encontra repleto da ânsia por vingança, e mal se pode conceber todo o mal que é capaz de causar. É absolutamente espantoso, entretanto, o número de ritos e observâncias de que o jivaro se serve para dominá-lo. A festa, que se estende por vários dias, termina com a cabeça e o espírito correspondente sob seu total controle.

Se se contempla a tsantsa do ponto de vista de nossos bem conhecidos ritos bélicos, tem-se de afirmar que ela representa aquilo a que chamamos despojos. Para conquistar a cabeça, vai-se à guerra; ela é o *único* despojo. No entanto, pequeno como afinal se torna esse despojo, depois de encolhido até o tamanho de uma laranja, ele contém tudo o que importa. Essa cabeça propicia toda a multiplicação que se deseja: a dos animais e plantas dos quais se vive, a dos objetos que se fabricam, e, afinal, a da própria gente. Trata-se de um despojo terrivelmente concentrado, e não basta consegui-lo: necessário é também o empenho em, mediante complicadas providências, transformá-lo naquilo que ele deve ser. Tais providências culminam na excitação conjunta da festa, e muito particularmente em suas abundantes evocações e danças. Como um todo, a festa da tsantsa é promovida por uma malta de multiplicação. Se bem-sucedida, a malta de guerra desemboca por fim nessa malta de multiplicação da festa, e há que se caracterizar a transformação daquela nesta como a verdadeira dinâmica da religião dos jivaros.

AS DANÇAS DA CHUVA DOS ÍNDIOS PUEBLOS

São de multiplicação as danças que devem trazer a chuva. Elas a arrancam do solo, por assim dizer, pisoteando-o. O bater dos pés é como o cair das gotas. Se a chuva começa a cair durante a representação, os pueblos seguem dançando nela. A dança que representa a chuva transforma-se, afinal, nela própria. Um grupo de talvez quarenta pessoas movimentando-se ritmicamente metamorfoseia-se em chuva.

A chuva é o mais importante símbolo de massa dos índios pueblos. Ela sempre foi importante, inclusive para seus antepassados, que possivelmente viviam em alguma outra parte. Contudo, desde que passaram a habitar as áridas mesetas, aumentou tanto a sua importância que a chuva determinou inteiramente a natureza de sua crença. O milho, do qual vivem, e a chuva, sem a qual o milho não cresce, compõem o cerne de todas as suas cerimônias. Os muitos expedientes mágicos de que se servem os pueblos para produzir a chuva são condensados e intensificados nessas suas danças da chuva.

Há que se enfatizar que tais danças nada têm de selvagem, mas relacionam-se com a natureza da própria chuva. Na qualidade de nuvem, forma sob a qual ela se aproxima, a chuva constitui uma unidade. A nuvem encontra-se no alto e distante, ela é macia e branca e, ao aproximar-se, desperta ternura nos homens. Contudo, tão logo se descarrega, a nuvem desintegra-se. A chuva chega aos homens e ao solo que a absorve em gotas individuais e isoladas. A dança que, metamorfoseando-se nela, tem por função atraí-la representa também, mais do que a sua formação, a fuga e a desagregação de uma massa. Os dançarinos anseiam pela nuvem, mas esta não deve permanecer condensada no céu, e sim derramar-se. A nuvem é uma massa amistosa, e, em que medida o é, depreende-se pelo fato de ela ser equiparada aos *antepassados*. Os mortos retornam sob a forma de nuvens de chuva, e trazem a bênção. Se, numa tarde de verão, nuvens de chuva aparecem no céu, diz-se às crianças: "Vejam! Os avós de vocês vêm vindo". E quem o diz não se refere aos mortos de sua própria família, mas aos antepassados de um modo geral.

Já os sacerdotes, em seu isolamento ritual, permanecem sentados e imóveis por oito dias e, absortos em si mesmos diante de seus altares, invocam a chuva:

> *De onde quer que tenhais vossa morada permanente,*
> *Desde lá vos poreis a caminho,*
> *Para encher das águas cheias de vida*
> *Vossas nuvenzinhas compelidas pelo vento,*
> *Vossas delgadas tiras de nuvens.*
> *Mandareis para nós, para que conosco permaneça,*
> *Vossa linda chuva, que acaricia a terra*
> *Aqui em Itiwana,*
> *Morada de nossos pais,*
> *De nossas mães*
> *E daqueles que viveram antes de nós.*
> *Com vossa imensidão de água,*
> *Vireis todos juntos.*

O que se deseja é uma imensidão de água, mas essa imensidão, reunida em nuvens, desfaz-se em gotas. A tônica das danças da chuva recai sobre a desagregação. O que se deseja é uma massa *branda;* não se trata de um animal perigoso que se tenha de abater, ou de um inimigo odioso a ser combatido. Essa massa é equiparada àquela dos antepassados, que, para os pueblos, são pacíficos e benevolentes.

A bênção que as gotas trazem para o solo conduz, então, a uma outra massa, da qual vivem: o milho. Como em toda colheita, o milho é reunido em montes. Tem-se aí precisamente o processo inverso: as nuvens de chuva desagregam-se em gotas; o monte colhido, por sua vez, reúne todas as espigas, cada grão de milho, por assim dizer.

Graças a esse alimento, os homens fazem-se fortes e as mulheres, férteis. A palavra *crianças* figura constantemente nas preces. O sacerdote fala dos vivos da tribo como se falasse de crianças, mas fala também de todos os meninos e meninas, de todos aqueles "que têm ainda a vida pela frente". Estes constituem aquilo a que chamaríamos o futuro da tribo. Para usar uma imagem mais precisa, o sacerdote os vê como todos aqueles que têm ainda a vida pela frente.

As massas fundamentais na vida dos pueblos são, portanto, a dos antepassados e das crianças, a da chuva e a do milho — ou, se se deseja colocá-las em algo como uma sequência causal, a dos antepassados, da chuva, do milho e das crianças.

Dos quatro tipos de malta existentes, as de caça e de guerra quase inexistem entre os pueblos. Há ainda resquícios de caça aos coelhos, assim como há também uma sociedade de guerreiros, mas sua função é tão somente a de uma polícia — e, para a existência entre eles de uma polícia, no nosso sentido da palavra, são poucos os motivos. Entre os pueblos, a malta de lamentação foi restringida de maneira espantosa. Dá-se às mortes a menor importância possível, e, na condição de indivíduos, procura-se esquecer os mortos com a máxima rapidez. Quatro *dias* após a morte, o sacerdote supremo exorta os enlutados a não pensarem mais no morto: "Ele já está morto há quatro *anos!*". A morte é deslocada para o passado, atenuando assim a dor. Os pueblos nada têm a dizer sobre as maltas de lamentação: eles *isolam* a dor.

Resta-lhes, pois, como forma ativa e bastante desenvolvida de malta, a malta de multiplicação. Toda a ênfase da vida comunitária é transferida para ela. Poder-se-ia dizer que os pueblos vivem unicamente para essa multiplicação, e ela é empregada exclusivamente no sentido positivo. A cabeça de Jano que conhecemos de tantos outros povos — por um lado, a multiplicação da própria gente; por outro, a diminuição dos inimigos — é-lhes desconhecida. Assim, não se interessam por guerras. A chuva e o milho os abrandaram, e sua vida vincula-se inteiramente à de seus próprios antepassados e de suas crianças.

172

SOBRE A DINÂMICA DA GUERRA:
O PRIMEIRO MORTO — O TRIUNFO

A dinâmica interna, ou seja, a dinâmica de malta da guerra exibe, em sua origem, o seguinte aspecto: a partir da malta de lamentação em torno de um morto, forma-se uma malta de guerra à qual cumpre vingá-lo. E da malta vitoriosa de guerra forma-se a malta de multiplicação do triunfo.

É o *primeiro* morto que contagia a todos com o sentimento da ameaça. Não há como enfatizar suficientemente o significado desse primeiro morto na deflagração das guerras. Quando querem desencadear uma guerra, os detentores do poder sabem muito bem que precisam arranjar ou inventar um primeiro morto. Não importa tanto o peso que este tenha no interior de seu grupo. Pode tratar-se de alguém que não exerça nenhuma influência especial; por vezes, trata-se até mesmo de um desconhecido. O que importa é sua morte, e nada mais; tem-se de acreditar que o inimigo é responsável por ela. Todas as razões que podem ter conduzido a essa morte são ocultadas, à exceção de uma: ele morreu na condição de membro do grupo ao qual se pertence.

A malta de lamentação que velozmente se origina atua como um cristal de massa: ela se *abre*, por assim dizer — todos quantos se sentem ameaçados por esse mesmo motivo se reúnem. Sua disposição converte-se na de uma malta de guerra.

A guerra, que em sua deflagração serviu-se de um único morto ou de alguns poucos, conduz a um portentoso número deles. Contrariamente ao que ocorreu no princípio, a lamentação por estes últimos, se se conquista a vitória, ostenta um caráter bastante atenuado. A vitória, que é percebida como uma redução decisiva — quando não aniquilação — do inimigo, retira da lamentação pelos mortos o seu peso. Foram enviados qual uma patrulha avançada para a terra dos mortos, e eles arrastaram consigo um número bem maior de inimigos. Dessa forma, os mortos livram as pessoas do medo sem o qual não teriam ido à guerra.

173

O inimigo foi derrotado; a ameaça que uniu as pessoas desapareceu; cada um quer agora levar o seu. A malta de guerra está em via de desagregar-se no *saque*, tal e qual ocorre com a malta de caça, quando da partilha. Se a ameaça inicial não foi realmente sentida por todos, então foi graças unicamente à perspectiva do saque que se logrou compelir os homens à guerra. Nesse caso, tem-se sempre de deixá-los saquear; um comandante dos velhos tempos dificilmente ousaria negá-lo a sua gente. Contudo, o perigo de uma desintegração total da tropa em razão do saque era tão grande que sempre se buscaram meios de restabelecer a disposição bélica. E o meio mais bem-sucedido para tanto eram as *festas da vitória*.

A confrontação da redução do inimigo com a multiplicação dos vitoriosos constitui o verdadeiro sentido das festas da vitória. O povo é reunido: homens, mulheres e crianças. Os vitoriosos aparecem ostentando as mesmas formações de quando partiram para a batalha. Exibindo-se ao povo, eles o contagiam com a atmosfera da vitória. Cada vez mais pessoas acorrem, até que, finalmente, estão presentes todos os que puderam deixar suas casas.

Os vitoriosos, porém, não exibem tão somente a si próprios. Eles trouxeram muita coisa consigo, e voltam como multiplicadores. Os despojos são mostrados ao povo. Tem-se ali uma grande fartura de tudo quanto se precisa e se aprecia, e cada um receberá uma parte — seja porque o comandante ou rei vitorioso promoverá uma grande distribuição entre o povo, seja porque promete uma redução de impostos ou vantagens outras. Dos despojos fazem parte não apenas ouro e bens. Prisioneiros são também exibidos, e seu grande número ilustra a diminuição do inimigo.

Em sociedades que prezam seu grau de civilização, não se vai além dessa exibição dos inimigos capturados. Outras, porém, que nos parecem mais bárbaras, exigem mais: *reunido*, e não mais sentindo a ameaça imediata, o público quer *vivenciar* de que forma o inimigo foi reduzido. Têm-se, assim, as execuções públicas, conforme nos contam os relatos acerca de festas da vitória entre muitos povos guerreiros.

Proporções verdadeiramente fantásticas assumiram essas execuções na capital do reino do Daomé. Ali, organizava-se uma festa anual, que se estendia por vários dias: o rei oferecia a seu povo um espetáculo sangrento; centenas de prisioneiros eram decapitados aos olhos de todos.

Sobre uma plataforma, o rei sentava-se em seu trono, em meio a seus dignitários. Embaixo, comprimia-se densamente o povo reunido. A um sinal do rei, os carrascos punham-se a trabalhar. As cabeças dos assassinados eram jogadas sobre um monte; vários desses montes podiam ser vistos por todos. Procissões cruzavam ruas em cujas laterais corpos nus de inimigos executados pendiam das forcas. Para não ferir o pudor das inúmeras mulheres do rei, os corpos apresentavam-se mutilados: haviam sido castrados. No último dia da festa, a corte voltava a se reunir sobre uma das plataformas, e havia uma farta distribuição de presentes ao povo. Conchas, que valiam como dinheiro, eram arremessadas para o público, que se debatia por elas. Depois, inimigos atados eram jogados para baixo, e também estes eram decapitados. O povo disputava os corpos, e conta-se que eles eram devorados pelas pessoas em delírio. Todos queriam receber o seu pedaço do inimigo morto, podendo-se falar aqui numa comunhão do triunfo. Aos homens, seguiam-se animais, mas o decisivo era mesmo o inimigo.

Existem relatos de europeus que, no século XVIII, testemunharam essa festa. Eram, àquela época, os representantes das nações brancas que tinham postos de comércio na costa; o objeto de seu comércio eram os escravos, e eles iam à capital, Abomé, comprá-los do rei. Este vendia uma parte de seus prisioneiros aos europeus. Suas expedições bélicas eram empreendidas com esse propósito, o que, à época, os europeus toleravam de bom grado. Menos agradável era-lhes presenciar as terríveis execuções em massa; sua presença, porém, fazia parte do bom-tom da corte. Buscavam persuadir o rei a vender-lhes como escravos as vítimas destinadas à execução. Com isso, que era bom também para os negócios, sentiam-se humanos. Mas, para seu espanto, acabavam por verificar que o rei, a despeito de sua cobiça, não abria mão das vítimas. Em épocas de escassez de escravos e baixa no comércio, irritavam-se com sua teimosia. Não compreendiam que o rei pudesse preocupar-se ainda mais com seu poder do que com suas posses. O povo estava acostumado à exibição das vítimas. Retirava do espetáculo da diminuição da massa de seus inimigos, nessa sua forma grosseira e pública, a certeza de sua própria multiplicação. Diretamente dela, porém, brotava também o poder do rei. O efeito que o espetáculo produzia era de uma dupla natureza. Por um lado, era o meio mais infalível de o rei convencer o povo de sua multiplicação sob seu reinado e, assim, de mantê-lo no estado de uma massa religiosamente devota. Por outro, mantinha aceso o terror ante suas ordens. Era ele quem, pessoalmente, ordenava as execuções.

A maior cerimônia pública dos *romanos* era o *triunfo*. Nele, toda a cidade se reunia. Quando, porém, o império encontrava-se no auge de seu poder, e já não se tratava mais de conquistar incessantemente, a própria vitória transformou-se numa instituição, retornando periodicamente com as datas do calendário. Aos olhos do povo reunido, lutava-se na *arena* — uma luta sem consequências políticas, mas não desprovida de sentido: lutava-se para despertar e manter sempre aceso o sentimento da vitória. Os romanos, na qualidade de espectadores, não lutavam eles próprios, mas decidiam em massa quem havia sido o vencedor, saudando-o como nos velhos tempos. Importante era tão somente esse sentimento da vitória. As guerras em si, que não pareciam mais tão necessárias, perdiam significado ao lado desses espetáculos.

Nos povos históricos desse gênero, a guerra torna-se o verdadeiro instrumento da multiplicação. Seja porque conseguem despojos dos quais vivem, seja porque conquistam escravos que para eles trabalham, todas as demais formas, mais pacientes, de multiplicação são repudiadas e consideradas desprezíveis. Desenvolve-se, então, uma espécie de religião estatal da guerra, tendo por propósito a multiplicação veloz.

O ISLAMISMO COMO RELIGIÃO DE GUERRA

Os fiéis maometanos reúnem-se em quatro ocasiões diversas:

1) Reúnem-se várias vezes ao dia para orar, para o que lhes convoca uma voz vinda lá do alto. — Trata-se aí de pequenos grupos rítmicos aos quais se pode chamar *maltas de oração*. Todos os seus movimentos são-lhes minuciosamente prescritos e dominados por uma *única* direção: a de Meca. Uma vez por semana, na oração das sextas-feiras, essas maltas crescem, transformando-se em massas.

2) Reúnem-se para a guerra santa contra os infiéis.

3) Reúnem-se em Meca, quando da grande peregrinação.

4) Reúnem-se no juízo final.

No islamismo, como em todas as religiões, as massas invisíveis são da maior importância. No entanto, com maior nitidez do que nas demais religiões universais, são *massas duplas* invisíveis que aí se defrontam.

Tão logo soa a trombeta do juízo final, os mortos levantam-se todos de seus túmulos e, qual obedecessem a um comando militar, dirigem-se a toda a pressa para o campo do juízo. Ali, apresentam-se diante de deus em dois portentosos amontoados, apartados um do outro — de um lado, ficam os fiéis; do outro, os infiéis —, e cada um é julgado por deus.

Reúnem-se, assim, todas as gerações humanas, parecendo a cada um ter baixado à sepultura somente no dia anterior. Ninguém tem ideia do tempo incomensurável ao longo do qual jazeu em seu túmulo. Sua morte não teve sonhos nem deixou lembranças. Todos, porém, ouvem o som da trombeta: "Nesse dia, os homens surgirão aos bandos". O Corão faz constantes referências aos bandos desse grandioso momento. Trata-se da mais abrangente ideia de massa que um fiel maometano é capaz de fazer. Ninguém poderá conceber um número de seres humanos maior do que o de todos os que já viveram, todos eles comprimidos num mesmo lugar. Tem-se aí a única massa que não cresce mais, e cuja densidade é a máxima possível, pois cada um de seus membros apresenta-se num único e mesmo lugar, diante de seu juiz.

Contudo, grande e densa como é, essa massa permanece dividida em *duas* do começo ao fim. Cada um sabe exatamente o que o espera: uns abrigam esperança; outros, pavor. "Nesse dia haverá rostos radiantes, risonhos, felizes; mas nesse mesmo dia haverá também rostos cobertos de pó e de escuridão: estes são os infiéis, os pecadores." Uma vez que se trata de um veredicto absolutamente justo — cada ato encontra-se registrado por escrito, podendo ser comprovado —, ninguém poderá escapar da metade à qual pertence de direito.

A bipartição da massa no islamismo é absoluta: ela separa o amontoado dos fiéis daquele dos infiéis. O destino de ambos, que permanecerá apartado para sempre, é *combater* um ao outro. A guerra da fé é tida por um dever sagrado, de modo que, já nesta vida, *prefigura-se* a cada batalha — ainda que de uma maneira menos abrangente — a massa dupla do juízo final.

Um outro quadro apresenta-se aos olhos dos maometanos como um dever não menos sagrado: a peregrinação a Meca. Nesse caso, trata-se de uma massa *lenta*, que se forma pela paulatina afluência de pessoas provindas de todas as partes. Essa massa pode estender-se por semanas, meses ou mesmo anos, dependendo de quão longe de Meca o fiel mora. A obrigação de realizar essa peregrinação ao menos uma vez na vida matiza a totalidade da existência terrena de uma pessoa. Quem nunca participou da peregrinação não chegou a viver de fato. Participar dela é uma experiência que condensa em si, por assim dizer, todo o território coberto pela fé, concentrando-a no local que foi seu ponto de partida. Essa massa de peregrinos é pacífica, voltada única e exclusivamente para o atingimento de sua meta. Subjugar infiéis não é tarefa que lhe caiba; ela precisa apenas chegar ao local designado: precisa ter estado lá.

É considerado um milagre todo especial que uma cidade do tamanho de Meca seja capaz de acolher esses inúmeros bandos de peregrinos. O peregrino espanhol Ibn Jubayr — que esteve em Meca por volta do final do século XII, legando-nos uma descrição minuciosa da cidade — crê que mesmo a maior cidade do mundo não teria lugar para tanta gente. Meca, porém, teria sido agraciada com uma *dilatabilidade* especial para abrigar as massas; ter-se-ia de compará-la a um útero, que, de acordo com a conformação do embrião que contém, faz-se maior ou menor.

O momento mais importante da peregrinação é o dia na planície de Arafat. Setecentas mil pessoas, afirma-se, reúnem-se ali. O que falta para completar esse número é preenchido por anjos que, invisíveis, misturam-se aos homens.

Quando, porém, os dias de paz chegam ao fim, a guerra da fé volta a assumir seus direitos. "Maomé", afirma um dos maiores conhecedores do islamismo, "é o profeta da luta e da guerra [...] O que ele próprio fez em sua esfera árabe é o testamento que lega para o futuro de sua comunidade: o combate aos infiéis e a expansão não tanto da fé, mas da esfera de poder desta, que é a esfera de poder de Alá. Aos combatentes islâmicos importa não tanto a conversão, mas a subjugação dos infiéis."

O Corão — o livro do profeta inspirado por Deus — não deixa dúvida a esse respeito: "Terminados os meses sagrados, matai os infiéis, onde quer que os encontreis; apanhai-os, atormentai-os e preparai contra eles toda sorte de emboscadas".

AS RELIGIÕES DE LAMENTAÇÃO

As religiões de lamentação marcaram a face da terra. No cristianismo, obtiveram uma espécie de validade universal. A malta que as sustenta tem vida curta. O que terá conferido consistência às formas da fé oriundas da lamentação? O que lhes terá proporcionado sua singular perseverança, estendendo-se já por milênios?

A lenda em torno da qual elas se formam é a de um ser humano ou deus morto injustamente. Trata-se sempre da história de uma perseguição, seja ela uma caçada ou um acossamento. Um julgamento injusto poderá também estar vinculado a ela. Se se trata de uma caçada, o alvo atingido é o errado: o mais nobre caçador, em vez do animal do qual se estava atrás. É possível também que, numa inversão das coisas, o animal caçado avance sobre o caçador, ferindo-o mortalmente, como na lenda de *Adônis* e do javali. Justamente essa morte é o que jamais poderia ter acontecido, e o sofrimento que ela provoca ultrapassa todas as medidas.

Pode ocorrer de uma deusa amar a vítima e lamentar-se por ela, como faz Afrodite por Adônis. Em sua forma babilônica, o nome da deusa é *Ishtar*, e *Tammuz* chama-se o belo jovem, morto precocemente. Entre os frígios, é a deusa-mãe *Cibele* que chora por seu jovem amante, *Átis.* "Verdadeiramente furiosa, ela atrela leões a seu carro, vaga por todo o monte Ida com seus coribantes, aos quais fez tão furiosos quanto ela própria, e chora por seu Átis; de seus coribantes, um perfura os próprios braços, outro corre pelas montanhas com os cabelos esvoaçantes, um terceiro toca uma corneta e um outro ainda golpeia um tambor ou produz um estrondo batendo duas chapas de metal; o Ida inteiro está revolto e fanaticamente enfurecido."

No Egito, é *Ísis* quem perdeu seu marido, *Osíris*. Ela o busca incansavelmente; aflita, atravessa o país e não descansa até encontrá-lo. "Vem para tua casa", lamenta-se ela: "Vem para tua casa [...] não te vejo e, no entanto, meu coração anseia por ti e meus olhos te desejam. Vem para aquela que te ama, que te ama, ó bem-aventurado! Vem para tua irmã, vem para tua mulher, para tua mulher, cujo coração parou. Vem para tua esposa. Sou tua irmã, nascida da mesma mãe, e não deves ficar longe de mim. Os deuses e os homens voltaram seus rostos para ti e, juntos, por ti choram [...] Eu te chamo e choro; ouvem-me até no céu, mas tu não ouves minha voz, embora eu seja tua irmã, que amaste na terra; não amaste ninguém além de mim, meu irmão!"

Pode ser também — caso posterior e não mais mítico — que um grupo de parentes e discípulos lamente-se pela vítima, como por *Jesus* ou por *Hussain*, o neto do profeta e verdadeiro mártir dos xiitas.

A caçada ou perseguição é descrita em todos os seus detalhes; trata-se de uma história *precisa*, sustentada num nível intei-

180

ramente pessoal; sempre corre sangue — mesmo a mais humana de todas as paixões, a do próprio Cristo, não prescinde do sangue e das feridas. Cada uma das ações de que se compõe a paixão é percebida como injusta; quanto maior a distância dos tempos míticos, mais se verifica a tendência a prolongar a paixão e a provê-la de inúmeros traços humanos. A caçada ou acossamento, porém, é sempre sentida do ponto de vista da vítima.

Perto de seu fim, forma-se uma malta de lamentação; sua lamentação, contudo, exibe uma característica particular: o morto morreu por amor aos homens que o lamentam. Era seu salvador, ou porque fosse seu maior caçador ou porque possuísse méritos outros e maiores. Sua preciosidade é ressaltada de todas as formas; ele é precisamente aquele que não podia estar morto. Sua morte não é reconhecida pelos que se lamentam. Estes querem tê-lo de volta à vida.

Na descrição da malta arcaica de lamentação — aquele caso australiano que mencionei —, ressaltei que a lamentação tem início com o *moribundo*. Os vivos buscam retê-lo consigo e cobrem-no com seus corpos. Acolhem-no no amontoado que compõem, comprimindo-o por todos os lados e intentando não entregá-lo. Com frequência, ainda o chamam de volta após a morte, e somente quando têm certeza de que ele não retornará mais é que começa a segunda fase, na qual o impelem para o mundo dos mortos.

No caso da malta de lamentação de que se fala aqui, aquela que se forma como lenda em torno de um morto precioso, a morte é prolongada de todas as formas. Seus parentes ou fiéis — que se igualam nesse caso — negam-se a abrir mão dele. A primeira fase, a do desejo de *retê-lo*, é a decisiva, e toda a ênfase recai sobre ela.

Trata-se do período em que, de todas as partes, as pessoas acorrem, e quem quer que deseje lamentar-se é bem-vindo. Nesses cultos religiosos, a malta de lamentação se *abre* e se amplia, formando uma massa que cresce sem que seja possível contê-la. Tal se verifica nas festas em honra do próprio morto, quando sua paixão é representada. Cidades inteiras aderem a essas festas, além de, frequentemente, bandos gigantescos de peregrinos vindos de longe. Contudo, a abertura da malta de lamentação dá-se também ao longo de vastos períodos de tempo; o número de fiéis *multiplica-se*. Tudo principia com os poucos e leais postados ao pé da cruz, na qualidade do núcleo da lamentação. Na primeira festa de Pentecostes é possível que sejam já seiscentos cristãos; à época do imperador Constantino são 10 milhões. O núcleo da religião, porém, permanece o mesmo: seu centro é a lamentação.

Por que tantas pessoas juntam-se à lamentação? Qual o seu atrativo? No que ela auxilia os homens? Em todos os que a ela aderem dá-se a mesma coisa: a malta de caça ou acossamento *expia seus pecados* como malta de lamentação. Os homens eram perseguidores e, à sua maneira, seguem vivendo como tais. Buscam carne alheia, cortam-na e se alimentam do tormento das criaturas fracas. Em seus olhos reflete-se o olho embaciado da vítima, e o último grito com que se deleitam enterra-se indelével em suas almas. A maioria deles talvez nem perceba que, juntamente com seu corpo, está alimentando também o que abriga em si de tenebroso. Mas a culpa e o medo intensificam-se irresistivelmente neles, de modo que, sem que o percebam, anseiam pela redenção. Juntam-se, assim, a alguém que morre por eles, e, em sua lamentação por este, sentem-se eles próprios como perseguidos. O que quer que tenham feito, por mais furiosamente que tenham agido, colocam-se naquele momento ao lado da dor. Uma súbita e profunda mudança de lado se verifica. Isso os liberta da culpa acumulada pela morte e do medo de que esta os atinja. O que quer que tenham feito a outrem, um outro o toma agora para si, e na medida em que, fielmente e sem nenhuma reserva, se juntam a ele, escapam — assim esperam — da vingança.

Verifica-se, assim, que as religiões de lamentação são imprescindíveis à economia psíquica dos homens, e seguirão sendo enquanto eles não forem capazes de abrir mão de, reunidos em maltas, matar.

Das religiões de lamentação que chegaram até nós e se dei-

182

xam examinar com maior exatidão, a dos xiitas islâmicos é a mais instrutiva. Igualmente correto seria descrever o culto a Tammuz ou Adônis, a Osíris e Átis. Estes, porém, pertencem ao passado; nós os conhecemos somente a partir dos escritos cuneiformes e hieroglíficos, ou dos relatos dos escritores clássicos, e, embora tais relatos sejam inestimáveis, mais conclusivo parece- nos ser ocupar-nos de uma crença que não apenas segue existindo nos dias de hoje, como também se apresenta, nos lugares onde existe, sob uma forma mais aguda e não atenuada.

A mais significativa de todas as religiões de lamentação é o cristianismo. Sobre a sua vertente católica haverá ainda o que dizer aqui. Quanto aos momentos concretos do cristianismo, porém, aqueles de real comoção das massas, descrever-se-á adiante não um momento de genuína lamentação, o que se tornou raro, mas um outro: a festa da ressurreição, na igreja do Santo Sepulcro em Jerusalém.

A lamentação propriamente dita, sob a forma de uma malta apaixonada que se abre, transformando-se numa verdadeira massa, manifesta-se com um ímpeto inesquecível na festa do muharram dos xiitas.

A FESTA XIITA DO MUHARRAM

A partir de uma cisão no islamismo, que ostenta traços inequívocos de uma religião de guerra, nasceu uma religião de lamentação possuidora de um grau de concentração e extremismo não encontrável em parte alguma: a fé dos xiitas. Trata-se da religião oficial do Irã e do Iêmen, bastante disseminada também na Índia e no Iraque.

Os xiitas acreditam num líder espiritual e temporal de sua comunidade ao qual dão o nome de *imã*. Sua posição é mais importante do que a do papa. Ele é o portador da luz divina, e é também infalível. Somente o fiel que segue seu imã pode ser salvo. "Aquele que morre sem conhecer o verdadeiro imã de seu tempo, morre como um infiel."

183

O imã descende diretamente do profeta. Ali, o genro de Maomé — casado com a filha deste último, Fátima — é considerado o primeiro imã. O profeta confiou a Ali conhecimentos especiais, não revelados a seus outros seguidores, e tais conhecimentos são transmitidos hereditariamente em sua família. Maomé nomeou-o expressamente seu sucessor nos ensinamentos e no comando. Ali é o eleito por disposição do profeta: somente a ele cabe o título de "soberano dos verdadeiros fiéis". Os filhos de Ali, Hassan e Hussain, herdaram-lhe, então, o ofício: eram os netos do profeta. Hassan foi o segundo e Hussain o terceiro imã. Qualquer outro que se arrogasse alguma soberania sobre os fiéis era um usurpador.

A história política do islamismo após a morte de Maomé incentivou a construção de uma lenda em torno de Ali e de seus filhos. Ali não foi eleito califa de imediato. Nos primeiros 24 anos que se seguiram à morte de Maomé, esse cargo supremo foi ocupado sucessivamente por três de seus companheiros de luta. Somente depois de morto o terceiro é que Ali chegou ao poder, mas governou apenas por pouco tempo. Numa sexta-feira, durante o serviço religioso na grande mesquita de Kufa, foi assassinado com uma espada envenenada por um opositor fanático. Seu filho mais velho, Hassan, vendeu seus direitos por uma soma de vários milhões de diréns e retirou-se para Medina, onde, passados alguns anos, morreu em consequência de uma vida extravagante.

Os sofrimentos de seu irmão mais novo, Hussain, tornaram-se o verdadeiro cerne da fé dos xiitas. Comportado e sério, ele era o oposto de Hassan, e vivia uma vida calma em Medina. Embora, com a morte do irmão, ele houvesse se tornado o chefe do xiismo, por um longo tempo Hussain não se deixou envolver em intrigas políticas. Quando, porém, o califa regente morreu em Damasco, e o filho deste pretendeu assumir-lhe a sucessão, Hussain negou-lhe seu respeito. Os habitantes da turbulenta cidade de Kufa, no Iraque, escreveram então a Hussain, convidando-o a visitá-los. Queriam-no como califa; uma vez lá, tudo lhe seria concedido. Hussain pôs-se a caminho, levando consigo a família, as mulheres, as crianças e um pequeno grupo de seguidores. Tinha à frente um longo caminho pelo deserto. Tendo alcançado as proximidades da cidade, esta já o havia abandonado. Seu governante enviou-lhe ao encontro uma vigorosa tropa de cavaleiros, que o intimaram a entregar-se. Hussain negou-se a fazê-lo, e cortaram lhe o acesso à água. Ele e seu pequeno grupo foram cercados. Na planície de Kerbela, no décimo dia do mês de muharram do ano de 680, segundo o nosso calendário, Hussain e os seus, que valentemente se defenderam, foram atacados e derrotados. Com ele tombaram 87 pessoas, dentre estas um grande número de seus familiares e dos de seu irmão. Seu cadáver ostentava as marcas de 33 estocadas de lança e 34 golpes de espada. O comandante das tropas inimigas ordenou a sua gente que cavalgasse sobre o corpo de Hussain. No chão, o neto do profeta foi pisoteado pelos cascos dos cavalos. Sua cabeça foi cortada e enviada para o califa em Damasco, que a golpeou na boca com seu bastão. Presente, um velho companheiro de Maomé advertiu-o: "Guarda teu bastão. Vi a boca do profeta beijar esta boca".

As "provações da estirpe do profeta" compõem o verdadeiro tema da literatura religiosa xiita. "Reconhecem-se os verdadeiros membros desse grupo por seus corpos emagrecidos pelas privações, pelos lábios ressequidos pela sede e os olhos molhados pelo choro incansável. O verdadeiro xiita é perseguido e infeliz feito a família por cujo direito luta e sofre. Considera-se quase o ofício da família do profeta sofrer opressão e perseguição."

Desde aquele dia fatídico em Kerbela, a história dessa estirpe compõe-se de uma sequência ininterrupta de sofrimentos e opressões. O seu relato em poesia e em prosa é cultivado em uma rica literatura de martirológios. Tais sofrimentos e opressões compõem o objeto das reuniões dos xiitas no primeiro terço do mês de muharram, cujo décimo dia — *ashura* — é tido como aquele no qual ocorreu a tragédia de Kerbela. "Nossos dias comemorativos são nossas assembleias fúnebres", assim conclui um príncipe de orientação xiita um poema no qual homenageia as muitas provações por que passou a família do profeta. O que verdadeiramente importa aos fiéis genuínos é chorar, lamentar e enlutar-se pelos infortúnios e perseguições sofridos pela família de Ali e por seu martírio. "Mais comovente do que lágrimas xiitas", diz um provérbio árabe. "Chorar por Hussain", afirma um indiano moderno que professa essa fé, "é o preço de nossa vida e de nossa alma; do contrário, seríamos as mais ingratas das criaturas. Até no paraíso choraremos por Hussain [...] O luto por ele é a marca distintiva do islamismo. Para um xiita, é impossível não chorar. Seu coração é uma tumba viva, a verdadeira tumba para a cabeça do mártir decapitado."

Emocionalmente, a contemplação da pessoa e do destino de Hussain encontra-se no centro dessa fé. São a principal fonte da qual brota a experiência religiosa. Sua morte foi interpretada como um autossacrifício voluntário; graças a seu sofrimento, os santos alcançaram o paraíso. A ideia de um intermediário é originalmente estranha ao islamismo. No xiismo, desde a morte de Hussain, ela se tornou predominante.

O túmulo de Hussain, na planície de Kerbela, rapidamente tornou-se o mais importante local de peregrinação dos xiitas. Quatro mil anjos, chorando dia e noite por ele, circundam-lhe a tumba. Eles vão até a fronteira, ao encontro de cada peregrino, venha este de onde vier. Quem visita esse santuário obtém, em razão desse seu ato, as seguintes vantagens: o teto de sua casa jamais desabará sobre ele; ele jamais morrerá afogado ou queimado; animais selvagens jamais o atacarão. Aquele, porém, que ali ora com genuína fé é premiado ainda com anos adicionais de vida. Seu mérito corresponde ao de mil peregrinações a Meca, mil martírios, mil dias de jejum e mil libertações de escravos. No ano seguinte ao dessa sua visita, diabos e espíritos malignos nada poderão fazer contra ele. Caso morra, será enterrado por anjos e, no dia da ressurreição, levantar-se-á da tumba juntamente com os seguidores do imã Hussain, a quem reconhecerá pela bandeira que este carrega na mão. Em triunfo, o imã conduzirá seus peregrinos diretamente ao paraíso.

Uma outra tradição afirma que, por mais que tenham pecado, todos os que foram sepultados no santuário de um imã não serão julgados no dia da ressurreição, mas lançados como que por um lençol diretamente no paraíso, onde os anjos, felicitando-os, apertar-lhes-ão a mão.

Assim, antigos xiitas deitavam-se em Kerbela para morrer. Outros, que haviam sempre morado a uma grande distância da cidade sagrada, deixavam a determinação para que fossem enterrados ali. Há séculos, intermináveis caravanas de mortos vêm da Pérsia e da Índia para Kerbela; a cidade transformou-se num único e gigantesco cemitério.

A grande festa dos xiitas, onde quer que vivam, acontece nos dias do mês de muharram nos quais Hussain sofreu sua paixão. Durante esses dez dias, toda a nação persa põe-se de luto. O rei, os ministros, os funcionários vestem-se de preto ou cinza. Arrieiros e soldados caminham com a camisa solta e aberta no peito, um grande sinal de pesar. No primeiro dia de muharram, que marca também o início do ano novo, a festa tem início. Do alto de púlpitos de madeira, a paixão de Hussain é narrada. Descrevem-se todos os seus detalhes; nenhum episódio é esquecido. Os ouvintes ficam profundamente comovidos. Seus gritos — "Ó Hussain! Ó Hussain" — fazem-se acompanhar de gemidos e lágrimas. Esse tipo de recitação prolonga-se por todo o dia; os pregadores revezam-se em diversos púlpitos. Durante os primeiros nove dias de muharram, grupos de homens atravessam as ruas com o peito nu e pintado de vermelho ou preto. Arrancam-se os cabelos, infligem-se ferimentos de espada, arrastam pesadas correntes consigo ou apresentam danças selvagens. Lutas sangrentas chegam a ocorrer com pessoas de outras crenças.

A comemoração atinge o seu ápice no dia 10 de muharram, quando se realiza uma grande procissão, que, originalmente, representava o cortejo fúnebre de Hussain. Em seu centro encontra-se o esquife de Hussain, carregado por oito homens. Cerca de sessenta outros homens, lambuzados de sangue, marcham atrás do esquife, cantando uma canção marcial. Um cavalo os segue — o corcel de guerra de Hussain. Ao final, encontra-se geralmente mais um grupo de uns cinquenta homens, talvez, os quais batem ritmicamente um contra o outro dois bastões de madeira. — O delírio que, nessas festas, se apossa da massa lamentosa é quase inimaginável. Mais adiante, uma descrição oriunda de Teerã dá-lo-á a conhecer.

As verdadeiras representações da paixão de Hussain, nas quais seus sofrimentos são apresentados em forma dramática, somente se transformaram numa instituição permanente por volta do início do século XIX. *Gobineau* — que esteve na Pérsia na década de 50 e, posteriormente, ali viveu por um longo período de tempo — deu-nos uma cativante descrição delas.

Os teatros foram doados por pessoas ricas; os gastos com eles eram considerados obra meritória, mediante a qual o doador "construía para si um palácio no paraíso". Os maiores abrigavam de 2 mil a 3 mil pessoas. Em Isfahan, encenavam-se espetáculos para mais de 20 mil espectadores. O ingresso era gratuito; todos podiam entrar, desde o mendigo em farrapos até o mais rico senhor. As apresentações tinham início às cinco horas da manhã. Antes da paixão, procissões, danças, sermões e canções ocupavam várias horas. Distribuíam-se refrescos, e os senhores abastados e respeitados consideravam uma questão de honra servir pessoalmente até mesmo os espectadores mais esfarrapados.

Gobineau descreve duas espécies de irmandades que colaboram nesses eventos.

Homens e crianças, carregando tochas e precedidos por uma enorme bandeira preta, adentram o teatro em procissão e o contornam cantando. À noite, podem-se ver esses grupos caminhando apressadamente pelas ruas, indo de um teatro para outro. Algumas crianças vêm na frente, gritando com voz estridente: "Ai, Hussain! Ai, Akbar!". Os irmãos postam-se diante dos púlpitos dos pregadores, cantando e acompanhando seu canto de uma maneira selvagem e bizarra. Com a mão direita, formam uma espécie de concha, golpeando-se violenta e ritmicamente sob o ombro esquerdo. O resultado é um som abafado que, produzido simultaneamente por muitas mãos, faz-se audível a grande distância e é bastante impressionante. Os golpes são ora pesados e lentos, produzindo um ritmo arrastado, ora ligeiros e velozes, causando agitação nos presentes. Uma vez tendo a irmandade dado início a suas atividades, raramente ocorre de o auditório todo não imitá-las. A um sinal de seu chefe, os irmãos todos começam a cantar; golpeiam a si próprios, saltam sem sair do lugar e repetem, com uma voz breve e entrecortada: "Hassan! Hussain!".

Uma irmandade de natureza diversa é a dos flagelantes. Estes trazem sua música consigo sob a forma de pandeiros de tamanhos variados. O peito e os pés, eles os mantêm nus, assim como nada usam na cabeça. Compõem-se de homens, às vezes de velhos e às vezes de jovens de doze a dezesseis anos. Nas mãos, carregam correntes de ferro e agulhas pontudas. Alguns têm discos de madeira. Adentram o teatro em procissão e entoam uma litania — de início, muito lentamente — composta de apenas duas palavras: "Hassan! Hussain!". Acompanham-nos os pandeiros, com batidas cada vez mais velozes. Os que possuem discos de madeira põem-se a batê-los ritmicamente um contra o outro, e todos começam a dançar. Os ouvintes os acompanham com golpes no próprio peito. Passado algum tempo, começam a flagelar-se com suas correntes: de início, devagar e com evidente cuidado; depois, animam-se, e passam a golpear-se com maior força. Todos quantos possuem agulhas espetam-nas nos braços e nas faces; o sangue escorre, a multidão se exalta e põe-se a soluçar, e a excitação aumenta. O chefe do grupo corre para um lado e para outro por entre as fileiras de poltronas, encorajando os fracos e segurando os braços dos mais frenéticos. Quando a excitação faz-se demasiada, ele interrompe a música e suspende tudo. É difícil não se sentir afetado por uma tal cena: sente-se simpatia, compaixão e pavor ao mesmo tempo. No momento em que cessa a dança, por vezes veem-se flagelantes erguer os braços para o céu com suas correntes e, com uma voz tão profunda e um olhar tão forte e pio exclamar "Ya, Alá! Ó Deus!", que se é tomado de admiração pelo modo como todo o seu ser se transfigura.

Poder-se-ia designá-los uma orquestra do pesar; sua atuação é a de um cristal de massa. A dor que se infligem é a dor de Hussain. Na medida em que a representam, ela se torna a dor de toda a comunidade. Em consequência das batidas no peito, o que todos se põem a fazer, nasce aí uma massa rítmica. Sustenta-a o afeto da lamentação. Hussain foi-lhes arrebatado: pertence agora a todos juntos.

Mas não são apenas os cristais das irmandades que deflagram entre os presentes uma massa de lamentação. Também os pregadores e outros, apresentando-se isoladamente, produzem o mesmo efeito. A fim de verificá-lo, ouça-se o que Gobineau vivenciou, na qualidade de testemunha ocular de um tal evento.

O teatro está superlotado. Estamos no final de junho e sufocamos sob a imensa tenda. A multidão serve-se de refrescos. Um dervixe sobe ao palco e canta um hino. As pessoas acompanham-no com golpes no peito. Sua voz não é propriamente arrebatadora; o homem parece cansado. Não causa impressão alguma, e a cantoria esmorece. O homem parece senti-lo; ele para, desce do palco e desaparece. A calma volta a reinar. Então, um soldado alto e pesado, um turco com uma voz tonitruante, toma repentinamente da palavra e põe-se a bater no próprio peito com ressonantes golpes, cada vez mais violentos. Um outro soldado, turco também, pertencente a outro regimento, mas tão esfarrapado quanto o primeiro, encarrega-se da resposta. Com precisão, reiniciam-se os golpes no peito. Durante 25 minutos, a massa ofegante é arrebatada por esses dois homens e golpeia-se terrivelmente. O canto monótono e de ritmo forte os extasia. Golpeiam-se tanto quanto podem; ressoa um barulho abafado, profundo, regular e incessante, mas nem todos se contentam com ele. Um jovem negro, com um aspecto de carregador, levanta-se em meio à multidão sentada. Joga seu boné no chão e põe-se a cantar com toda a sua voz, enquanto, com os dois punhos, esmurra a própria cabeça raspada. Ele estava a uns dez passos de mim, de modo que pude acompanhar-lhe os movimentos todos. Seus lábios foram perdendo a cor; quanto mais ele perdia a cor, mais se animava; gritava e batia feito numa bigorna. Continuou fazendo aquilo por mais uns dez minutos. Os dois soldados, porém, já não aguentavam mais; estavam molhados de suor. Tão logo suas vozes precisas e poderosas deixaram de conduzi-lo e arrebatá-lo, o coro começou a hesitar e perder-se. Uma parte das vozes se calou, e o negro, qual lhe faltasse agora todo apoio material, fechou os olhos e desabou sobre seu vizinho. Todos pareciam sentir muita compaixão e respeito por ele. Puseram-lhe gelo na cabeça e levaram-lhe água aos lábios. Mas ele desmaiara, e um certo tempo foi necessário para fazê-lo voltar a si. Já refeito, agradeceu suave e polidamente a todos os que o haviam ajudado.

Tão logo alguma paz foi restabelecida, um homem num traje verde subiu ao palco. Não havia absolutamente nada de inusitado em sua pessoa; parecia um vendedor de especiarias vindo de algum bazar. Fez, então, um sermão sobre o paraíso, cuja grandeza descrevia com veemente eloquência. Para adentrá-lo, não bastava ler o Corão do profeta. "Não basta fazer tudo o que esse livro sagrado recomenda; não basta vir ao teatro para chorar, como vocês fazem diariamente. Suas boas ações, vocês têm de praticá-las em nome de Hussain e por amor a ele. Hussain é que é o portão do paraíso; é Hussain quem sustenta o mundo; é Hussain quem traz a salvação. Gritem: Hassan, Hussain!"

A multidão toda gritou: "Ó Hassan, ó Hussain!".

"Muito bem. Agora, mais uma vez!"

"Ó Hassan, ó Hussain!"

"Roguem a Deus para que ele sempre conserve vocês no amor a Hussain. Vamos, roguem a Deus!"

Toda a massa ergue os braços para o alto a um só movimento e grita, com uma voz abafada e firme: "Ya, Alá! ó Deus!".

A paixão propriamente dita, que se segue a esse longo e agitado introito, compõe-se de uma série livre de quarenta a cinquenta cenas. Todos os acontecimentos são narrados aos profetas pelo anjo Gabriel, ou antevistos em sonhos, antes de serem representados no palco. O que quer que aconteça é algo já sabido dos espectadores; o que importa não é a tensão dramática, conforme nós a entendemos, mas a total participação. Todos os sofrimentos de Hussain — os tormentos da sede, uma vez que lhe cortaram o acesso à água, e os episódios durante a batalha, até sua morte — são descritos de maneira fortemente realista. Somente os imãs, os santos, os profetas e os anjos *cantam*. Figuras detestadas como o califa Yazid, que ordenou a morte de Hussain, e o assassino Shamir, que lhe desferiu o golpe fatal, não podem cantar: estes apenas declamam. Pode ocorrer de a monstruosidade de seus atos os subjugar. Nesse caso, irrompem em lágrimas enquanto pronunciam suas palavras malignas. Não há aplauso; as pessoas choram, gemem ou golpeiam a própria cabeça. A excitação dos espectadores atinge tamanha intensidade que não raro tentam linchar as personagens vis, os assassinos de Hussain. Perto do final, é mostrado de que forma a cabeça cortada do mártir é trazida até a corte do califa. No meio do caminho, os milagres sucedem-se. Um leão curva-se profundamente ante a cabeça de Hussain. O cortejo detém-se junto a um mosteiro cristão: ao divisar a cabeça do mártir, o abade abjura sua fé e converte-se ao islamismo.

A morte de Hussain não foi em vão. Quando da ressurreição, a chave do paraíso ser-lhe-á confiada. O próprio Deus determina: "O direito da intercessão é exclusivamente dele. Hussain, por minha graça especial, é para todos o mediador". O profeta Maomé entrega a Hussain a chave do paraíso e diz: "Vai, tu, e salva das chamas todo aquele que, em vida, derramou ao menos uma lágrima por ti; todo aquele que, de algum modo, te ajudou; todo aquele que empreendeu uma peregrinação até

192

teu santuário ou lamentou por ti; e todo aquele que por ti escreveu versos trágicos. Leva cada um deles contigo ao paraíso".

Nenhuma fé jamais conferiu maior ênfase à lamentação. Ela constitui o mais elevado mérito religioso, superior em muito a qualquer outra boa ação. Justifica-se, decerto, falar-se aqui em uma religião de lamentação.

Seu paroxismo, porém, esse tipo de massa não o atinge nos teatros, durante a encenação da paixão. Envolvendo meio milhão de pessoas, o "dia do sangue", nas ruas de Teerã, foi descrito por uma testemunha da forma como se segue. Dificilmente poder-se-á encontrar relato mais sinistro e contundente.

Tomadas pelo delírio, 500 mil pessoas cobrem a cabeça de cinzas e batem com a testa no chão. Desejam submeter-se ao martírio voluntário, querem matar-se em grupos e mutilar-se refinadamente. As procissões das corporações sucedem-se, uma atrás da outra. Como se compõem de pessoas que conservaram ainda um vestígio de razão — isto é, o instinto da autopreservação humana —, seus participantes apresentam-se vestidos normalmente.

Faz-se um grande silêncio; às centenas, surgem homens trajando camisas brancas, o rosto em êxtase voltado para o céu.

Destes homens, vários estarão mortos, muitos mutilados e desfigurados ao anoitecer, e suas camisas brancas, tingidas de vermelho, transformar-se-ão em mortalhas. Tais seres já não pertencem mais à terra. Suas camisas grosseiramente talhadas deixam à vista apenas o pescoço e as mãos — rostos de mártires, mãos de assassinos.

Sob gritos de encorajamento e contagiados por seu delírio, outros lhes entregam sabres. Sua excitação torna-se, então, assassina; eles giram em círculos sobre si mesmos e brandem sobre a cabeça as armas que lhes foram dadas. Seus gritos encobrem os da massa. Para suportar a dor, têm de mergulhar num estado de catalepsia. Com passos de autômatos, caminham para a frente, para trás, para os lados,

193

sem nenhuma ordem aparente. A cada passo, golpeiam compassadamente a própria cabeça com os sabres serrilhados. O sangue escorre. As camisas tingem-se de um vermelho-escarlate. A visão do sangue intensifica ao máximo a confusão em suas mentes. Alguns desses mártires voluntários desabam, brandindo seu sabre para todos os lados. De suas bocas seladas o sangue começa a escorrer. Em seu frenesi, acabaram por cortar veias e artérias, morrendo ali mesmo, antes que a polícia tenha tempo de transportá-los para um pronto-socorro, instalado atrás das portas fechadas de uma loja.

Insensível aos golpes dos policiais, a massa fecha-se sobre tais homens, acolhendo-os e arrastando-os para uma outra parte da cidade, onde o banho de sangue prossegue. Nem uma única pessoa preserva sua clareza mental. Os que não têm eles próprios coragem para derramar seu sangue oferecem coca aos outros, para fortalecê-los, incitando-os por meio desse expediente e de imprecações.

Mártires despem suas camisas, consideradas abençoadas, dando-as àqueles que levam consigo. Outros, que de início não se incluem entre as vítimas voluntárias, descobrem subitamente sua sede de sangue. Exigem armas, arrancam suas roupas e infligem-se ferimentos pelo corpo.

Por vezes, abre-se uma lacuna na procissão: um dos participantes cai no chão, exausto. A lacuna é prontamente preenchida; a massa fecha-se sobre o desafortunado, chuta-o com os pés e o pisoteia.

Não há destino mais belo do que morrer em plena ashura; os portais dos oito paraísos encontram-se escancarados para os santos, e todos buscam entrar.

Os soldados em serviço, aos quais cabe cuidar dos feridos e manter a ordem, são tomados pela excitação da massa. Livram-se de seu uniforme e mergulham eles próprios no banho de sangue.

O delírio toma conta das crianças também, até mesmo das bem pequenas: ao lado de uma fonte, uma mãe, inebriada de orgulho, aperta contra o peito o filho que acabou de mutilar-se; um outro chega correndo e gritando: arrancou fora um olho e, passados uns poucos instantes, arranca também o outro; os pais o contemplam enlevados.

CATOLICISMO E MASSA

Contemplando-se-lhe imparcialmente, chama a atenção no catolicismo uma certa *lentidão* e *tranquilidade*, aliadas a uma grande *amplidão*. Sua principal reivindicação — a de ter lugar para todos — está contida já em seu nome. Deseja-se que todos se convertam a ele, e, sob certas condições que não se podem tomar por duras, todos são aceitos. Preservou-se aí — no princípio, e não no processo da aceitação — um último vestígio de igualdade que contrasta curiosamente com a essência rigorosamente hierárquica do catolicismo.

Sua tranquilidade — que, ao lado da amplidão, exerce grande atração sobre muitos —, ele a deve à idade que tem e à aversão a tudo quanto apresenta o caráter violento da massa. A antiga desconfiança em relação à massa nunca mais abandonou o catolicismo, já a partir, talvez, dos primeiros movimentos heréticos dos montanistas, que, com resoluta falta de respeito, se voltaram contra os bispos. A periculosidade das súbitas erupções, a facilidade com que elas avançam, sua rapidez e imprevisibilidade, mas, acima de tudo, a *supressão das distâncias*, entre as quais há que se incluir em especial medida as distâncias da hierarquia eclesiástica — tudo isso fez com que, logo cedo, a Igreja visse na massa aberta seu principal inimigo, a ela se opondo de todas as formas possíveis.

Todo o teor de sua crença, bem como todas as formas práticas assumidas por sua organização, apresentam-se matizadas por essa percepção inabalável. Até hoje, jamais houve um Estado na face da terra que soubesse se defender da massa de tantas e tão variadas formas. Comparados à Igreja, todos os detentores de poder parecem pobres amadores.

Há que se pensar aí sobretudo no próprio culto, que atua da forma mais imediata sobre os fiéis reunidos. Este é de uma lentidão e gravidade insuperáveis. Os movimentos dos padres, em seus hábitos pesados e rígidos; o comedimento de seus passos, o alongamento de suas palavras — tudo isso lembra um pouco um lamento fúnebre infinitamente diluído, distribuído com tamanha regularidade pelos séculos que quase nada restou da subtaneidade da morte, da violência da dor: o desenvolvimento temporal da lamentação é *mumificado*.

A união entre os próprios fiéis é obstruída de várias formas. Eles não pregam uns para os outros; a palavra de um simples fiel não se reveste de nenhuma santidade. Tudo o que ele espera, o que quer que venha a libertá-lo da múltipla pressão que sobre ele pesa provém de cima; ele nem sequer *entende* aquilo que não lhe é explicado. A palavra sagrada lhe é ministrada já mastigada e dosada; precisamente por ser sagrada, ela é *protegida* dele. Até os pecados pertencem aos padres, aos quais ele tem de confessá-los. Não constitui alívio algum para ele revelá-los a outros fiéis comuns, nem tampouco é-lhe lícito guardá-los para si. Para todas as questões morais e mais profundas, ele dispõe apenas do clero; em troca da vida medianamente satisfatória que este lhe possibilita, o fiel entrega-se por inteiro a ele.

Mesmo o modo como a comunhão é ministrada, porém, em vez de uni-los prontamente, aparta o fiel dos demais que a recebem conjuntamente com ele. Aquele que comunga recebe sozinho um tesouro precioso, assim como sozinho o aguarda e sozinho deve protegê-lo. Quem quer que tenha contemplado a fileira dos que se preparam para a comunhão não pode deixar de notar em que grande medida cada um se ocupa exclusivamente de si mesmo. A pessoa que está na sua frente ou atrás de si importa-lhe ainda menos do que aqueles com quem ele está em contato na vida cotidiana, e sua vinculação com estes é já tênue o suficiente. A comunhão une aquele que a recebe à Igreja, que é invisível e ostenta portentosas dimensões; ela o arrebata dos presentes. Os comungantes entre si sentem-se em tão pouca medida um corpo único quanto um grupo de pessoas que encontrou um tesouro e acaba de reparti-lo.

Na natureza desse acontecimento, de tão central importância para sua crença, a Igreja revela seu cuidado em relação a tudo o que lembre a massa. Ela enfraquece e atenua a coletividade das pessoas efetivamente presentes e coloca em seu lugar uma coletividade misteriosa e distante, coletividade esta que é superpoderosa, que não necessita incondicionalmente do fiel e que, em vida, jamais suprime realmente a fronteira que o separa dela. A massa que o catolicismo admite e para a qual sempre aponta — a dos anjos e bem-aventurados — é não apenas deslocada para um distante além, e, já por isso, por seu caráter remoto, tornada inofensiva e apartada da esfera da contaminação imediata; ela é também, em si própria, de uma serenidade e tranquilidade exemplares. Não se imagina que os bem-aventurados façam muita coisa; sua serenidade lembra a de uma procissão. Eles passeiam, cantam, louvam e sentem sua felicidade. Comportam-se todos de maneira semelhante; não há como ignorar uma certa uniformidade de seu destino; jamais se tentou ocultar ou perturbar a profunda uniformidade de sua conduta. Eles são muitos, estão bem juntos um do outro e encontram-se impregnados da mesma bem-aventurança. Com isso, porém, estão já enumeradas todas as suas características de massa. Eles se tornam *mais*, mas tão lentamente, que não se nota: jamais se fala do número crescente dos bem-aventurados. Tampouco têm eles uma direção. Seu estado é definitivo. A corte que compõem é imutável. Não querem ir a lugar algum e não mais esperam por coisa alguma. Essa é, decerto, a forma mais branda e inofensiva de massa que se pode conceber. Talvez estejam no limite daquilo que se pode ainda chamar de massa; na verdade, tem-se aí precisamente a fronteira da massa — um coro reunido, a cantar canções belas, mas não demasiado excitantes; tem-se aí a condição do eleito como um estado, *posterior* a todos os atos que comprovam seu mérito e de duração eterna. Não fosse a durabilidade, de tudo quanto o homem anseia, o mais difícil de se atingir, seria difícil compreender do que, verdadeiramente, se compõe a força de atração dos bem-aventurados, na qualidade de massa.

As coisas aqui na terra não são tão serenas quanto o são entre os bem-aventurados, mas o que quer que a Igreja tenha a mostrar, ela o mostra *lentamente*. As procissões são um exemplo impressionante disso. Elas devem ser vistas pelo maior número possível de pessoas, e seu movimento atende a esse propósito: ele se assemelha a um suave empurrar. Tal movimento congrega os fiéis roçando-lhes paulatinamente, e sem incitá-los a um movimento maior, a não ser o do ajoelhar-se para a prece ou o do juntar-se à procissão no local apropriado, bem ao final do cortejo, sem jamais pensar ou desejar passar na frente.

A procissão sempre oferece uma imagem da hierarquia eclesiástica. Cada um avança vestido de toda a sua dignidade e é reconhecido e designado pelos demais como aquilo que representa. Espera-se a bênção daquele que tem o direito de concedê-la. Já essa hierarquização da procissão inibe no espectador o aproximar-se de um estado semelhante ao da massa. Muitos níveis de contemplação o retêm simultaneamente; qualquer equiparação entre eles, qualquer transformação dos diversos níveis em um único está excluída. O espectador adulto jamais verá a si próprio como o padre ou o bispo. Estes permanecem sempre apartados dele, que invariavelmente os coloca acima de si mesmo. Mas, quanto maior a sua devoção, tanto mais tenderá ele a demonstrar-lhes — a eles, tão superiores e tão mais santos que ele — sua veneração. É precisamente isso, e nada mais, que a procissão pretende: ela quer conduzir a uma *veneração* conjunta por parte dos fiéis. Uma comunhão maior nem sequer é desejada, pois poderia levar a erupções sentimentais e a atividades não mais controláveis. A própria veneração é também graduada: na medida em que, ao longo da procissão, ela aumenta de grau em grau — graus estes todos conhecidos, esperados e permanentes —, retiram-se-lhe os espinhos da subtaneidade. A veneração aumenta de maneira suave e inequívoca como a maré, alcança seu apogeu e, então, torna a refluir lentamente.

Considerando-se a importância para a Igreja de todas as

formas de organização, não é de se admirar que ela apresente um abundante número de cristais de massa. Em nenhuma outra parte, talvez, a função destes se deixa estudar tão bem quanto aí; não se há de esquecer, contudo, que também eles servem à orientação geral da Igreja, que é a de evitar ou, mais propriamente, retardar a formação de massas.

Desses cristais de massa fazem parte os mosteiros e as ordens. Eles contêm os verdadeiros cristãos, os que vivem para a obediência, a pobreza e a castidade. Servem, ademais, para continuamente exibir aos outros — aos muitos que, embora sejam chamados de cristãos, não são capazes de viver como tais — cristãos que efetivamente o são. Seu traje constitui o instrumento isolado mais importante para tanto. Ele significa renúncia e desprendimento em relação à habitual união familiar.

A função de tais cristais de massa modifica-se inteiramente em épocas de perigo. Nem sempre a Igreja pode permitir-se sustentar seu nobre retraimento, sua aversão à massa aberta, a proibição que impôs à sua formação. Há épocas nas quais inimigos externos a ameaçam, ou nas quais a apostasia propaga-se tão rapidamente que só se pode combatê-la com os meios oferecidos pela própria epidemia. Em épocas assim, a Igreja vê-se obrigada a contrapor massas próprias às inimigas. Os monges transformam-se então em agitadores a atravessar o país pregando e convocando os homens a uma atividade que, em geral, prefere-se evitar. O exemplo mais grandioso de uma tal formação consciente de massas por parte da Igreja é o das Cruzadas.

O FOGO SAGRADO EM JERUSALÉM

A festa grega da semana santa em Jerusalém culmina num acontecimento de natureza inteiramente inusual. No sábado de aleluia, na igreja do Santo Sepulcro, o fogo sagrado desce do céu para a terra. Milhares de peregrinos do mundo todo encontram-se reunidos para acender suas velas na chama sagrada, tão logo ela se lança para fora do túmulo do Redentor. O fogo em si é considerado inofensivo; os fiéis estão convencidos de que ele não lhes pode fazer mal algum. Mas a luta para consegui-lo já custou a vida a alguns peregrinos.

Numa viagem em 1853, *Stanley*, que mais tarde tornou-se deão de Westminster, participou da festa da Páscoa na igreja do Santo Sepulcro, dela nos dando uma detalhada descrição.

A capela que contém o Santo Sepulcro situa-se no centro da igreja. Em dois grandes círculos, isolados por duas fileiras de soldados, os fiéis, apertados bem junto uns dos outros, reúnem-se ao redor da tumba. Soldados turcos mantêm desimpedida a faixa que separa esses círculos. Lá em cima, nas galerias, ficam sentados os espectadores. Estamos na manhã do sábado de aleluia e, por enquanto, está tudo calmo. Nada prenuncia os acontecimentos que se seguirão. Dois ou três peregrinos seguram-se firmemente à abertura na parede da capela do Sepulcro.

Por volta do meio-dia, um confuso amontoado de cristãos árabes irrompe pela faixa mantida livre, circundando-a tresloucadamente até serem presos pelos soldados. Os árabes parecem acreditar que, se não correrem uma ou duas vezes em torno do sepulcro, o fogo não virá. Por duas horas têm lugar, então, esses saltos de júbilo em torno da tumba. Vinte, trinta, cinquenta homens põem-se subitamente a correr e se agarrar; erguem um deles sobre seus ombros ou cabeças e lançam-se adiante carregando-o, até que ele salta para o chão e um outro o sucede. Alguns vestem peles de carneiro; outros estão quase nus. Em geral, um deles vai à frente, na condição de porta-voz. Ele bate palmas, os outros fazem o mesmo e gritam desvairadamente: "Esta é a tumba de Jesus Cristo. Deus proteja o sultão. Jesus Cristo nos salvou". O que começou em pequenos grupos, logo se intensifica, até que, por fim, toda a faixa circular entre os soldados é tomada por uma corrida, um turbilhão, uma torrente avassaladora de criaturas frenéticas. Paulatinamente, o frenesi esmorece, ou é reprimido. A passagem é liberada e, provinda da igreja grega, uma longa procissão se aproxima e circunda o sepulcro com suas bandeiras bordadas.

A partir desse momento, a excitação, que até então se restringira aos corredores e dançarinos, faz-se generalizada. As duas enormes massas de peregrinos separadas pelos soldados mantêm-se ainda em seus lugares, mas irrompem todos juntos numa desvairada série de gritos por entre os quais se ouvem, de tempos em tempos — o que soa assaz estranho —, os cantos da procissão. Esta circunda por três vezes o sepulcro. Na terceira vez, ambas as fileiras de soldados turcos se unem, juntando-se ao final do cortejo. Num *único* e grande movimento, a massa oscila de um lado para o outro. Aproxima-se o ponto culminante do dia. A presença dos turcos descrentes, acredita-se, impede a descida do fogo, e é chegado o momento de expulsá-los da igreja. Eles se deixam expulsar, e uma confusão que lembra batalha e vitória toma conta da igreja. De todas as direções, o povo delirante precipita-se sobre as tropas, que batem em retirada pelo canto sudeste da igreja — a procissão é interrompida, as bandeiras tremulam e oscilam.

Em meio a uma pequena, mas compacta multidão de pessoas, o bispo de Petra — que é agora o "bispo do fogo" e representa o patriarca — é trazido rapidamente para a capela do Sepulcro, e a porta é fechada após sua passagem. A igreja toda é agora um único mar de cabeças a ressoar retumbante. Um único pedaço dela permanece desimpedido: uma estreita passagem conduz desde a abertura na face norte da capela até o muro da igreja. Junto à abertura encontra-se postado um padre, para apanhar o fogo. De ambos os lados da passagem, até onde a vista alcança, centenas de braços nus estendem-se feito os galhos de uma floresta a estremecer sob violenta tempestade.

Em épocas passadas e mais ousadas, uma pomba aparecia nesse momento sobre a cúpula da capela, tornando visível a descida do Espírito Santo. Tal aparição caiu em desuso, mas a crença na descida segue existindo, e é somente quando se sabe disso que se pode compreender totalmente a intensificada excitação dos momentos que se seguem. Uma clara chama, como a da madeira a queimar, aparece no interior da abertura — chama esta que, como todo grego culto sabe e admite, é acendida pelo bispo no interior da capela. Os peregrinos todos, porém, acreditam que se trata da luz da descida de Deus ao Santo Sepulcro. Tudo se confunde, então, na excitação geral que impregna a igreja; mais nenhum detalhe ou acontecimento deixa-se apreender com nitidez. Lenta e paulatinamente, o fogo se propaga pela imensa multidão, de mão em mão, de vela em vela, até que, finalmente, toda a edificação, desde as galerias até embaixo, compõe uma única e ampla fogueira de milhares de velas a arder.

Esse é o momento no qual, nos ombros do povo, o bispo ou patriarca é carregado em triunfo para fora da capela, quase desfalecido, para causar a impressão de que o sobrepujou a glória do Todo-Poderoso, em cuja presença acabara de estar.

Tem início, então, uma grande investida, tendo por objetivo escapar ao calor sufocante e levar para as ruas e casas de Jerusalém as velas acesas. As pessoas comprimem-se para fora da única porta da igreja; o aperto é, por vezes, tão grande que conduz a desgraças como a de 1834, quando custou a vida a centenas de pessoas. Por um breve período de tempo, os peregrinos seguem ainda correndo para lá e para cá, esfregando o rosto e o peito no fogo, a fim de comprovar-lhe o caráter inofensivo no qual acreditam. O entusiasmo selvagem termina, porém, com a transmissão do fogo. O rápido e completo declínio de um frenesi de tamanha intensidade não constitui a porção menos impressionante do espetáculo. A agitação furiosa da manhã encontra-se em singular oposição com a profunda calma da noite, quando a igreja volta a encher-se e recobrir-se de uma única massa de peregrinos, agora a dormir profundamente. Assim aguardam eles pela missa da meia-noite.

Também a grande desgraça de 1834 teve um inglês por testemunha: *Robert Curzon*. Seu relato da catástrofe é de uma terrível vivacidade. Seguem-se seus trechos essenciais.

À meia-noite da sexta-feira santa, Curzon foi-se com seus amigos para a igreja do Santo Sepulcro, a fim de assistir à procissão dos gregos. Cada janela, cada canto, cada cubículo capaz de abrigar o pé de um ser vivo parecia estar repleto de gente, à exceção da galeria, que fora reservada para Ibrahim Pascha — o governador turco de Jerusalém — e seus convidados ingleses. Conta-se que havia 17 mil peregrinos na cidade, e quase todos tinham vindo para ver o fogo sagrado.

Na manhã seguinte, soldados abriram um caminho em meio à multidão para Ibrahim Pascha, que foi recebido com uma espécie de procissão maluca e acomodou-se na galeria.

As pessoas foram se tornando, então, paulatinamente desvairadas. Haviam passado a noite toda em pé, em meio àquela massa, e estavam exaustas. Ao aproximar-se a hora da exibição do fogo sagrado, não podiam mais conter-se de alegria. Sua excitação aumentou. Por volta da uma hora, chegou uma grandiosa procissão, provinda da capela dos gregos. Conduziram o patriarca três vezes ao redor do Sepulcro. Este despiu, então, seus paramentos, feitos de tecido bordado com prata, e entrou na tumba, cuja porta foi fechada. A excitação dos peregrinos atingira seu ápice, e eles soltavam gritos estridentes. A densa massa de homens oscilava de um lado para o outro, qual um trigal ao vento.

Por um buraco redondo, o fogo sagrado é retirado para um ponto da capela do Sepulcro. O homem que pagara a soma mais alta por essa honra foi conduzido ao local por uma tropa de soldados. Por um instante, fez-se silêncio; da tumba surgiu então uma luz, e o feliz peregrino recebeu do patriarca, que estava lá dentro, o fogo sagrado. Este consistia em um feixe de velas delgadas acesas. As velas encontravam-se presas a uma moldura de ferro; pretendia-se evitar com isso que a multidão as arrebatasse, apartando--as e apagando-as. E isso porque uma furiosa batalha teve início de imediato. Cada um estava imbuído de tamanho ardor por obter o fogo sagrado que alguns, na tentativa de acender suas próprias velas, acabavam por apagar a de seu vizinho.

Essa foi a cerimônia toda: nenhum sermão, nenhuma reza, alguma cantoria durante a procissão. Logo podiam-se ver as luzes multiplicando-se em todas as direções; todos haviam acendido suas velas na chama sagrada; as capelas, galerias, cada canto onde era possível exibir uma vela — tudo refulgia num mar de luz. Em seu frenesi, as pessoas metiam no rosto, nas mãos e no peito os maços de velas acesas, a fim de purificar-se de seus pecados.

Logo a fumaça das velas obscureceu tudo; eu a via evadir-se em grandes nuvens pela abertura no centro da cúpula, lá no alto. Imperava um odor pavoroso. Três desafortunados, vítimas do calor e do péssimo ar, despencaram das galerias superiores, arrebentando-se contra as cabeças das pessoas lá embaixo. Uma pobre mulher armênia, de dezessete anos de idade, morreu sentada, de calor, sede e esgotamento.

Por fim, depois de vermos tudo o que havia para ver, Ibrahim Pascha levantou-se e saiu. Com violência, seus numerosos guardas abriram-lhe caminho por entre a densa massa de homens que lotava a igreja. Tal massa era gigantesca, razão pela qual esperamos um pouco até tomarmos todos juntos o caminho de volta rumo a nosso mosteiro. Eu fui na frente; atrás de mim vinham meus amigos; os soldados nos abriram caminho pela igreja. Eu havia atingido o local onde Nossa Senhora estivera postada durante a crucificação, quando vi um certo número de pessoas jazendo no chão, em toda a minha volta e, tanto quanto pude perceber, até a porta. Procurei avançar o melhor que pude por entre elas, até o ponto em que jaziam tão juntas uma da outra que pisei, de fato, num grande amontoado de corpos. Somente então ocorreu-me, de súbito, que estavam todas mortas. Não o percebera de início; pensei apenas que os esforços ao longo da cerimônia as havia debilitado tanto que se haviam deitado ali para descansar. Ao me aproximar, porém, do amontoado maior, olhei para baixo e notei lhes a expressão facial rígida e dura, que não dava margem a dúvidas. Alguns rostos apresentavam-se totalmente pretos, em consequência do sufocamento, e, mais adiante, outros jaziam ensanguentados e cobertos dos miolos e tripas daqueles que haviam sido pisoteados e despedaçados pela massa.

Nessa parte da igreja, não havia mais nenhuma massa viva; um pouco adiante, contudo, na virada rumo à entrada principal, as pessoas seguiam ainda comprimindo-se para a frente em seu pânico, cada um fazendo o máximo possível para escapar. Do lado de fora, os guardas, assustados com a afluência de pessoas provindas do interior da igreja, julgaram que os cristãos pretendiam atacá-los, e a confusão logo se transformou numa batalha. Com suas baionetas, os soldados mataram muitos pobres-diabos já à beira de sucumbir; as paredes ficaram salpicadas do sangue e dos miolos dos homens mortos feito gado pelas coronhas dos soldados. Cada um buscava defender-se ou salvar-se. Todos quantos caíam em plena luta eram imediatamente pisoteados até a morte pelos demais. O combate fez-se tão selvagem e desesperado que até mesmo os peregrinos, assustados e em pânico, pareciam, por fim, mais preocupados em destruir os outros do que em salvar-se a si próprios.

Tão logo percebi o perigo, gritei para meus companheiros que voltassem, o que eles, de fato, fizeram. Eu próprio, porém, fui compelido adiante pela multidão, até próximo da porta, onde todos lutavam por suas vidas. Ali, vi que certamente morreria e envidei todos os esforços para conseguir retroceder. Tão alarmado quanto eu, um oficial de Pascha — pela estrela, podia-se ver que era coronel — buscava também retroceder. Ele me agarrou pela roupa e puxou-me para baixo, sobre o corpo de um homem idoso, já em via de dar seu último suspiro. O oficial empurrava-me para baixo e, munidos da coragem de que nos dota o desespero, lutamos um contra o outro, em meio a moribundos e mortos. Lutei com esse homem até derrubá-lo. Consegui, então, pôr-me novamente de pé. — Mais tarde, descobri que ele jamais tornou a levantar-se.

Por um momento, permaneci em meio à contenda, sobre o desconfortável chão de cadáveres e mantido em pé pela densa massa que se comprimia naquela estreita porção da igreja. Durante alguns instantes, ficamos todos quietos. De súbito, então, a massa começou a oscilar. Um grito ecoou; a massa abriu-se, e eu me vi postado no meio de uma fileira de homens, tendo diante de mim uma outra fileira, todos pálidos e medonhos, com roupas rasgadas e ensanguentadas. Ali ficamos nós, encarando-nos fixamente. Logo, um repentino impulso apoderou-se de nós, e, com um grito que ecoou pelas compridas naves da igreja do Santo Sepulcro, ambas as fileiras rivais lançaram-se uma sobre a outra. Não tardou muito para que eu agarrasse um homem semidespido, cuja perna se apresentava suja de sangue, e me atracasse com ele. A massa voltou a seu estado anterior; lutando desesperadamente e mediante um duro combate, logrei recuar para o interior da igreja, onde encontrei meus amigos. Conseguimos alcançar a sacristia dos católicos e, a partir dali, o local que os monges nos haviam destinado. À entrada da sacristia, tivemos ainda de enfrentar um furioso combate com uma multidão de peregrinos que procuravam projetar-se conosco para o seu interior. Agradeço a Deus por minha salvação, que se deu por um triz.

Os mortos jaziam em amontoados; vi bem uns quatrocentos desafortunados, entre mortos e vivos, todos confusamente amontoados; em alguns pontos, os montes tinham mais de um metro e meio. Ibrahim Pascha deixara a igreja apenas uns poucos minutos antes de nós, escapando com vida também por um triz. A massa o apertara por todos os lados; alguns o atacaram. Somente graças ao grande empenho de seu séquito — e vários de seus homens foram mortos —, lograra ele alcançar o pátio externo. Durante o combate, desmaiara mais de uma vez; sua gente teve de abrir caminho para ele a golpes de sabre por entre a densa massa de peregrinos. Uma vez lá fora, Pascha ordenou a remoção dos corpos e mandou sua gente retirar dos amontoados de mortos os corpos daqueles que pareciam ainda estar vivos.

Depois da terrível catástrofe na igreja do Santo Sepulcro, o exército de peregrinos em Jerusalém foi tomado pelo pânico, cada um buscando fugir da cidade o mais rápido possível. Circulava um boato de que a peste grassava. Juntamente com os demais, tomamos as providências para nossa partida.

A fim de compreender o que se passou aí, é necessário fazer uma distinção entre o curso regular das festas da Páscoa e esse pânico do ano de 1834, do qual Curzon foi testemunha.

Trata-se da festa da ressurreição. A malta de lamentação que se formou em torno da morte de Cristo e de sua tumba transforma-se numa malta de vitória. A ressurreição é a vitória, e como tal ela é festejada. O fogo atua aí como um símbolo de massa da vitória. Ele deve comunicar-se a todos, a fim de que a alma de cada um participe dessa ressurreição. Cada um precisa, por assim dizer, transformar-se no mesmo fogo que provém do Espírito Santo; faz, pois, sentido que todos acendam nele suas velas. Da igreja leva-se, então, o precioso fogo para casa.

O engodo relativo à maneira como o fogo se origina é irrelevante. Essencial é a transformação da malta de lamentação numa malta da vitória. As pessoas participam da morte do Redentor na medida em que se reúnem ao redor de sua tumba. Acendendo, contudo, suas velas no fogo pascal que se projeta para fora do sepulcro, participam também de sua ressurreição. Bastante bela e significativa é a multiplicação das luzes: o modo pelo qual, de uma *única*, fazem-se repentinamente milhares de luzes. A massa dessas luzes é a massa daqueles que irão viver, porque creem. Ela nasce a uma velocidade gigantesca — tão velozmente quanto apenas o fogo é capaz de alastrar-se. Este último é o melhor símbolo para a subtaneidade e a velocidade com que a massa se forma.

Mas, antes que isso aconteça, antes que o fogo nasça realmente, tem-se de lutar por isso. Os descrentes soldados turcos, presentes na igreja, precisam ser expulsos; enquanto estiverem ali, o fogo não pode aparecer. Sua retirada faz parte do ritual da festa, e seu momento chega depois da procissão dos dignitários gregos. Os turcos encaminham-se para a saída, mas os crentes também os empurram, como se eles os tivessem expulsado, e um tumulto de batalha e vitória passa de súbito a imperar na igreja.

A cerimônia principia com duas massas estanques separadas por soldados. Pequenas maltas rítmicas formadas por cristãos árabes movimentam-se entre elas, estimulando-as. Essas maltas frenéticas e fanáticas atuam como *cristais de massa* e contagiam com sua excitação aqueles que aguardam pelo fogo. Começa, então, a procissão dos dignitários, uma massa lenta que, no entanto, nessa ocasião, atinge sua meta mais rapidamente do que nunca: o patriarca semidesfalecido, que posteriormente ao acendimento do fogo é carregado, é testemunha viva disso.

O pânico de 1834 deriva com terrível coerência da luta, um elemento que faz parte da cerimônia. O perigo do pânico diante do fogo num espaço fechado é sempre grande. Aqui, porém, ele é reforçado pela oposição entre os descrentes, inicialmente presentes na igreja, e os crentes que desejam expulsá-los. A descrição de Curzon é rica em detalhes que clarificam esse aspecto do pânico. Em um de seus muitos momentos aparentemente absurdos e sem sentido, Curzon, em meio a uma fileira de homens, se vê subitamente defronte de uma outra fileira, esta inimiga. Ambas se lançam uma sobre a outra e, sem saber quem pertence a um lado ou ao outro, travam uma luta de vida ou morte. Curzon fala ainda dos amontoados de cadáveres sobre os quais se pisa e se busca a salvação. A igreja do Santo Sepulcro transformou-se num campo de batalha. Mortos e vivos jazem juntos e empilhados em muitos montes. A ressurreição converteu-se em seu oposto — numa derrota de todos. A imagem de um amontoado ainda maior de mortos — a ideia da peste — apodera-se dos peregrinos, e todos fogem da cidade do Santo Sepulcro.

MASSA E HISTÓRIA

OS SÍMBOLOS DE MASSA DAS NAÇÕES

As tentativas de se chegar ao âmago das nações padeceram em sua maioria de um erro fundamental. Buscaram-se definições do nacional em si; uma nação é isso ou aquilo, dizia-se. Vivia-se na crença de que o importante seria encontrar a definição certa. Uma vez encontrada, ela se deixaria aplicar uniformemente a todas as nações. Tomava-se a língua ou o território, a literatura escrita, a história, o governo, o assim chamado sentimento nacional, mas, invariavelmente, as exceções revelavam-se mais importantes do que a regra. Sempre se descobria que se havia apanhado algo vivo na cauda solta de um manto casual; este, porém, desvencilhava-se com facilidade, e ficava-se de mãos vazias.

Paralelamente a esse método objetivo, havia um outro, ingênuo, que se interessava apenas por uma única nação — a sua própria —, todas as demais sendo-lhe indiferentes. Tal método consistia em uma inabalável reivindicação de superioridade, a partir de visões proféticas acerca da própria grandeza, de uma mescla singular de pretensões morais e animais. Não se creia, contudo, que essas ideologias nacionais efetivamente possuem todas o mesmo aspecto. O que as iguala é tão só seu apetite e reivindicação inoportunas. Elas *querem*, talvez, a mesma coisa, mas não *são* a mesma coisa. Querem engrandecer-se, e embasam esse engrandecimento na multiplicação. Aparentemente, a terra inteira foi prometida a cada uma delas, e acabará pertencendo naturalmente a cada uma delas. Todas as demais, ao ouvi-lo, sentem-se ameaçadas e, em seu medo, veem apenas a ameaça. Assim sendo, não se nota que o conteúdo concreto, que as verdadeiras ideologias dessas pretensões nacionais são bastante diversas. Necessário é dar-se ao trabalho de — sem compartilhar de sua cobiça — determinar o que é singular em cada nação. É preciso pôr-se à parte, não se estar à mercê de qualquer uma delas, mas interessar-se honesta e profundamente por todas. Há que se absorvê-las espiritualmente como se se estivesse condenado a, de fato, pertencer-lhes por boa parte da vida. Mas não se pode pertencer a uma única, a esta entregando-se à custa de todas as demais.

E isso porque é inútil falar-se em nações se não sejam definidas em suas diferenças. Elas empreendem longas guerras umas contra as outras. Uma porção bastante grande dos membros de cada nação participa de tais guerras. Discute-se com frequência por que razão elas lutam. Contudo, *na qualidade de que* elas o fazem, isso ninguém sabe. Têm um nome para isso: lutam, dizem, na qualidade de franceses, alemães, ingleses, japoneses. Mas o que significam essas palavras para aquele que as emprega em relação a si próprio? Em que *acredita* ele ser diferente, quando parte para a guerra como francês, alemão, inglês, japonês? Não importa tanto aí em que ele de fato é diferente. Uma investigação de seus usos e costumes, de seu governo e de sua literatura poderia parecer minuciosa e, no entanto, passar inteiramente ao largo desse elemento nacional específico que está presente na condição de *crença* quando ele vai à guerra.

As nações, portanto, deverão ser encaradas aqui como se fossem *religiões*. E elas de fato têm a tendência a, de tempos em tempos, assumir essa forma. A disposição para tanto está sempre presente; nas guerras, as religiões nacionais se aguçam.

Pode-se supor, em princípio, que o membro de uma nação *não* se vê *sozinho*. Tão logo ele é designado ou se autodesigna como tal, algo mais abrangente penetra-lhe a imaginação, uma unidade mais ampla à qual ele se sente ligado. A natureza dessa unidade não é desimportante, assim como tampouco o é sua ligação com ela. Não se trata simplesmente da unidade geográfica de seu país, conforme se pode encontrá-la no mapa; esta é indiferente ao homem normal. As fronteiras podem ter seu interesse para ele, mas não a área total e propriamente dita de um

211

país. Tampouco pensa ele em sua língua, conforme se poderia confrontá-la, definida e reconhecível, com as dos outros. Por certo, as palavras que lhe são familiares exercem um grande efeito sobre ele em tempos agitados. Mas o que ele tem atrás de si, aquilo pelo qual está pronto a lutar, não é um dicionário. Significado ainda menor tem para o homem normal a história de sua nação. Ele não conhece nem o seu verdadeiro curso nem a plenitude de sua continuidade; não conhece a vida, como ela era no passado, e sabe somente uns poucos nomes daqueles que viveram antes dele. As figuras e os momentos que lhe penetraram a consciência estão além de tudo o que o historiador metódico entende por história.

A unidade mais ampla à qual ele se sente ligado é sempre uma *massa* ou um *símbolo de* massa. Tal unidade sempre possui alguns dos traços característicos das massas ou de seus símbolos: a densidade, o crescimento e a abertura para o infinito, a coesão surpreendente ou assaz notável, o ritmo comum e a descarga súbita. Muitos desses símbolos já foram abordados aqui. Falou-se já no mar, na floresta, no trigo. Seria supérfluo repetir-lhes as propriedades e funções, de que forma selaram seu destino como símbolo de massa. Reencontrar-se-ão esses símbolos nas ideias e sentimentos que as nações possuem em relação a si próprias. Contudo, eles jamais figuram cruamente, jamais aparecem *sozinhos*: o membro de uma nação vê-se sempre, travestido à *sua* maneira, em contato permanente com um determinado símbolo de massa que se tenha feito o mais importante para sua nação. No retorno regular deste, em seu aparecimento quando o momento o exige, reside a continuidade do sentimento nacional. É juntamente com ele, e somente com ele, que a autoconsciência de uma nação se modifica. Esse símbolo é mais mutável do que se pensa, podendo-se extrair daí alguma esperança de que a humanidade siga existindo.

Intentar-se-á a seguir contemplar algumas poucas nações tendo em vista os seus símbolos. A fim de evitarmos a parcialidade, transportemo-nos para vinte anos atrás. Naturalmente, trata-se aqui — e nunca é demais enfatizá-lo — de uma redução a características bastante simples e genéricas, as quais pouco têm a dizer acerca do ser humano como indivíduo.

OS INGLESES

É aconselhável começar-se pela contemplação de uma nação que pouco alardeia acerca de si própria e que, no entanto, indubitavelmente segue ostentando sempre o mais estável sentimento nacional que o mundo de hoje conhece: a Inglaterra. Todos sabem o que o *mar* significa para o inglês. Muito pouco conhecido é, porém, exatamente de que forma seu muito discutido individualismo e sua relação com o mar se inter-relacionam. O inglês vê-se a si próprio como um *capitão* a bordo de um navio, juntamente com um pequeno grupo de homens — *a seu redor e sob seus pés, o mar*. Está quase sozinho; mesmo na qualidade de capitão, encontra-se isolado da tripulação em muitos aspectos.

O mar, contudo, é *dominado* — e essa ideia é decisiva. Sobre sua gigantesca superfície, os navios são solitários qual indivíduos isolados, cada um personificado na figura de seu capitão; o absoluto poder de comando deste é incontestável. O curso que ele toma é a ordem que dá ao mar, e somente o cumprimento mediado dessa ordem pela tripulação dissimula o fato de que é, na verdade, o mar que tem de obedecer. O capitão determina a meta, e o mar, à sua maneira viva, o carrega para lá, não sem tempestades e outras reações. Dada a grandeza do oceano, o que importa é a quem ele obedece com maior frequência. Sua obediência é facilitada se a meta é uma colônia inglesa. O mar é, então, como um cavalo que conhece bem o seu caminho. Os navios dos outros parecem-se mais com cavaleiros ocasionais, aos quais se emprestou o cavalo — mas apenas para, mais tarde, de volta às mãos de seu senhor, ele cavalgar muito melhor. O mar é tão grande, que importa também o *número* de navios com os quais é embridado.

No que se refere a seu caráter, há que se considerar a quantas e quão apaixonadas transformações o mar está sujeito. Em suas metamorfoses, há mais variedade do que em todas as massas de animais com as quais os homens geralmente lidam; e, comparadas ao mar, quão inofensivas e estáveis são as florestas do caçador e as terras do camponês. O inglês busca suas catástrofes no mar. Seus mortos, ele tem sempre de imaginá-los no fundo do mar. Este oferece-lhe, assim, as metamorfoses e o perigo.

Sua vida em casa, o inglês a configura complementarmente ao mar: a uniformidade e a segurança são seus traços essenciais. Cada um tem seu lugar, o qual não deve ser abandonado por metamorfose alguma, a não ser que se vá para o mar; e todos estão seguros tanto de seus costumes quanto de suas posses.

OS HOLANDESES

O significado dos símbolos nacionais de massa se deixa divisar com particular clareza no contraste entre ingleses e holandeses. Ambos esses povos são aparentados em sua origem; suas línguas são parecidas e seu desenvolvimento religioso, quase idêntico. Os dois constituem nações de navegadores e fundaram impérios marítimos mundiais. O destino de um capitão holandês em busca de descobertas comerciais não se diferenciava em nada do de um inglês. As guerras que lutaram entre si foram guerras entre rivais intimamente aparentados. E, no entanto, há uma diferença entre eles que, embora possa parecer insignificante, é decisiva. Tal diferença diz respeito a seus símbolos nacionais de massa.

Os ingleses conquistaram sua ilha, mas não a arrebataram ao mar. O inglês subjuga o mar unicamente por meio de seus navios; o capitão é o comandante do mar. O holandês teve *primeiro de arrancar do mar* a terra que habita. Ela jazia tão no fundo que ele precisou protegê-la do mar por meio de diques. O dique é o princípio e o fim de sua vida nacional. *A massa dos homens equipara-se ao dique*; juntos, eles se opõem ao mar. Se os diques são danificados, o país inteiro está em perigo. Em épocas de crise, eles são traspassados; em ilhas artificiais, os holandeses protegem-se do inimigo. Em parte alguma desenvolveu-se tanto quanto ali o sentimento de uma parede humana a contrapor-se ao mar. Na paz, confia-se nos diques; mas se, diante do inimigo, tem-se de destruí-los, sua força transmite-se aos homens, que, passada a guerra, irão reerguê-los. Em sua mente, o dique se conserva até que possa fazer-se novamente realidade. Em tempos de sério perigo, os holandeses, de um modo notável e inconfundível, carregam *dentro de si* as fronteiras que os separam do mar.

Nas vezes em que os ingleses foram atacados em sua ilha, eles confiaram no mar: com suas tempestades, ele veio em seu auxílio contra os inimigos. Em sua ilha estavam seguros, e a mesma segurança sentiam todos em seus navios. O holandês sempre teve o perigo às suas costas. Para ele, o mar nunca foi totalmente subjugado. É certo que por ele velejou até os confins do mundo, mas, em casa, o mar podia voltar-se contra ele; e, em casos extremos, teve ele próprio de fazer de tudo para voltá-lo contra si, a fim de deter o inimigo.

OS ALEMÃES

O símbolo de massa dos alemães era o *exército*. O exército, porém, era mais do que um exército: era a *floresta em marcha*. Em nenhum país moderno do mundo o sentimento pela floresta manteve-se tão vivo quanto na Alemanha. O caráter rígido e paralelo das árvores eretas, sua densidade e seu número impregnam o coração do alemão de profunda e misteriosa alegria. Ainda hoje ele gosta de visitar a floresta na qual seus antepassados viveram, e sente-se em harmonia com as árvores.

A pureza e o isolamento das árvores umas em relação às outras, bem como a ênfase na verticalidade, diferenciam essa floresta das tropicais, onde as plantas trepadeiras emaranham-se, crescendo em todas as direções. Nesta última, os olhos se perdem na proximidade; trata-se de uma massa caótica e desarticulada, de uma vivacidade a mais variegada, a qual afasta qualquer sensação de uma ordem ou repetição uniforme. Já a floresta das zonas temperadas tem seu ritmo à vista. Ao longo dos troncos visíveis, os olhos se perdem numa distância sempre constante. A árvore isolada, porém, é maior que o homem, e segue sempre crescendo, rumo ao gigantesco. Sua constância tem muito daquela mesma virtude do guerreiro. Numa floresta onde se podem encontrar tantas árvores da mesma espécie reunidas, as cascas, que, de início, parecem couraças, assemelham-se mais aos uniformes de uma divisão do exército. Sem que eles o percebessem claramente, o exército e a floresta confundiram-se inteiramente para os alemães. O que, para outros, podia afigurar-se árido e ermo no exército possuía para o alemão a vida e a luminosidade da floresta. No exército, ele não sentia medo; sentia-se protegido; sentia-se um entre muitos. O caráter íngreme e retilíneo das árvores, ele o transformou em regra para si.

O rapaz que, da estreiteza de sua casa, partia para a floresta, a fim de — segundo acreditava — sonhar e estar sozinho, ali vivenciava de antemão a acolhida no exército. Na floresta, os outros — fiéis, verdadeiros e retos como ele queria ser — já estavam a postos, todos iguais entre si, pois erguem-se todos de forma *retilínea*, e, no entanto, totalmente diferentes em altura e força. Não se deve subestimar o efeito desse antigo romantismo da floresta sobre o alemão. Ele o acolheu em centenas de canções e poemas, e a floresta que nestes figurava era amiúde caracterizada como "alemã".

O inglês gostava de se ver *no mar*; o alemão apreciava ver-se *na floresta*; dificilmente pode-se expressar com maior concisão o que os separou em seu sentimento nacional.

OS FRANCESES

O símbolo de massa dos franceses possui uma história recente: é sua *revolução*. A festa da liberdade é comemorada anualmente, tendo se transformado na verdadeira celebração nacional da alegria. No dia 14 de julho, todos podem dançar com todos na rua. Seres humanos em geral tão pouco livres, iguais e fraternos quanto em outros países podem, uma vez por ano, apresentar-se como se o fossem. A Bastilha caiu, e, como outrora, as ruas estão novamente cheias de gente. A massa, vítima durante séculos da justiça real, faz justiça ela própria. A lembrança das execuções daquele tempo — uma série contínua de agitações as mais perturbadoras da massa — vincula-se mais a esse sentimento festivo do que possivelmente se admite. Quem se contrapunha à massa entregava-lhe a própria cabeça; devia-lhe essa cabeça e, à sua maneira, prestava-se a preservar e intensificar sua exaltação.

Nenhum hino nacional, seja de que povo for, possui a vivacidade do hino francês; a *Marselhesa* data daquele tempo. A erupção da liberdade, na condição de um acontecimento periódico, repetindo-se e sendo aguardado ano após ano, ofereceu grandes vantagens como símbolo de massa de uma nação. Mesmo posteriormente à Revolução, voltou a desencadear, como outrora, as forças da defesa. Os exércitos franceses que conquistaram a Europa tiveram sua origem na Revolução. Esta encontrou seu Napoleão e a glória suprema na guerra. As vitórias pertenciam à Revolução e a seu general; ao imperador, nada mais restou senão a derrota final.

Muito se poderia objetar a essa concepção da revolução como símbolo nacional de massa dos franceses. A palavra parece demasiado indefinida; ela não possui a concretude do capitão inglês a bordo de seu bem delimitado navio, nem a ordem rígida feito a madeira do exército alemão a marchar. Não se pode esquecer, porém, que ao navio do inglês vincula-se o mar agitado, e, ao exército do alemão, a floresta ondulante. Ambos constituem o alimento e a bebida de seu sentimento. Também o sentimento de massa da revolução expressa-se num movimento e objeto concretos: o assalto à Bastilha.

Há uma ou duas gerações, qualquer um acrescentaria ainda ao substantivo *revolução* o adjetivo *francesa*. A lembrança mais popular dos franceses era também a que os caracterizava perante o mundo: tratava-se daquilo que de mais singular eles haviam feito. Assim, os russos, com sua revolução, abriram uma sensível brecha no orgulho nacional francês.

OS SUÍÇOS

Um Estado cuja coesão nacional ninguém discute é a *Suíça*. O patriotismo dos suíços é maior do que o de muitos povos falantes de uma *única e mesma* língua. As quatro línguas, a variedade de cantões, sua estrutura social diversa, o contraste das religiões, cujas guerras que travaram entre si povoam ainda a memória histórica — nada disso logra danificar seriamente a autoconsciência nacional dos suíços. Mas certamente eles têm em comum um símbolo de massa que paira desde sempre diante dos olhos de todos e é tão inabalável quanto o de nenhum outro povo: as *montanhas*.

De todas as partes, o suíço vê os cumes de suas montanhas. Vista, porém, de alguns pontos, sua série afigura-se mais completa. O sentimento de que dali se podem ver todas as montanhas reunidas confere a esses pontos algo de sagrado. Às vezes — em fins de tarde que não se podem antever e sobre os quais o homem não exerce nenhuma influência —, as montanhas começam a cintilar: essa é sua consagração suprema. O difícil acesso a elas, bem como sua dureza, infundem segurança nos suíços. Apartadas no alto de seus cumes, nos sopés elas se apresentam vinculadas qual um único e gigantesco corpo. São, pois, um corpo, e esse corpo é o próprio país.

Os planos de defesa dos suíços ao longo das duas últimas guerras exprimem de forma notável essa equiparação da nação com os Alpes. Em caso de um ataque, todas as terras férteis, todas as cidades e todos os locais de produção teriam de ser evacuados. O exército recuaria para o interior da própria cadeia de montanhas, combatendo somente ali. O povo e a terra teriam sido sacrificados, mas o exército teria prosseguido representando a Suíça, e o símbolo de massa ter-se-ia então transformado no próprio país.

O que os suíços têm ali é um dique muito particular. Não precisam erguê-lo eles próprios, como acontece com os holandeses. Não o constroem nem o demolem; mar algum revolve-se em sua direção. Suas montanhas estão ali: eles têm apenas de conhecê-las bem. Escalam e visitam cada um de seus recantos. Elas possuem a força de um ímã, atraindo pessoas de todas as partes que, admirando-as e explorando-as, imitam os suíços. Os alpinistas das nações mais distantes são como suíços devotados; após breve e periódico serviço nas montanhas, seus exércitos, espalhados pelo mundo todo, mantêm vivo o prestígio da Suíça. Valeria a pena investigar em que medida eles contribuíram também na prática para a preservação da independência da Suíça.

OS ESPANHÓIS

Assim como o inglês se vê como um capitão, o espanhol vê-se como *matador*. Contudo, em vez do mar a obedecer ao capitão, o toureiro desfruta de uma multidão a admirá-lo. O animal, ao qual deve abater segundo as nobres regras de sua arte, é o antigo e traiçoeiro monstro da lenda. O toureiro não pode demonstrar medo; seu autodomínio é tudo. Cada minúsculo movimento que faz é visto e julgado por milhares de pessoas. O que se tem aí é a arena romana preservada; o toureiro, porém, transformou-se num nobre cavaleiro; ele figura como o único combatente — a Idade Média alterou seu sentido, seu figurino e, particularmente, sua reputação. O animal selvagem subjugado — o escravo do homem — arremete mais uma vez contra ele. Mas o herói de tempos remotos, que partia para submetê-lo, está a postos. Apresenta-se aos olhos de toda a humanidade; tem tanta segurança de seu ofício que é capaz de exibir em detalhes o abate do monstro a seus espectadores. Conhece seu limite com exatidão; seus passos são calculados; seus movimentos possuem a fixidez de uma dança. Mas ele *mata de verdade*. Milhares de pessoas assistem a essa morte e multiplicam-na com sua excitação.

A execução do animal selvagem — ao qual não se permite que prossiga sendo-o e que é tornado selvagem justamente com o propósito de ser, então, condenado à morte —, essa execução, o sangue e o cavaleiro imaculado espelham-se duplamente nos olhos dos admiradores. Estes são, ao mesmo tempo, o cavaleiro que abate o touro e a massa que o saúda. Para além do toureiro que eles próprios são do outro lado da arena, veem-se novamente a si próprios, na qualidade de massa. O anel que forma a arena é coeso: uma criatura fechada em si mesma. Por toda parte, veem-se olhos; por toda parte, ouve-se uma única voz — a própria.

Assim, o espanhol sequioso de seu matador acostuma-se logo cedo à visão de uma massa bem definida. Conhece-a profundamente. Ela é tão viva que exclui a possibilidade de muitos desenvolvimentos e formações mais recentes, inevitáveis em países falantes de outra língua. O toureiro na arena, que significa tanto para o espanhol, torna-se também seu símbolo nacional de massa. Quando quer que pense em muitos espanhóis reunidos, pensará no lugar onde eles se reúnem com maior frequência. Comparadas a essas vigorosas alegrias da massa, as da Igreja são brandas e inofensivas. Mas nem sempre foi assim; à época em que a Igreja não se incomodava em, já nesta terra, acender o fogo do inferno para os hereges, a economia da massa apresentava-se estruturada de uma outra maneira na Espanha.

OS ITALIANOS

O orgulho de uma nação moderna, seu comportamento numa guerra, depende em grande medida do *reconhecimento* de que desfruta seu símbolo nacional de massa. Em alguns povos, a história prega peças terríveis, muito tempo depois de haverem eles conquistado sua unidade. A *Itália* é um bom exemplo de quão difícil é para uma nação ver-se a si própria quando suas cidades são assoladas por memórias de maior grandeza e seu presente é conscientemente perturbado por elas.

Ao longo do período em que a Itália não havia ainda conquistado sua unidade tudo se afigurava mais claro às pessoas: o corpo despedaçado voltaria a reunir-se, a sentir-se e comportar-se como um único organismo, tão logo dele se tivesse expulsado o inimigo — essa praga. Nesses casos de um agudo sentimento de opressão, em que o inimigo se encontra já há muito tempo no país, todos os povos desenvolvem ideias semelhantes de sua situação. O inimigo é imaginado como numeroso, feio e odioso, como uma nuvem de gafanhotos a viver do bom e honrado solo dos nativos. Quando, porém, tal inimigo tenciona seriamente *ficar*, ele exibe a tendência a dividir esse solo e enfraquecer os nativos, debilitando sua união interna de milhares de maneiras. A reação a isso traduz-se, então, numa união secreta e, numa série de momentos felizes, no enxotamento do parasita. Isso foi, de resto, o que finalmente aconteceu, e a Itália encontrou sua unidade, longamente ansiada em vão por muitos — e, amiúde, os melhores — de seus espíritos.

Desse momento em diante, porém, verificou-se que não se deixa viver impunemente uma cidade como Roma. As edificações de massa dos tempos antigos continuavam de pé — mas *vazias*; o Coliseu era uma ruína demasiado bem preservada. Dentro dele, as pessoas podiam sentir-se modestas e abandonadas. A segunda Roma, pelo contrário — a Roma de são Pedro —, preservara o bastante de sua velha força de atração. A basílica de são Pedro enchia-se de peregrinos de todo o mundo. Mas precisamente essa segunda Roma não se adequava de modo algum ao papel de polo da diferenciação nacional. Ela seguia voltando-se indiscriminadamente a todos os homens; sua organização datava de uma época na qual inexistiam nações, no sentido moderno da palavra.

Entre essas duas Romas, o orgulho nacional do italiano moderno apresentava-se como que paralisado. Não havia escapatória, pois Roma estava lá, e os romanos haviam sido a Itália. O fascismo tentou a solução aparentemente mais fácil, vestindo o traje antigo e genuíno. Este, porém, absolutamente não parecia talhado para ele; era demasiado largo, e tão violentos foram os movimentos que o fascismo permitiu-se em seu interior, que acabou por quebrar todos os membros. Podiam-se desenterrar todos os foros, um após o outro: eles não se enchiam de romanos. Os fasces apenas despertavam o ódio daqueles que haviam sido açoitados por eles; ninguém se orgulhava da ameaça ou do castigo. Para sorte dos italianos, fracassou a tentativa de impor à Itália um falso símbolo nacional de massa.

OS JUDEUS

Nenhum povo é mais difícil de se compreender do que os judeus. Eles se encontram espalhados por toda a superfície habitada da terra; sua terra de origem, eles a perderam. Sua capacidade de adaptação é famosa e mal-afamada, mas seu grau de adaptação varia imensamente. Entre os judeus, havia espanhóis, indianos e chineses. Eles carregam consigo línguas e culturas de um país a outro, destas cuidando com maior obstinação do que de suas posses. Loucos podem fabular à vontade sua homogeneidade, mas, quem os conhece, tenderá antes a julgar que entre eles há uma variedade de tipos muito maior do que em qualquer outro povo. A amplitude dessa variedade dos judeus em sua essência e aparência é das coisas mais espantosas com que se pode deparar. Exprime-o de maneira ingênua a lenda popular de que entre eles se encontram tanto os melhores quanto os piores homens. Eles são diferentes dos outros. Mas, na realidade, são — se assim fosse possível afirmar — mais diferentes ainda entre si.

Os judeus provocaram admiração pelo simples fato de ainda existirem. Não são os únicos que se podem encontrar em toda parte; com certeza, os armênios espalharam-se em igual medida. Tampouco constituem eles o povo mais antigo; a história dos chineses remonta a um passado ainda mais remoto. Mas compõem o único dos povos antigos *ainda, e há tanto tempo, em peregrinação.* Aos judeus foi dado o mais amplo espaço de tempo para que desaparecessem sem deixar vestígios; e, no entanto, fazem-se presentes hoje mais do que nunca.

Até poucos anos atrás, inexistia qualquer unidade territorial ou linguística entre eles. A maioria já não entendia hebraico; falavam centenas de idiomas. Sua antiga religião era um saco vazio para milhões deles; pouco a pouco, até mesmo o número de judeus cristãos aumentou consideravelmente entre seus intelectuais; e muito mais ainda o número de ateus. Contemplando-se superficialmente a questão, do ponto de vista da mera autopreservação, eles deveriam fazer de tudo para que esquecessem que são judeus, e para o esquecerem eles próprios. O que ocorre, porém, não é que não consigam esquecê-lo: em geral, eles não querem. Há que se perguntar em que, afinal, esses homens seguem sendo judeus, o que os torna judeus, qual o vínculo derradeiro, o mais derradeiro dos vínculos a uni-los, quando dizem a si próprios: sou judeu.

Esse vínculo derradeiro encontra-se no princípio de sua história, e vem se repetindo com fatídica regularidade no curso dessa mesma história: trata-se do *êxodo do Egito*. Façamos presente o conteúdo dessa tradição. Um povo inteiro — em número limitado, é certo, mas em enormes multidões — peregrina ao longo de quarenta anos pelo deserto. A seu lendário patriarca anunciara-se uma descendência tão numerosa quanto a areia do mar. Agora, ela está ali, e caminha feito uma outra areia pela areia do deserto. O mar os deixa passar, fechando-se sobre seus inimigos. Sua meta é uma terra prometida, a qual conquistarão com a espada.

A imagem dessa multidão a caminhar anos a fio pelo deserto tornou-se o símbolo de massa dos judeus. Ela permaneceu tão nítida e palpável quanto outrora. Antes ainda de assentar-se e espalhar-se, o povo vê-se reunido: vê-se em peregrinação. Nesse estado *denso*, recebe suas leis. Possui uma meta como nenhuma outra massa jamais possuiu. Possui aventuras e mais aventuras, um destino sempre conjunto. Trata-se de uma massa *nua*; de toda a variedade de coisas que geralmente entrelaça os homens em vidas isoladas, quase nada há nesse ambiente. Em toda a sua volta há apenas areia, a mais nua de todas as massas; nada conseguiria intensificar mais o sentimento desse cortejo a caminhar de que ele está sozinho consigo mesmo do que a imagem da areia. Frequentemente, a meta desaparece, e a massa ameaça desintegrar-se; golpes da mais variada natureza despertam-na, apanham-na e a mantêm coesa. O número dos homens no cortejo — de 600 mil a 700 mil — é gigantesco, e não apenas

223

para os padrões mais modestos daqueles tempos. Significado particular possui ainda a duração do cortejo. O que quer que, na massa, se alongue por quarenta anos pode, mais tarde, alongar-se pelo tempo que quiser. A imposição dessa duração como castigo equivale a todo o sofrimento de peregrinações futuras.

A ALEMANHA DE VERSALHES

A fim de tornar tão clara quanto possível a delimitação dos conceitos aqui propostos, cumpre dizer algumas palavras acerca da estrutura de massa da *Alemanha* — Alemanha esta que, no primeiro terço do século XX, surpreendeu o mundo com formações e tendências novas, cuja seriedade letal ninguém entendeu e que somente agora começa lentamente a ser decifrada.

O símbolo de massa da nação alemã unificada, conforme esta se constituiu posteriormente à guerra franco-prussiana de 1870-1, era e prosseguiu sendo o *exército*. Deste, todo alemão tinha orgulho; apenas uns poucos logravam escapar da influência avassaladora desse símbolo. Um pensador de uma cultura universal como a de Nietzsche recebeu daquela guerra o impulso para a escritura de sua obra capital — *Vontade de poder.* Tal impulso deveu-se à visão de um esquadrão da cavalaria, visão esta que ele jamais esqueceu. Não é ocioso apontá-lo; isso mostra quão generalizada era a importância do exército para o alemão, e quão eficaz esse símbolo de massa se revelava mesmo em relação àqueles que, altivamente, sabiam apartar-se de tudo quanto lembrasse as multidões. Burgueses, camponeses, trabalhadores, eruditos, católicos, protestantes, bávaros, prussianos — todos viam no exército o símbolo da nação. As raízes mais profundas desse símbolo — sua origem na *floresta* — foram já elucidadas anteriormente. A *floresta* e o *exército* encontram-se intimamente vinculados para o alemão, podendo-se caracterizar tanto um quanto outro como o símbolo de massa da nação; nesse aspecto, ambos constituem uma única e mesma coisa.

Que, paralelamente a sua eficácia simbólica, o exército também existisse concretamente, é de importância decisiva. Um símbolo vive na imaginação e no sentimento dos homens, e assim se deu com o notável constructo floresta-exército. Já o exército de fato, aquele no qual servia cada jovem alemão, tinha, pelo contrário, a função de uma *massa fechada*. A crença no serviço militar obrigatório, a convicção de seu sentido profundo e o respeito por ele ultrapassavam em muito as religiões tradicionais, abrangendo tanto católicos quanto protestantes. Todo aquele que se excluía não era alemão. Já se disse aqui que somente num sentido restrito é admissível caracterizar exércitos como massas. O caso alemão, porém, foi diferente: o alemão vivenciava o exército como sua massa fechada mais importante. Tratava-se de uma massa fechada porque somente jovens de uma determinada idade nele serviam por um período limitado de tempo. Para os demais, o exército era uma profissão e, já por isso, não comum a todos. Todo homem, porém, passava por essa experiência, permanecendo interiormente vinculado a ela por toda a vida.

Ao papel de *cristal de massa* prestava-se nesse exército a casta prussiana dos *Junker*, compondo a maior parte do corpo permanente de oficiais. Tal casta era como uma ordem, dotada de leis rigorosas, ainda que não escritas; ou como uma orquestra hereditária, que conhece e ensaiou muito bem a música com a qual deverá contagiar seu público.

Quando, então, eclodiu a Primeira Guerra Mundial, todo o povo alemão transformou-se numa única *massa aberta*. O entusiasmo daqueles dias foi já amiúde descrito. No exterior, muitos haviam contado com o internacionalismo dos social-democratas, espantando-se com seu completo fracasso. Não levaram em conta que também esses social-democratas abrigavam em si, como símbolo de sua nação, a "floresta-exército"; que eles próprios haviam pertencido à massa fechada do exército e que, neste último, haviam estado sob o comando e a influência de um cristal de massa preciso e extraordinariamente eficaz — a casta dos *Junker* e dos oficiais. Contra isso, o fato de pertencerem a um partido político pouco pesou.

Contudo, aqueles primeiros dias de agosto de 1914 constituem também o *momento gerador* do nacional-socialismo. A corroborá-lo, tem-se um testemunho insuspeito: o de Hitler, relatando de que forma, após a eclosão da guerra, ele se ajoelhou e agradeceu a Deus. Essa é sua experiência decisiva: o único instante no qual, sinceramente, ele próprio foi massa. E Hitler não o esqueceu; todo o curso posterior de sua vida foi dedicado ao restabelecimento desse momento — mas a partir do *exterior*. A Alemanha deveria voltar a ser o que fora então: consciente de seu poderio bélico, em consonância com ele e nele tornada una.

Hitler, contudo, jamais teria alcançado seu objetivo, se o tratado de Versalhes não houvesse dissolvido o exército dos alemães. A proibição do serviço militar obrigatório privou os alemães de sua massa fechada mais essencial. As práticas que agora lhes eram vedadas, o exercitar-se, a recepção e a transmissão de ordens, transformaram-se em algo que tinham de resgatar a qualquer custo. A proibição do serviço militar obrigatório é o *nascimento* do nacional-socialismo. Toda massa fechada que é dissolvida converte-se numa massa aberta, à qual transmite todas as suas características. O partido substitui o exército, e, ao primeiro, não se impõem fronteiras no interior da nação. Cada alemão — homem, mulher, criança, soldado ou civil — pode tornar-se um nacional-socialista; com frequência, seu interesse faz-se ainda maior se, no passado, ele não foi soldado, porque desse modo logra compartilhar de atitudes que normalmente lhe eram vedadas.

Hitler valeu-se com uma infatigabilidade sem igual da expressão "o ditame de Versalhes". A eficácia desse slogan foi já motivo de espanto. Sua repetição não lhe prejudicou em nada o efeito — este, pelo contrário, aumentou com o passar dos anos. Mas o que, verdadeiramente, continha esse slogan? Por meio dele, o que Hitler transmitiu a suas massas de ouvintes? Para o alemão, a palavra *Versalhes* significava não tanto a derrota — que ele nunca reconheceu efetivamente —, mas antes a proibição do exército: a proibição de uma prática determinada e sacrossanta, sem a qual era-lhe difícil conceber a vida. A proibição do exército foi como a proibição de uma religião. A fé dos pais fora coibida; restabelecê-la era o dever sagrado de cada um. Nessa ferida remexia a palavra *Versalhes*, a cada vez que era empregada; mantinha-a viva, de modo que ela seguia sangrando e não cicatrizava jamais. Enquanto a palavra *Versalhes* prosseguisse sendo pronunciada com toda a energia nas assembleias das massas, estava afastada toda e qualquer possibilidade de cura.

É significativo que se falasse sempre num *ditame*, jamais num tratado. "Ditame" traz à lembrança a esfera da *ordem*. Uma única ordem de um estranho, a ordem do inimigo — por essa razão chamada "ditame" —, impedira toda a prática autoritária do comando militar dos alemães pelos alemães. Quem quer que ouvisse ou lesse as palavras "o ditame de Versalhes" sentia profundamente o que lhe fora tomado: o exército alemão. Restabelecê-lo parecia ser a única meta realmente importante. Com ele, tudo voltaria a ser como antes. A importância do exército, na qualidade de símbolo nacional de massa, não fora de modo algum abalada; sua porção mais profunda e antiga permanecia de pé, inabalada, sob a forma de *floresta*.

Do ponto de vista de Hitler, a escolha da palavra *Versalhes* como slogan *central* foi particularmente feliz. Ela não apenas lembrava o mais recente e doloroso acontecimento da vida nacional — a proibição do serviço militar obrigatório, a supressão do direito a um exército no qual cada homem pudesse ingressar por alguns anos —, mas sintetizava também outros momentos importantes e bem conhecidos da história alemã.

Em Versalhes Bismarck fundara o Segundo Império alemão. Imediatamente após uma grande vitória, proclamara-se a unidade da Alemanha num momento de exaltação e de irresistível força. A vitória fora conquistada sobre Napoleão III, que se julgava sucessor do grande Napoleão e ascendera impulsionado pela legendária veneração por seu nome, de cujo espírito era herdeiro. Mas Versalhes foi também a residência de Luís XIV, que o construiu. De todos os governantes franceses anteriores a Napoleão, Luís XIV havia sido o que mais profundamente humilhara os alemães. Graças a ele, Estrasburgo, com sua catedral, fora incorporada à França. Suas tropas tinham devastado o castelo de Heidelberg.

Assim, a proclamação do imperador em Versalhes foi como uma vitória tardia e condensada sobre Luís XIV e Napoleão *juntos*, e uma vitória conquistada solitariamente, sem o auxílio de nenhum aliado. Esse é o efeito que ela deve ter produzido sobre o alemão daquela época; há testemunhos suficientes a comprová-lo. O nome daquele palácio estava, pois, vinculado ao maior triunfo da história alemã recente.

Toda vez que Hitler mencionava o mal afamado "ditame", a lembrança daquele triunfo ecoava, alcançando os ouvintes sob a forma de uma promessa. Os inimigos, tivessem eles ouvidos para escutar, haveria m de ter ouvido aquela palavra como uma ameaça de guerra e derrota. Pode-se afirmar, sem exagero, que todos os slogans importantes dos nacional-socialistas, à exceção daqueles dirigidos contra os judeus, derivam diretamente da expressão "ditame de Versalhes". Tal é o caso de "Terceiro Reich", "*Sieg-Heil!*", e assim por diante. O conteúdo do movimento encontrava-se concentrado nesta única frase: *a derrota que há de tornar-se vitória* — o exército proibido que, para tanto, cumpre ainda formar.

Talvez se devesse aqui contemplar ainda o símbolo do movimento: a cruz gamada.

Seu efeito é duplo: o do *signo* e o da *palavra*. Ambos têm algo de cruel. O próprio signo lembra duas forças torcidas. Ele ameaça o observador de um modo um tanto traiçoeiro, como se quisesse dizer: "Espere só. Você vai se espantar com quem ainda penderá daqui". E, na medida em que a cruz gamada encerra um movimento rotatório, também este é de natureza ameaçadora: ele lembra os membros quebrados daqueles que, no passado, passaram pelo suplício da roda.

A palavra [*Hakenkreuz*], por sua vez, foi buscar na cruz cristã seus traços cruéis e sangrentos, como se fosse *bom crucificar*. Os "gamas" — ou ganchos [*Haken*] — lembram as rasteiras [*Hakenstellen*] dos garotos, prometendo aos adeptos os muitos que tombarão. Para alguns, eles podem possuir também um significado militar, lembrando o bater dos calcanhares [*Hacken*]. Seja como for, atrelam uma ameaça de castigos cruéis a uma traiçoeira astúcia e uma lembrança velada da disciplina militar.

A INFLAÇÃO E A MASSA

A inflação constitui um fenômeno de massa no sentido mais verdadeiro e estrito da palavra. O efeito perturbador que ela exerce sobre populações de países inteiros não se restringe de modo algum ao momento inflacionário propriamente dito. Pode-se dizer que, excetuando-se as guerras e revoluções, nada há em nossas civilizações modernas que, em sua amplitude, se possa comparar às inflações. Os abalos que elas provocam são de natureza tão profunda que se prefere ocultá-los e esquecê-los. Ademais, talvez as pessoas receiem atribuir ao dinheiro — cujo valor é, afinal, artificialmente fixado pelo homem — efeitos geradores de massas, os quais ultrapassam em muito sua verdadeira destinação, possuindo em si algo de absurdo e infinitamente vergonhoso.

Um maior aprofundamento nesse assunto faz-se necessário, a fim de que se possa dizer algo acerca das propriedades psicológicas do dinheiro. Este pode tornar-se um símbolo de massa; ao contrário, porém, de outros símbolos aqui abordados, o dinheiro é um símbolo no qual se enfatizam ao máximo as *unidades* cuja acumulação, sob certas circunstâncias, dão origem à massa. Cada moeda apresenta-se claramente delimitada e possui um peso próprio; pode-se reconhecê-la à primeira vista; ela circula livremente de mão em mão e alterna incessantemente sua vizinhança. Com frequência, cunha-se nela a cabeça de algum governante, por cujo nome ela, às vezes — e sobretudo quando é de grande valor —, é chamada. Já tivemos luíses de ouro e táleres Maria Teresa. As pessoas gostam de sentir a moeda como uma pessoa *palpável*. A mão que sobre ela

229

se fecha sente-a em sua totalidade, em todas as suas bordas e superfícies. Um certo carinho pela moeda, que pode adquirir-lhe isso ou aquilo, é comum a todos os homens, contribuindo para esse seu "caráter" pessoal. Em um aspecto, ela é superior aos seres vivos: sua consistência metálica, sua dureza, assegura-lhe uma existência "eterna"; a não ser pelo fogo, é muito difícil destruí-la. A moeda não cresce até atingir seu tamanho; ela já sai pronta do troquel, devendo, então, permanecer o que é; não pode modificar-se.

Talvez essa confiabilidade da moeda seja sua propriedade mais importante. A seu possuidor, cabe apenas guardá-la bem; ela não foge por si só, feito um animal; tem-se de protegê-la tão somente de outras pessoas. E nem há por que desconfiar dela; desprovida de humores diversos a demandar consideração, a moeda pode ser utilizada sempre. Além disso, ela se consolida também em função de sua relação com outras moedas de valor diferente. A hierarquia das moedas, rigorosamente mantida, aproxima-as ainda mais das pessoas. Poder-se-ia falar num sistema social das moedas, com categorias hierárquicas que, no seu caso, traduzem-se em classes de valor; pode-se, decerto, obter moedas menores em troca das maiores, mas nunca uma moeda de maior valor em troca de outra de menor valor.

O *amontoado de moedas* é, desde tempos remotos e junto à maioria dos povos, conhecido por *tesouro*. Na maneira pela qual ele é percebido como uma unidade — topa-se com ele sem que se saiba quanto ele realmente contém —, o tesouro abriga em si muitas características de uma massa. Pode-se remexer nele e separar uma moeda da outra. Sempre se espera que ele seja maior do que é. Com frequência, ele se encontra escondido, podendo aparecer de repente. Não apenas aquele que passa a vida inteira esperando encontrar um tesouro, mas também aquele que o acumula imagina que ele vá crescer cada vez mais, e faz de tudo para que isso aconteça. Não há dúvida de que, para alguns homens que vivem somente para o seu dinheiro, o tesouro ocupa o lugar da massa humana. Encaixam-se aí muitas das histórias de avarentos solitários; eles são a continuação mítica dos dragões dos contos infantis, para os quais a vigilância, a contemplação e o cuidar de um tesouro constituíam o conteúdo único de suas vidas.

Poder-se-ia objetar que essa relação com a moeda e o tesouro encontra-se já ultrapassada no tocante ao homem moderno; que por toda parte emprega-se hoje o papel-moeda; que, sob forma invisível e abstrata, os ricos guardam seu tesouro nos bancos. Contudo, o significado do *lastro em ouro* para uma boa moeda, o fato de os homens simplesmente apegarem-se ainda a uma moeda em ouro, demonstra que o tesouro absolutamente não perdeu sua antiga importância. A grande maioria das pessoas, mesmo nos países tecnicamente mais desenvolvidos, é remunerada de acordo com suas horas de trabalho, e o montante dessa remuneração movimenta-se numa ordem que, em quase toda parte, é concebida ainda sob a forma de moedas. Continuam-se recebendo moedas em troca de papel; o velho sentimento e a antiga atitude para com elas são familiares a todos; trocar dinheiro, na condição de um fenômeno cotidiano, está entre os mecanismos mais frequentes e simples de nossa vida, um mecanismo que toda criança aprende o mais cedo possível.

É correto, no entanto, que, paralelamente a essa relação mais antiga com o dinheiro, uma relação nova e moderna desenvolveu-se. A unidade monetária de cada país adquiriu um valor mais abstrato. Nem por isso ela deixou, em alguma medida, de ser percebida como unidade. Se, no passado, as moedas possuíam algo da rigorosa organização hierárquica de uma sociedade fechada, o que se dá hoje com o papel-moeda assemelha-se mais ao que ocorre com os habitantes de uma grande cidade.

Do tesouro fez-se o *milhão* de hoje. Este possui uma sonoridade cosmopolita; o significado dessa palavra estende-se por todo o mundo moderno, podendo-se aplicá-lo a qualquer unidade monetária. O interessante no milhão é que, pela destreza especulativa, se pode obtê-lo de um salto: ele paira diante de todos aqueles cuja cobiça encontra-se direcionada para o dinheiro. O milionário herdou algumas das mais cintilantes características do antigo rei dos contos infantis. Como designação de um número, o milhão aplica-se tanto ao dinheiro quanto às pessoas. Esse duplo caráter da palavra deixa-se investigar particularmente bem nos discursos políticos. *A volúpia do número que cresce aos saltos* é característica, por exemplo, dos discursos de Hitler. Neles, ela se relaciona geralmente aos milhões de alemães que vivem fora do império e que cumpre ainda redimir. Posteriormente às primeiras e incruentas vitórias, anteriores à eclosão da guerra, Hitler ostentava uma preferência particular pelas cifras crescentes a contabilizar o número de habitantes de seu império. Confrontava-as com as de todos os alemães existentes na face da terra. Tê-los todos sob sua esfera de influência era seu objetivo confesso. Em suas ameaças, desagravos e exigências, porém, empregava sempre a palavra *milhão*. Outros políticos utilizam-na mais em relação a dinheiro. Seu uso, porém, indubitavelmente adquiriu um caráter cambiante. Em função das cifras de habitantes dos diversos países e sobretudo das metrópoles mundiais, expressas sempre em milhões, o número abstrato foi impregnado de um teor de massa que nenhum outro número hoje possui. Considerando-se a vinculação que o dinheiro possui com esse mesmo "milhão", massa e dinheiro encontram-se hoje mais próximos do que nunca.

Mas o que acontece numa *inflação*? A unidade monetária perde subitamente a sua personalidade. Transforma-se numa massa crescente de unidades; estas perdem continuamente o seu valor, na mesma medida em que a massa se faz maior. Os milhões que sempre se quis possuir têm-se agora na mão; mas não *são* mais milhões, apenas se *chamam* assim. É como se o salto retirasse daquilo que salta todo o seu valor. Uma vez tendo a moeda mergulhado nesse movimento, que ostenta o caráter de uma fuga, não se vê mais um teto que a limite. Assim como é possível *contar* os números infinitamente numa ordem crescente, assim também pode a desvalorização do dinheiro, na ordem inversa, alcançar profundezas cada vez maiores.

Nesse processo, reencontra-se aquela propriedade psicológica da massa que caracterizei como particularmente impor-

232

tante e notável: o prazer no crescimento rápido e ilimitado. Tal crescimento, porém, volta-se rumo ao negativo: aquilo que cresce vai se tornando cada vez mais fraco. O que antes era um marco, agora são 10 mil; mais para a frente, 100 mil e, depois, 1 milhão. Impede-se, assim, a equiparação do indivíduo com seu marco. Este perdeu sua solidez e sua fronteira; a cada momento, faz-se algo diferente. Ele *não* é mais como uma pessoa, nem possui nenhuma durabilidade. Seu valor é cada vez menor. O homem que anteriormente confiava nele não pode evitar de sentir-lhe o aviltamento como o seu próprio. Por tempo demais equiparou-se a ele; a confiança que tinha nele era como aquela que depositava em si próprio. A inflação faz com que não apenas todo o mundo exterior passe a oscilar — nada é certo, nada se mantém por uma hora no mesmo lugar —, mas também com que o próprio homem se torne *menor*. Ele próprio, ou tudo o que ele sempre foi, é nada; o milhão que ele sempre desejou é nada. *Todos* o têm. E todos são nada. O processo da formação do tesouro converteu-se em seu oposto. Toda a confiabilidade do dinheiro desaparece como que por completo. Não há acréscimo; tudo se faz cada vez menos; todos os tesouros desaparecem. Pode-se caracterizar a inflação como um sabá da desvalorização no qual homens e unidade monetária confundem-se da maneira mais estranha. Um representa o outro; o homem sente-se tão mal quanto o dinheiro, que segue cada vez pior; juntos, todos se encontram à mercê desse dinheiro ruim e, *juntos*, sentem-se igualmente desprovidos de valor.

Na inflação dá-se, pois, algo que certamente jamais se teve por objetivo; algo tão perigoso que faria recuar assustado qualquer um que, possuidor de alguma responsabilidade pública, pudesse prevê-la. Trata-se de uma dupla desvalorização, derivada de uma dupla equiparação. O *indivíduo* sente-se desvalorizado porque decai a unidade na qual ele confiava e a qual prezava tanto quanto a si próprio. A *massa* sente-se desvalorizada porque o *milhão* perdeu seu valor. já se mostrou aqui quão ambíguo é o uso da palavra *milhão*, empregada tanto para a alta soma em dinheiro quanto para a grande concentração de homens, e muito particularmente em relação à ideia que se faz da metrópole moderna; mostrou-se também de que forma um sentido da palavra transforma-se no outro, verdadeiramente alimentando-se um significado do outro. Todas as massas que se formam em tempos de inflação — e precisamente nessas épocas elas se formam com bastante frequência — estão sujeitas à pressão do milhão desvalorizado. Se, como indivíduo, vale-se pouco, pouco também é o que se vale em conjunto. Quando os milhões escalam as alturas, um povo inteiro, composto de milhões, torna-se nada.

Esse processo reúne pessoas cujos interesses materiais são, em geral, bastante diversos. O assalariado é tão atingido quanto aquele que vive de rendas. De um dia para o outro, pode-se perder muito, ou mesmo tudo o que se acreditava em segurança no banco. A inflação acaba com diferenças entre os homens que pareciam eternas, agrupando numa única e mesma massa inflacionária pessoas que normalmente mal se teriam cumprimentado uma à outra.

Nenhuma desvalorização repentina da pessoa humana é jamais esquecida; ela é demasiado dolorosa. É carregada pela vida toda, a não ser que se possa descarregá-la sobre alguém. Mas tampouco a massa enquanto tal esquece sua desvalorização. A tendência natural é, então, encontrar algo que valha ainda menos, algo que se possa desdenhar na mesma medida em que se foi desprezado. Não basta assumir esse desdém da mesma forma como se o encontrou, mantê-lo no mesmo nível que ele tinha antes de se recorrer a ele. O que se necessita é de um processo dinâmico de *aviltamento*: há que se tratar esse algo de forma que ele valha cada vez menos, semelhantemente ao que ocorre com a unidade monetária durante a inflação, e esse processo tem de prosseguir até que seu objeto seja reduzido a um estado de completo desvalor. Aí, então, pode-se jogá-lo fora ou amassá-lo feito papel.

O objeto que Hitler encontrou para tanto, durante a inflação alemã, foram os judeus. Estes pareciam feitos sob medida: sua velha ligação com o dinheiro, para cuja movimentação e variação de valor possuíam uma espécie de compreensão tradicional; sua destreza em atividades especulativas; sua afluência às bolsas, onde seu comportamento destoava gritantemente do ideal militar de conduta dos alemães — tudo isso só podia fazê-los parecer dúbios e hostis, numa época impregnada da suspeição, instabilidade e hostilidade do dinheiro. O judeu, como indivíduo, era "ruim": ele se dava bem com o dinheiro quando ninguém mais entendia do assunto e se preferia não ter mais coisa alguma a ver com ele. Se a inflação tivesse se limitado a provocar processos de desvalorização nos alemães como *indivíduos*, despertar o ódio contra determinados judeus teria bastado. Mas não foi isso que ocorreu; também na qualidade de *massa* os alemães sentiram-se humilhados com a queda de seus milhões. Hitler, que possuía uma clara percepção disso, voltou sua atuação contra a totalidade dos judeus.

No tratamento dispensado a eles, o nacional-socialismo repetiu com a máxima exatidão o processo inflacionário. Primeiro, os judeus foram atacados como ruins e perigosos, como inimigos; depois, progressivamente desvalorizados; como não se dispunha deles em quantidade suficiente, foram coletados nos países conquistados; por fim, eram tidos literalmente por *insetos daninhos*, aos quais era lícito aniquilar impunemente aos milhões. Ainda hoje causa perplexidade o fato de os alemães terem ido tão longe a ponto de cometer, tolerar ou ignorar um crime de tamanhas proporções. Dificilmente ter-se-ia logrado levá-los a tanto se, poucos anos antes, eles não tivessem vivenciado uma inflação na qual o marco chegou a descer a um bilionésimo de seu valor. Foi essa inflação, como fenômeno de massa, que os alemães descarregaram sobre os judeus.

A ESSÊNCIA DO SISTEMA PARLAMENTAR

O *sistema bipartidário* do parlamento moderno emprega a estrutura psicológica dos exércitos em combate. Na guerra civil, os exércitos estão realmente presentes, ainda que a contragosto.

Não se mata com prazer a própria gente; um sentimento tribal sempre atua em oposição às sangrentas guerras civis, habitualmente conduzindo-as em poucos anos, ou com ainda maior rapidez, a um fim. Mas os dois partidos no parlamento têm de prosseguir medindo-se um com o outro. Eles lutam renunciando às mortes. Supõe-se que, num conflito sangrento, a maioria sairia vencedora. A preocupação suprema de todos os generais é, no local do conflito real, ser mais forte, ter à mão mais homens do que o adversário. O general bem-sucedido é aquele que logra obter a supremacia no maior número possível de pontos importantes, ainda que, no geral, ele seja o mais fraco.

Numa votação parlamentar, nada mais se faz do que averiguar no ato a força de ambos os grupos. Não basta conhecê-la de antemão. Um partido pode ter 360 deputados, ao passo que o outro dispõe de apenas 240: ainda assim, a *votação* permanece sendo o momento decisivo no qual ambos os partidos realmente se *medem*. Ela é o resquício do conflito sangrento, ali representado de múltiplas maneiras — por meio de ameaças, insultos e uma exaltação física que pode conduzir a murros e objetos arremessados. A contagem dos votos, porém, marca o fim da batalha, Supõe-se que os 360 teriam vencido os 240. A massa dos mortos permanece inteiramente excluída desse jogo. No interior do parlamento não pode haver mortos. A imunidade parlamentar expressa da forma mais clara possível essa intenção. O parlamentar é duplamente imune: exteriormente, em relação ao governo e seus órgãos; interiormente, no que diz respeito a seus pares — a este último ponto dá-se muito pouca ênfase.

Ninguém jamais acreditou de fato que, numa votação, a opinião da maioria seja também, em função de sua preponderância, a mais inteligente. O que se tem é um embate de vontade contra vontade, como numa guerra; é própria de cada uma dessas vontades a convicção de seu direito superior e de sua racionalidade; tal convicção é facilmente adquirível — ela se apresenta por si só. O sentido de um partido consiste precisamente em manter despertas essa vontade e essa convicção. O adversário, derrotado pelo voto, não se submete porque, subitamente, tenha deixado de acreditar no seu direito, mas dá-se simplesmente por vencido. É-lhe fácil fazê-lo, uma vez que nada lhe acontece. De nenhuma forma é ele castigado por sua postura hostil anterior. Temesse ele por sua vida, reagiria de modo completamente diferente. Mas conta com futuras batalhas. Não se impõe limite algum ao número destas, e em nenhuma delas ele é morto.

A *igualdade* dos deputados — aquilo que os transforma em massa — consiste na sua imunidade. Nisso inexiste diferença entre os partidos. O sistema parlamentar segue funcionando enquanto essa imunidade for preservada. Mas esfacela-se tão logo haja em seu meio alguém que se permita contar com a morte de um membro qualquer da corporação. Nada é mais perigoso do que divisar aí mortos entre os vivos. Uma guerra é uma guerra porque inclui mortos em sua definição. Um parlamento somente é um parlamento na medida em que os exclui.

A maneira instintiva pela qual o parlamento inglês, por exemplo, aparta-se de seus mortos — mesmo daqueles que morreram pacificamente e fora dele — revela-se no sistema da *eleição suplementar*. O sucessor do falecido não é predeterminado. Ninguém passa a ocupar automaticamente o lugar do morto. Novos candidatos se apresentam. A batalha eleitoral, em todas as suas formas regulares, é disputada mais uma vez. Para o morto, não há lugar no parlamento. Ele não tem direito de dispor de sua herança. Nenhum deputado à beira da morte pode saber com certeza quem será seu sucessor. A morte, em todas as suas perigosas consequências, encontra-se efetivamente excluída do parlamento inglês.

Contra essa concepção do sistema parlamentar poder-se-ia tentar objetar que todos os parlamentos da Europa continental compõem-se de muitos partidos, ostentando tamanhos diversos, e que estes somente de vez em quando formam-se em dois grupos opostos e em conflito. Esse fato nada altera no significado da votação. Esta é sempre, e em toda parte, o momento fundamental. Ela determina o que vai acontecer, e o que nela importa são sempre *dois números*, dos quais o maior sujeita todos aqueles que dela participaram. Em toda parte, o parlamento mantém-se ou sucumbe tendo por base a imunidade parlamentar.

A *eleição* do deputado é, em princípio, aparentada aos processos interparlamentares. Considera-se o melhor candidato, o vencedor, aquele que se revela o mais forte. Este é quem recebe a maioria dos votos. Se as 17 562 pessoas que o apoiam se formassem num exército fechado contra os 13 204 seguidores de seu adversário, elas necessariamente venceriam. Tampouco aí deve haver mortes. Ainda assim, a imunidade dos *eleitores* não é tão importante quanto a da *cédula* que entregam e que contém o nome de sua escolha. Permite-se por praticamente todos os meios a influenciação dos eleitores até o momento em que eles definitivamente se decidem pelo nome de sua escolha e o escrevem ou assinalam. Escarnece-se do candidato adversário, entregue ao ódio geral, em todas as suas formas. O eleitor pode entreter-se com muitas batalhas eleitorais; se possui uma orientação política, a sorte variada dessas batalhas constitui para ele a maior atração. O momento, porém, em que realmente vota é quase sagrado, como sagradas são as urnas lacradas que contêm as cédulas e o processo da contagem dos votos.

O que todos esses acontecimentos possuem de solene advém da renúncia à morte, na qualidade de um instrumento de decisão. Em cada cédula em particular, a morte é, por assim dizer, posta de lado. Mas o resultado que ela teria produzido — a força do opositor — é conscienciosamente registrado num número. Quem brinca com esses números, quem os apaga ou falsifica, torna a dar lugar à morte e nem o percebe. Ao fazê-lo, os amantes entusiasmados da guerra, que apreciam fazer troça das cédulas eleitorais, estão apenas confessando seus próprios propósitos sangrentos. Para estes, as cédulas, como os contratos, são um mero pedaço de papel. Que não estejam mergulhadas em sangue parece-lhes algo desprezível: para eles, valem apenas as decisões sangrentas.

O deputado é um eleitor em forma concentrada; nele apresentam-se próximos os momentos temporalmente assaz distantes nos quais o eleitor existe enquanto tal. O deputado está lá para votar *com frequência*. Mas é bem menor o número de pessoas em meio às quais ele vota. A intensidade e a prática repetida do voto têm de compensar com excitação aquilo que os eleitores extraem de seu grande número.

PARTILHA E MULTIPLICAÇÃO.
O SOCIALISMO E A PRODUÇÃO

A questão da *justiça* é tão antiga quanto a da *partilha*. Onde quer que homens tenham partido juntos para a caça, a ela seguiu-se o momento da partilha. Na malta, eram todos um só, apartando-se posteriormente, quando da partilha. Dentre os homens, jamais se desenvolveu um estômago coletivo, que possibilitasse a um grande número deles alimentar-se como uma única criatura. Na comunhão, desenvolveram um rito que se aproximou ao máximo da ideia de um tal estômago. Uma aproximação insuficiente, é certo, mas, ainda assim, uma aproximação rumo a uma situação ideal de que sentiam necessidade. O *isolamento* no ato da incorporação do alimento constitui uma das raízes dessa pavorosa excrescência que é o poder. Aquele que come sozinho e em segredo tem de matar sozinho. Quem mata na companhia de outros tem também de dividir com eles a presa.

Com o reconhecimento dessa divisão tem início a justiça. Sua regulamentação é a primeira das leis. Essa lei permanece sendo até hoje a mais importante de todas e, como tal, aquilo que verdadeiramente importa a todos os movimentos preocupados com a coletividade da atividade e da própria existência humana.

A justiça demanda que todos tenham o que comer. Mas espera também que cada um contribua com a sua parte para a obtenção desse alimento. A avassaladora maioria dos homens ocupa-se da produção de bens de todo tipo. Algo de errado ocorreu na sua repartição. Eis aí o conteúdo do socialismo, reduzido à mais simples das fórmulas.

Contudo, o que quer que pensem acerca da natureza da repartição dos bens em nosso mundo moderno, adeptos e opositores do socialismo não divergem no tocante à premissa do problema. Tal premissa é a *produção*. De ambos os lados do conflito ideológico que cindiu a terra em duas metades, hoje dotadas de força equivalente, a produção é fomentada e estimulada de todas as maneiras. Produza-se para vender ou para repartir, o processo em si dessa produção permanece não apenas intocado por ambos os lados, como também é *venerado* por ambos, e não constitui exagero afirmar que, aos olhos da maioria, ele possui hoje algo de sagrado.

É possível que as pessoas se perguntem de onde vem essa veneração. Talvez se possa identificar um ponto na história da humanidade no qual a sanção à produção teve seu início. Alguma reflexão revela-nos, porém, que não existe um tal ponto. A sanção à produção remete a tempos tão remotos que toda tentativa de fixá-la em termos históricos afigura-se insuficiente.

A *hybris* da produção remonta à *malta de multiplicação*. É possível que as pessoas não percebam essa conexão, uma vez que já não são mais as maltas que se dedicam na prática à multiplicação. Massas gigantescas formaram-se, e seguem ainda crescendo diariamente em todos os centros da civilização. Quando se pensa, porém, na imprevisibilidade do fim desse crescimento; que uma quantidade cada vez maior de homens produz uma quantidade cada vez maior de bens; que, dentre esses bens, encontram-se inclusive seres vivos, animais e plantas; e que os métodos para a geração de bens animados e inanimados já mal se diferenciam — considerando-se, pois, todos esses fatores, ter-se-á de admitir que a malta de multiplicação foi o constructo mais rico em consequências e mais bem-sucedido que a humanidade jamais produziu. As cerimônias que visavam a multiplicação transformaram-se em máquinas e em processos técnicos. Toda fábrica constitui uma unidade a servir a um mesmo culto. A novidade reside na aceleração do processo. O

240

que antes era geração e intensificação de uma *expectativa* — de chuva, do trigo, da aproximação de manadas de animais de caça e do crescimento de animais domésticos — hoje transformou-se em produção imediata. Apertam-se alguns botões, acionam-se algumas alavancas, e aquilo que se quer, na forma que se deseja, sai pronto em poucas horas, ou ainda mais rápido.

É notável que a relação rigorosa e exclusiva entre proletariado e produção, que adquiriu tamanha reputação há aproximadamente cem anos, restabeleça de modo particularmente puro aquela antiga noção que estava na base da malta de multiplicação. São os proletários que se multiplicam a uma maior velocidade, e seu número aumenta de duas maneiras. Por um lado, eles têm mais filhos do que as demais pessoas, já em função dessa descendência adquirindo um caráter de massa. Mas, por outro lado, seu número se multiplica também de uma outra maneira: multiplica-se na medida em que cada vez mais pessoas afluem do campo para os centros de produção. Precisamente esse mesmo duplo sentido do crescimento, porém, caracterizava — lembremo-nos — a primitiva malta de multiplicação. As pessoas afluíam para suas festas e cerimônias e, assim — na qualidade de muitas —, dedicavam-se a procedimentos que deveriam propiciar-lhes uma farta descendência.

Com o estabelecimento e a entrada em ação do conceito de um proletariado privado de seus direitos, deixou-se a cargo desse proletariado todo o otimismo do crescimento. Em nenhum momento ponderou-se que, vivendo ele tão mal, menor deveria ser o seu número. Confiou-se na produção. Graças ao crescimento desta, deveria haver mais proletários. A produção a seu cargo deveria servir a eles próprios. Proletariado e produção deveriam crescer um em função do outro. O que se tem aí, contudo, é exatamente a mesma conexão inseparável que se verificava na atividade das primitivas maltas de multiplicação. Quer-se ser mais e, assim, tudo aquilo de que se vive deve também fazer-se mais. Não há como separar uma coisa da outra: ambas se apresentam tão intimamente relacionadas que, frequentemente, não fica claro *o que* deve fazer-se mais.

241

Já se demonstrou aqui que, por meio de suas metamorfoses naqueles animais que sempre viveram em grandes grupos, o homem adquiriu um sentimento mais vigoroso da multiplicação. Poder-se-ia dizer que ele somente o *aprendeu* com aqueles animais. Diante de seus olhos, ele via cardumes de peixes, enxames de insetos e gigantescas manadas de ungulados; quando, então, em suas danças, representava tão bem esses animais a ponto de transformar-se neles, de sentir-se igual a eles; quando, ademais, lograva fixar como totens algumas dessas metamorfoses específicas, transmitindo-as a seus descendentes na qualidade de uma tradição sagrada, com isso transmitia-lhes também uma intenção de multiplicar-se que ultrapassava em muito aquela que é natural nos homens.

Precisamente essa mesma relação possui hoje o homem moderno com a produção. As máquinas são capazes de produzir mais do que qualquer homem do passado jamais sonhou. Graças a elas, a multiplicação cresceu atingindo níveis gigantescos. Como, porém, e de um modo geral, se trata de objetos, e não tanto de criaturas, a devoção do homem ao número de tais objetos intensifica-se na medida em que se intensificam as suas necessidades. É cada vez maior o número de coisas para as quais ele tem uma utilidade, e, conforme ele as vai empregando, novas necessidades têm origem. Esse é o aspecto da produção — a multiplicação desenfreada enquanto tal, em todas as direções — que mais chama a atenção nos países "capitalistas". Nos países que atribuem particular ênfase ao "proletariado" — onde se impede o grande acúmulo de capital nas mãos de indivíduos isolados —, os problemas referentes à *partilha* geral encontram-se teoricamente em pé de igualdade com aqueles relativos à *multiplicação*.

A AUTODESTRUIÇÃO DOS XOSAS

Numa manhã de maio de 1856, uma moça da tribo dos *xosas* foi buscar água num riozinho que passava próximo de sua casa. Ao retornar, contou que tinha visto homens estranhos junto do rio, muito diferentes daqueles que ela costumava encontrar. Seu tio, que se chamava Umhlakaza, foi até lá para ver os estranhos, encontrando-os no local indicado. Estes disseram-lhe, então, que voltasse para casa e executasse determinadas cerimônias; depois, que sacrificasse um boi pelos espíritos dos mortos e, no quarto dia, retornasse até eles. Havia algo na aparência dos estranhos que demandava obediência, de modo que o homem fez o que lhe fora ordenado. No quarto dia, foi novamente ao rio. Lá estavam, mais uma vez, as estranhas criaturas, dentre as quais, para seu espanto, Umhlakaza reconheceu seu irmão, morto havia muitos anos. Ficou sabendo, então, pela primeira vez, quem e o que elas eram. Na condição de inimigos eternos do homem branco — explicaram —, tinham vindo de campos de batalha do outro lado do mar para ajudar os xosas: graças a seu insuperável poder, os ingleses seriam expulsos dali. Umhlakaza deveria servir como intermediário entre eles e os chefes, recebendo as instruções a serem transmitidas. Coisas espantosas aconteceriam — mais espantosas do que todas as já acontecidas —, se a ajuda oferecida fosse aceita. Acima de tudo, Umhlakaza teria de dizer às pessoas que parassem com os feitiços que empregavam umas contra as outras e que abatessem e comessem o gado mais gordo.

A notícia dessa conexão com o mundo dos espíritos logo se espalhou entre os xosas. Kreli, o chefe supremo da tribo, saudou a mensagem com alegria; diz-se inclusive, sem que seja possível comprová-lo, que ele teria sido o verdadeiro autor do plano todo. Difundiu-se, então, a determinação para que se obedecesse à ordem dos espíritos; a melhor cabeça de gado deveria ser abatida e comida. Uma parte da tribo vivia sob soberania britânica. Mensageiros foram enviados também aos chefes dessa porção da tribo; relataram-lhes o que havia ocorrido e pediram sua colaboração. Os clãs dos xosas logo se puseram em ação. A maioria dos chefes principiou abatendo o gado. Somente um deles, Sandile — um homem prudente —, hesitava ainda. O alto comissário inglês mandou dizer a Kreli que ele podia fazer o que bem entendesse em sua região, mas que seria punido se não parasse de incitar súditos britânicos a destruir suas propriedades. Kreli pouco se importou com a ameaça; estava convencido de que se aproximava a *sua* vez de punir.

As revelações provenientes do profeta ampliaram rapidamente o seu alcance. A moça, postada no meio do rio, em meio a uma enorme quantidade de crentes, ouvia estranhos ruídos não terrenos a seus pés. Seu tio, o profeta, explicou que eram as vozes dos espíritos discutindo os assuntos dos homens. Já a primeira ordem havia sido para que se abatesse o gado, mas os espíritos eram insaciáveis. Cada vez mais cabeças de gado eram abatidas, e nunca era o bastante. Mês a mês, o delírio intensificava-se, fazendo novas vítimas. Passado algum tempo, até o prudente chefe Sandile cedeu. Seu irmão o pressionara com veemência. Vira com os próprios olhos os espíritos de dois falecidos conselheiros de seu pai; conversara pessoalmente com eles, que haviam mandado transmitir a Sandile a ordem para que matasse o próprio gado, se não quisesse sucumbir juntamente com o homem branco.

A derradeira ordem do profeta fora já comunicada. Seu cumprimento constituiria o último item dos preparativos dos xosas, depois do que se tornariam dignos de receber o auxílio de um exército de espíritos. De seus animais todos, nem um único deveria permanecer com vida, e todo o trigo em seus celeiros tinha de ser destruído. Aos obedientes, abria-se a perspectiva de um futuro magnífico. Num dia predeterminado, rebanhos de milhares e milhares de cabeças, mais belas do que todas as que se fora já obrigado a sacrificar, sairiam da terra e recobririam inteiramente as pastagens. Grandes campos de milho, maduro e pronto para ser desfrutado, cresceriam do chão num instante. Nesse mesmo dia, os grandes e os sábios do passado ressuscitariam e compartilhariam da alegria dos crentes. A preocupação e a doença desapareceriam, assim como as fraquezas da velhice; juventude e beleza seriam concedidas tanto aos mortos ressuscitados quanto aos vivos e débeis. Terrível seria, porém, o destino daqueles que se opusessem à vontade dos espíritos ou que negligenciassem o cumprimento de suas or-

244

dens. Para estes, o mesmo dia que traria tanta alegria aos crentes seria o dia da ruína e da perdição. O céu desabaria e os esmagaria, juntamente com os mestiços e os brancos.

Missionários e agentes do governo esforçaram-se em vão para deter os desvarios. Os xosas estavam possessos e não toleravam nenhuma objeção ou resistência. Homens brancos que se imiscuíssem eram ameaçados; não se sentiam mais seguros de suas próprias vidas. Uma crença fanática apoderara-se da totalidade dos xosas, e alguns de seus líderes viram aí uma boa oportunidade para uma guerra. Estes tinham constantemente em mira um plano específico: lançar toda a tribo dos xosas, armada até os dentes e faminta, contra a colônia britânica. Estavam eles próprios excitados demais para perceber os perigos de uma tal empreitada, que não apresentava possibilidade alguma de êxito.

Havia algumas pessoas que não acreditavam nem nas profecias do profeta nem no sucesso de uma tal guerra, mas que, apesar disso, destruíram todo o seu estoque de comida até o último grão. Dentre estes encontrava-se um tio do chefe Kreli. "É a ordem do chefe", dizia ele; depois, nada mais restando para comer, o velho homem e sua esposa preferida sentaram-se num curral vazio e morreram. O próprio conselheiro-mor de Kreli opôs-se ao plano, até perceber que as palavras eram inúteis. Então, após declarar que tudo o que possuía pertencia a seu chefe, deu a ordem para o abate e a destruição e fugiu ensandecido. É possível que milhares tenham agido assim, contrariamente a sua convicção. O chefe ordenava, eles obedeciam.

Nos primeiros meses do ano de 1857, uma atividade inabitual imperava por todo o país. Grandes currais foram preparados para receber o gado que logo deveria aparecer em gigantescas quantidades. Enormes recipientes de couro foram fabricados para acolher o leite, que em breve seria tão abundante quanto a água. Já durante esse trabalho, alguns estavam passando fome. A leste do rio Kei, a ordem do profeta fora cumprida à risca, e, não obstante, o dia da ressurreição havia sido adiado. Isso porque, na região do chefe Sandile, que começara mais tarde, os abates ainda não haviam terminado. Uma parte da tribo já passava fome, ao passo que a outra cuidava ainda da destruição de seus alimentos.

O governo fez de tudo para proteger suas fronteiras. Cada posto foi reforçado, cada soldado disponível enviado para lá. Também os colonos tinham se preparado para absorver o choque. Depois de cuidarem da defesa, puseram-se a reunir provisões para salvar a vida dos famintos.

Chegara, por fim, o dia tão longamente esperado. Os xosas haviam passado a noite toda acordados, em grande agitação. Esperavam ver dois sóis vermelhos como sangue sobre as colinas a leste; o céu, então, desabaria, esmagando seus inimigos. Semimortos em razão da fome, passaram a noite em desvairada alegria. Por fim, e como sempre, um único sol nasceu, partindo o coração dos xosas. Não perderam a esperança de imediato; talvez o meio-dia fosse a hora correta, quando o sol está a pino; e, nada tendo acontecido também nesse horário, depositaram ainda suas esperanças no pôr do sol. O sol, porém, se pôs, e estava tudo acabado.

Graças a uma falha incompreensível, os guerreiros, que deveriam todos juntos lançar-se sobre a colônia, não haviam sido reunidos. Agora era tarde demais para isso. Uma nova tentativa de adiar o dia da ressurreição não produziria mais nenhum efeito. A alegre excitação dos xosas convertera-se no mais profundo desespero. Absolutamente famintos e na condição não de guerreiros, mas de mendigos, tinham agora de tomar o caminho da colônia. Irmão lutava contra irmão, pai contra filho por restos e pedaços minúsculos do grande recipiente para abrigar o leite, fabricado com tanto cuidado nos dias da mais intensa esperança. Velhos, fracos e doentes foram abandonados à própria sorte pelos mais jovens. Procurava-se toda sorte de plantas, até mesmo raízes de árvores para comer. Os que estavam mais próximos do mar tentaram manter-se à custa de crustáceos, mas, não acostumados a esse tipo de alimentação, morreram rapidamente em consequência da disenteria. Em alguns lugares, famílias inteiras sentavam-se conjuntamente para morrer. Mais tarde, encontraram-se com frequência, reunidos sob uma única árvore, de quinze a vinte esqueletos — pais que haviam morrido juntamente com seus filhos. Uma torrente interminável de criaturas famintas despejou-se na colônia, homens e mulheres jovens em sua maioria, mas, por vezes, pais e mães também, com seus filhos semimortos nas costas. Sentavam-se diante das casas nas fazendas e, num tom lastimoso, pediam comida.

Durante o ano de 1857, a população da porção inglesa do território dos xosas caiu de 105 mil para 37 mil habitantes; 68 mil pessoas haviam morrido ali. A vida de milhares fora salva com provisões de cereais acumuladas pelo governo local. Na porção livre do território, onde inexistiam tais provisões, um número relativamente ainda maior de pessoas morreu. O poder da tribo dos xosas havia sido completamente destruído.

Não é sem um propósito que se relata aqui em detalhes esse episódio. Poder-se-ia levantar a suspeita de que ele tenha sido inventado por alguém desejoso de elucidar o curso dos acontecimentos no interior da massa, as leis que os regulam e sua precisão. Mas tudo isso realmente aconteceu nos anos 50 do século XIX — não, portanto, num passado tão distante. Relatos de testemunhas oculares existem e podem ser examinados por qualquer um.

Tentemos, pois, extrair alguns pontos essenciais desse relato.

É notável, por exemplo, quão *vivos* apresentam-se os mortos dos xosas. Eles efetivamente participam dos destinos dos vivos. Encontram meios e caminhos de pôr-se em contato com eles. Prometem-lhes um exército auxiliar. Na qualidade de um exército — da *massa dos guerreiros mortos*, portanto —, eles se juntarão ao exército dos vivos. Esse reforço ocorrerá exatamente como se os xosas houvessem se aliado a outra tribo. Dessa vez, porém, trata-se de uma aliança com a tribo de seus próprios mortos.

Quando chegar o dia prometido, todos serão subitamente *iguais*. Os velhos voltarão a tornar-se jovens, os doentes tornar--se-ão saudáveis e os aflitos, felizes; os mortos irão se imiscuir entre os vivos. Um primeiro passo rumo a essa igualdade geral é dado já com a primeira ordem: deve-se abandonar a feitiçaria empregada por uns contra os outros; a confusão de propósitos hostis é o que mais perturba a unidade e a uniformidade da tribo. No grande dia prometido, a massa da tribo — que, por si só, é demasiado fraca — acrescer-se-á de um salto da massa total de seus mortos, a fim de subjugar o inimigo.

Também a direção em que a massa se despejará é previamente indicada: ela se lançará sobre a colônia dos brancos, sob cujo governo já se encontra. Graças ao reforço dos espíritos, seu poder será imbatível.

Os espíritos, de resto, alimentam os mesmos desejos dos vivos; eles adoram comer carne e, por isso, demandam que se lhes ofereça o gado em sacrifício. É de se supor que se alimentem também dos cereais que são destruídos. No início, os sacrifícios ocorrem ainda isoladamente; pode-se concebê-los como um sinal de piedade e devoção. Posteriormente, porém, eles aumentam: os mortos querem tudo. A tendência habitual à multiplicação do gado e do trigo converte-se numa tendência à multiplicação dos mortos. São o gado *abatido* e o trigo *destruído* que devem, então, fazer-se mais, pois ambos se transformam em gado e trigo para os mortos. A propensão dinâmica da massa a fazer-se cada vez mais — aos saltos, cegamente e sem nenhuma consideração, sacrificando tudo o mais em favor dessa propensão, a qual está sempre presente onde quer que se forme uma massa de pessoas —, tal propensão é, pois, *transferível*. Os *caçadores* transferem-na para sua *caça*, cujo número jamais lhes satisfaz o desejo e cuja fertilidade buscam fomentar em diversas cerimônias. Os *criadores* de *gado* transferem-na para o *gado*: farão de tudo para que seus rebanhos cresçam, e, pouco a pouco, sua habilidade prática de criadores dá realmente origem a um rebanho maior e a rebanhos maiores. A mesma propensão é transferida pelos *agricultores* aos produtos que seu empenho extrai da terra. Seu *trigo* produz trinta, cem vezes mais, e o celeiro no qual o armazenam — visto e admirado por todos — é a expressão nítida dessa bem-sucedida multiplicação aos saltos. Trabalharam tanto para isso que desse sentimento de massa transferido para os rebanhos ou para o trigo originasse algo como uma nova dignidade, sendo possível que frequentemente se sintam como se a tivessem conseguido sozinhos.

Durante essa "autodestruição" dos xosas, tudo quanto eles possuíam em termos de tendências à multiplicação de homens, gado e trigo vinculou-se a sua concepção dos *mortos*. Para vingar-se dos brancos, que lhes foram progressivamente roubando a terra; para empreender uma auspiciosa guerra contra estes, após todas as guerras fracassadas do passado, eles precisam de uma coisa: da revolta de seus mortos. Tão logo realmente se certificassem disso, tão logo todos os mortos houvessem efetivamente se levantado, formando legiões a perder de vista, podia-se dar início à guerra. E junto com eles, retornariam também o seu gado e o seu milho, em maior quantidade do que aquela que lhes fora oferecida — todo o gado e o milho que desde sempre se houvesse acumulado entre os mortos.

O gado que se abateu, o trigo que se destruiu, desempenhou a função de um cristal de massa ao qual deveria apegar-se todo o gado e o trigo do além. Em outros tempos, ter-se-iam certamente sacrificado homens também. No grande dia, então, as pastagens se encheriam de novos e gigantescos rebanhos, e o milho cresceria nos campos, pronto para ser desfrutado.

Toda essa empreitada visou, portanto, o reaparecimento dos mortos, juntamente com tudo o mais que pertence à vida. Foi com esse propósito maior que se entregou tudo. E nisso cada um viu-se fortalecido por seus *conhecidos* no outro mundo. O irmão do profeta e ambos os conselheiros do velho chefe falecido foram os fiadores de um acordo feito com os mortos. Quem se opôs ou hesitou retirou da massa algo que lhe pertencia, perturbando-lhe a unidade. Por essa razão, é colocado de imediato, e tanto mais fácil, ao lado dos inimigos, juntamente com os quais ele há de perecer.

Se se contempla o desfecho catastrófico do episódio — o fato de que, no dia prometido, nada aconteceu: não apareceram milharais, rebanhos ou exército de mortos —, poder-se-ia muito bem dizer, do ponto de vista da crença dos xosas, que eles foram enganados por seus mortos. Estes não pretenderam que o acordo fosse sério: não tinham o menor interesse numa vitória sobre os brancos, mas simplesmente no seu próprio crescimento. Por meio de imposturas, adquiriram para si primeiramente o gado e os cereais; a estes seguiram-se então, por si sós, os homens famintos. Assim, a vitória de fato foi dos mortos, ainda que de uma outra maneira e numa outra guerra; ao final, lá estavam eles na qualidade da *massa maior*.

No entanto, particular significado no comportamento dos xosas parece possuir também a *ordem*. Esta coloca-se como algo à parte, como um ato inteiramente autônomo. Os mortos, a dar as ordens, precisam de um intermediário para sua transmissão. Reconhecem integralmente a hierarquia terrena. O profeta deve dirigir-se aos chefes e levá-los a acatar as ordens dos espíritos. Tão logo Kreli, o chefe supremo, declara-se favorável ao plano destes últimos, as demais ordens tomam seu curso normal. Os mensageiros são enviados a todos os clãs dos xosas, mesmo àqueles sujeitos a uma "falsa" soberania — ou seja, a dos ingleses. Até os incrédulos, que resistem longamente à execução do plano, dentre os quais se encontram o tio de Kreli e seu conselheiro-mor, submetem-se afinal à "ordem" do chefe, declarando-a expressamente o motivo único de sua submissão.

Mas tudo se torna ainda mais notável quando tomamos em consideração o *conteúdo* dessa ordem. Essencialmente, trata-se do *abate* do gado e, portanto, de *matar*. Quanto mais enfaticamente essa ordem é repetida, quanto mais abrangente mente se concebe a sua aplicação, ostentando um caráter de massa, tanto mais ela antecipa a própria guerra. Do ponto de vista da ordem, o gado representa — se se pode formulá-lo dessa maneira — os *inimigos*. Ele representa os inimigos e o gado destes, assim como os cereais a serem destruídos representam seus cereais. A guerra principia no território dos próprios xosas, como se estes

250

estivessem já no território inimigo; a ordem volta aí a aproximar-se de sua origem, quando era ainda uma *sentença de morte*: a sentença de morte instintiva de uma espécie contra outra.

Sobre todos os animais que o homem mantém cativos pesa uma sentença de morte. É certo que tal sentença é, por muito tempo, *suspensa*; mas indultado, nenhum animal o é. Desse modo, o homem transfere impunemente sua própria morte, da qual certamente tem plena consciência, a seus animais. O tempo de vida que concede a eles tem algo do seu próprio; a diferença é que, com relação aos animais, é *ele* quem cuida de determinar-lhes o fim. A morte dos animais é-lhe mais fácil se ele os possui em grande quantidade, isolando-os do rebanho para o abate. Ambas as suas metas — a multiplicação de seus rebanhos e o abate de animais isolados de que necessita — deixam-se unificar perfeitamente. Desse modo, na condição de pastor, ele é mais poderoso que qualquer caçador. Seus animais encontram-se reunidos e não lhe escapam. Ele tem nas mãos a duração de suas vidas. Não depende de uma ocasião qualquer que os animais porventura lhe ofereçam, nem precisa matá-los de imediato. A *força* do caçador transforma-se no *poder* do pastor.

A ordem, pois, que é transmitida aos xosas é ordem em sua essência: a execução da sentença de morte de seu gado deve preceder ao abate de seus inimigos, como se, no fundo, ambos fossem um só. E, de fato, o são.

Dá o que pensar o fato de essa ordem para matar provir dos próprios mortos, como se lhes coubesse a autoridade suprema nesse assunto. Em última instância, ordenam que tudo se vá para eles no além. Em seu meio encontram-se todos aqueles que, no passado, deram as ordens — gerações de chefes. O prestígio que acumulam é grande; decerto seria igualmente grande se eles todos se encontrassem subitamente entre os vivos, e não na condição de mortos. Contudo, não há como evitar a impressão de que seu poder intensificou-se ainda mais com a morte. Que possam fazer-se notar por intermédio do profeta, que simplesmente apareçam e falem com ele, tal fato confere ao prestígio que tinham no passado ainda um outro, sobrenatural;

contornaram, assim, a morte, apresentando-se ainda impressionantemente *ativos*. *Contornar* a morte, o desejo de *esquivar-se* dela, constitui uma das mais antigas e obstinadas tendências de todos os detentores de poder. Nesse sentido, é importante acrescentar aqui que o chefe Kreli sobreviveu muitos anos à morte por inanição de seu povo.

AS ENTRANHAS DO PODER

CAPTURA E INCORPORAÇÃO

A psicologia da captura e da incorporação — tanto quanto a do comer, de um modo geral — permanece ainda um objeto de estudo totalmente inexplorado; nesse campo, tudo nos parece extremamente óbvio. Desenrolam-se aí, porém, muitos processos de natureza enigmática sobre os quais nunca refletimos. Nada há em nós que seja mais antigo; até hoje, o fato de compartilharmos com os animais de tanto do que ocorre nesses processos não os tornou mais espantosos para nós.

A aproximação de uma criatura rumo a outra, em relação à qual nutre propósitos hostis, dá-se mediante diversos atos, cada um dos quais possuindo seu significado tradicional específico. Dentre esses atos tem-se, por exemplo, o do *espreitar* a presa: esta encontra-se já sob perseguição muito antes de aperceber-se de nosso propósito. Nós a contemplamos, observamos e vigiamos munidos de um sentimento de aprovação e satisfação; encaramo-la como carne, visto que ela vive ainda, e o fazemos tão intensa e irrevogavelmente que nada poderia jamais demover-nos do propósito de obtê-la. Ao longo de todo esse tempo em que a circundamos, sentimos já em que grande medida ela nos pertence; a partir do momento em que a definimos como presa, imaginamo-la já incorporada a nós.

A espreita é um estado tão peculiar de tensão que, apartada de tudo o mais, ela pode, por si só, adquirir um significado. Tende-se a prolongá-la e, mais tarde, evocá-la como um estado em si, independentemente de se ter ou não uma presa qualquer em mira. O homem não se coloca à espreita e se entrega à perseguição impunemente. Tudo quanto empreende de modo ativo nesse sentido, ele o vivencia de modo passivo, e exatamente da

253

mesma forma, na própria pele; vivencia-o, porém, com maior intensidade, pois sua maior inteligência percebe mais perigos, tornando-lhe o ser perseguido um tormento maior.

Nem sempre ele é forte o bastante para obter sua presa de forma direta. A perseguição que empreende, assaz hábil e precisa à sua maneira, conduz às mais complicadas armadilhas. Amiúde, ele se serve também da metamorfose, que é seu verdadeiro dom, ajustando-se com precisão ao animal de que está atrás. Logra imitá-lo tão bem que o animal acredita nele. Pode-se caracterizar como adulação essa modalidade do espreitar. Diz-se ao animal: "Eu sou igual a você; sou você, e você pode deixar que eu me aproxime",

Posteriormente à aproximação furtiva e ao salto — que aqui será tratado em outro contexto —, segue-se então o primeiro *contato*. Este é, talvez, o que o homem mais teme. Os dedos tocam o que logo pertencerá inteiramente ao corpo. A captura por meio dos outros sentidos — da visão, da audição, do olfato — não é tão perigosa. Esta deixa ainda um espaço entre o homem e sua vítima; enquanto esse espaço existir, haverá ainda uma oportunidade de escapar, de modo que tudo permanece irresolvido. Mas o tatear, como contato, é já o prenúncio do degustar. A bruxa do conto de fadas pede à vítima que estique o dedo, a fim de que possa apalpá-lo e saber, assim, se sua vítima já está suficientemente gorda.

Do momento do contato em diante, o propósito de um corpo em relação ao outro torna-se concreto. Já no tocante às formas de vida mais inferiores, tal momento possui algo de decisivo. Ele contém os medos mais antigos; nós sonhamos com ele e o cantamos em verso; nossa vida em civilização nada mais constitui do que um único empenho em evitá-lo. Se, a partir desse momento, seguirá havendo resistência, ou se se abrirá mão dela completamente, isso depende da relação de forças entre aquele que toca e o que é tocado — e, mais ainda do que da efetiva relação de forças, da ideia que faz dela este último. Na maioria das vezes, ele buscará ainda defender sua pele, somente deixando de tomar qualquer atitude quando em face de um poder que lhe pareça avassalador. Em nossa vida social, o contato definitivo — aquele que ocorre porque toda resistência, sobretudo a futura, afigura-se vã — transformou-se na *prisão*. Basta que o indivíduo sinta no ombro a mão daquele que dispõe da autoridade legítima para prendê-lo, e ele normalmente se entregará, antes mesmo que chegue a haver a captura propriamente dita. Ele se renderá e o acompanhará; dará a impressão de comportar-se de forma controlada; e, no entanto, quase nunca se encontrará ele numa posição que lhe permita encarar os acontecimentos subsequentes com tranquilidade e confiança.

O nível seguinte de aproximação é a *captura*. Os dedos da mão formam um espaço oco rumo ao qual buscam pressionar uma porção da criatura que tocam. Fazem-no sem se preocupar com seu corpo, com o contexto orgânico da presa. Nesse estágio, não faz realmente diferença se vão machucá-la ou não. Algo de seu corpo, porém, precisa penetrar naquele espaço construído pelos dedos, na qualidade de uma fiança para o todo. O espaço no interior da mão curvada é a antessala da boca e do estômago, através dos quais a presa será, então, definitivamente incorporada. Em muitos animais, é a boca armada, em vez das garras ou da mão, que cuida da captura. Entre os homens, a mão que não solta mais constitui o verdadeiro símbolo do poder. "Ele o entregou em suas mãos." "Estava em suas mãos." "Está nas mãos de Deus." Expressões assim são frequentes e conhecidas em todas as línguas.

Para o processo da captura propriamente dita, o verdadeiramente importante é a *pressão* que a mão humana exerce. Os dedos se fecham sobre aquilo que apanharam; estreita-se o espaço oco para o qual foi puxado. O que se apanhou, quer-se senti-lo em toda a superfície interior da mão; quer-se senti-lo com mais vigor. A leveza e a mansidão do contato primeiro se propagam para depois, finalmente, fortalecerem-se e concentrarem-se, até que se esteja pressionando o máximo possível a porção da presa que se apanhou. Esse tipo de pressão superou o dilacerar das garras. Em cultos antigos, praticava-se ainda o dilaceramento; era, porém, considerado animal: tratava-se de um jogo entre animais. Já de há muito, porém, passou-se a recorrer aos dentes.

A pressão pode intensificar-se até o *esmagamento*. Até onde se vai com ela — se até o esmagamento de fato ou não —, isso depende da periculosidade da presa. Se se teve de enfrentar uma dura luta com ela; se se foi seriamente ameaçado; se ela provocou a ira ou infligiu um ferimento, com prazer far-se-á com que ela o sinta, pressionando-a mais do que o necessário para se ter segurança da sua posse.

Mas, mais ainda do que a periculosidade e a ira, é o desdém que conduz ao esmagamento. Algo minúsculo, que mal conta — um *inseto* —, é esmagado porque, do contrário, não se saberia o que aconteceu com ele. Um espaço oco estreito o suficiente para ele, a mão humana não é capaz de formar. Contudo, independentemente do fato de que as pessoas desejam livrar-se de algo que as importuna e saber que efetivamente dele se livraram, tal comportamento em relação a uma mosca ou a uma pulga trai o desdém pelo que é completamente indefeso, por aquilo que vive numa ordem de grandeza e poder em tudo diversa da nossa, algo com o qual nada temos em comum, no qual jamais nos metamorfoseamos e do qual nunca temos medo, a não ser que, subitamente, ele apareça em massa. A destruição dessas criaturas minúsculas é o único ato de violência que permanece inteiramente impune inclusive *dentro* de nós mesmos. Seu sangue jamais se derrama sobre nossa cabeça e não lembra o nosso. Não fitamos seus olhos moribundos, nem tampouco as comemos. Pelo menos entre nós, ocidentais, essas criaturas jamais foram incluídas no reino crescente, ainda que não muito eficaz, dos seres humanos. São, em suma, livres como pássaros — ou, melhor dizendo, livres como moscas ou pulgas. Se digo a alguém: "Posso te esmagar com as mãos", o que exprimo com isso é o maior desdém que se pode conceber. O que estou dizendo é, mais ou menos: "Você é um inseto que não significa nada para mim. Posso fazer com você o que eu quiser, e você continuará não significando nada para mim. Você não significa nada para ninguém. Pode ser impunemente aniquilado, e ninguém notaria. Ninguém lembraria, tampouco eu".

O nível máximo de destruição pela pressão, a *trituração*, não é mais possível com as mãos: para tanto, elas são demasiado macias. A trituração pressupõe uma sobrecarga mecânica bastante grande, uma dura porção superior e outra inferior entre as quais o objeto é triturado. Os dentes fazem aqui o que as mãos não conseguem. De um modo geral, quando se fala em trituração não se pensa mais num ser vivo; o processo enquanto tal avança já pelo terreno do inorgânico. A palavra é empregada antes em relação a catástrofes naturais; grandes rochas que se soltam podem triturar criaturas bem menores. É certo que o termo é utilizado também em sentido figurado, mas, nesse caso, não é levado totalmente a sério. Ele transmite a ideia de um poder destruidor vinculado não propriamente ao homem em si, mas a suas ferramentas. Há algo de puramente objetivo na trituração; sozinha, a exterioridade do corpo não é capaz de produzi-a, renunciando generosamente a ela. A força maior de que o corpo é capaz é o punho de "aço".

É notável a grande consideração de que goza o ato de *agarrar* [*Griff*]. As funções da mão são tão múltiplas que não há de causar admiração as muitas expressões idiomáticas a ela vinculadas. Seu verdadeiro prestígio, porém, ela o deve a esse ato central e mais celebrado de poder que é o do agarrar. A expressão "estar tomado" [*Ergriffenheit*], que não poderia desfrutar de posição mais elevada, constitui, talvez, o mais impressionante testemunho disso. Ela implica totalidade, total encerramento do sujeito, e isso em conexão com uma força sobre a qual ele não exerce nenhuma influência. Aquele que está "tomado" [*der Ergriffene*] foi apanhado por uma enorme mão que o abarca por completo, mas nada faz para defender-se dessa mão, cujas intenções não lhe é possível conhecer.

É natural que busquemos o ato decisivo de poder onde, desde sempre, ele mais chama a atenção nos animais e nos homens: justamente no ato de *agarrar* [*Ergreifen*]. Repousa aí o respeito supersticioso de que desfrutam entre os homens os felinos de rapina, tanto os tigres quanto os leões. São eles os maiores agarradores; e seu agarramento, eles o efetuam sozinhos. A espreita, o bote, o cravar das garras, o dilacerar — neles, tudo isso encontra-se ainda reunido numa coisa só. O ímpeto que há nesse ato, sua inexorabilidade, a segurança com que ele é executado, a superioridade jamais contestada de seu executor, o fato de que tudo, queira ele o que quiser, pode tornar-se presa — todos esses fatores contribuem para seu portentoso prestígio. Qualquer que seja o ponto de vista a partir do qual se contemple, tem-se aí o poder em sua concentração máxima. E, sob tal forma, ele causou uma impressão indelével no homem; todos os reis gostariam de ter sido leões. O que admiravam e louvavam era o próprio ato de agarrar, seu êxito. Por toda parte, caracterizou-se como valentia e grandeza aquilo que repousava numa força amplamente superior.

O leão *não* precisa *metamorfosear-se* para obter sua presa; ele a consegue na qualidade *dele mesmo*. Antes de partir para o ataque, ele ruge, deixando-se reconhecer; único como é, ele pode revelar sua intenção, anunciando-a bem alto, de forma audível a todas as criaturas. Há aí uma obstinação que jamais se transforma em qualquer outra coisa e que, por isso mesmo, espraia um pavor ainda maior. O poder, em seu cerne e seu ápice, despreza a metamorfose. Ele se basta a si mesmo; quer apenas a si mesmo. Sob essa forma, ele pareceu notável aos homens; absoluto e irresponsável, ele não existe em função de coisa ou pessoa alguma. Sempre que exibiu essa forma, o poder exerceu sobre os homens seu maior fascínio, e, até hoje, nada é capaz de impedir-lhe a recorrência sob essa mesma forma.

Há, contudo, um segundo ato de poder, decerto não tão fulgurante, mas certamente não menos essencial. Em face da grandiosa impressão causada pelo agarrar, esquece-se de que, paralelamente a ele, verifica-se algo de igual importância: importante é também *não se deixar agarrar*.

Todo espaço livre que o detentor de poder cria em torno de si serve a esse segundo propósito. Todos, mesmo a criatura mais inferior, buscam impedir uma aproximação demasiada por parte de outrem. Onde quer que se tenha estabelecido entre os homens uma forma qualquer de convivência, ela se expressa em distâncias, distâncias estas que os livram desse medo incessante de serem apanhados e agarrados. O simétrico, que tanto chama a atenção em algumas civilizações antigas, deriva também dessa distância uniforme que, em todas as direções, o homem cria em torno de si. Nessas civilizações, a segurança é dada pela distância, e assim ela se expressa também plasticamente. O detentor de poder, de cuja existência depende a dos outros, compraz-se da maior e mais nítida distância possível; é nisso, e não apenas em seu brilho, que ele se equipara ao sol, ou, mais ainda, ao céu, como ocorre entre os chineses. O acesso a ele é dificultado. Palácios com um número cada vez maior de cômodos são construídos em torno dele. Cada portão, cada porta é vigiada com a máxima atenção; contra a sua vontade, é impossível entrar. De sua distante segurança, ele pode mandar agarrar quem quer que seja, esteja onde estiver. Mas como agarrar a ele, cem vezes isolado?

A *incorporação* propriamente dita da presa começa na boca. Para ela conduzia originalmente o caminho de tudo quanto se comia: da mão para a boca. Em muitas criaturas que não possuem braços para agarrar, isso é feito com a própria boca, com seus dentes ou com um bico a ela anteposto.

O instrumento de poder que mais chama a atenção, à disposição do homem e de muitos animais, são os *dentes*. A fileira na qual estão ordenados e sua fulgurante lisura não são comparáveis a nenhuma outra coisa presente no corpo ou neste vista em ação. Podem-se caracterizar os dentes como a primeira de todas as *ordens*, uma ordem que literalmente grita por reconhecimento geral; uma ordem que atua exteriormente como uma ameaça, nem sempre visível, mas visível sempre que se abre a boca, o que é frequente. O material de que se compõem os dentes difere dos demais componentes do corpo que despertam atenção; ele impressionaria mesmo que se tivessem apenas dois dentes. Estes são lisos, duros, não cedem; pode-se comprimi-los sem que seu volume se altere; a impressão que causam é a de pedras incrustadas e muito bem polidas.

Desde muito cedo o homem empregou todos os tipos de pedras como armas e ferramentas, mas um longo tempo se passou até que ele fosse capaz de poli-las tão bem a ponto de conferir-lhes a lisura dos dentes. É provável que estes lhe tenham servido de modelo nesse aperfeiçoamento de suas ferramentas. Dentes de animais maiores já lhe haviam sido, desde sempre, úteis. Pode ser que, em sua captura, ele tenha corrido risco de vida, e esses dentes pareciam-lhe ainda encerrar algo do poder do animal que o ameaçara com eles. O homem os pendurava no corpo, como troféus e talismãs; os dentes podiam transmitir a outros o pavor que ele próprio sentira diante deles. As cicatrizes que lhe haviam sido provocadas por dentes, ele as trazia orgulhoso no corpo; eram tidas por distinções e tão cobiçadas que, mais tarde, passou-se a produzi-as artificialmente.

Rico e múltiplo é, pois, o efeito que os dentes provocam no homem, tanto os de outros animais, mais fortes, quanto os seus próprios. Em conformidade com seu caráter, eles se situavam a meio caminho entre um componente inato do corpo e uma ferramenta; o fato de eles caírem ou de se poder quebrá-los fê-los ainda mais semelhantes a uma ferramenta.

A *lisura* e a *ordem*, propriedades manifestas dos dentes, transferiram-se para a essência do poder de um modo geral. São inseparáveis dele, e a primeira característica que se verifica em qualquer forma de poder. Tudo começou com as ferramentas primitivas; com o crescimento do poder, no entanto, cresceram também essas suas antigas propriedades. O salto dado da pedra para o metal foi, talvez, o maior salto que se deu no sentido de uma crescente lisura. Por mais bem lapidada que fosse a pedra, a espada — primeiro de bronze, depois de ferro — era mais lisa. O que verdadeiramente atrai e seduz no metal é o fato de ele ser liso como nada mais o é. Nas máquinas e veículos de nosso mundo moderno, essa lisura intensificou-se; ela se transformou numa lisura da própria função. A linguagem é o que expressa mais claramente esse fato: diz-se que alguma coisa caminha ou funciona sem tropeços [*glatt*]. O que se quer dizer com isso é que se tem controle total e imperturbado sobre um determinado processo, seja este de que natureza for. Na vida moderna, a predileção pela lisura tomou conta de áreas nas quais, no passado, buscava-se evitá-la. As casas e os móveis eram, na maioria das vezes, adornados como o corpo e os membros humanos. O adorno modificou-se, mas estava sempre presente; as pessoas aferravam-se obstinadamente a ele, mesmo estando já perdido o seu significado simbólico. Hoje, a lisura conquistou também as casas, seus muros, suas paredes e os objetos que se colocam em seu interior. Desprezam-se os adornos e enfeites, considerados de mau gosto. Fala-se em função, clareza e utilidade, mas o que realmente triunfou foi a lisura e seu inerente prestígio secreto do poder.

Nesse exemplo, extraído da nova arquitetura, torna-se já evidente quão difícil seria separar aí a lisura da ordem. A história comum de ambas é antiga, tão antiga quanto os dentes. A igualdade de toda uma fileira de dentes frontais, as distâncias perfeitas que os separam, serviram de modelo para muitas ordenações. Pode-se supor que derivem originalmente daí os grupos regulares de toda sorte que hoje nos parecem naturais. A disposição ordenada dos destacamentos militares, conforme a cria artificialmente o próprio homem, é vinculada pelo mito aos dentes. Os soldados de Cadmo a brotar do chão foram semeados sob a forma de dentes de dragão.

Decerto, o homem encontrou já na natureza outras ordenações — a da grama, por exemplo, e a das árvores, mais rigorosa. Mas, contrariamente à dos dentes, não as encontrou em si próprio; elas não se vinculavam tão direta e incessantemente a sua absorção dos alimentos, tampouco estavam tão ao alcance da mão. Foi sua atividade como órgãos da mastigação o que tão enfaticamente chamou a atenção do homem para a disposição ordenada dos dentes. E foi a queda de muitos deles, e as dolorosas consequências desta, que o conscientizou do significado dessa ordem.

Os dentes são os guardiões armados da boca. Esta, sendo um espaço realmente exíguo, constitui o modelo de todas as *prisões*. Tudo o que cai nela está perdido, e muitos seres vão parar vivos em seu interior. Um grande número de animais mata sua presa somente na boca; alguns, nem mesmo nela. A presteza com que a boca se abre, quando não permanece já aberta à espreita, e a forma definitiva como ela, uma vez fechada, assim permanece lembram as temidas características principais da prisão. Não constituirá equívoco supor que esta última tenha realmente sofrido uma influência sombria do modelo oferecido pela boca. Para os primeiros homens, certamente não era apenas na boca das baleias que se dispunha de espaço suficiente. Nesse lugar terrível, nada é capaz de florescer, ainda que fosse habitado por tempo suficiente. Ele é seco e não permite a semeadura. Quando se tinham já quase exterminado as bocas enormes e os dragões, achou-se um sucedâneo simbólico para ambos: as prisões. No passado, quando eram ainda câmaras de tortura, assemelhavam-se em muitos detalhes à boca hostil. O inferno tem ainda hoje esse aspecto. Já as prisões propriamente ditas, pelo contrário, tornaram-se puritanas: a lisura dos dentes conquistou o mundo; as paredes das celas são inteiramente lisas, e reduzidíssima é a fresta por onde entra a luz. Para o prisioneiro, a liberdade é todo espaço para além dos dentes cerrados que as paredes nuas de uma cela hoje representam.

A estreita *garganta* pela qual tem, então, de passar o que foi capturado constitui o último de todos os pavores para aqueles poucos que ainda permanecem vivos por tanto tempo. A fantasia humana sempre se ocupou dessas etapas da incorporação. A boca obstinadamente aberta das grandes feras que ameaçavam o homem perseguiu-o até em seus sonhos e mitos. Viagens exploratórias por suas goelas abaixo não lhe eram menos importantes do que aquelas pelos mares, e, certamente, eram tão perigosas quanto estas. Alguns, já sem esperanças, foram resgatados ainda com vida da boca dessas feras, e carregaram consigo pela vida inteira as cicatrizes de seus dentes.

É longo o caminho que a presa percorre pelo corpo. Nesse caminho, ela é lentamente consumida; tudo quanto nela tem uma aplicação é-lhe retirado. O que sobra é lixo e fedor.

Tal processo, no qual culmina toda conquista animal, é instrutivo no que se refere à essência do poder em si. Quem quer que queira reinar sobre os homens busca rebaixá-los, surrupiar-lhes a resistência e os direitos, até tê-los impotentes diante de si, feito animais. E é como animais que os usa; ainda que não lhes diga, tem sempre claro para *si próprio* quão pouco os homens significam para ele; para os íntimos, dirá deles que são ovelhas ou gado. Sua meta última é sempre *incorporá-los* e consumi-los. É-lhe indiferente o que restará deles. Quanto pior os tiver tratado, tanto mais os desprezará. E quando não forem mais de valia alguma, livrar-se-á deles, cuidando para que não empesteiem o ar de sua casa.

Não ousará, porém, identificar para si próprio todos os estágios desse processo. É possível que, se for um amante das afirmações ousadas, ainda admita para os íntimos a degradação dos homens à condição de animais que conseguiu. Como, no entanto, não manda abater seus súditos em matadouros, nem os emprega para alimentar de fato o próprio corpo, negará que os consome e *digere*. É, pelo contrário, ele quem lhes dá de comer. Bastante fácil é, pois, não enxergar o cerne de tais processos, uma vez que o homem também mantém animais que não mata de imediato, ou não mata nunca, pois eles lhe são mais úteis para outras coisas.

Independentemente, porém, do detentor de poder, capaz de concentrar tanto em suas mãos, a relação de todo homem com seu próprio excremento pertence também à esfera do poder. Nada pertenceu em maior medida a uma pessoa do que aquilo que se transformou em excremento. A pressão constante sob a qual se encontra a presa transformada em comida, durante todo o longo tempo que peregrina pelo corpo; sua dissolução e a íntima conexão que estabelece com aquele que a digere; o completo e definitivo desaparecimento primeiramente de todas as funções e, depois, de todas as formas que um dia compuseram sua existência; a equiparação ou assimilação ao corpo já existente desse que a digere — tudo isso pode muito bem ser visto como o fenômeno mais central, ainda que mais recôndito também, do poder. Trata-se de um fenômeno tão óbvio, automático e tão além de todo o consciente, que se lhe subestima o significado. Tende-se a enxergar apenas os milhares de divertimentos do poder, os quais se desenrolam na superfície; estes, porém, compõem-lhe a porção mais minúscula. Mais abaixo, o que se faz é tão somente digerir e digerir, dia após dia. Algo estranho é apanhado, reduzido, incorporado e, a partir de dentro, assimilado àquele que o digeriu e que vive graças unicamente a esse processo. Se tal processo é interrompido, ele logo encontrará o seu fim; disso, tem sempre consciência. Claro está, porém, que *todas* as fases desse processo — e não apenas as exteriores e semiconscientes — hão de deixar suas marcas psíquicas. Encontrar-lhes as correspondências nesse terreno não é coisa fácil; no curso desta investigação, alguns vestígios importantes oferecer-se-ão como que por si sós à pesquisa. Destes, particularmente instrutivos revelar-se-ão, como se verá, as manifestações patológicas da *melancolia*.

O excremento, que é o que resta de tudo, apresenta-se carregado de nossas culpas. Nele deixa-se reconhecer tudo quanto matamos. Ele é a soma comprimida de todos os indícios existentes contra nós. Na qualidade de nosso pecado cotidiano, constante, ininterrupto, ele fede e clama aos céus. Chama a atenção o modo como as pessoas se isolam com seus excrementos. Livram-se deles em cômodos próprios, que servem unicamente a esse propósito; tal isolamento constitui seu momento mais íntimo; verdadeiramente sozinhas, as pessoas só ficam com seus excrementos. É evidente que se envergonham deles. Eles são o selo antiquíssimo daquele fenômeno do poder que se chama digestão, um fenômeno que se desenrola às escondidas e que, sem esse selo, *permaneceria* oculto.

A MÃO

A mão deve seu surgimento à vida nas árvores. Sua primeira característica é o isolamento do polegar: a vigorosa constituição deste e o maior espaço intermediário que o separa dos demais dedos permitem o emprego daquilo que já foi garra para apanhar galhos inteiros. Assim, movimentar-se de uma árvore para outra, em todas as direções, torna-se uma questão simples e natural; vê-se nos *macacos* o valor que têm as mãos. Esse seu antigo significado é conhecido de todos, e quase ninguém desejará ainda contestá-lo.

Contudo, o que não se considera suficientemente, e em toda a sua amplitude, é a função variegada das mãos ao se trepar numa árvore. Elas absolutamente não fazem ambas a mesma coisa a um mesmo tempo. Enquanto uma busca um novo galho, a outra segura-se firme no galho antigo. Esse segurar-se é de capital importância; no movimento rápido, é ele sozinho que impede a queda. Em circunstância alguma pode a mão que suporta a totalidade do peso do corpo *soltar* o que está segurando. Isso lhe confere uma grande tenacidade, a qual, no entanto, se há de distinguir do antigo aferrar-se à presa. E isso porque, tão logo o outro braço alcança o novo galho, a mão que segura tem de *soltar* o galho antigo. Se tal não ocorre com grande rapidez, a criatura a trepar na árvore mal sai do lugar. Esse veloz soltar da mão constitui, portanto, a nova capacidade que a ela se acresce; antes, a presa nunca era solta, a não ser sob extrema necessidade, e, ainda assim, contrariamente ao hábito e à vontade.

Para cada uma das mãos, o ato de trepar numa árvore consiste, pois, unicamente em duas fases que se seguem uma à outra: agarrar e soltar; agarrar e soltar. A segunda mão, é claro, faz o mesmo, mas uma fase adiante. Num único e mesmo momento, cada mão faz o contrário da outra. O que diferencia o macaco dos demais animais é a sequência veloz de ambos esses movimentos. Agarrar e soltar perseguem-se mutuamente, conferindo ao macaco algo daquela agilidade que tanto se admira nele.

Mesmo os macacos superiores, que desceram das árvores para o chão, sempre preservaram essa capacidade essencial das mãos de, por assim dizer, jogar uma com a outra. Na maneira como ela surgiu, uma prática bastante disseminada entre os homens lembra muito nitidamente esse jogo: o *comércio* [*Handel*].

O comércio consiste em se dar algo definido por aquilo que

se recebe. Uma das mãos [*Hand*] segura tenazmente o objeto com o qual deseja seduzir o interlocutor a comerciar. A outra se estende ansiosa em busca de um segundo objeto que gostaria de trocar pelo seu próprio. Tão logo esta o toca, a primeira solta o que era sua propriedade — e não antes, do contrário poderia perdê-lo por completo. Traduzida para os acontecimentos relacionados ao trepar na árvore, essa forma mais crassa de engodo, em que se toma algo de alguém sem lhe dar nada em troca, corresponde à queda. Para evitar que isso ocorra, permanece-se sempre alerta durante todo o comerciar, observando-se cada movimento do interlocutor. A profunda e bastante disseminada alegria que o comércio proporciona ao homem deixa-se, pois, parcialmente explicar pelo fato de que, ao comerciar, ele dá continuidade, sob a forma de uma atitude psíquica, a um de seus movimentos mais antigos. Em nada mais o homem apresenta-se ainda hoje tão próximo do macaco quanto na prática do comércio.

Retornemos, porém, dessa digressão por uma época muito posterior para a mão propriamente dita e sua origem. Com os galhos das árvores, o homem aprendeu uma modalidade do segurar não mais voltada para o alimento imediato. Interrompeu-se com isso o curto e pouco variegado caminho que conduz da mão à boca. A quebra do galho que a mão segurava deu origem ao *bastão*. Com ele, podiam-se manter afastados os inimigos. Já em torno de uma criatura primitiva ele criou espaço, uma criatura que era no máximo, talvez, parecida com o homem. Do ponto de vista de quem vive em árvores, o bastão era a arma mais à mão. O homem conservou sua fidelidade a ele, nunca mais abandonando-o. Com ele, podia-se golpear; podia-se afinar-lhe a ponta, transformando-o em lança; podia-se curvá-lo e atar-lhe as extremidades; e podia-se cortá-lo longitudinalmente, formando flechas. Mas, paralelamente a todas essas metamorfoses, o bastão prosseguiu sendo também o que era no princípio: um instrumento mediante o qual se cria distância, afastando o homem do contato e da temida possibilidade de ser agarrado. Assim como o caminhar ereto jamais perdeu totalmente seu *pathos*, assim também o bastão, em todas as formas que assumiu, jamais se fez comedido: na qualidade de vara de condão e cetro, ele permaneceu o atributo de duas importantes formas de poder.

SOBRE A PACIÊNCIA DAS MÃOS

Todas as atividades impetuosas das mãos são vistas como arcaicas. Não é apenas do agarrar com propósito hostil que se esperam subtaneidade e crueldade. São esperadas também, e involuntariamente, de procedimentos que somente se desenvolveram mais tarde, como o golpear, o espetar, o empurrar, o lançar e o atirar, por mais que estes se tenham ramificado e tornado tecnologicamente mais complexos. É possível que sua velocidade e precisão tenham aumentado, mas tanto o seu sentido quanto o seu propósito permanecem ainda os antigos. Para o caçador e o guerreiro, tais atividades tornaram-se importantes; mas elas nada acrescentaram à verdadeira *glória* da mão humana.

Sua perfeição, a mão a atingiu por outros caminhos — mais exatamente, em toda parte onde renunciou à violência e à presa. A verdadeira *grandeza das mãos* reside em sua *paciência*. Os atos tranquilos e vagarosos da mão criaram o mundo no qual gostaríamos de viver. O oleiro, cujas mãos são capazes de dar forma ao barro, figura como criador bem no começo da Bíblia.

Mas como é que as mãos tornaram-se pacientes? Como adquiriram a sensibilidade de seus dedos? Uma de suas primeiras atividades de que se tem notícia, e que os macacos adoram, é o coçar a *pele* dos amigos. Pensa-se que estão procurando alguma coisa, e como, sem dúvida, eles às vezes encontram algo, atribuiu-se a essa atividade um propósito assaz estreito, nada mais do que útil. Na realidade, o que lhes importa é sobretudo a sensação agradável que os pelos na pele proporcionam a cada um dos dedos. Esses exercícios com os dedos são os mais antigos que se conhecem. Eles é que fizeram dos dedos o fino instrumento que hoje admiramos.

DOS EXERCÍCIOS DOS MACACOS COM OS DEDOS

O cuidadoso e mútuo exame da pele chama a atenção de todos quantos observam os macacos. O apalpamento e a contemplação precisos de cada pelo causam a impressão de que eles estão procurando por insetos daninhos. A postura dos animais lembra os homens à procura de pulgas; frequentemente, levam os dedos cuidadosamente à boca — ou seja, encontraram alguma coisa. Que tal ocorra com tamanha frequência e abundância, parece comprovar a necessidade de uma tal busca. Essa, aliás, foi sempre a ideia popular que se fez de sua atitude. Somente em tempos mais recentes é que o fenômeno foi interpretado com maior exatidão pelos zoólogos.

Uma exposição e estudo coerentes desse costume dos macacos podem ser encontrados na obra de *Zuckerman* sobre a *Vida social dos macacos e antropoides*. Tal estudo é tão instrutivo que, em tradução, apresento-o a seguir:

Independentemente do que digam os sociólogos, catar pulgas é a forma mais fundamental e singular de convívio social entre os resos. Os macacos e, em menor medida, os antropoides passam uma boa parte do dia cuidando um do outro. Um animal examinará cuidadosamente com os dedos a pele de seu companheiro e comerá muitos dos variados insetos que encontra. Ele leva seu achado à boca, seja com a mão, seja mordendo diretamente um pequeno tufo de pelos, após havê-los lambido. Tal procedimento exige movimentos bastante bem coordenados dos dedos, aliados a uma exata acomodação e convergência dos olhos. Costumeiramente, interpreta-se de maneira errônea esse comportamento como uma tentativa de remover piolhos. Na verdade, é raro encontrar-se insetos daninhos nos macacos, tanto nos que vivem em cativeiro quanto nos que vivem em liberdade. Os resultados dessa busca são, como habitualmente se verifica, pequenas escamações da pele, partículas, secreções, espinhos e outros corpos estranhos. Se não estão

268

ocupados com qualquer outra coisa, os macacos reagem imediatamente à presença da pele com essa "busca". Um macaco reage ao estímulo do pelo logo que nasce, e esse estímulo permanece poderoso e eficaz ao longo de todas as fases de seu crescimento. Caso lhe falte um companheiro, o macaco sadio empreenderá aquela busca em sua própria pele. Num grupo, é possível que dois ou, por vezes, até mesmo três macacos ponham-se a examinar um único companheiro. Em geral, aquele que é objeto da limpeza comporta-se passivamente, excetuando-se aí os movimentos que visam facilitar a busca dos companheiros. Às vezes, porém, pode ele próprio ocupar-se concomitantemente de um outro animal, examinando-lhe a pele. Os macacos não se restringem nesses seus cuidados aos companheiros de espécie. Qualquer objeto peludo, animado ou inanimado, pode estimulá-los a dar início a suas investigações. O cabelo de um amigo humano, põem-se a examiná-lo de imediato. Tal procedimento parece possuir um significado sexual, não apenas em razão da suave estimulação de numerosos nervos através da pele, mas também porque, às vezes, fazem-se acompanhar de uma atividade sexual direta. Por esse motivo, e em função de sua frequência, talvez seja lícito contemplar tais reações investigativas e o estímulo dos pelos como fatores que servem à coesão do grupo social entre os primatas inferiores.

Tendo-se lido a exposição do próprio Zuckerman, nada poderia ser mais surpreendente do que a interpretação sexual que o autor dá a esse fenômeno. Ele menciona o fato de vários macacos ocuparem-se concomitantemente da pele de um terceiro; sublinha a importância de toda sorte de peles para eles. Em passagens posteriores do livro, constrói ainda uma *oposição* entre a busca que efetuam na pele e fenômenos sexuais. Diz, assim, que, em épocas de tranquilidade sexual, quando demonstram pouco interesse dessa natureza, os animais, ainda assim, aproximam-se da grade, a fim de serem coçados. Sobre o significado precoce da pele para o filhote de macaco, Zuckerman tem também muito a dizer.

A primeiríssima experiência sensível dos macacos seria precisamente a dos pelos. Logo após o nascimento, o filhote é trazido pela mãe até o peito; seus dedos agarram e seguram a pele da mãe. O animal procura a mama até encontrá-la; a mãe não o ajuda nisso.

Durante o primeiro mês, ele vive exclusivamente de leite e é carregado pela mãe por toda parte. Se ela está sentada, o filhote mantém-se bem junto dela, enganchando os pés nos pelos da barriga da mãe. As mãos, ele as enterra na pele do peito. Quando a mãe caminha, o filhote permanece dependurado nela dessa mesma maneira, entrelaçado sob seu corpo, por assim dizer. Normalmente, ele próprio se segura firme, sem precisar de auxílio; por vezes, contudo, a mãe o envolve com um braço, saltando, então, sobre três "pernas". Quando está sentada, ela às vezes abraça o filhote com ambos os braços. Este manifesta um forte interesse pela pele. Ele coça a pele da mãe e, depois de uma semana, talvez esteja já coçando o próprio corpo. Observei um macaquinho, nascido havia uma semana, examinando com movimentos vagos da mão a pele de seu pai, que se encontrava sentado bem ao lado da mãe. Às vezes, irritada com a maneira pela qual o filhote segura-lhe a pele, a mãe empurra-lhe as mãos e os pés para longe.

O comportamento da mãe a amamentar não se altera quando o filhote morre. Ela o mantém colado ao peito e o carrega por toda parte em seus braços.

A princípio, ela não o deita no chão, mas segue examinando lhe a pele, da mesma forma como fazia quando estava vivo. Examina lhe a boca e os olhos, o nariz e as orelhas. Em alguns dias, nota-se, então, uma mudança em seu comportamento. Um corpo, agora já levemente em processo de decomposição, pende-lhe do braço. Somente quando se movimenta é que ela o aperta ainda contra o peito. Embora siga sempre cuidando da pele e mordendo-a, a mãe agora deposita o filhote no chão com maior frequência. Sua decomposição avança, a mumificação tem início, mas a mãe prossegue investigando lhe a pele. O corpo ressequido começa então a desagregar-se; nota-se que lhe falta uma perna ou um braço; logo, o filhote transforma-se em não mais que um pedaço ressecado de pele. Com suas mordidas, a mãe arranca-lhe pedaços com maior frequência; não se sabe se ela os engole. Por fim, ela própria abandona o que sobrou dos restos ressequidos.

Os macacos gostam de reter consigo muitos objetos de pele ou penas. Uma fêmea de babuíno de um ano de idade, observada por Zuckerman, pegou um gatinho, matou-o e manteve-o em seus braços durante o dia inteiro, examinando-lhe a pele e reagindo violentamente quando, à noite, tiraram-no dela. No jardim zoológico de Londres, podem-se às vezes observar macacos examinando as penas dos pardais que mataram. A literatura sobre o assunto registra também o caso de uma ratazana morta que recebeu de um macaco os mesmos cuidados do filhote morto mencionado acima.

De tudo quanto expôs, Zuckerman conclui ser necessário diferenciar três fatores no comportamento materno. Os dois primeiros seriam de importância social: por um lado, a força de atração de um objeto pequeno e peludo e, por outro, a forte atração que a pele da mãe exerce sobre o filhote. O terceiro fator seria o reflexo de sucção do animal jovem, o qual, com sua atividade, aliviaria a tensão nos peitos da mãe.

A reação à pele seria, portanto, um fator determinante no comportamento social em si. Poder-se-ia depreender-lhe a importância pelo fato de, após a morte da mãe, o macaco jovem seguir agarrando-se a sua pele. Não lhe importaria, porém, o corpo específico da mãe: o cadáver de qualquer outro macaco morto ao qual fosse atrelado o acalmaria da mesma maneira.

"Pode-se, talvez, deduzir a natureza fundamental da reação à pele a partir de seu caráter rigorosamente delimitado e da multiplicidade de situações capazes de provocá-la. Penas, ratos, gatos podem, todos eles, servir igualmente de estímulo. É bastante provável que a origem do fenômeno social do 'cuidado' e da 'busca' se deva a uma reação inata à pele, e que essa reação permaneça sendo sempre um dos laços fundamentais a unir os macacos."

Após essas abundantes citações de seu livro, não restará dúvida de que o próprio Zuckerman não leva a sério uma interpretação especificamente sexual para os cuidados da pele entre os macacos. O autor tem claro para si que, independentemente das circunstâncias de vida, a pele, enquanto tal, exerce uma atração particular sobre os macacos. O prazer que lhes proporciona ocupar-se dos pelos há de ser um prazer de natureza bastante peculiar; eles o buscam por toda parte, junto aos vivos e aos mortos, a seus companheiros de espécie e a estranhos. Não importa o tamanho do animal a ser cuidado. Nesse sentido, o filhote significa tanto para a mãe quanto esta para o filhote. Casais e amigos entregam-se igualmente a essa atividade. E muitos animais podem dedicar-se concomitantemente à pele de um único.

Tal prazer é um prazer dos *dedos*. Os macacos jamais se fartam dos pelos; podem passar horas a fio deixando que deslizem por seus dedos. Trata-se aqui dos mesmos animais cujas vivacidade e mobilidade tornaram-se proverbiais; segundo uma antiga tradição chinesa, os macacos não possuem estômago e digerem seu alimento saltando de um lado para o outro. Tanto mais notável faz-se o contraste com a infinita paciência que demonstram nessa sua espécie de cuidado. Nele, os dedos tornam-se cada vez mais sensíveis; os muitos pelos que sentem ao mesmo tempo desenvolvem neles uma sensibilidade particular do tato, a qual difere essencialmente das sensações mais grosseiras do pegar e do agarrar. Não se pode evitar de pensar aqui em todas as ocupações posteriores do homem envolvendo a *delicadeza* e a *paciência* dos dedos. Como todos os macacos, os ainda desconhecidos antepassados do homem têm atrás de si um longo período de tais exercícios digitais. Sem eles, nossa mão não teria chegado tão longe. É possível que diversos fatores tenham contribuído para a origem desse cuidado — sejam eles a busca, de fato, por insetos ou as primeiras experiências do filhote de macaco junto ao peito peludo da mãe. O fenômeno em si, porém, como se pode hoje observá-lo em seu pleno desenvolvimento em todos os macacos, possui já sua unidade e seu sentido. Sem ele, jamais teríamos aprendido a *moldar*, a costurar ou a *acariciar*. É com ele que tem início a verdadeira vida própria da mão. Sem a contemplação das figuras que os dedos constroem, e que tinham necessariamente de estampar-se pouco a pouco na mente daquele que busca, provavelmente jamais teríamos chegado aos signos para as coisas e, assim, tampouco à *linguagem*.

AS MÃOS E O NASCIMENTO DOS OBJETOS

A mão que coleta água é o primeiro recipiente. Os dedos entrelaçados de ambas as mãos formam o primeiro cesto. O rico desenvolvimento de toda sorte de entrelaçamentos, desde os jogos com barbante até o tecer, parece-me ter aí a sua origem. Tem-se a impressão de que as mãos levam sua própria vida de metamorfoses. Não basta que esta ou aquela conformação exista no meio ambiente. Antes que os primeiros homens tenham eles próprios intentado conformá-la, suas mãos e dedos hão de tê-la já *ensaiado*. Cascas vazias de frutas como o coco existiam, é certo, havia muito tempo, mas eram jogadas fora sem que se lhes prestasse atenção. Somente os dedos, formando um espaço oco para coletar a água, tornaram realidade os recipientes. Poder-se-ia imaginar que os objetos, no sentido que damos a eles — isto é, objetos que são dotados de um valor porque nós próprios os fizemos —, só existiam inicialmente como *signos das mãos*. Parece haver um ponto de importância crucial, no qual o surgimento da linguagem gestual para as coisas continha em si aquela vontade de conformá-las, muito antes de efetivamente se intentar fazê-lo. O que se ensaiava com o auxílio das mãos somente era feito de fato mais tarde, quando já se ensaiara suficientemente. As *palavras* e os *objetos* seriam, por conseguinte, o escoadouro e o resultado de uma experiência única e una: precisamente da sua *representação por meio das mãos*. Tudo o que o homem é; tudo de que ele é capaz e todas as representações que compõem sua cultura — tudo isso, ele o incorporou de início pelas metamorfoses. As mãos e o rosto foram os verdadeiros veículos dessa incorporação. Em comparação com o restante do corpo, sua importância cresceu cada vez mais. A vida própria das mãos, nesse sentido mais primordial, conservou-se mais puramente no gesticular.

A ÂNSIA DE DESTRUIÇÃO NOS MACACOS E NOS HOMENS

Pode-se muito bem contemplar a ânsia de destruição nos macacos e nos homens como *exercícios de dureza* para a mão e os dedos. A utilização dos galhos colocou o macaco a trepar nas árvores, bem como suas mãos, em contato constante com um material mais duro que as próprias mãos. A fim de vencer os galhos, ele tinha de segurar-se neles, mas tinha também de saber *parti-los*. Para ele, experimentar o "terreno" era experimentar ramos e galhos; o que lograva partir com facilidade constituía um terreno ruim para o seu avanço. A investigação desse mundo dos galhos traduziu-se numa confrontação incessante com sua dureza; testá-los permaneceu uma necessidade, mesmo tendo já o macaco adquirido grande experiência no assunto. O bastão — que, tanto quanto para os homens, tornou-se também para ele a primeira arma — deu início à série de instrumentos *duros*. As mãos mediam-se com ele, assim como, posteriormente, com as pedras. Os frutos e a carne dos animais eram macios, e o mais macio de tudo era a pele. Coçando a pele e catando piolhos exercitou-se a delicadeza dos dedos; quebrando tudo o que estes alcançavam, a sua dureza.

Existe, portanto, uma *ânsia de destruição* particular das mãos, não voltada diretamente para a captura e a morte da presa. Tal ânsia é de natureza mecânica, e teve prosseguimento em invenções mecânicas. Ela se fez perigosa precisamente em sua inocência. Sabendo-se livre da intenção de matar, permite-se qualquer empreitada. E o que faz causa a impressão de dizer respeito apenas às mãos, a sua agilidade e capacidade, a sua utilidade inofensiva. Onde quer que essa ânsia de destruição mecânica das mãos — transformada hoje num sistema tecnológico complexo — alie-se à real intenção de matar, ela produz a porção automática, impensada do processo resultante — o vazio e, para nós, o que há de particularmente sinistro nele, pois ninguém pretendeu que fosse assim: tudo se deu como que por si só.

Individualmente, e em pequena escala, todos experimentam em si próprios esse mesmo processo, ao brincar distraidamente com os dedos, quebrar palitos de fósforo ou amassar papéis. As variadas ramificações que esse impulso destrutivo mecânico exibe no homem estão intimamente relacionadas com o desenvolvimento da tecnologia de suas ferramentas. Embora tenha aprendido a vencer a dureza com a dureza, o que lhe resta como instância última para tudo é a mão. A vida própria desta teve, também aí, as consequências mais monstruosas. Em mais de um aspecto, ela foi o nosso destino.

OS MATADORES SEGUEM SENDO OS PODEROSOS

Não foi apenas como um todo que a mão atuou como modelo e estímulo. Também os dedos, isoladamente — e, em particular, o dedo indicador estendido —, adquiriram significado. Em sua extremidade, o dedo se afila e se arma de uma unha: foi ele o primeiro a proporcionar a sensação ativa do *furar*. O punhal, que se desenvolveu a partir dele, é um dedo mais duro e mais bem afiado. A flecha foi um cruzamento do pássaro com o dedo. A fim de penetrar mais fundo, ela se alongou; para voar melhor, teve de afilar-se. O bico e o espinho contribuíram também em sua composição; o bico, aliás, é próprio daquilo que voa. Já o bastão afilado, por sua vez, transformou-se na lança: um braço que desemboca num único dedo.

Comum a todas as armas desse tipo é a concentração num único ponto. Pelo duro e longo espinho, o próprio homem foi espetado; com seus dedos, ele o extraiu. O dedo que se destaca do restante da mão e faz as vezes de um espinho, a passar adiante a espetada, constitui, psicologicamente, a origem dessa espécie de arma. O espetado espeta a si próprio, graças a seus dedos e aos dedos artificiais que, pouco a pouco, aprende a construir.

Das habilidades da mão, nem todas conferem o mesmo poder; seu prestígio é assaz variado. Aquilo que é importante para a vida prática de um grupo de homens será altamente estimado. Do mais alto prestígio desfruta, porém, aquilo que está direcionado para *matar*. Tudo quanto pode chegar a matar é temido; o que não serve diretamente a esse propósito é tão somente útil. Todos os pacientes afazeres da mão conferem àqueles que a eles se limitam nada mais que submissão. Mas os outros, os que se dedicam a matar, estes detêm o poder.

SOBRE A PSICOLOGIA DO COMER

Tudo o que se come é objeto do poder. O faminto preenche um espaço vazio dentro de si próprio. O desconforto que tal vazio interior lhe provoca, ele o supera enchendo-se de comida. Quanto mais cheio estiver, tanto melhor se sentirá. Pesado e satisfeitíssimo jaz aquele que é capaz de comer mais: o *comedor-mor*. Existem agrupamentos humanos que têm num tal comedor-mor o seu chefe. O apetite sempre saciado deste parece-lhes uma garantia de que eles próprios jamais passarão fome por muito tempo Confiam em sua barriga cheia, como se ele a tivesse enchido por eles todos. Manifesta-se claramente aí a relação entre digestão e poder.

Em outras formas de dominação, o respeito à constituição física do comedor-mor recua um pouco para um segundo plano. Não é mais necessário que ele seja um barril mais gordo que os outros. Mas ele come e bebe na companhia dos escolhidos que o rodeiam, e o que manda servir-lhes *pertence a ele*. Se já não é ele próprio o que mais come, pelo menos suas provisões têm de ser as mais abundantes; dele é a maioria do gado e do trigo. Se quisesse, poderia ser sempre o comedor-mor. Mas transfere o conforto da repleção para sua corte, para todos os que se sentam com ele à mesa, reservando-se tão somente o direito de ser o primeiro a servir-se de tudo. A figura do rei que come muito jamais desapareceu por completo. Sempre houve um rei a representá-la, para o deleite de seus súditos. Mesmo grupos dominantes inteiros entregaram-se com prazer à gula; proverbial é o que se conta dos romanos a esse respeito. Todo poder familiar solidamente estabelecido exibe-se dessa forma, sendo posteriormente imitado e sobrepujado pelos recém-chegados ao poder.

Em algumas sociedades, a possibilidade do *desperdício*, e a força para tanto, intensificou-se até o desenvolvimento de orgias formais, ritualmente estabelecidas, de destruição. A mais famosa tornou-se o *potlatch* dos índios do Noroeste americano, consistindo em grandes e festivas reuniões de toda a comunidade, as quais culminam em competições de destruição entre os chefes. Cada um deles gaba-se do tanto de sua propriedade que está disposto a destruir; o vencedor é aquele que efetivamente manda destruir mais, desfrutando assim da glória suprema perante todos. O comer mais pressupõe já, em si, a destruição da vida animal pertencente àquele que assim procede. A impressão que se tem é a de que, no potlatch, essa destruição transferiu-se para a porção não comestível da propriedade. Desse modo, o chefe pode jactar-se muito mais do que se tivesse de comer tudo, poupando-se ainda dos desconfortos físicos.

Talvez seja proveitoso lançar aqui um olhar sobre os *comensais* de um modo geral, independentemente da posição hierárquica que ocupam. Um certo respeito dos que comem juntos, uns em relação aos outros, é inequívoco. Ele se expressa já no fato de estarem *partilhando* sua refeição. A comida que têm diante de si em tigelas comuns pertence ao conjunto de todos. Dela, todos consomem um tanto, e veem que os demais se serviram também. As pessoas dão-se ao trabalho de serem justas e não favorecer quem quer que seja. O vínculo existente entre os comensais reveste-se do máximo vigor quando desfrutam todos de um *único* animal, de um corpo que conheceram ainda vivo e uno, ou de um único pedaço de pão. Somente isso, contudo, não explica a ligeira solenidade de sua postura: seu respeito significa também que não comerão *um ao outro*. É certo que, entre homens que vivem juntos num grupo, sempre existe a garantia de que tal não ocorrerá; mas é apenas quando estão comendo que essa garantia se exprime de forma convincente. As pessoas sentam-se juntas, desnudam seus dentes, comem e nem mesmo nesse momento crítico alguém é tomado de apetite pelo outro. Cada um se respeita a si próprio por essa razão, e respeita também aos outros pela contenção semelhante à sua.

O homem contribui para a *família* com sua porção de alimento, e a mulher prepara-lhe a comida. O fato de ele comer regularmente da comida que ela prepara constitui o vínculo mais forte entre eles. A vida em família atinge sua máxima intimidade quando seus membros comem juntos com frequência. A imagem que se forma diante dos olhos quando se pensa na família é a dos pais e filhos reunidos em torno de uma mesa. Tudo parece constituir uma preparação para esse momento; quanto maior a frequência e a regularidade com que ele se repete, tanto mais sentir-se-ão como uma família aqueles que comem juntos. Na prática, a acolhida nessa mesa equivale à acolhida no seio da família.

Talvez seja esta a melhor oportunidade para dizer algo a respeito daquela que constitui o cerne, o coração dessa instituição: a *mãe*. Mãe é aquela que dá de comer do seu próprio corpo. De início, ela alimenta a criança dentro de si; depois, oferece--lhe o seu leite. Sob forma mais branda, essa tendência estende--se por muitos anos; seus pensamentos, na medida em que ela é mãe, giram em torno da alimentação de que necessita a criança a crescer. Não é necessário que essa criança seja seu próprio filho; pode-se confiar a ela uma criança estranha, ou ela própria pode adotar um filho. Sua paixão é dar de comer; cuidar para que a criança coma, para que nesta a comida transforme-se em algo. Sua meta imutável é o crescimento e o aumento do peso da criança. Sua conduta parece altruísta, e o é de fato, se se contempla a mãe como uma unidade à parte, como um ser humano em si. Na realidade, porém, seu estômago duplicou-se, e ela mantém o controle sobre ambos esses estômagos. De início, interessa-se mais pelo novo estômago e pelo novo corpo, ainda não desenvolvido, do que pelo seu próprio; exterioriza-se aí, simplesmente, o que ocorreu ao longo da gravidez. Também ao caso da mãe aplica-se a concepção defendida aqui da digestão como um fenômeno central do poder; a mãe, porém, distribui esse fenômeno por mais de um corpo, e o fato de o novo corpo, cuja alimentação ela provê, estar apartado do dela torna tal fenômeno, como um todo, mais nítido e mais consciente. O poder da mãe sobre a criança, nos primeiros estágios desta, é absoluto; e o é não apenas porque sua vida depende dela, mas porque a própria mãe sente a mais vigorosa necessidade de exercer incessantemente esse poder. A concentração de seus anseios de dominação sobre um ser tão pequeno dá a ela um sentimento de superpoder dificilmente superável por qualquer outro relacionamento normal entre seres humanos.

A continuidade dessa dominação da qual a mãe se ocupa noite e dia, o gigantesco número de detalhes que a compõem, confere-lhe uma perfeição e plenitude que nenhum outro tipo de dominação possui. A mãe não se limita à transmissão de ordens, as quais, nesse estágio inicial, nem sequer poderiam ser entendidas. Sua dominação significa que se pode manter cativa uma criatura, ainda que, nesse caso, realmente para o seu próprio bem; significa que — sem compreender o que está fazendo — ela pode passar adiante aquilo que lhe foi imposto décadas antes e que ela reteve em si como um aguilhão indestrutível; e significa também que o fazer *crescer* é possível, algo que um governante somente logra produzir mediante as promoções artificiais que confere. Para a mãe, a criança reúne em si as propriedades das plantas e dos animais. Ela permite à mãe gozar concomitantemente de direitos de soberania que, de um modo geral, o homem somente exerce em separado: sobre as plantas, provocando-lhes o crescimento que deseja para elas; e sobre os animais que mantém cativos e cujos movimentos controla. Nas mãos da mãe, a criança cresce como o trigo, e, qual um animal doméstico, executa apenas os movimentos que ela lhe permite. A criança retira da mãe algo da antiga carga de ordens que pesa sobre toda criatura civilizada e, além do mais, torna-se um ser humano, um ser novo e pleno, uma contribuição pela qual o grupo a que a mãe pertence ter-lhe-á para sempre uma dívida de gratidão. Não há forma mais intensa de poder. Que habitualmente não se veja o papel da mãe dessa maneira é algo que se explica por duas razões: todo homem carrega consigo na lembrança sobretudo a época do *esmorecimento* desse poder; e a todos afiguram-se mais importantes os evidentes mas não tão essenciais direitos de soberania do pai.

Dura e rija a família se torna quando veda a outros sua comida; aqueles dos quais se tem de cuidar oferecem um pretexto natural para a exclusão dos demais. A vacuidade desse pretexto faz-se visível nas famílias que, embora não possuindo filhos, não tomam a menor iniciativa no sentido de repartir sua comida com os outros: a família composta de duas pessoas é a formação mais desprezível que a humanidade já produziu. Mesmo onde há crianças, porém, sente-se frequentemente o quanto elas servem como mera propaganda do egoísmo mais deslavado. As pessoas economizam "por seus filhos", deixando que outros passem fome. Na realidade, porém, o que ocorre é que, assim procedendo, ficam com tudo para si pela vida toda.

O homem moderno gosta de comer em restaurantes, isolado em sua mesa e na companhia de seu pequeno grupo, para o qual, então, paga a comida. Como os demais presentes fazem a mesma coisa, apraz-lhe, durante a refeição, a ilusão de que todas as pessoas têm o que comer. Mesmo naturezas mais sensíveis não necessitam dessa ilusão por um tempo maior; uma vez saciadas, podem já, tranquilamente, tropeçar nos famintos.

Aquele que come aumenta de peso; sente-se mais pesado. Há aí uma fanfarronice: ele não pode mais crescer, mas engordar pode, ali mesmo, ante os olhos dos outros. Também por isso aprecia comer na companhia deles; é como uma competição para ver quem é capaz de encher-se mais. O conforto da repleção, quando já não se é capaz de comer mais, é um ponto extremo que se gosta de alcançar. Originalmente, ninguém se envergonhava disso: uma grande presa tinha de ser comida logo; comia-se tanto quanto possível, carregando-se as provisões no próprio corpo.

Quem come sozinho renuncia ao prestígio que tal procedimento lhe confere junto aos outros. O desnudamento dos dentes somente para a comida, quando não há mais ninguém presente, não impressiona ninguém. Na companhia de outras pessoas, pode-se ver cada uma delas abrindo a boca, e, enquanto se trabalha com os próprios dentes, divisam-se os dos outros. É desprezível não ter nenhum; há algo de ascético em não se exibir os que se têm. A oportunidade natural para mostrá-los apresenta-se na refeição conjunta. A educação moderna demanda que se coma com a boca fechada. Reduz-se, pois, a um mínimo precisamente a ameaça velada que havia no ato ingênuo de abrir a boca. Mas não nos tornamos tão mais inofensivos assim. Come-se com garfo e faca — dois instrumentos que poderiam facilmente servir ao ataque. Cada um tem seu garfo e sua faca diante de si e, sob determinadas circunstâncias, carrega-os consigo. Contudo, a pequena porção de comida que se corta e se enfia na boca o mais contidamente possível chama-se, também nas línguas modernas, bocado ou *mordida*.

A *risada* foi já reprovada como algo vulgar porque, quando se ri, abre-se bem a boca, desnudando os dentes. É certo que, em sua origem, o riso encerra a alegria pela presa ou comida que parece segura. Ao cair, o homem lembra o animal ao qual caçava e abatia. Todo tombo que provoca o riso lembra o desamparo daquele que tombou; se se quisesse, poder-se-ia tratá-lo como uma presa. *Não* se haveria de rir se, avançando-se nessa sequência de acontecimentos, efetivamente se incorporasse aquele que caiu. Ri-se *em vez de* comê-lo. É a comida que nos escapa que estimula o riso — esse súbito sentimento de superioridade, como já afirmou Hobbes. Deixou de acrescentar, porém, que tal sentimento só se intensifica até o riso quando a consequência dessa superioridade não se verifica. A concepção do riso de Hobbes fica a meio caminho da verdade; ele não avançou até sua origem verdadeiramente "animal", talvez porque os animais não riem. Mas os animais tampouco renunciam a qualquer comida que esteja ao seu alcance, se de fato a desejam. Somente o homem aprendeu a substituir o processo completo da incorporação por um ato simbólico. Aparentemente, os movimentos que têm no diafragma seu ponto de partida e são característicos do riso substituem resumidamente uma série de movimentos internos do corpo que servem à deglutição.

Dentre os animais, apenas a hiena emite um som que realmente se aproxima do nosso riso. Pode-se produzi-lo artificialmente dando-se a uma hiena cativa algo para comer, mas recolhendo-o velozmente, antes que ela tenha tempo de apanhá-lo. Não é supérfluo lembrar que, quando em liberdade, a hiena alimenta-se de cadáveres; pode-se imaginar com que frequência muito do que ela desejou lhe foi, diante dos olhos, arrebatado por outros.

O SOBREVIVENTE

O SOBREVIVENTE

O momento do *sobreviver* é o momento do poder. O horror ante a visão da morte desfaz-se em satisfação pelo fato de não se ser o morto. Este jaz, ao passo que o sobrevivente permanece de pé. É, pois, como se anteriormente tivesse havido uma luta, e o próprio sobrevivente houvesse abatido o morto. Em se tratando de sobreviver, todos são inimigos de todos; comparado a esse triunfo elementar, toda dor é pequena. Importante é, contudo, que o sobrevivente se defronte *sozinho* com o morto ou os mortos. Ele se vê sozinho, sente-se sozinho, e, no que diz respeito ao poder que esse momento lhe confere, não é lícito esquecer jamais que tal poder deriva dessa sua *unicidade*, e somente dela.

Todos os desígnios humanos com vistas à imortalidade contêm algo da ânsia de sobreviver. Não se quer apenas existir para sempre: quer-se existir quando outros já não mais existirem. Cada um quer ser o mais velho e sabê-lo; e quando ele próprio não mais existir, hão de conhecer-lhe o nome.

A forma mais baixa do sobreviver é o *matar*. Assim como o homem mata o animal de que se alimenta; assim como este jaz indefeso diante dele, que pode cortá-lo em pedaços e reparti-lo, na qualidade da presa que incorpora para si e para os seus, assim também ele quer matar o ser humano que lhe atravesse o caminho, que o enfrente e que, ereto, se apresente como seu inimigo. Quer matá-lo para sentir que segue existindo, ao passo que ele não mais. O morto, porém, não deve desaparecer por completo: sua presença física como cadáver é imprescindível a esse sentimento de triunfo. Agora pode-se fazer com ele o que se quiser, sem que ele seja capaz de fazer mal algum. O morto jaz e jazerá para sempre; jamais tornará a levantar-se. Pode-se tomar-lhe a arma; podem-se cortar fora pedaços de seu corpo e conservá-los para sempre como troféus. Esse momento da confrontação com aquele a quem matou impregna o sobrevivente de uma espécie de força bastante singular, não comparável a nenhum outro tipo de força. Não há momento que mais clame por seu próprio retorno.

E isso porque o sobrevivente sabe de muitas mortes. Se esteve presente a uma batalha, assistiu aos outros tombando à sua volta. Partiu para a batalha com o propósito muito consciente de afirmar-se perante os inimigos. Seu objetivo declarado era abater o maior número possível deles, e somente logrará vencer se consegui-lo. Para ele, *vitória* e *sobrevivência* são uma só coisa. Contudo, também os vitoriosos têm seu preço a pagar. Em meio aos mortos, jazem muitos dos seus. O campo de batalha compõe-se de uma mescla de amigos e inimigos; o amontoado dos mortos é um só. Nas batalhas, por vezes ocorre de não se poder separar os mortos de ambos os lados: *uma* vala comum reunirá, então, os restos de todos.

A esse amontoado de mortos que o cerca, o sobrevivente contrapõe-se como o felizardo e o preferido. Que ele disponha ainda de sua vida, quando tantos outros que o acompanhavam momentos antes já não a têm mais, constitui um fato monstruoso. Os mortos jazem desamparados; dentre eles, ereto, ergue-se o sobrevivente; é como se a batalha houvesse sido travada para que ele sobrevivesse. A morte foi desviada dele para os outros. Não que ele houvesse evitado o perigo; em meio a seus amigos, ele enfrentou a morte. Aqueles tombaram; ele permanece de pé, e se gaba.

Todos os que já estiveram numa guerra conhecem esse sentimento de grandeza diante dos mortos. O luto pelos camaradas pode ocultá-lo; mas destes há poucos, ao passo que os mortos são sempre muitos. A sensação de força por, contrariamente a estes últimos, se estar vivo e de pé é, no fundo, mais vigorosa do que qualquer pesar; trata-se do sentimento de se ter sido *eleito* dentre muitos cujo destino é manifestamente idêntico. De algum modo, e simplesmente pelo fato de ainda estar vivo, o sobrevivente sente-se o *melhor*. Ele provou o seu valor, pois vive ainda. E provou-o dentre muitos, pois todos quantos jazem no chão não vivem mais. Aquele que obtém êxito frequente nesse sobreviver é um *herói*. Ele é mais forte. Possui mais vida em si. Os poderes superiores lhe têm afeto.

SOBREVIVÊNCIA E INVULNERABILIDADE

O corpo humano apresenta-se nu e frágil, exposto em sua maciez a todo e qualquer ataque. O que lhe está próximo e que, com arte e esforço, o homem logra manter afastado de seu corpo pode, no entanto, facilmente atingi-lo de longe. A espada, a lança e a flecha conseguem penetrar-lhe o corpo. Assim, o homem inventou o escudo e a armadura, e construiu muros e fortalezas inteiras em torno de si. Mas a segurança que ele mais deseja é o sentimento de *invulnerabilidade*.

Tal sentimento, ele buscou adquiri-lo por dois caminhos distintos. Ambos se opõem com perfeição e, por isso mesmo, seus resultados são bastante diversos. Por um lado, o homem procurou afastar de si o perigo interpondo grandes espaços entre ele e sua própria pessoa, espaços estes que podia abranger com a vista e vigiar. Escondeu-se do perigo, por assim dizer, e o baniu.

O outro caminho, porém, é aquele de que ele sempre se orgulhou mais. Desse caminho, todas as antigas tradições se gabam e se jactam abundantemente. O homem foi até o perigo e o enfrentou. Deixou que ele se aproximasse o mais possível, apostando tudo no momento da decisão. De todas as situações possíveis, escolheu a da própria fragilidade e intensificou-a ao máximo. Fez de alguém seu inimigo e o desafiou. Talvez esse alguém já fosse seu inimigo; talvez tenha sido ele a denominá-lo assim. Seja qual for o caso particular, o que visava era o perigo supremo e a invariabilidade da decisão.

Esse é o caminho do *herói*. E o que quer o herói? O que ele realmente busca? A glória de que todos os povos revestiram seus heróis — uma glória tenaz, nada efêmera, se seus feitos foram variados ou sucederam-se com rapidez suficiente — é enganosa no que se refere às motivações mais profundas de tais feitos. Supõe-se que os heróis estavam atrás unicamente da fama, mas eu acredito que o que originalmente lhes importava era outra coisa: o sentimento de invulnerabilidade que, desse modo, se podia adquirir num rápido crescendo.

A situação concreta na qual o herói se encontra após ter vencido o perigo é aquela do sobrevivente. O inimigo queria-lhe a vida, assim como ele a do inimigo. Enfrentaram-se com esse objetivo declarado e inalterável. O inimigo foi morto. Já ao herói, nada aconteceu durante o combate. Impregnado do fato monstruoso da sua sobrevivência, ele se lança ao próximo combate. Nenhum mal se lhe pôde ou poderá fazer. De vitória em vitória, de um inimigo morto a outro, ele vai se sentindo mais seguro: sua invulnerabilidade aumenta — uma armadura cada vez melhor.

Não há como obter esse sentimento de outra maneira. Aquele que baniu o perigo, aquele que dele se esconde, este simplesmente adiou o momento da decisão. Quem, porém, enfrenta tal momento, quem realmente sobrevive e acumula esses momentos de sobrevivência, este sim será capaz de adquirir o sentimento de invulnerabilidade. E só será verdadeiramente um herói no instante em que o adquirir. Daí em diante, ousará tudo e nada terá a temer. É possível que tendamos a admirá-lo mais enquanto ele ainda tem motivo para o medo. Esse, porém, é o ponto de vista do observador externo. O povo quer seus heróis invulneráveis.

Os feitos do herói absolutamente não se esgotam nesses duelos selecionados. Ele poderá se haver com toda uma malta de inimigos; o fato de atacá-los a despeito de seu número, de não apenas escapar-lhes, mas matar a todos, pode estabelecer de um só golpe o sentimento de sua invulnerabilidade.

Um de seus mais antigos e fiéis companheiros perguntou a Gêngis Khan: "Tu és o soberano e chamam-te herói. Que sinais de conquista e vitória trazes contigo?". E Gêngis Khan

286

respondeu-lhe: "Antes de ascender ao trono do império, eu cavalgava certa vez por uma rua. Topei, então, com seis homens que, emboscados numa ponte, atentaram contra minha vida quando eu fui atravessá-la. Ao me aproximar, saquei de minha espada e os ataquei. Eles me cobriram de uma chuva de flechas, mas todas elas erraram o alvo, nem uma única me atingindo. Matei-os todos com minha espada e segui cavalgando incólume. No caminho de volta, tornei a passar pelo local onde havia matado os seis homens. Seus seis cavalos vagavam sem dono. Levei-os todos comigo para casa".

Essa invulnerabilidade na luta contra seis inimigos ao mesmo tempo, Gêngis Khan a considera o indício seguro da conquista e da vitória.

A SOBREVIVÊNCIA COMO PAIXÃO

A satisfação de sobreviver, que é uma espécie de prazer, pode transformar-se numa paixão perigosa e insaciável. Ela cresce em função das oportunidades. Quanto maior o amontoado de mortos em meio aos quais, vivo, ergue-se o sobrevivente; quanto maior a frequência com que ele experimenta tais amontoados, tanto mais vigorosa e impreterível tornar-se-á sua necessidade deles. As carreiras de heróis e mercenários confirmam que uma espécie de vício tem origem aí, um vício para o qual já não há remédio. A explicação habitual que se dá para tanto afirma que tais homens só são capazes ainda de respirar em meio ao perigo; que toda existência desprovida de perigos ser-lhes-ia triste e insípida; e que não seriam mais capazes de extrair prazer algum de uma vida pacífica. Não se deve subestimar a atração exercida pelo perigo. O que se esquece, porém, é que essa gente não parte sozinha para suas aventuras mas faz-se acompanhar de outras pessoas as quais sucumbem ao perigo. O que esses homens realmente precisam, aquilo de que não mais podem prescindir, é do sempre renovado prazer de sobreviver.

O que ocorre, porém, não é que, para a satisfação desse prazer, se necessite sempre expor-se a si próprio ao perigo. Ninguém é capaz de, sozinho, matar em número suficiente. Nos campos de batalha, inúmeros são aqueles que agem com esse propósito, e se se é aquele que lhes dá as ordens, que lhes controla os movimentos, se a batalha é o resultado da decisão mais pessoal, então esse que a toma poderá apoderar-se também por completo de seu resultado, pelo qual é responsável, e da totalidade dos cadáveres. Não é à toa que o marechal de campo ostenta esse seu imponente título. Ele ordena: manda sua gente avançar contra o inimigo, rumo à morte. Quando vence, todo o campo repleto de mortos pertence a ele. Uns morreram por ele, outros contra ele. De vitória em vitória, sobrevive-lhes a todos. Os triunfos que então celebra expressam com a máxima precisão aquilo que ele buscava. Sua importância é medida em função do número de mortos. Ridículo é o triunfo se o inimigo entregou-se sem verdadeiramente lutar, se apenas uns poucos mortos encontram-se reunidos. Mas glorioso se o inimigo defendeu-se valentemente, se a vitória foi conquistada com dificuldade, custando um grande número de vítimas.

"César sobrepujou todos os heróis de guerra e marechais de campo pelo fato de ter travado o maior número de batalhas e matado a maior quantidade de inimigos. Afinal, nos menos de dez anos ao longo dos quais guerreou contra a Gália, tomou de assalto mais de oitocentas cidades, subjugou trezentos povos e bateu-se sucessivamente com 3 milhões de homens, dos quais 1 milhão matou em combate, fazendo ainda um número idêntico de prisioneiros."

Tal veredicto é de autoria de Plutarco, a quem não se pode atribuir nenhum desejo belicoso ou sede de sangue; provém, pois, de um dos espíritos mais humanos que a humanidade produziu. Seu valor reside no fato de traçar um balanço preciso. César lutou contra 3 milhões de inimigos, matou 1 milhão e capturou outro milhão. Marechais de campo posteriores — mongóis e não mongóis — superaram-no. Mas esse antigo veredicto é característico também pela ingenuidade com que todo o ocorrido é atribuído exclusivamente ao marechal de campo.

As cidades tomadas de assalto, os povos subjugados, os milhões de inimigos tombados, mortos, aprisionados pertencem todos a César. Não é a ingenuidade de Plutarco que assim se expressa, mas a ingenuidade da história. Está-se acostumado a ela desde os relatos de guerra dos faraós egípcios, e, até hoje, tais relatos não se modificaram em quase nada.

Afortunadamente, pois, César sobreviveu a tantos inimigos. Considera-se falta de tato computar nesses relatos também as perdas sofridas. Elas são conhecidas, mas não se censura o grande homem por elas. Nas guerras de César, não foram muitas, comparadas ao número de inimigos tombados. Ainda assim, ele sobreviveu a alguns milhares de aliados e romanos; tampouco nesse aspecto saiu de mãos vazias.

Esses orgulhosos balanços são transmitidos de geração a geração; em cada uma delas houve heróis de guerra em potencial. Sua paixão por sobreviver a massas de homens foi instigada até a loucura por tais balanços. O veredicto da história parecia justificar-lhes o intento antes mesmo que conseguissem realizá-lo com sucesso. Aos que melhor entendem dessa espécie de sobrevivência a história reserva o espaço mais amplo e seguro. Nessa espécie de fama, o que importa, em última instância, é antes o número gigantesco das vítimas do que a vitória ou a derrota. Como Napoleão realmente se sentiu durante a campanha da Rússia não se sabe ao certo.

O DETENTOR DO PODER COMO SOBREVIVENTE

Poder-se-ia definir o tipo paranoico de detentor do poder como aquele que se vale de todos os meios para afastar de si o perigo. Em vez de desafiá-lo e confrontá-lo; em vez de deixar que a decisão se dê no seu enfrentamento — uma decisão que poderia também ser desfavorável —, ele busca bloquear-lhe o caminho com astúcia e cautela. Um tal tipo criará em torno de si espaços livres que possa abranger com a vista, notando e estudando cada indício de aproximação do perigo. E isso a partir de todas as direções, pois a consciência de ter de se haver com muitos que, juntos e a um só tempo, poderiam atacá-lo mantém desperto nele o medo de um eventual cerco. O perigo está por toda parte, e não apenas na sua *frente*. Ele é até mesmo maior às suas costas, onde o poderoso não seria capaz de notá-lo com suficiente rapidez. Assim, mantém seus olhos por toda parte; nem mesmo o ruído mais inaudível pode escapar-lhe, já que este poderia conter em si um propósito hostil.

O perigo por excelência é, naturalmente, a morte. É importante estudar minuciosamente como o detentor de poder se posiciona diante dela. Sua primeira e decisiva característica é seu direito sobre a vida e a morte. Dele, ninguém pode aproximar-se; quem lhe traz uma mensagem, quem precisa aproximar--se, é revistado à procura de armas. A morte é sistematicamente mantida longe do poderoso: ele próprio é quem pode e deve determiná-la. E deve fazê-lo com a frequência que desejar. Sua sentença de morte é sempre cumprida. Ela é o selo de seu poder, que só será absoluto enquanto seu direito de condenar à morte permanecer incontestado.

E isso porque realmente sujeito a ele está apenas aquele que por ele se deixa matar. A prova derradeira de obediência, aquela que importa, é sempre a mesma. Seus soldados são educados para uma espécie de dupla disponibilidade: são enviados para matar-lhe os inimigos, mas estão também prontos a morrer por ele. Mesmo os seus demais súditos, porém, os que não são soldados, sabem que o detentor do poder pode investir contra eles a qualquer momento. O pavor que ele dissemina lhe pertence; é seu direito, e em razão desse direito ele é venerado ao máximo. É adorado de forma extrema. Deus infligiu a sentença de morte definitiva sobre todos os homens de agora e todos aqueles que viverão no futuro. Do humor do poderoso depende, porém, quando tal sentença será executada. A ninguém ocorre revoltar-se contra isso — um intento que não teria nenhuma perspectiva de sucesso.

Não obstante, as coisas são menos fáceis para os poderosos terrenos do que para Deus. Eles não viverão para sempre; seus súditos sabem que também os seus dias terão um fim. E esse fim pode até ser apressado. Como todo fim, é a violência que o produz. Aquele que nega obediência posicionou-se para a luta. Nenhum soberano está eternamente seguro da obediência de seus súditos. Enquanto estes se deixarem matar por ele, o soberano pode dormir tranquilo. Mas, tão logo alguém escape ao seu veredicto, ele estará em perigo.

O sentimento desse perigo está sempre desperto no detentor de poder. Mais adiante, ao se tratar aqui da natureza da ordem, verificar-se-á que seus medos têm *necessariamente* de aumentar à medida que mais ordens suas vão sendo cumpridas. Ele somente logra aplacar suas dúvidas com o auxílio de uma medida exemplar. Assim, determinará uma execução pela execução em si, sem que importe tanto a culpa da vítima. De tempos em tempos, necessitará dessas execuções, tanto mais quanto mais rapidamente suas dúvidas aumentarem. Seus súditos mais certos, seus súditos perfeitos — poder-se-ia dizer — são os que morreram por ele.

E isso porque cada execução pela qual é responsável confere-lhe alguma força. Essa força que ele assim adquire é a força da *sobrevivência*. Suas vítimas não precisam ter efetivamente se voltado contra ele, mas poderiam tê-lo feito. O medo que ele sente as transforma — talvez somente a posteriori — em inimigos que lutaram contra ele. Ele as condenou, elas foram mortas, ele sobreviveu a elas. Em suas mãos, o direito de pronunciar sentenças de morte torna-se uma arma como outra qualquer, mas muito mais eficaz. Com frequência, soberanos bárbaros e orientais atribuíam grande valor à acumulação de tais vítimas o mais próximo possível de si, de forma a tê-las constantemente diante dos olhos. Mesmo nos lugares onde o costume se opunha a uma tal acumulação, os pensamentos dos poderosos contemplaram-na. Um relato atribui ao imperador romano *Domiciano* um jogo sinistro dessa espécie. O banquete que ele concebeu, e que, com certeza, jamais voltou a realizar-se de maneira idêntica, ilustra com perfeição a natureza mais profunda do poderoso paranoico. Tal relato, de autoria de *Díon Cássio*, diz o seguinte:

Em outra ocasião, Domiciano entreteve os mais nobres dentre os senadores e cavaleiros da seguinte maneira. Preparou uma sala na qual tudo — o teto, as paredes e o chão — era preto, além de dispor leitos desguarnecidos e dessa mesma cor sobre o chão nu. Seus convidados, convidou-os para a noite, desacompanhados de seus séquitos. Ao lado de cada um deles, mandou colocar primeiramente um disco, ostentando a forma de uma lápide e o nome do convidado; a este acrescia-se ainda uma pequena lâmpada, como aquelas que costumeiramente pendem dos túmulos. Rapazes formosos e nus adentraram, então, a sala, igualmente pintados de preto, qual fantasmas. Puseram-se a executar uma dança horripilante ao redor dos convidados, postando-se, depois, a seus pés. A seguir, serviram-se aos convidados os pratos que, nos sacrifícios, habitualmente são oferecidos aos espíritos dos mortos — todos pretos e em travessas da mesma cor. Os convidados todos começaram a tremer e hesitar, esperando que, no instante seguinte, lhes fossem cortar as gargantas. À exceção de Domiciano, estavam todos calados. Reinava um silêncio mortal, como se já se encontrassem todos no reino dos mortos. O próprio imperador discorria ruidosamente sobre mortes e carnificinas. Por fim, dispensou seus convidados. Primeiramente, porém, afastara-lhes os escravos que os aguardavam na antessala. Confiou, então, os convidados a escravos desconhecidos, mandando-os para casa em carros ou liteiras. Impregnou-os, assim, de um medo ainda maior. Mal tendo os convidados chegado em casa e começado a respirar aliviados, um mensageiro do imperador fez-se anunciar. Estando todos eles já certos de que sua hora havia chegado, alguém entrou trazendo o disco, que era de prata. Outros vieram, carregando objetos diversos, dentre os quais as travessas de material precioso nas quais a comida lhes fora servida. E, finalmente, cada convidado viu aparecer ainda o rapaz que, qual um espírito particular, dele cuidara — agora, porém, já lavado e adornado. Após terem passado a noite inteira morrendo de medo, recebiam agora os presentes.

Esse foi, pois, "o banquete fúnebre de Domiciano", como o povo o chamou.

O pavor incessante no qual o imperador manteve seus convidados fê-los calar. Somente ele falava, e falava sobre a morte e sobre matar. Era, pois, como se estivessem todos mortos e somente ele ainda vivo. Reunira nesse banquete todas as suas vítimas, pois assim devem ter se sentido os convidados. Disfarçado de anfitrião, mas, na verdade, na condição de sobrevivente, falava a vítimas disfarçadas de convidados. A situação do sobrevivente, porém, não foi aí tão só concentrada, mas também refinadamente intensificada. Embora os convidados *pareçam mortos*, o imperador segue ainda podendo matá-los. Captura-se assim o *processo* propriamente dito do sobreviver. Ao dispensar seus convidados, Domiciano os indultou. Fá-los tremer de novo, entregando-os a escravos desconhecidos. Eles chegam em casa, e, mais uma vez, ele lhes envia mensageiros da morte. Estes trazem-lhes presentes, e, dentre eles, o maior dos presentes; sua vida. O imperador pode, por assim dizer, despachá-los da vida para a morte, e trazê-los desta de volta à vida. Ele se delicia diversas vezes com esse jogo, que lhe dá a mais elevada sensação de poder — uma sensação ainda mais elevada de poder seria inconcebível.

A SALVAÇÃO DE FLÁVIO JOSEFO

Acerca da história da guerra entre romanos e judeus, ocorrida na juventude de Domiciano, conta-se um episódio que ilumina com perfeição a natureza do sobrevivente. O comando supremo do lado romano cabia a Vespasiano, o pai de Domiciano, e foi durante essa guerra que os Flávios obtiveram a dignidade imperial.

Os judeus estavam revoltados com a dominação romana havia já algum tempo. Quando, então, seu levante irrompeu seriamente, eles nomearam comandantes para as diversas partes do país. Estes deveriam reunir o povo para a guerra e colocar as cidades em boa situação, de modo que fossem capazes de defender-se com êxito das legiões romanas, que, com certeza, logo chegariam. Josefo, ainda jovem — não contava trinta anos de idade —, foi contemplado com a província da Galileia. Lançou-se, então, com grande ardor à execução de sua tarefa. Em sua *História das guerras judaicas*, ele descreveu os obstáculos contra os quais teve de lutar: a desunião entre os cidadãos, os rivais que buscavam intrigá-lo e reuniam tropas por conta própria, as cidades que se recusavam a reconhecer-lhe o comando ou que, passado algum tempo, acabavam por desertar. Não obstante, com espantosa energia ele montou um exército, ainda que mal armado, e preparou fortalezas para recepcionar os romanos.

Estes, então, de fato chegaram, comandados por Vespasiano, que trazia consigo seu filho Tito, da mesma idade de Josefo. Em Roma, àquela época, Nero era ainda o imperador. Vespasiano tinha fama de um velho e experiente general; distinguira-se já em várias guerras. Invadindo, pois, a Galileia, isolou Josefo e seu exército de judeus no interior da fortaleza de Jotapata. Os judeus defenderam-se com grande coragem; criativo, Josefo soube rechaçar todos os ataques, e os romanos sofreram pesadas perdas. A defesa estendeu-se por 47 dias. Quando, com astúcia e durante a noite, os romanos finalmente lograram invadir a fortaleza — todos dormiam, e só foram notar-lhes a presença ao amanhecer —, os judeus mergulharam num terrível desespero, suicidando-se aos montes.

Josefo escapou. Sua sorte após a tomada da cidade, desejo apresentá-la em suas próprias palavras, pois, que eu saiba, inexiste na literatura mundial relato semelhante de um sobrevivente. Josefo descreve com notável consciência, com uma espécie de percepção aguda da essência do sobreviver, tudo quanto fez para escapar. Não lhe foi difícil fazê-lo com honestidade, uma vez que escreveu seu relato *mais tarde*, quando já se encontrava nas altas graças dos romanos.

Após a queda de Jotapata, os romanos vasculharam entre os mortos e por todos os mais recônditos recantos da cidade à procura do odiado Josefo — em parte pelo rancor que nutriam contra ele e em parte porque o general desejava ansiosamente capturá-lo, como se tal captura fosse decisiva para o desfecho da guerra. Durante a tomada da fortaleza, porém, Josefo, como que auxiliado por Deus, imiscuíra-se entre os inimigos e saltara para dentro de uma funda cisterna, a qual se abria lateralmente numa espaçosa caverna, invisível de cima. Nesse esconderijo, encontrou quarenta nobres homens, providos de alimentos para vários dias. Durante o dia, ele se mantinha escondido, porque os inimigos haviam ocupado tudo à sua volta; à noite, no entanto, subia pela cisterna, a fim de encontrar um meio para a fuga e de observar as sentinelas. Como, porém, por sua causa, toda a redondeza se encontrasse tão fortemente vigiada que qualquer fuga às escondidas era inconcebível, ele retornava à caverna. Por dois dias, logrou escapar das buscas; no terceiro dia, porém, foi denunciado por uma mulher que, após uma estadia na caverna, fora capturada. Sem demora, Vespasiano enviou dois tribunos até Josefo, com a missão de prometer-lhe segurança e convencê-lo a deixar a caverna.

Os tribunos foram até lá, tentaram persuadi-lo e deram-lhe garantia de vida. Mas nada puderam conseguir com ele, pois Josefo acreditava saber o que o esperava pelos muitos danos infligidos aos romanos. A brandura dos que tentaram persuadi-lo não alterou em nada sua própria opinião acerca do destino que o aguardava. Não podia evitar o temor de que pretendiam atraí-lo apenas para executá-lo. Por fim, Vespasiano mandou um terceiro mensageiro, o tribuno Nicanor, a quem Josefo conhecia bem e com quem mantinha até uma amizade antiga. Este, então, veio e descreveu o tratamento brando que os romanos dispensavam a inimigos derrotados, explicando ainda que os generais do exército antes admiravam Josefo por sua valentia do que o odiavam, e que o comandante de forma alguma tencionava

295

mandar executá-lo — afinal, poderia mandar executar tal pena mesmo sem que ele deixasse a caverna. Pelo contrário: por ser Josefo um homem valente, o general decidira presenteá-lo com a vida. Seria, de resto, inconcebível — prosseguiu Nicanor — que Vespasiano houvesse traiçoeiramente mandado a Josefo um seu amigo, a fim de mascarar com amizade sua falta de palavra; tampouco se teria prestado ele próprio, Nicanor, a enganar um amigo.

Como, porém, mesmo diante de Nicanor, Josefo não lograva decidir-se, os soldados, em sua raiva, tomaram providências para atear fogo à caverna. Seu superior os deteve, pois estava muito interessado em ter Josefo vivo em seu poder. Enquanto, pois, Nicanor o pressionava e a tropa inimiga dirigia-lhe ameaças incessantes, portentosos sonhos assomaram à lembrança de Josefo, sonhos estes nos quais Deus lhe revelara o iminente infortúnio dos judeus e o futuro destino dos imperadores romanos. Josefo sabia interpretar os sonhos. Na condição de sacerdote e de filho de sacerdote, estava bem familiarizado com as profecias dos livros sagrados e era capaz de explicar inclusive as predições ambíguas da divindade. Naquele preciso momento, então, Josefo foi tomado de entusiasmo divino; os pavores dos sonhos que tivera recentemente exibiram-se à sua visão interior, e, em silêncio, ele dirigiu a Deus a seguinte oração: "Visto que decidiste curvar o povo judeu que criaste; considerando-se que toda a sorte passou-se para o lado dos romanos e que escolheste minha alma, oferecerei a mão aos romanos e permanecerei vivo. Convoco-Te, porém, como testemunha de que passo para o lado deles não como traidor, mas como Teu servo".

Feita essa oração, Josefo deu a Nicanor a sua concordância. Quando os judeus que estavam com ele no esconderijo notaram que Josefo estava decidido a ceder às instâncias dos inimigos, eles se amontoaram densamente ao seu redor, assediando-o com acusações. Lembraram-no de quantos judeus haviam morrido pela liberdade por lhe terem dado ouvidos. Ele, cuja reputação de homem valente fora tão grande, desejava agora seguir vivendo como escravo? Ele, que era considerado tão inteligente, esperaria misericórdia daqueles contra os quais havia lutado com tanta obstinação? Esquecera-se, então, completamente de si mesmo? A lei dos patriarcas suspiraria pesadamente por sua causa, e, prezando tanto a própria vida, ele estaria ofendendo a Deus. *Ele* teria sido cegado pela fortuna dos romanos; *eles* não esqueceriam a honra de seu povo. Ofereceram-lhe seu braço e sua espada, a fim de que, voluntariamente, Josefo tombasse como comandante dos judeus; do contrário, tombaria involuntariamente como traidor. Brandiram, então, suas espadas contra ele e ameaçaram matá-lo, caso ele se entregasse aos romanos.

Josefo teve medo deles, mas parecia-lhe uma traição aos encargos que Deus lhe confiara morrer antes de anunciá-los. Premido pela aflição, pôs-se a buscar argumentos racionais em contrário. Seria bonito morrer na guerra, mas, conforme rezava o costume, somente nas mãos do vencedor. Matar-se, porém, seria a pior covardia. O suicídio contrariava a mais íntima essência de todo ser vivo, e seria igualmente um crime contra Deus, o Criador. De Deus recebia-se a vida, e a Ele cabia também determinar-lhe o fim. Os que haviam atentado contra a própria vida, a estes Deus odiava e castigaria ainda por intermédio de seus descendentes. Não era apropriado acrescer ao infortúnio que os havia atingido como homens um crime contra o Criador. Nada deviam interpor no caminho de sua salvação, se esta era ainda possível. Não lhes constituía vergonha alguma permanecer vivos; com seus feitos, haviam já dado provas suficientes de sua valentia. Se, contudo, a morte os esperava, que a recebessem pela mão dos vencedores. Ele nem pensava em passar-se para o lado dos inimigos e tornar-se, assim, um traidor. Mas, por certo, desejava uma traição da parte dos romanos. Morreria contente se, a despeito da palavra empenhada, o matassem; a quebra de sua palavra, pela qual receberiam castigo divino, ser-lhe-ia um consolo maior do que a vitória.

Assim, Josefo pensou em todo o possível para demover seus companheiros da ideia do suicídio. Mas o desespero fê-los surdos a todas as ponderações. Havia tempos tinham já se consagrado à morte, e as palavras de Josefo só fizeram intensificar-lhes o rancor. Culparam-no de covardia e pressionavam-no por todos os lados com as espadas em punho. Pareciam todos prontos a matá-lo no ato. Em sua aflição, que lhe infundia os sentimentos mais contraditórios, chamou um pelo nome, fitou os outros nos olhos, com o olhar de comandantes, agarrou um terceiro pela mão, persuadiu um quarto com súplicas e, assim, lograva ainda, a cada vez, afastar de si a espada assassina. Agia como o animal cercado que se volta sempre contra aquele que, no momento, faz menção de atacá-lo. Como eles próprios, nessa sua extrema aflição, respeitassem-no ainda como comandante, seus braços pareciam paralisados; os punhais escorregavam-lhes das mãos, e muitos dos que haviam erguido sua espada contra Josefo embainharam-na novamente, de livre e espontânea vontade.

A despeito, porém, da situação desesperadora, a prudência de Josefo não o abandonou. Pelo contrário. Confiante na assistência divina, ele colocou a própria vida em jogo, dizendo o seguinte a seus companheiros: "Já que tomamos a decisão, agora já firmada, de morrer, deixemos a sorte decidir quem de nós matará a quem. Aquele que for sorteado tombará pela mão do seguinte a quem a sorte designar. Desse modo, a morte atingirá a todos, e ninguém será obrigado a se matar. Constituiria, porém, grande injustiça se, após a morte de seus companheiros, o último subitamente se arrependesse e salvasse a própria vida".

Tal sugestão restaurou a confiança nele, e, havendo todos eles se declarado de acordo, o próprio Josefo incluiu-se no sorteio. À medida, então, que cada um foi sendo sorteado, deixava-se matar voluntariamente pelo seguinte.

Sabiam, afinal, que também o comandante haveria de morrer em seguida, e a morte em sua companhia parecia-lhes melhor do que a vida. Por fim, restaram o próprio Josefo — seja por uma feliz coincidência ou pela providência divina — e um último companheiro; como, porém, Josefo não queria ser o escolhido pela sorte, tampouco pretendia, caso acabasse ficando por último, manchar as mãos do sangue de um compatriota, terminou por persuadir o companheiro a entregar-se aos romanos, salvando assim a própria vida.

Tendo, pois, escapado são e salvo tanto da luta contra os romanos quanto daquela contra sua própria gente, Josefo foi conduzido por Nicanor até Vespasiano. Os romanos todos acorreram para ver o comandante dos judeus, e a multidão, comprimindo-se ao seu redor, deu início a uma grande gritaria. Uns exultavam com sua prisão, outros gritavam ameaças e outros ainda abriam caminho com violência para, mais de perto, poder vê-lo melhor. Os mais afastados gritavam que se devia executá-lo; os que se encontravam postados mais próximos de Josefo lembravam seus feitos e espantavam-se com a virada em seu destino. Dentre os oficiais, contudo, não havia um único que, a despeito de toda a animosidade anterior, não se sentisse agora emocionado ao vê-lo. A perseverança de Josefo em meio ao infortúnio e a simpatia por sua juventude apoderou-se particularmente do nobre Tito, que tinha a sua idade. Este queria salvar-lhe a vida e intercedeu com a máxima ênfase junto ao pai. Vespasiano, porém, ordenou vigilância rigorosa sobre Josefo: tinha a intenção de enviá-lo sem demora a Nero.

Quando Josefo ficou sabendo disso, exigiu uma conversa em particular com Vespasiano. O comandante romano ordenou a todos os presentes que se afastassem, com exceção do filho Tito e de dois amigos de confiança. Josefo, então, falou-lhe da seguinte maneira: "Tu crês, Vespasiano, que não sou mais que um prisioneiro de guerra a quem tens sob teu poder. Estás enganado: apresento-me diante de ti como alguém que tem coisas importantes a anunciar. Eu

— Josefo — devo desincumbir-me junto a ti de uma missão que me foi dada por Deus. Não fosse por isso, saberia muito bem o que determina a lei dos judeus e como um comandante deve morrer. Queres enviar-me a Nero? Para quê? Seus sucessores, que deverão chegar ao trono ainda antes de ti, não o sustentarão por muito mais tempo. Tu, Vespasiano, tornar-te-ás César e imperador, e, depois de ti, este teu filho! Manda, pois, que me acorrentem com toda a segurança e preserva-me para mais tarde, para ti. Afinal, serás César e senhor; não apenas o meu senhor, mas o senhor da terra, do mar e de toda a espécie humana. Determina que me vigiem com o máximo rigor e, se falei levianamente em nome de Deus, manda então que me executem como mereço!".

De início, Vespasiano não acreditou totalmente naquelas palavras, tendendo a tomá-las por um ardil de Josefo para salvar a própria vida. Pouco a pouco, porém, começou a acreditar de verdade nelas; o próprio Deus despertara nele pensamentos sobre o trono, e sua futura soberania fora-lhe também sugerida por outros sinais. Descobriu, ademais, que seu prisioneiro fizera já predições corretas em outros casos. Um dos amigos de Vespasiano, presente à conversa sigilosa, manifestou seu espanto por Josefo não haver previsto nem a destruição de Jotapata nem sua própria prisão: o que afirmava agora talvez não fosse mais do que conversa fiada para obter as graças do inimigo. Josefo retrucou, então, com aquilo que predissera à gente de Jotapata: que, após 47 dias, cairiam nas mãos do inimigo, e que ele próprio seria capturado vivo. Em segredo, Vespasiano mandou que colhessem informações junto aos prisioneiros e, confirmadas as alegações de Josefo, voltou a dar crédito também à profecia relativa a sua própria pessoa. Por certo, manteve Josefo ainda aprisionado e acorrentado; presenteou-lhe, porém, com vestes esplendorosas e outras preciosidades. E Josefo seguiu sendo tratado amistosamente, um tratamento que devia inteiramente a Tito.

A autoafirmação de Josefo subdivide-se em três atos distintos. Primeiramente, ele escapa ao massacre na fortaleza conquistada, Jotapata. Os defensores da cidade que não se suicidam são mortos pelos romanos; alguns são feitos prisioneiros. Josefo salva-se na caverna junto à cisterna. Ali, encontra já quarenta homens, aos quais caracteriza expressamente como "nobres". São todos sobreviventes como ele. Abasteceram-se de víveres e esperam manter-se escondidos ali dos romanos, até que um meio de escapar se lhes ofereça.

Contudo, a estadia de Josefo entre eles — Josefo, que é quem está sendo verdadeiramente procurado — é denunciada aos romanos por uma mulher. Com isso, a situação altera-se radicalmente, e tem início o segundo ato — de longe, o mais interessante de todo o relato: em razão da franqueza com que o apresenta seu ator principal, pode-se caracterizá-lo como singular.

Os romanos prometem-lhe a vida. Tão logo Josefo acredita neles, eles já não são mais seus inimigos. Trata-se, no sentido mais profundo, de uma questão de fé. Uma profética visão onírica ocorre-lhe no momento certo. Josefo foi avisado de que os judeus sucumbirão. Sucumbiram de fato, ainda que momentaneamente apenas no interior da fortaleza que Josefo comandava. A sorte está do lado dos romanos. A visão na qual isso lhe foi anunciado proveio de Deus. Com o auxílio divino, ele encontrará também o caminho até os romanos. Josefo coloca-se sob a proteção divina e volta-se, então, contra seus novos inimigos — os judeus que estão com ele na caverna. Estes, para não cair nas mãos dos romanos, querem cometer suicídio. Josefo, o comandante que os encorajou à luta, deveria ser o primeiro a dispor-se a essa forma de aniquilação. Mas está firmemente decidido a viver. Busca persuadi-los; com centenas de argumentos, procura tirar-lhes a vontade de morrer. Não obtém sucesso. Tudo quanto diz contra a morte intensifica-lhes a cega determinação e a ira contra ele, que deseja escapar. Percebe, então, que somente logrará escapar se eles se matarem uns aos outros e ele, Josefo, permanecer por último. Cede, assim, aparentemente, à sua vontade, e se vale da ideia do *sorteio*.

Um tal sorteio há de despertar suspeitas; é difícil não acreditar que se trate de um engodo. Tem-se aí a única passagem em que o relato de Josefo permanece obscuro. Ele atribui o espantoso resultado dessa loteria da morte à divindade ou ao acaso, mas a impressão que se tem é a de que deixa à inteligência do leitor a tarefa de adivinhar o que verdadeiramente aconteceu. E isso porque o que vem em seguida é monstruoso: diante de seus olhos, sua gente põe-se a matar-se mutuamente. Não morrem, porém, todos juntos, mas um de cada vez. Entre um assassinato e outro, tira-se a sorte. Cada um tem de matar com as próprias mãos um companheiro, sendo, então, ele próprio morto pelo seguinte a quem a sorte designar. Os escrúpulos religiosos que Josefo exibira em relação ao suicídio evidentemente não se aplicam no tocante ao assassinato. A cada um que ele vê tombar intensifica-se a sua esperança de salvação. A cada um deles e a todos juntos deseja a morte; para si, nada quer a não ser a vida. Morrem todos de bom grado, acreditando que Josefo, seu comandante, morrerá com eles. Não podem supor que ele venha a ser o último de todos. É improvável que tenham sequer imaginado tal possibilidade. Como, porém, alguém terá de ser o último, Josefo previne quanto a isso também: seria uma grande injustiça — diz-lhes — se, após a morte de seus companheiros, o último de súbito se arrependesse e salvasse a própria vida. Josefo tinha em vista precisamente essa injustiça. O que menos se poderia fazer após a morte de todos os companheiros, isso é o que ele próprio pretende fazer. Pretextando pertencer integralmente ao grupo nesse momento derradeiro, ser um deles, Josefo os envia a todos para a morte e salva, assim, a própria vida. Os companheiros não têm ideia do que ele sente vendo-os morrer. Estão totalmente vinculados a um destino comum e acreditam que também ele o esteja; Josefo, porém, situa-se à parte: concebera tal destino somente para eles. Os companheiros morrem para que ele possa se salvar.

O engodo é total. Trata-se do engodo de todos os comandantes. Eles fazem crer que morrerão à frente de sua gente. Na verdade, contudo, enviam-na adiante para a morte, a fim de permanecerem vivos por mais tempo. O ardil é sempre o mesmo. O comandante quer sobreviver; fortalece-se com isso. Se tem inimigos aos quais sobreviver, muito bem; se não os tem, dispõe de sua própria gente. De todo modo, usa a ambos — alternada ou concomitantemente. Os inimigos, utiliza-os com frequência; é para isso, afinal, que são inimigos. Sua própria gente, só pode utilizá-la às ocultas.

Na caverna de Josefo, esse ardil faz-se evidente. Do lado de fora estão os inimigos. Estes são os vitoriosos, mas sua antiga ameaça transformou-se agora numa promessa. Dentro da caverna estão os amigos. Estes levam adiante a velha disposição de seu comandante, aquela da qual ele próprio os impregnou, e negam-se a aceitar a nova promessa. Assim, a caverna na qual o comandante pretendia salvar-se transforma-se para ele num grande perigo. Ele engana os amigos, que desejam atentar contra si próprios e contra ele, mandando-os à frente rumo à morte coletiva. Desde o princípio, Josefo esquiva-se mentalmente da morte e, por fim, escapa-lhe também de fato. Com ele, resta apenas um único companheiro. E como — nas suas próprias palavras — não pretende manchar as mãos do sangue de um compatriota, convence-o a entregar-se aos romanos. Apenas a sós com este último companheiro pode ele persuadi-lo a viver. Quarenta haviam sido demais para Josefo. Salvam-se ambos, entregando-se aos romanos.

Assim, Josefo saiu-se são e salvo também da luta contra sua própria gente. E é justamente isso o que ele leva aos romanos: o sentimento exacerbado de sua própria vida, nutrido pela ruína de sua gente. A transmissão a Vespasiano desse poder recém-adquirido constitui o terceiro ato da salvação de Josefo. Ela se expressa numa promessa profética. Os romanos conheciam muito bem a rígida crença em Deus dos judeus. Sabiam que a última coisa que um judeu faria seria falar levianamente em nome de Deus. Josefo só podia nutrir um forte desejo de, em lugar de Nero, ver Vespasiano imperador. Nero, a quem queriam enviá-lo, não lhe havia prometido a vida. De Vespasiano, tinha ao menos a palavra. Sabia também que Nero desprezava Vespasiano, o qual, bem mais velho que ele, costumava adormecer em suas apresentações de canto. Tratara-o já diversas vezes de maneira inclemente, e só agora, tendo a sublevação dos judeus atingido uma proporção perigosa, voltara a recorrer ao velho e experimentado general. Vespasiano tinha todos os motivos para desconfiar de Nero. A promessa de um futuro reinado há de lhe ter sido bem-vinda.

É possível que o próprio Josefo acreditasse nessa mensagem que Deus o incumbira de transmitir a Vespasiano. Trazia no sangue o dom da profecia e julgava-se um bom profeta. Trouxe, assim, aos romanos algo que eles próprios não tinham. O deus deles, Josefo não o levava a sério; considerava superstição o que vinha dos romanos. Mas sabia também que tinha de convencer Vespasiano — que, como todos os romanos, desprezava os judeus e sua fé — da seriedade e da validade de sua mensagem. A segurança com que se comportou; a energia com a qual se expressou (ele, um indivíduo sozinho em meio aos inimigos aos quais infligira o pior e que, havia ainda pouco tempo, tinham fugido dele); a fé em si mesmo — tudo isso Josefo devia à sobrevivência em meio à própria gente. O que lograra fazer na caverna, ele o transmitiu a Vespasiano, que sobreviveu a Nero, trinta anos mais moço, e a todos os seus sucessores, dos quais não houve menos de três. Cada um deles tombou, por assim dizer, pela mão do outro, e Vespasiano tornou-se o imperador romano.

A AVERSÃO DOS PODEROSOS
PELOS SOBREVIVENTES.
OS SOBERANOS E SEUS SUCESSORES

Muhammad Tughlak, o sultão de Delhi, possuía vários planos que suplantavam em grandiosidade os de Alexandre ou Napoleão. Dentre estes planos estava a conquista da China mediante a travessia do Himalaia. Um exército de 100 mil cavaleiros foi montado. No ano de 1337, esse exército partiu, perecendo cruelmente no alto das montanhas. Somente *dez* homens, nem um único a mais, conseguiram salvar-se, trazendo de volta a Delhi a notícia da morte de todos os outros. Por ordem do sultão, os dez foram *executados.*

A aversão dos poderosos pelos sobreviventes é geral. Consideram toda sobrevivência efetiva algo que cabe somente a eles: trata-se de sua verdadeira riqueza, sua propriedade mais preciosa. Todo aquele que se permita conspicuamente sobreviver em circunstâncias perigosas — e particularmente em meio a muitos outros — estará se imiscuindo em seus negócios e voltará contra si o seu ódio.

Nos lugares em que existiu uma forma absoluta e incontestada de dominação — no Oriente islâmico, por exemplo —, a raiva dos poderosos em relação aos sobreviventes pôde manifestar-se abertamente. Os pretextos que talvez precisassem ainda encontrar para aniquilá-los mal encobriam o afeto nu e cru de que estavam impregnados.

Dos despojos de Delhi constituiu-se um outro império islâmico no Decão. Durante todo o seu governo, Muhammad Shah, um dos sultões dessa nova dinastia, travou a mais violenta batalha contra seus vizinhos, os reis hindus. Um dia, os hindus lograram conquistar a importante cidade de Mudkal. Todos os seus habitantes — homens, mulheres e crianças — foram mortos. Um único homem escapou, trazendo a notícia para a capital, onde morava o sultão. "Quando este ficou sabendo do ocorrido", relata o cronista, "viu-se dominado pela dor e pela ira, ordenando que o desafortunado mensageiro fosse executado imediatamente. Não podia suportar a presença de um miserável que havia assistido e sobrevivido à matança de tantos e tão valentes companheiros."

Também nesse caso pode-se ainda falar de um pretexto; é provável que o sultão não soubesse realmente por que razão não suportava a visão do único que se salvara. Já *Hakim*, o califa egípcio que governou por volta do ano 1000, tinha uma consciência muito mais clara dos jogos do poder, deles desfrutando de um modo que lembra o imperador Domiciano. Hakim adorava vagar pela noite sob toda sorte de disfarces. Numa dessas suas peregrinações noturnas, encontrou numa montanha nas proximidades do Cairo dez homens bem armados, os quais o reconheceram e lhe pediram dinheiro. Hakim, então, lhes disse: "Formem duas divisões e lutem uns contra os outros. Darei dinheiro a quem vencer". Os homens obedeceram e lutaram com tal ímpeto que nove perderam a vida. Ao décimo, o único que restara, Hakim arremessou, então, uma grande quantidade de moedas de ouro que tirara da manga. Enquanto, porém, este se abaixava para recolhê-las, o califa ordenou a seus servos que o fizessem em pedaços. — Desse modo, Hakim mostrou possuir uma clara compreensão do *processo* da sobrevivência, dele desfrutando como uma espécie de encenação provocada por ele mesmo, gozando ainda, ao final, da alegria pela aniquilação do sobrevivente.

Peculiaríssima é a relação do poderoso com seu *sucessor*. Se se trata de uma dinastia, e o sucessor é seu filho, sua relação com este faz-se duplamente difícil. É natural que o filho, como todo filho, sobreviva ao pai, e natural é também que a paixão pela sobrevivência intensifique-se desde cedo nesse filho — que haverá de tornar-se ele próprio um detentor de poder. Ambos, pai e filho, têm razões de sobra para odiar-se mutuamente. Sua rivalidade, ostentando premissas diferentes e em razão precisamente dessa diferença, alcança uma particular agudeza. O pai, que tem o poder nas mãos, sabe que morrerá antes do filho. Este, que ainda não detém o poder, está seguro de sua própria sobrevivência. A morte do mais velho — de todos os homens, o que menos deseja morrer, caso contrário não seria um detentor de poder — é ardorosamente ansiada. Por outro lado, a chegada do mais novo ao poder é adiada de todas as formas. Trata-se de um conflito para o qual inexiste uma solução de fato. A história está repleta de revoltas desses filhos contra seus pais. Alguns conseguem derrubá-los; outros são vencidos e perdoados ou mortos por eles.

Numa dinastia de soberanos longevos e absolutos, é de se

esperar que as revoltas dos filhos contra os pais transformem-se numa espécie de instituição. Um breve exame dos imperadores mongóis da Índia ser-nos-á aqui instrutivo. O príncipe *Salim*, o primogênito do imperador *Akbar*, "desejava ardentemente tomar nas próprias mãos as rédeas do governo. Enfurecia-o a longa vida de seu pai, a qual o mantinha afastado do gozo das altas dignidades. Decidiu-se, assim, a usurpá-las, atribuindo-se a si próprio, e a seu bel-prazer, o nome de rei e arrogando-se também os direitos de um rei". Assim nos conta um relato de jesuítas contemporâneos a ambos que os conheciam bem e os cortejavam. O príncipe Salim formou, pois, uma corte própria. Contratou assassinos que, estando em viagem o amigo mais íntimo e conselheiro de seu pai, assaltaram-no e o mataram numa emboscada. A sublevação do filho estendeu-se por três anos, ao longo dos quais chegou a haver uma reconciliação simulada. Por fim, ameaçado com a nomeação de um outro herdeiro para o trono, Salim, sob pressão, aceitou um convite para uma visita à corte do pai. De início, foi recebido com cordialidade; depois, seu pai puxou-o para um aposento no interior do palácio, esbofeteou-o e o trancou num banheiro. Entregou-o aos cuidados de um médico e dois criados, qual se tratasse de um demente; o vinho, de que gostava tanto, foi-lhe proibido. Por essa época, o príncipe contava 36 anos de idade. Passados alguns dias, Akbar o soltou, devolvendo-lhe a dignidade de sucessor do trono. No ano seguinte, Akbar morreu em consequência de uma disenteria. Falou-se que o filho o teria envenenado; hoje, porém, não é mais possível atestar a veracidade dessa hipótese. "Após a morte de seu pai, pela qual tanto ansiara", o príncipe Salim finalmente tornou-se imperador, escolhendo para si o nome de Jahangir.

Akbar governou por 45 anos; *Jahangir* governou 22 anos. Nesse governo, porém, que durou a metade do de seu pai, passou exatamente pelas mesmas experiências pelas quais este último passara. Seu filho predileto, *Shah Jahan*, a quem ele próprio nomeara seu sucessor, revoltou-se contra ele, travando contra o pai uma guerra que durou três anos. Derrotado, Shah Jahan solicitou a paz ao pai. Foi indultado, mas sob uma dura condição: teve de enviar à corte imperial seus dois filhos, na condição de reféns. Ele próprio cuidou de jamais tornar a aparecer diante do pai, e pôs-se a esperar por sua morte. Dois anos depois de selada a paz, Jahangir morreu, e Shah Jahan tornou-se imperador.

Governou por trinta anos, e o mesmo que fizera ao pai aconteceu com ele. Seu filho, porém, teve mais sorte. *Aurangzeb*, o mais jovem dos dois que tinham vivido outrora como reféns na corte do avô, sublevou-se contra o pai e o irmão mais velho. A famosa "guerra de sucessão" que então se desenrolou, tendo sido descrita por testemunhas europeias, terminou com uma vitória de Aurangzeb. Este mandou executar o irmão e manteve o pai por oito anos, até sua morte, na prisão.

Logo após sua vitória, Aurangzeb fez-se a si próprio imperador e governou durante meio século. Seu filho predileto perdeu a paciência muito antes disso. Rebelou-se contra o pai, mas o velho era muito mais esperto do que o filho e soube corromper-lhe os aliados. Este último teve de fugir para a Pérsia, onde, no exílio, morreu ainda antes que o pai.

Se se contempla a história dinástica do império mongol como um todo, o que se verifica é, pois, um quadro espantosamente uniforme. Seu esplendor dura 150 anos; ao longo desse tempo governam não mais que quatro imperadores, filhos uns dos outros, todos eles tenazes, longevos e apaixonadamente apegados ao poder. Seus governos têm duração notável: Akbar governa 45 anos; seu filho, 22; o neto, trinta; e o bisneto, cinquenta anos. A começar por Akbar, nenhum dos filhos aguarda a sua vez; cada um dos que, mais tarde, se tornaram imperadores subleva-se contra o pai ainda na condição de príncipe. Tais revoltas apresentam desfechos diversos. Jahangir e Shah Jahan são derrotados e perdoados pelos pais. Aurangzeb põe o pai na prisão e o depõe. Mais tarde, seu próprio filho morre no exílio, sem ter obtido sucesso. Com a morte do próprio Aurangzeb, tem fim o poder do império mongol.

Nessa longeva dinastia, todos os filhos revoltaram-se contra seus pais, e cada um destes foi à guerra contra seu filho.

O sentimento mais extremo de poder manifesta-se quando o soberano não *quer* filho algum. O caso mais bem documentado é o de *Shaka*, que, no primeiro terço do século XIX, fundou a nação e o império dos *zulus*, na África do Sul. Shaka foi um grande general, chegando a ser comparado a Napoleão; jamais terá havido um detentor de poder mais cru do que ele. Recusava-se a casar porque não queria ter herdeiros legítimos. Mesmo os insistentes pedidos de sua mãe, a qual sempre tratou com distinção, não conseguiram fazê-lo mudar de ideia. Não havia nada que ela mais quisesse do que um neto; Shaka, porém, aferrou-se a sua decisão. Seu harém possuía centenas de mulheres; no fim, eram 1200, ostentando o título oficial de "irmãs". Era-lhes proibido engravidar e ter um filho. Sobre elas, exercia-se um rigoroso controle. Cada "irmã" grávida que se deixasse apanhar era punida com a morte. O filho de uma dessas mulheres, cuja existência lhe fora ocultada, Shaka o matou com as próprias mãos. Orgulhava-se bastante de sua arte de amar; tinha sempre o controle de si próprio e, por isso, acreditava que mulher alguma poderia engravidar dele. Assim, jamais se viu na situação de temer um filho a crescer. — Aos 41 anos, foi morto por dois de seus irmãos.

Fosse-me permitido passar dos poderosos terrenos para os divinos, poder-se-ia lembrar aqui o Deus de Maomé, cuja solitária soberania é, de todos os deuses, a mais incontes te. Desde o princípio, ele se encontra já no topo, não tendo de, como o Deus do Velho Testamento, lutar primeiramente contra sérios rivais. No Corão, afirma-se constante e veementemente que ninguém o gerou, mas afirma-se também que ele *não gerou pessoa alguma*. A controvérsia relativamente ao cristianismo que aí se expressa advém do sentimento da unidade e indivisibilidade de seu poder.

Em contraposição a isso, há soberanos orientais dotados de centenas de filhos, filhos estes que, primeiramente, têm de lutar entre si para definir quem virá a ser o real sucessor. É de se supor que a consciência da hostilidade entre eles retire do pai algo da amargura em relação a seu sucessor, seja ele quem for.

Acerca do significado mais profundo da sucessão, de seu propósito e sua vantagem, falar-se-á em outro contexto. Aqui, há que se notar apenas que poderosos e seus sucessores encontram-se numa relação especial de hostilidade cuja intensificação é proporcional ao vigor dessa mais singular dentre todas as paixões do poder — a paixão pela sobrevivência.

AS FORMAS DA SOBREVIVÊNCIA

Não é ocioso contemplar as formas que o sobreviver assume; elas são muitas, e é importante não negligenciar nenhuma delas.

A *concepção*, o primeiro acontecimento na vida de qualquer ser humano — muito anterior a seu nascimento e, decerto, superando-o em importância —, não foi ainda examinada à luz desse importante aspecto que é a sobrevivência. Sabe-se muito do que acontece desde o instante em que o espermatozoide penetra no óvulo: poder-se-ia dizer que em breve se saberá tudo. Mas pouco se refletiu acerca da existência, quando da concepção, de um número impressionante de espermatozoides que não atingem sua meta, embora participem intensamente do processo como um todo. Não é *um* espermatozoide isolado que busca seu caminho até o óvulo, mas seu número é de cerca de 200 milhões. Numa *única* ejaculação, eles são lançados todos juntos e, densamente comprimidos, movem-se rumo a uma *única* meta.

Seu número é, pois, gigantesco. Tendo se originado por divisão, são todos iguais entre si; sua densidade dificilmente poderia ser maior, e todos têm uma única e mesma meta. Lembremo-nos de que justamente essas quatro características são as que foram aqui definidas como as propriedades essenciais da massa.

Desnecessário faz-se enfatizar que a massa composta de espermatozoides não pode ser a mesma coisa que a massa de seres humanos. Indubitavelmente, contudo, verifica-se uma analogia

310

— e talvez mais do que uma mera analogia — entre ambos esses fenômenos.

Todos esses espermatozoides caminham seja rumo a uma meta, seja — posteriormente, e nas proximidades desta última — rumo a seu *fim*. *So*mente um deles penetra no óvulo. Este, pode-se muito bem caracterizá-lo como um sobrevivente. É, por assim dizer, o líder [*Führer*] dos demais, e conseguiu aquilo que todo líder [*Führer*], secreta ou abertamente, almeja: conseguiu sobreviver a todos quantos liderou. Desse único sobrevivente em meio a 200 milhões origina-se o ser humano.

Dessa forma elementar, ainda que jamais considerada, de sobrevivência passemos a outras, mais conhecidas. Nos segmentos precedentes deste livro, falou-se muito do *matar*. O homem confronta-se com seus inimigos: confronta-se com um único inimigo, matando-o, assaltando-o sorrateiramente ou travando com ele um duelo; confronta-se com uma malta a cercá-lo ou, por fim, com toda uma massa. Nesse último caso, ele não está sozinho, mas lança-se à batalha juntamente com sua própria gente. Contudo, quanto mais elevado o seu posto, tanto mais sentirá ele a sobrevivência como algo que pertence exclusivamente a ele. Quem vence é o "general". Como, porém, tombaram também muitos dos seus, o amontoado dos mortos constitui uma mescla, mescla esta consistindo em amigos e inimigos; a batalha assume assim a forma "neutra" da *epidemia*.

O matar avizinha-se aqui do *morrer*, e, aliás, de sua forma mais monstruosa: do morrer em epidemias e catástrofes naturais. Sobrevive-se aí a todos quantos são mortais, a amigos e inimigos a um só tempo. Todas as relações se diluem; o morrer pode vir a ser tão abrangente que não se sabe mais quem está sendo enterrado. Assaz características são as histórias sempre recorrentes de homens que, dentre os mortos, em meio ao amontoado destes, retornam à vida: eles acordam em meio aos mortos. Tais pessoas tendem a julgar-se invulneráveis — heróis da peste, por assim dizer.

Uma satisfação mais comedida, encoberta, resulta da morte *esporádi*ca dos homens. Trata-se aqui da morte de parentes e amigos. Não é o próprio homem quem mata, tampouco sente-se ele atacado. Não faz nada para que tal aconteça, mas espera a morte dos outros. Os mais jovens sobrevivem aos mais velhos, o filho ao pai.

O filho julga natural que o pai morra antes dele. O dever o obriga a correr até o leito de morte para fechar-lhe os olhos e carregá-lo até a cova. Ao longo desses acontecimentos, que se estendem por dias, seu próprio pai jaz morto na sua frente. Aquele que podia lhe dar ordens como quase nenhum outro homem silenciou. Sem poder fazer coisa alguma, o pai tem de suportar que lhe manuseiem o corpo, e é o filho quem o ordena — o filho que, outrora, durante muitos anos, era quem ele mais tinha sob seu poder.

Até mesmo aí está presente a satisfação pela sobrevivência. Ela resulta da relação entre pai e filho, dos quais este último, fraco e desamparado, esteve por muitos anos inteiramente sob o poder do primeiro, ao passo que é este, o outrora todo-poderoso, quem agora sucumbiu e morreu, podendo o filho dispor de seus restos mortais.

Tudo quanto lhe é legado pelo pai fortalece o filho. A herança é sua presa. Com ela, pode fazer tudo o que o pai não faria. Se este era econômico, o filho pode ser um perdulário; se era inteligente, o filho pode ser um desatinado. É como se agora se decretasse a vigência de uma nova lei. A ruptura é portentosa, irreparável. Ela se deu pela sobrevivência, constituindo-lhe a forma mais pessoal e íntima.

Inteiramente diversa é a natureza do sobreviver a *pessoas de mesma idade*, aos próprios contemporâneos. A propensão à sobrevivência é aí, por se tratar do grupo do próprio sobrevivente, encoberta por formas mais amenas de rivalidade. Um grupo de pessoas de uma mesma idade é reunido numa classe etária. Em determinados ritos, compostos de provações difíceis e amiúde cruéis, os jovens ascendem de uma classe à seguinte. É possível — embora constitua exceção — que o jovem morra em decorrência de uma tal provação.

Os *velhos* — homens que, transcorrido um certo número de

anos, permanecem vivos — desfrutavam de um prestígio bastante elevado já entre os povos primitivos. Entre estes, as pessoas geralmente morrem mais cedo; vivem expostas a grandes perigos e estão muito mais sujeitas a doenças do que nós. Para elas, atingir uma certa idade constitui uma façanha, e tal façanha encerra em si sua recompensa. Não se trata apenas do fato de esses velhos saberem mais, de terem adquirido experiência em um número maior de situações; eles deram provas também de seu valor, pois continuam vivos. Devem ter tido sorte para ter escapado ilesos das caçadas, das guerras e dos acidentes. Ao longo de todos esses perigos, seu prestígio cresceu. Suas vitórias sobre os inimigos, eles podem comprová-las com troféus. Sua prolongada existência como membros de uma horda que jamais consiste em um número demasiado grande de homens afigura-se particularmente notável a estes últimos. Vivenciaram muitas situações ensejando a lamentação. Seguem, porém, vivos, e as mortes dos membros de sua própria classe etária contribuem para o seu prestígio. É possível que os membros de um grupo não tenham consciência tão clara desse fato quanto do valor atribuído às vitórias sobre os inimigos. Uma coisa, porém, não se há de contestar: o sucesso mais elementar e evidente consiste em ainda se estar vivo. Os velhos não estão apenas vivos: eles *ainda* estão vivos. Podem escolher as mulheres jovens que quiserem, ao passo que os rapazes têm, por vezes, de se contentar com as velhas. É assunto dos velhos determinar para onde se vai, contra quem se vai travar uma guerra e com quem se fará aliança. Tanto quanto se possa falar em um governo entre os povos primitivos, é o conjunto dos velhos que o exerce.

O desejo de uma vida longa, que desempenha um grande papel na maioria das culturas, significa, na realidade, que se quer sobreviver aos próprios contemporâneos. Sabe-se que muitos morrem cedo, e quer-se para si um destino diferente. Na medida em que roga aos deuses por uma vida longa, o homem aparta-se de seus companheiros. É certo que não os menciona em sua oração, mas o que imagina é que viverá mais do que eles. "Sadia" é a longevidade do *patriarca* que pode abarcar com os olhos muitas gerações de descendentes. Não se imaginam outros patriarcas a seu lado. É como se, com ele, tivesse início uma nova estirpe. Enquanto seus netos e bisnetos viverem, pouco importa que alguns de seus filhos tenham já encontrado a morte; eleva-lhe o prestígio o fato de sua vida ser mais tenaz que a deles.

Na classe dos mais velhos, resta, por fim, um único sobrevivente — precisamente o mais velho de todos. O *século etrusco* é definido segundo a duração de sua vida. Vale a pena dizer aqui algumas palavras a esse respeito.

Entre os etruscos, o "século" possui duração variada: é ora breve ora extenso, precisando-se continuamente definir-lhe a duração. A cada geração há um homem que, tendo vivido mais, torna-se o mais velho de todos. Quando esse homem, que sobreviveu a todos os outros, morre, os deuses enviam certos sinais aos homens. É em função desse momento da sua morte que se determina a extensão do século: se o sobrevivente tinha 110 anos, 110 anos tem o século; se morreu aos 105, isso resulta num século mais breve, de 105 anos. O sobrevivente *é* o século: são os anos de sua vida que o compõem.

Cada cidade e cada povo têm uma duração predeterminada. À nação dos etruscos caberão dez desses séculos, contados a partir da fundação de uma cidade. Se o sobrevivente de cada geração logra perdurar por um tempo particularmente longo, a nação como um todo atingirá uma idade muito mais avançada. Esse fato é notável e, como instituição religiosa, único.

A sobrevivência a uma *distância temporal* é a única forma de sobrevivência na qual o homem permanece inocente. Aqueles que viveram há muito tempo, que não se chegou a conhecer, estes não se pôde matar, não se pôde desejar-lhes ou esperar-lhes a morte. Descobre-se que existiram quando eles já não mais existem. Graças à consciência que se tem deles, pode-se auxiliá-los mesmo a atingir uma forma de sobrevivência, ainda que assaz branda e amiúde vazia. Nesse sentido, eles são mais servidos, talvez, do que se é por eles servido. Não obstante, é fácil demonstrar que também eles contribuem para o surgimento de um sentimento próprio de sobrevivência.

Tem-se, pois, a sobrevivência aos *antepassados* — os quais não se chegou a conhecer —, e à *humanidade passada* como um todo. Esta última é a que se experimenta nos cemitérios. Ela se aproxima da sobrevivência numa epidemia: em vez da peste, tal epidemia é a própria morte, uma epidemia coletada de várias épocas e reunida num único lugar.

Poder-se-ia objetar que neste estudo do sobrevivente não se está abordando outra coisa que não aquilo que sempre se conheceu pelo velho nome de instinto de *autopreservação*.

Será, porém, que ambas essas coisas coincidem realmente? Seriam a mesma coisa? Que ideia se tem da atuação do instinto de *autopreservação*? A mim, parece-me que esse conceito é já inadequado pelo fato de isolar o indivíduo *sozinho*. A ênfase recai sobre o prefixo *auto*. Mais importante ainda é a segunda parte da palavra: *preservação*. Na verdade, quer-se dizer duas coisas com ela: primeiramente, que toda criatura precisa *comer* para permanecer viva e, em segundo lugar, que ela se *defende* dos ataques contra si própria, sejam estes de que natureza forem. O que se vê aí é, por assim dizer, a criatura inerte, na condição de um monumento que, com uma das mãos, se alimenta e, com a outra, mantém afastado o inimigo. No fundo, uma criatura pacífica! Deixada em paz, ela comeria um punhado de ervas e não faria o menor mal a ninguém.

Existiria uma ideia mais inadequada do homem mais equivocada e ridícula do que essa? É certo que o homem come, mas não o mesmo que come uma vaca, tampouco é levado a pastar. A maneira pela qual consegue sua presa é pérfida, sangrenta e tenaz, e ele absolutamente não se comporta de modo passivo ao fazê-lo. Não é brando ao afastar de si os inimigos, mas ataca-os já ao farejá-los de longe. Suas armas de ataque são mais bem desenvolvidas do que aquelas que servem à defesa. Por certo, o ser humano deseja preservar-se, mas, ao mesmo tempo, deseja também outras coisas, inseparáveis dessa preservação. O homem quer matar para sobreviver aos outros; e não quer morrer, para que outros não sobrevivam a ele. Se se pudessem tomar ambas essas coisas por autopreservação, a palavra teria um sentido. Mas não se pode compreender por que razão apegar-se a um conceito tão inexato, se há um outro que apreende melhor a questão.

Todas as formas da sobrevivência enumeradas acima são antiquíssimas; conforme se demonstrará a seguir, elas podem ser encontradas já entre os povos primitivos.

O SOBREVIVENTE NA CRENÇA DOS POVOS PRIMITIVOS

Nos mares do Sul, entende-se por *maná* uma espécie de poder sobrenatural e impessoal, capaz de transferir-se de um ser humano para outro. Tal poder é altamente desejável, sendo possível aumentá-lo em indivíduos isolados. Um guerreiro valente pode adquiri-lo em grandes proporções. Devê-lo-á, porém, não a sua experiência em combate ou a seu vigor físico: tal poder transfere-se para ele na qualidade do maná do inimigo tombado.

Assim, nas ilhas *Marquesas*, um membro de uma tribo podia transformar-se num chefe guerreiro em função de sua valentia pessoal. Supunha-se que o guerreiro continha em seu corpo o maná de todos aqueles que havia matado. Seu próprio maná crescia proporcionalmente a sua valentia. Na imaginação dos nativos, no entanto, essa valentia era não a causa, mas o *resultado* de seu maná. A cada morte bem-sucedida, crescia também o maná de sua lança. O vitorioso numa luta homem a homem assumia o nome do inimigo tombado: esse era o sinal de que o poder do morto agora lhe pertencia. A fim de incorporar-lhe imediatamente o maná, o vitorioso comia-lhe a carne; e, a fim de, numa batalha, reter consigo esse crescimento de poder, a fim de assegurar-se dessa íntima relação com o maná capturado, carregava ainda consigo, como parte de seu equipamento de guerra, um resto mortal qualquer do inimigo derrotado

— um osso, certa mão ressequida, por vezes até um crânio inteiro.

Não há expressão mais clara do efeito que a vitória provoca no sobrevivente. Tendo matado o outro, ele se fez mais forte, e esse aumento do maná o capacita para novas vitórias. Trata-se de uma espécie de bênção que arranca do inimigo, mas que só pode receber estando este já morto. A presença física do inimigo — vivo e morto — é imprescindível. É necessário que tenha havido luta e que se tenha matado; tudo depende do ato de matar. As partes do cadáver que o vitorioso carrega consigo — aquelas de que ele se assegura, as que incorpora e das quais se guarnece — lembram-no sempre do crescimento de seu poder. Graças a elas, ele se sente mais forte e desperta o pavor: cada novo inimigo que desafia estremece diante dele, com horror divisando na sua frente o seu próprio destino.

A crença dos *murngins* da Terra de *Arnhem*, na Austrália, identifica uma relação mais pessoal, mas igualmente vantajosa, entre o matador e o morto. O espírito do morto penetra no corpo do matador, conferindo-lhe dupla força: ele se torna efetivamente *maior*. Pode-se supor que tal ganho atraia os jovens para a guerra. Cada um busca um inimigo para si, a fim de apoderar-se de sua força. Não obstante, tal propósito somente tem sucesso se o inimigo é morto *durante a noite*; ao longo do dia, a vítima vê seu matador, enraivecendo-se demasiado para penetrar-lhe o corpo.

Esse processo da "penetração" foi já objeto de minuciosa descrição, e é tão notável que reproduzo a seguir uma boa parte dessa descrição.

Se, durante uma guerra, um homem matou outro, ele retorna para casa e não come nenhum alimento cozido até que a alma do morto se aproxime dele. Pode *ouvi-la* chegando, pois o cabo da lança pende ainda da ponta de pedra cravada no morto; o cabo arrasta-se pelo chão, batendo em arbustos e árvores e fazendo barulho quando o morto caminha. Estando o espírito já bastante próximo, o matador ouve sons provindos do ferimento do morto.

Pega, então, a lança, retira-lhe a ponta e coloca essa mesma extremidade entre o dedo grande e o seguinte do pé. A outra extremidade é recostada no ombro. A alma passa, então, pela ferida na qual se encontrava cravada a ponta da lança, sobe pela perna do matador e penetra-lhe o corpo. Caminha como uma formiga. Entra pelo estômago e o fecha. O homem sente náuseas e tem febre na barriga. Esfrega o próprio estômago e chama pelo nome daquele que matou. Isso o cura, e ele se sente bem novamente, pois o espírito deixa o estômago e adentra o coração. Uma vez no coração, o efeito que provoca é como se o sangue do morto estivesse agora no matador. É como se, antes de morrer, a vítima tivesse dado todo o seu sangue àquele que iria matá-la.

O matador, que se tornou maior e particularmente forte, adquire toda a energia vital que o morto possuía outrora. Quando sonha, a alma lhe diz que tem alimento para ele, apontando-lhe a direção onde encontrá-lo. "Lá embaixo, junto do rio", diz ela, "encontrarás muitos cangurus"; ou: "Naquela velha árvore ali há um grande cacho de abelhas"; ou ainda: "Bem junto àquele banco de areia capturarás uma grande tartaruga com tua lança, e, na praia, encontrarás muitos ovos".

O matador ouve com atenção e, passados alguns instantes, parte sorrateiramente do acampamento em direção à mata, onde encontra a alma do morto. Esta aproxima-se bastante dele e se deita. O matador se assusta e grita: "Quem é? Tem alguém aí?". Volta-se, então, para o lugar onde estava o espírito do morto e encontra ali um canguru. Trata-se de um animal extraordinariamente pequeno. O matador o contempla e compreende o que aquilo significa: encontra-se exatamente no mesmo lugar onde ouvira os movimentos do espírito. Retira o suor da axila e o esfrega no braço. Ergue sua lança, grita o nome do morto e acerta o animal, que morre na hora, mas, ao morrer, cresce bastante. O matador tenta erguê-lo, mas descobre ser impossível fazê-lo, pois o animal cresceu muito. Deixa, então, a presa no chão e retorna ao acampamento, a fim de contar aos amigos o ocorrido. "Acabei de matar a alma do homem morto", diz. "Não deixem que ninguém saiba disso: ele poderia enraivecer-se de novo." Os amigos mais íntimos e parentes vão até lá com ele, para ajudá-lo a despelar o animal e prepará-lo como comida. Ao abri-lo, encontram gordura por toda parte, um petisco que consideram dos mais deliciosos. De início, pedaços bem pequenos são colocados no fogo. Saboreiam-nos cuidadosamente, e a carne tem sempre um sabor desagradável.

Em seguida, o animal inteiro é cozido, saboreando-se dele as partes mais apreciadas. O resto é trazido de volta ao acampamento principal. Os velhos o examinam: trata-se de um animal gigantesco. Postam-se todos à sua volta, e um deles pergunta:

"Onde você o matou?"

"Lá em cima, junto do rio."

Os velhos decerto sabem que não se trata de uma presa comum, visto que há gordura por toda parte. Passados alguns instantes, um velho pergunta:

"Você viu uma certa alma lá na mata?"

"Não", responde o jovem, mentindo.

Os velhos saboreiam a carne, mas seu gosto é diferente daquela de um canguru comum.

Balançam afirmativamente a cabeça e estalam as línguas: "É claro que você viu a alma do morto!".

O sobrevivente obtém aí para si a força e o sangue de seu inimigo. Ele não é o único a avolumar-se; também sua presa faz-se mais gorda e maior. O proveito que retira do inimigo é pessoal e deveras imediato. Assim, o pensamento do jovem dirige-se desde muito cedo para a guerra. Como, porém, tudo se passa em segredo e durante a noite, bem pouco há aí em comum com a ideia tradicional do herói que conhecemos.

O herói conforme o conhecemos, aquele que, destemido e sozinho, lança-se em meio aos inimigos, nós o encontramos nas ilhas *Fidji*. Uma lenda nos conta acerca de um menino que cresceu ao lado da mãe, sem conhecer o pai. Sob ameaças, ele a obriga a dizer-lhe o nome de seu pai. Tão logo fica sabendo que se trata do rei celestial, parte em busca dele. O pai decepciona-se com o filho, por este ser tão pequeno. Precisa de homens, não de meninos, pois encontra-se no meio de uma guerra. Os homens em torno do pai riem do menino, que, munido de um tacape, racha a cabeça de um dos que riam dele. Bastante encantado, o rei demanda-lhe que fique.

Na manhã seguinte, bem cedo, os inimigos subiram até a cidade com seus gritos de guerra e gritaram: "Venha até nós, ó rei celestial, pois estamos famintos. Venha para fora, para que possamos comer".

O menino, então, levantou-se e disse: "Que ninguém me siga. Fiquem todos na cidade!". Tomou nas mãos o tacape que ele próprio fizera, lançou-se no meio dos inimigos e pôs-se a desferir raivosos golpes para todos os lados, à direita e à esquerda. A cada golpe matava um, até que, por fim, os inimigos fugiram dele. O menino sentou-se sobre um amontoado de cadáveres e gritou para sua gente na cidade: "Venham para fora e arrastem os mortos para longe!". Saíram todos, cantaram seu canto fúnebre e arrastaram para longe os cadáveres dos 42 mortos, enquanto na cidade os tambores rufavam.

Por outras quatro vezes o menino derrotou os inimigos de seu pai, de modo que suas almas fizeram-se pequenas e eles vieram até o rei celestial com propostas de paz: "Tenha piedade de nós, ó senhor, e deixa-nos viver!". Assim foi que o rei ficou sem inimigos, e sua soberania estendeu-se por todo o céu.

Aqui, o menino enfrenta sozinho todos os inimigos; nenhum de seus golpes é em vão. Ao final, senta-se sobre um amontoado de cadáveres, tendo matado pessoalmente cada um daqueles sobre os quais se encontra sentado. Não se pense, porém, que isso se dá apenas na lenda. Em Fidji, há quatro substantivos distintos para designar os heróis. *Koroi* é o matador de *um único* homem. *Koli* chama-se aquele que matou dez; *visa*, o que matou vinte; e *wangka*, aquele que matou trinta. Um famoso chefe, autor de façanha ainda maior, era chamado *koli-visa--wangka:* fora o matador de dez + vinte + trinta, ou seja, de sessenta homens.

As façanhas desses grandes heróis são, talvez, ainda mais imponentes do que as dos nossos, pois, após haverem matado seus inimigos, eles os comem também. Um chefe que nutra um ódio particular por alguém reserva se o direito de comê-lo sozinho, e dele realmente não dá um pedaço sequer a pessoa alguma.

Todavia, o herói — poder-se-á objetar — não luta apenas contra seus inimigos. Nas lendas, sua principal área de atuação centra-se nos perigosos monstros dos quais ele liberta seu povo. Um monstro consome aos poucos um povo inteiro, e ninguém logra defender-se dele. Na melhor das hipóteses, chega-se a uma regulamentação do terror: tantos ou quantos homens ser--lhe-ão entregues anualmente, para que ele os devore. Então, o herói se apieda de seu povo, parte sozinho e abate com as próprias mãos, e sob grande perigo, o monstro. O povo fica-lhe grato; sua memória será fielmente preservada. Em sua invulnerabilidade, graças à qual ele salvou todos os demais, o herói aparece como uma figura de luz.

Há mitos, entretanto, nos quais se reconhece claramente a conexão dessa figura de luz com os amontoados de cadáveres, e não apenas daqueles de seus inimigos. O mais concentrado desses mitos provém de um povo sul-americano: os *uitotos*. Pode-se encontrá-lo na importante coletânea de *K. Th. Preuss*, à qual não se deu ainda a devida atenção. Segue-se, de forma abreviada e na medida de sua relação com o nosso assunto, a exposição desse mito.

Um dia, duas moças que moravam com seu pai à beira de um rio viram na água uma bonita e minúscula cobra e tentaram, então, apanhá-la. A cobra escapava-lhes sempre, até que, a pedido delas, o pai teceu uma rede de malhas bem finas. Nela, capturaram o animalzinho e o trouxeram para casa. Puseram-no num pequeno vaso com água e ofereceram-lhe todo tipo de comida, mas ele rejeitava tudo. Somente quando, num sonho, o pai teve a ideia de alimentar a cobra com um amido especial é que ela começou a comer direito. Ficou gorda como um fio; depois, como a ponta de um dedo, e as moças colocaram-na então num vaso maior. O animal seguiu comendo o amido e ficou gordo feito um braço. Puseram-no, então, num pequeno lago. Ele comia com avidez cada vez maior o amido, e, na hora de ser alimentado, estava tão faminto que, juntamente com a comida, enfiava pela goela a mão e o braço da moça que lhe dava de comer. Logo estava grande feito uma árvore caída na água. Começou, então, a vir até a beira do lago e a devorar veados e outros animais, mas, ao chamado sedutor, vinha sempre deglutir a gigantesca quantidade de amido que as irmãs lhe preparavam. A cobra fez, então, uma cova sob as aldeias e tribos e começou a devorar os antepassados dos homens, os primeiros habitantes do mundo. "Querida, venha comer", chamaram as moças certa vez, ao que a cobra surgiu, pegou o recipiente com o amido que uma das irmãs sustentava no braço e que se erguia até sua cabeça, engoliu a moça e a levou consigo.

A outra irmã foi chorando contar ao pai, que decidiu vingar-se. Ele lambeu o tabaco, como se costuma fazer entre essa gente quando se decide matar uma criatura, embriagou-se e, em sonho, ocorreu-lhe um meio de vingar-se. Preparou amido para dar de comer à cobra, chamou-a — a ela, que tinha devorado sua filha — e disse-lhe: "Engula-me!". Estava disposto a suportar tudo e, a fim de matá-la, bebeu do recipiente de tabaco que trazia pendurado ao pescoço. Ao seu chamado, a cobra apareceu e apanhou o recipiente com amido que ele lhe estendia. O pai saltou-lhe, então, goela adentro e ali se sentou. "Eu o matei", pensou a cobra, arrastando-o consigo para longe.

Em seguida, devorou uma tribo inteira, e os homens apodreceram sobre o corpo do pai. Depois, pôs-se a engolir uma outra tribo, que apodreceu também sobre seu corpo. Sentado ali, o pai tinha de suportar o fedor dos homens decompondo-se. A cobra devorou todas as tribos ao longo do rio, aniquilando-as, de modo que não sobrou uma única sequer. O pai trouxera uma concha de casa, a fim de, com ela, abrir a barriga da cobra, mas cortou-a e abriu-a só um pouquinho, ao que a cobra sentiu dores. Devorou, então, as tribos à beira de um outro rio. Os homens tinham medo e, em vez de sair para as plantações, ficavam sempre em casa. Nem sequer era possível andar pela redondeza, pois a cova da cobra ficava no meio do caminho; quando alguém voltava do campo, ela o apanhava e o levava consigo. As pessoas choravam e tinham medo que a cobra devorasse alguém, razão pela qual não saíam mais de casa. Só de sair da rede temiam já que a cobra tivesse ali a sua cova, apanhando-as e as arrastando consigo.

Sobre o corpo do pai, os homens fediam e decompunham-se. Ele bebeu do suco de tabaco no recipiente e fez cortes no meio do ventre da cobra, causando lhe fortes dores. "O que há comigo? Engoli Deihoma, o 'cortador', e sinto dores", disse ela, e soltou um grito.

Foi-se, então, para uma outra tribo, ergueu-se da terra e apanhou a todos. As pessoas não podiam ir a parte alguma, e não se aproximavam do rio. Se iam buscar água no porto, a cobra as agarrava e arrastava consigo. Já ao pisarem no chão pela manhã, a cobra as apanhava e levava embora. O pai abria a barriga da cobra com a concha e ela gritava: "Como posso estar sentindo dores? Engoli Deihoma, o cortador, e é por isso que me dói".

Então, os espíritos protetores advertiram-no: "Deihoma, este não é ainda o porto do rio onde moras; sê cuidadoso com teus cortes. Teu porto está ainda bem distante daqui". E, ao ouvir essas palavras, o pai parou com seus cortes. A cobra, por sua vez, voltou a alimentar-se dos povos que já tinha devorado anteriormente, e os apanhou de imediato. "Ela ainda não acabou! Que será de nós? Ela acabou com nossa gente", diziam os habitantes das aldeias, que emagreciam cada vez mais, pois o que haveriam de comer?

Os homens pereciam e apodreciam sobre o corpo de Deihoma. Enquanto isso, ele seguia bebendo de seu tabaco e cortando o ventre da cobra, sempre sentado em seu interior. Desde tempos imemoriais o desafortunado não comia coisa alguma, bebendo apenas o suco do tabaco. Afinal, o que haveria de comer? Bebia o suco e permanecia quieto em seu lugar, a despeito do fedor da putrefação.

Não havia mais tribos; a cobra comera os corpos de todos os que viviam à beira do rio ao pé do céu, de modo que não restara mais ninguém. Seus espíritos protetores disseram então a Deihoma: "Deihoma, este é o porto do rio onde moras. Corta a cobra com força e, duas curvas à frente, estarás em casa". Deihoma pôs-se então a cortar. "Corta, Deihoma, corta com força!", exclamaram eles. No porto, Deihoma cortou o couro do ventre da cobra, rasgou-o e abriu-lhe o ventre, saltando para fora dela pela abertura.

Uma vez do lado de fora, ele se sentou. Sua cabeça despelara-se inteira e ele estava careca. A cobra revolvia-se de um lado para o outro. Deihoma estava de volta, após o longo período de infelicidade no interior da cobra. Lavou-se inteiro em seu porto, chegou a sua cabana e tornou a ver suas filhas, que se alegraram com o retorno do pai.

Na íntegra desse mito, que foi aqui consideravelmente resumido, descreve-se em nada menos que quinze passagens distintas o modo como, no interior da cobra, os homens apodrecem sobre o herói. Essa imagem premente possui algo de compulsório: ao lado do devorar, é a imagem que mais frequentemente se repete no mito. Deihoma mantém-se vivo bebendo de seu suco de tabaco. Sua calma e imperturbabilidade em meio à putrefação caracterizam o herói. Todos os homens do mundo poderiam apodrecer sobre sua cabeça — ele permaneceria sempre ali, sozinho em meio à podridão geral, ereto e voltado para sua meta. É, se assim se deseja, um herói inocente, pois não carrega em sua consciência nenhum dos que ali apodrecem. Mas suporta a podridão; está no meio dela. Esta não o abate; constitui, poder-se-ia dizer, aquilo que o mantém ereto. A densidade desse mito, onde tudo o que realmente importa desenrola-se no ventre da cobra, é incontestável: o mito é a própria verdade.

O herói é aquele que, diante de situações perigosas, sobrevive sempre matando. Mas não é apenas o herói que sobrevive. Um fenômeno equivalente verifica-se na massa de sua própria gente, e precisamente quando esta sucumbiu já em sua totalidade.

Como alguém consegue salvar-se na guerra, quando todos os que lhe são aparentados pereceram? E como se sente esse único alguém? A esse respeito, informa-nos uma passagem de um mito indígena anotado por *Koch-Grünberg* junto aos *taulipangues*, na América do Sul.

Os inimigos vieram e os atacaram. Chegaram à aldeia, que se compunha de cinco casas, e, à noite, incendiaram-na em dois lugares, a fim de que, em razão da claridade, os habitantes não pudessem fugir no escuro. Com seus tacapes, mataram muitos deles, no momento mesmo em que pretendiam escapar de suas casas.

Um homem chamado Maitchaule deitou-se ileso em meio a um amontoado de mortos e, com o intuito de enganar os inimigos, lambuzou o rosto e o corpo de sangue. Acreditando que estavam todos mortos, eles foram embora. Restou somente aquele homem. Ele se foi, banhou-se e caminhou até uma outra casa, não muito distante. Pensou que houvesse gente ali, mas não achou ninguém. Todos haviam fugido. Encontrou apenas bolo de mandioca e carne assada, e comeu. Pôs-se, então, a refletir; deixou a casa e afastou-se. Sentou-se e seguiu pensando. Pensou no pai e na mãe, que haviam sido mortos pelos inimigos, e que agora não tinha mais ninguém no mundo. Então disse: "Vou me deitar ao lado de meus companheiros, que estão mortos!". E, com muito medo, retornou à aldeia incendiada. Encontrou nela uma grande quantidade de abutres. Maitchaule era um feiticeiro e havia sonhado com uma linda moça. Espantou os abutres e deitou-se ao lado dos companheiros mortos. Lambuzara-se novamente de sangue. A fim de poder usá-las a qualquer momento, manteve as mãos junto à cabeça. Os abutres, então, voltaram e puseram-se a disputar os cadáveres. Em seguida, chegou a filha do rei dos abutres. E o que fez, então, a filha do rei? Pousou sobre o peito de Maitchaule e, quando ia bicar-lhe o corpo, ele a agarrou. Os abutres bateram em retirada. Maitchaule disse à filha do rei dos abutres: "Transforma-te numa mulher! Estou tão sozinho aqui, sem ninguém que me ajude". E levou-a consigo para a casa abandonada. Lá, cuidou dela como de um pássaro domesticado. Disse-lhe: "Agora vou pescar. Quando voltar, quero encontrar-te transformada numa mulher!".

Primeiramente, Maitchaule deita-se entre os mortos, para escapar. Faz-se de morto para não ser descoberto. Depois, descobre ser o único que restou, sentindo-se triste e amedrontado. Decide, assim, deitar-se novamente entre os companheiros mortos. De início, talvez entretenha o pensamento de compartilhar de seu destino. Muito seriamente, porém, não o faz, pois sonhou com uma linda moça, e, não vendo nenhum outro ser vivo em torno de si senão abutres, toma um abutre para ser sua mulher. Pode-se acrescentar ainda que, atendendo ao seu desejo, o pássaro de fato se transforma numa mulher.

É notável o número de tribos — e, aliás, por todo o mundo — oriundas de um casal que é o único a permanecer vivo após uma grande catástrofe. O caso do bem conhecido dilúvio bíblico é atenuado pelo direito que tem Noé a toda a sua família. É-lhe permitido levar consigo na arca toda a sua estirpe, além de um casal de cada espécie de ser vivo. Mas o agraciado com a misericórdia divina é ele próprio; a virtude da sobrevivência — nesse caso, uma virtude religiosa — pertence a *ele*, e é somente por causa dele que os demais podem entrar na arca. Há exemplos mais crus dessa mesma lenda, narrativas nas quais, à exceção do casal primordial, todos os demais homens perecem. Nem sempre tais narrativas encontram-se vinculadas à ideia de um dilúvio. Frequentemente, é em consequência de epidemias que os homens todos perecem, à exceção de um único, que, vagando em busca de uma mulher, acaba por encontrar uma única, às vezes duas, com as quais se casa, fundando assim uma nova estirpe.

É parte da força e da glória desse antepassado que, um dia, ele tenha restado como o único homem sobre a terra. Ainda que não se afirme explicitamente, constitui uma espécie de mérito seu o fato de não ter sucumbido junto com os outros. Ao prestígio de que ele desfruta por ser o antepassado de todos quantos vieram depois dele junta-se o respeito pela afortunada força de sua sobrevivência. Enquanto vivia ainda entre muitos dos seus, é possível que não se tenha distinguido de forma tão particular: era um homem como todos os outros. De súbito, porém, está totalmente sozinho. A época de sua peregrinação solitária é descrita em muitos detalhes. O espaço mais amplo ocupa aí sua busca por seres vivos, em lugar dos quais encontra apenas cadáveres por toda parte. A certeza crescente de que, além dele, não há de fato mais ninguém o impregna de desespero. Contudo, uma outra nota soa aí também, inequívoca: a humanidade que com ele recomeça repousa tão somente nele; sem ele, e sem sua coragem de recomeçar sozinho, ela absolutamente não existiria.

Das narrativas dessa espécie que nos foram transmitidas, uma das mais simples é a da origem dos *kutenais*. Seu texto é o que se segue.

> As pessoas viviam ali e, de repente, veio uma epidemia. Estavam morrendo. Morriam todas. Puseram-se a vagar, levando a notícia umas às outras. Entre a totalidade dos kutenais reinava a doença. Por toda parte era a mesma coisa. Num determinado lugar não encontraram ninguém. Esta-

vam todos mortos. Restara uma única pessoa. Um dia, essa pessoa que restara se curou. Tratava-se de um homem, e ele estava sozinho. Então, pensou: "Vou vagar pelo mundo para ver se encontro alguém em alguma parte. Se não encontrar ninguém, não vou mais querer regressar. Não há ninguém no mundo, e ninguém jamais virá me visitar". O homem partiu em sua canoa e chegou ao último acampamento dos kutenais. Chegando lá, onde normalmente se viam pessoas à beira do rio, não encontrou ninguém; e, andando pelas redondezas, viu apenas mortos — nenhum sinal de vida em parte alguma. Tornou a partir em sua canoa e, chegando a uma outra localidade, desembarcou, mais uma vez encontrando apenas mortos. Não havia ninguém ali. Tomou, então, o caminho de volta. Alcançou o último povoado onde os kutenais tinham vivido. Entrou no povoado. Nas tendas, havia tão somente cadáveres amontoados. Vagou, pois, sem parar e viu que todos haviam morrido. Chorava ao caminhar. "Sou o único que restou", disse para si mesmo; "até mesmo os cães estão mortos." Ao chegar à aldeia mais longínqua, viu pegadas humanas. Havia uma tenda ali. Em seu interior, não havia cadáveres. Mais adiante ficava a aldeia. Soube, então, que duas ou três pessoas ainda estavam vivas. Viu pegadas maiores e menores, e não saberia dizer se eram de três pessoas. Mas alguém se salvara. Seguiu adiante em sua canoa e pensou: "Remarei naquela direção. Os que viviam aqui costumavam remar para lá. Se se trata de um homem, talvez ele se tenha mudado para mais adiante".

Assim, sentado em sua canoa, viu mais acima, a uma certa distância, dois ursos pretos comendo pequenas frutas. Pensou: "Vou atirar neles e, se os acertar, eu os como. Porei sua carne para secar e, então, darei uma olhada por aí, para ver se sobrou alguém vivo. Primeiro, ponho a carne para secar; depois, vou procurar as pessoas. Afinal, vi pegadas de gente. Talvez sejam homens ou mulheres famintas. Precisam também de algo para comer". Caminhou rumo aos

328

ursos. Ao aproximar-se, viu que não eram ursos, mas mulheres. Uma era mais velha; a outra, uma moça. Pensou consigo: "Fico contente de ver seres humanos. Tomarei esta mulher por esposa". Adiantou-se, pois, e pegou a moça, que disse a sua mãe: "Mãe, estou vendo um homem". A mãe ergueu os olhos e viu que sua filha estava falando a verdade. Viu um homem pegando sua filha. Então, a mulher, a moça e o jovem homem choraram, pois os kutenais haviam morrido todos. Fitando-se uns aos outros, choraram juntos. A mulher disse: "Não leve minha filha. Ela ainda é pequena. Leve a mim. Você será o meu homem. No futuro, quando minha filha crescer, ela será tua mulher. Então você terá filhos". O jovem casou-se com a mulher mais velha. Não tardou muito até que ela lhe dissesse: "Agora minha filha está adulta. Agora ela pode ser tua mulher. É bom que vocês tenham filhos. O ventre dela agora está forte". O jovem, então, tomou a moça por esposa, e, daí em diante, os kutenais se multiplicaram.

Uma terceira espécie de catástrofe — o *suicídio em massa* —, consequência, por vezes, da epidemia e da guerra, produziu também seus sobreviventes. A seguir, apresenta-se aqui uma lenda dos *ba-ilas*, um povo banto da Rodésia.

Dois clãs dos ba-ilas, um dos quais denominando-se o das cabras e o outro o dos vespões, encontravam-se em grave disputa. O motivo da discórdia era a qual deles cabia o direito à ocupação do posto de cacique. O clã das cabras, que já desfrutara da primazia, perdera o posto e, em razão do orgulho ferido, seus membros decidiram afogar-se todos juntos no lago. Homens, mulheres e crianças confeccionaram uma corda bastante comprida. Reuniram-se, então, à beira do lago, ataram todos, um por um, a corda ao pescoço e mergulharam juntos na água. Um homem oriundo de um terceiro clã, o dos leões, desposara uma mulher do clã das cabras. Tentou, pois, impedi-la de suicidar-se e, não conseguindo, decidiu morrer junto com ela. Coincidentemente, haviam sido ambos os últimos a atarem-se à corda.

Foram, assim, arrastados juntamente com os outros e estavam para se afogar quando, subitamente, o homem sentiu pena e cortou a corda, libertando-se a si próprio e a sua mulher. Tentando livrar-se dele ela gritou: "Me solta! Me solta!". Ele, porém, não cedeu, trazendo-a de volta para a terra. Por essa razão, até hoje a gente do clã dos leões diz àqueles do clã das cabras: "*Nós* salvamos vocês da extinção. Nós!".

Por fim, cumpre ainda considerar aqui um emprego consciente dos sobreviventes proveniente de tempos históricos e muito bem atestado. Numa luta de aniquilação travada por duas tribos indígenas da América do Sul, um único representante do lado dos derrotados é mantido com vida pelos inimigos e enviado de volta para sua gente. Deveria contar-lhes o que vira e retirar-lhes toda a coragem de prosseguir lutando. Ouçamos, nas palavras de *Humboldt*, o relato acerca desse mensageiro do terror:

> Após o ano de 1720, a longa resistência que, reunidos sob o comando de um líder valente, os *cabres* haviam oposto aos *caraíbas* arruinara os primeiros. Haviam derrotado o inimigo na foz do rio; uma porção de caraíbas foi morta em fuga, entre as corredeiras e uma ilha. Os prisioneiros foram devorados; mas, com aquela refinada astúcia e crueldade que é própria dos povos das Américas do Sul e do Norte, deixaram *um único* caraíba com vida o qual, a fim de testemunhar o bárbaro acontecimento, foi obrigado a subir numa árvore para, imediatamente depois, dar conhecimento aos derrotados do que vira. Contudo, o êxtase vitorioso do chefe dos cabres foi de curta duração. Os caraíbas retornaram em massas tamanhas que dos cabres antropófagos restaram apenas uns míseros resquícios.

Esse único sobrevivente, deixado escarnecedoramente com vida, vê, de cima de uma árvore, sua gente ser devorada. Todos os guerreiros juntamente com os quais ele partira para a batalha tombaram em combate ou foram parar no estômago dos inimigos. Na condição de sobrevivente compulsório, tendo diante dos olhos as imagens do terror, ele é enviado de volta a sua gente. O sentido de sua mensagem, conforme a concebem os inimigos, seria: "Somos tão poderosos que restou um único de vocês. Não ousem lutar conosco novamente!". Contudo, a força do que viu é tão grande em seu interior, sua unicidade compulsória é tão impressionante que ele, contrariamente ao esperado, incita sua gente à vingança. Os caraíbas acorrem em massas provindas de toda parte e dão para sempre um fim nos cabres.

Essa história, que não é a única em seu gênero, mostra a clareza com que os povos primitivos veem o sobrevivente. Têm plena consciência da singularidade de sua situação. Contam com essa singularidade e procuram empregá-la para seus objetivos particulares. Para ambos os lados, junto aos inimigos e aos amigos, o caraíba que esteve em cima da árvore representou seu papel corretamente. Refletindo-se corajosamente sobre essa sua dupla função, pode-se aprender uma infinidade de coisas.

OS MORTOS COMO AQUELES AOS QUAIS SE SOBREVIVEU

Ninguém que se ocupe dos testemunhos originais da vida religiosa deixará de espantar-se com o poder dos mortos. A existência de muitas tribos apresenta-se inteiramente impregnada de ritos a eles relacionados.

O que chama a atenção em primeiro lugar e por toda parte é o *medo* que se tem dos mortos. Estes estão insatisfeitos e repletos de inveja dos parentes que deixaram para trás. Tentam vingar-se deles, às vezes por ofensas que lhes foram impingidas ainda em vida, mas, com frequência, também pelo simples fato de não estarem mais vivos. É a inveja dos mortos o que os vivos mais temem. Procuram atenuá-la adulando-os e oferecendo-lhes alimento. Dão-lhes tudo aquilo de que precisam para o caminho rumo à terra dos mortos, e o fazem apenas para que eles se mantenham bem distantes e não voltem mais para causar dano e atormentar os que ficaram. Os espíritos dos mortos enviam doenças ou trazem-nas eles próprios; exercem influência sobre o crescimento dos animais e o sucesso da colheita; interferem, enfim, de centenas de maneiras na vida dos homens.

Uma sua verdadeira paixão que vive a manifestar-se é aquela de vir buscar os vivos. Como os invejam pelos objetos todos da vida cotidiana que tiveram de deixar para trás, era costume não conservar coisa alguma destes, ou apenas o mínimo possível. Eram todos colocados na cova ou incinerados junto com os mortos. Abandonava-se a cabana onde estes haviam morado e jamais se voltava lá. Com frequência, enterravam-se os mortos em sua própria casa, juntamente com todos os seus pertences, a fim de deixar-lhes claro que não se pretendia ficar com estes últimos. Tampouco isso bastava, porém, para desviar-lhes inteiramente a ira, pois a inveja maior dos mortos não se dirigia aos objetos — que podiam ser novamente produzidos ou adquiridos —, mas sim à própria vida.

É, por certo, notável que, por toda parte, sob as mais variadas circunstâncias, se atribua aos mortos essa mesma disposição. Aparentemente, o mesmo sentimento domina os mortos de todos os povos. Eles sempre teriam preferido permanecer vivos. Aos olhos dos que ainda o estão, todo aquele que não está mais vivo sofreu uma derrota, a qual consiste no fato de se ter *sobrevivido* a ele. O morto não é capaz de conformar-se com isso, e é natural que deseje ele próprio impingir a outros essa dor suprema que lhe foi impingida.

Todo morto é, portanto, *alguém a quem se sobreviveu*. Somente naquelas grandes e relativamente raras catástrofes nas quais todos sucumbem juntos é que tal situação se modifica. A morte solitária, aquela que nos interessa aqui, dá-se de modo a arrancar *um único* ser humano do seio de sua família e de seu grupo. Ele deixa para trás todo um bando de sobreviventes, e todos quantos possuem algum direito sobre o morto formam uma malta de pesar a lamentar por ele. Ao sentimento de enfraquecimento por sua morte vem juntar-se aquele do amor que

332

se tinha por ele, e ambos esses sentimentos são amiúde inseparáveis. Lamenta-se pelo morto da maneira mais apaixonada, e, em seu cerne, tal lamento certamente constitui um sentimento genuíno. Se os que estão de fora tendem a suspeitar das manifestações desse lamento, tal se deve à natureza complexa, à multiplicidade de sentidos da própria situação.

E isso porque as mesmas pessoas que têm motivo para lamentar-se são também sobreviventes. Elas lamentam na qualidade de pessoas que sofreram uma perda, mas, na condição de sobreviventes, sentem uma espécie de satisfação. Em geral, não admitirão nem mesmo para si próprias esse seu sentimento inadequado. Mas sempre saberão precisamente de que forma o morto o sente. Este só pode odiá-las, pois a vida de que elas desfrutam, ele não a tem mais. Chamam de volta sua alma a fim de convencê-lo de que não queriam sua morte. Lembram-no como foram boas para ele, quando ele estava ainda entre elas. Enumeram as provas concretas de que fazem tudo da maneira como ele teria desejado. Os últimos e manifestos desejos do morto, elas os cumprem de modo consciencioso. Em muitos lugares, esse último desejo tem força de lei. Em tudo o que as pessoas fazem encontra-se inabalavelmente pressuposta uma única coisa: o rancor do morto pelo fato de elas terem sobrevivido.

Em *Demerara*, um menino índio adquirira o hábito de comer areia, o que o levou à morte. Seu corpo jazia num esquife aberto que seu pai encomendara a um marceneiro da vizinhança. Antes do sepultamento, a avó do menino postou-se ao lado do esquife e disse com voz lamentosa: "Meu filho, eu sempre te disse que você não devia comer areia. Eu nunca te dei areia, pois sabia que não te faria bem. Mas você sempre a procurou por conta própria. Eu te disse que isso era ruim. Agora você está vendo: a areia te matou. Não me faça nenhum mal; foi você mesmo quem se fez mal; alguma coisa ruim te fez comer areia. Veja: estou colocando uma flecha e um arco a teu lado, para que você se contente com eles. Eu sempre fui boa para você. Agora seja bom para mim também e não me faça nada".

Então, chorando, a mãe juntou-se à avó e, numa espécie de cantilena, disse: "Meu filho, eu te trouxe ao mundo para que você visse todas as coisas boas e se alegrasse com elas. Este peito te alimentou todas as vezes que você o pediu. Fiz coisas bonitas e belas camisas para você. Cuidei de você, te alimentei, brinquei com você e nunca te bati. Você tem que ser bom e não trazer nada de ruim para mim".

O pai da criança aproximou-se também, dizendo: "Meu filho, quando eu te disse que a areia ia te matar você não quis me ouvir, e agora veja: você está morto. Eu saí e arranjei um belo caixão para você. Vou ter de trabalhar para pagá-lo. Cavei tua cova num lugar bonito, onde você gostava de brincar. Vou te enterrar e te dar areia para comer, pois agora ela não poderá mais te fazer mal, e eu sei como você gosta de areia. Você não pode me trazer nenhuma desgraça; o melhor é que você vá atrás de quem te fez comer areia".

A avó, a mãe e o pai amaram essa criança, e, embora ela seja tão pequena, temem o seu rancor, pois *eles* continuam vivos. Garantem-lhe que não tiveram culpa por sua morte. A avó dá-lhe um arco e uma flecha. O pai comprou-lhe um caixão caro e colocará areia na cova para o filho comer, porque sabe o quanto ele gostava. O carinho singelo que demonstram para com a criança é comovente; e, no entanto, ele tem algo de sinistro, pois está impregnado de medo.

Da crença na continuidade da vida dos mortos originou-se em alguns povos um *culto aos antepassados*. Onde quer que tal culto tenha assumido formas fixas a impressão que causa é a de que as pessoas souberam do mar os próprios mortos que são os que lhes importam. Concedendo-lhes regularmente aquilo que desejam — honra e alimento —, elas os mantêm satisfeitos. Se observado de acordo com todas as regras da tradição, esse cuidar dos mortos os transforma em aliados. O que foram nesta vida é o que serão também mais tarde; eles ocupam sua antiga posição. Quem, na terra, foi um poderoso cacique, isso é o que será também debaixo da terra. Nos sacrifícios e evocações, seu nome será citado em primeiro lugar. Sua suscetibilidade é prudentemente poupada; se ferida, ele pode tornar-se bastante perigoso. O morto interessa-se pela prosperidade de sua descendência; muita coisa depende dele, e seu bom humor é imprescindível. Gosta de deter-se nas proximidades de seus descendentes, e não se pode fazer coisa alguma para expulsá-lo dali.

Junto aos *zulus*, na África do Sul, esse convívio com os antepassados assume uma forma particularmente íntima. Os relatos que, há aproximadamente cem anos, o missionário inglês *Callaway* ali coletou e publicou constituem o testemunho mais genuíno que se pode encontrar a respeito do culto aos antepassados entre os zulus. Callaway deixa que seus informantes falem e registra lhes as declarações na própria língua deles. Seu livro, *The Religious System of the Amazulu*, é raro e, por esse motivo, muito pouco conhecido; trata-se de um dos documentos fundamentais da humanidade.

Os antepassados dos zulus transformam-se em cobras e andam debaixo da terra. Contrariamente ao que se poderia supor, porém, não são cobras míticas, que jamais se chega a ver. São espécimes bem conhecidos e apreciam perambular pelas proximidades das cabanas, as quais, aliás, adentram com frequência. As características físicas de algumas dessas cobras lembram antepassados específicos, reconhecidos como esses pelos vivos.

Mas não são apenas cobras, pois, nos sonhos, aparecem para os vivos sob forma humana e conversam com eles. As pessoas esperam por esses sonhos, sem os quais a existência dos homens faz-se desagradável. Elas *querem* falar com seus mortos; fazem questão de, em seus sonhos, vê-los clara e nitidamente. Por vezes, a imagem dos antepassados se turva, tornando-se escura; tem-se então de, mediante determinados ritos, cuidar para que ela se faça novamente clara. De tempos em tempos — e, muito particularmente, em todas as ocasiões importantes —, sacrifícios são-lhes oferecidos. Cabras e bois são abatidos em sua homenagem e, de modo solene, os antepassados são invocados para que deles se sirvam. São chamados em voz alta e por seus títulos de glória, aos quais atribuem grande valor; são deveras pundonorosos, sendo considerado ofensivo esquecer ou omitir-lhes o respectivo título. O animal sacrificado deve berrar, a fim de que eles o ouçam; os antepassados adoram esse grito. Por isso mesmo, ovelhas, que morrem caladas, não devem ser utilizadas como vítimas. O sacrifício nada mais é aí do que uma refeição da qual compartilham mortos e vivos, uma espécie de comunhão destes com aqueles.

Se se vive como os antepassados estavam acostumados a viver, conservando inalterados os velhos usos e costumes; se se oferecem regularmente sacrifícios a eles, ficam satisfeitos e favorecem a prosperidade de seus descendentes. Mas, tão logo alguém adoece ele saberá que provocou a insatisfação de um de seus antepassados e fará de tudo para descobrir o motivo dessa insatisfação.

Os mortos nem sempre são justos. Foram seres humanos que as pessoas conheceram e de cujas fraquezas e erros elas se lembram bem. Nos sonhos, eles figuram em consonância com o caráter que tinham. Vale a pena destacar aqui um caso registrado com algum detalhe no livro de Callaway. Tal caso mostra que um rancor pelos que ficaram assalta até mesmo aqueles mortos bem assistidos e louvados, e isso simplesmente pelo fato de não estarem mais vivos. A história de um tal rancor, conforme se lerá a seguir, corresponde, traduzida para o nosso contexto, ao curso de uma doença perigosa.

Um primogênito morreu. Suas posses e, muito particularmente, todo o seu gado — que é o que se considera sua verdadeira propriedade — passaram para o irmão mais novo. Tal ordem de sucessão é a usual; o irmão mais novo, que tomou posse da herança e realizou devidamente todos os sacrifícios, não tem consciência de ter cometido qualquer falta para com o morto. De súbito, porém, fica gravemente enfermo e, em sonho, aparece-lhe o irmão mais velho.

"Sonhei que ele me batia e dizia: 'Como pode você não saber mais quem eu sou?'. E eu respondi: 'O que posso fazer para que você veja que eu te conheço? Sei que você é meu irmão!'. E ele perguntou: 'Quando você sacrifica teus bois, por que você não me chama?'. E eu lhe disse: 'Mas é claro que te chamo, e te honro com teu título de glória. Diga-me qual foi o boi que matei sem te chamar'. Ao que ele respondeu: 'Eu quero carne'. Recusei-lhe a carne dizendo-lhe: 'Não, meu irmão. Não tenho nenhum boi. Você está vendo algum no curral?'. 'Mesmo que haja só um', disse ele, 'eu o exijo.' Quando acordei, sentia uma dor no flanco. Tentei respirar, mas não consegui: estava sem fôlego."

O homem era teimoso e não queria sacrificar boi algum. Disse: "Estou realmente doente e conheço a doença que está me abatendo". As pessoas disseram-lhe: "Se você a conhece, por que não se livra dela? Pode um homem provocar deliberadamente a sua doença? Quando sabe que doença é essa, ele quer morrer? Sim pois quando o espírito está irado com alguém ele o destrói".

O homem, então, retrucou: "Não, meus senhores! Foi um homem que me fez doente. Eu o vejo quando durmo, quando me deito. Só porque sente vontade de comer carne ele me vem com artimanhas e diz que não o chamo quando mato o gado. Isso me deixa bastante surpreso, pois já matei tanto gado e nem uma única vez deixei de chamá-lo. Se ele quer carne, poderia simplesmente me dizer: 'Meu irmão, eu queria carne'. Mas, em vez disso, diz que não o honro. Estou com raiva dele e acho que ele só quer me matar",

As pessoas, então, disseram: "Você acredita que o espírito ainda é capaz de entender, quando se fala com ele? Onde é que ele está, para que possamos dizer-lhe a nossa opinião? Estivemos sempre presentes nas ocasiões em que você abateu o gado. Você o louvou e chamou-o por seu título de glória, título que ele recebeu por sua valentia. Nós ouvimos e, se fosse possível a esse teu irmão ou a qualquer outro homem morto ressuscitar, nós conversaríamos com ele e lhe perguntaríamos: 'Por que você diz essas coisas?'".

Ao que o doente respondeu: "Ora, meu irmão comporta-se dessa forma jactanciosa porque é o mais velho. Sou mais novo que ele. Espanto-me quando ele exige que eu acabe com o gado todo. Ele próprio não deixou o gado como herança ao morrer?".

E as pessoas disseram: "O homem morreu. Nós, porém, estamos falando com você de verdade, e teus olhos ainda nos fitam de fato. Por isso, no que se refere a ele, te dizemos: converse com ele calmamente e, ainda que você tenha apenas uma cabra, ofereça essa cabra a ele. É uma vergonha que ele venha e te mate. Por que você continua sempre vendo teu irmão ao dormir e fica doente? Um homem deveria sonhar com seu irmão e acordar saudável".

Então, o irmão mais novo respondeu: "Está bem, meus senhores. Vou dar a ele a carne que ele adora. Ele exige carne e está me matando. Está cometendo uma injustiça comigo. Sonho com ele todo dia e acordo com dores. Ele não é um homem; foi sempre um pobre coitado, um arruaceiro. Sim, porque ele era assim mesmo: a cada palavra, um soco. Quando alguém falava com ele, ele logo partia para o ataque. Então havia briga; ele a provocara e batia. Nunca compreendeu nem admitiu: 'Cometi um erro e não deveria ter lutado com essas pessoas'. Seu espírito é como ele era. É mau e está sempre irado. Mas vou dar a ele a carne que ele exige. Se vir que ele vai me deixar em paz e que eu vou ficar saudável, amanhã vou abater o gado para ele. Ele deve deixar que eu me cure e respire, se é ele a causa de tudo isso. Minha respiração não deve mais me cortar como agora".

As pessoas concordaram: "Isso. Se amanhã você estiver bom, então saberemos que foi o espírito de teu irmão. Mas se você ainda estiver doente, então não diremos que foi teu irmão a causa da doença: diremos que se trata de uma doença comum".

Quando o sol se pôs, o irmão mais novo reclamou ainda das dores. Quando, porém, chegou a hora de ordenhar as vacas pediu comida. Pediu um caldo aguado e conseguiu engolir um pouco dele. Então, disse: "Me deem um pouco de cerveja. Estou com sede". Suas mulheres deram-lhe cerveja e sentiram-se confiantes. Alegraram-se, pois haviam sentido muito medo e se perguntado: "Será que a doença é tão ruim a ponto de ele não comer nada?". Alegraram-se em silêncio; não manifestaram sua alegria, mas apenas se entreolharam. Ele bebeu a cerveja e disse: "Me deem um pouco de rapé. Quero cheirar um pouquinho só". Deram-lhe o rapé, ele o cheirou e deitou-se. Então, adormeceu.

De noite, o irmão veio e lhe disse: "E então, você já separou o gado para mim? Vai matá-lo amanhã cedo?".

E, dormindo, ele lhe respondeu: "Sim, vou matar uma cabeça de gado para você. Por que você diz, meu irmão, que eu não te chamo, se sempre te honrei com teu título de glória ao matar o gado? Afinal, você era corajoso e um bom guerreiro".

Ao que o irmão replicou: "Digo-o com razão, se tenho vontade de comer carne. *Afinal, morri e te deixei uma aldeia.* Você tem uma grande aldeia".

"Está bem, está bem, meu irmão. Você me deixou uma aldeia. Mas ao deixá-la para mim e morrer, você matou todo o teu gado?"

"Não, não matei todo ele."

"E agora, então, filho de meu pai, você exige de mim que eu acabe com tudo?"

"Não, não exijo que você acabe com tudo. Digo-te apenas: mate, para que tua aldeia seja grande!"

O irmão mais novo acordou; sentia-se bem e a dor passara. Sentou-se e cutucou a mulher: "Levanta, acenda o fogo". A mulher acordou, atiçou o fogo e perguntou-lhe como se sentia. "Fique tranquila", disse ele. "Ao acordar, senti um alívio no corpo. Falei com meu irmão. Quando acordei, estava curado." Cheirou, então, um pouco de rapé e adormeceu de novo. O espírito do irmão retornou, dizendo-lhe: "Está vendo? Eu te curei. Mate o gado pela manhã!".

De manhã, ele se levantou e foi até o curral. Tinha ainda outros irmãos mais novos, que o acompanharam. "Digo a vocês que agora estou curado. Meu irmão diz que me curou." Depois, mandou que trouxessem um boi. Eles o trouxeram. "Tragam aquela vaca estéril!" Trouxeram ambos. Foram até a parte de cima do curral e postaram-se ali, ao lado dele, que começou a rezar nos seguintes termos: "Comei, pois, gente da nossa casa.

Que um espírito bom esteja conosco, para que as crianças cresçam e as pessoas permaneçam com saúde. Pergunto a ti, que és meu irmão, por que segues vindo até mim quando durmo. Por que sonho contigo e fico doente? Um bom espírito chega e traz boas notícias. Mas eu tenho de queixar-me o tempo todo de doenças. Que gado é esse que precisa devorar seu dono, pondo--o constantemente doente? Eu te digo: para com isso! Para de me fazer adoecer! E digo-te: venha até mim quando durmo, fale com calma e diga-me o que quiseres! — Mas tu vens para me matar! É evidente que, em vida, foste um mau sujeito. Mas segues sendo um mau sujeito embaixo da terra? Nunca esperei que teu espírito me visitasse amistosamente, trazendo-me boas notícias. Mas por que vens com maldade? — tu, meu irmão mais velho, que deverias trazer coisas boas à aldeia, para que nada de mau lhe acontecesse; tu, que és, afinal, o dono da aldeia!".

Ao que, então, dando graças, disse ainda as seguintes palavras sobre o gado: "Aí está o gado que te ofereço. Eis aí um boi vermelho; eis aí uma vaca estéril, vermelha e branca. Mata-os! Digo-te: conversa amistosamente comigo, para que eu acorde sem dores. Digo-te: deixa que todos os espíritos desta casa se reúnam em torno de ti, que gostas tanto de carne!".

E ordenou: "Matem-nos!". Um de seus irmãos pegou uma lança e cravou-a na vaca estéril, que caiu. Enfiou-a ainda no boi, que tombou também. Ambos berravam. Ele os matou; estavam mortos. Ordenou, então, que lhes tirassem o couro. Ambos foram despelados; o couro foi-lhes tirado. Comeram os animais no curral. Os homens todos se reuniram e pediram comida. Levaram embora pedaço por pedaço. Comeram e estavam satisfeitos. Agradeceram e disseram: "Nós te agradecemos, filho de fulano de tal. Se um espírito te deixar doente, saberemos que se trata de teu irmão miserável. Não sabíamos, ao longo de tua grave enfermidade, se ainda comeríamos carne em tua companhia. Vemos agora que o miserável quer te matar. Alegra-nos que você esteja saudável novamente".

"Afinal, morri", diz o irmão mais velho, e nessa afirmação encontra-se resumido o cerne da disputa, da perigosa enfermidade, do relato em si. Como quer que o morto se apresente, o que quer que demande, ele morreu e tem, assim, razão de sobra para a amargura. "Deixei-te uma aldeia", afirma, logo acrescentando: "Você tem uma grande aldeia." A vida do outro é essa aldeia, de modo que o morto poderia igualmente ter dito: "Eu estou morto e você continua vivo".

É essa reprimenda que o vivo teme, e, sonhando com ela, ele dá razão ao morto: *sobreviveu* a ele. A amplitude dessa injustiça, ao lado da qual todas as demais empalidecem, confere ao morto o poder de transformar reprimenda e amargura numa doença grave. "Ele quer me matar", diz o irmão mais novo — pois está morto, pensa consigo. Sabe, pois, muito bem por que razão teme o irmão, e, para apaziguá-lo, concorda afinal com o sacrifício.

Como se vê, a sobrevivência dos mortos vincula-se, para os que ficaram, a um considerável desconforto. Mesmo onde se estabeleceu uma forma de veneração regular, não se pode confiar inteiramente neles. Quanto mais poderoso foi o morto entre os homens na terra, tanto maior e mais perigoso é seu rancor no além.

No reino de *Uganda*, encontrou-se uma maneira de manter na terra, junto de seus devotados súditos, o espírito do rei morto. Ele não podia perecer; não era mandado embora: ele tinha de permanecer neste mundo. Após a sua morte, nomeava-se um médium — um "mandwa" — no qual o espírito do rei se instalava. O médium, cuja função era a de um sacerdote, tinha de parecer-se com o rei e comportar-se exatamente como ele. Imitava-lhe as peculiaridades da fala e, em se tratando de um rei de tempos remotos, valia-se da língua arcaica de trezentos anos antes, conforme se atestou com segurança em um caso. E isso porque, quando o médium morria, o espírito do rei passava-se para um outro membro do mesmo clã. Assim, um "mandwa" herdava de outro o seu posto, e o espírito do rei tinha sempre uma morada. Podia, pois, ocorrer de um médium utilizar palavras que ninguém mais entendia, nem mesmo seus colegas.

Não se deve, porém, imaginar que o médium representava

continuamente o papel do rei. De tempos em tempos, "o rei tomava conta de sua cabeça", como se dizia. O médium mergulhava num estado de possessão e incorporava o morto em todos os seus detalhes. Nos clãs responsáveis pelo provimento dos médiuns, as peculiaridades do rei à época de sua morte eram transmitidas por meio da palavra e da imitação. O rei Kigala morrera em idade bastante avançada; seu médium era um homem muito jovem. Quando, porém, o rei "tomava conta de sua cabeça", o jovem transformava-se num velho: seu rosto se enrugava, a saliva escorara-lhe pela boca e ele mancava.

Tais acessos eram encarados com o maior respeito. Tinha-se por uma honra presenciá-los; estava-se na presença do rei morto e se *reconhecia* esse rei. O próprio rei, por sua vez, podendo manifestar-se à vontade no corpo de um homem cuja função era essa e que servia unicamente a esse propósito, decerto não sentia o rancor do "sobrevivido" na mesma medida em que o sentem outros, banidos completamente de nosso mundo.

Extremamente rico em consequências faz-se o desenvolvimento do culto aos antepassados entre os *chineses*. A fim de se compreender o que representa para eles um antepassado, é necessário examinar em maior detalhe suas concepções da alma.

Os chineses acreditavam que todo homem possui duas almas. A primeira, *po*, originando-se do *esperma* e existente, portanto, desde o momento da concepção; a ela atribuía-se a memória. A outra alma, *hun*, originando-se do *ar* aspirado após o nascimento e constituindo-se, então, pouco a pouco. Esta última possuía a forma do corpo que animava, mas era invisível. A inteligência, a seu cargo, crescia juntamente com ela, que constituía a alma superior.

Após a morte, essa alma da respiração subia ao céu, ao passo que a alma do esperma permanecia junto do corpo na cova. Era essa alma, a inferior, a que mais se temia. Ela era malvada, invejosa e buscava arrastar os vivos consigo para a morte. À medida que o corpo se decompunha, também a alma do esperma dissolvia-se gradualmente, perdendo, por fim, o poder de causar dano.

A alma superior da respiração, ao contrário, seguia existindo. Ela precisava de alimento, pois seu caminho rumo ao mundo dos mortos era longo. Se seus descendentes não lhe ofereciam comida alguma, ela sofria terrivelmente. Não logrando encontrar o caminho, ficava infeliz, tornando-se, então, tão perigosa quanto a alma do esperma.

Os ritos fúnebres tinham um duplo objetivo: pretendiam proteger os vivos da ação dos mortos e, ao mesmo tempo, assegurar às almas destes últimos a sobrevivência. E isso porque, partindo dos mortos a iniciativa, a conexão com seu mundo era perigosa. Propícia, porém, era essa conexão quando se manifestava sob a forma do culto aos antepassados, organizado em conformidade com o prescrito pela tradição e cumprido nas épocas adequadas.

A sobrevivência da alma dependia da força física e moral que ela adquirira ao longo da vida. Adquiria-se essa força por meio da *alimentação* e do *estudo*. Particularmente importante era a diferença entre a alma do senhor de terra, que havia sido um "comedor de carne" e se alimentara bem durante toda a vida, e aquela do camponês comum, pouco e mal nutrido. *Granet* afirma:

> Somente os senhores de terra possuem uma alma, no verdadeiro sentido da palavra. Mesmo a idade não desgasta essa alma, mas enriquece-a. O senhor prepara-se para a morte fartando-se de requintadas comidas e de bebidas que o animam. No decorrer de sua vida, ele incorporou um sem-número de essências, numa quantidade proporcional à vastidão e à opulência de seus domínios. Ele multiplicou ainda mais a rica substância de seus antepassados, também estes plenamente saciados de carne e de caça. Ao morrer, sua alma não se dispersou feito uma alma comum, mas partiu-lhe do corpo cheia de energia.
>
> Se o senhor levou sua vida em consonância com as regras de sua posição, sua alma — ainda mais enobrecida e purificada pelos ritos fúnebres — possui, após a morte, um poder sublime e luminoso. Dispõe, assim, da força benfaze-

ja de um espírito protetor, preservando simultaneamente todas as características de uma personalidade duradoura e santa. Transformou-se numa *alma ancestral.*

A essa alma dedica-se, então, num templo especial, um culto próprio. Ela participa das cerimônias relativas às estações do ano da vida da natureza e da vida da terra. Quando a caça é abundante ela é bem alimentada. E jejua quando a colheita é ruim. A alma ancestral alimenta-se de grãos, carne e da caça nos domínios senhoriais, que são o seu lar. Contudo, por mais rica que seja a personalidade de uma tal alma ancestral e por mais que ela siga vivendo com toda a sua energia reunida em si, também para ela chegará o momento da dispersão e da extinção. Após quatro ou cinco gerações, a tábua de ancestrais à qual a vinculavam certos ritos perde o seu direito a um santuário especial. Ela é depositada num cofre de pedra, juntando-se às tábuas de todos os antepassados mais antigos, cuja memória pessoal já se perdeu. O antepassado que ela representava e do qual carregava o nome não é mais reverenciado como um senhor. Sua vigorosa individualidade, que tão nítida e longamente se destacou, desaparece. Sua carreira terminou, e seu papel como antepassado já foi cumprido. Graças ao culto de que foi objeto, escapou por longos anos do destino dos mortos comuns. Agora, retorna à massa de todos os demais mortos e torna-se tão anônima quanto estes.

Nem todos os antepassados sobrevivem por quatro ou cinco gerações. Se sua tábua será mantida ou não por muito tempo, se se invoca ou não a alma, rogando-lhe que aceite o alimento, isso depende da posição hierárquica particular do antepassado. Algumas são já removidas após uma única geração. Durem, porém, o tempo que for, o fato de simplesmente existirem altera em muitos aspectos o caráter da sobrevivência.

Para o filho, já não mais se trata de modo algum de um triunfo secreto o fato de ele estar vivo e o pai não. Afinal, na qualidade de antepassado, o pai permanece presente; o filho agradece-lhe por tudo o que tem e precisa preservar-lhe a disposição favorável. Mesmo estando o pai morto, ele tem de alimentá-lo, e certamente evitará ser arrogante para com ele. De todo modo, enquanto o filho viver, também a alma ancestral do pai estará presente, e, como se viu aqui, ela conserva todos os traços de uma determinada pessoa à qual se pode reconhecer. Ao pai, porém, importa muito ser respeitado e alimentado. É fundamental para sua nova existência como antepassado que seu filho esteja vivo: não tivesse ele descendentes, não haveria ninguém para reverenciá-lo. É seu desejo que o filho e outras gerações sobrevivam a ele. Deseja, ademais, que estejam passando bem, pois de sua prosperidade depende sua própria existência como antepassado. Enquanto estiverem dispostos a lembrá-lo, o pai demanda que vivam. Nasce aí uma conexão íntima e feliz entre a forma moderada de sobrevivência que os antepassados obtêm e o orgulho dos descendentes, que existem para propiciar-lhes aquela sobrevivência.

É igualmente importante que os antepassados permaneçam *individualizados* por algumas gerações. É como indivíduos que são conhecidos, e é também como tal que são reverenciados; somente os de um passado mais distante confluem para formar uma massa. O descendente, vivendo no presente, encontra-se apartado da massa de seus antepassados, e graças justamente a todos aqueles que, como indivíduos isolados e bem delimitados — como o pai e o avô, por exemplo —, interpõem-se entre ele e aquela massa. Se uma satisfação pelo fato de estar *vivo* influi na veneração do filho, sua natureza é branda e moderada. Em função da própria natureza da relação, ela não será capaz de estimulá-lo a multiplicar o número dos mortos. Ele próprio é quem irá aumentar em uma unidade esse número, e seu desejo é que isso demore a acontecer. A situação da sobrevivência despe-se assim de todo e qualquer traço aparentado à massa. Como paixão, ela seria paradoxal e incompreensível; a sobrevivência perdeu todos os seus traços assassinos. A memória e a dignidade pessoal selaram uma aliança. Uma influenciou a outra, mas o melhor de ambas preservou-se.

Quem contempla a figura do detentor de poder ideal, conforme ela se desenvolveu na história e no pensamento dos chineses, sente-se afetado por sua humanidade. É de se supor que a ausência de violência desse quadro se deva a essa espécie particular de veneração dos antepassados.

AS EPIDEMIAS

A melhor descrição da *peste* é a que nos deu *Tucídides*, que a viveu na própria pele e se curou. Em sua concisão e exatidão, tal descrição contém todos os traços essenciais dessa doença, sendo, pois, aconselhável reproduzir aqui o que ela informa de mais importante.

Os homens morriam feito os mosquitos. Os corpos dos moribundos eram todos empilhados. Viam-se criaturas semimortas a cambalear pelas ruas ou, em sua ânsia por água, apinharem-se em torno das fontes. Os templos nos quais se abrigavam estavam repletos dos cadáveres das pessoas que haviam morrido ali.

Em muitas casas, as pessoas foram de tal forma subjugadas pelo peso de seus mortos que deixaram de lamentá-los.

As cerimônias fúnebres tornaram-se uma confusão; os mortos eram enterrados da melhor maneira possível. Várias pessoas, em cujas famílias haviam sido tantos os mortos que não tinham mais como pagar as despesas do sepultamento, recorriam às mais desavergonhadas artimanhas. Chegavam primeiro à fogueira que outros haviam erigido, depositavam seus mortos sobre ela e ateavam fogo à lenha. Ou, se já havia uma fogueira a arder, jogavam os corpos que traziam consigo sobre os demais cadáveres e se iam.

Nenhum temor às leis divinas ou humanas os refreava. No que se refere aos deuses, parecia dar no mesmo reverenciá-los ou não, pois via-se que morriam tanto os bons quanto os maus. Não se temia ser chamado a prestar contas por uma infração à lei humana: ninguém tinha esperança de viver o suficiente para tanto. Todos sentiam que uma sentença bastante mais severa lhes fora já proferida. E, antes que esta se cumprisse, queriam ainda extrair algum prazer da vida.

Compaixão ainda maior pelos doentes e moribundos sentiam aqueles que haviam eles próprios sofrido com a peste e se restabelecido. Estes possuíam não apenas conhecimento de causa, mas sentiam-se seguros também, pois ninguém pegava a doença uma segunda vez — ou, se pegava, esse segundo ataque jamais era fatal. Tais pessoas eram felicitadas por todos, e elas próprias sentiam-se tão sublimes em razão de sua cura que acreditavam que, mesmo no futuro, jamais poderiam morrer de uma doença.

De todas as desgraças que já assolaram a humanidade, as grandes epidemias deixaram uma lembrança particularmente vívida. Elas têm início com a subtaneidade das catástrofes naturais, mas, enquanto um terremoto geralmente se esgota em uns poucos e breves abalos, a epidemia possui uma duração que se estende por meses, ou até mesmo por um ano. O terremoto produz de um só golpe o que há de mais assustador; suas vítimas perecem todas ao mesmo tempo. Uma epidemia de peste, pelo contrário, possui um efeito *cumulativo*; de início, somente uns poucos são apanhados por ela; depois, os casos se multiplicam; veem-se os mortos por toda parte, e logo veem-se mais mortos do que vivos reunidos. O resultado de uma epidemia pode, ao final, ser o mesmo de um terremoto. Os homens, porém, são *testemunhas* da grande mortandade, a qual se intensifica ante seus olhos. São como os participantes numa batalha que dura mais do que todas as batalhas conhecidas. Mas o inimigo é secreto: não se pode vê-lo em parte alguma; não se pode atingi-lo. Espera-se, apenas, ser atingido por ele. A luta é travada única e exclusivamente pelo lado inimigo. Este golpeia quando quer. E golpeia a tantos que logo se teme que venha a golpear a todos.

Tão logo a epidemia é reconhecida sabe-se já que ela não desaguará em outra coisa senão na morte conjunta de todos. Não havendo remédio que possa combatê-la, os atingidos aguardam o cumprimento da sentença que lhes foi imposta. Somente os atingidos pela epidemia formam uma *massa*; eles são *iguais* no tocante ao destino que os aguarda. Seu número aumenta com velocidade crescente. A meta rumo à qual se movem é atingida em poucos dias. Terminam no maior adensamento possível aos corpos humanos: todos juntos num amontoado de cadáveres. Na concepção religiosa de alguns, essa massa estanque dos mortos encontra-se apenas provisoriamente morta. Num único e mesmo instante, ela irá ressuscitar e apresentar-se densamente reunida aos olhos de Deus, para o juízo final. Contudo, mesmo desconsiderando-se o destino futuro dos mortos — afinal, as concepções religiosas a esse respeito não são as mesmas por toda parte —, um fato permanece incontestе: a epidemia desemboca na massa dos moribundos e dos mortos. "Ruas e templos" ficam repletos deles. Com frequência, já não é mais possível enterrar as vítimas individualmente, como se deve; são dispostas em gigantescas valas comuns, milhares delas reunidas numa única cova.

Existem três fenômenos importantes, e bem conhecidos dos homens, que têm por meta amontoados de corpos. Tais fenômenos apresentam um íntimo parentesco entre si, sendo por isso de particular importância delimitá-los uns em relação aos outros. São eles: a batalha, o suicídio em massa e a epidemia.

Na *batalha*, visa-se o amontoado dos corpos dos inimigos. Quer-se diminuir o número dos inimigos vivos, a fim de que, comparado a esse número, o da própria gente seja tanto maior. Que também a própria gente morra é inevitável, mas não é o que se deseja. A meta é o amontoado de inimigos mortos, o qual é produzido de forma ativa, mediante a ação do homem e a força de seu próprio braço.

No *suicídio em massa*, tal ação volta-se contra a própria gente. Homens, mulheres, crianças, todos se matam mutuamente, até que nada mais reste senão um amontoado de mortos. A fim de que ninguém caia nas mãos do inimigo e de que a destruição seja completa, recorre-se ao auxílio do fogo.

Na *epidemia*, o resultado é o mesmo do suicídio coletivo; não se trata, porém, de algo voluntário, mas sim de algo que parece imposto de fora, por um poder desconhecido. O tempo necessário para o atingimento da meta é maior, de modo que as pessoas vivem na igualdade da expectativa pavorosa, ante a qual todos os vínculos usuais entre os homens se dissolvem.

O elemento do contágio, tão importante na epidemia, produz como efeito o apartamento dos homens uns dos outros. O mais seguro é não se aproximar demasiadamente de ninguém, pois qualquer um poderia estar já contaminado. Muitos fogem da cidade e espalham-se por suas terras. Outros se trancam em suas casas e não deixam ninguém entrar. As pessoas evitam-se umas às outras. Manter distância torna-se a última esperança. A perspectiva de seguir vivendo, a própria vida expressa-se, por assim dizer, na distância em relação aos doentes. Os empestados transformam-se pouco a pouco numa massa de mortos; os não empestados mantêm-se distantes de todos, frequentemente até mesmo de seus parentes mais próximos — dos pais, dos cônjuges, dos filhos. É notável a maneira pela qual a esperança de sobreviver transforma os homens em indivíduos isolados, em oposição aos quais se encontra a massa de todas as vítimas.

No entanto, em meio a essa danação geral, na qual cada um dos que foram apanhados pela doença é dado como perdido, ocorre o mais espantoso: alguns poucos conseguem curar-se da peste. Pode-se imaginar como se sentem em meio aos demais. Eles sobreviveram e sentem-se *invulneráveis*. Sendo assim, são capazes de simpatizar com os enfermos e os moribundos que os circundam. "Tais pessoas", afirma Tucídides, "sentiam-se tão sublimes em razão de sua cura que acreditavam que, mesmo no futuro, jamais poderiam morrer de uma doença."

SOBRE OS CEMITÉRIOS
E O SENTIMENTO QUE PROVOCAM

Os cemitérios exercem uma forte atração; as pessoas os visitam mesmo quando neles não jaz nenhum parente seu. Em cidades estrangeiras, peregrinam rumo a eles; deixam-se ficar ali e passeiam pelo cemitério como se ele tivesse sido construído para elas. Nem sempre é o túmulo de um homem respeitado que as atrai. E mesmo quando a visita tinha por meta original um tal homem, ela sempre se transforma em mais do que isso. No cemitério, as pessoas logo mergulham num estado de espírito de natureza bastante singular. Enganar-se a si próprias acerca da natureza desse estado de espírito constitui um seu costume piedoso. E isso porque a seriedade que sentem e, mais ainda, exibem oculta uma satisfação secreta.

O que faz realmente um visitante quando se encontra num cemitério? Como se move e de que se ocupa? Ele caminha lentamente de um lado para outro por entre as sepulturas, contempla esta ou aquela lápide, lê os nomes e sente-se atraído por muitos deles. Começa, então, a interessar-se pelo que possa haver sob aqueles nomes. Ali está um casal que viveu junto por muito tempo e, agora, como é próprio, repousa junto. Lá está uma criança que morreu bem pequenina. Ou uma moça que acabara de completar dezoito anos. Cada vez mais, são os espaços de tempo que cativam o visitante. Mais e mais, eles se destacam das particularidades comoventes e fazem-se espaços de tempo enquanto tais.

Lá está alguém que viveu 32 anos, e, mais adiante, um outro que chegou aos 45. O visitante é já mais velho que isso; aqueles dois estão, por assim dizer, fora do páreo. Ele encontra muitos que não viveram tanto quanto ele, e, a não ser que tenham morrido bem jovens, seu destino não lhe desperta pesar algum. Mas há muitos também que superam sua idade. Há homens que morreram aos setenta anos e mesmo um que ultrapassou os oitenta. Estes, o visitante ainda pode alcançar. Eles o estimulam a imitá-los. Para ele abrem-se ainda todas as perspectivas. O caráter indefinido do tempo de vida que ainda espera viver constitui uma grande vantagem que ele possui sobre ambos aqueles mortos, e, empenhando-se, ele poderia mesmo superá-los. É auspicioso medir-se com eles, pois o visitante possui já uma vantagem sobre ambos: a meta destes já foi alcançada; eles não estão mais vivos. Com qualquer um dos dois que venha a competir, toda a força estará do seu lado, pois do lado contrário não há força alguma, apenas a meta assinalada. Aqueles que o superaram já estão mortos. Já não podem olhá-lo nos olhos de homem para homem e infundem-lhe a força para tornar-se para sempre *mais* do que eles. O homem de 89 anos que ali jaz é como um grande estímulo. O que impede o visitante de chegar aos noventa anos?

Esse, porém, não é o único tipo de conta que se faz em meio a uma tal abundância de túmulos. Começa-se também a atentar para quanto tempo faz que alguns homens jazem ali. O tempo que separa o visitante da morte desses homens tem algo de tranquilizador: o primeiro encontra-se já um certo número de anos a mais neste mundo. Os cemitérios que ainda possuem lápides bem antigas, remontando aos séculos XVIII ou mesmo XVII, têm algo de enaltecedor. O visitante posta-se pacientemente diante da inscrição já apagada e não sai dali até que a tenha decifrado. A contagem do tempo, em geral empregada unicamente para propósitos práticos, adquire subitamente uma vida vigorosa e profunda. Todos os séculos conhecidos pelo visitante lhe pertencem. Aquele que ali jaz não faz ideia de que o homem postado diante de seu túmulo contempla-lhe o tempo de vida. Para o morto, a contagem de tempo interrompe-se no ano de sua morte; para o observador, porém, ela seguiu adiante, até ele próprio. Quanto não daria o morto já há tanto tempo para poder ainda postar-se ao lado do observador! Duzentos anos se passaram desde a sua morte; o visitante é, por assim dizer, duzentos anos mais velho que ele e, graças a toda sorte de registros, conhece bem muito do que aconteceu no tempo que se passou desde então. Ele leu a respeito, ouviu histórias e chegou a vivenciá-lo em parte. É difícil não se sentir superior, e é assim que se sente, nessa situação, o homem ingênuo.

Mais ainda, porém, ele sente que está passeando sozinho no cemitério. A seus pés jazem muitos desconhecidos, todos densamente reunidos. Seu número é indefinido, mas grande, e aumenta cada vez mais. Eles não podem separar-se; permanecem como num amontoado. Somente o visitante vem e vai a seu bel-prazer. Somente ele se encontra de pé em meio aos que jazem.

DA IMORTALIDADE

Em se tratando da imortalidade privada ou literária, é bom partir-se de um homem como Stendhal. Seria difícil encontrar alguém mais avesso às concepções religiosas habituais. Stendhal encontra-se inteiramente liberto de quaisquer compromissos e promessas religiosas. Seus sentimentos e pensamentos voltam-se exclusivamente para esta vida. Ele a sentiu e usufruiu da maneira mais exata e profunda. Discorreu sobre tudo quanto podia trazer-lhe alegria, e não se tornou insípido, pois deixou intocado o *detalhe isolado*. Não reuniu coisa alguma em unidades duvidosas. Desconfiava de tudo o que não conseguia *sentir*. Pensou muito, mas nele não se encontram pensamentos gélidos. Tudo quanto registra, tudo a que dá forma permanece próximo do ardoroso instante de sua origem. Amou muito e acreditou em muitas coisas, mas tudo lhe permaneceu maravilhosamente palpável. O que quer que fosse, ele podia encontrá-lo de imediato em si mesmo, sem necessitar dos truques de qualquer ordenação.

Esse homem que nada pressupõe; que queria descobrir as coisas por si só; que era a própria vida, tanto quanto ela é sentimento e espírito; que esteve no coração dos acontecimentos e, por isso mesmo, podia contemplá-los de fora; esse homem no qual palavra e conteúdo coincidem da forma mais natural, como se ele houvesse tido de purificar a linguagem por conta própria — esse homem raro e verdadeiramente livre tinha, no entanto, uma crença, da qual ele fala tão fácil e naturalmente como de uma amada.

Sem tristeza, Stendhal contentou-se em escrever para poucos, mas tinha certeza absoluta de que, em cem anos, seria lido por muitos. Impossível, nos tempos modernos, exprimir com maior clareza, singularidade e sem nenhuma arrogância a crença na imortalidade literária. O que significa essa crença? Qual o seu conteúdo? Ela significa que se estará presente quando todos os demais contemporâneos já não mais existirem. Não se trata de uma animosidade em relação aos vivos enquanto tais. Não se trata de afastá-los do caminho; não se faz coisa alguma contra eles, nem mesmo se pretende combatê-los. Desprezam-se aqueles que atingiram a falsa glória, mas despreza-se também o combate com suas armas. Destes, nem sequer se guarda rancor, pois sabe-se o quanto se equivocaram. Escolhe-se a companhia daqueles aos quais se irá pertencer no futuro: todos aqueles de épocas passadas cuja obra segue viva ainda hoje; todos os que falam a nós e dos quais nos alimentamos. A gratidão que se sente por eles é a gratidão pela própria vida.

Matar para sobreviver nada pode significar para aquele que assim pensa, pois este não quer sobreviver *agora*. Somente cem anos adiante ele entrará na luta, quando já não estiver mais vivo e, portanto, não mais for capaz de matar. A disputa que então se trava é a de obra contra obra, e será tarde demais para que ele interfira nela. A verdadeira rivalidade, aquela que lhe importa, principia quando os rivais não estão mais presentes. Estes não podem sequer assistir ao combate que suas obras travam. Essa obra, porém, tem de estar viva, e, para que assim seja, ela há de conter o máximo possível da mais pura vida. Um tal homem não apenas desdenhou o matar, mas levou consigo rumo à imortalidade todos os que estavam com ele — uma imortalidade na qual tudo se faz atuante, desde o insignificante até o grandioso.

Tem-se aí o oposto absoluto daqueles poderosos que levam consigo para a morte todos os que os cercam, a fim de que, numa existência dos mortos no além, os primeiros reencontrem tudo aquilo com que estavam acostumados. Nada lhes caracteriza mais terrivelmente a profunda impotência interior. Eles matam em vida e matam na morte; um séquito de mortos os conduz ao além.

Quem, porém, abre uma obra de Stendhal encontra ali o autor e tudo o que o cercava, e o encontra nesta vida. Assim, os

353

mortos oferecem-se aos vivos na condição da mais nobre iguaria. Sua imortalidade os beneficia: nessa inversão do sacrifício aos mortos todos saem ganhando. A sobrevivência perdeu seu aguilhão, e o reino da hostilidade tem fim.

ELEMENTOS DO PODER

FORÇA E PODER

À força [*Gewalt*], costuma-se associar a ideia de algo que se encontra próximo e presente. Ela é mais coercitiva e imediata do que o poder [*Macht*]. Fala-se, enfatizando-a, em força física. O poder, em seus estágios mais profundos e animais, é antes força. Uma presa é capturada pela força, e pela força levada à boca. Dispondo de mais tempo, a força transforma-se em poder. Mas no momento crítico que, então, invariavelmente chega — o momento da decisão é da irrevocabilidade —, volta a ser força pura. O poder é mais universal e mais amplo; ele *contém* muito mais, e já não é tão dinâmico. É mais cerimonioso e possui até um certo grau de paciência. A própria palavra *Macht* deriva de um antigo radical gótico — *magan*, significando "poder, capacidade" —, e não possui parentesco algum com o verbo *machen* [fazer].

A diferença entre força e poder deixa-se demonstrar de um modo bastante simples: no relacionamento entre *gato* e *rato*.

O rato, uma vez capturado, encontra-se à mercê da força do gato. Este o apanhou, mantém-no cativo e vai matá-lo. Tão logo, porém, começa a *brincar* com ele um novo elemento se apresenta. O gato o solta novamente e permite-lhe correr um pouco. Mal o rato dá-lhe as costas e põe-se a correr, ele já não se encontra mais à mercê daquela força. O gato, porém, dispõe do *poder* para apanhá-lo de volta. Se o deixa correr indefinidamente, permite-lhe escapar de sua esfera de poder. Mas até o ponto em que está certo de poder alcançá-lo, o rato estará sob seu poder. O espaço sobre o qual o gato projeta sua sombra; os instantes de esperança que permite ao rato, mas tendo-o sob sua estrita vigilância, sem perder o interesse nele e em sua destruição — tudo isso junto (o espaço, a esperança, a vigilância e o interesse na destruição) poder-se-ia designar como o corpo propriamente dito do poder, ou, simplesmente, como o poder em si.

Do poder, pois, faz parte — em contraposição à força — uma certa ampliação do espaço e do tempo. Já se expressou aqui a suposição de que a *prisão* pode ter tido na *boca* a sua origem; a relação de ambas exprime a relação entre poder e força. No interior da boca já não resta nenhuma esperança real; ali não se tem mais espaço ou tempo. Em ambos esses aspectos, a prisão é como uma ampliação da boca. Na primeira, podem-se dar alguns passos para um lado e para o outro, assim como o rato sob os olhos do gato; e, por vezes, o prisioneiro tem o olhar do carcereiro às suas costas. Ele dispõe de tempo e da esperança de, dentro desse tempo, escapar ou ser solto; e sente continuamente o interesse na sua destruição que tem o aparato em cuja cela se encontra, mesmo quando esse interesse parece temporariamente inexistir.

Contudo, mesmo numa esfera inteiramente diversa, na das múltiplas nuances da devoção religiosa, a diferença entre poder e força faz-se visível. Todo crente em Deus encontra-se sempre à mercê da *força* divina e, à sua maneira, ajustou-se a essa situação. Para muitos, porém, isso não é suficiente. Estes esperam por uma severa intervenção, por um ato direto de força divina que possam reconhecer e sentir como tal. Encontram-se na expectativa de uma ordem. Para eles, Deus possui as características mais rudes de um soberano. A vontade ativa de Deus e sua submissão ativa em todas as circunstâncias, em cada manifestação, transformam-se para eles no cerne da fé. As religiões desse tipo tendem a enfatizar a predestinação, sob o comando de Deus; seus adeptos têm, assim, oportunidade de perceber tudo o que lhes acontece como expressão direta da vontade divina. São capazes de submeter-se com maior frequência, e até o fim. É como se vivessem já na boca de Deus, a qual, no instante seguinte, vai triturá-los. Nesse seu terrível presente, porém, têm de, impávidos, seguir vivendo e fazer o que é certo.

O islamismo e o calvinismo são as religiões mais conhecidas por essa tendência. Seus adeptos anseiam pela *força* divina. O poder de Deus não lhes basta: é demasiado genérico e distante, deixando coisas demais em suas mãos. Decisivo é o efeito que essa expectativa constante por uma ordem produz naqueles que a ela se renderam definitivamente, implicando consequências as mais graves em seu próprio comportamento para com os outros. Ela produz um tipo soldadesco de crente, para o qual a *batalha* constitui a mais exata expressão da vida — um crente que não teme a batalha, pois sente-se continuamente nela. Abordar-se-á mais detidamente esse tipo na investigação que, mais adiante, será dedicada à *ordem*.

PODER E VELOCIDADE

Toda velocidade, na medida em que se vincula à esfera do poder, traduz-se numa velocidade de *perseguição* ou de *agarramento*. Para ambas, o homem teve por modelo os animais. A perseguição, ele a aprendeu com os animais de rapina, especialmente o lobo. O agarramento pelo bote súbito foi-lhe mostrado pelos felinos, dos quais os mestres mais invejados e admirados foram o leão, o leopardo e o tigre. As aves de rapina juntam ambas as coisas, o perseguir e o agarrar. Na ave de rapina que se pode ver voando sozinha para um ataque a grande distância, o fenômeno manifesta-se em sua totalidade. Ela deu ao homem a flecha — durante muito tempo, a maior velocidade de que ele dispôs: com suas flechas, o homem voava rumo a sua presa.

Assim, esses animais são também, desde muito tempo, símbolos do poder, representando ora os deuses ora os ancestrais do detentor de poder. Gêngis Khan teve por antepassado um lobo. O falcão Horus é o deus do faraó egípcio. Nos reinos africanos, o leão e o leopardo são os animais sagrados do clã do rei. Das chamas nas quais ardia o corpo do imperador romano, sua alma voava para o céu sob a forma de uma águia.

O que há, porém, de mais rápido continua sendo o que

sempre foi: o *raio*. O medo supersticioso do raio, do qual o homem não tem como se proteger, é algo bastante difundido. Os mongóis — conta o monge franciscano Rubruk, que os visitou como enviado de são Luís — temiam o trovão e o raio mais do que qualquer outra coisa. À sua presença, eles tocam os estranhos de suas iurtas, envolvem-se em feltro preto e ali permanecem escondidos até que tudo tenha passado. — Evitam comer a carne de um animal atingido por um raio, relata o historiador persa Rachid, que esteve a seu serviço, e não ousam nem mesmo aproximar-se dele. Todas as proibições possíveis que vigoram entre os mongóis têm por objetivo obter as graças do raio. Deve-se evitar tudo quanto possa atraí--lo. O raio é, frequentemente, a arma principal do deus mais poderoso.

Seu súbito brilhar na escuridão possui o caráter de uma revelação. O raio persegue e ilumina. A partir de seu comportamento, procura-se tirar conclusões acerca da vontade dos deuses. Sob que forma ele brilha e em que parte do céu? De onde vem? Para onde vai? Entre os etruscos, tal decifração é tarefa de uma classe particular de sacerdotes, classe esta que os romanos adotaram na figura dos "fulguratores".

"O poder do soberano", afirma um antigo texto chinês, "assemelha-se ao do raio, ainda que lhe seja inferior em pujança." É espantosa a frequência com que os poderosos são atingidos por raios. As histórias a respeito podem nem sempre ser verdadeiras, mas o estabelecimento dessa vinculação é já, em si, significativo. Relatos desse tipo são numerosos entre os romanos e os mongóis. Ambos esse povos acreditam num deus celestial supremo, e ambos apresentam um senso de poder bastante desenvolvido. O raio é aí entendido como uma ordem sobrenatural. Quando ele atinge alguém é porque *deve* atingi-lo. Se atinge um poderoso, enviou-o alguém mais poderoso ainda. Cumpre, pois, a função do mais veloz e repentino dos castigos, e do mais visível também.

Imitado pelos homens, o raio foi transformado numa espécie de arma: a arma de fogo. O clarão e o estrondo do tiro, o fuzil e particularmente os canhões sempre provocaram o medo dos povos que não os possuíam: estes os percebiam como o raio. Ainda antes, porém, os esforços do homem caminhavam já na direção de torná-lo um animal mais veloz. A domesticação do cavalo e o desenvolvimento dos exércitos de cavaleiros, em sua forma mais completa, conduziram às grandes invasões históricas provenientes do Oriente. Todos os relatos da época acerca dos mongóis destacam quão *velozes* eles eram. Sua aparição era sempre inesperada: eles surgiam tão repentinamente quanto desapareciam, e reapareciam de maneira ainda mais abrupta. Sabiam converter em ataque até mesmo a pressa da fuga: mal se começava a crer que haviam fugido, estava-se já novamente cercado por eles.

Desde sempre, a velocidade física, como característica do poder, intensificou-se de todas as formas. Desnecessário faz-se abordar seus efeitos sobre nossa era tecnológica.

À esfera da captura pertence também uma outra espécie bastante diversa de velocidade — a do *desmascaramento*. Está-se diante de um ser inofensivo ou submisso; arrancasse-lhe a máscara e, por trás dela, encontra-se um inimigo. A fim de ser eficaz, o desmascaramento deve ocorrer subitamente. A essa espécie de velocidade pode-se caracterizar como *dramática*. A perseguição limita-se aí a um espaço bem reduzido; ela se concentra. A troca de máscaras como instrumento de dissimulação é antiquíssima; seu negativo é o desmascaramento. Passando-se de uma máscara a outra, alcançam-se alterações decisivas das relações de poder. A dissimulação inimiga é combatida com a própria. Um soberano convida notáveis civis ou militares para um banquete. De repente, quando menos esperavam hostilidade, são todos mortos. A mudança de uma postura para outra corresponde exatamente a uma troca de máscaras. A velocidade do acontecimento é intensificada ao máximo; dela, e apenas dela, depende o sucesso da empreitada. O detentor de poder, consciente de suas próprias e constantes dissimulações, só pode esperar dos outros o mesmo comportamento. A velocidade com que se antecipa a eles parece-lhe lícita e imprescindível. Pouco o comoverá apanhar por equívoco um inocente: na complexidade das máscaras, o engano é possível. Mas se irritará profundamente se, pela falta de velocidade, um inimigo lhe escapar.

PERGUNTA E RESPOSTA

Toda pergunta é uma intromissão. Onde ela é aplicada como um instrumento de poder, a pergunta corta feito faca a carne do interrogado. Sabe-se de antemão o que se *pode* descobrir, mas quer-se descobri-lo e tocá-lo de fato. Com a segurança de um cirurgião, o inquiridor precipita-se sobre os órgãos do interrogado. Esse cirurgião mantém viva sua vítima para saber mais sobre ela. É uma espécie particular de cirurgião, que atua *provocando* deliberadamente a dor em certos pontos; estimula certas porções da vítima para saber de outras com maior segurança.

Perguntas visam respostas; aquelas que não se fazem seguir de respostas são como flechas atiradas ao vento. A pergunta mais inocente é aquela que permanece isolada, não trazendo outras consigo. Pergunta-se a um estranho onde fica um determinado edifício. O estranho indica sua localização. O inquiridor contenta-se com a resposta e segue seu caminho. Deteve o estranho por um momento; obrigou-o a pensar. Quanto mais clara e concludente a resposta deste último, tanto mais rapidamente ele se livrará do primeiro. Deu-lhe o que ele esperava e nunca mais precisará revê-lo.

Um inquiridor, porém, poderia não se contentar com a resposta e fazer outras perguntas. Quando estas se acumulam, elas logo despertam a má vontade do inquirido. Que não é detido apenas exteriormente; a cada resposta, ele mostra um pedaço a mais de si. Tal pedaço pode ser desimportante, superficial, mas foi-lhe solicitado por um estranho; ademais, vincula-se a outros, mais ocultos, aos quais ele atribui valor muito maior. A indisposição que sente logo se converte em desconfiança.

E isso porque o efeito das perguntas sobre o inquiridor é o

de uma elevação de sua sensação de poder; elas lhe dão vontade de fazer mais e mais perguntas. O inquirido sujeita-se tanto mais quanto mais frequentemente consentir em respondê-las. A liberdade das pessoas reside em boa parte em estar a salvo de perguntas. É a tirania mais vigorosa que se permite as perguntas mais enérgicas.

Uma resposta inteligente é aquela que põe fim às perguntas. Quem pode, responde com outra pergunta; entre iguais, esse é um meio de defesa já comprovado. Aquele a quem a posição do inquiridor não permite nenhuma réplica, esse tem de dar-lhe uma resposta completa, revelando-lhe o que ele quer saber; do contrário, precisará, pela astúcia, retirar-lhe a vontade de seguir inquirindo. Poderá, assim, adulando-o, reconhecer a superioridade real do inquiridor, de modo que este não precise manifestá-la ele próprio. E poderá ainda desviar-lhe a atenção para outros, os quais seria mais interessante ou fecundo inquirir. Se sabe dissimular bem, é possível que apague sua identidade. Quando isso acontece é como se a pergunta tivesse, por assim dizer, sido dirigida a outro, ele próprio não sendo a pessoa competente para responder a ela.

Pretendendo, em última instância, dissecar, a pergunta principia pelo contato. Vai, então, tocando mais pontos, e pontos diversos. Não encontrando resistência, avança. O que colhe não é prontamente desfrutado, mas colocado de lado para utilização posterior. Primeiramente, ela tem de encontrar aquele que é o objeto específico de sua busca. Atrás de cada pergunta há sempre um objetivo deliberado. Perguntas indefinidas — as de uma criança ou de um louco — não possuem força alguma, deixando-se satisfazer com facilidade.

A situação mais perigosa é aquela na qual se exige uma resposta concisa. A dissimulação convincente, a fuga pela metamorfose, torna-se difícil em poucas palavras, se não impossível. A defesa mais crua é fazer-se de surdo ou desentendido. Mas esta só auxilia quando se está entre iguais. Se, pelo contrário, a pergunta parte do mais forte rumo ao mais fraco, ela pode ser feita por escrito ou traduzida. A resposta a uma pergunta assim faz-se, então, muito mais comprometedora. Ela pode ser comprovada, e o inquiridor poderá recorrer a ela.

Aquele que é exteriormente indefeso recolhe-se em sua armadura interior. Tal armadura interior a protegê-lo da pergunta é o *segredo*. Este jaz no interior de um corpo qual num segundo corpo, mais bem protegido; quem se aproxima demais dele há de estar preparado para surpresas desagradáveis. Na qualidade de algo *mais denso*, o segredo é apartado de seu entorno e mantido numa escuridão que somente poucos logram iluminar. O que ele possui de perigoso é sempre colocado acima de seu conteúdo propriamente dito. O mais importante, o mais denso — poder-se-ia dizer — no segredo é a defesa eficaz contra toda e qualquer pergunta.

O *silêncio* diante de uma pergunta é como o ricochetear de uma arma num escudo ou armadura. O calar é uma forma extrema de defesa, cujas vantagens e desvantagens equilibram-se. Aquele que cala, é certo, não se entrega; em compensação, porém, dá a impressão de ser mais perigoso do que é. Supõe-se haver nele mais do que aquilo que ele cala. Silencia apenas porque tem muito o que calar; tanto mais importante faz-se, pois, não libertá-lo. O silêncio obstinado conduz à inquisição penosa, à tortura.

Contudo, mesmo em circunstâncias normais a resposta sempre aprisiona aquele que a deu. Ele não pode mais simplesmente abandoná-la. Ela o obriga a posicionar-se num determinado lugar e a permanecer ali, tendo o inquiridor a alvejá-lo de todas as direções. Este o circunda, por assim dizer, escolhendo a posição que lhe convém. Pode rodeá-lo, surpreendê-lo e confundi-lo. A mudança de posição confere-lhe uma espécie de liberdade da qual o inquirido não pode desfrutar. Com sua pergunta, o inquiridor lança-se sobre ele e, se logra tocá-lo com ela — ou seja, se logra obrigá-lo a responder —, ele o capturou, aprisionando-o num determinado lugar. "Quem é você?" "Sou fulano de tal." Este já não pode mais ser outra pessoa; do contrário, sua mentira enredá-lo-á em dificuldades. Subtraiu-se-lhe já a possibilidade de escapar valendo-se da metamorfose.

Se se prolonga por algum tempo, esse processo pode ser encarado como uma espécie de *acorrentamento*.

A primeira pergunta tem por objeto a identidade; a segunda, o lugar. Como ambas têm a *língua* por pressuposto, é de se perguntar se seria concebível uma situação arcaica, existente em palavras já anteriormente à pergunta e a ela correspondente. Nela, identidade e lugar coincidiriam ainda: uma não teria sentido sem o outro. Essa situação arcaica se verifica no contato hesitante com a presa. Quem é você? Você é comestível? O animal, em sua busca incessante por alimento, toca e cheira tudo quanto encontra. Mete seu focinho em toda parte: você é comestível? Que gosto você tem? A resposta é um odor, uma reação, uma rigidez inanimada. O corpo estranho é também seu próprio lugar; cheirando-o e tocando-o é que é conhecido ou — traduzindo para nossos costumes humanos — é nomeado.

Na educação da criança ainda pequena, dois processos que se entrecruzam parecem desproporcionalmente intensificados; embora pareçam desproporcionais, vinculam-se intimamente um ao outro. Ordens ininterruptas, de natureza vigorosa e enfática, partem dos pais; da criança, por sua vez, parte uma infinidade de perguntas. Essas primeiras perguntas da criança são como um grito por alimento, já em sua segunda e mais elevada forma. São inofensivas, uma vez que absolutamente não transmitem à criança o saber pleno dos pais; a superioridade destes permanece gigantesca.

Quais as primeiras perguntas que a criança faz? Dentre elas encontram-se aquelas relacionadas a um lugar: "Onde é...?". "O quê?" e "Quem?" figuram também entre essas primeiras perguntas. Vê-se, pois, que papel, lugar e identidade desempenham desde cedo. Constituem as primeiras coisas acerca das quais a criança busca informar-se. Somente mais tarde, ao final do terceiro ano de vida, ela começa a perguntar "por quê?", e, mais tarde ainda, "quando?" e "quanto tempo?" — as perguntas relativas ao tempo. Um longo período se passa até que a criança adquira ideias precisas acerca do tempo.

A pergunta que principia com o contato hesitante busca,

como já se disse, avançar mais. Há algo nela que busca cindir, assemelhando-se a uma faca. Pode-se percebê-lo em função da resistência que crianças bem pequenas opõem a perguntas duplas. "O que você prefere? Uma maçã ou uma pera?" A criança não responderá, ou dirá "pera", simplesmente por ter sido esta a última alternativa mencionada. Uma decisão de fato, que constituísse uma cisão entre pera e maçã, é-lhe, porém, difícil: no fundo, ela quer ambas.

Seu verdadeiro poder de corte, a cisão atinge quando possíveis são somente as duas respostas mais simples que existem: sim ou não. Sendo opostas e excluindo tudo o mais que há entre elas, a decisão por uma ou outra implica um comprometimento e alcance particulares.

Antes que a pergunta seja feita, em geral não se sabe o que se pensa. É ela quem obriga à separação dos prós e contras. Se gentil e não aflitiva para com o inquirido, ela deixa a seu cargo a decisão.

Nos diálogos platônicos, *Sócrates* é coroado uma espécie de rei da inquirição. Ele despreza as formas comuns de poder e evita zelosamente tudo quanto possa lembrá-las. Qualquer um que o queira pode desfrutar da sabedoria que constitui sua superioridade. Nem sempre, porém, ele a transmite num discurso coeso, mas antes lançando suas perguntas. Nos diálogos, cuida-se para que seja ele a fazer a maioria das perguntas, e as mais importantes dentre elas. Assim, Sócrates não larga mais de seus ouvintes, obrigando-os a cisões das mais variadas naturezas. Seu domínio sobre eles, ele o obtém exclusivamente mediante a inquirição.

As formas da civilidade que *restringem* a inquirição são importantes. A um estranho, não é admissível que se façam certas perguntas. Quem as fizer estará se aproximando demasiado dele, invadindo-o, e o estranho terá motivo para sentir-se ofendido. A reserva, pelo contrário, convencê-lo-á do quanto ele é respeitado. O estranho é tratado como se fosse alguém mais forte — uma forma de adulação que provoca nele atitude semelhante. Somente dessa maneira, a uma certa distância um

364

do outro e não ameaçados por perguntas, qual fossem todos fortes e iguais nessa sua força, os homens se sentem seguros e convivem em paz.

Uma pergunta colossal é aquela que diz respeito ao *futuro*. Poder-se-ia chamá-la a pergunta suprema; é também a mais intensa de todas. Os deuses, aos quais ela é dirigida, não são obrigados a dar uma resposta. A pergunta que se faz ao mais forte é uma pergunta desesperada. Os deuses jamais se deixam aprisionar; não se pode penetrá-los. Suas manifestações são ambíguas; não se deixam decompor. Toda inquirição que se lhes faça não vai além de uma *primeira* pergunta, para a qual é dada *uma única* resposta. Com bastante frequência, tal resposta consiste meramente em sinais, os quais são reunidos em grandes sistemas pelos sacerdotes de muitos povos. Dos babilônios, a tradição transmitiu-nos milhares desses sinais. Chama a atenção o fato de cada um deles apresentar-se isolado dos demais. Não decorrem uns dos outros, nem possuem coerência interna alguma. Não são mais que listas de sinais; mesmo quem os conhece a todos só é capaz de inferir de cada um deles em particular um aspecto também particular do futuro.

Em contraposição a isso, o *interrogatório* restabelece o *passado*, e, aliás, em sua totalidade. Ele é dirigido contra o mais fraco. Antes, porém, de nos voltarmos aqui para sua interpretação, convém dedicarmos algumas palavras a um procedimento que hoje já se impôs na maioria dos países: trata-se do *registro policial*. Desenvolveu-se um grupo de perguntas que são as mesmas por toda parte e que, em essência, estão a serviço da segurança e da ordem. Quer-se saber quão perigoso alguém poderia tornar-se, e, tendo esse alguém se tornado de fato perigoso, poder capturá-lo de imediato. A primeira pergunta que se faz oficialmente a um homem diz respeito ao seu nome; a segunda, a seu domicílio, seu endereço. Têm-se aí, como já se sabe, as duas perguntas mais antigas que existem: aquelas que têm por objeto a identidade e o lugar. A profissão, a pergunta seguinte, revela o que o indivíduo faz; disso, e de sua idade, infere-se a influência que exerce e o prestígio que tem — ou seja, como se deve abordá-lo. O estado civil informa acerca de suas relações humanas mais íntimas, homens, mulheres ou crianças. A origem e a nacionalidade dão uma indicação de como ele possivelmente pensa — em épocas de nacionalismos fanáticos como a atual, dados mais importantes do que a crença religiosa, que perdeu importância. Com tudo isso — mais fotografia e assinatura —, estabeleceu-se já muita coisa a seu respeito.

As respostas a tais perguntas são aceitas. No momento em que são dadas, elas não estão sob suspeita. Somente no interrogatório voltado para um determinado fim é que a pergunta faz-se carregada de desconfiança. Constrói-se, então, um sistema de perguntas que se presta ao controle sobre as respostas; em si, estas poderiam agora ser, todas elas, falsas. O interrogado encontra-se numa relação de hostilidade para com o interrogador. Sendo muito mais fraco que este, ele somente escapa se o faz crer que não é um inimigo.

Nos interrogatórios judiciais, a inquirição produz uma onisciência a posteriori do inquiridor, o poderoso. Os caminhos que uma pessoa percorreu, os lugares em que esteve, as horas que viveu e que outrora lhe pareceram livres, sem ninguém a persegui-la, passam subitamente a sofrer perseguição. Todos os caminhos precisam ser novamente percorridos, todos os lugares revisitados, até que reste o mínimo possível daquela liberdade passada. Antes de proferir a sentença, o juiz deve ter conhecimento de uma grande quantidade de fatos. Seu poder, em especial, baseia-se na onisciência. A fim de adquiri-la, ele tem o direito de formular qualquer pergunta: "Onde você esteve? Quando esteve lá? O que você fez?". Nas respostas que servem à construção de seu álibi, o interrogado contrapõe identidades e locais. "A essa hora eu estava em outro lugar. Não fui eu quem fez tal coisa."

"Certa vez", conta uma lenda vende, "por volta do meio-dia, uma jovem camponesa, deitada na relva nas proximidades de Dehsa, adormeceu. Seu noivo encontrava-se sentado a seu lado. Pensava numa maneira de livrar se da noiva. Veio, então, a mulher do meio-dia e pôs-se a lhe fazer perguntas. Por mais que respondesse, ela sempre fazia novas perguntas. Quando o sino deu uma hora, o coração dele parou. A mulher do meio-dia o havia interrogado até a morte."

O SEGREDO

O segredo encontra-se no mais recôndito cerne do poder. O ato de *espreitar* é, por sua própria natureza, secreto. O observador se esconde ou se amolda a seu entorno e não se deixa reconhecer por um único movimento sequer. À espreita, ele desaparece por completo; reveste-se do segredo como que de uma nova pele, e persiste por um longo tempo em seu refúgio. Nesse seu estado, caracteriza-o uma peculiar mistura de paciência e impaciência. Quanto mais tempo ele permanecer assim, tão mais intensa será sua esperança de conseguir um sucesso repentino. Contudo, para que ele enfim obtenha êxito, sua paciência deve crescer até o infinito. Esgotando-se ela um só minuto mais cedo, tudo terá sido em vão, e ele, carregado de decepção, precisará começar tudo de novo.

Se a captura em si dá-se abertamente, pois deseja intensificar seu efeito com o auxílio do terror, a partir do início da incorporação tudo volta a desenrolar-se na escuridão. A boca é escura, e escuros são também o estômago e o intestino. Ninguém fica sabendo ou reflete sobre a atividade incessante em seu interior. Em grande parte, esse primitivíssimo processo da incorporação permanece um segredo. Ele principia ativamente com o segredo que o próprio observador, à espreita, cria; e termina, desconhecido e passivo, na escuridão secreta do corpo. Entre uma coisa e outra, somente o momento da captura rebrilha com fulgor, semelhante a um raio iluminando seu próprio e fugaz instante.

O segredo mais verdadeiro é o que se passa no interior do corpo. Um *curandeiro*, atuando a partir de seu conhecimento dos processos corporais, tem de, antes de exercer seu ofício, submeter-se a operações bastante singulares em seu próprio corpo.

Entre os *arandas* da Austrália, o homem que deseja iniciar-se como curandeiro caminha até a entrada da caverna onde moram os espíritos. Ali, antes de mais nada, sua língua é perfurada. Ele está completamente sozinho, e de sua iniciação faz parte que ele tenha muito medo dos espíritos. A coragem da solidão, e justamente num lugar especialmente perigoso, parece constituir pré-requisito para esse ofício. Mais tarde — conforme acredita —, ele é morto por uma lança que lhe atravessa a cabeça de orelha a orelha, e deitado pelos espíritos em sua caverna, onde estes vivem juntos numa espécie de além. Do nosso mundo, ele perdeu a consciência; no outro, todos os seus órgãos interiores são-lhe extraídos, e órgãos novos ocupam o lugar dos antigos. É de se supor que tais órgãos sejam melhores do que os habituais; invulneráveis, talvez, ou menos expostos às interferências da magia. O iniciante é, pois, fortalecido para seu ofício, mas o é de dentro para fora: seu novo poder começa em suas entranhas. Esteve morto antes de lhe ser permitido começar, mas sua morte serve apenas à penetração total de seu corpo. Seu segredo, somente ele e os espíritos conhecem; ele jaz no interior de seu corpo.

Uma característica notável é a ornamentação do feiticeiro com uma grande quantidade de pequenos cristais. Ele os carrega em seu corpo, e eles são imprescindíveis para seu ofício: no tratamento dos doentes, tem sempre lugar uma intensa atividade com essas pedrinhas. Algumas vezes, o próprio feiticeiro as distribui; outras, ele recolhe algumas delas dos pontos afetados do corpo do doente. Sólidas e estranhas partículas no corpo deste último causaram-lhe o sofrimento. É como uma estranha unidade monetária da doença, cuja taxa de câmbio só é conhecida dos feiticeiros.

À exceção desse tratamento absolutamente íntimo dos doentes, a feitiçaria ocorre sempre à distância. O feiticeiro prepara em segredo toda sorte de afiados pauzinhos mágicos e, a grande distância, os dirige contra a vítima, que, sem ter ideia do que está ocorrendo, é acometida do efeito terrível da magia. É do segredo da espreita que o feiticeiro se beneficia aqui. Com más intenções, pequenas lanças são atiradas; às vezes, sob a forma de cometas, elas se fazem visíveis no céu. O ato propriamente dito é rápido, mas pode levar algum tempo até que ele surta efeito.

A prática do mal em atos individuais de feitiçaria é possível a todo aranda. A defesa contra esse mal está nas mãos apenas dos curandeiros. Pela iniciação e pela prática, eles possuem outras defesas. Alguns curandeiros bastante idosos podem causar o mal a grupos inteiros de homens. Tem-se, portanto, algo como três graus de intensidade do poder. O mais poderoso é aquele que é capaz de levar a doença a muitos, simultaneamente.

Bastante temido é o poder mágico de estranhos que moram em lugares distantes. É provável que estes sejam os mais temidos porque os antídotos contra sua magia não são tão desconhecidos quanto os próprios feitiços. Além disso, inexiste aí a responsabilidade pelas maldades que sempre existe no interior de um mesmo grupo.

Na defesa contra o mal e no tratamento de doenças, o poder do curandeiro é visto como bom. De mãos dadas com este caminha, porém, a prática do mal em grandes proporções. Nada de ruim acontece por si só; tudo é provocado por um homem ou espírito malévolo. O que quer que chamemos *causa* é para eles *culpa*. Toda morte é um assassinato, e, enquanto tal, tem de ser vingada.

Espantosa é aí a proximidade absoluta com o mundo do *paranoico*. Nos dois capítulos sobre o *caso Schreber*, ao final deste livro, ficar-se-á sabendo mais a esse respeito. Até mesmo o ataque a órgãos internos é descrito ali com detalhes: após a sua completa destruição e um longo sofrimento, os órgãos se restabelecem, invulneráveis.

O duplo caráter do segredo segue apegado a ele também em todas as formas superiores de poder. Um único passo separa o curandeiro primitivo do paranoico. E não é maior a distância que separa ambos do *detentor de poder*, conforme este se desenvolveu ao longo da história, em muitos e bem conhecidos exemplos.

Neste último, o segredo tem sua esfera ativa. O detentor de poder que se vale do segredo o conhece com precisão e sabe muito bem avaliá-lo de acordo com seu significado. Ele sabe o que espreitar, quando quer conseguir alguma coisa, e sabe quem de seus auxiliares empregar na espreita. Sendo muitos os seus desejos, ele possui muitos segredos, e os reúne num sistema no qual eles se guardam uns aos outros. Confidencia uma coisa a um, outra coisa a outro, e cuida para que seus confidentes jamais possam unir-se.

Todo aquele que sabe alguma coisa é vigiado por um outro, o qual jamais descobre o que realmente está vigiando no primeiro. O vigilante tem de registrar cada palavra e cada movimento daquele que lhe coube vigiar, e, relatando com frequência o que registrou, transmite a seu senhor uma imagem do pensamento do vigiado. Contudo, também o vigilante é, por sua vez, vigiado, e o relato daquele que o vigia corrige o seu. Assim, o detentor de poder está sempre a par da confiabilidade e da segurança dos recipientes nos quais deposita seus segredos, e é capaz de avaliar quais desses recipientes estão tão repletos que podem transbordar. Somente ele tem a chave do sistema completo de caixas que abriga seus segredos. Se a confia inteiramente a alguém, ele se sente em perigo.

Uma distribuição desigual da *capacidade de percepção* faz parte do poder. O poderoso percebe o que abrigam os outros, mas não permite que percebam o que ele próprio abriga. Ele tem de ser o que mais cala. A ninguém é permitido conhecer-lhe o pensamento e a intenção.

Um caso clássico dessa impenetrabilidade foi o de *Filippo Maria*, o último dos Visconti. Seu ducado, Milão, era uma grande potência na Itália do século XV. Ninguém igualava o duque em sua capacidade de ocultar o que abrigava em seu íntimo. Ele jamais dizia abertamente o que queria, mas encobria tudo com uma maneira peculiar de se expressar. Se não gostava mais de alguém, seguia louvando-o; se distinguira alguém com honrarias e presentes, inculpava-o de impetuosidade ou burrice, fazendo-o sentir que não era digno de sua sorte. Se desejava ter alguém à sua volta, atraía-o longamente, incutindo-lhe esperanças e, depois, abandonando-o. Quando, então, o envolvido acreditava-se já esquecido, o duque o chamava de volta. Se concedia uma graça a pessoas que lhe haviam prestado bons serviços, com notável astúcia perguntava a outras a respeito, como se nada soubesse do benefício concedido. De um modo geral, dava às pessoas algo diferente do que lhe fora pedido, e sempre de um modo diferente do desejado. Quando queria oferecer um presente ou uma honraria a alguém, costumava, dias antes, inquiri-lo sobre os assuntos mais irrelevantes, de modo que o beneficiado não lograva adivinhar-lhe a intenção. A fim de não revelar a pessoa alguma seu mais recôndito propósito, chegava mesmo a queixar-se com frequência da concessão de favores que ele próprio concedera, ou ainda da execução de penas de morte que ele próprio decretara.

Neste último caso, a impressão que se tem é que ele busca guardar seus segredos até mesmo de si próprio. O caráter consciente e ativo destes se perde para ele, que anseia por aquela forma passiva do segredo que carregamos na escuridão das cavidades de nosso corpo, que guardamos num lugar onde jamais o descobriremos novamente e que nós mesmos esquecemos.

"Constitui um direito dos reis preservar seus segredos de seu pai, mãe, de seus irmãos, mulheres e amigos." Assim afirma o *Livro da coroa* dos árabes, que contém muitas e antigas tradições datando da corte dos *sassânidas*.

O rei persa *Cósroes II*, o Vitorioso, inventou métodos bastante particulares para testar a discrição daqueles que pretendia empregar. Se sabia que uma íntima amizade unia duas pessoas de seu círculo, uma união em tudo e por tudo, trancava-se com uma delas e confiava-lhe um segredo acerca da outra: comunicava-lhe que decidira mandar executá-la, proibindo-a, sob ameaça de castigá-la, de revelar tal segredo ao amigo. A partir daí, observava as atitudes do amigo condenado em suas idas e vindas pelo palácio; observava-lhe a coloração do rosto e seu comportamento quando diante do rei. Se constatava que tal comportamento não se modificara, sabia então que o outro não lhe

371

revelara o segredo. Incluía, então, este último entre os de sua maior confiança, tratava-o com particular distinção, elevava-lhe o posto e fazia-o sentir suas graças. Depois, a sós com ele, dizia-lhe: "Eu tinha a intenção de mandar executar aquele homem em razão de algumas informações que chegaram até mim, mas, investigando melhor, descobriu-se que era tudo mentira".

Se, pelo contrário, notava que o condenado mostrava medo, mantinha-se afastado e desviava o olhar, compreendia que o segredo fora revelado. Nesse caso, lançava-se impiedoso sobre o traidor, degradava-o e o tratava duramente. Ao outro, fazia saber que pretendera apenas testar-lhe o amigo, confiando-lhe um segredo.

Assim, somente confiava no silêncio de um cortesão após havê-lo obrigado a uma traição mortal para com seu melhor amigo. Assegurava-se, pois, da mais elevada discrição. "Quem não se presta a servir ao rei", dizia, "não possui valor algum para si próprio, e aquele que nada vale nem mesmo para si próprio, deste não se pode tirar proveito algum."

O poder do silêncio foi sempre muito estimado. Ele significa que uma pessoa é capaz de resistir a todas as inumeráveis oportunidades que se lhe oferecem para falar. Uma tal pessoa não dá resposta alguma, como se jamais lhe houvessem feito qualquer pergunta. Não dá a perceber se gosta disto ou daquilo. É muda sem se calar. Mas ouve. Em seu extremo, a virtude estoica da imperturbabilidade haveria de conduzir necessariamente ao silêncio.

O silêncio pressupõe ainda um conhecimento preciso daquilo que se cala. Como, na prática, ninguém permanece calado para sempre, o que se faz é escolher entre o que pode ser dito e o que cumpre calar. O que se cala é o que melhor se conhece. É algo mais preciso e mais valioso; algo que o silêncio não apenas protege, mas concentra. Um homem que cala bastante dá sempre a impressão de uma concentração maior. Quando cala, supõe-se que ele saiba muito, e que pensa bastante em seu segredo. Encontra-se com ele a cada vez que tem de protegê-lo.

Aquele que silencia não pode, pois, esquecer-se de seu segredo. É respeitado pelo fato de esse segredo arder-lhe mais e mais, crescer dentro dele, e de ele, ainda assim, não revelá-lo.

O silêncio isola: quem silencia está mais só do que os que falam. Atribui-se-lhe, assim, o poder do isolamento. Ele é o guardião de um tesouro, e esse tesouro está *dentro* dele.

E o silêncio atua contrariamente à *metamorfose*. Aquele que monta guarda em seu posto interior jamais é capaz de distanciar-se dele. O silente pode disfarçar-se, mas apenas de um modo rígido. Ele pode vestir uma determinada máscara, mas aferra-se a ela. A fluidez da metamorfose é-lhe vedada. O efeito que esta provoca é demasiado incerto; uma vez entregue a ela, não se pode prever onde é que se vai parar. Sempre que não deseja metamorfosear-se o homem silencia. No silêncio, rompem-se todos os ensejos para a metamorfose. É por meio da fala que se tecem as relações entre os homens; no silêncio, tudo se enrijece.

Aquele que silencia tem a vantagem da expectativa maior por sua manifestação. Dá-se a esta maior valor. Sucinta e isolada, sua fala aproxima-se mais da transmissão de uma ordem.

A distinção artificial entre aquele que ordena e aquele a quem cabe obedecer a ele significa que eles não falam a mesma língua. Não devem conversar um com o outro, como se não fossem capazes de fazê-lo. Sob quaisquer circunstâncias, a ficção segundo a qual inexiste entendimento entre eles exteriormente à esfera da ordem é mantida. Assim, na esfera de sua função, os que possuem voz de comando fazem-se silentes. Desse modo, as pessoas acostumam-se também a esperar dos silentes, quando estes finalmente falam, manifestações que são como ordens.

A desconfiança que se sente em relação a todas as formas mais livres de governo — um desdém por tais formas, como se elas fossem incapazes de realmente funcionar — vincula-se à ausência do segredo. Os debates nos parlamentos desenrolam-se entre centenas de pessoas; seu verdadeiro sentido reside em seu caráter público. Opiniões as mais diversas confrontam-se e medem-se umas com as outras. Mesmo as sessões declaradas secretas dificilmente permanecem inteiramente em segredo. A curiosidade profissional da imprensa e o interesse do mundo das finanças conduzem frequentemente a indiscrições.

O indivíduo isolado — crê-se —, ou um grupo bastante reduzido de criaturas ao seu redor, é capaz de guardar um segredo. No tocante a discussões deliberativas, o mais seguro, aparentemente, é que elas se desenrolem no interior de grupos bastante reduzidos, formados com o objetivo de guardar segredo e que tenham estabelecido sanções as mais rigorosas para a traição. Quanto à decisão, porém, o melhor — julga-se — é que ela fique a cargo de uma única pessoa. Esta pode inclusive desconhecê-la antes de tomá-la, mas, uma vez tomada a decisão, esta, na qualidade de uma ordem, encontra cumprimento imediato.

Uma boa parte do prestígio vinculado às ditaduras reside no fato de se atribuir a elas a força concentrada do segredo, a qual, nas democracias, é diluída e repartida entre muitos. Com escárnio, enfatiza-se que nestas tudo é *discutido à exaustão*. Todos palpitam, todos interferem em tudo e nada acontece, pois tudo era sabido já de antemão. Aparentemente, reclamasse aí da falta de decisão, mas, na realidade, a causa dessa decepção é a ausência do segredo.

As pessoas estão dispostas a suportar muita coisa, desde que essas coisas se deem de forma violenta e sem conhecimento prévio algum. Quando não se é nada, ir parar na barriga de um poderoso parece constituir um ímpeto servil de um tipo muito especial. Não se sabe o que realmente se passa nem quando irá acontecer: é possível que outros tenham a precedência do ingresso no monstro. Aguarda-se humildemente, estremece-se, nutre-se a esperança de se vir a tornar-se a vítima escolhida. Pode-se identificar nessa postura uma apoteose do segredo. Tudo o mais é subordinado à sua glorificação. O que importa é não tanto *o que* se passa, mas sim que aconteça com a ardente subtaneidade de um vulcão — inesperada e inapelavelmente.

Mas o acúmulo de todos os segredos de um só lado e em

uma só mão há de ser, por fim, fatal. E fatal não apenas para seu possuidor — o que, em si, não teria maior importância —, mas também para todos os envolvidos, o que é de enorme importância. Todo segredo é explosivo e se intensifica em seu próprio calor interno. O juramento que o sela é precisamente o ponto no qual ele voltará a se abrir.

Em que grande medida o segredo é perigoso, somente hoje consegue-se percebê-lo claramente. Ele se carregou de um poder cada vez maior nas esferas mais distintas, as quais apenas aparentemente independem uma da outra. Nem bem estava morto o ditador contra o qual, reunido, o mundo todo guerreou, e ressurgia já o segredo sob a forma da bomba atômica — mais perigoso do que nunca, e intensificando-se rapidamente em seus rebentos.

Designa-se *concentração* do segredo a relação entre o número daqueles por ele afetados e o número dos que o guardam. A partir dessa definição, pode-se facilmente perceber que nossos modernos segredos tecnológicos são os mais concentrados e perigosos que já existiram. Eles afetam a *todos*, mas somente um pequeno número de pessoas sabe a seu respeito, dependendo de cinco ou dez homens a possibilidade de eles virem a ser empregados.

VEREDICTOS E CONDENAÇÕES

É aconselhável partir-se aqui de um fenômeno que todos conhecem: o *prazer de condenar.* "É um livro ruim" ou: "É um quadro ruim", diz alguém, aparentando ter com isso algo objetivo a dizer. Seja como for, a expressão de seu rosto denuncia o prazer com que ele o diz. E isso porque, em sua forma, essa afirmação é enganosa, rapidamente adquirindo caráter pessoal. Esse alguém logo dirá "um mau poeta" ou "um mau pintor", o que soa como se estivesse dizendo "uma má pessoa". Temos constantemente a oportunidade de flagrar conhecidos, desconhecidos e a nós mesmos nesse processo do condenar. O prazer do veredicto negativo é sempre inequívoco.

Trata-se de um prazer rude e cruel, que não se deixa perturbar por coisa alguma. Um veredicto somente é um veredicto se proferido com uma segurança algo sinistra. Desconhece a clemência, da mesma forma como desconhece a cautela. Chega-se a ele com rapidez, e que tal se dê sem reflexão é algo perfeitamente adequado a sua essência. A paixão que o veredicto revela está ligada a sua velocidade. O veredicto incondicional e o veloz são os que se desenham como prazer no rosto daquele que condena.

No que consiste esse prazer? O homem afasta alguém de si colocando-o num grupo de pessoas inferiores; implícito nesse seu ato está que ele próprio pertence a um grupo de pessoas melhores. Rebaixando o outro, ele se eleva. A existência de dois grupos, representando valores opostos, é tida por natural e necessária. Quem quer que seja bom, esse bom existe para destacar-se do mau, e o próprio homem define quem pertence a uma ou outra categoria.

O poder que as pessoas assim se atribuem é o poder do juiz, pois é somente em aparência que o juiz se encontra *equidistante* de ambos aqueles grupos, na fronteira que separa o bom do mau. Invariavelmente, ele se inclui entre os bons; a legitimidade de seu cargo repousa em grande parte no fato de ele pertencer indubitavelmente ao reino do bom, como se nele houvesse nascido. O juiz sentencia continuamente, por assim dizer. Seu veredicto é lei. O que ele julga são coisas bastante específicas; seu extenso saber acerca do bem e do mal provém de uma longa experiência. Mas mesmo aqueles que não são juízes — aqueles aos quais ninguém designou nem designaria em sã consciência para tal cargo —, mesmo esses atrevem-se sem cessar a proferir veredictos, e em todas as áreas. Nenhum conhecimento objetivo é exigido para tanto: podem-se contar nos dedos aqueles que reservam para si seus veredictos porque deles se envergonham.

Essa enfermidade do julgamento é uma das mais disseminadas entre os homens, acometendo praticamente a todos. Tentemos, pois, desnudar-lhe as raízes.

O ser humano tem uma profunda necessidade de agrupar e

reagrupar constantemente todas as pessoas que é capaz de imaginar. Na medida em que divide seu número desarticulado e amorfo em dois grupos, contrapondo-os um ao outro ele lhes confere uma espécie de *densidade*. Reúne-os como se tivessem de lutar entre si; torna-os exclusivos e os impregna de hostilidade. Da maneira como ele os imagina e deseja, esses grupos só podem ser opostos. Julgar o que é "bom" ou "mau" é o instrumento antiquíssimo de uma classificação dualista que, no entanto, jamais se revela inteiramente conceitual ou pacífica. O que importa é a tensão existente entre os dois grupos, tensão esta que aquele que julga cria e renova.

Na base desse processo encontra-se o pendor para a formação de maltas inimigas. Em última instância, ele conduz necessariamente à malta de guerra. Na medida em que se aplica a todas as áreas e atividades possíveis da vida, ele se *dilui*. Mas mesmo quando transcorre pacificamente, mesmo quando parece esgotar-se em um ou dois veredictos, a tendência a levá-lo adiante, até a hostilidade ativa e sangrenta entre duas maltas, está sempre presente sob forma embrionária.

Cada um, em meio aos milhares de relacionamentos ao longo de sua vida, pertence, assim, a incontáveis grupos de "bons", aos quais se contrapõe um número idêntico de grupos de "maus". De meras circunstâncias dependerá qual desses grupos formar-se-á numa malta ardente, lançando-se sobre o inimigo, antes que este o faça.

De veredictos aparentemente pacíficos resultarão, então, sentenças de morte proferidas contra o inimigo. As fronteiras do bom são demarcadas com exatidão, e ai do mau que as ultrapassar. Ele não tem nada que se imiscuir entre os bons e precisa ser aniquilado.

O PODER DO PERDÃO. A MISERICÓRDIA

O poder do perdão é um poder que cada um reserva para si e que todos possuem. Seria notável erigir uma vida com base nos atos de perdão que uma pessoa se permite. O *paranoico* é aquele que muito dificilmente é capaz de perdoar, ou que absolutamente não o é; aquele que pondera de maneira demorada, que jamais esquece o que tem a perdoar, e que constrói para si atos hostis fictícios com o intuito de não perdoá-los. A principal resistência que pessoas assim apresentam na vida dirige-se contra toda forma de perdão. Se chegam ao poder e, para firmar-se nele, são *obrigadas* a declarar seu perdão, fazem-no apenas na aparência. O detentor de poder jamais perdoa de fato. Todo ato hostil permanece cuidadosamente registrado; ele o oculta ou armazena. Por vezes, troca-o por genuína submissão; atos generosos da parte dos poderosos ocorrem sempre dessa forma. Anseiam de tal maneira pela submissão de tudo quanto se opõe a eles que amiúde pagam por ela um preço exageradamente alto.

O impotente, a quem o detentor de poder se afigura imensamente forte, não percebe quão importante para este último é a submissão absoluta de todos. Ele só consegue avaliar um aumento de poder — se é que possui algum faro para isso — com base em seu peso real e jamais compreenderá o que significa para o rei esplendoroso o ajoelhar-se de seu mais ínfimo, esquecido e miserável súdito. Como modelo supremo para todo poderoso pode-se mencionar o interesse do Deus bíblico por todos, a tenacidade e a preocupação que não o deixam esquecer uma única alma. Também ele pratica o complicado comércio do perdão; aquele que a ele se submete é acolhido em sua graça. Mas ele examina minuciosamente o comportamento desse seu servo e, graças a sua onisciência, é-lhe fácil perceber em que medida o estão enganando.

Não há a menor dúvida de que muitas proibições existem tão somente para dar sustentação ao poder daqueles que podem punir e perdoar-lhes a transgressão. A *misericórdia* é um ato bastante elevado e concentrado de poder, pois pressupõe a condenação: não tendo havido uma tal condenação, o ato de misericórdia não pode ter lugar. Nela há também uma *seleção*. Não é costume perdoar-se mais do que um número determinado e restrito de condenados. Quem pune, certamente evitará a brandura demasiada, e mesmo quando o rigor da pena parece ir de encontro a sua natureza mais íntima, ele sentirá a própria necessidade sagrada do castigo como uma pressão para que a pena se cumpra, e assim a justificará. Por outro lado, porém, deixará sempre aberta a porta para a misericórdia — seja decidindo-se ele próprio por ela em alguns casos escolhidos, seja recomendando-a a uma instância superior, dela encarregada.

Intensificado ao máximo, o poder se apresenta naqueles casos em que o perdão é concedido no último instante. Quando a sentença de morte está para ser cumprida — na forca ou pela salva de tiros de um pelotão designado para o fuzilamento —, o perdão afigura-se como uma nova vida. Que o poder seja incapaz de efetivamente trazer os mortos de volta à vida constitui a sua fronteira; mas, no ato de misericórdia retardado longamente, o detentor de poder tem frequentemente a impressão de tê-la ultrapassado.

A ORDEM

A ORDEM: FUGA E AGUILHÃO

"Ordem é ordem." É possível que o caráter definitivo e indiscutível atrelado à ordem seja a causa da pouca reflexão a seu respeito. Aceita-se a ordem como algo que sempre existiu; ela parece tão natural quanto imprescindível. Desde pequeno, o homem acostuma-se às ordens; nelas consiste, em boa parte, aquilo a que se chama educação; e mesmo a totalidade da vida adulta encontra-se impregnada delas, seja na esfera do trabalho, da luta ou da fé. Pouquíssimas vezes o homem se perguntou o que, de fato, é a ordem: se ela é tão simples quanto parece; se, a despeito da prontidão e facilidade com a qual produz o efeito esperado, ela não deixaria outras marcas, mais profundas e talvez até hostis, naquele que obedece a ela.

A ordem é mais antiga que a fala, pois, se assim não fosse, os cães não a entenderiam. O adestramento de animais repousa justamente no fato de eles, sem conhecer uma língua, aprenderem a compreender o que se quer deles. A vontade do domador é-lhes transmitida por meio de ordens breves e bastante claras, as quais, em princípio, em nada diferem daquelas transmitidas ao homem. Eles obedecem ao domador, do mesmo modo como acatam as proibições. Está-se, portanto, inteiramente certo em buscar raízes bastante antigas para a ordem; no mínimo, está claro que, sob alguma forma, ela existe também fora da sociedade humana.

A mais antiga forma de atuação da ordem é a *fuga*. Ela é ditada ao animal por algo mais forte, por uma criatura *exterior* a ele. A fuga é espontânea somente em aparência; o perigo sempre possui uma forma, e, sem que a tenha vislumbrado, animal algum foge. A ordem de fuga é tão forte e direta quanto o olhar.

380

Da essência da fuga faz parte, desde o início, a diversidade de ambas as criaturas a confrontar-se. O mais forte apenas informa que quer devorar o outro, daí a seriedade mortal da fuga. A "ordem" obriga o animal mais fraco a pôr-se em movimento, sendo indiferente que este venha ou não a ser realmente perseguido. O que importa é tão somente a força da ameaça — do olhar, da voz, da figura aterradora.

Assim, a ordem tem sua origem na *ordem de fuga*; em sua forma mais primitiva, ela acontece entre dois animais de espécies distintas, um dos quais ameaça o outro. A grande diferença de poder entre ambos; o fato de que um está acostumado, poder-se-ia dizer, a servir de presa para o outro; o caráter inabalável dessa relação, que parece estabelecida desde sempre — a soma, enfim, de tudo isso confere ao acontecimento algo de absoluto e irrevogável. A fuga é a única e última instância à qual se pode apelar contra uma tal pena de morte. O rugido de um leão que sai à caça de uma presa é, na realidade, uma sentença de morte: trata-se do *único* som de sua língua, o qual todas as suas vítimas compreendem, sendo mesmo possível que tal ameaça seja a única coisa que elas, tão diferentes entre si, têm em comum. A mais antiga das ordens — uma ordem transmitida muito antes da existência dos homens — é a sentença de morte, obrigando a vítima a fugir. Haveremos de nos lembrar disso quando tratarmos aqui da ordem entre seres humanos. Por baixo de toda e qualquer ordem reluzem a sentença de morte e seu caráter medonho. Entre os homens, o sistema das ordens encontra-se organizado de tal forma que usualmente escapa-se da morte; mas o pavor diante desta, a ameaça, está sempre contido nelas; a manutenção e o efetivo cumprimento de sentenças de morte mantêm desperto o pavor diante de toda e qualquer ordem, e de ordens de uma maneira geral.

Esqueçamos, porém, por um momento, o que descobrimos acerca da origem da ordem e a examinemos imparcialmente, qual constituísse ela pela primeira vez objeto de contemplação.

A primeira coisa que chama a atenção na ordem é que ela desencadeia uma ação. Um dedo esticado, apontando para uma direção, pode surtir o efeito de uma ordem: todos os olhos que o avistam voltam-se para aquela mesma direção. A impressão que se tem é a de que a ação desencadeada, dotada de uma direção definida, é tudo quanto interessa à ordem. A direção determinada é particularmente importante: sua inversão é tão inadmissível quanto sua alteração.

É próprio da ordem que ela não admita nenhuma resistência. Não se pode discuti-la, explicá-la ou colocá-la em dúvida. Ela é concisa e clara, pois precisa ser entendida de imediato. Uma hesitação qualquer em sua recepção prejudica-lhe a força. A cada vez que sua repetição não se faz acompanhar de seu cumprimento, ela perde algo de sua vida; passado algum tempo, jazerá no chão, esgotada e impotente, e, sob tais circunstâncias, o melhor é não reanimá-la. Isso porque a ação que a ordem desencadeia está atrelada a seu momento. Pode-se fixá-lo para o futuro, mas tem-se de *defini-lo*, ou expressamente ou pela natureza clara da própria ordem.

A ação que é executada sob uma ordem é diferente de todas as demais ações. Ela é percebida como algo *alheio*; sua lembrança é como um roçar — algo que não é parte de nós e que sopra feito um vento estranho, seguindo rapidamente adiante. É possível que a pressa que uma ordem demanda para o seu cumprimento contribua para essa estranheza com que ela é lembrada; somente isso, porém, não basta como explicação. É importante para a ordem que ela provenha de *fora*. Por si só, ela não ocorreria a ninguém, mas faz parte daqueles componentes da vida que são *impostos*; ninguém a desenvolve em si próprio. Mesmo nas ocasiões em que homens solitários subitamente aparecem, munidos de um gigantesco amontoado de ordens e tentando fundar uma nova fé ou renovar outra antiga, a aparência de uma carga estranha e imposta é sempre rigorosamente mantida. Eles jamais falarão em seu próprio nome. O que exigem dos outros é o que lhes foi ordenado, e, por mais que mintam em muitas coisas, em um ponto serão sempre honestos: acreditam que foram *enviados*.

A ordem provém, pois, de algo estranho àquele que a recebe, mas algo que tem também de ser reconhecido como *mais forte*. Obedece-se porque uma luta não teria nenhuma perspectiva de êxito; o vencedor seria aquele que deu a ordem. O poder desta tem de ser inquestionável; se ele esmorece, precisa estar pronto a impor-se novamente pela força. De um modo geral, é reconhecido por um longo tempo. É espantosa a raridade com que novas decisões são exigidas: os efeitos das antigas são suficientes. Combates vitoriosos seguem vivendo através das ordens: a cada ordem seguida renova-se uma antiga vitória.

Visto de fora, o poder daquele que dá a ordem cresce incessantemente. A mais ínfima ordem contribui já para esse crescimento. O que ocorre não é apenas que ela é habitualmente útil àquele que a transmite; há também, na própria natureza da ordem, no reconhecimento que ela encontra, no espaço que ela percorre, em sua cortante pontualidade — em tudo isso, enfim, há algo que garante ao poder a segurança e o crescimento de sua esfera. O poder dispara ordens qual uma nuvem de flechas mágicas: as vítimas por elas atingidas oferecem-se elas próprias ao poderoso, convocadas, tocadas e guiadas pelas flechas.

Não obstante, a simplicidade e a unicidade da ordem, afigurando-se absolutas e inquestionáveis à primeira vista, revelam-se aparentes quando examinadas mais de perto. A ordem deixa-se decompor. E decompô-la é necessário, ou jamais se aprenderá a compreendê-la.

Toda ordem compõe-se de um *impulso* e de um *aguilhão*. O impulso obriga o receptor ao seu cumprimento, e, aliás, da forma como convém ao conteúdo da ordem. O aguilhão, por sua vez, permanece naquele que a executa. Quando o funcionamento das ordens é o normal, em conformidade com o que se espera delas, nada se vê desse aguilhão. Ele permanece oculto, e não se imagina que exista; antes do cumprimento da ordem ele talvez, quase imperceptivelmente, se manifeste numa ligeira resistência.

Mas esse aguilhão penetra fundo no ser humano que cumpriu uma ordem, e permanece imutavelmente cravado ali. Dentre todas as construções psíquicas, nada há que seja mais imutável. O conteúdo da ordem preserva-se no aguilhão; sua força, seu alcance, sua delimitação — tudo isso foi já definitivamente prefigurado no momento em que a ordem foi transmitida. Pode levar anos, décadas, até que aquela porção fincada e armazenada da ordem — sua imagem exata em pequena escala — ressurja. Mas é importante saber que ordem alguma jamais se perde; ela nunca se esgota realmente em seu cumprimento, mas permanece armazenada para sempre.

Os destinatários mais afetados pelas ordens são as crianças. Parece um milagre que não sucumbam ao peso delas, que sobrevivam aos atos de seus educadores. Que, mais tarde, e com crueldade em nada menor do que a destes últimos, elas façam o mesmo com seus próprios filhos, é algo tão natural quanto o comer e o falar. Sempre surpreendente permanece, contudo, a integridade com que as ordens se preservam desde a mais tenra infância: quando a geração seguinte fornece suas vítimas, elas estão já a postos. Não se alteram um milímetro sequer; poderiam ter sido transmitidas uma hora antes, mas, na realidade, o foram vinte, trinta anos atrás, ou até mais. A força com que as ordens chegam às crianças, a tenacidade e fidelidade com que ela as preserva não constituem um mérito pessoal. Nem a inteligência nem dom especial algum têm algo a ver com isso. Criança alguma, nem mesmo a mais comum dentre elas, esquece ou perdoa qualquer das ordens com as quais a destrataram.

Mais fácil é que se modifique a aparência de um homem, aquilo em função do qual os outros o reconhecem — a postura de sua cabeça, a expressão de sua boca, seu jeito de olhar —, do que a forma da ordem que, na qualidade de um aguilhão, nele permaneceu armazenada e inalterada. E, igualmente inalterada, essa ordem é expelida, bastando que se apresente a oportunidade para tanto; a nova situação, na qual ela se desprende, há de ser idêntica à antiga, na qual ela foi recebida. A reprodução *invertida* de tais situações antigas constitui uma das grandes fontes de energia psíquica na vida do homem. A "espora", por assim dizer, que faz com que as pessoas busquem atingir uma coisa ou outra é a profunda necessidade de livrar-se das ordens um dia recebidas.

Somente a ordem *cumprida* crava seu aguilhão naquele que a ela obedeceu. Quem se esquiva das ordens não precisa armazená-las. "Livre" é apenas o homem que soube esquivar-se das ordens, e não aquele que delas se liberta somente a posteriori. Aquele, porém, que necessita de mais tempo para essa libertação, ou que jamais logra atingi-la, este é indubitavelmente o menos livre de todos.

Nenhuma pessoa normal entende que seguir seus próprios instintos constitua uma falta de liberdade. Mesmo quando estes se fazem vigorosos ao extremo, de modo que sua satisfação conduz às mais perigosas complicações, a pessoa em questão terá a sensação de estar agindo por conta própria. Em seu íntimo, no entanto, todos se voltam contra a ordem que lhes foi transmitida de fora e que têm de cumprir: quando isso ocorre, falam em pressão, e reservam-se o direito de inverter a situação e rebelar-se.

A DOMESTICAÇÃO DA ORDEM

A ordem de fuga, contendo uma ameaça de morte, pressupõe uma grande diferença de poder entre os envolvidos. Aquele que obriga o outro a fugir poderia matá-lo. Essa situação básica encontrada na natureza resulta do fato de que muitas espécies de animais alimentam-se de outros animais. Mas são *outras* as espécies de que vivem. Assim, a maioria dos animais sente-se ameaçada por outras espécies estranhas e inimigas, destas recebendo a ordem de fuga.

Aquilo, porém, a que chamamos ordem na vida cotidiana verifica-se entre *homens*: o senhor dá ordens a seu escravo; a mãe, a seus filhos. Em seu desenvolvimento, essa ordem que conhecemos distanciou-se bastante de sua origem biológica: a ordem de fuga. Ela se domesticou. É aplicada nas relações sociais em geral, mas também nos relacionamentos íntimos da convivência humana; o papel que ela desempenha no Estado não é menor do que aquele que desempenha na família. Seu aspecto é bastante diverso daquele aqui descrito como ordem de fuga. O senhor chama seu escravo e ele vem, embora saiba que vai receber uma ordem. A mãe chama o filho, e nem sempre ele sai correndo. Embora ela o inunde de ordens de toda sorte, ele, de um modo geral, conserva a confiança que tem na mãe. Permanece junto dela ou vai correndo ao seu encontro. O mesmo acontece com o *cão*: ele permanece ao lado de seu dono, atendendo de imediato quando este assobia.

Como se deu essa domesticação da ordem? O que tornou inofensiva a ameaça de morte? A explicação para esse desenvolvimento reside no fato de, em cada um desses casos, se praticar uma espécie de suborno. O senhor dá de comer a seu escravo ou a seu cão; a mãe alimenta seu filho. A criatura que se encontra numa situação de submissão acostuma-se a receber seu alimento de uma só mão. Tanto o escravo quanto o cão recebem seu alimento tão somente das mãos de seu senhor; ninguém mais tem a obrigação de lhes dar qualquer outro alimento — e, na verdade, a ninguém mais é *permitido* fazê-lo. A relação de posse consiste em parte em que todo alimento lhes chegue unicamente pela mão de seu senhor. A criança, por sua vez, não é capaz de alimentar-se a si própria; desde o princípio, ela depende do peito da mãe.

Criou-se, assim, um estreito vínculo entre a concessão do alimento e a ordem. Tal vínculo se verifica muito nitidamente na prática do amestramento de animais. Quando o animal faz o que deve fazer, ele recebe seu petisco da mão do amestrador. A domesticação da ordem faz desta última uma promessa de alimentação. Em vez de se ameaçar com a morte e obrigar à fuga, promete-se o que, antes de mais nada, toda criatura deseja, e cumpre-se rigorosamente essa promessa. Em vez de servir de alimento a seu senhor; em vez de ser devorada, a criatura que recebe uma ordem desse tipo obtém ela própria algo para comer.

Essa desnaturalização da ordem biológica de fuga educa homens e animais para uma espécie de prisão voluntária, existente em todos os níveis e gradações possíveis. Mas não altera completamente a essência da ordem. A ameaça é sempre preservada. Ela é abrandada, mas há sanções expressas para a não obediência, e tais sanções podem ser bastante rigorosas. A mais rigorosa delas é a sanção original: a morte.

O CONTRAGOLPE E O MEDO DA ORDEM

Uma ordem é como uma flecha: é disparada e atinge seu alvo. Antes de atirá-la, o mandante faz mira. Com sua ordem, ele pretende atingir uma pessoa específica; a flecha tem sempre uma direção escolhida. E permanece cravada naquele que atingiu; este tem de arrancá-la e passá-la adiante, a fim de libertar-se de sua ameaça. Na realidade, esse processo de transmissão da ordem adiante desenrola-se como se seu receptor a arrancasse de si próprio e, a seguir, distendendo seu próprio arco, arremessasse a mesma flecha adiante. O ferimento em seu corpo se fecha, mas deixa para trás uma cicatriz. Toda cicatriz possui uma história: ela é a marca deixada por uma determinada flecha.

O mandante, que disparou a flecha, sente, porém, um leve contragolpe. O verdadeiro contragolpe — o contragolpe psíquico, poder-se-ia dizer —, ele sentirá apenas quando vir que a flecha atingiu seu alvo. Termina aqui a analogia com a flecha física. Tanto mais importante faz-se, contudo, examinar as marcas que o disparo bem-sucedido deixa no feliz atirador.

A satisfação pelas ordens cumpridas — isto é, por aquelas transmitidas com sucesso — dissimula muito do que se passa no atirador. A sensação de algo como um contragolpe está sempre presente nele; o que ele fez fica estampado não apenas na vítima, mas também nele próprio. Uma grande quantidade de tais contragolpes acumula-se, transformando-se em *medo*. Trata-se de um tipo especial de medo, resultante da repetição frequente de ordens. Por essa razão, chamo-o o *medo da ordem*. Naquele que apenas transmite as ordens adiante, esse medo é reduzido; mas faz-se maior quanto mais próximo o mandante estiver da verdadeira fonte das ordens.

Não é difícil compreender como ocorre esse medo da ordem. Um tiro que mata um ser isolado não resulta em perigo algum. O morto não pode mais fazer nenhum mal àquele que o matou. Uma ordem que, embora ameaçando com a morte, acaba por não matar, deixa para trás a lembrança da ameaça. Algumas ameaças erram o alvo; outras, porém, o atingem, e são estas que jamais são esquecidas. Aquele que fugiu da ameaça ou cedeu a ela, este irá certamente vingar-se. Chegado o momento, ele sempre se vinga, e aquele de quem a ameaça partiu tem consciência disso: ele tem de fazer de tudo para tornar impossível uma tal inversão.

A sensação do perigo — a de que todos aqueles aos quais se deu ordens, todos os ameaçados de morte, estão *vivos* e se *lembram* —, um perigo ao qual se estaria exposto se todos os ameaçados de morte se juntassem contra aquele que os ameaçou; esse sentimento profundo, mas que permanece indefinido, porque não se sabe quando os ameaçados passarão da lembrança à ação; esse sentimento torturante, inexaurível e ilimitado do perigo é, pois, o que eu chamo de medo da ordem.

Ele é maior naquele que se encontra no topo. Na fonte da ordem, naquele que extrai de si as ordens que dá e que não as recebe de ninguém; naquele, pois, que as gera ele próprio, por assim dizer, aí a concentração do medo da ordem é a maior que há. Nos detentores de poder, esse medo pode permanecer longamente reprimido e oculto. No curso da vida de um soberano, ele pode intensificar-se, manifestando-se, então, sob a forma do furor dos césares.

A ORDEM DADA A MUITOS

Há que se diferenciar a ordem transmitida a *indivíduos* daquela transmitida a *muitas pessoas* ao mesmo tempo.

Essa diferença está presente já na origem biológica da ordem. Muitos animais vivem isolados e recebem isoladamente a ameaça de seus inimigos. Outros vivem em bandos, e é nessa condição que são ameaçados. No primeiro caso, o animal foge e se esconde sozinho. No segundo, o bando inteiro foge. Um animal que normalmente vive em bando, mas, por acaso, é surpreendido sozinho pelo inimigo busca fugir rumo a um bando. A fuga individual e a fuga em massa são essencialmente diversas. O medo sentido em massa por um bando em fuga é o mais antigo e — poder-se-ia dizer — o mais familiar dos estados de massa que se conhecem.

É muito provavelmente do medo sentido em massa que se origina o *sacrifício*. Um leão a perseguir um bando de gazelas, que, por medo, fogem juntas, interrompe sua perseguição assim que logra capturar uma delas. Esse animal é sua vítima, inclusive no sentido mais amplo da palavra. Ele propicia a paz para seus companheiros de bando. Tão logo o leão consegue o que quer, e tão logo o bando o percebe, o medo deste último diminui. Da fuga em massa, ele retorna a seu estado normal de bando: os animais todos se põem a pastar livremente e a fazer o que bem entendem. Tivessem as gazelas uma religião, o leão seria seu deus; poderiam assim, para sacar-lhe a avidez, entregar-lhe voluntariamente uma gazela. É precisamente isso o que ocorre com os homens: neles, é do medo sentido em massa que deriva o sacrifício religioso. Este detém por algum tempo a perseguição e sacia a fome do poder hostil.

Quando sente medo, a massa quer permanecer *reunida*. Em grande perigo, ela só se sente protegida quando sente também a proximidade dos companheiros. É especialmente em razão da direção de sua fuga que ela constitui uma massa. Um animal que se destaque, tomando uma direção própria, encontra-se em maior perigo que os outros. E sentirá mais o perigo particularmente porque está só; seu medo é maior. Poder-se-ia designar a direção comum dos animais fugindo em conjunto sua "convicção"; aquilo que os mantém coesos compele-os mais vigorosamente adiante. Eles não entrarão em pânico enquanto não se sentirem abandonados, enquanto, lado a lado, cada animal fizer o mesmo que os demais, executando exatamente os mesmos movimentos. Essa fuga em massa, mediante o movimento paralelo das patas, dos pescoços e das cabeças, equivale àquilo que, em relação aos homens, chamo de massa *palpitante* ou *rítmica*.

Tão logo, porém, os animais encontrem-se cercados, o quadro se altera. Uma direção comum de fuga já não é mais possível. Da fuga em massa faz-se, então, o *pânico*: cada animal busca salvar-se por si próprio, constituindo assim um impedimento para que os demais o façam. O anel ao seu redor se estreita. Na carnificina que então tem início, cada animal é inimigo do outro, pois cada um deles impede o caminho dos demais rumo à salvação.

Mas voltemos agora à ordem propriamente dita. A ordem dada a um indivíduo, afirmou-se, é diferente daquela transmitida a muitas pessoas. Antes de fundamentar essa afirmação, convém tratar de sua exceção mais importante.

Uma reunião artificial de muitas pessoas é o que se tem no exército. Nele, a diversidade das ordens se anula, e é precisamente nisso que consiste sua essência. Seja a ordem dirigida a um indivíduo, a alguns ou a muitos deles, aqui ela sempre significa exatamente a mesma coisa. Um exército só subsiste se as ordens são equivalentes e constantes. Elas vêm de cima e permanecem rigorosamente isoladas. Assim sendo, o exército jamais pode ser uma massa.

E isso porque, na massa, a ordem propaga-se horizontalmente por seus membros. De início, ela pode, partindo de cima, atingir um único indivíduo. Como, porém, outros iguais a ele encontram-se a seu lado, ele prontamente a transmite a estes. Com medo, aproxima-se dos companheiros e, num instante, a ordem os contamina. De início, uns poucos se põem em movimento; depois, outros e, por fim, todos. Graças à imediata propagação da mesma ordem, transformaram-se numa massa e, agora, fogem todos juntos.

Uma vez que a ordem dispersa-se de imediato, não chega a formar-se um aguilhão. Não há tempo para isso; aquilo que se teria transformado num componente permanente dissolve-se de pronto. A ordem dada à massa não deixa aguilhões. A ameaça que conduz à fuga em massa dilui-se na própria fuga.

É a ordem em sua situação *isolada* que conduz à formação do aguilhão. A ameaça que acompanha a ordem dada ao indivíduo é *incapaz* de diluir-se por completo. Quem quer que tenha cumprido sozinho uma ordem conserva em si, na qualidade de um aguilhão, sua resistência contra ela — um duro cristal do rancor. Desse aguilhão, ele somente logrará livrar-se dando ele próprio aquela mesma ordem. Seu aguilhão nada mais é do que a imagem oculta e idêntica da ordem que recebeu e não pôde, no mesmo instante, passar adiante. E é apenas sob a forma dessa imagem idêntica que ele consegue libertar-se dele.

Uma ordem dada a muitos tem, pois, um caráter bastante particular. Seu propósito é fazer desses muitos uma massa, e, na medida em que o consegue, ela não desperta medo algum. O slogan do orador que impõe uma direção às pessoas reunidas na sua frente possui precisamente essa função, e deixa-se compreender como uma ordem transmitida a muitas pessoas. Do ponto de vista da massa, que gostaria de formar-se velozmente e preservar-se como uma unidade, tais slogans são úteis e imprescindíveis. A arte do orador consiste em sintetizar seus propósitos em slogans e apresentá-los com vigor, auxiliando assim no nascimento e na preservação da massa. Ele *gera* a massa e a mantém viva mediante uma ordem superior. Uma vez tendo-o conseguido, pouco importa o que venha então a efetivamente exigir dela. O orador poderá insultar e ameaçar de modo terrível uma assembleia de indivíduos isolados; se desse modo lograr transformá-los numa massa, eles o amarão.

A EXPECTATIVA DA ORDEM

No cumprimento do dever, o soldado só age sob ordens. Ele pode ter vontade de fazer uma coisa ou outra, mas, sendo soldado, isso não conta: tem de renunciar a fazê-lo. Um soldado não pode ver-se diante de uma encruzilhada, pois, diante de uma, não é ele quem decide qual dos caminhos tomar. Sua vida ativa é restrita sob todos os aspectos. Ele faz o que todos os demais soldados fazem *juntamente* com ele; e faz o que lhe é ordenado. A ausência nele de todos os demais atos que os outros homens acreditam praticar de livre e espontânea vontade torna-o sedento dos atos que ele *tem* de executar.

Uma sentinela de pé em seu posto durante horas é o que melhor expressa a constituição psíquica do soldado. Não lhe é permitido abandonar tal posto; ele não pode adormecer ou mover-se, a não ser que certos movimentos delimitados com precisão lhe tenham sido prescritos. Sua verdadeira façanha consiste na resistência a toda tentação de deixar seu posto, qualquer que seja a forma que esta assuma. Esse *negativismo* do soldado — conforme se pode muito bem designá-lo — é sua espinha dorsal. Ele reprime dentro de si todos os pretextos usuais para a ação nos quais tão fundamentalmente consiste a vida humana, como o prazer, o medo, a inquietude. E os combate melhor nem sequer admitindo-os.

Toda ação que, então, efetivamente pratica há de ter sido sancionada — por uma ordem. Como é difícil para um ser humano não fazer *coisa alguma*, acumula-se no soldado muita expectativa acerca daquilo que lhe é permitido fazer. Esse desejo de agir congestiona-se, atingindo proporções incomensuráveis. Sendo, porém, toda ação precedida por uma ordem, sua expectativa volta-se para esta última: o bom soldado encontra-se sempre num estado consciente de *expectativa da ordem*. Seu treinamento intensifica-a de todas as formas, e ela se expressa claramente nas posturas e fórmulas militares. O momento vital na vida de um soldado é aquele da posição de sentido diante de seu superior. Num estado máximo de tensão e receptividade, ele o tem diante de si e a fórmula que repete — Às ordens! [*Zu Befehl!*] — exprime com bastante exatidão aquilo de que se trata aí.

O treinamento do soldado começa por *proibir-lhe* muito mais do que é proibido aos demais homens. Pesados castigos impõem-se às mais insignificantes transgressões. Para ele, a esfera do não permitido com que todos somos familiarizados já desde crianças estende-se até o gigantesco. Muros e muros são erguidos ao seu redor, iluminados para ele, fazendo-os crescer na sua frente, tão altos e rigorosos quanto visíveis. Fala-se neles continuamente, de modo que ele não pode dizer que não os conhece. E começa a mover-se como se sempre os sentisse em torno de si. A *angularidade* do soldado é como o eco em seu corpo da dureza e lisura dos muros; ele adquire algo das características de uma figura estereométrica. É um prisioneiro que se adaptou a seus muros; um prisioneiro satisfeito por sê-lo e que se opõe em tão pouca medida a sua situação que os muros lhe moldam a forma. Enquanto outros prisioneiros pensam apenas em como pular seus muros ou como rompê-los, o soldado os reconheceu como sua nova natureza, como um ambiente natural ao qual se adapta e no qual ele próprio se transforma.

Aquele que tão intensamente incorporou a proibição em sua totalidade; aquele que, na rotina de seu dia — e de todos os dias —, demonstra que sabe evitar com máxima precisão o proibido, esse, e somente esse, é realmente um soldado. Para alguém assim, a ordem possui, pois, um valor elevado. Ela é como escapar de uma fortaleza na qual se jaz já há tempo demais. A ordem atinge o soldado qual um raio que o lança por sobre os muros da proibição — um raio que somente às vezes mata. Nesse vasto deserto do proibido que se estende por todo o seu redor, a ordem lhe chega como uma salvação: a figura estereométrica adquire vida e, a uma ordem, põe-se em movimento.

Faz parte do treinamento do soldado que ele aprenda a receber ordens de duas maneiras: sozinho ou junto com os outros. O exercício o acostumou a movimentos que ele executa em conjunto com os outros e que hão de ser absolutamente idênticos em todos. Trata-se aí de uma espécie de precisão que se adquire melhor imitando os outros do que sozinho. O soldado torna-se, assim, como seus companheiros; produz-se uma igualdade que, oportunamente, pode ser empregada para fazer de uma divisão do exército uma massa. Costumeiramente, porém, o que se deseja é o contrário: igualar os soldados o máximo possível uns aos outros *sem* que deles resulte uma massa.

Quando reunidos numa unidade, agem de acordo com as ordens transmitidas a todos. Cumpre que haja, porém, a possibilidade de *separá-los*, de destacar dois, três homens, a metade deles, ou quantos seu superior desejar. O fato de marcharem juntos deve constituir mera aparência; é a divisibilidade de uma unidade militar que responde por sua utilidade. A ordem deve sempre ser capaz de atingir um certo número de soldados: um, vinte ou a unidade inteira. Sua eficácia não deve depender do número de homens ao qual ela é dirigida. A ordem é a mesma, seja ela recebida por um soldado ou por todos. Essa natureza constante da ordem é de grande importância, pois afasta-a de toda e qualquer influência da massa.

Quem dá as ordens num exército deve ser capaz de manter-se livre de toda e qualquer massa — *exterior* ou *interior* a ele. E ele o aprendeu sendo treinado na expectativa da ordem.

A EXPECTATIVA DA ORDEM
NOS PEREGRINOS DE ARAFAT

O momento mais importante da peregrinação a Meca, seu verdadeiro ápice, é o *wukuf* ou a "estação de Arafat" — a estação antes de Alá —, distante algumas horas de Meca. Uma gigantesca massa de peregrinos — às vezes de 600 mil ou 700 mil pessoas — aloja-se num vale cercado de colinas escalvadas e compele-se rumo ao "monte da Misericórdia", bem ao centro. Um pregador posta-se lá no alto, no local onde outrora se posicionou o profeta, e profere um solene sermão.

Amassa responde-lhe exclamando: *"Labbeika ya Rabbi, labbeika!* Esperamos por tua ordem, senhor; esperamos por tua ordem!".* Tal exclamação é repetida incessantemente ao longo de todo o dia e intensificada até o delírio. Então, numa espécie de medo súbito da massa — chamado *ifadha* ou "rio" —, fogem todos juntos, feito estivessem possuídos, indo-se de Arafat até a próxima parada, Mozdalifa, onde passam a noite, e dali, na manhã seguinte, até Mina. Correm todos numa grande confu-

394

são; trombam, pisam uns nos outros, de modo que essa corrida geralmente custa a vários peregrinos a própria vida. Em Mina, uma enorme quantidade de animais é abatida e oferecida em sacrifício; sua carne é imediatamente consumida por todos. O chão se ensopa de sangue e se cobre de restos.

A estação de Arafat é o momento no qual a *expectativa da ordem* atinge na massa de fiéis sua intensidade máxima. Expressa-o claramente a fórmula mil vezes repetida em meio à densa multidão: "Esperamos por tuas ordens, senhor; esperamos por tuas ordens!". O Islão, a *entrega*, é aí reduzido a seu mais simples denominador: um estado no qual as pessoas não pensam em mais nada senão nas ordens do senhor, invocando-as com toda a sua força. Para o medo súbito que então a um sinal tem lugar, conduzindo a uma fuga em massa sem igual, há uma explicação concludente: o antigo caráter da ordem, a *ordem de fuga*, irrompe, sem, no entanto, que os fiéis sejam capazes de saber por que é assim. A intensidade de sua expectativa enquanto massa intensifica ao máximo o efeito da ordem divina, até que esta se converte naquilo que toda ordem originalmente era: uma ordem de fuga. A ordem de deus põe os homens em fuga. A continuação dessa fuga no dia seguinte, após passarem a noite em Mozdalifa, demonstra que o efeito daquela ordem ainda não se esgotou.

Na concepção islâmica, é a ordem direta de deus que traz a morte aos homens. Dessa morte, os peregrinos procuram escapar, mas a retransmitem aos animais que, em Mina — o ponto final de sua fuga —, são abatidos. Os animais morrem em lugar dos homens, uma substituição conhecida de muitas religiões: basta lembrar aqui o sacrifício de Abraão. Dessa maneira, os homens escapam do banho de sangue que deus concebera para eles próprios. Entregaram-se a sua ordem de tal maneira que, mesmo tendo fugido dele, não lhe privaram do sangue: o chão ensopa-se afinal do sangue dos animais abatidos em massa.

Não há nenhum outro costume religioso que ilustre tão contundentemente a verdadeira natureza da ordem quanto a estação de Arafat, o *wukuf*, e a subsequente fuga em massa, a *ifadha*. No islamismo, no qual o mandamento religioso conserva ainda muito da imediaticidade da própria ordem, a expectativa da ordem e a ordem em si apresentam-se em toda a sua pureza no *wukuf* e na *ifadha*.

O AGUILHÃO DA ORDEM E A DISCIPLINA

A disciplina constitui a essência do exército. Há, porém, dois tipos de disciplina: a aberta e a secreta. A disciplina aberta é a da ordem: já se mostrou aqui de que forma o afunilamento da fonte das ordens conduz à formação de uma criatura assaz notável, antes uma figura estereométrica do que uma criatura — o soldado. O que, acima de tudo, o caracteriza é o fato de ele viver num estado constante de expectativa da ordem, o qual se expressa em sua postura e figura; o soldado que abandona esse estado não está cumprindo o seu dever, e o uniforme que veste é mera aparência. A constituição do soldado é reconhecível por todos: ela não poderia ser mais pública.

Mas essa disciplina manifesta não é tudo. Paralelamente a ela, há uma outra da qual ele não fala e que não deve de modo algum exibir-se: trata-se da disciplina secreta. É possível que os mais obtusos apenas raramente tenham consciência dela. Na maioria dos soldados, porém, e especialmente nos de nossa época, ela está sempre desperta, ainda que à sua maneira recôndita. Trata-se da disciplina da *promoção*.

Pode-se achar estranho que algo tão conhecido de todos como a promoção seja caracterizado como secreto. Contudo, a promoção é apenas a expressão visível de algo mais profundo, que, já pelo fato de a natureza de sua função ser compreendida por muito poucos, permanece secreto. A promoção é a manifestação da atuação oculta dos *aguilhões da ordem*.

É evidente que, num soldado, tais aguilhões hão de acumular-se em proporções gigantescas. Tudo o que ele faz é resultado de uma ordem; não faz outra coisa, nem deve fazê-lo, e isso é precisamente o que a disciplina aberta exige dele. Seus próprios impulsos espontâneos são reprimidos. Ele vive a engolir ordens e, como quer que se sinta ao fazê-lo, jamais lhe é permitido cansar-se delas. Cada ordem que cumpre — e ele as cumpre em sua totalidade — deixa nele um aguilhão.

A acumulação progressiva desses aguilhões no soldado é um processo que avança rapidamente. Em se tratando de um soldado raso, o grau mais baixo da hierarquia militar, toda e qualquer oportunidade de livrar-se de seus aguilhões permanece-lhe vedada, pois não lhe é possível dar ordem alguma. Faz sempre o que lhe mandam. Obedece e, em sua obediência, torna-se cada vez mais rígido.

Uma modificação desse seu estado, que tem algo de violento, só é possível pela promoção. Tão logo é promovido, também ele passa a dar ordens e, ao fazê-lo, começa a livrar-se de uma parte de seus aguilhões. Sua situação inverteu-se, ainda que de forma bastante limitada. Ele tem agora de exigir coisas que outrora exigiam dele. O modelo da situação permaneceu exatamente o mesmo; o que mudou foi apenas a sua posição no interior desse modelo. Seus aguilhões manifestam-se agora na qualidade de ordens. O que antes seu superior imediato costumava ordenar-lhe, agora é ele próprio quem o ordena. Livrar-se de seus aguilhões não é algo que dependa de seu humor; ele é colocado na situação que é precisamente a adequada para tanto: tem de dar ordens. As posições são as mesmas, assim como também as palavras utilizadas são exatamente idênticas. Um outro soldado posta-se agora na sua frente, ostentando a mesma postura que foi outrora a sua. Tal soldado ouve dele a mesma fórmula que ele próprio ouvia antes, no mesmo tom e carregada da mesma energia. A situação idêntica tem algo de sinistro: é como se houvesse sido inventada para atender às necessidades de seus aguilhões da ordem. Valendo-se daquilo com que outrora o atingiam, ele agora, enfim, atinge outros.

Contudo, embora tendo chegado tão longe a ponto de seus antigos aguilhões se manifestarem — sendo agora exigido dele, por assim dizer, que se manifestem —, ele segue recebendo ordens superiores. O fenômeno, então, se duplica: à medida que se livra dos antigos, novos aguilhões acumulam-se nele. São agora mais facilmente suportáveis do que outrora, pois o processo das promoções, já iniciado, empresta-lhes asas: a esperança comprovada de que vai se libertar deles.

Tomando-se esse fenômeno em seu conjunto, pode-se afirmar o seguinte a seu respeito: a disciplina aberta do exército exprime-se na efetiva emissão de ordens, ao passo que a disciplina secreta consiste no emprego dos aguilhões armazenados das ordens.

A ORDEM, O CAVALO E A FLECHA

Chama a atenção na história dos mongóis a rigorosa e antiga conexão entre a ordem, o cavalo e a flecha. Pode-se ver nesse vínculo uma razão central da súbita e rápida elevação de seu poder. Um exame desse assunto faz-se imprescindível, e é o que, a seguir, intentar-se-á em poucas palavras.

Biologicamente, como se sabe, a ordem teve sua origem na ordem de fuga. Em toda a sua história, o cavalo, bem como todos os animais ungulados semelhantes a ele, esteve sempre preparado para uma tal fuga; poder-se-ia dizer que é sua especialidade. Ademais, sempre viveu em bandos, bandos estes acostumados a *fugir juntos*. A ordem para tanto era-lhes dada por perigosos predadores a ameaçar-lhes a vida. A fuga em massa tornou-se, assim, uma das experiências mais frequentes dos cavalos, e algo como uma qualidade natural sua. Passado o perigo — ou tão logo acreditam que ele tenha passado —, retornam à despreocupada vida em bando, cada animal fazendo o que lhe apraz.

O homem, apoderando-se do cavalo e domando-o, forma com ele uma nova *unidade*. Aprendeu a fazer uma série de coisas que bem se poderia compreender como ordens que transmite. A menor parte delas compõe-se de sons; a maior, de movimentos bastante específicos para pressionar e puxar o animal, movimentos estes que transmitem ao cavalo a vontade do cavaleiro. O cavalo entende os impulsos da vontade do cavaleiro e obedece a eles. Entre os povos de cavaleiros, o cavalo é tão necessário e familiar a seu senhor que uma relação bastante pessoal desenvolve-se entre ambos, uma submissão de uma intimidade impossível em outras relações.

Anula-se aí a distância física geralmente existente entre o que dá a ordem e o que a recebe — como, por exemplo, aquela entre o cão e seu dono. É o corpo do cavaleiro que transmite suas instruções ao corpo do cavalo. O *espaço* da ordem reduz-se, assim, a um mínimo. O caráter longínquo, estranho, o roçar que era próprio do caráter original da ordem desaparece. Esta figura é aqui domesticada de uma maneira muito especial; introduziu-se um novo agente na história das relações entre as criaturas: o animal de montaria, o servo sobre o qual se monta; aquele que tem de suportar todo o peso físico de seu senhor e que responde a cada pressão de seu corpo.

Que efeito produz essa relação com o cavalo sobre o gerenciamento das ordens por parte do cavaleiro? A primeira constatação a fazer é que este último tem a possibilidade de retransmitir para seu cavalo as ordens que recebe de um superior. Uma meta que lhe é fixada, ele não a atinge tendo de correr ele próprio até ela, mas dá a seu cavalo a instrução de atingi-la. Como o faz de imediato, não conserva em si aguilhão algum. Esquivou-se dele graças à transmissão da ordem ao cavalo. Livra-se da porção específica de falta de liberdade que essa ordem ter-lhe-ia provocado antes mesmo de ser capaz de senti-la. Quanto mais rápido executa sua tarefa; quanto mais rapidamente monta em seu cavalo e cavalga, tanto menos conserva em si o aguilhão. A verdadeira arte desses cavaleiros, tão logo assumem um caráter militar, consiste no fato de conseguirem amestrar uma massa muito maior de receptores de ordens, à qual retransmitem sem demora tudo quanto eles próprios recebem de seus superiores.

Uma disciplina particularmente rígida caracterizava a organização do exército dos mongóis. Aos povos que tomavam de assalto e que tinham de submeter-se a eles — àqueles, pois, que tiveram oportunidade de observá-los de perto —, tal disciplina afigurava-se o mais espantoso e o máximo em rigor que já tinham visto. Fosse ou aos persas, aos árabes, aos chineses, aos russos, aos húngaros ou àqueles monges franciscanos que foram até eles como enviados do papa — a todos eles se afigurava igualmente incompreensível que seres humanos fossem capazes de obedecer de maneira tão incondicional. Tal disciplina, porém, era *facilmente* suportada pelos mongóis ou tártaros — como em geral eram chamados —, pois a porção de seu povo que carregava o fardo maior eram os *cavalos*.

Crianças de dois ou três anos de idade, os mongóis colocavam-nas já sobre os cavalos e as ensinavam a cavalgar. Mencionou-se aqui, anteriormente, quão cedo a criança, no curso de sua educação, é entulhada dos aguilhões da ordem. Particularmente cedo pela mãe, que é quem se encontra mais próxima dela, mas também, mais tarde e mais à distância, pelo pai; e mesmo qualquer um a quem se confia sua educação — na verdade, qualquer adulto ou pessoa mais velha à sua volta — não se cansa de transmitir-lhe instruções, ordens e proibições. Desde cedo, aguilhões de toda sorte acumulam-se na criança; são eles que se transformarão nas aflições e compulsões de sua vida futura. Ela tem, pois, de procurar outras criaturas nas quais possa descarregá-los. Sua vida transforma-se numa só aventura tendo por objeto livrar-se, desfazer-se deles. A criança não sabe por que pratica este ou aquele ato inexplicável, por que mergulha nesta ou naquela relação aparentemente sem sentido.

Comparada, pois, à criança de culturas mais sedentárias e elevadas, a criança mongol ou quirguiz, que tão cedo aprende a cavalgar, desfruta de uma liberdade bastante especial. Tão logo aprende a montar, pode retransmitir ao cavalo todas as ordens que recebe. Descarrega assim, já bem cedo, os aguilhões que, embora em proporção muito menor, estão presentes também em sua educação. Antes de qualquer ser humano, é o cavalo que faz o que a criança quer. Ela se acostuma a essa obediência e, assim, vive mais facilmente; mais tarde, porém, espera o mesmo dos homens que subjuga: uma submissão física absoluta.

A essa relação com o cavalo, tão decisiva para o gerenciamento da ordem pelos homens, vem somar-se então, entre os

400

mongóis, o significado da *flecha*. Esta é a cópia exata da ordem primitiva, não domesticada.

A flecha é *hostil*; cabe-lhe matar. Ela atravessa em linha reta uma grande distância. As pessoas devem esquivar-se dela, e naquele que não consegue fazê-lo ela se *crava*. Ele poderá retirá-la, mas, mesmo que não se rompa, ela deixará nele uma ferida. (Há muitas histórias sobre ferimentos provocados por flechas nas *Histórias secretas dos mongóis*.) O número de flechas que se pode atirar é ilimitado; a flecha é a principal arma dos mongóis. Eles matam à distância, mas matam também em movimento, montados em seus cavalos.

Já se observou aqui que a toda ordem vincula-se, em função de sua origem biológica, o caráter de uma pena de morte. Aquele que não foge é atingido. E quem é atingido é dilacerado.

Entre os mongóis, a ordem preservava ainda, no mais alto grau, esse caráter de pena de morte. Eles abatiam homens qual se tratasse de animais. O matar constitui sua terceira natureza, assim como o cavalgar é a segunda.

Seus massacres humanos são em tudo exatamente idênticos às suas caçadas, seus massacres de animais. Quando não estão em guerra, eles caçam; suas *manobras* são as caçadas. Há de lhes ter sido altamente surpreendente deparar, em suas extensas conquistas, com sacerdotes budistas e cristãos a falar-lhes do valor especial de toda vida. Por certo, jamais existiu contraste maior: os mestres da ordem nua e crua, que instintivamente a incorporaram, defrontam-se com aqueles que, por meio de sua fé, desejam abrandá-la e modificá-la, a ponto de fazê-la perder seu caráter mortal e tornar-se *humana*.

AS EMASCULAÇÕES RELIGIOSAS: OS SKOPTSYS

Alguns cultos religiosos celebrados com particular intensidade conduzem, afirma-se, a emasculações. Na Antiguidade, os sacerdotes da Grande Mãe, *Cibele*, eram famosos por isso. Num acesso de loucura, milhares de homens castravam-se a si próprios em honra de sua deusa. Em *Comana*, no Ponto, local de um famoso santuário a ela consagrado, serviam-na 10 mil desses homens. E não eram apenas os homens que se consagravam dessa maneira. Também as mulheres, desejando expressar sua veneração, cortavam fora os seios, juntando-se então à corte da deusa. *Luciano*, em seu *Sobre a deusa síria*, descreve o modo pelo qual, em suas assembleias, os fiéis mergulhavam num estado de delírio, relatando ainda a maneira pela qual, chegada a sua vez um deles se castra. Trata-se de um sacrifício oferecido à deusa para demonstrar-lhe, de uma vez por todas, o quanto ela é adorada, e para mostrar-lhe também que amor algum no mundo, à exceção do amor por ela, jamais terá significado algum.

O mesmo fenômeno é narrado com relação à seita russa dos *skoptsys*, as "pombas brancas", cujo fundador, *Selivanov*, causou grande sensação com o sucesso de suas pregações à época da czarina Catarina II. Também sob sua influência, centenas, talvez milhares de homens castravam-se, e mulheres arrancavam os seios por amor a sua fé. Não se há de supor a existência de nenhum vínculo histórico entre ambas essas crenças. A seita russa brotou do cristianismo russo, 1500 anos, talvez, depois de findos os excessos dos sacerdotes frígio-sírios.

Caracteriza os skoptsys a concentração em um número reduzido de mandamentos e proibições, assim como também a concentração em pequenos grupos de adeptos que se conhecem muito bem. Concentrados ao máximo são igualmente sua disciplina, o reconhecimento e a veneração de um Cristo vivo entre eles.

Temendo a distração causada pelos livros, eles quase não leem. Na Bíblia, são pouquíssimas as passagens que lhes dizem alguma coisa.

A vida entre eles é bastante densa, protegida por variados juramentos sagrados. E isso porque, para eles, o *segredo* desempenha um papel absolutamente extraordinário e decisivo. Seus cultos têm lugar primordialmente à *noite*, apartados e ocultos do mundo exterior. No centro de sua vida encontra-se aquilo que, acima de tudo, eles têm de guardar em segredo — justamente a *castração*, que chamam de *embranquecimento*.

Por meio dessa operação particular, acreditam tornar-se puros e brancos, transformando-se em anjos. Vivem já na terra como se estivessem no céu. O cerimonioso respeito que demonstram uns pelos outros — suas mesuras, reverências, promessas e louvores — poderia ser o que os anjos exibem entre si.

A mutilação à qual têm de sujeitar-se possui o caráter pungente de uma ordem. É uma ordem que vem de cima e que eles deduzem de certas palavras de Cristo nos Evangelhos e de algumas palavras de Deus a Isaías.

Tal ordem chega até eles com uma força gigantesca, e com essa mesma força os skoptsys precisam passá-la adiante. A teoria do *aguilhão* deixa-se aplicar perfeitamente a seu caso. A ordem cumpre-se aí no próprio receptor. Não importa o que ele faça: o que verdadeiramente teria de fazer é castrar-se.

A fim de compreender o que se passa aí, faz-se necessário investigar uma série de ordens de natureza peculiar.

Uma vez que se trata de ordens transmitidas no âmbito de uma rigorosa disciplina, pode-se compará-las às ordens *militares*. Também o soldado é treinado para expor-se a um perigo. Todos os seus exercícios servem, em última instância, para que, a uma ordem, ele *enfrente* o inimigo, embora este o ameace com a morte. O fato de ele próprio intentar matá-lo não é mais importante do que o fato de ele postar-se firme na sua frente, sem o que jamais seria capaz de matá-lo.

O soldado, como o skoptsy, oferece-se em sacrifício. Ambos esperam sobreviver, mas estão preparados para o ferimento, a dor, o sangue e a mutilação. Por meio da batalha, o soldado espera tornar-se um vitorioso. Por meio da castração, o skoptsy transforma-se em anjo e tem direito ao céu, no qual, na verdade, já vive.

No que se refere, porém, à disciplina dos skoptsys, o que se tem é uma *ordem secreta*, de modo que só se pode compará-la à situação em que se encontra alguém que, premido pelo dever militar, tem de cumprir sozinho, e sem que outros o saibam, uma ordem secreta. Para poder cumpri-la, é inadmissível que ele possa vir a ser reconhecido por seu uniforme, sendo, pois, necessário que se disfarce. O uniforme do skoptsy — aquilo que o iguala ao grupo ao qual pertence — é sua castração, e esta, por sua própria natureza, permanece sempre em segredo: revelá-la não lhe é permitido jamais.

Poder-se-ia, portanto, dizer que o skoptsy assemelha-se a um membro daquela temida seita dos *assassinos* a quem seu chefe confiou um assassinato acerca do qual ninguém jamais descobrirá. Mesmo que sua execução tenha sido bem-sucedida, pessoa alguma jamais poderá vir a saber como ela se deu. Ainda que a vítima tenha sido morta e o assassino capturado após o crime, o curso real dos acontecimentos nunca poderá ser esclarecido. A ordem é aí uma sentença de morte, bastante próxima, pois, de sua origem biológica. O enviado é mandado para a morte certa, mas isso não vem absolutamente ao caso, pois sua morte, à qual ele se entrega voluntariamente, é empregada para atingir a um outro: a vítima propriamente dita. A ordem amplia-se aí numa *dupla* sentença de morte: uma delas permanece não dita, embora se conte com ela; a outra é a que, com total e claríssima consciência, se visa. O aguilhão que pereceria junto com o subordinado é, pois, *utilizado* antes que pereça.

Os mongóis possuem uma expressão bastante ilustrativa dessa premência do matar antes que se seja morto. Em sua *História secreta*, os heróis dizem acerca de um inimigo que, no último minuto de suas vidas, eles desejam matar: "Levo-o comigo como meu travesseiro".

Se, contudo, graças a essa contemplação dos assassinos, aproximamo-nos da situação dos skoptsys, ainda não a apreendemos com precisão. O skoptsy, afinal, tem de atingir ou mutilar a *si próprio*. A ordem que acatou, ele só pode cumpri-la nele mesmo, e somente ao cumpri-la torna-se um verdadeiro membro de seu exército secreto.

Não se deve aí deixar-se enganar pelo fato de que, na prática, a castração é geralmente executada por outra pessoa. Seu sentido reside no fato de o próprio skoptsy oferecer-se a ela.

Tão logo ele se declare disposto a tanto, já não importa realmente *como* ela acontece. De todo modo, ele irá, mais tarde, passá-la adiante; o aguilhão que o compele a isso permanece sempre o mesmo, pois ele recebeu a ordem de fora.

Mesmo que, como é provável, tenha havido um primeiro a castrar-se, também este agiu a partir de uma suposta ordem provinda do céu. Desta, ele está firmemente convicto. As passagens da Bíblia com o auxílio das quais ele converte os outros converteram-no primeiro: o que recebeu, ele passa adiante.

O aguilhão ostenta aqui a forma visível de uma cicatriz no corpo. Ele é menos secreto do que costumeiramente o é o aguilhão da ordem. Mas permanece secreto para todos aqueles que não pertencem à seita.

NEGATIVISMO E ESQUIZOFRENIA

Um homem pode esquivar-se de uma ordem não lhe dando ouvidos; pode esquivar-se dela não a cumprindo. O aguilhão — nunca é demais enfatizá-lo — brota exclusivamente do *cumprimento* das ordens. É a própria ação resultante da pressão externa exercida por um estranho que conduz à formação de aguilhões no homem. A ordem, levada adiante até a ação, estampa com precisão a sua forma naquele que a executa; quão profunda e duramente ela o faz é algo que depende, pois, da força com que ela é dada, de sua feição, de sua supremacia e de seu conteúdo. Uma vez que, na qualidade de algo *isolado*, a ordem sempre permanece naquele que a cumpre, é inevitável que todo ser humano acabe por abrigar em si um amontoado de aguilhões, também estes isolados como as ordens. A capacidade que tais aguilhões têm de aderir ao homem é espantosa; não há nada que seja capaz de penetrar-lhe tão fundo, assim como nada há que seja tão indissolúvel. É possível que chegue um momento no qual ele esteja tão repleto de aguilhões que não tenha mais disposição para coisa alguma, nada mais sentindo senão eles.

Sua defesa contra novas ordens torna-se, então, uma questão de vida ou morte. Ele tenta não ouvi-las, a fim de que não tenha de acatá-las. Se tem de ouvi-las, não as entende. Se obrigado a entendê-las, esquiva-se delas da maneira mais surpreendente, fazendo o contrário do que lhe mandam. Se lhe dizem para dar um passo adiante, ele recua; se o mandam recuar, adianta-se. Não se pode afirmar que dessa forma ele fique livre da ordem. Trata-se de uma reação desajeitada, impotente — poder-se-ia dizer —, pois, à sua maneira, também ela é determinada pelo conteúdo da ordem. Tal reação é o que, na *psiquiatria*, se denomina *negativismo*, algo que desempenha um papel particularmente importante nos esquizofrênicos.

O que mais chama a atenção nos esquizofrênicos é a ausência de todo e qualquer *contato*. Eles se encontram muito mais isolados do que as demais pessoas. Frequentemente causam a impressão de se terem enrijecido em si mesmos, de não haver contato algum entre eles e as demais pessoas, de não entenderem nada e de não quererem entender coisa alguma. Sua teimosia é como a das estátuas de pedra. Inexiste posição na qual não possam enrijecer-se. E, no entanto, em outros momentos de sua doença, esses mesmos homens subitamente comportam-se da maneira inversa. Tornam-se, então, fantasticamente *influenciáveis*. Fazem o que veem outros fazer ou o que se exige que façam — e com uma rapidez e perfeição que é como se aquele que o exigiu estivesse dentro deles e o fizesse por eles. São acessos de servilismo que, de súbito, os assolam. "Escravidão sugestionada" denominou-o um deles. Transformam-se de estátuas em escravos ansiosos por servir, e fazem o que quer que se queira de um modo exagerado que, com frequência, parece ridículo.

O contraste entre ambas essas atitudes é tão grande que é difícil compreendê-lo. Se, porém, ignoramos temporariamente de que forma essas atitudes se desenham em seu interior e as contemplamos inteiramente *de fora*, por assim dizer, não há como negar que ambos esses estados são bem conhecidos também da vida das pessoas "normais". O que ocorre é tão somente que, nesse último caso, eles servem a um determinado propósito e parecem menos exagerados.

O soldado que não responde a nenhum estímulo exterior, que permanece rijo no lugar em que o colocaram, que não abandona seu posto, que nada é capaz de atrair a fazer alguma coisa que, de um modo geral, ele gostaria de fazer e já fez diversas vezes — o soldado bem treinado, no cumprimento do seu dever, encontra-se artificialmente nesse estado de negativismo. É certo que, sob determinadas circunstâncias, ele também é capaz de agir — mais exatamente, a uma ordem de seu superior; do contrário, nunca. A fim de que ele reaja apenas a certas ordens, ele foi treinado nesse negativismo. Trata-se de um negativismo manipulável, pois está nas mãos do arbítrio e do poder de seu superior colocar o soldado no estado oposto. Tão logo alguma ordem lhe é dada pela instância correta, ele passa a se comportar de forma tão prestativa e servil quanto o esquizofrênico em seu estado oposto.

Há que se acrescentar que o soldado sabe muito bem por que age dessa maneira. Ele obedece porque sobre ele pesa uma ameaça de morte. Já foi descrito aqui, num capítulo anterior, de que forma ele se acostuma paulatinamente a esse estado ao qual, por fim, sua própria natureza interior passa a corresponder. Resta apenas constatar a inequívoca semelhança *exterior* existente entre o soldado, no cumprimento do seu dever, e o esquizofrênico.

Mas ainda uma outra consideração, inteiramente diversa, impõe-se aqui, e ela não me parece menos importante. O esquizofrênico, em seu estado de extrema sugestionabilidade, comporta-se como o membro de uma *massa*. Deixa-se impressionar e cede aos estímulos exteriores exatamente na mesma medida. A ninguém ocorre, porém, a possibilidade de esse seu estado dever-se ao fato de ele estar *só*. Uma vez que não se vê massa alguma ao seu redor, não se cogita de supor que ele — do seu ponto de vista — se encontra como que no interior de uma massa: ele é uma *porção de massa que se desprendeu*. Tal afirmação só pode ser comprovada adentrando-se a imaginação do esquizofrênico. Inúmeros são os exemplos que se poderiam citar. Uma mulher declara que "abriga em seu corpo todos os seres humanos"; outra ouviu "os mosquitos falando". Um homem ouviu "729 mil moças"; outro, "as vozes sussurrantes de toda a humanidade". Na imaginação do esquizofrênico surgem, sob variados disfarces, todos os tipos existentes de massa. Seria mesmo possível principiar daí uma investigação sobre a massa. Coletar e examinar tais concepções da massa nos esquizofrênicos há de constituir tarefa de uma obra à parte. Sua classificação demonstraria a extraordinária completude que apresentam.

É de se perguntar por que razão ambos os estados opostos mencionados acima são necessários para o esquizofrênico. Para compreendê-los, cumpre lembrar o que acontece com um indivíduo assim que ele adentra a massa. Já se descreveu aqui a libertação das cargas de distância, denominada *descarga*. A título de complemento, cumpre acrescentar que fazem parte dessas cargas de distância os aguilhões da ordem que se acumulam em todo indivíduo. Na massa, todos são iguais; ninguém tem o direito de dar ordens aos outros — ou, dizendo-o de outra forma: todos dão ordens a todos. Nela, além de não surgirem novos aguilhões, as pessoas se livram — provisoriamente — de todos os antigos. É como se, sorrateiramente, abandonassem suas casas, deixando-os no porão, onde jazem amontoados. Esse *abandono* de todos os compromissos rígidos, fronteiras e cargas constitui o verdadeiro motivo da exaltação que o homem sente na massa. Em nenhuma outra parte ele se sente mais livre, e, se gostaria tão desesperadamente de permanecer sendo massa, isso se dá porque ele sabe o que o aguarda: quando volta a *si*, quando volta para sua "casa", reencontra tudo de novo — as fronteiras, as cargas e os aguilhões.

O esquizofrênico, sobrecarregado de tal maneira de aguilhões que por vezes enrijece-se neles — esse cacto do seu tormento e desamparo —, mergulha na ilusão do estado oposto: o da massa. Enquanto permanecer nele não sentirá os aguilhões. Saiu de si mesmo — ou assim acredita —, e, ainda que tal se dê de uma maneira incerta e duvidosa, ao menos um alívio temporário do tormento dos aguilhões ele parece extrair dessa situação: para ele, é como se novamente estivesse em contato com os outros. O valor dessa salvação é, decerto, ilusório. Precisamente ali, onde ele dá início a sua libertação, novas e mais vigorosas pressões o aguardam. Mas a essência da esquizofrenia não é a questão da qual cumpre tratar aqui. A seu respeito, há de ser suficiente a constatação de que ninguém precisa mais da massa do que o esquizofrênico repleto de aguilhões da ordem e sufocando-se neles. Incapaz de encontrá-la no mundo exterior, ele se entrega à massa *em seu interior.*

A INVERSÃO

"Pois qualquer que seja a comida que o homem experimenta neste mundo, ele há de experimentá-la novamente no outro." Essa afirmação enigmática e inquietante encontra-se no *Shatapatha-Brahmana*, um dos mais antigos tratados hindus sobre os sacrifícios. Supera-o nesse seu caráter inquietante uma história proveniente desse mesmo tratado. Trata-se da narrativa da viagem do vidente Bhrigu ao além.

Bhrigu, um santo, era um dos filhos do deus Varuna; tendo adquirido grande conhecimento brâmane, seu saber subiu-lhe à cabeça. Bhrigu tornou-se arrogante, alçando-se acima de seu próprio pai divino. Este, querendo mostrar ao filho quão pouco este sabia, recomendou-lhe uma viagem pelas diversas regiões do céu — Leste, Sul, Oeste e Norte. Bhrigu deveria prestar muita atenção em tudo o que havia para ver e, ao retornar, contar ao pai o que vira.

Em primeiro lugar, no Leste, Bhrigu viu homens decepando um a um os membros de outros homens e repartindo os pedaços entre si. Ao fazê-lo, diziam: "Este é teu, este é meu". Vendo-o, Bhrigu ficou horrorizado, ao que as pessoas que estavam fazendo as outras em pedaços explicaram-lhe, então, que estas últimas haviam feito exatamente o mesmo com elas no outro mundo, e que agora nada mais faziam do que tratá-las da mesma maneira [...]

Em seguida, Bhrigu partiu em viagem para o Sul, onde viu homens cortando um a um os membros de outros homens e repartindo-os entre si. Diziam: "Este é teu, este é meu". À sua pergunta, Bhrigu voltou a receber a mesma resposta: aqueles que estavam sendo despedaçados haviam, no outro mundo, feito o mesmo com os que agora os despedaçavam. A seguir, no Oeste, Bhrigu viu homens devorando silentes outros homens, os quais permaneciam igualmente em silêncio. No outro mundo, estes haviam feito o mesmo com aqueles. No Norte, porém, viu homens que, aos gritos, devoravam outros homens, também estes a gritar, de forma idêntica ao que os últimos haviam feito aos primeiros no outro mundo.

Após o seu retorno, Bhrigu foi incitado por seu pai, Varuna, a, qual um estudante, recitar a lição. Respondeu-lhe, porém: "Mas recitar o quê? Não há nada a dizer!". Tinha visto coisas demasiado assustadoras e tudo lhe parecia nada.

Varuna soube, então, que o filho tinha visto essas coisas e explicou-lhe: "Os homens no Leste decepando os membros dos outros eram as árvores. Os homens no Sul cortando os membros de outros homens eram o gado. Os homens no Oeste devorando silentes homens igualmente silentes eram as ervas. E os homens no Norte que, aos gritos, comiam outros também aos gritos eram as águas".

Para todos esses casos, Varuna conhecia os antídotos. Mediante determinados sacrifícios que indicou ao filho, uma pessoa poderia, no além, escapar das consequências de seus atos.

Num outro tratado versando sobre os sacrifícios, o *Jaiminiya-Brahmana*, a história de Bhrigu é contada de maneira um pouco diferente. Ele não viaja pelas diversas regiões do céu, mas de um mundo para o outro. Em vez das quatro cenas, têm-se apenas três. Primeiramente, Bhrigu vê árvores que, no além, assumiram a forma humana e agora cortam homens em pedaços e os comem. Em segundo lugar, ele vê um homem devorando outro que grita. A partir disso, é-lhe ensinado que "o gado abatido e comido aqui assumiu, no além, a forma humana, e faz agora com o homem o que este fez outrora ao gado". Em terceiro lugar, vê um homem devorando outro homem que nada diz. O arroz e a cevada assumiram a forma humana e retribuem assim o que sofreram.

Também nessa versão são indicados sacrifícios. Quem os executa corretamente escapa ao destino de ser, no além, devorado pelas árvores e pelo gado, ou pelo arroz e pela cevada. Contudo, o que nos interessa aqui não são os antídotos contra tal destino. Importante é, antes, a concepção popular que se oculta sob o disfarce sacerdotal. O que se fez neste mundo recebe-se no outro. Não se apresentam agentes especiais da justiça responsáveis pela aplicação do castigo; cada um pune seu próprio inimigo. Tampouco se é punido por quaisquer atos, mas por aquilo que se comeu. "Exatamente do mesmo modo como, neste mundo, os homens comem os animais, no outro mundo, os animais comem os homens."

Essa afirmação, extraída de um outro *Brahmana* e semelhante àquela que situamos no início de nossa investigação, encontra notável confirmação no *Livro da lei de Manu*. Explica-se ali que não é pecado comer carne, pois isso seria natural nas criaturas. Àquele, porém, que se abstém de comê-la promete-se uma recompensa especial. A palavra para carne em sânscrito, *mamsa*, pode ser explicada separando-se lhe as sílabas: *mam* significa "a mim"; *sa* significa "ele". *Mamsa* significa, pois, "a mim-ele": "a mim", que lhe comi a carne neste mundo, "ele" comerá no além. Isso é o que os sábios declaram ser a "carnalidade da carne"; nisso consiste sua natureza carnal, o verdadeiro sentido da palavra *carne*.

A *inversão* é reduzida aí à mais concisa de todas as fórmulas e apreendida na imagem da carne. Eu o como, e ele a mim. A segunda parte da frase — a consequência daquilo que fiz — é exatamente a palavra que significa "carne". O animal que se comeu guarda bem quem foi que o comeu. A morte desse animal não é seu fim. Sua alma segue vivendo e, no além, transforma-se em homem. Aguarda, então, pacientemente pela morte daquele que o comeu. Uma vez morto este último e chegando ao além, a situação original se inverte, transformando-se em seu contrário. A vítima encontra aquele que a comeu, agarra-o, corta-o em pedaços e o come.

A conexão disso tudo com nossa concepção da ordem e do aguilhão que ela deixa para trás está ao alcance da mão. Tudo, porém, apresenta-se de forma tão extrema, tão concreta que, a princípio, nos assustamos. Em vez de ocorrer nesta vida, a inversão somente acontece no além. Em vez da ordem, que apenas ameaça com a morte, obrigando assim a atos de toda sorte, tem-se a morte propriamente dita, e em sua forma mais extrema, na qual o morto é devorado.

Na nossa concepção, já incapaz de considerar seriamente uma existência no além, o aguilhão que a ameaça de morte produz segue existindo enquanto a vítima viver. Que logre operar uma inversão é duvidoso, mas, seja como for, ansiará sempre por ela. O homem é, por fim, inteiramente governado por seu aguilhões, os quais lhe determinam a fisionomia interior; ocorra a libertação ou não, eles constituem o seu destino. Na concepção *hindu*, para a qual o além se afigura uma certeza, o aguilhão, na qualidade do cerne duro da alma, segue existindo mesmo após a morte; a inversão sempre ocorre, tornando-se, assim, o centro da existência no além. Cada um faz exatamente o que lhe foi feito, e o faz ele próprio.

Particularmente significativo é que a mudança de forma não constitua aí um obstáculo à inversão. Não é mais o gado que ele comeu que agarrará e despedaçará o homem no além, mas sim um homem com a alma do gado. Exteriormente a criatura modificou-se por completo; o aguilhão, porém, permaneceu inalterado. Nas imagens assustadoras que Bhrigu divisa em sua viagem, o aguilhão figura como o principal interesse da alma; poder-se-ia dizer que ela consiste inteiramente nele. A verdadeira essência do aguilhão, de que tanto se falou nesta investigação acerca da ordem; sua absoluta imutabilidade e a precisão da inversão pela qual anseia — tudo isso adquire sua expressão mais concludente nessa concepção dos hindus do devorado que tem de devorar quem o devorou.

412

A DISSOLUÇÃO DO AGUILHÃO

O aguilhão surge quando do cumprimento da ordem. Ele se desprende dela e, consertando-lhe a forma exata, estampa-se naquele que a cumpre. Ele é pequeno, permanecendo oculto e desconhecido; sua qualidade mais essencial — da qual muito já se falou aqui — é sua absoluta imutabilidade. Permanece isolado do restante do ser humano, um corpo estranho em sua carne. Por mais profundamente que se tenha alojado, por mais encapsulada que seja a existência que leva ali, ele é sempre um incômodo para seu possuidor. Fixa-se misteriosamente em seu interior, aprisionado numa espécie de terra estranha.

Ele próprio quer sair, mas dificilmente se safa. Não há como livrar-se dele. A força para libertá-lo tem de ser idêntica àquela com que ele penetrou. De uma ordem em miniatura, o aguilhão precisa novamente transformar-se numa ordem plena. A obtenção dessa força demanda uma inversão da situação original: sua reprodução exata é imprescindível. É como se o aguilhão possuísse sua memória própria, composta de um único acontecimento; como se ficasse meses, anos, décadas à espreita do retorno da antiga situação, até afinal reconhecê-la. Consistindo unicamente nela, ele tem de reconhecê-la; ela é tudo quanto ele é capaz de reconhecer. Subitamente, então, tudo volta a ser exatamente como foi outrora, mas os papéis encontram-se trocados. Nesse momento, o aguilhão aproveita a oportunidade e precipita-se com toda a força sobre sua vítima: a inversão enfim teve lugar.

Contudo, esse caso, ao qual se poderia chamar o mais puro, não é o único possível. Uma ordem pode ser repetida com frequência, partindo de uma mesma fonte e dirigida à mesma vítima de modo que aguilhões de um mesmo tipo estão sempre se formando. Esses aguilhões idênticos não permanecem isolados, mas precisam vincular-se entre si. Essa nova formação cresce a olhos vistos e não pode mais ser esquecida por seu possuidor. Ela sempre chama a atenção, é sempre pesada e alça-se inteiramente à superfície, por assim dizer.

Uma *mesma* ordem, porém, pode ser transmitida e repetida por di*versas* fontes. Quando isso ocorre com frequência, numa inexorável sucessão, o aguilhão perde sua forma pura e desenvolve-se até transformar-se num monstro — dificilmente poder-se-ia dar-lhe um outro nome — que põe em risco a vida. Assume enormes proporções, tornando-se a principal substância abrigada por seu possuidor. Tendo-o sempre em mente, este o carrega consigo por toda parte e tenta livrar-se dele a cada oportunidade que se oferece. Incontáveis situações afiguram-se-lhe, então, idênticas à original, parecendo-lhe apropriadas para a inversão. Mas não o são, pois, graças à repetição e ao entrecruzamento das ordens, tudo se fez inexato; ele perdeu a chave para a situação original. As lembranças sobrepuseram-se, assim como também os aguilhões. Sua carga não pode mais ser decomposta em seus elementos constitutivos. O que quer que ele faça, tudo permanece como antes; sozinho, já não é capaz de libertar-se de sua carga.

A ênfase recai aí sobre a palavra *sozinho*. Afinal, existe uma forma de libertação de todos os aguilhões, até mesmo dos mais monstruosos; tal libertação dá-se na massa. Já se falou aqui repetidas vezes da *massa de inversão*. Contudo, antes de investigar a forma de atuação da ordem, não era possível elucidar-lhe a verdadeira essência.

A massa de inversão compõe-se de muitas pessoas e tem por fim sua libertação conjunta dos aguilhões da ordem aos quais, na qualidade de indivíduos, encontram-se desesperadamente entregues. Um grande número de pessoas reúne-se e volta-se contra um grupo de outras nas quais identificam a fonte de todas as ordens que, desde há muito, vêm suportando. Se se trata de soldados, qualquer oficial poderá, então, figurar como aquele sob cujas ordens efetivamente estavam. No caso dos trabalhadores, qualquer empregador será colocado no lugar daquele para o qual de fato trabalhavam. Em tais momentos, as classes e as castas tornam-se realidade, comportando-se como se consistissem em iguais. A classe mais baixa, tendo se sublevado, forma-se numa massa absolutamente coesa; a classe mais alta, cercada pela maioria e em perigo, compõe uma série de maltas amedrontadas e com o pensamento voltado para a fuga.

Naqueles que agora pertencem à massa, os aguilhões todos — complexos e reunidos em muitas ocasiões diferentes — encontram simultaneamente uma série de seus possíveis causadores. As vítimas de seu ataque estão ali, na sua frente, isoladas ou comprimidas umas contra as outras, e parecem saber muito bem por que sentem tanto medo. Não precisam, necessariamente, ser a fonte deste ou daquele aguilhão; mas, sendo-o ou não, é o que representam e é como tal que são tratadas com todo o rigor. A inversão que aí se volta simultaneamente contra muitos é capaz de decompor até mesmo o mais pesado dos aguilhões.

No caso mais concentrado dessa espécie, quando o alvo é um único chefe — um rei, por exemplo —, é absolutamente claro o que a massa sente. A fonte última de *todas* as ordens era esse rei; seus dignitários e a nobreza ao seu redor participaram de sua transmissão e execução. Durante muitos anos, os indivíduos nos quais consiste a massa revoltosa foram, mediante ameaças, mantidos à distância, e, graças a proibições, forçados à obediência. Numa espécie de movimento retrógrado, eles agora anulam as distâncias: invadem o palácio no qual eram proibidos de entrar. Examinam bem de perto tudo o que ele contém — salas, moradores, móveis. A fuga na qual a ordem real os lançava outrora converte-se em íntima familiaridade. Se, por medo, o rei permite uma tal aproximação, é possível que, provisoriamente, tudo não passe disso; mas não por muito tempo. Uma vez tendo já principiado, o processo geral da libertação dos aguilhões segue inabalavelmente adiante. Há que se considerar aí tudo quanto foi necessário para manter a obediência das pessoas, e quantos aguilhões acumularam-se nelas no curso de tantos anos.

A verdadeira ameaça aos súditos, pesando-lhes incessantemente sobre a cabeça, era a ameaça de morte. De tempos em tempos, uma execução a renovava, comprovando-lhe inequivocamente a seriedade. Há apenas uma maneira de compensar inteiramente essa ameaça. O rei, que mandava decapitar as pessoas, tem de ser decapitado. Com isso, remove-se o aguilhão supremo daqueles que, juntos, tinham de carregá-lo — o mais abrangente de todos os aguilhões, aquele que aparentemente abriga em si todos os demais.

Nem sempre o sentido da inversão deixa-se apreender tão claramente, e nem sempre ela chega a seu extremo. Se a revolta fracassa e os homens não se libertam realmente de seus verdadeiros aguilhões, eles conservam na lembrança o tempo em que foram massa. Durante esse seu estado, eles pelo menos estiveram livres de seus aguilhões, razão pela qual sempre o lembrarão com saudades.

ORDEM E EXECUÇÃO. O CARRASCO SATISFEITO

Na presente investigação, *um* caso foi deliberadamente deixado de lado até o momento. Declarou-se já a ordem uma ameaça de morte, e foi dito que ela se origina da ordem de fuga. A ordem domesticada, conforme a conhecemos, vincula à ameaça uma recompensa: a promessa de comida intensifica o efeito da ameaça, mas nada altera em seu caráter. Esta jamais é esquecida. A ameaça permanece existindo para sempre em sua forma original, até que se apresente uma oportunidade de libertar-se dela, retransmitindo-a a outra pessoa.

A ordem, contudo, pode conter também a incumbência de matar, conduzindo, então, à execução. Nesse caso dá-se de fato aquilo que, nos demais, é apenas ameaçado. Tal acontecimento, porém, envolve duas pessoas: uma delas recebe a ordem; a outra é executada.

Como todos aqueles que se sujeitam a uma ordem, também o *carrasco* encontra-se sob uma ameaça de morte. Mas ele se liberta dela na medida em que ele próprio mata. Passa imediatamente adiante aquilo que poderia acontecer-lhe, antecipando assim a sanção extrema a que está sujeito. Foi-lhe dito que ele tem de matar — e ele mata. Não está numa posição que lhe permita reagir a uma tal ordem, a qual lhe é dada por alguém cujo poder superior ele reconhece. Tudo tem de se passar rapidamente e, em geral, dá-se de imediato. Não há tempo para a formação de um *aguilhão*.

Mesmo, porém, que houvesse tempo para tanto, não há *motivo* para a formação do aguilhão. O carrasco, afinal, passa adiante exatamente aquilo que recebeu. Não tem o que temer e não preserva em si resquício algum. No seu caso, e apenas nele, a conta da ordem não deixa resto. Sua natureza mais profunda e a ação que ela provoca são idênticas. Cuidou-se previamente para que fosse cumprida; nada pode interferir no seu cumprimento; é improvável que a vítima escape. Desde o princípio, o carrasco tem consciência de todas essas circunstâncias. Ele pode encarar a ordem com tranquilidade: confia nela. Sabe que a execução não alterará coisa alguma nele. Passa por ela ileso, por assim dizer; ele próprio permanece intocado por ela. O carrasco é o mais satisfeito dos homens, e o mais desprovido de aguilhões.

Trata-se de uma situação monstruosa, jamais encarada com a devida seriedade. Só se pode compreendê-la levando-se em consideração a verdadeira natureza da ordem. Esta vive e morre em função da ameaça de morte: é dela que retira toda a sua força. O excedente dessa força, inevitável, explica a formação do aguilhão. Aquelas ordens, porém, nas quais a ameaça de morte é efetiva, aquelas que visam essa morte e realmente conduzem a ela, essas são as que menos marcas deixam em seu receptor.

O carrasco é, pois, um homem a quem se ameaça de morte para que ele mate. Só lhe é permitido matar quem ele deve matar. Se se atém exclusivamente a sua ordem, nada pode lhe acontecer. Por certo, deixará também que interfiram em sua execução coisas das quais, em outras ocasiões, foi ameaçado. É de se supor que vincule a essa execução muitos aguilhões de natureza diversa, nele armazenados. Essencial, entretanto, permanece sendo o mecanismo de sua verdadeira incumbência. Na medida em que mata, ele se liberta da morte. Para ele, trata-se de um trabalho limpo, e não de algo sinistro. O pavor que desperta nos outros, ele não o abriga em si. É importante que se tenha clareza a esse respeito: os matadores oficiais ficarão tanto mais satisfeitos interiormente quanto mais as ordens que receberem conduzirem diretamente à morte. Até mesmo um carcereiro enfrenta dificuldades maiores do que um carrasco.

É verdade que, pelo prazer que sente em seu ofício, a sociedade castiga-o com uma espécie de proscrição. Também esta, porém, não se faz acompanhar verdadeiramente de uma desvantagem para ele. O carrasco sobrevive a cada uma de suas vítimas "sem ter culpa alguma". Algo do prestígio do sobrevivente incide também sobre ele, que é apenas uma ferramenta, compensando plenamente aquela proscrição. Ele encontra uma esposa, tem filhos e leva uma vida em família.

ORDEM E RESPONSABILIDADE

É sabido que homens agindo sob ordens são capazes dos atos mais terríveis. Quando a fonte de suas ordens é obstruída e eles são obrigados a contemplar seus atos do passado, eles não reconhecem a si próprios. Dizem que não fizeram o que fizeram e nem sempre têm claro para si que estão mentindo. Se testemunhas comprovam-lhes a culpa, fazendo-os vacilar, ainda assim afirmam: "Eu não sou assim. Não posso ter feito isso". Procuram em si mesmos pelos vestígios de seus atos e não conseguem encontrá-los. Espanta a maneira pela qual permaneceram intocados por eles. A vida que posteriormente levam é, de fato, uma outra, não matizada de forma alguma pelos atos do passado. Não se sentem culpados e não se arrependem de nada. Seus atos não penetraram neles.

Trata-se de homens que, em geral, têm plenas condições de avaliar suas ações. O que fazem por conta própria deixa neles os vestígios esperados. Teriam vergonha de matar uma criatura desconhecida e indefesa que nada lhes tenha feito. Sentiriam nojo de torturar alguém. Não são melhores, mas também não são piores do que aqueles em meio aos quais vivem. Alguns dos que, pelo convívio diário, os conhecem intimamente seriam capazes de jurar que os estão inculpando de modo injusto.

418

Quando, então, a longa fila de testemunhas se apresenta, de vítimas que sabem muito bem do que estão falando; quando todas elas, uma após a outra, reconhecem o malfeitor, despertando-lhe na memória cada detalhe de seu comportamento — então, qualquer dúvida se faz absurda, e está-se diante de um mistério insolúvel.

Para nós, porém, que conhecemos a natureza da ordem, não se trata mais de um mistério. Cada ordem cumprida pelo malfeitor deixou nele um aguilhão. Este, contudo, é-lhe tão estranho quanto o foi a ordem, no momento em que ela foi dada. Por mais longamente que o aguilhão já esteja alojado nele, ele jamais é assimilado: permanece um corpo estranho. É, decerto, possível, conforme já se mostrou antes, que vários aguilhões se juntem, desenvolvendo uma nova e monstruosa formação; mas eles sempre permanecerão nitidamente apartados de seu entorno. O aguilhão é um intruso: ele jamais se aclimata. É indesejado; todos querem livrar-se dele. Ele é o que se cometeu; possui, como se sabe, a forma exata da ordem. Na condição de uma instância estranha, segue vivendo em seu receptor, retirando-lhe todo sentimento de culpa. O malfeitor não acusa a si próprio, mas sim ao aguilhão, à instância estranha, ao verdadeiro criminoso, por assim dizer, que sempre carrega consigo. Quanto mais estranha a ordem lhe foi, menos culpa ele sentirá por sua causa, e com tanto mais clareza seguirá ela existindo isoladamente, na qualidade de aguilhão. Este é a testemunha permanente de que não foi o próprio malfeitor quem fez isto ou aquilo. Este último sente-se *a si próprio* como vítima, razão pela qual não nutre compaixão alguma pela vítima real e verdadeira.

É, portanto, verdadeiro que homens agindo sob ordens consideram-se de todo inocentes. Se capazes de encarar sua situação, é possível que se espantem de, um dia, terem estado tão completamente sob o poder das ordens. Mas mesmo esse perspicaz sentimento não possui valor algum, pois se apresenta demasiado tarde, quando tudo já se acabou há muito tempo. O que aconteceu pode voltar a acontecer; não se desenvolve nesses homens uma proteção contra novas situações que sejam idênticas à antiga. Indefesos, eles permanecem à mercê da ordem, abrigando tão só uma consciência assaz obscura de sua periculosidade. Nos casos mais evidentes e, felizmente, raros, fazem da ordem uma fatalidade, jactando-se de terem sido cegados por ela, como se o entregar-se a uma tal cegueira demandasse um caráter particularmente viril.

Seja de que ângulo for que se contemple a ordem, na forma compacta e acabada que ela, após uma longa história, apresenta hoje, tornou-se o mais perigoso componente isolado da convivência humana. Há que se ter a coragem de enfrentá-la e abalar-lhe a soberania. Instrumentos e caminhos precisam ser inventados para manter livre dela a maioria dos homens. Não se pode permitir que ela vá além de arrancar-lhes a pele. Necessário faz-se transformar-lhe os aguilhões em empenhozinhos removíveis a um leve roçar da mão.

A METAMORFOSE

PRESSENTIMENTO E METAMORFOSE ENTRE OS BOSQUÍMANOS

A capacidade do homem de metamorfosear-se, que lhe rendeu tanto poder sobre todas as demais criaturas, foi ainda muito pouco estudada e compreendida. Constitui um dos maiores enigmas: todos a possuem, todos a empregam e todos a consideram absolutamente natural. Poucos, porém, têm consciência de que devem a ela o que possuem de melhor. É extraordinariamente difícil investigar a essência da metamorfose, fazendo-se, pois, necessário abordá-la a partir de diversos flancos.

Numa obra sobre o *folclore dos bosquímanos*, obra esta que considero o mais precioso documento acerca dos primórdios da humanidade e que se apresenta ainda totalmente esgotada — embora *Bleek* a tenha compilado há mais de cem anos e sua publicação date de quase meio século —, encontra-se um segmento versando sobre os *pressentimentos* dos bosquímanos do qual se podem tirar importantes conclusões. Tais pressentimentos, conforme se verá, constituem *pontos de partida* para metamorfoses bastante simples em sua forma. Os bosquímanos pressentem de longe a chegada de pessoas que não podem ainda ver ou ouvir. Sentem também quando a caça se aproxima, e descrevem em seu próprio corpo os sinais a partir dos quais reconhecem essa aproximação. Seguem-se alguns exemplos, reproduzidos aqui em suas próprias palavras.

"Um homem diz a seus filhos que procurem pelo avô. 'Olhem em torno, pois me parece que o avô se aproxima. Sinto o local da velha ferida em seu corpo.' As crianças põem-se à espreita. Veem um homem à distância e dizem ao pai: 'Vem vindo um homem ali'. O pai lhes responde: 'É o avô de vocês

421

quem vem vindo. Sabia que ele estava chegando. Senti sua chegada no local de sua velha ferida. Queria que vocês próprios vissem: ele vem vindo mesmo. Vocês não acreditam nos meus pressentimentos. Mas eles dizem a verdade'."

O que se passou aí é algo de uma admirável simplicidade. O velho, que é o avô dessas crianças, estava evidentemente bem distante. Num determinado ponto de seu corpo, ele possui uma antiga ferida. Esse ponto, seu filho adulto — o pai das crianças — conhece com precisão. Trata-se de uma daquelas feridas que estão sempre se fazendo sentir e da qual se ouviu já amiúde o velho reclamar. A ferida é aquilo que poderíamos chamar de "característico" nele. Quando o filho pensa no pai, pensa na ferida. Mas trata-se de mais do que um simples pensar. O filho não apenas imagina a ferida, o local preciso do corpo em que ela se encontra, mas *sente-a* na porção correspondente de seu próprio corpo. E tão logo a sente, supõe que o pai, a quem não vê há algum tempo, se aproxima. Sente-o porque sente-lhe a ferida. É o que ele diz às crianças, que, aparentemente, não acreditam muito nele. Talvez ainda não tenham aprendido a crer na correção de tais pressentimentos. O pai manda-lhes prestar atenção e, de fato, um homem se aproxima. Este só pode ser o avô, e é. O pai tinha razão. A sensação em seu corpo não o enganou.

Uma mulher sai de casa levando consigo o filho, preso a um cinto trançado sobre o ombro. O homem, que ficou em casa, encontra-se tranquilamente sentado. A mulher foi buscar alguma coisa, mas demora-se um bom tempo. Subitamente, o homem sente-lhe o cinto sobre o ombro. "Tem ali a sensação." É como se ele próprio estivesse, carregando a criança. Tão logo sente o cinto ele sabe: a mulher vem voltando com o filho.

Esses mesmos pressentimentos ocorrem também com relação aos animais que o bosquímano caça e dos quais se alimenta, animais estes que lhe são tão importantes quanto seu parente mais próximo — são seus animais mais próximos, por assim dizer.

Um avestruz passeia ao sol quente. Um inseto preto o pica,

422

inseto este ao qual os bosquímanos chamam de "piolho de avestruz". Com o pé, o avestruz coça a nuca. O bosquímano sente algo na porção inferior de sua própria nuca, no mesmo lugar onde o avestruz se coça. Sente como que um bater, e esse sentimento lhe diz que há um avestruz nas proximidades.

Um animal particularmente importante para o bosquímano é a gazela. Ele tem, pois, pressentimentos relacionados a todos os movimentos e características possíveis da gazela.

"Sentimos algo nos pés, seus pés ciciando na mata." Essa sensação nos pés significa que as gazelas estão vindo. Não se trata de *ouvi-las* ciciar — as gazelas encontram-se ainda demasiado distantes. São os pés dos próprios bosquímanos que ciciam, pois o cicio das gazelas encontra-se distante. Isso, porém, não é tudo; muito mais coisas além do movimento dos pés transmitem-se da gazela para o bosquímano. "Sentimos algo no rosto, por causa da listra preta no rosto da gazela." Essa listra preta principia no meio da testa e estende-se para baixo, até o final do nariz. O bosquímano sente como se ostentasse em seu próprio rosto essa listra preta. "Sentimos algo nos olhos, por causa da marca preta que a gazela tem nos olhos."

Um bosquímano sente uma batida nas costelas e diz a seus filhos: "Parece-me que a gazela vem vindo, pois sinto os pelos negros. Vão até as colinas e olhem para todos os lados. Tenho a sensação da gazela." Tais pelos negros, a gazela os têm em seus flancos. A batida em suas próprias costelas significa para o bosquímano os pelos negros nos flancos do animal.

Um outro bosquímano, também presente nessa ocasião, concorda com o primeiro. Também ele tem um pressentimento relacionado a gazelas, mas não se trata do mesmo pressentimento: ele sente o sangue do animal abatido.

"Tenho uma sensação na barriga da perna quando o sangue da gazela vai escorrer por ela. Sempre sinto sangue quando vou matar uma gazela. Estou sentado e sinto algo nas costas, por onde o sangue escorre quando carrego uma gazela. Seus pelos jazem sobre minhas costas."

Outro relato afirma: "Sentimos em nossas cabeças quando

estamos para arrancar os chifres da gazela". E um outro ainda: "As coisas numerosas costumam aparecer primeiro quando estamos deitados à sombra da cabana. Elas provavelmente pensam que estamos fazendo a nossa sesta. Costumamos dormir depois do almoço. Mas não fazemos a sesta quando as coisas andam e suas pernas se mexem. Sentimos algo nas cavidades sob os joelhos, onde o sangue pinga quando carregamos a caça".

A partir desses depoimentos de bosquímanos depreende-se a importância que eles atribuem a tais pressentimentos ou premonições. Sentem em seus corpos quando certos acontecimentos estão por vir. Uma espécie de batida em sua carne lhes fala, comunicando-lhes o que vai acontecer. Suas letras, como eles dizem, estão em seu corpo. Essas letras falam, movem-se e os estimulam ao movimento. Quando nota uma batida em seu corpo, um bosquímano ordena ao outro que faça silêncio, permanecendo ele próprio silente. O pressentimento diz a verdade. Os estúpidos não compreendem os ensinamentos e caem em desgraça: são mortos por um leão ou algo de ruim lhes acontece. As batidas dizem àqueles que as compreendem que caminhos não tomar e que flechas não empregar. Advertem-nos quando um carro trazendo muitas pessoas aproxima-se de sua casa. Quando se está à procura de alguém, as batidas informam por que caminho se deve buscá-lo para que seja encontrado.

Não é nossa tarefa investigar aqui se as premonições dos bosquímanos se confirmam ou constituem engodo. É possível que eles tenham desenvolvido capacidades que deixamos de ter, e que as apliquem em sua vida cotidiana. É possível que tenham motivo para seguir acreditando em suas premonições, ainda que vez por outra tenham sido enganados por elas. Seja como for, seus depoimentos acerca da maneira pela qual seus pressentimentos se anunciam estão entre os documentos mais preciosos acerca da essência da *metamorfose*. Nada há neles que se possa colocar de lado. Se, contra tudo o que se descobre a esse respeito nos mitos e nas lendas, se pode levantar a objeção de que se trata de coisa inventada, nesses depoimentos ficamos sabendo como se sente um bosquímano na vida real, quando pensa num avestruz ou numa gazela distante; ficamos sabendo o que lhe acontece e o que significa pensar numa criatura que não seja ele próprio.

Os sinais a partir dos quais os bosquímanos reconhecem a aproximação de um animal ou de um outro homem são sinais em seu próprio corpo. Tais pressentimentos constituem, como já se disse, *pontos de partida para metamorfoses*. Se se pretende preservar o valor desses sinais para uma investigação acerca da metamorfose, cumpre que se cuide para não acrescentar nada de estranho ao mundo do bosquímano. Há que se deixar tais sinais tão simples e concretos como eles realmente o são. Vamos, pois, extraí-los do contexto dos depoimentos citados e enumerá-los novamente, um a um:

1) Um filho sente a velha ferida de seu pai exatamente no mesmo ponto do corpo onde o pai a apresenta.

2) Um homem sente no próprio ombro o cinto com o auxílio do qual a mulher carrega seu filho.

3) Um avestruz coça a nuca com o pé, onde um "piolho" o está picando. O bosquímano sente na própria nuca o mesmo ponto que o avestruz está coçando.

4) Um homem sente nos pés o ciciar das gazelas na mata. A listra preta da gazela, estendendo-se da testa até o nariz, ele a sente no próprio rosto. Sente também nos olhos as marcas pretas sobre os olhos da gazela. E sente ainda, em suas próprias costelas, os pelos negros nos flancos da gazela.

5) Um bosquímano sente sangue na barriga da perna e nas costas. Trata-se do sangue da gazela que será abatida e que ele carregará sobre os ombros. Sente também o pelo do animal. Sente em sua cabeça os chifres da gazela sendo arrancados. E sente, por fim, o sangue nas cavidades do joelho, para onde costuma escorrer o sangue do animal abatido que está carregando.

Tudo o que se encontra no item 5 relaciona-se ao animal morto. A ânsia por seu sangue determina aí o caráter da metamorfose. Esta é menos simples do que nos quatro casos anteriores, razão pela qual é melhor contemplar primeiramente os quatro itens iniciais. O que há de mais elementar neles todos é a *equiparação de um corpo ao outro*. O corpo do filho é o corpo do pai, de modo que, no primeiro, a velha ferida deste último apresenta-se no mesmo ponto. O corpo do homem é o de sua mulher: o cinto no qual ela carrega a criança aperta-lhe o ombro correspondente. O corpo do bosquímano é o corpo do avestruz: o "piolho" pica-lhe o mesmo ponto da nuca, fazendo com que ele se coce ali.

Em cada um desses três casos, a equiparação dos corpos manifesta-se sempre por meio de um único traço. São traços bastante distintos: com relação à ferida, trata-se de uma antiga característica do corpo que se faz sentir de tempos em tempos; no caso do cinto, de uma determinada pressão constante sobre ele, e, no tocante à coceira, trata-se de um movimento isolado.

O caso mais interessante é o da gazela. Neste, são quatro ou cinco os traços que se reúnem, resultando numa equiparação assaz completa de ambos os corpos. Tem-se o movimento dos pés; os pelos pretos nos flancos; a listra preta descendo da testa até o nariz; as marcas pretas nos olhos; e, finalmente, a porção da cabeça onde estão os chifres, como se o próprio bosquímano os ostentasse. Ao movimento — que aqui não é o do coçar, mas um movimento dos pés —, junta-se, pois, algo que equivale a uma máscara completa. O que mais chama a atenção na cabeça do animal — os chifres — e tudo o que é preto — as listras e as marcas nos olhos — compõem, juntos, uma máscara reduzida à máxima simplicidade. O bosquímano ostenta-a como sua própria cabeça e, no entanto, também como a cabeça do animal. Os pelos negros nos flancos, ele os sente como se a pele do animal o recobrisse; trata-se, porém, de sua própria pele.

O corpo de um único e mesmo bosquímano transforma-se no corpo de seu pai, de sua mulher, de um avestruz ou de uma gazela. Que, em momentos diversos, ele seja capaz de ser todos eles, sendo também, e sempre, ele próprio, é algo que possui enorme significado. As metamorfoses a se suceder alternam-se de acordo com os estímulos exteriores. São metamorfoses limpas: cada criatura cuja chegada ele sente permanece sendo o que é. Ele as distingue, do contrário elas não teriam significado. O pai com a ferida não é a mulher com o cinto; o avestruz não é a gazela. A identidade própria, da qual o bosquímano pode abrir mão, permanece preservada na metamorfose. Ele pode ser uma coisa ou outra, mas ambas essas coisas que ele pode ser permanecem apartadas uma da outra, pois, no meio de ambas, ele continua sendo sempre ele mesmo.

Os traços isolados e bastante simples que determinam a metamorfose, poder-se-ia designá-los seus nós. Nós assim constituem, portanto, a antiga ferida do pai, o cinto no ombro da mulher, a listra preta da gazela. São os traços mais destacados da outra criatura, traços dos quais frequentemente se fala ou que sempre se distinguem bem. São os traços nos quais se presta atenção, quando se está à espera dessa criatura.

O animal que se caça constitui, porém, um caso especial. O que realmente se quer é sua carne e seu sangue. O estado de espírito em que se encontra aquele que o capturou, após havê-lo abatido e enquanto o leva para casa, é o de uma particular felicidade. O corpo do animal abatido que, na qualidade de presa, lhe pende das costas é-lhe ainda mais importante do que o corpo do animal vivo. Ele sente seu sangue escorrendo-lhe pela barriga da perna e sob as cavidades dos joelhos; sente-lhe o sangue nas costas e sente ainda o seu pelo. Esse corpo morto que carrega não é o seu próprio e nem pode ser, pois ele quer comê-lo.

Os pressentimentos do bosquímano relacionados à gazela contêm, pois, fases distintas. Do modo já descrito, ele sente o animal vivo; seu corpo torna-se o corpo do animal, que se move e observa. Mas sente também o animal morto, na qualidade do outro, de um corpo estranho bem junto do seu, num estado no qual não pode mais escapar-lhe. Ambas essas fases são intercambiáveis. Um homem pode crer-se na primeira delas; outro, na última. Elas podem suceder-se, e podem manifestar-se uma logo após a outra. Juntas, elas compreendem toda a sua relação com o animal — o processo completo da caçada, desde o ciciar até o sangue.

AS METAMORFOSES DE FUGA.
A HISTERIA, A MANIA E A MELANCOLIA

As metamorfoses de *fuga*, visando escapar de um inimigo, são comuns. Elas podem ser encontradas em mitos e lendas disseminados pelo mundo todo. A seguir, tratar-se-á de quatro exemplos que evidenciam nitidamente as diversas formas que elas assumem.

Distingo como as duas formas principais da metamorfose de fuga a *linear* e a *circular*. A forma linear é aquela bastante usual que se tem na *caçada*. Uma criatura persegue a outra; a distância entre elas se reduz e, no momento em que esta última está para ser capturada, ela se transforma em alguma outra coisa e escapa. A caçada prossegue, ou, mais propriamente, começa de novo. O perigo volta a intensificar-se. O agressor aproxima-se cada vez mais e talvez consiga até mesmo apanhar sua presa. Mas esta se transforma novamente em alguma outra coisa, escapando mais uma vez no último minuto. O mesmo processo pode repetir-se inúmeras vezes, bastando apenas que se encontrem sempre novas metamorfoses. Estas precisam ser inesperadas, de modo a surpreender o perseguidor. Este, na qualidade de caçador, está atrás de uma presa bastante específica e familiar. Ele conhece seu modo de fugir; conhece-lhe a feição e sabe como e onde pode agarrá-la. O instante da metamorfose o confunde, fazendo-o pensar numa nova forma de caçada. A presa modificada demanda uma caçada também diferente. O caçador tem ele próprio de metamorfosear-se. Teoricamente, não há fim para uma tal sequência de metamorfoses. As lendas adoram dar-lhes um longo desenrolar. Na maioria das vezes, tomam o partido do perseguido, terminando com a derrota ou o extermínio do perseguidor.

Um caso aparentemente simples de fuga linear apresenta-se

no mito australiano dos *loritjas*. Os "eternos e incriados", os *tukutitas*, que são os ancestrais dos totens, emergem da terra sob forma humana. Permanecem humanos até que, um dia, aparece um monstruoso cão preto e branco, o qual, desejando capturá--los, põe-se ao seu encalço. Os tukutitas fogem, mas temem não ser suficientemente velozes. A fim de poder fugir melhor, transformam-se em todos os animais possíveis, sendo mencionados, dentre outros, o canguru, a ema e a águia. Há que se notar, entretanto, que, nesse caso, cada um se transforma em *um* animal específico, conservando-lhe a forma ao longo da fuga. Surgem, então, dois outros ancestrais, semelhantes a eles, mas evidentemente mais fortes ou corajosos. Estes põem o cão para correr e o matam. A partir daí, a maioria dos tukutitas retoma sua figura humana; o perigo passou, e eles nada mais têm a temer. Mantêm, contudo, a capacidade de, a seu bel-prazer, metamorfosear-se nos animais cujos nomes ostentam — aqueles, pois, que foram durante a fuga.

A limitação a uma única metamorfose animal constitui a essência desses ancestrais-totens. Falar-se-á mais detidamente dessas figuras duplas em outro contexto. Para o momento, basta destacar que a metamorfose que experimentam, e cuja prática permanece-lhes sempre possível, ocorreu em função da *fuga*.

Um caso mais rico de fuga linear é o da fábula *georgiana* "O mestre e seu discípulo". O mestre maligno, que é o próprio diabo, recebeu o jovem como seu aprendiz e ensinou-lhe toda sorte de feitiços. Mas não quer, nunca mais, deixá-lo partir, pretendendo empregá-lo a seu serviço. O jovem escapa, mas é novamente capturado e trancafiado pelo mestre num estábulo escuro. Ali, ele se põe a pensar numa forma de libertar-se, mas nada lhe ocorre; o tempo passa, e ele vai ficando cada vez mais triste.

Um dia, nota um raio de sol no estábulo. Investigando, descobre uma fresta na porta, através da qual o raio de sol penetrou. Rapidamente, ele se transforma num rato e escapa pela fresta. O mestre percebe que ele se foi, transforma-se num gato e parte atrás do rato.

Tem início, então, uma desenfreada série de metamorfoses. O gato abre já a goela para matar o rato, mas este se transforma num peixe e pula na água. O mestre num átimo, transforma-se numa rede e nada atrás do peixe. Quando estava quase capturando-o, o peixe transforma-se num faisão. O mestre, então, dá-lhe caça sob a forma de um falcão. Sentindo já as garras do falcão, o faisão, assumindo a forma de uma maçã de casca avermelhada, deixa-se cair justamente no colo do rei, ao que o mestre transforma-se numa faca, a qual, subitamente, o rei segura nas mãos. Quando este faz menção de usá-la para cortar a maçã em pedaços, ela já não está mais ali, tendo sido substituída por um punhado de milho. Diante do milho está uma galinha com seus pintinhos — o mestre. Estes põem-se a picar grão após grão, até que, por fim, resta um único grãozinho, o qual, no último instante, transforma-se numa agulha. A galinha e os pintinhos, porém, transformam-se todos numa linha passando pelo buraco da agulha. Esta então se inflama, queimando a linha. O mestre está morto, e a agulha transforma-se novamente no jovem discípulo, que volta para casa e para seu pai.

A série de pares aí resultantes das metamorfoses é: rato e gato, peixe e rede, faisão e falcão, maçã e faca, milho e galinha com seus pintinhos, agulha e linha. Nesses pares, cada parte guarda relação com a outra, trate-se de animais ou de objetos. Uma delas, representando o mestre, está sempre atrás da outra, que figura o discípulo, e este, graças a uma metamorfose, sempre se salva no último instante. Trata-se de uma caçada desvairada e, precisamente pela natureza das metamorfoses que apresenta, assaz descontínua. Seus locais alteram-se tão rapidamente quanto as figuras.

Se nos voltamos agora para a forma *circular* da metamorfose de fuga, o que nos vem à mente é a clássica história de Proteu, conforme a encontramos na *Odisseia*. Proteu, o sábio ancião do mar, é o senhor das focas e, como elas, sobe à terra uma vez por dia. Primeiro vêm as focas; em seguida, ele. Proteu as conta cuidadosamente — são o seu rebanho — e, então, deita-se em meio a elas para dormir. Em seu retorno de Troia, Me-

430

nelau foi lançado por ventos hostis na costa do Egito, onde mora Proteu, e, dali, ele e seus companheiros não conseguem sair. Anos já se passaram, e Menelau encontra-se em grande desespero. A filha de Proteu apieda-se, então, dele e lhe diz o que ele precisa fazer para apanhar-lhe o pai, possuidor do dom da profecia, e obrigá-lo a falar. Ela provê Menelau e dois de seus companheiros de peles de foca, cava buracos na praia, no interior dos quais os três se deitam, e os recobre então com as peles. A despeito do mau cheiro, eles se põem a esperar pacientemente a chegada do rebanho de focas, em meio ao qual jazem, então, inofensivamente disfarçados. Proteu emerge do mar, conta seu rebanho e, tranquilizado, deita-se junto dele para dormir. Para Menelau e seus companheiros, o momento é chegado: eles agarram o ancião, que ainda dorme, e não o soltam mais. Proteu tenta desvencilhar-se deles transformando-se em tudo quanto é possível. Primeiramente, num leão dotado de portentosa juba; depois, numa cobra: eles o seguram firme. A seguir, transforma-se num leopardo e num poderoso javali: eles o seguram firme. Transforma-se, então, em água e, depois, numa árvore bastante frondosa: eles não o soltam. Todas as metamorfoses tentadas por Proteu ocorrem tendo os três a segurá-lo firmemente. Por fim, ele se cansa. Assume novamente sua própria forma — a de Proteu, ancião do mar —, pergunta a eles o que querem e responde-lhes a todas as perguntas.

Vê-se, pois, por que razão se pode caracterizar como *circular* esse tipo de fuga pela metamorfose. Tudo acontece num mesmo lugar. Cada metamorfose é uma tentativa de evadir-se sob uma outra forma, numa outra direção, por assim dizer; cada uma delas revela-se inútil, ocorrendo sob o controle de Menelau e de seus companheiros. De uma caçada, já não se pode falar aqui, pois ela já terminou: a presa foi capturada, e as metamorfoses constituem uma série de tentativas de fuga sempre fracassadas da parte do *prisioneiro*. Assim, só lhe resta, por fim, submeter-se a seu destino e fazer o que dele se exige.

Para concluir, gostaria ainda de citar aqui a história de Peleu e Tétis, os quais, na qualidade de pais de Aquiles, não alcançaram celebridade menor. Peleu é um mortal; Tétis, uma deusa que resiste à união com ele, uma vez que Peleu não lhe parece digno dela: Surpreendendo-a a dormir numa caverna, ele a agarra e não a solta mais. Como Proteu, ela tenta todas as metamorfoses possíveis. Transforma-se em fogo e em água, num leão e numa cobra, mas ele não à solta. Transforma-se ainda numa lula enorme e escorregadia, espirrando lhe tinta. De nada lhe vale tudo isso. Ela é obrigada a entregar-se a ele e se tornará, mais tarde — após algumas tentativas de livrar-se da descendência de Peleu —, a mãe de Aquiles.

A natureza das metamorfoses presentes aí é bastante semelhante àquela que se verifica em Proteu. A situação é a da prisão; o agressor mantém Tétis cativa e não à solta mais. Cada uma de suas metamorfoses constitui uma tentativa de escapar rumo a uma nova direção. Ela, por assim dizer, caminha em círculos, a fim de encontrar um ponto que lhe permita libertar-se. Em parte alguma, porém, logra ultrapassar os limites desse círculo; permanecendo cativa, ela, por fim, se rende sob sua própria forma — a de Tétis, o centro de todas as metamorfoses.

Na verdade, portanto, a história de Tétis nada acrescenta de novo à de Proteu. Sua menção aqui deve-se a seu matiz erótico. Ela lembra as eclosões de uma enfermidade bastante conhecida de todos: a *histeria*. Os grandes acessos dessa doença nada mais são do que uma série de violentas metamorfoses tendo por propósito a fuga. A vítima sente ter sido apanhada por um poder superior que não a solta mais. Aquele de quem ela deseja escapar pode ser um homem que a amou e possui, ou um homem como Peleu, que virá a possuí-la. Pode ser um sacerdote que, em nome de um deus, mantém-na cativa; ou pode ser um espírito ou mesmo o próprio Deus. Qualquer que seja o caso, é importante que a vítima sinta a proximidade física do poder superior, que lhe sinta a mão diretamente sobre si. Tudo quanto ela faz, e, muito particularmente, toda metamorfose que intenta, é calculada para afrouxar a pressão dessa mão que a agarra. É espantosa a riqueza das metamorfoses que aí se intentam, muitas das quais manifestando-se apenas em seus primeiros passos. Uma das mais frequentes é o transformar-se em *morto* — uma metamorfose que vem de longa data e que se conhece de muitos animais. O que se espera fazendo-se de morto é que se seja solto; permanece-se deitado no chão, e o inimigo vai embora. Tal metamorfose é *a mais central de todas*: a vítima torna-se o centro em tal medida, que não se mexe mais. Renuncia a todo e qualquer movimento, qual estivesse morta, de modo que o outro, então, se afasta. É fácil perceber quão útil teria sido justamente para Tétis e Proteu fingir-se de mortos, não fossem ambos conhecidos como deuses. Tétis não teria sido amada, e Proteu não teria sido obrigado a profetizar. Contudo, eram ambos deuses e, nessa condição, imortais. Por melhor que dissimulassem, sua morte é a única coisa na qual ninguém jamais teria acreditado.

É, pois, a forma circular da metamorfose de fuga que confere à histeria sua coloração característica. Ela explica também a riqueza das transições que tanto chamam a atenção nessa enfermidade: as de fenômenos eróticos para aqueles de natureza religiosa. Toda forma de captura pode incitar à fuga, e a tentativa de fuga pode sempre ser em vão, se aquele que captura possui força suficiente para não ceder.

Um quadro oposto ao da metamorfose de fuga é o que se tem nos acessos dos *xamãs*. Também eles se mantêm no mesmo lugar ao longo de toda uma sessão. Encontram-se cercados por uma roda de pessoas a observá-los. O que quer que se passe em seu espírito, seu corpo visível deve permanecer onde está. Às vezes, pedem que os acorrentem, por medo de que o corpo possa desertar na companhia do espírito. A circularidade da sessão é, pois, bastante enfatizada — seja pela necessidade do xamã de permanecer preso a seu centro terreno, onde ele atua, seja pela presença de um círculo de adeptos. As metamorfoses sucedem-se rapidamente, acumulando-se com grande intensidade. Contudo, elas não devem de modo algum servir à fuga — e essa é a diferença fundamental entre elas e os acessos normais de histeria. Por meio de suas metamorfoses, o xamã invoca *espíritos auxiliares*, os quais obedecem a ele. Ele próprio os apanha e obriga a auxiliá-lo em suas empreitadas. O xamã é *ativo*; suas metamorfoses prestam-se ao aumento de seu próprio poder, e não à fuga de outros, mais poderosos que ele. Nas viagens que seu espírito empreende, enquanto o corpo jaz aparentemente inconsciente, ele adentra os mundos mais remotos, seja no céu ou no mundo subterrâneo. Batendo as asas feito um pássaro, ele voa, alçando-se às alturas que desejar. E mergulha tão fundo quanto quiser, até o fundo do mar, forçando a entrada na morada de uma deusa à qual tenha um pedido importante a fazer. Mas sempre retorna ao centro onde seus adeptos aguardam amedrontados por sua mensagem. Pode ocorrer de, alguma vez e em alguma parte, ele ser posto em fuga, vendo-se obrigado a escapar por meio de uma metamorfose. Mas, de um modo geral, sua atuação tende ao longo alcance e à dominação, de modo que seu parentesco com os casos de Proteu e Tétis repousa unicamente na natureza circular das metamorfoses que acumula.

Vale a pena retornar agora à forma linear, conforme a examinamos na fábula georgiana do mestre e de seu discípulo. Lembremo-nos de que o mestre transformou-se em gato, a fim de poder apanhar o discípulo que, sob a forma de um rato, lhe havia escapado. Mais adiante, transforma-se numa rede, num falcão, numa galinha com seus pintinhos. Cada uma de suas metamorfoses serve a um novo tipo de caçada. Do ponto de vista do mestre, trata-se de uma sequência veloz de metamorfoses agressivas, de uma mudança não apenas do tipo, mas também do espaço da caçada. A descontinuidade dos acontecimentos e sua grande dispersão no espaço, aliadas ao propósito hostil que lhes dá origem, possuem notável parentesco com os fenômenos de uma outra enfermidade psíquica: a *mania*. As metamorfoses do maníaco exibem uma enorme leveza. Elas possuem o caráter linear, o roçar do caçador, mas possuem também a descontinuidade de suas metas cambiantes, quando, não tendo obtido o que queria, ele não desiste da caçada. Ostentam ainda o entusiasmo e a alegria deste último, uma disposição que, onde quer que ele se meta, permanece sempre intensa e direcionada. O discípulo da fábula representa a presa cambiante, que pode ser tudo e, no fundo, é sempre a mesma coisa: presa. A mania é um paroxismo do apresamento. Importam-lhe o divisar, o dar caça e o agarrar. A incorporação em si não é tão importante na mania. A caçada do mestre somente adquire caráter pleno quando o discípulo escapa do estábulo escuro. Ela estaria terminada — assim como também o acesso maníaco, por assim dizer — se o mestre o tivesse novamente em segurança no estábulo.

Foi no estábulo que encontramos inicialmente o discípulo. "Ali, ele se põe a pensar numa forma de libertar-se, mas nada lhe ocorre; o tempo passa, e ele vai ficando cada vez mais triste." Vivenciamos aí o início do estado oposto ao da mania, ou seja, a *melancolia*. Tendo-se falado tanto da mania, convém dizer também algumas palavras acerca do estado da melancolia.

A melancolia começa quando terminam as metamorfoses de fuga e elas são percebidas como inúteis. Nela, é-se o perseguido e já capturado. Não se pode mais escapar. Não se intenta mais nenhuma metamorfose. Tudo quanto se tentou foi em vão. O capturado encontra-se entregue a seu destino e vê-se como presa. É, numa linha descendente, presa, comida, carcaça ou excremento. Os processos de degradação, que fazem dele cada vez menos, expressam-se, de forma figurada, como sentimento de culpa. Originalmente, *culpa* significava estar-se em poder de outrem. Sentir-se culpado ou sentir-se como presa resulta fundamentalmente no mesmo. O melancólico não quer *comer* e, como motivo para sua recusa, é possível que alegue não *merecer* comer. Na realidade, ele não quer comer porque pensa que ele próprio será comido. Se o obrigam a comer, lembram-no disso. Sua boca volta-se contra ele, e é como se o colocassem diante de um espelho. Neste, ele vê uma boca e vê também que ela está comendo. Aquilo, porém, que está sendo comido é ele próprio. O terrível castigo pelo fato de ele ter sempre comido apresenta-se súbita e inapelavelmente. — No fundo, trata-se aqui da última de todas as metamorfoses, daquela que há no fim de todas as fugas: a transformação no que foi comido. É com o intuito de evitá-la que todo ser vivo, sob todas as formas possíveis, foge.

AUTOMULTIPLICAÇÃO E AUTOINGESTÃO. A FIGURA DUPLA DO TOTEM

Dentre os mitos que o jovem *Strehlow* registrou entre os *arandas* do Norte, na Austrália Central, dois, em particular, são do nosso interesse. O primeiro deles, o mito do peramele — ou dos ratos marsupiais —, diz o seguinte:

No princípio, tudo repousava em eterna escuridão. A noite pesava sobre a terra como um bosque espesso e impenetrável. O ancestral — Karora era o seu nome — dormia na noite eterna, deitado no fundo do charco de Ilbalintja. Ainda não havia água ali; era tudo chão seco. A terra acima dele apresentava-se vermelha de flores e coberta de todo tipo de grama, e uma grande estaca pairava no alto, sobre sua cabeça. Essa estaca surgira no meio do canteiro das flores púrpuras que cresciam em Ilbalintja. Em sua raiz repousava a cabeça do próprio Karora. Dali, à estaca subia rumo ao céu, qual fosse tocar-lhe a abóbada. Era uma criatura viva, revestida de uma pele lisa, igual à de um homem.

A cabeça de Karora jazia sobre a raiz da grande estaca: ele jazia, pois, já desde o princípio.

Karora pensava; desejos e anseios passavam-lhe pela cabeça. Subitamente, perameles saíram-lhe do umbigo e das axilas. Romperam a crosta que o encimava e saltaram para a vida.

Começou, então, a clarear. Por toda parte, os homens viam uma nova luz surgindo: o próprio sol começou a erguer-se e inundou tudo com sua luz. Ao ancestral, ocorreu, então, levantar-se, agora que o sol subia cada vez mais. Ele rompeu a crosta que o recobria, e o buraco aberto que deixou atrás de si transformou-se no charco de Ilbalintja, enchendo-se do sumo escuro e doce dos botões de madressilva. Levantando-se, o ancestral sentiu fome, pois forças mágicas se haviam escoado de seu corpo.

Sente-se ainda atordoado; lentamente, suas pálpebras

começam a tremer, e ele abre um pouco os olhos. Em seu atordoamento, tateia ao redor. Em toda a sua volta, sente uma massa de perameles a mover-se. Apoia-se já mais firmemente sobre os próprios pés. Pensa e sente desejos. Esfomeado, agarra dois jovens perameles. Um pouco mais adiante, próximo de onde está o sol, cozinha-os no chão em brasa que o sol aqueceu. Somente os dedos do sol fornecem-lhe já o fogo e a brasa incandescente.

Saciada a sua fome, seus pensamentos voltam-se para um companheiro que possa ajudá-lo. A noite, porém, se aproxima; o sol esconde o próprio rosto com um véu feito de corda de cabelos, cobre seu corpo com pendentes dessa mesma corda e desaparece aos olhos dos homens. Karora adormece, os braços estendidos de ambos os lados.

Enquanto dorme, emerge de sua axila algo que tem a forma de um zunidor. Este assume uma forma humana e, durante a noite, cresce, transformando-se num jovem rapaz: é seu filho primogênito. Nessa noite, Karora acorda, pois sente algo pesado sobre seu braço: vê, a seu lado, o filho primogênito, cuja cabeça repousa no ombro do pai.

Amanhece. Karora se ergue. Emite um som alto e vibrante, com o qual o filho desperta para a vida. Levantando-se, este cumpre a dança cerimonial ao redor do pai, que permanece sentado, adornado com insígnias de sangue e penas. O filho cambaleia e vacila, pois está apenas semiacordado. O pai põe-se a tremer violentamente no tronco e no peito, e o filho, então, coloca suas mãos sobre ele. A primeira cerimônia chegou ao fim.

Em seguida, o pai envia o filho para matar mais alguns perameles. Estes brincam pacificamente à sombra, próximos dali. O filho os traz para o pai, que, como antes, os cozinha no chão incandescente e reparte a carne cozida com o filho. A noite se aproxima, e, logo, estão ambos dormindo. Dois outros filhos nascem nessa noite das axilas do pai. Na manhã seguinte, ele os chama para a vida com o mesmo som alto e vibrante de antes.

O mesmo fenômeno repete-se por muitos dias e noites. Os filhos cuidam da caça e, toda noite, o pai traz ao mundo um número crescente de filhos — em algumas noites, cinquenta deles. Mas o fim não tardará a chegar. Em pouco tempo, pai e filhos consumiram já todos os perameles que, no princípio, haviam saído do corpo de Karora. Em razão de sua fome, o pai manda-os numa caçada de três dias. Os filhos atravessam a grande planície. Pacientemente, põem-se longas horas a vasculhar a grama alta e branca, na semiescuridão das florestas quase infindas. Mas não há perameles na ampla e espessa floresta, e eles têm de retornar.

Está-se no terceiro dia. Em grande silêncio, os filhos trilham o caminho de volta famintos e cansados. De repente, um ruído chega a seus ouvidos, um som alto, semelhante ao de um zunidor. Todos se põem a ouvir; começam a procurar pelo homem que o estaria agitando. Procuram sem cessar. Cravam seus bastões em todos os ninhos e refúgios dos perameles. Subitamente, algo escuro e peludo salta dali e desaparece. Soa um grito: "Lá vai um canguru das dunas!". Os filhos arremessam seus bastões na direção do animal e quebram-lhe uma perna. Ouvem, então, a letra de uma canção, provinda do animal ferido:

Eu, Tjenterama, agora estou aleijado,
Aleijado, sim, e a púrpura eterna cola em mim.
Sou um homem como vocês. Não sou um peramele.

E, com essas palavras, Tjenterama, aleijado, parte mancando.

Espantados, os irmãos retomam o caminho de volta até o pai. Logo veem-no aproximar-se. O pai os leva de volta para o charco, à beira do qual eles se sentam em círculos, um círculo dentro do outro, como as ondas na água remexida. Do Leste, chega, então, o grande dilúvio do doce mel das madressilvas e os inunda, arrastando-os de volta para dentro do charco de Ilbalintja.

O velho Karora permanece ali. Os filhos, porém, são carregados adiante pela torrente sob a água, até um lugar na floresta. Ali, deparam-se com o grande Tjenterama, do qual, inadvertidamente, haviam quebrado a perna com seus bastões. Tjenterama torna-se um grande chefe, enquanto Karora segue a dormir seu sono eterno no fundo do charco de Ilbalintja.

O segundo mito é o de Lukara:

No famosíssimo Lukara, à beira do grande olho-d'água, um velho jazia num sono profundo desde tempos imemoriais, ao pé de um arbusto de larvas witchetty. Eternidades haviam passado por ele, que, imperturbado, permanecera deitado ali, feito um homem num estado ininterrupto de semiadormecimento. Não se movera desde o princípio; não fizera um único movimento, sempre deitado sobre o braço direito. Em seu sono contínuo, eternidades haviam passado por ele.

Enquanto cabeceava nesse seu sono eterno, as larvas brancas rastejavam sobre seu corpo. Sempre haviam estado ali. O velho não se mexia, tampouco acordava. Permanecia deitado, num sonho profundo. As larvas moviam-se por todo o seu corpo, feito um enxame de formigas; vez por outra, o velho afastava suavemente algumas delas, sem despertar de seu sono. Elas, porém, voltavam a rastejar sobre seu corpo, enterrando-se nele. O velho não acordava. Eternidades se passaram.

Então, uma noite, enquanto o velho dormia apoiado sobre o braço direito, algo caiu de sua axila direita — algo que tinha o formato de uma larva witchetty. Caiu no chão, assumiu forma humana e cresceu rapidamente. Quando a manhã chegou, o velho abriu os olhos e viu, cheio de espanto, seu filho primogênito.

O mito segue contando como foi que uma grande quantidade de homens "nasceu" dessa mesma maneira. O pai não se mexia. O único sinal de vida que dava era abrir os olhos. Recusava até mesmo todo alimento que os filhos lhe ofereciam. Estes, contudo, punham-se diligentemente a desenterrar larvas witchetty das raízes dos arbustos próximos. Eles as tostavam e comiam. Por vezes, sentiam eles próprios o desejo de voltar a ser larva. Entoavam, pois, uma fórmula mágica, metamorfoseavam-se em larvas e retornavam às raízes dos arbustos, de onde, mais uma vez, emergiam à superfície, reassumindo a forma humana.

Um dia chega um estranho, um homem como eles, mas do distante Mboringka. Vê as larvas gordas dos irmãos de Lukara e tem vontade de comê-las. Oferece-lhes em troca suas próprias larvas, compridas, magrinhas e pobres. Com desdém, e sem dizer palavra, os irmãos afastam o punhado de larvas com seus bastões. O estranho se ofendera. Com audácia, ele agarra as larvas dos irmãos de Lukara e, antes que possam impedi-lo, sai correndo.

Assustados, eles vão até seu pai. Este, antes mesmo de os filhos chegarem, já pressentira a perda das larvas. Sentira uma dor aguda no corpo no momento em que o ladrão as tomara para si. Lentamente, então, ele se levantou e, cambaleante, foi atrás do ladrão. Mas não recuperou as larvas; o ladrão as levara para o distante Mboringka. O pai fez-se ao chão, e seu corpo transformou-se numa churinga viva (uma pedra sagrada). Os filhos todos se transformaram em churingas, e até o punhado de larvas roubadas transformou-se igualmente em churingas.

Ambos esses mitos tratam de dois ancestrais bastante distintos. O primeiro é o pai dos perameles ou ratos marsupiais; o segundo, o pai das larvas witchetty. Os dois são importantes totens dos arandas — totens estes que, até o dia em que essas lendas foram registradas, seguiam existindo e eram festejados em cerimônias. Eu gostaria aqui de destacar alguns traços notáveis, comuns a ambos os mitos.

440

Karora, o pai dos perameles, permanece, de início, um longo tempo sozinho. Jaz na treva eterna e dorme sob uma crosta, no fundo do lago. Não está consciente e, até o momento, não fez coisa alguma. De repente, surge em seu corpo um monte de ratos marsupiais. Eles saem de seu umbigo e de suas axilas. O sol aparece, e sua luz leva Karora a romper a crosta. Ele está faminto, mas sente-se atordoado. Nesse seu atordoamento, tateia ao redor de si e a primeira coisa que sente é *uma massa viva de ratos marsupiais a circundá-lo completamente*.

No outro mito, o pai das larvas, cujo nome não é mencionado, jaz ao pé de um arbusto, dormindo. Dorme desde sempre. Larvas brancas rastejam por seu corpo. Elas estão por toda parte, feito um enxame de formigas. Vez por outra, sem acordar, afasta mansamente algumas delas, que voltam e enterram-se em seu corpo. Ele segue dormindo em meio ao formigueiro de larvas.

Ambos os mitos principiam com o sono. Nos dois, o primeiro contato com outras criaturas possui o caráter de um sentimento de massa, e o mais denso e imediato de todos: aquele sentido na *pele*. Karora sente os marsupiais, quando, ainda semiadormecido, tateia em torno de si. O outro, ainda dormindo, sente as larvas em sua pele e as afasta, sem, contudo, livrar-se delas, que retornam e enterram-se em seu corpo.

Naturalmente, essa sensação de se estar coberto de quantidades gigantescas de pequenos insetos, sentidos no próprio corpo, é conhecida de todos. Não é uma sensação benquista. Ela ocorre com frequência em alucinações, como, por exemplo, no delirium tremens. Se não são insetos, são ratos ou ratazanas. O formigamento na pele ou o roer que se sente são atribuídos à atividade de insetos ou de pequenos roedores. Disso tratar-se-á em detalhes no próximo capítulo, que explicará e justificará o emprego da expressão "sensação de massa na pele". Resta, porém, assinalar uma importante diferença entre esses casos e aqueles dos mitos. Nos mitos dos arandas, essa sensação é agradável. O que o ancestral sente é algo que provém dele próprio, e não algo hostil, a atacá-lo de fora.

De fato, no primeiro mito, conta-se que os marsupiais saem do umbigo ou das axilas do ancestral. De início, estavam contidos nele próprio. Esse pai é um ser altamente singular: poder-se-ia designá-lo a *mãe* das massas. Incontáveis criaturas brotam simultaneamente de seu corpo, e de pontos dele que não são os usuais nos partos. Tem-se a impressão de que se trata de uma rainha dos cupins, mas uma rainha que põe seus ovos a partir de pontos bastante diversos do corpo. — No segundo mito, diz-se que as larvas sempre existiram. Não se afirma — num primeiro momento — que saíram do corpo do próprio ancestral: elas estão sobre ele ou nele enterram-se. No decorrer do mito, porém, apresentam-se traços que permitem supor que as larvas provêm originalmente dele e que, na verdade, ele próprio se constitui inteiramente delas.

E isso porque os partos de que se fala aí não são apenas surpreendentes pelo fato de um pai parir, ou de fazê-lo em massa, mas também em razão de prosseguirem, dando à luz algo inteiramente diverso.

Tendo Karora, o pai dos marsupiais, saciado sua fome, a noite cai, e ele adormece novamente. De sua axila sai um zunidor, o qual assume a forma humana e, numa única noite, cresce até tornar-se um jovem. Karora sente a pressão de algo pesado sobre seu braço. Acorda e, a seu lado, jaz seu filho primogênito. Na noite seguinte, dois outros filhos nascem de suas axilas, e assim por diante, ao longo de várias noites. A cada vez, maior é o número de nascimentos; em algumas noites, o pai chega a trazer ao mundo cinquenta filhos. Pode-se caracterizar o fenômeno em sua totalidade como a *automultiplicação* de Karora, inclusive no sentido mais restrito da palavra.

Algo bastante semelhante ocorre no segundo mito. O velho segue sempre a dormir sobre o braço direito. Uma noite, então, de repente, cai algo de sua axila direita, e algo que tem a forma de uma larva witchetty. Tal criatura cai no chão, assume forma humana e cresce rapidamente. Quando amanhece, o velho abre os olhos e, espantado, vê seu filho primogênito. O mesmo fenômeno se repete, e um grande número de "homens-larvas" vem ao mundo. É importante assinalar desde já que esses homens são capazes de, de acordo com sua vontade, transformar-se num determinado tipo de larva e, posteriormente, retomar a forma humana.

Ambos os mitos tratam, pois, do automultiplicação, e em ambos tem se um *duplo nascimento*. Duas espécies distintas de criaturas nascem de um mesmo ancestral. O pai dos marsupiais produz, primeiramente, um grande número de marsupiais e, em seguida, uma grande quantidade de homens. Nascem todos da mesma maneira. Hão de considerar-se parentes próximos, pois possuem *um mesmo* pai. E chamam-se a si próprios pelo mesmo nome: peramele. Este, como nome de um *totem*, significa que todo homem a ele pertencente é um irmão mais novo dos marsupiais, os quais nasceram primeiro.

Exatamente o mesmo se aplica ao ancestral das larvas witchetty. Ele é o pai dessas larvas e é também o pai dos homens, que são os irmãos mais novos daquelas. Todos eles juntos constituem a encarnação visível da fertilidade de que se acha dotado o grande ancestral do totem em questão. Strehlow, para com o qual possuímos uma enorme dívida de gratidão por ter registrado esses mitos, encontrou para isso uma feliz expressão: "O ancestral", afirma, "representa a soma total da essência de vida das larvas witchetty, tanto da animal quanto da humana, contempladas em conjunto. Cada célula — por assim dizer — do corpo do ancestral primordial é um animal vivo, *ou* um ser humano vivo. Se o ancestral é um 'homem-larva', então cada célula de seu corpo é potencialmente ou uma larva witchetty viva ou um homem vivo do totem das larvas witchetty".

Esse duplo aspecto do totem manifesta-se com particular clareza no fato de os filhos humanos sentirem por vezes o desejo de voltar a ser larva. Entoam, então, uma fórmula mágica, metamorfoseiam-se em larvas e rastejam de volta para as raízes dos arbustos, onde tais larvas normalmente vivem. Daí, podem sair de novo e, a seu bel-prazer, reassumir a forma humana. As formas particulares que assumem permanecem inteiramente distintas — são larvas ou homens —, mas podem transformar-

-se uma na outra. É a *limitação* a essa metamorfose específica — afinal, inúmeras outras seriam possíveis — que define a natureza do totem. O ancestral que as produziu tem a ver apenas com ambas essas espécies de criatura, e com nenhuma outra. Ele representa seu parentesco antiquíssimo, excluindo todos os demais que possa haver no mundo. Seus filhos sentem vontade de assumir ora uma forma ora a outra. Empregando uma fórmula mágica, é-lhes possível satisfazer essa vontade e *praticar* essa metamorfose como aquela que lhes é inata.

Nunca é demais enfatizar o significado dessa dupla figura do totem. A própria metamorfose — mas *uma* metamorfose *bastante específica* — é fixada na figura do totem e transmitida aos descendentes. Em cerimônias importantes, que têm por propósito a multiplicação do totem, isso é representado dramaticamente. Tal significa que se representa sempre também a metamorfose que esse totem encarna. A vontade das larvas de transformar-se em homens — e os homens em larvas — transmitiu-se hereditariamente dos ancestrais para os membros do clã do totem, e estes consideram um dever sagrado render-se a essa vontade em suas cerimônias dramáticas. Para que o rito da multiplicação tenha êxito é necessário que essa metamorfose bastante específica seja representada corretamente, e sempre da mesma maneira. Quando acontecimentos da vida das larvas são encenados, cada participante sabe quem tem diante de si ou quem ele próprio representa. Ele é chamado pelo nome da larva, mas pode também transformar-se nela. Enquanto seu nome for o da larva, ele praticará a antiga metamorfose. O valor desta para ele é imensamente grande: dela depende não apenas a multiplicação das larvas, mas também a sua própria, pois não é possível separar uma coisa da outra; a vida de seu clã é, em todos os aspectos, determinada pelo apego a essa metamorfose.

Um outro aspecto muito importante dessas lendas diz respeito àquilo a que chamei autoingestão. Tanto o ancestral dos ratos marsupiais quanto seus filhos alimentam-se de ratos marsupiais, assim como os filhos do ancestral-larva alimentam-se de larvas. É como se inexistisse qualquer outro alimento, ou, pelo menos, como se não estivessem interessados em nenhum outro. O processo da ingestão de comida é predeterminado pelo da metamorfose. Ambos possuem a mesma direção: coincidem inteiramente. Do ponto de vista do ancestral, é como se ele se alimentasse de si mesmo.

Examinemos esse fenômeno mais detidamente. Havendo Karora trazido ao mundo os perameles e o sol começado a brilhar, ele rompe a crosta que o encima, levanta-se e sente fome. Faminto, põe-se, ainda semiatordoado, a tatear ao redor: esse é o momento em que sente por toda parte a massa viva de marsupiais. Agora, tem as pernas mais firmes. Pensa e sente desejos. Com fome, agarra dois marsupiais jovens e, algo mais adiante — onde está o sol —, os cozinha no chão que este último esquentou. Depois de saciada sua fome, e somente depois disso, é que seus pensamentos se voltam para um companheiro que possa ajudá-lo.

Os marsupiais, que sente como uma massa em torno de si, nasceram dele próprio; são parte de seu corpo, carne de sua carne. Em razão da fome, percebe-os como *alimento*. Agarra dois deles, que, ademais, são caracterizados como jovens, e os cozinha. É como se houvesse ingerido dois de seus próprios filhos.

Na noite seguinte, Karora dá à luz seu primeiro filho *humano*. Pela manhã, inspira-lhe vida com aquele som alto e vibrante, e coloca-o sobre as próprias pernas. Ambos executam conjuntamente uma cerimônia na qual se estabelece sua relação de pai e filho. Imediatamente a seguir, o pai o envia para matar mais marsupiais. Estes são seus outros filhos, nascidos antes, que brincam pacificamente à sombra nas redondezas. O filho traz para o pai os marsupiais que matou. Este, como no dia anterior, os cozinha ao sol, repartindo a carne cozida com seu filho. O que o filho come é a carne de seus irmãos e, na verdade, do próprio pai, que é quem o ensina a matá-los e lhe mostra como cozinhá-los. Trata-se da primeira refeição do filho, da mesma forma como fora a primeira refeição do pai. De um outro alimento qualquer a lenda jamais fala.

À noite, nascem-lhe dois novos filhos homens. Pela manhã, são chamados à vida, e todos os três são, então, enviados a caçar marsupiais. Trazem de volta a presa; o pai cozinha a carne e a reparte com eles. O número de filhos aumenta; a cada noite, novos filhos vêm ao mundo, chegando a cinquenta numa única noite. São todos postos para caçar. Mas, se, por um lado, o número de filhos homens aumenta, por outro, Karora não gera mais marsupiais. Estes surgiram no princípio, e todos de uma vez. Por fim, foram todos consumidos: juntos, pai e filhos os comeram a todos.

Agora, pois, têm fome. O pai manda os filhos para longe, para uma caçada de três dias. Eles procuram pacientemente por toda parte, sempre atrás de marsupiais, mas não encontram um único sequer. No caminho de volta, ferem um ser na perna, o qual haviam tomado por um animal. Subitamente, ouvem-no cantar: "Sou um homem como vocês. Não sou um peramele". E ele parte mancando. Os irmãos — devem ser muitos agora — voltam para o pai. A caçada terminou.

O pai, portanto, trouxe ao mundo, primeiramente, um alimento bastante definido — precisamente os marsupiais — para si e para seus filhos posteriores. Trata-se de um ato único, que não é repetido na lenda. A seguir, vêm ao mundo, pouco a pouco, todos os filhos humanos, que, junto com o pai, comem todo esse alimento, até não restar mais nada. Karora não os ensina a capturar nenhuma outra coisa; não lhes indica outro alimento. Tem-se a impressão de que deseja alimentá-los unicamente de sua própria carne, dos marsupiais que dele nasceram. Na maneira pela qual tudo o mais é excluído; no modo pelo qual Karora isola a seus filhos e a si próprio de tudo o mais, pode-se perceber algo como ciúme. Nenhum outro ser figura na lenda, à exceção, ao final, da criatura cuja perna ferem — um homem como eles e, de resto, ele próprio um grande ancestral para o qual, mais adiante, ao término da lenda, os filhos se voltam.

Na segunda história, tratando do pai das larvas, a relação entre descendência e alimento é semelhante, mas não inteiramente a mesma. O primeiro filho cai da axila do pai na quali-

446

dade de larva e, tão logo toca o chão, assume forma humana. O pai não se move; permanece absolutamente quieto. Nada exige do filho, nem tampouco lhe ensina coisa alguma. Muitos filhos sucedem-se da mesma maneira; tudo o que o pai faz é abrir os olhos e contemplá-los. Recusa-se a aceitar alimento deles, que, no entanto, põem-se diligentemente a desenterrar larvas das raízes dos arbustos próximos; tostam-nas e delas comem. O notável aí é que, vez por outra, sentem vontade de metamorfosear-se à maneira das larvas das quais se alimentam. Quando isso acontece, rastejam de volta para as raízes dos arbustos e ali vivem feito as larvas. São ora uma coisa ora outra; ora homens ora larvas; mas, quando homens, alimentam-se dessas mesmas larvas, e nenhum outro alimento é mencionado.

Aqui, a autoingestão fica a cargo dos filhos. O velho se recusa a comer das larvas, das quais se sente pai e que são carne de sua própria carne. Tanto mais fácil torna-se para os filhos a autoingestão. Tem-se a impressão de que, para eles, metamorfose e alimento encontram-se intimamente relacionados. É como se sua vontade de tornar-se larva nascesse do fato de eles gostarem tanto de comê-las. Escavam à sua procura, tostam-nas e as comem; depois, transformam-se eles próprios em larvas. Passado algum tempo, rastejam de volta à superfície e assumem novamente a forma humana. Quando, então, comem larvas, é como se comessem a si próprios.

A ambos esses casos de autoingestão — o do pai dos perameles e o dos filhos das larvas —, vem se juntar um terceiro, também algo diferente. Ele aparece numa terceira lenda, a qual Strehlow apresenta de forma bastante resumida.

Trata-se da história de um outro ancestral das larvas, o de Mboringka. Este sai regularmente à caça, para matar homens-larvas que são seus próprios filhos. Destes últimos diz-se expressamente que possuem forma humana. Ele os tosta e come com prazer; aprecia-lhes a carne doce. Um dia, essa carne transforma-se em larvas em suas entranhas. As larvas, no interior de seu pai, põem-se a se alimentar dele, de modo que, no fim, o pai é devorado pelos filhos que ele próprio abatera.

Assim, esse caso de autoingestão apresenta uma intensificação notável. *Aquele que é comido come quem o comeu.* O pai come os filhos, e esses mesmos filhos o comem quando ele ainda os está digerindo. O canibalismo é aí duplo e recíproco. O mais espantoso, no entanto, é que a resposta provém de *dentro*, das entranhas do pai. Para que isso seja possível, faz-se necessária uma metamorfose dos filhos comidos. O pai os come na qualidade de seres humanos, e eles o comem na condição de larvas ou vermes. Trata-se de um caso extremo e, à sua maneira, bastante completo. Canibalismo e metamorfose firmaram aí a mais íntima aliança. O alimento permanece vivo até o fim, e gosta ele próprio de comer. A metamorfose dos filhos em larvas, no estômago do pai, é uma espécie de volta à vida. Esta, porém, serve ao desejo de comer-lhe a carne.

As metamorfoses que unem o homem aos animais que ele come são fortes feito correntes. Sem transformar-se em animais, ele jamais teria aprendido a comê-los. Cada um desses mitos contém uma experiência essencial: a conquista de uma determinada espécie animal que serve, então, como alimento; seu nascimento pela metamorfose; sua fruição e a transformação de seus restos numa nova vida. A lembrança de como se conquistou o alimento — ou seja, justamente pela metamorfose — preserva-se ainda em comunhões sagradas posteriores. A carne que se come conjuntamente não é o que parece; ela representa uma outra carne e *transforma-se* nesta, quando incorporada.

É importante notar que a autoingestão da qual se fala aqui, embora comum nas lendas sobre a origem dos arandas, não o é em sua vida cotidiana. A relação efetiva dos membros do clã de um totem para com o animal que lhes dá nome é bem diversa daquela que aparece nessas lendas. Os membros de um clã são precisamente os que não se alimentam de seu totem. É-lhes proibido matar ou comer tal animal: eles devem contemplá-lo como seu irmão mais velho. Somente durante as cerimônias dedicadas à multiplicação do totem — cerimônias estas nas quais os velhos mitos são representados e os membros do clã apresentam-se como seus próprios ancestrais — é que, solenemente, se lhes dá um pedaço minúsculo da carne de seu totem. É-lhes dito que podem comer somente um pouco dessa carne. Como alimento sólido, são sobretudo eles que têm de abster-se dela; e se, ainda assim, um tal animal lhes cai nas mãos, não lhes é permitido derramar-lhe o sangue: têm de entregá-lo àqueles membros de sua família ou da horda pertencentes a *outros* totens — estes podem, então, comê-lo.

Numa época posterior, que se segue à era mítica dos ancestrais e que, do ponto de vista dos arandas vivos, pode ser chamada de a atual, um outro princípio substitui, portanto, a autoingestão: o da *preservação*. Assim como não comem homens, os arandas tampouco comem os parentes mais próximos que têm entre os animais. O período do canibalismo totêmico — pois assim se poderia caracterizar a ingestão do próprio totem — já passou. Permitem às pessoas pertencentes a outros clãs que comam os parentes que têm no mundo animal, da mesma forma como elas têm de admitir que comam *seus* parentes. O que se tem aí é mais do que uma permissão. Trata-se de um incentivo, na medida em que se cuida para que o próprio animal totêmico se multiplique. Os ritos visando essa multiplicação são transmitidos e confiados de geração a geração, e tem-se o dever de praticá-los. Os animais caçados em demasia tendem a partir para longe ou extinguir-se. Basta lembrar o momento da primeira lenda no qual os perameles desaparecem todos; inúmeros dos filhos de Karora se haviam posto atrás deles, tendo-os caçado com tal competência que, a uma distância de três dias de viagem, não se podia encontrar mais peramele algum. Nesse momento de fome, teria sido necessário gerar novos perameles. A autoingestão fora longe demais; todos os irmãos mais velhos, os *primeiros* filhos de Karora, haviam sido devorados. Importante teria sido, então, que a autoingestão se convertesse novamente na automultiplicação que dera início a tudo.

E é precisamente essa conversão que se tem nos ritos atuais visando a multiplicação dos animais totêmicos. Tão próximo é o parentesco do homem com o animal totêmico que a multiplicação *deste* último não pode ser inteiramente separada da sua própria. Uma parte essencial e sempre repetida dos ritos é a representação dos ancestrais, que foram ambas as coisas: ora homem ora aquele animal específico. Eles se transformam à vontade um no outro, e somente se pode representá-los quando se domina essa metamorfose. Os ancestrais apresentam-se como as figuras duplas mencionadas acima. A metamorfose é a parte essencial da representação. Enquanto ela se der corretamente, o parentesco permanece bem fundamentado e o homem pode, assim, forçar o animal, que não é senão ele próprio, a multiplicar-se.

MASSA E METAMORFOSE NO DELIRIUM TREMENS

As *alucinações* dos *alcoólatras* oferecem-nos uma oportunidade de estudar a massa da maneira como ela figura na imaginação do indivíduo. Por certo, trata-se aí de sintomas de uma intoxicação, mas sintomas acessíveis a todos; seu caráter *universal* é inegável: homens das mais diversas origens e disposições exibem em suas alucinações certos traços elementares em comum. Seu acúmulo e intensidade máximas, eles atingem no *delirium tremens*. O exame desse fenômeno revela-se duplamente produtivo. No delírio, os processos de metamorfose e de massa apresentam-se singularmente entrelaçados; em parte alguma é tão difícil separá-los quanto aqui. Examinando-se o delírio, descobre-se tanto sobre a metamorfose quanto se descobre acerca da massa; e, após muito refletir, fica-se convencido de que seria mais acertado simplesmente não separar uma coisa da outra, ou separá-las o mínimo possível.

Para dar uma ideia da natureza dessas alucinações, seguem-se, primeiramente, sua descrição por *Kräpelin* e, posteriormente, a de *Bleuler*. A abordagem de ambos não é exatamente a mesma, o que, no tocante ao nosso propósito, conferirá tanto maior força comprobatória àqueles pontos em que ambas coincidem. Afirma Kräpelin:

Dentre as percepções enganosas ensejadas pelo delirium tremens, costumam preponderar aquelas relativas à *visão*. Na maioria das vezes, tais ilusões são percebidas com grande nitidez, sendo mais raro que se apresentem vagas, indefinidas, muito assustadoras ou que possuam um conteúdo desagradável. Os doentes as encaram ora como realidade ora como ilusões produzidas artificialmente — por uma lanterna mágica ou um cinematógrafo —, com o intuito de diverti-los ou assustá-los. Com frequência, veem uma *massa* de objetos maiores ou menores: poeira, flocos, moedas, copinhos de aguardente, garrafas ou barras. Quase sempre essas imagens apresentam um movimento vívido, em maior ou menor grau [...] observa-se também a ocorrência da visão duplicada. Essa instabilidade das percepções enganosas talvez explique a frequência com que animais a esgueirar-se furtivamente são vistos. Eles se enfiam por entre as pernas, circulam pelo ar, cobrem a comida; aranhas "de asas douradas" pululam por toda parte, assim como besouros, percevejos, cobras, vermes dotados de longos ferrões, ratazanas, cães, animais de rapina [...] Grandes multidões humanas importunam os doentes: cavaleiros hostis, até mesmo "sobre pernas de pau", policiais; ou passam marchando por ele, em longos cortejos estranhamente agrupados; ameaçadoras figuras fantasmagóricas, criaturas disformes, homenzinhos, demônios, "limpadores de chaminés", fantasmas enfiam suas cabeças pelas portas, esgueiram-se pelos móveis, sobem escadas. Mais raras são as moças adornadas e sorridentes ou as cenas lascivas, as brincadeiras carnavalescas, as encenações teatrais [...]

[...] Graças a diversas e singulares sensações na pele, brota no doente a ideia de que formigas, sapos ou aranhas rastejam por seu corpo [...] Ele se sente encasulado por finos fios, sente borrifarem-lhe água e sente ainda como se o estivessem mordendo, espetando ou alvejando. Junta uma massa de dinheiro que vê esparramada ao seu redor e sente-a nitidamente em suas mãos, mas ela escorre feito mercúrio. Tudo quanto ele toca desaparece, encolhe-se ou cresce de forma gigantesca para, então, novamente decompor-se, rolar para longe ou escorrer [...]

Os pequenos nós e irregularidades da textura de sua roupa de cama parecem pulgas; os sulcos no tampo da mesa, agulhas; nas paredes, portas secretas se abrem [...]

O doente é absolutamente incapaz de qualquer atividade verdadeiramente ordenada; pelo contrário: as ilusões apoderam-se dele por completo. Raramente ele as deixa apenas desfilar por seus olhos; na maioria das vezes, elas o incitam a vívidas manifestações. Não permanece em sua cama, mas precipita-se porta afora, pois já está mais do que na hora de sua execução e estão todos à sua espera. Diverte-se com os animais fantásticos, intimida-se com os pássaros zunindo no ar, procura livrar-se dos vermes, pisotear os besouros; agarra as pulgas com os dedos esparramados, junta o dinheiro espalhado por toda parte, busca rasgar os fios que o envolvem e salta com penosa dificuldade por sobre os arames esticados junto ao chão.

"O notável no delírio do alcoólatra", resume Kräpelin mais adiante, "é *o caráter de massa das percepções enganosas de um mesmo tipo*, bem como seu movimento variado e vívido: o surgir, o desaparecer e o escorrer."

A descrição de Bleuler do delirium tremens não é menos impressionante:

Em primeiro plano encontram-se alucinações de um matiz bastante característico, relacionadas primordialmente à *visão* e ao *tato*. Essas visões são *múltiplas*, móveis, geralmente desprovidas de cor, e exibem uma tendência às reduções. Com bastante frequência, as alucinações relativas ao tato e à visão assumem, ademais, a forma de arames, fios, jatos d'água e coisas outras, igualmente longilíneas. Visões elementares, tais como de faíscas e sombras, são comuns. Se se verifica a presença de alucinações auditivas, é música o que se ouve na maioria dos casos — com particular frequência a de compassos bem marcados —, o que é bastante raro nas demais psicoses. No decurso da enfermidade, os delirantes podem estabelecer relações com centenas de pessoas resultantes da alucinação, todas elas mudas [...]

No mundo real, objetos pequenos, móveis e múltiplos são usualmente representados por pequenos animais, como ratos e insetos. Estes figuram também entre as alucinações mais frequentes dos bêbados; mas mesmo outras visões de animais os mais diversos não são nada raras; porcos, cavalos, leões, camelos podem apresentar-se reduzidos ou em escala real; por vezes, até mesmo animais inexistentes, em combinações absolutamente fantásticas. Com notável frequência ouvi descrições idênticas de animais de toda sorte — em geral grandes, mas, no caso em questão, reduzidos ao tamanho aproximado de um gato — desfilando por uma tela fictícia na parede, animais estes que divertem bastante os pacientes. Também os homens são com frequência reduzidos — "ver homenzinhos" significa delirar —, embora possam igualmente aparecer em escala real.

As alucinações dos diversos sentidos combinam-se facilmente; os ratos e insetos não são apenas vistos, mas *tocados* também, quando o paciente os *pega* ou quando eles rastejam por sua pele. Dinheiro é juntado e cuidadosamente enfiado num bolso fictício. O doente vê soldados passando e ouve a marcha ao som da qual caminham; vê e ouve atirarem nele; debate-se com agressores fictícios, os quais ouve falar e — mais raramente — chega a tocar.

Ao final do delírio, "as alucinações vão pouco a pouco perdendo o brilho, fazendo-se em menor número. Com frequência, porém, perdem primeiro seu valor de realidade: os pássaros já não estão mais vivos, mas empalhados; as cenas repetem-se, sendo, por fim, apenas opticamente projetadas na parede, como que por intermédio de uma lanterna mágica; para os delirantes, o cinema sempre existiu".

No tocante a suas próprias pessoas, "todos os meros delirantes conservam o senso de orientação: sabem quem são, que posição ocupam na vida, que família têm e onde moram".

Essas descrições compõem um resumo sumário da observação de muitos casos individuais. O primeiro ponto importante a se ressaltar aí é a conexão entre as alucinações *táteis* e as *visuais*. A comichão e o formigamento na pele são sentidos como se muitas criaturas minúsculas os provocassem simultaneamente. A explicação fisiológica para tanto não é aqui do nosso interesse; o essencial é que o bêbado pensa em insetos — formigas, por exemplo —, e imagina que milhares desses animaizinhos estão a percorrer-lhe a pele. Grandes exércitos deles o recobrem; como sente na pele seu movimento, tende a supor que estão por toda parte. Para onde quer que ele leve a mão, eles estão lá; tanto o chão a seus pés quanto o ar ao seu redor estão cheios de tudo quanto se afigura múltiplo ao toque.

Essa *sensação de massa na pele*, como se poderia chamá-la, nós não a conhecemos somente do delírio. Todo mundo já a experimentou em si mesmo, e justamente em conexão com insetos ou sentindo cócegas. Ela é inclusive infligida como pena tradicional para determinados tipos de crime, como ocorre entre alguns povos africanos: pessoas vivas são enterradas em formigueiros e deixadas ali até morrer. — Também no delírio essa sensação pode intensificar-se, conduzindo a sensações mais fortes do que um mero formigamento. Quando o ataque à pele faz-se duradouro, envolvendo áreas maiores e penetrando mais fundo, o formigamento intensifica-se, transformando-se num *roer*. É, então, como se inúmeros dentinhos se cravassem na pele; os insetos transformam-se em roedores. Não é à toa que os alcoólatras falam sempre e sobretudo em ratos e ratazanas. A agilidade de seus movimentos une-se ao conhecido formato e atividade de seus dentes; a isso vem se somar a concepção de sua fertilidade: é sabido em que enormes quantidades eles se apresentam.

No delírio provocado pela cocaína, no qual as alucinações táteis ocupam mais decisivamente o primeiro plano, elas pare-

454

cem localizadas *dentro* da pele, de onde o paciente gostaria de extirpá-las. Já as ilusões visuais, por sua vez, fazem-se amiúde "microscópicas". Inúmeros detalhes minúsculos são percebidos: animaizinhos, buracos na parede, pequenos pontos. Conta-se acerca de um cocainômano que ele "via gatos, ratos e ratazanas saltando por seu quarto e roendo-lhe as pernas, de modo que, aos gritos, pulava de um lado para outro; sentia-lhes os dentes. Era espiritismo: a hipnose os fizera atravessar as paredes". Pode-se supor que, em tais casos, os gatos sentem-se atraídos pelos ratos ou ratazanas, servindo para acelerar-lhes os movimentos.

A sensação de massa na pele é, portanto, o que vem primeiro, e parece justamente provocar algumas das alucinações visuais. Em segundo — e em conexão, talvez, com aquela sensação —, tem-se a propensão às *reduções*. Não se trata apenas de o delirante perceber e sentir o que de fato é pequeno, da construção de um mundo no qual predomina tudo o que é sabidamente pequeno: também o que é grande reduz-se, para ter seu lugar nesse mundo. O delirante vê os homens como homenzinhos; os animais do jardim zoológico reduzem-se ao tamanho dos gatos. Tudo se faz *muito*, e tudo se faz *pequeno*. O delirante, porém, conserva seu tamanho natural; mesmo em meio ao delírio, ele sempre sabe muito bem quem é e o que é. Ele próprio permaneceu idêntico ao que era; somente seu entorno modificou-se de modo radical. O movimento gigantesco no qual esse entorno subitamente mergulhou é um movimento de massas minúsculas, a grande maioria das quais lhe parece viva. De todo modo, há *mais* vida em torno dele, mas essa vida lhe toca como se ele fosse um *gigante*. O que se tem aí é precisamente o *efeito Liliput*; nesse caso, porém, Gulliver — que não cresceu ele próprio — é colocado num mundo muito mais denso e repleto, mas muito mais fluido também.

Essas proporções alteradas não são tão espantosas quanto possa parecer à primeira vista. Basta que se pense em quantas e quão pequenas são as células que compõem o corpo humano. Trata-se de células de tipos bastante diversos, em comunicação constante umas com as outras. São atacadas por bacilos e outras

455

criaturas minúsculas que nelas se estabelecem em massa. A seu modo, esses bacilos estão sempre em atividade, pois estão vivos. Não se pode afastar a suspeita de que as alucinações dos alcoólatras deem expressão a uma obscura percepção dessas relações primitivas a reinar no corpo. Durante o delírio, eles são amplamente apartados de seu entorno, orientados para si próprios e impregnados das mais notáveis sensações. Conhecem-se bem, de outras enfermidades, as sensações *dissociativas* em relação ao corpo. A obstinada propensão do delírio pelo concreto e pelo pequeno — que, no caso da cocaína, pode intensificar-se até o "microscopicamente" pequeno — tem algo de uma dissociação do corpo em suas células.

Como vimos, o caráter cinematográfico das alucinações é enfatizado com frequência. Poder-se-ia acrescentar aí algo acerca do *conteúdo* dessas projeções: o que o alcoólatra contempla são as relações e os acontecimentos no interior de seu próprio *corpo*, transpostos para o universo imaginativo que lhe é familiar; e, dentre eles, predominantemente os vinculados àquilo que, na estrutura de seu corpo, possui um caráter de massa. Não se pode aqui ir além do campo das suposições. Mas, decerto, não é supérfluo lembrar que, em determinados períodos, inevitáveis, toda a vida do homem "gigante", com todas as suas particularidades e toda a sua herança genética, concentra-se em células individuais que se apresentam em massa: refiro-me aos *animaizinhos* do *esperma*.

Contudo, independentemente do crédito que se possa dar a essa interpretação, a situação básica do delírio como tal — a situação do indivíduo enorme que se vê diante de uma infinidade de minúsculos agressores — existe e, na história da humanidade, intensificou-se de uma maneira assaz característica. Ela principia com o sentimento singular que se abriga em relação aos *insetos daninhos*, a atormentar todos os mamíferos, para nos restringirmos apenas a estes. Sejam eles mosquitos ou piolhos, gafanhotos ou formigas, a fantasia dos homens sempre se ocupou deles. Sua periculosidade sempre consistiu em seu caráter de massa e na subtaneidade com que essas massas surgiam.

Diversas vezes transformaram-se em símbolos de massa. É bem possível que tenham sido eles que ajudaram os homens a *pensar* em termos de massas realmente grandes; os primeiríssimos "milhares" e "milhões" que a humanidade conheceu talvez tenham sido de *insetos*.

O poder dos homens e a ideia que faziam de si mesmos atingiram já o gigantesco quando eles, pela primeira vez, depararam com os *bacilos*. O próprio contraste fez-se incomparavelmente maior. O homem tinha-se em mais alta conta; como indivíduo, via-se a si próprio isolado, apartado de seus semelhantes. Os bacilos, por sua vez, eram bem menores que os insetos daninhos, invisíveis a olho nu, e multiplicavam-se a uma velocidade ainda maior. Ao *homem*, maior e mais isolado, contrapunha-se uma massa maior de *criaturas pequeniníssimas*. Não há como superestimar o significado dessa concepção. Seu desenvolvimento está entre os mitos centrais da história do espírito. Ela é o verdadeiro modelo para a dinâmica do *poder*. Tudo quanto se lhe contrapunha, o homem decidiu-se a encarar como um *inseto daninho* [*Ungeziefer*]. É como tal que encarou e tratou todos os animais que não possuíam para ele nenhuma utilidade. Já o *detentor de poder* — que *degrada* homens à condição de animais e somente aprende a dominá-los porque os considera uma espécie inferior — degrada tudo quanto não se presta a ser dominado à condição de inseto daninho, o qual, por fim, aniquila aos milhões.

Como um terceiro aspecto importante nas alucinações dos alcoólatras, cabe aqui dizer algo acerca da natureza de suas metamorfoses. Elas sempre se dão exteriormente ao doente; mesmo quando ele as vivencia como realidade, não é a ele próprio que elas transformam. De preferência, ele as observa de uma certa distância. Se não lhe constituem ameaça, obrigando-o a tomar posição a seu respeito, ele se compraz de sua fluidez e desenvoltura. Frequentemente, porém, elas atingem um grau que lhe inviabiliza qualquer resquício de orientação, mesmo que aparente; quando tudo oscila e desfaz-se incessantemente, é natural que ele se sinta assaz desconfortável. Duas são as espécies de metamorfose que se observam aí, as quais ostentam um caráter bastante distinto. Primeiramente, têm-se massas transformando-se *em outras massas*. As formigas podem metamorfosear-se em besouros, e os besouros em moedas, que, quando coletadas, escorrem também qual gotas de mercúrio. Mais adiante, descobrir-se-á mais acerca desse fenômeno no qual algo múltiplo transforma-se em outra coisa, também múltipla.

É a outra espécie de metamorfose que conduz à formação de monstruosos *híbridos*: *uma* única criatura une-se a uma outra, surgindo daí algo novo, como se ambas houvessem sido fotografadas uma sobre a outra. Nos animais a desfilar, mencionados acima, aparecem, "por vezes, até mesmo animais inexistentes, em combinações absolutamente fantásticas". Criaturas disformes e "limpadores de chaminés" lembram a *Tentação de santo Antônio* de Grünewald, ou as criaturas com as quais Hieronymus Bosch povoa seus quadros.

A fim de se obter impressões mais exatas, será necessário examinar um ou dois casos de delirium tremens em seus contextos. Somente então ver-se-á, de fato, *quem* se transforma em *quê*, e talvez se possa, a partir daí, formular algumas suposições acerca de como e por que isso acontece. O desenrolar pleno de um delírio, apresentado sobretudo no segundo exemplo, permite também uma compreensão mais profunda da natureza dos fenômenos de massa.

O primeiro caso é o de um estalajadeiro de quem Kräpelin tratou. Num resumo bastante breve, é o seguinte o conteúdo de seu delírio, que se estendeu por cerca de seis dias:

> Para ele, era como se o diabo estivesse à solta. De repente, meteu a cabeça numa coluna de mármore; quis desviar, mas deparou com uma portentosa placa de mármore também do outro lado da rua, e outra ainda, quando quis dar meia-volta. Ambas as placas despencaram ameaçadoramente sobre ele. Duas figuras atrevidas trouxeram-no numa carroça até o Ochsen e o deitaram em seu leito de morte. Com o auxílio de uma tesoura incandescente, um mestre de cerimônias disparava raios quentes rumo a sua boca, de modo

que sua energia vital foi desaparecendo pouco a pouco. A um pedido seu, recebeu um copo de vinho tinto; um segundo copo foi-lhe negado pelo próprio Satanás, com um sorriso irônico. Distribuindo toda sorte de conselhos pios, ele então despediu-se dos que o rodeavam e morreu; simultaneamente, deitaram a seu lado os corpos de suas três filhas. No além, foi punido com os pecados que cometera na terra; sentia constantemente uma sede terrível; mas, tão logo agarrava uma caneca ou copo, eles desapareciam de suas mãos.

Na manhã seguinte, estava vivo de novo, deitado em seu esquife no Ochsen juntamente com as filhas, estas sob a forma de lebres brancas. Uma *procissão de católicos* tinha lugar; enquanto se cantavam as litanias, ele tinha de esmagar um sem-número de óculos dourados espalhados pelo chão da sala vizinha do Krone — a cada um que esmagava ouvia um tiro. *Os participantes da procissão* confabulavam, então, se ele deveria simplesmente levar uma surra ou ser espancado até a morte; a dona do Krone era pela primeira opção, sob a condição de que ele fosse morar para sempre em seu estabelecimento. Ele, porém, queria fugir, porque não lhe davam cerveja; um chefe de polícia veio libertá-lo; o dono do Krone atirou neste com um revólver e foi levado para a prisão.

Numa outra noite, *toda a comunidade protestante* encontrava-se reunida na igreja para uma solenidade, no centro da qual estava um estudante, que, antes do início do culto, fizera uma espécie de *número de circo* sobre pequenos cavalos, junto com cinquenta colegas. Mais tarde, o doente notou que sua mulher, acompanhada de um parente, retirou-se para um banco da igreja; observou a seguir, escondido atrás do órgão junto com uma irmã de caridade, a mulher e o parente profanando aquele local sagrado. Em seguida, estava trancado na igreja; por fim, o vidraceiro serrou a janela, abrindo um buraco para que pelo menos se pudesse passar cerveja lá para dentro. Ao vestir-se, as mangas e aberturas na roupa haviam sido tapadas e costuradas, e os bolsos, desfeitos; no banho, viu-se rodeado por sete lebres flutuando sob a água, as quais o molhavam e o roíam continuamente.

O ambiente novo, real, do qual o doente nada sabe durante o delírio e no qual ele realmente mete a cabeça traduz-se-lhe em mármore. Nesse mundo da alucinação, ele aprecia estar *entre muitas pessoas*, e, aliás, na condição do objeto escolhido e ameaçado por elas. Em seu leito de morte no Ochsen, ele é vagarosamente despojado de sua energia vital. É como se se tratasse de uma execução longamente dilatada, da qual ele se vale para reunir espectadores em torno de si, os quais mantém reunidos mediante conselhos pios. No lugar de todos os seus desejos individuais figura sua sede; no além, ele experimenta o conhecido castigo de Tântalo. Como ele, suas três filhas, cujos cadáveres são deitados a seu lado, retornam à vida na manhã seguinte, mas na qualidade de lebres brancas. Nestas está contida a inocência das filhas, mas também o remorso que ele sente em relação a elas e que lhe rói o coração de alcoólatra.

A procissão dos católicos é, então, o primeiro acontecimento verdadeiramente de massa. Ele é obrigado a cooperar, mas de uma sala ao lado, sem diluir-se na multidão; no chão dessa sala jazem inúmeros óculos dourados, representando o caráter de massa dos participantes da procissão. A cada óculos que esmaga, um tiro é disparado — pode-se concebê-los como tiros de morteiro, visando intensificar a alegria da festividade. Em sua impenitente maldade, porém, ele sente como se estivesse matando católicos com tais tiros. Os participantes da procissão, capazes de ver o que vai dentro dele, organizam-se numa espécie de assembleia a deliberar sobre sua punição. Trata-se aí do prolongamento da situação no leito de morte; dessa vez, um grupo maior de homens o circunda para julgá-lo. Poder-se-ia supor que ele não goste muito de católicos; mas ele tampouco trata com maior respeito a comunidade protestante, que, numa noite posterior, reúne-se para um culto: vincula-a a um número circense. Tem-se aí um exemplo notável da transformação de uma massa em outra. *A comunidade transforma-se no circo.* O estudante, representando talvez o sacerdote, não se faz acompanhar por menos de cinquenta colegas; os cavalos, como era de se esperar, foram reduzidos em seu tamanho; é possível que o doente *sinta* o golpe de seus cascos.

Bastante característico da tendência à postura contemplativa no delírio é o modo pelo qual ele observa a falta cometida por sua mulher. Digna de nota é também sua relação com as próprias roupas: também elas se me tamorfoseiam; todas as mangas e aberturas encontram-se tapadas e costuradas, e os bolsos estão desfeitos. As roupas transformaram-se em construções monstruosas; seus órgãos não funcionam como deveriam. Poder-se-ia perfeitamente conceber no delírio um desfile das roupas metamorfoseadas, nada distante daquele dos animais. Por fim, as sete lebres no banho possuem, todas juntas, uma bela quantidade de dentes, cuidando de molestar-lhe a pele.

O segundo caso que eu gostaria de mencionar aqui, mais extensamente, foi tratado por *Bleuler.* O doente, um esquizofrênico, descreveu ao longo de 36 páginas suas experiências durante um acesso de delirium tremens. Poder-se-ia objetar que o exemplo de um delirante tão "anormal" não é típico. O que me parece é, pelo contrário, que precisamente desse caso muita coisa se pode descobrir acerca dos conceitos relativos à massa no delírio. Nele, as alucinações possuem um pouco mais de coerência, e as metamorfoses fizeram-se mais tranquilas; em seu conjunto, esse relato possui, na verdade, algo de literário. Mesmo nos breves excertos que se seguem, pode-se ainda sentir algo dessa sua qualidade poética.

Aquilo que, de repente, tive de ver colocou-me os cabelos em pé [...] *Florestas, rios, mares,* com toda sorte de formas animais e humanas assustadoras, jamais vistas por pessoa alguma, passavam zunindo incessantemente, alternando-se com *oficinas de todas as profissões,* e, no interior destas, espíritos terríveis a trabalhar [...] As paredes de ambos os lados eram todas um único mar, repleto de *milhares de pequenos navios*; os passageiros eram, *todos eles, homens e mulheres nuas*, entregando-se ao prazer ao compasso da música, sendo que, a cada vez que um par se satisfazia, uma figura atrás dele o apunhalava com uma longa lança, colorindo o mar do vermelho do sangue, com *novas legiões sempre* a chegar [...] Um trem de passageiros do qual *muitos desembarcavam*. Dentre estes, ouvi as vozes de meu pai e de minha irmã K., que vinham para libertar-me. Ouvia-os claramente conversando um com o outro. Depois, ouvi de novo minha irmã e uma senhora de idade sussurrando; gritei a não mais poder para que ela me libertasse. Ela respondeu que pretendia fazê-lo mas que a senhora de idade não a deixava, jurando para minha irmã que, se ela o fizesse, provocaria a desgraça de toda a casa e que comigo não estava acontecendo nada [...] Orando aos prantos, eu aguardava minha morte. Um silêncio mortal imperava, e *legiões de espíritos cercaram-me* [...] Por fim, um dos espíritos aproximou-se e, a uma certa distância de meus olhos, estendeu seu relógio, dando a entender que ainda não eram três horas, pois falar, nenhum deles podia [...]

Longas negociações seguiram-se entre os parentes do paciente, que queriam comprar-lhe a liberdade — de início, com pequenas somas; depois, oferecendo somas maiores. Outras vozes confabulavam sobre como matá-lo. Depois, os parentes foram atraídos para as escadas e jogados nos fossos, de onde se podia ouvi-los gritar e agonizar. A mulher do carcereiro chegou e pôs-se a cortar-lhe a carne pedaço por pedaço, principiando pelos pés e subindo até o peito, assando-a e comendo-a. Espargia sal nas feridas. Por andaimes que oscilavam bastante, o paciente foi conduzido pelos diversos céus até o oitavo, passando por *coros de trombetas* que chamavam *seu nome*. Por fim, em consequência de um erro qualquer, foi enviado de volta à terra... Pessoas sentadas a uma mesa comiam e bebiam coisas de um aroma delicioso, mas, quando lhe estendiam um copo, este desaparecia, de modo que ele sentia enorme sede. Em seguida, teve de, em voz alta, contar e fazer contas durante horas. Estenderam-lhe uma bebida celestial numa garrafinha; quando fez menção de pegá-la, a garrafa despedaçou-se e seu conteúdo escorreu-lhe por entre os dedos feito fios de cola. Mais tarde, travou-se entre seus verdugos e parentes uma *grande batalha*, da qual ele nada viu, mas ouvia os golpes e gemidos.

As "florestas, rios e mares" que figuram aí nos são conhecidos como símbolos de massa. Contudo, feito estivessem em meio ao processo de sua transformação em símbolos, eles ainda não se apresentam libertos das massas que tão frequentemente representam. Anima-os toda sorte de "formas animais e humanas assustadoras, jamais vistas por pessoa alguma". O surgimento em tão grande número de novas criaturas mediante a combinação de antigas é obra da metamorfose. Mais uma vez, o delirante não é ele próprio incluído na metamorfose; tanto mais ativamente mistura-se e modifica-se o mundo. Contudo, essas criaturas todas se lhe apresentam logo em *massa*. É notável que ele alterne as conhecidas unidades da floresta, do rio e do mar, onde a vida nasce de forma natural, com "oficinas de todas as profissões". A *produção* é, pois, equiparada à *metamorfose*, uma concepção que muitos povos primitivos compartilham com esse delirante. As profissões diferem umas das outras como criaturas de diferentes espécies, mas o que elas geram, geram-no em massa, de modo que se tem a sensação de que estão ali somente para produzir massas de coisas de um modo mais veloz. O que se tem aqui são processos de trabalho como coisas abstratas, e seus resultados; executam-nos aqueles complexos espíritos.

Em seguida, as paredes reaparecem como um único mar, animadas agora não por "figuras animais e humanas", mas por milhares de pequenos navios. Nestes, encontram-se homens e mulheres nuas; iguais, portanto, em sua nudez, a não ser pela diferença sexual, e iguais também em sua dependência do compasso da música. A massa que se tem aí é a dos *casais* e do *acasalamento*. É na qualidade de casais que eles são apunhalados, e o sangue deles todos corre para o mar, tingindo-o de vermelho. Mas novas legiões de casais surgem sem parar.

O "trem de passageiros do qual muitos desembarcavam" demanda uma explicação mais detalhada. Num trem, imagina--se muita gente reunida, pessoas que percorreram uma longa distância numa determinada direção e que, embora separadas pelas paredes dos compartimentos, encontram-se em circunstâncias que não lhes permitem separar-se arbitrariamente umas das outras, a não ser nas estações. Em seu ponto de chegada, elas atingiram uma meta que lhes era comum, ainda que provenham de lugares bastante diversos. Nos momentos que antecedem a chegada, sentindo-se já bem próximas da estação final, elas se levantam, comprimem-se no corredor e posicionam-se junto à janela. Pode-se, então, observar nelas uma forma bastante branda de excitação de massa: elas chegam juntas, por assim dizer, à meta. O movimento no qual mergulham ao desembarcar e *percorrer* elas próprias o derradeiro trecho de sua viagem — o caminho rumo à saída da neutra estação — é a dissolução dessa massa branda, uma pequena marcha conjunta pela plataforma.

Para o espectador, o esvaziamento do trem, logo após a visão dos rostos desconhecidos densamente comprimidos nas janelas e portas, produz um efeito de massa diferente daquele que é percebido pelo próprio passageiro. Para aquele, trata-se de, em meio a todos esses rostos estranhos, encontrar um ou dois conhecidos — precisamente o das pessoas pelas quais estava esperando. Assim, para os delírios *contemplativos* de que tratamos aqui, o "trem de passageiros do qual muitos desembarcavam" vem bem a calhar. Cumpre acrescentar que tal cena é imaginada numa grande estação, para a qual muitas linhas convergem.

A palavra *morte*, um pouco mais adiante, conduz a "silêncio mortal". Mas, enquanto nós entendemos por isso tão somente um silêncio particularmente profundo, para o doente, os "mortos" desprendem-se da própria palavra e o circundam na qualidade de *legiões* de espíritos.

A caminho dos céus para os quais é conduzido, ele passa por *coros de trombetas* que lhe anunciam a *glória*. Não há nada que caracterize melhor a essência da glória. Aquele que a deseja, deseja exatamente isto: coros de criaturas — de preferência, seres humanos — que nada mais fazem senão chamar-lhe o nome. Também esse tipo de massa possui algo de brando. O coro, uma vez a postos, permanece em seu lugar, e, por mais alto que cante, sua proximidade não vai além do nome.

Uma luta entre dois grupos rivais atravessa todo o relato: de um lado, têm-se os parentes do doente, desejando libertá-lo, comprar-lhe a liberdade; do outro, os inimigos, que querem matá-lo. Ele é o objeto pelo qual se luta; a rigor, esse objeto é seu *corpo*. Tudo principia com arrastadas negociações; das somas menores passa-se às maiores; o doente adquire um valor cada vez maior para seus parentes. Seu partido é atraído para um fosso, do qual ele o ouve gritar e agonizar; ao se examinar a guerra, já se abordou aqui detalhadamente o *amontoado de moribundos e mortos*. Na qualidade de prisioneiro, o paciente é torturado e devorado como o fazem os canibais. A oposição entre seus verdugos e parentes conduz ainda a uma grande batalha; ele a ouve; mais uma vez, ouve os gemidos dos feridos. Portanto, além de tudo o mais, esse delírio apresenta ainda a *massa dupla* que conhecemos, e sua descarga na guerra. As fases concretas do desenvolvimento até a batalha lembram bastante, em seus detalhes, os acontecimentos correspondentes no guerrear dos primitivos.

Poder-se-ia dizer que estão presentes nesse caso quase todos os fenômenos de massa. Não é frequente que eles se apresentem em tal concentração e nitidez.

IMITAÇÃO E SIMULAÇÃO

Imitação e metamorfose são termos com frequência empregados indistinta e imprecisamente para designar os mesmos fenômenos. Contudo, é aconselhável distingui-los. Eles absolutamente não significam a mesma coisa, e a cuidadosa separação de ambos pode contribuir para o esclarecimento do que seja, verdadeiramente, a metamorfose.

A imitação é algo *externo*; ela pressupõe que se tenha diante dos olhos algo cujos movimentos se copiam. Em se tratando de sons, a imitação nada mais significa do que a reprodução exata desses mesmos sons. Com isso, nada se diz a respeito da constituição *interna* daquele que imita. Macacos e papagaios imitam; é de se supor que, nesse processo, eles não se modifiquem em coisa alguma. Poder-se-ia dizer que não sabem o que estão imitando: jamais o vivenciaram internamente. Assim, podem passar de uma imitação a outra sem que a *sequência* na qual isso acontece tenha para eles o menor significado. A falta de persistência facilita a imitação. Esta relaciona-se usualmente a um único traço. Uma vez que, pela própria natureza da coisa, se trata de um traço que chama a atenção, a imitação frequentemente simula uma capacidade de "caracterização" inexistente na realidade.

Pode-se reconhecer uma pessoa a partir de determinadas fórmulas que ela usa com frequência; um papagaio que a imite pode lembrá-la exteriormente. Tais fórmulas, no entanto, não precisam ser necessariamente aquelas características da pessoa. Podem tratar-se de certas frases que ela só diz ao papagaio, e, nesse caso, este último estará imitando algo inteiramente desimportante; ninguém que não conheça a fórmula reconhecerá a pessoa a partir dela.

Em poucas palavras, a imitação nada mais é do que um primeiro passo, logo abandonado, rumo à metamorfose. Tais passos iniciais podem suceder-se velozmente, tendo por alvo os mais diversos objetos, um após o outro. Pode-se observá-lo bastante bem nos macacos. Neles, é precisamente a facilidade da imitação que impede o seu aprofundamento.

E isso porque, em relação à bidimensionalidade da imitação, a metamorfose propriamente dita é como um *corpo*. Uma forma de transição da imitação para a metamorfose que, conscientemente, detém-se no meio do caminho é a *simulação*.

A aproximação amistosa, mas com propósito hostil — que penetrou em todas as formas posteriores do poder —, constitui uma antiga e importante modalidade da metamorfose. Ela é superficial e diz respeito exclusivamente ao aspecto exterior

— à pele, aos chifres, à voz, ao andar. Sob tal disfarce — intocado, intocável e munido de uma intenção mortal que nada é capaz de influenciar — encontra-se o caçador. Essa separação extrema entre interior e exterior, os quais não poderiam ser mais diferentes, atingiu sua perfeição nas máscaras. O caçador tem controle sobre si próprio e sobre sua arma. Mas tem o domínio também sobre a figura do animal que está representando. Tem, a todo momento, ambas as coisas sob seu poder. É, por assim dizer, duas criaturas ao mesmo tempo, e aferra-se a ambas, até que tenha atingido sua meta. O fluxo das metamorfoses das quais ele seria capaz é estancado; ele se encontra em dois lugares precisamente circunscritos, um *dentro* do outro, e este claramente apartado daquele. É essencial aí que o interior permaneça rigorosamente oculto por detrás do exterior. A face amigável e inofensiva é a *exterior*, a hostil e mortal a *interior*. A intenção mortal denuncia-se apenas no ato final.

Essa duplicidade é a forma extrema daquilo a que comumente se chama *simulação*. A palavra, tomada em seu significado pleno, não poderia ser mais explícita. Contudo, tendo sido aplicada a tantos fenômenos de natureza mais débil, ela perdeu boa parte de sua força. Quero aqui restringi-la a seu sentido mais estrito, chamando *simulação* à figura amigável sob a qual se oculta uma outra, hostil.

Um lavadeiro tinha um burro capaz de transportar cargas extraordinárias. Para alimentá-lo, o lavadeiro cobria-o com uma pele de tigre e, chegada à noite, levava-o a comer cereais dos outros. O burro fartava-se dos cereais dos outros, pois ninguém ousava aproximar-se dele e tocá-lo dali, uma vez que todos o tomavam por um tigre. Certa vez, porém, um vigia pôs-se à sua espreita. Jogara um casaco cinza-empoeirado sobre o corpo e mantinha seu arco pronto para matar o animal ladrão. Ao vê-lo de longe, o burro apaixonou-se, tomando o homem por uma jumenta. Assim, gritou e correu ao seu encontro. O vigia, porém, reconheceu o burro por sua voz e o matou.

Essa história indiana do "Burro em pele de tigre" abriga, em poucas palavras, um pequeno manual da simulação. Ninguém mais conseguiu dizer tanto a esse respeito num espaço tão exíguo. Tem-se de reconhecer que se trata aí não das origens, mas dos empregos da simulação. Contudo, vários desses seus empregos não se encontram nada distantes de suas origens.

Tudo principia com o ofício do lavadeiro, que é o de lavar peças de roupa; as roupas, por sua vez, são uma segunda *pele* dos homens. Trata-se de um lavadeiro competente, que encontrou um burro capaz de transportar-lhe grande quantidade de carga. É de se supor que o burro carregue as roupas lavadas por seu dono. E, dentre as peles com as quais o lavadeiro se ocupa profissionalmente, pode ter estado também a pele de tigre, que constitui o objeto propriamente dito da história.

O burro, que trabalha tão bem, está faminto e necessita de muita comida. Seu dono veste-lhe uma pele de tigre e o leva a comer cereais dos outros. Destes, ele pode fartar-se; as pessoas têm medo dele, pois o tomam por um tigre. A criatura inofensiva apresenta-se aí vestida com a pele de um animal bastante perigoso. Mas não sabe o que está se passando com ele. O pavor que desperta não lhe é compreensível. Come à vontade e sem ser perturbado. Os homens que dele não ousam aproximar-se não podem saber o que ele está fazendo ali. Seu receio é o receio diante de um ser mais poderoso e possui algo de uma veneração religiosa. Esse receio os impede de ver o burro sob o tigre. Permanecem à distância, e, enquanto permanecer calado, o burro pode continuar comendo. Surge, então, um vigia, que não é um homem comum: ele possui a coragem de um caçador e mantém seu arco pronto para abater o tigre. Desejando atraí-lo para perto de si, o vigia disfarça-se de presa, uma presa que poderia interessar ao tigre. Veste um casaco cinza-empoeirado; é possível que se trate da pele de um burro; de qualquer modo, é por um burro que ele gostaria que o suposto tigre o tomasse. Sua simulação é a do perigoso fazendo-se passar por inofensivo. Já os primeiros caçadores valeram-se desse mesmo expediente para aproximar-se de suas presas.

O ponto crucial da história reside, então, no fato de o burro, embora tendo se alimentado bem, sentir-se solitário. Tão logo vê ao longe algo que lhe lembra um burro, deseja que se trate de uma jumenta. Assim, ele grita e corre em direção à suposta jumenta. Mas denuncia-se a si próprio como burro por meio de sua voz, e é morto pelo vigia. — Em vez de figurar como uma presa que um tigre gostaria de devorar, o vigia, inadvertidamente, atuou como uma jumenta. Em vez do amor que queria, o burro encontra a morte.

A história é construída como uma sucessão de enganos. Simulando-se uma criatura que não se é busca-se enganar outras criaturas. A ação resulta aí do fato de as simulações produzirem um efeito diverso do planejado. Somente o ser humano emprega conscientemente a simulação. Ele pode disfarçar-se a si próprio ou mascarar uma outra criatura, como faz o lavadeiro com seu burro. O animal só pode prestar-se ao papel de vítima passiva da simulação. A separação entre homem e animal é completa nessa história. Os tempos míticos nos quais ambos eram inseparáveis, quando os homens agiam como verdadeiros animais e estes falavam como os homens, se foram. O homem aprendeu — graças justamente a suas experiências míticas como animal — a empregar quase todos os animais da forma que lhe convém. Suas metamorfoses transformaram-se em simulações. Vestindo máscaras e peles, ele permanece consciente de sua meta, permanece sendo ele mesmo: o senhor dos animais. Aquele ao qual ele não pôde subjugar, o homem *venera*, como o faz com o tigre. Mas mesmo este os especialmente corajosos tentam apanhar, e talvez o vigia conseguisse com seu ardil abater até mesmo um tigre de verdade.

É decerto espantoso que uma história tão curta seja capaz de exprimir tantas relações essenciais. E não é desimportante o fato de ela começar com um lavadeiro, que manipula roupas — as derradeiras e, por assim dizer, inanimadas sucessoras da pele, cujo vestir frequentemente opera as metamorfoses nos mitos. A pele de tigre que o lavadeiro emprega em seu ardil dá vida às roupas inofensivas com as quais ele habitualmente lida.

Somente a simulação — esse aspecto limitado da metamorfose — é ainda hoje conhecida dos detentores de poder. O poderoso não *pode* metamorfosear-se mais. Enquanto ele permanecer consciente de sua disposição interior hostil, ele seguirá sendo ele mesmo. Encontra-se, pois, restrito a metamorfoses que mantêm sempre e inteiramente intacto esse cerne interior, sua forma verdadeira. É possível que, vez por outra, ele julgue conveniente ocultar o pavor que irradia dessa sua forma verdadeira, podendo servir-se para tanto de diversas máscaras. Estas, porém, ele sempre as vestirá temporariamente, e elas jamais produzirão a mínima modificação em sua forma interior, que é sua natureza.

A FIGURA E A MÁSCARA

A *figura* é um estágio final da metamorfose. É próprio dela não permitir uma nova metamorfose. Em todos os seus traços, a figura é limitada e clara. Ela não é natural, mas sim uma criação do homem. É uma salvação ante a fluidez incessante da metamorfose. Não se deve confundi-la com aquilo a que a ciência moderna chama gênero ou espécie.

Chega-se o mais próximo possível de sua essência quando se pensa nas figuras divinas das mais antigas religiões. Nesse sentido, vale a pena examinar alguns deuses egípcios. A deusa Sekhmet é uma mulher com a cabeça de uma leoa; Anúbis é um homem com a cabeça de um chacal; Tot, um homem com a cabeça de um íbis. A deusa Hátor possui a cabeça de uma vaca, e o deus Hórus, a de um falcão. Essas figuras, com suas formas definidas e imutáveis — a forma dupla humano-animal —, dominaram por milênios as concepções religiosas dos egípcios. Nessa sua forma, elas foram reproduzidas por toda parte, e nessa mesma forma foram adoradas. Sua constância é espantosa. Muito antes, porém, do desenvolvimento de tais sistemas rígidos de deuses, as formas duplas, humano-animais, eram já comuns entre inúmeros povos da terra, os quais não possuíam nenhum contato entre si.

Os ancestrais míticos dos australianos são homens e animais ao mesmo tempo, e, por vezes, homens e plantas. Essas figuras são chamadas de totens: há um totem canguru, um totem marsupial, um totem ema. Cada um deles distingue-se pelo fato de ser homem e animal ao mesmo tempo; ele age feito um homem e feito um animal específico, e é tido pelo ancestral de ambos.

Como se há de entender essas figuras arcaicas? O que, verdadeiramente, elas representam? A fim de compreendê-las, há que se ter em vista que elas são consideradas os habitantes de um tempo mítico, um tempo no qual a metamorfose era um dom comum a todas as criaturas e tinha lugar incessantemente. Já se destacou com frequência a *fluidez* desse mundo de outrora. As criaturas podiam metamorfosear-se no que quisessem, mas tinham também o poder de metamorfosear os outros. Desse fluxo geral, ressaltam algumas figuras isoladas, as quais nada mais são do que a fixação de determinadas metamorfoses. A figura à qual os homens, por assim dizer, se apegam; aquela que se torna a tradição doadora de vida; aquela que é constantemente representada e cuja história é sempre contada — tal figura não é aquilo a que hoje chamaríamos uma espécie animal; não se trata de um canguru ou de uma ema, mas de duas coisas ao mesmo tempo: de um canguru mesclado a um homem ou de um homem que, a seu bel-prazer, transforma-se em ema.

O *processo* da metamorfose faz-se, assim, a mais antiga das figuras. Da multiplicidade de incontáveis e incessantes metamorfoses, uma, bastante específica, destaca-se e é fixada numa figura. O próprio processo da metamorfose — mas *um único* processo — é fixado e, desse modo, comparando-se a todos os demais que se excluíram, impregnado de um valor particular. Essa figura dupla, que contém e preserva a metamorfose de homem em canguru e de canguru em homem, que permanece para sempre idêntica a si mesma, é a primeira e mais antiga das figuras: é a origem de todas elas.

Poder-se-ia dizer que ela é ainda uma figura *livre*. Ambos os seus aspectos se equivalem. Nenhum é colocado à frente do outro, e nenhum se oculta por detrás do outro. Ela remonta a um tempo primordial, mas, em sua rica atuação, está sempre presente. Tem-se um acesso a ela: mediante a representação dos mitos aos quais ela pertence, participa-se dela.

Também para nós é importante ter clareza acerca dessa espécie mais antiga de figura. É importante compreender que a figura principia com algo nada simples, algo que nos parece complexo e que, contrariamente àquilo que hoje concebemos como figura, expressa simultaneamente o *processo* e o *resultado* da metamorfose.

A *máscara* distingue-se de todos os demais estágios finais da metamorfose por sua rigidez. No lugar de uma expressão facial que jamais se fixa, encontrando-se sempre em movimento, ela coloca o seu oposto: uma rigidez e constância perfeitas. É particularmente na expressão facial que se exprime a incessante disposição do homem para a metamorfose. De todas as criaturas, ele é, de longe, a que possui o mais rico jogo fisionômico; dele é também a vida mais rica em metamorfoses. É inapreensível o que se dá no rosto de um homem ao longo de uma única hora. Se se tivesse um tempo maior para contemplar mais precisamente todos os sentimentos e humores que desfilam por um rosto, ficar-se-ia espantado com os inúmeros princípios de metamorfoses que ele permite reconhecer e distinguir.

Os costumes não exibem em toda parte o mesmo posicionamento perante o livre jogo fisionômico. Em algumas civilizações, restringe-se bastante a liberdade do rosto. Tem-se por inadmissível demonstrar dor ou alegria *de imediato*; as pessoas encerram em si esses sentimentos, e seu rosto permanece tranquilo. A razão mais profunda para essa postura é a demanda por uma autonomia constante do homem, que, assim, não permite a intromissão de pessoa alguma, tampouco pratica uma tal intromissão. O homem deve ter a força necessária para viver somente para si, bem como força suficiente para permanecer o mesmo. Ambas essas coisas caminham de mãos dadas. É, afinal, a influência de um homem sobre o outro que estimula às metamorfoses incessantes e fugazes. Estas expressam-se por meio dos gestos e da expressão facial; onde ambas são proibidas, toda metamorfose é dificultada, acabando-se por impedi-la completamente.

Alguma experiência na rigidez nada natural desses "estoicos" logo conduz à percepção do sentido que tem a máscara, de um modo geral: ela é um estágio final. A prática fluida de metamorfoses obscuras, semifermentadas, que têm em todo rosto humano, natural, sua maravilhosa expressão, desemboca na máscara: termina nela. Estando presente a máscara, não há mais sinal de algo que *principia*, algo que, ainda informe, constitua um primeiro e inconsciente passo. A máscara é *clara*; ela exprime algo bem definido — nem mais nem menos que isso. E ela é *rígida*: esse algo definido não se modifica.

É certo que, por trás dessa máscara, pode haver uma outra. Nada impede o ator de usar uma máscara por baixo da outra. As máscaras duplas estão presentes em muitos povos: abre-se a primeira e, por baixo dela, aparece uma outra. Também esta, porém, é uma máscara, um estágio final em si. O que conduz de uma à outra é um *salto*. O que quer que pudesse haver entre ambas foi excluído; inexiste uma transição amenizadora, como a que se poderia verificar no rosto de um homem. O novo, o outro, apresenta-se subitamente. É tão claro e rígido quanto o que o precedeu. De uma máscara à outra, tudo é possível, mas tão somente por meio do *salto*, e unicamente dessa forma concentrada.

O efeito produzido pela máscara é principalmente um efeito voltado para o *exterior*. Ela cria uma *figura*. A máscara é intocável e interpõe uma distância entre si própria e o observador. Ela pode — numa dança, talvez — chegar mais perto deste último. Mas ele, por si só, tem de permanecer onde está. A rigidez da forma transforma-se numa rigidez da distância também: o fato de ela não se modificar é o que lhe confere seu caráter *proibitivo*.

E isso porque, logo atrás da máscara, começa o segredo. Nos casos rigorosos e plenamente desenvolvidos de que se trata aqui — ou seja, naqueles em que a máscara é levada a sério —, não é admitido que se saiba o que há por trás dela. A máscara exprime muita coisa, mas oculta ainda mais. Ela constitui uma *separação*: carregada de um conteúdo perigoso que não se pode conhecer e com o qual não é possível uma relação de familiaridade, ela pode aproximar-se bastante de alguém, mas, nessa mesma proximidade, permanecerá nitidamente apartada dele. A máscara ameaça com o segredo que represa atrás de si. Uma vez, porém, que não é possível lê-la fluentemente como se faz com um rosto, suspeita-se e teme-se o desconhecido que ela oculta.

Trata-se aí, na esfera visual, da mesma experiência que, no âmbito do acústico, todos conhecem. Chega-se a um país cuja língua se desconhece inteiramente. Está-se rodeado de pessoas a falar com a gente. Quanto menos se entende, mais se supõe. Supõem-se coisas desconhecidas. Teme-se uma possível hostilidade. Mas fica-se descrente, a salvo e, por fim, um pouco decepcionado quando as palavras dos estranhos são traduzidas para uma língua familiar. Quão inofensivas e inocentes! Toda língua completamente desconhecida é uma máscara *acústica*; tão logo compreendida, ela se torna um rosto *interpretável* e, em pouco tempo, familiar.

A máscara é, portanto, precisamente aquilo que não se transforma, inconfundível e duradoura — algo permanente em meio ao jogo sempre cambiante da metamorfose. Contribui para o claro efeito que produz o fato de ela ocultar tudo quanto há por trás dela. Sua perfeição repousa no fato de ela apresentar-se de forma exclusiva, e de tudo quanto está por trás dela permanecer incognoscível. Quanto mais nítida ela for, tanto mais obscuro será tudo aquilo que está por trás. Ninguém sabe o que poderia surgir dali. A tensão entre a rigidez da máscara e o segredo que ela oculta pode atingir proporções gigantescas. Essa tensão é a verdadeira razão de seu caráter *ameaçador*. "Eu sou exatamente o que você está vendo", diz a máscara, "e, por trás disso, tudo o que você teme." A máscara fascina e, ao mesmo tempo, impõe uma distância. Ninguém ousa profaná-la. A pena para aquele que a arranca é a morte. Ao longo de sua atuação, ela é intocável, invulnerável, sagrada. O que há de *certeza* na máscara, sua nitidez, apresenta-se carregado de incertezas. Seu poder reside no fato de ser bem conhecida, sem, no entanto, jamais se poder saber o que ela contém. Pode-se conhecê-la de fora, apenas de *frente*, por assim dizer.

Quando, porém, durante certas cerimônias, a máscara se comporta exatamente da maneira habitual e esperada, ela pode também produzir um efeito tranquilizador. E isso pelo fato de ela interpor-se entre o perigoso — que está por trás dela — e o observador. Para este, ela pode, assim, banir o perigo, se tratada corretamente. Pode reunir em si esse perigo e guardá-lo consigo. Somente deixá-lo-á vazar em consonância com sua própria forma. Tão logo estabelecido um relacionamento com a máscara, é possível comportar-se corretamente para com ela. Ela é uma *figura* dotada de padrões próprios de comportamento. Uma vez aprendidos e conhecidos esses padrões, sabendo-se a distância que ela exige, ela protegerá aquele que o sabe do perigo que abriga em si.

Acerca desse efeito produzido pela máscara transformada em figura haveria muito a dizer: com ela principia e dela depende o *drama*. Contudo, o que nos interessa aqui é tão somente a máscara em si. É necessário examinar o que ela é *do outro lado*, pois a máscara não produz seu efeito apenas *exteriormente*, naqueles que não sabem o que ela contém, mas é também vestida pelos homens que se encontram em seu interior.

Tais homens têm plena consciência do que são. Mas sua tarefa é representar a máscara e, durante essa representação, permanecer dentro de determinados limites — precisamente aqueles definidos pela máscara.

A máscara é algo que se veste, algo externo. Na qualidade de um produto material, ela permanece nitidamente apartada daquele que a veste. Ele a sente como algo estranho; jamais será capaz de senti-la por inteiro como seu próprio corpo. A máscara o incomoda, o aperta. Enquanto a representa, ele é sempre dois: ele próprio e ela. Quanto mais frequentemente a tenha vestido, tanto melhor ele a conhecerá, e tanto mais dele penetrará na figura da máscara ao longo da representação. Não obstante, um resquício de sua pessoa permanecerá apartado da máscara: a porção que teme o *descobrimento*; a porção que sabe que ele dissemina um medo que não lhe é próprio. O segredo que ele representa para os que estão do lado de fora tem de produzir seu efeito também sobre ele, que se encontra lá dentro: tal efeito, como se pode supor, não é o mesmo. Os primeiros temem aquilo que não conhecem; *ele* teme o desmascaramento. É esse medo que não lhe permite entregar-se totalmente. Sua metamorfose pode ir bem mais além; ela jamais é completa. A máscara, que se deixa arrancar, é a incômoda fronteira imposta à metamorfose. Aquele que a veste tem de tomar cuidado para não perdê-la. Ela não pode cair ou abrir-se; a preocupação com o destino da máscara o impregna por completo. Assim, ela própria permanece, para além da metamorfose que opera naquele que a veste, uma arma ou um aparelho que ele tem de manejar. Sua personalidade cotidiana lida com ela ao mesmo tempo em que ele, como ator, transforma-se nela. Ele é, pois, *dois*, e assim tem de permanecer ao longo de toda a encenação.

A CONTRAMETAMORFOSE

O detentor de poder consciente de sua disposição hostil não é capaz de, por meio da simulação, enganar a todos. Como ele, existem outros em busca do poder, os quais não o reconhecem, sentindo-se seus rivais. Em relação a estes ele está sempre alerta: eles podem trazer-lhe perigo. Espera, pois, o momento certo para "arrancar-lhes a máscara do rosto". Por trás desta divisa-lhes, então, a verdadeira disposição, que conhece tão bem por ser a que ele próprio abriga. Tendo-os desmascarado, pode, então, torná-los inócuos. Sendo do interesse de seus propósitos, é possível que, da primeira vez, os deixe viver. Mas cuidará para que não obtenham êxito numa nova simulação, e guardará bem sua feição verdadeira.

As metamorfoses que não tenha ele próprio imposto aos outros são lhe desconfortáveis. É possível que promova as pessoas que lhe são úteis a cargos mais elevados. Mas a metamorfose social que assim produz tem de ser claramente delimitada, inalterável, e estar inteiramente em suas mãos. Mediante promoções e rebaixamentos *ele fixa* as pessoas, e a ninguém é permitido arriscar um salto por conta própria.

O detentor de poder trava uma incessante batalha contra a metamorfose espontânea e descontrolada. O desmascaramento — o meio de que ele se vale nessa luta — é precisamente o oposto da metamorfose, podendo-se chamá-lo uma *contrametamorfose*. O fenômeno já não é desconhecido do leitor. Menelau contrametamorfoseou o ancião do mar, Proteu, não mais se deixando aterrorizar pelas formas por ele assumidas na fuga e detendo-o até tê-lo novamente diante de si como Proteu.

É próprio da contrametamorfose que sempre se saiba o que se vai encontrar depois dela. O esperado é já conhecido; persegue-se o esperado com terrível certeza, desprezando-se como um fingimento vão e enganoso todas as metamorfoses descobertas. Pode-se fazê-lo uma única vez, como Menelau, interessado na sabedoria de Proteu. E pode-se fazê-lo repetidas vezes, até que, por fim, a contrametamorfose se torne uma paixão.

A contrametamorfose frequente conduz a uma redução do mundo. A riqueza das formas que ele assume de nada lhe vale; toda multiplicidade é-lhe suspeita. Todas as folhas são iguais, secas, feito o pó; todos os raios extinguem-se na escuridão da hostilidade.

Em uma enfermidade mental tão aparentada ao poder que se poderia chamá-la sua irmã gêmea, a contrametamorfose assumiu o posto de tirana. A *paranoia* distingue-se particularmente por duas características. A primeira é o que a psiquiatria chama de dissimulação. Esta nada mais é do que a simulação, no sentido exato em que a palavra foi empregada aqui. Paranoicos são capazes de simular tão bem que jamais se descobre quão paranoicos alguns deles são. A segunda característica é um incessante desmascaramento de inimigos. Eles estão por toda parte, sob os disfarces mais pacíficos e inofensivos, mas o paranoico, que possui o dom de ver as pessoas por dentro, sabe muito bem o que há por trás daqueles disfarces. Arranca, pois, as máscaras de seus rostos, e o que se descobre é que, no fundo, trata-se sempre de um único e mesmo inimigo. O paranoico, como nenhum outro homem, está inteiramente à mercê da contrametamorfose, revelando-se nisso um *detentor de poder enrijecido*. A posição que ele crê ocupar e o significado que atribui a si próprio são, por certo, fictícios aos olhos dos outros; não obstante, ele irá defendê-los mediante o emprego ininterrupto do processo duplo e aparentado da simulação e do desmascaramento.

Um exame preciso e válido da contrametamorfose somente é possível no contexto de um caso concreto e individual de paranoia. Um tal caso encontra-se nos últimos capítulos deste livro, dedicados ao "caso Schreber".

AS PROIBIÇÕES DA METAMORFOSE

Um fenômeno social e religioso da maior importância é o da *metamorfose proibida*. Poucas vezes examinou-se esse processo com a devida seriedade, e, por certo, nunca foi compreendido. Também a tentativa de abordagem que se segue nada mais é do que um primeiro tatear.

Das cerimônias totêmicas dos arandas somente têm o direito de participar aqueles que pertencem ao totem. A metamorfose na dupla figura de um ancestral dos tempos míticos é uma prerrogativa que cabe apenas a determinadas pessoas. A ninguém é permitido apropriar-se da metamorfose — transmitida como um sólido bem — sem ter o direito a ela. Está tão bem protegida quanto às palavras e sons dos cantos sagrados que dela fazem parte. A exatidão com que essa figura dupla desenvolveu-se, sua clara definição e isolamento são precisamente os fatores que tornam fácil protegê-la. A proibição da apropriação indevida é obedecida rigorosamente, pesando sobre ela uma total sanção religiosa. Somente após longas e complicadas iniciações um jovem é aceito no grupo daqueles aos quais, em determinadas ocasiões, a metamorfose é permitida. No tocante às mulheres e às crianças, a proibição é incondicional e sempre mantida. Para os iniciados que pertencem a outros totens, ela, por vezes, em sinal de uma cortesia especial, é revogada. Mas tais ocasiões são raras e, uma vez terminadas, a antiga proibição volta a vigorar tão estritamente quanto antes.

Um grande salto separa essa religião da cristã, na qual a figura do *diabo* é igualmente proibida a todos. Sua periculosidade é enfatizada de todas as maneiras; centenas de histórias advertem do que acontece às pessoas que se metem com ele. Os tormentos eternos a que são submetidas suas almas no inferno foram descritos em todos os seus detalhes, servindo de ameaça. A intensidade dessa proibição é gigantesca, e chama mais a atenção onde os homens sentem-se coagidos a desrespeitá-la. São bem conhecidas as histórias de possuídos que, subitamente, puseram-se a agir feito o próprio diabo ou mesmo feito vários diabos. Existem relatos de autoria dos próprios possuídos, e um dos mais famosos é o da abadessa Jeanne des Anges, do convento das ursulinas em Loudun, e do padre Surin, que teve de exorcizá-la, até que o diabo acabou por possuí-lo. Aqui, pessoas que se dedicaram a servir a Deus, pessoas proibidas em ainda maior grau do que os leigos comuns de aproximar-se do diabo — que dirá então transformar-se nele — são por ele possuídas: a metamorfose proibida subjugou-as por completo. Decerto, não constituirá equívoco remontar a força com que a metamorfose se apresenta àquela da proibição que sobre ela pesava.

O aspecto sexual da proibição da metamorfose, com o qual deparamos aqui, torna-se mais nítido ao se examinar a *bruxaria*. O verdadeiro pecado das bruxas reside no seu contato sexual com o diabo. O que quer que elas façam, sua existência secreta desemboca em orgias das quais o diabo participa. São bruxas porque mantêm contato com o diabo; constitui componente essencial de sua metamorfose o fato de elas lhe serem sexualmente devotadas.

Essa ideia da *metamorfose pelo coito* é antiquíssima. Considerando-se que toda criatura habitualmente mantém relações somente com o sexo oposto, é perfeitamente concebível que um desvio dessa norma seja percebido como uma metamorfose. Nesse caso, poder-se-ia compreender já as mais antigas leis relativas ao casamento como uma forma de proibição da metamorfose, isto é, uma proibição de todas as metamorfoses, à exceção daquelas determinadas e bem estatuídas que se permitem e desejam. Caberia, pois, investigar em detalhes esse aspecto sexual da metamorfose, pois parece-me que ele há de conduzir a conclusões bastante importantes.

Talvez as proibições mais importantes relativas à metamorfose sejam as *sociais*. Toda e qualquer hierarquia somente se faz possível sob tais proibições, as quais tornam impossível a um membro de uma classe sentir-se aparentado ou igual àqueles de uma classe mais elevada. Já em suas *classes etárias*, os povos primitivos tinham de atentar para essa proibição. As separações, uma vez estabelecidas, são enfatizadas com rigor crescente. A ascensão desde a classe mais baixa até a mais alta é dificultada de todas as maneiras. Ela só é possível mediante iniciações especiais, as quais, aliás, são percebidas como metamorfoses, no verdadeiro sentido da palavra. Com frequência, a ideia da ascensão inclui, primeiramente, a morte na classe inferior, para que, então, se desperte de novo para a vida na classe mais elevada. Entre uma classe e outra interpõe-se a própria morte, uma fronteira assaz séria. A metamorfose é transformada num caminho demorado e perigoso. Tem-se de superar todas as provações e horrores concebíveis; nada é dado de graça ao candidato. Tudo, porém, quanto teve de sofrer quando jovem ele poderá, mais tarde, quando pertencer à classe mais elevada, impingi-lo ao noviço, a quem *ele*, então, testará. A ideia da classe superior adquire assim o caráter de algo rigorosamente apartado; ela possui como que uma vida inteiramente própria. Vincula-se a ela o conhecimento dos cantos sagrados e dos mitos, e, por vezes, de uma língua própria. Os membros das classes inferiores e as mulheres, excluídas por completo das classes mais elevadas, são mantidos num estado de terror e obediência por máscaras medonhas e sons sinistros.

A separação das classes alcança sua máxima rigidez no *sistema de castas*. Neste, o pertencer a uma casta exclui de forma absoluta toda e qualquer metamorfose. O isolamento entre os de cima e os de baixo é o mais rigoroso. Todo e qualquer contato com os inferiores é estritamente proibido. As pessoas se casam somente com membros da mesma casta e, no interior desta, têm todas a mesma profissão. Assim, nem sequer pelo tipo de trabalho a metamorfose num ser de outra casta é possível. A consistência desse sistema é espantosa; sua investigação minuciosa seria capaz, por si só, de possibilitar o conhecimento de todas as formas de metamorfose social. Uma vez que todas devem ser evitadas, elas são cuidadosamente registradas, descritas e investigadas. De um sistema completo de proibições poder-se-ia, invertendo-se lhe o sinal, deduzir com precisão o que é considerado metamorfose de uma classe para outra, mais elevada. Um "ensaio sobre as castas" do ponto de vista da metamorfose é algo imprescindível, e, todavia, ainda não foi escrito.

Uma forma *isolada* da proibição da metamorfose — isto é, uma que se aplica a um único indivíduo, situado no topo de uma sociedade — encontra-se nos primeiros *reinados*. É digno de nota que ambas as formas mais marcadas assumidas pelos detentores de poder que conhecemos de civilizações mais antigas distingam-se por sua postura oposta em relação à metamorfose.

Em um dos polos encontra-se o *mestre das metamorfoses*, capaz de assumir toda e qualquer forma a hora que quiser, seja a de animais, dos espíritos de animais ou dos espíritos dos mortos. O *trickster*, capaz de, pela metamorfose, enganar a todos, é uma figura popular na mitologia indígena norte-americana. Seu poder repousa nas incontáveis formas que ele pode assumir. Ele tanto chega quanto desaparece de repente; ele apanha inesperadamente, e somente se deixa apanhar de modo a poder escapar. O meio essencial com que controla seus feitos espantosos é sempre a metamorfose.

Um poder real, o mestre das metamorfoses alcança na qualidade de *xamã*. Em sua sessão, ele invoca espíritos aos quais submete; fala-lhes a língua, transforma-se num deles e é capaz de, à maneira deles, dar-lhes ordens. Transforma-se em pássaro ao empreender sua viagem pelo céu, e, na qualidade de animal marítimo, desce ao fundo do mar. Tudo lhe é possível; o paroxismo que atinge resulta da sucessão intensa e veloz de metamorfoses que o chacoalham até que, dentre elas, ele tenha escolhido aquela de que verdadeiramente necessita para seus propósitos.

O mestre das metamorfoses é aquele capaz das mais *numerosas* metamorfoses; se comparado à figura do *rei sagrado* — que está sujeito a centenas de restrições, devendo permanecer sempre no mesmo lugar, sempre idêntico a si mesmo, sem que ninguém possa aproximar-se dele ou mesmo, em muitos casos, olhá-lo —, vê-se que a diferença entre eles, reduzida a seu denominador comum, em nada mais consiste do que na postura oposta de ambos em relação à metamorfose. No primeiro caso, o do xamã, a metamorfose é intensificada e explorada ao máximo; no segundo, o do rei, ela é proibida e impedida, conduzindo ao seu total enrijecimento. O rei tem de permanecer em tal medida idêntico a si mesmo que não pode sequer envelhecer. Tem de resistir sempre com a mesma idade, maduro, forte e saudável; aos primeiros sinais da idade, a um primeiro cabelo branco ou a um esmorecimento de sua virilidade, ele geralmente é morto.

O caráter *estático* desse rei, proibido de metamorfosear-se, embora dele partam incessantes ordens a metamorfosear os outros, penetrou na essência do poder, de modo que a ideia que o homem moderno tem deste último foi decisivamente influenciada por ele. Aquele que não se metamorfoseia foi colocado numa determinada altura, num determinado lugar, delimitado com exatidão e imutável. Não lhe é permitido descer de sua altura, ir ao encontro das pessoas; ele "jamais falta para com a própria dignidade", mas decerto pode elevar os outros, nomeando-os para este ou aquele posto. Pode transformá-los, elevando-os ou rebaixando-os. Deve fazer a eles o que não é admissível que lhe aconteça. Ele, privado de toda metamorfose, metamorfoseia arbitrariamente as pessoas.

Essa rápida e fugaz enumeração de algumas das formas assumidas pela proibição da metamorfose — que deixa ainda muito por dizer — coloca-nos diante da pergunta acerca do que, realmente, significa tal proibição. Por que se recorre a ela tão constantemente? Que profunda necessidade leva o homem a impô-la a si mesmo ou a seus semelhantes? Tais questões somente podem ser abordadas com cautela.

O que parece é que foi justamente o dom do homem para as metamorfoses, o caráter crescentemente fluido de sua natureza, que o intranquilizou, levando-o a recorrer a sólidos e imutáveis limites. O fato de sentir tanta coisa estranha em seu próprio corpo — pense-se naquelas batidas dos bosquímanos —, de estar exposto ao que lhe era estranho e ser obrigado a transformar-se nele; de esse estranho continuar lhe sendo imposto de fora, mesmo tendo ele já, graças ao seu dom, saciado sua fome, mesmo estando já saciado e tranquilo; o fato de, por assim dizer, nada haver além do movimento e o fato de seu sentimento mais próprio, sua forma mais própria encontrar-se em fluxo constante — tudo isso haveria de despertar nele um anseio pela permanência e pela solidez, anseio este que não podia ser saciado sem a proibição da metamorfose.

Nesse contexto, conviria talvez lembrar a relação dos australianos com as pedras. Para eles, todos os feitos e experiências, todas as peregrinações e os destinos dos ancestrais impregnaram-se na paisagem, transformando-se em monumentos sólidos e imutáveis. Praticamente inexiste uma rocha que não represente uma criatura que, um dia, ali viveu e realizou grandes feitos. Aos traços exteriores e monumentais da paisagem, que permanecem imóveis, acrescem-se ainda pedras menores, que os australianos possuem e guardam em lugares sagrados. Cada uma dessas pedras é passada de geração a geração, e significa algo bastante específico: seu sentido, sua lenda encontra-se atrelada a ela, que é a expressão visível dessa lenda. Enquanto a pedra se mantiver idêntica, a lenda tampouco se modifica. Nessa concentração naquilo que a pedra possui de permanente — algo que, absolutamente, não nos é estranho — parece estar contido o mesmo desejo profundo, a mesma necessidade que conduziu a todas as formas de proibição das metamorfoses.

A ESCRAVIDÃO

O escravo é uma propriedade como o gado o é, e não como uma coisa inanimada. Sua liberdade de movimentos lembra a de um animal ao qual se permite pastar e fundar algo como uma família.

O verdadeiro caráter de uma *coisa* é sua impenetrabilidade. Ela pode ser chutada e empurrada, mas é incapaz de armazenar ordens. A definição jurídica do escravo como coisa e como propriedade é, pois, enganosa. Ele é *um animal e uma propriedade*. É antes com um cão que se pode comparar um escravo. O cão capturado foi retirado do seio de sua matilha: foi *isolado*. Está sob as ordens de seu dono. Abre mão de suas próprias iniciativas, na medida em que estas contrariem tais ordens, e, como recompensa por isso, é por ele alimentado.

Alimento e ordem possuem assim, tanto para o cão quanto para o escravo, uma *mesma* fonte — seu dono —, e, nesse sentido, não é totalmente inadequado comparar-lhes o status ao das crianças. O que, porém, os diferencia destas tem a ver com a maneira como administram as metamorfoses. A criança exercita todas as metamorfoses das quais, mais tarde, possa vir a precisar. Nesses exercícios, os pais a ajudam e, com novos desafios, estimulam-na sempre a novos jogos. A criança desenvolve--se em muitas direções e, uma vez tendo adquirido o domínio sobre suas metamorfoses, é, como recompensa, acolhida numa categoria mais elevada.

Com o escravo acontece o contrário. Assim como o dono não permite ao cão caçar o que quiser, mas restringe o âmbito dessa caçada segundo o que melhor lhe aprouver, assim também retira do escravo as metamorfoses que este desenvolveu. O escravo não pode fazer isto ou aquilo; certos afazeres específicos, porém, ele tem de repeti-los, e quanto mais monocórdios estes forem, tanto mais seu senhor os destina a ele. Enquanto se lhe permite realizar os mais diversos afazeres, a divisão do trabalho não representa perigo para o modo como o homem administra suas metamorfoses. Mas, tão logo ele é restrito a uma única tarefa, devendo, ademais, realizá-la com a máxima eficiência no menor tempo possível — ser, pois, produtivo —, o homem se torna aquilo que verdadeiramente se definiria como um escravo.

Desde o princípio, deve sempre ter havido duas espécies bastante distintas de escravos: uns atrelados exclusivamente a um único dono, como os cães domésticos, os outros reunidos feito os rebanhos no pasto. Tais rebanhos, certamente há que se considerá-los os mais antigos escravos do homem.

O desejo de transformar homens em animais constitui o mais forte impulso para a propagação da escravidão. Não há como superestimar a energia desse desejo, bem como a do desejo contrário: o de transformar animais em homens. A este último devem sua existência grandiosas construções intelectuais, tais como a doutrina da metempsicose e o darwinismo, além de diversões populares como as exposições de animais amestrados.

Tão logo os homens conseguiram acumular tantos escravos quanto o número de animais em seus rebanhos, estavam lançadas as bases para o Estado e o despotismo, e não pode haver dúvida de que o desejo de transformar um povo inteiro em escravos ou animais faz-se tanto mais forte no soberano quanto maior o número de pessoas que compõem esse povo.

ASPECTOS DO PODER

DAS POSIÇÕES DO HOMEM
E DO PODER QUE CONTÊM

O homem, que tanto aprecia sua postura ereta, pode também, sem sair do lugar, sentar-se, deitar-se, acocorar-se ou ajoelhar-se. Todas essas posições, e sobretudo a passagem de uma para outra, expressam algo específico. A hierarquia e o poder criaram para si posições fixas e tradicionais. A partir da maneira como as pessoas se apresentam dispostas uma ao lado da outra, pode-se facilmente deduzir a diferença de prestígio entre elas. Sabemos o que significa quando uma pessoa encontra-se sentada num plano mais elevado, tendo todas as demais em pé a circundá-la. Ou quando está em pé, e as demais sentadas ao seu redor; quando alguém aparece de súbito, e as pessoas reunidas levantam-se; quando alguém se ajoelha diante de outra pessoa; quando não se convida aquele que acabou de entrar a sentar-se. Já uma enumeração indiscriminada de exemplos como esses mostra a quantidade de configurações mudas que o poder apresenta. Seria necessário investigá-las, definindo com maior exatidão o seu significado.

Cada nova posição assumida guarda relação com a anterior, e somente quando se conhece esta última é que a primeira se deixa interpretar a contento. Alguém que esteja em pé pode ter, de um salto, acabado de levantar-se da cama, ou pode ter se levantado de uma cadeira. No primeiro caso, é possível que tenha pressentido algum perigo; no último, sua intenção pode ter sido reverenciar alguém. Todas as mudanças de posição possuem algo de súbito. Elas podem constituir atitudes conhecidas e já esperadas, encaixando-se perfeitamente nos costumes de uma determinada comunidade. Contudo, sempre há também a possibilidade de uma mudança inesperada e, por essa razão, tanto mais surpreendente e expressiva. Durante um culto religioso numa igreja, os fiéis ajoelham-se muitas vezes; estão acostumados, e mesmo aqueles que o fazem com prazer não atribuem maior significado a esse gesto frequente. Basta, porém, que, na rua, um desconhecido subitamente se ajoelhe diante de um homem que acabou de fazê-lo no interior de uma igreja, e o efeito desse gesto será enorme.

Todavia, a despeito de seu múltiplo significado, é inequívoca uma certa tendência à fixação e monumentalizarão de posições específicas assumidas pelo homem. Alguém sentado ou em pé produz seu efeito mesmo desvinculado de seu contexto temporal ou espacial ao lado de outros: ele o produz *por si só*. Nos monumentos, muitas dessas posições tornaram-se tão vazias e banais que mal são notadas. Tanto mais eficazes e importantes fazem-se elas em nossa vida cotidiana.

O ESTAR EM PÉ

O orgulho daquele que se encontra em pé reside no fato de ele estar livre e não apoiar-se em coisa alguma. Seja porque interfira aí a lembrança da primeira vez em que ele, quando criança, pôs-se de pé sozinho, seja em função de uma ideia de superioridade perante os animais, dos quais quase nenhum é capaz de, livre e naturalmente, erguer-se sobre duas patas — o fato é que o homem em pé sente-se *independente*. Aquele que se *levantou*, põe-se de pé em consequência de um certo esforço e, assim procedendo, faz-se tão alto quanto pode ser. Mas aquele que se encontra de pé há muito tempo expressa uma certa capacidade de resistência — seja porque não se deixa demover de seu lugar, como uma árvore, ou porque pode ser visto por inteiro, sem ter medo ou ocultar-se. Quanto mais tranquilo se revelar esse seu estar em pé, quanto menos ele se voltar para espiar em todas as direções, tão mais seguro ele parecerá. Não teme sequer um ataque pelas costas, invisível a seus olhos.

Uma certa distância dos outros, a circundar aquele que está

em pé, torna ainda maior o efeito produzido por este último. Alguém postado sozinho diante de muitos, mas algo distante deles, parecerá particularmente alto, qual estivesse ali de pé por todos juntos. Se se aproxima mais, procurará postar-se *acima* deles; e, misturando-se a eles, será, num prolongamento de sua posição anterior, alçado a seus ombros e carregado. Com isso, perderá sua independência e acabará, por assim dizer, sentado sobre todos eles juntos.

O estar em pé causa a impressão de uma energia ainda não consumida, pois é algo que se encontra no princípio de todo movimento: usualmente, fica-se em pé antes de se andar ou correr. Trata-se da posição *central*, a partir da qual, sem que haja transição alguma, pode-se passar seja para uma outra posição, seja para uma forma qualquer de movimento. As pessoas tendem, portanto, a supor naquele que está em pé a presença de uma tensão maior, mesmo nos momentos nos quais sua intenção é inteiramente diversa — afinal, no momento seguinte, ele talvez se deite para dormir. Sempre se superestima aquele que está em pé.

Quando dois homens se conhecem, há sempre uma certa solenidade presente. Em pé, eles dizem seu nome um ao outro e, igualmente em pé, dão-se as mãos. Com isso, demonstram respeito um pelo outro, mas medem se também; o que quer que aconteça posteriormente, seu primeiro contato real, "de homem para homem", deu-se em pé.

Nos países em que a independência das pessoas é tão importante a ponto de ser desenvolvida e enfatizada de todas as formas, fica-se com mais frequência e por mais tempo em pé. Na Inglaterra, por exemplo, os bares nos quais se pode beber em pé são particularmente apreciados. O freguês pode, sem nenhuma cerimônia, ir embora à hora que quiser. Um pequeno e discreto movimento permite-lhe desvincular-se dos outros. Sente-se mais livre assim do que se, antes, tivesse de, cerimoniosamente, levantar-se de uma mesa. Tal levantar-se constituiria uma comunicação de sua intenção de partir, restringindo-lhe a liberdade. Mesmo em suas reuniões sociais privadas, os ingleses adoram permanecer em pé. Expressam assim, já ao chegar, que não ficarão muito tempo. Movem-se com liberdade e podem, uma vez que estão em pé, desvencilhar-se sem cerimônia alguma de uma pessoa e voltar-se para outra. Não há nada que chame a atenção nessa sua atitude; ninguém se sente ofendido. A *igualdade* no interior de um determinado grupo social, uma das ficções mais importantes e úteis da vida inglesa, é especialmente enfatizada quando as vantagens do estar em pé são compartilhadas por todos. Desse modo, ninguém "é colocado acima de ninguém", e aqueles que desejem conversar podem abordar um ao outro.

O ESTAR SENTADO

Sentado, o homem se vale do auxílio de pernas estranhas, empregando-as no lugar daquelas duas que reserva para pôr-se de pé. A cadeira, na forma como a conhecemos hoje, tem sua origem no trono; este, no entanto, pressupõe a existência de animais ou homens submissos, aos quais cabe carregar o soberano. As quatro pernas de uma cadeira representam as pernas de um animal — do cavalo, do boi ou do elefante —, e há que se diferenciar muito bem esse sentar-se sobre cadeiras elevadas do sentar-se no chão, do acocorar-se. Seu sentido é outro: o sentar-se na cadeira constituía uma *distinção*. Quem nela se sentava, sentava-se sobre seus súditos e escravos. Se a ele era permitido sentar-se, *os outros*, por sua vez, tinham de ficar em pé. O cansaço destes pouco importava, contanto que *ele* fosse poupado. Ele era o mais importante; da preservação de sua força sagrada dependia o bem-estar de todos os demais.

Quem quer que se encontre sentado exerce uma pressão sobre algo que é indefeso e incapaz de esboçar qualquer resistência ativa. As características do *cavalgar* passaram-se para o estar sentado; o movimento do cavalgar, porém, dá sempre a impressão de não ser um fim em si mesmo, de que, cavalgando-se, pretende-se atingir uma meta, e atingi-la mais rapidamente do que seria possível de outra forma. O congelamento do cavalgar no sentar-se faz da relação daquele que está em cima para com o que está embaixo algo abstrato, como se se tratasse aí apenas e tão só de exprimir essa relação. O que está embaixo, e que nem sequer possui vida, tem essa sua condição fixada como que para sempre. Não possui mais vontade alguma, ou a possui ainda em menor grau do que o escravo. O que se tem aí é a escravidão levada às últimas consequências. O que está em cima, por sua vez, pode agir livre e arbitrariamente. Pode chegar, sentar-se e permanecer sentado pelo tempo que quiser. Ou pode partir sem dedicar um único pensamento ao que deixou para trás. O homem exibe uma inequívoca tendência a persistir nessa simbologia. Aferra-se obstinadamente à cadeira de quatro pernas; novas formas encontram dificuldade para impor-se. É de se supor que mesmo o cavalgar poderia desaparecer mais rapidamente do que essa forma da cadeira, tão ilustrativa de seu significado.

A *dignidade* do estar sentado encontra-se especialmente contida na *duração* desse ato. Se, por um lado, espera-se muita coisa daquele que está em pé — contribuindo bastante para o respeito que se tem por ele, por sua mobilidade e vivacidade, a variedade de possibilidades a seu dispor —, por outro, o que se espera daquele que está sentado é que assim permaneça. A pressão que ele exerce solidifica-lhe o prestígio, e, quanto mais longamente ele a exercer, tão mais seguro parecerá. Praticamente inexiste uma instituição humana que não tire proveito dessa qualidade do estar sentado, que não a empregue em prol de sua própria preservação e solidificação.

O que o estar sentado exibe é o *peso corpóreo* do homem. Tal peso necessita da cadeira elevada para se fazer valer. Visto conjuntamente com as pernas finas da cadeira, o homem sentado parece realmente pesado. Sentado diretamente no chão, a impressão que ele causa é outra; a *terra* é mais pesada e densa do que qualquer criatura; qualquer pressão exercida sobre ela não faz a menor diferença. Inexiste forma mais elementar de poder do que aquela que é exercida pelo próprio corpo, que pode destacar-se por seu *tamanho* — e, para tanto, tem de estar em pé — ou pode também impressionar por seu *peso* — para o que é necessário que exerça uma pressão visível. O ato de levantar-se de um assento qualquer soma ambas essas coisas. Expressa-o com a máxima clareza o juiz que, durante um julgamento, permanece sentado e tão imóvel quanto possível, erguendo-se, então, subitamente, ante o pronunciamento da sentença.

As variações do estar sentado são sempre, fundamentalmente, variações da pressão exercida. Assentos estofados não são apenas *macios*, mas transmitem àquele que está sentado uma obscura sensação de estar pesando sobre algo *vivo*: a condescendência do estofamento, sua elasticidade, tem algo da condescendência e da elasticidade da carne viva. A aversão que alguns sentem por assentos demasiado macios pode estar relacionada com essa percepção. É espantoso observar em que grande medida o conforto do sentar-se desenvolveu-se inclusive entre grupos de homens em geral nada condescendentes. Fala-se aqui daqueles homens para os quais o dominar tornou-se uma segunda natureza e que, com frequência, apreciam demonstrá-lo dessa forma simbólica e abrandada.

DO ESTAR DEITADO

O estar deitado traduz-se num desarmamento do homem. Uma enorme quantidade de atos, posturas e comportamentos que definem o homem ereto e, em geral, tanto empenho lhe custam são despidos feito roupa quando ele se deita, como se de fato não fizessem parte dele. Esse processo exterior transcorre paralelamente ao processo interior do adormecimento, quando o homem desprende e afasta de si muito do que em geral lhe parece imprescindível — certos caminhos e imposições do pensamento, a roupagem do espírito a protegê-lo. O homem deitado desarma-se em tal medida que é absolutamente incompreensível como é que a humanidade conseguiu *sobreviver* ao sono. Em seus primórdios, ela nem sempre morou em cavernas, e mesmo estas eram perigosas. Os pobres guarda-ventos de galhos e folhas com que muitos se davam por satisfeitos à noite não constituíam proteção alguma. É um milagre que ainda haja homens; era para eles terem se extinguido há muito tempo, quando eram poucos ainda, e muito antes de formarem-se em densas fileiras para aniquilarem-se uns aos outros. Já a presença do sono — de seu caráter indefeso, recorrente, duradouro — torna visível a vacuidade de todas as teorias da adaptação do homem ao meio ambiente, teorias estas que, no intuito de elucidar muitas coisas inexplicáveis, buscam sempre apresentar as mesmas pseudoexplicações.

Mas essa questão mais profunda e de difícil investigação — o problema de como, afinal, a humanidade como um todo conseguiu sobreviver ao sono — não é o que nos interessa aqui; nosso assunto é o estar deitado e a quantidade de poder que, comparado a outras posições humanas, ele encerra. Numa extremidade, como vimos, aquele que está em pé expressa seu tamanho e independência, assim como o que está sentado manifesta seu peso e durabilidade; na extremidade oposta tem-se o homem deitado: sua impotência, particularmente quando está dormindo, é total. Não se trata, contudo, de uma impotência ativa; ela é inaparente e não produz nenhum efeito. O homem deitado desvincula-se mais e mais de seu entorno. Quer, de todo modo, desaparecer dentro de si próprio. Seu estado não é dramático. É possível que o fato de não chamar a atenção lhe garanta uma certa segurança, ainda que em proporções assaz reduzidas. Tanto quanto pode, coloca-se em contato com outro corpo; jaz em todo o seu comprimento e, por toda parte — ou no maior número possível de pontos —, toca em algo que não é ele próprio. O homem em pé é livre, não se apoiando em coisa alguma; o homem sentado exerce uma pressão; o homem deitado jamais é livre, mas apoia-se em tudo quanto se lhe apresente, distribuindo sua pressão de modo a praticamente não sentir mais seu próprio peso.

Decerto, a possibilidade de levantar-se subitamente, de alçar-se da posição mais baixa para a mais alta, é bastante impressionante e tentadora. Ela mostra o quanto ele ainda está vivo; quão pouco adormecido ele está mesmo em seu sono; como, mesmo dormindo, ele é capaz de observar e ouvir tudo quanto seja importante; e como nada de fato o surpreende. Muitos detentores de poder enfatizaram essa sua transição do estar deitado para o estar em pé, difundindo histórias acerca da velocidade com que essa alternância se dava neles. Interfere aí, por certo, o desejo de que o corpo siga crescendo, o que, a partir de uma certa idade, nos é negado. No fundo, todos os poderosos gostariam de poder tornar-se mais altos, ou, de preferência, de ter sempre em seu poder a capacidade para tanto, a fim de empregá-la de acordo com a necessidade. Todos eles gostariam de, súbita e inesperadamente, fazer-se mais altos, a fim de assustar e sobrepujar os outros, não dotados da mesma capacidade; e de, depois, sem que ninguém os esteja observando, tornarem-se menores, a fim de, na próxima oportunidade, poderem de novo crescer aos olhos de todos. O homem que, tendo acabado de acordar, salta da cama; aquele que, dois segundos antes, dormia ainda encolhido, feito no ventre materno, recupera nesse movimento repentino todo o seu crescimento, e, ainda que, para seu pesar, não possa tornar-se mais alto, faz-se pelo menos tão alto quanto efetivamente é.

Contudo, além daqueles que se encontram repousando, há também os que jazem involuntariamente: aqueles que, feridos, não *podem* levantar-se, por mais que queiram.

Os que jazem involuntariamente têm a má sorte de despertar nos que estão em pé a lembrança do animal caçado e abatido. Aquele que os acertou, ao qual sucumbiram, é como uma mácula, um grande passo no caminho subitamente íngreme rumo à morte. O atingido é, então, "abatido de vez". Se, antes, fora muito perigoso, segue, mesmo morto, sendo objeto do ódio. Incapaz de defender-se, é pisoteado e chutado. É malvisto pelo fato de, mesmo morto, seguir atravancando o caminho dos vivos; não deveria ser mais nada, nem mesmo um corpo vazio.

Sendo maior, a queda do homem parece despertar ainda maior desprezo e aversão do que a queda do animal. Poder-se-ia dizer que, para aquele que está em pé, a visão do atingido reúne em si ambas as coisas: o triunfo natural e costumeiro sobre o animal atingido e a impressão dolorosa causada pelo homem tombado. Fala-se aqui daquilo que efetivamente ocorre com aquele que está em pé, e não do que deveria ocorrer-lhe. Sob certas circunstâncias, essa tendência pode acentuar-se ainda mais. Uma *grande quantidade* de homens tombados exerce um efeito terrível sobre aquele que os vê. É, então, como se ele os tivesse abatido sozinho. Sua sensação de poder cresce rapidamente, e em saltos que não mais se podem conter: ele se apropria do amontoado de moribundos ou mortos. Torna-se o único que ainda vive, tudo o mais constituindo sua presa. Não há sensação de triunfo mais perigosa: quem alguma vez se permitiu senti-la, fará de tudo para que ela se repita no futuro.

A relação numérica entre os que jazem e os que estão em pé é aí de grande importância. Tampouco é desimportante a ocasião na qual se depara com homens jazendo no chão. A guerra e a batalha possuem seus ritos próprios, e foram já abordadas separadamente como fenômenos de massa. A tendência descrita acima é experimentada livremente e em sua plenitude diante do inimigo; inexiste qualquer sanção relativa à sua morte. Diante dele, é permitido ao homem sentir-se da forma que pareça natural.

Na paz da metrópole, o indivíduo que cai e não consegue levantar-se produz um outro efeito sobre os muitos que o observam. De acordo com seu momento e sua índole, e em graus variados, cada um se identificará com ele. Seguirá adiante, talvez, com a consciência pesada, ou dar-se-á ao trabalho de ajudá-lo. Se aquele que caiu logra colocar-se rapidamente de pé, todos os espectadores ficarão satisfeitos com o reerguimento do homem que nada mais é senão eles próprios. Se não consegue fazê-lo, entregá-lo-ão à instituição competente. Por este, contudo, mesmo as pessoas muito bem-educadas nutrem sempre um leve sentimento de desprezo. Presta-se-lhe a ajuda de que ele necessita, mas ele é expulso do conjunto dos que estão em pé; por algum tempo, não é considerado mais um homem pleno.

O ACOCORAR-SE

O acocorar-se expressa uma ausência de necessidades, um recolhimento do homem rumo ao seu interior. Este se curva o mais possível e nada espera dos outros. Renuncia a toda e qualquer atividade que pudesse ter seu prolongamento numa outra, recíproca. Nada acontece que possa desencadear uma reação. O homem acocorado parece tranquilo e satisfeito; não se espera dele nenhuma agressão: está satisfeito, ou porque tem tudo de que precisa ou porque nada mais deseja para si. O mendigo de cócoras exprime sua satisfação com qualquer coisa que receba: não faz distinções.

A maneira oriental de acocorar-se, empregada pelos ricos e suas visitas, possui algo de sua postura singular em relação à propriedade. A impressão que causam é a de que carregam todas as suas posses dentro de si, absolutamente seguros delas; enquanto permanecem acocorados, não demonstram nenhum temor ou preocupação de serem roubados delas ou de perdê-las de alguma outra maneira. Fazem-se servir, e é como se tal serviço fosse prestado a sua propriedade; evitam, assim, a dureza natural dessa relação, quando ela é pessoal. Não se exibem sentados sobre uma criatura, como o fazem todos aqueles que pesam sobre suas cadeiras. São como um saco bem confeccionado e revestido, contendo tudo o que lhe cabe conter; os criados vêm e cuidam do saco.

Mas também a resignação com o que possa vir a acontecer é própria dessa maneira de acocorar-se. O mesmo homem rico, fosse ele um mendigo, sentar-se-ia do mesmo modo, o que significa que, ainda que fosse assim, ele não seria um homem diferente. O acocorar-se é capaz de conter tanto um bem quanto o vazio. Em função desta última possibilidade, tornou-se a posição básica para a contemplação, uma imagem familiar a todos aqueles que conhecem o Oriente. O acocorado apartou-se dos homens, não pesa sobre ninguém, mas repousa em si próprio.

O AJOELHAR-SE

Ao lado da forma passiva da impotência, que conhecemos no deitar-se, há ainda uma outra, bastante ativa, que se relaciona diretamente com um poder presente e dirige a própria impotência de forma a elevar esse poder. Há que se interpretar o gesto do *ajoelhar-se*, como um pedido de misericórdia. O condenado à morte oferece sua cabeça; rendeu-se ao fato de que vão cortá-la. Não esboça nenhuma resistência; por meio da postura de seu corpo, facilita o cumprimento daquela vontade que lhe é estranha. No último minuto, porém, junta as palmas das mãos e suplica ainda ao poderoso por misericórdia. O ajoelhar-se é sempre um prelúdio desse derradeiro instante, mesmo que, na realidade, se trate de coisa inteiramente diversa; é um ato extremo de bajulação que rende consideração àquele que o pratica. Quem aparentemente se resigna a ser morto atribui àquele ante o qual se ajoelha o poder supremo: o poder sobre a vida e a morte. A alguém assim, tão poderoso, há de ser possível conceder também muitas outras coisas. A misericórdia daquele que foi alvo da súplica deve equivaler à impossibilidade de defender-se daquele que suplica. A distância simulada entre ambos é tão grande que somente a própria grandeza do poderoso é capaz de vencê-la; e se ela não o faz, ele se sentirá menor ante seus próprios olhos do que no momento em que tinha alguém ajoelhado a seus pés.

O REGENTE

Inexiste expressão mais manifesta do poder do que a atividade do maestro. Cada detalhe de seu comportamento público é característico; o que quer que ele faça lança alguma luz sobre a natureza do poder. Alguém que nada soubesse a seu respeito, poderia deduzir uma a uma as características do poder a partir da contemplação atenta do regente. Que isso jamais tenha ocorrido é algo que se deve a um fator evidente: a música que o regente produz parece ao homem o mais importante, tendo-se por certo que se vai a concertos para ouvir sinfonias. O próprio regente é quem mais está convencido disso; ele crê que o que faz é prestar um serviço à música, a qual deve transmitir com exatidão, e nada mais.

O regente considera-se o servidor-mor da música. Encontra-se tão impregnado dela que a ideia de um segundo sentido, extramusical, para sua atividade absolutamente não lhe ocorre. Ninguém se espantaria mais com a interpretação que se segue do que ele.

O regente posta-se *de pé*. A passagem do homem para a posição ereta, na qualidade de uma antiga lembrança, é ainda importante em muitas representações do poder. Ademais, o regente encontra-se de pé *sozinho*. Sentada ao seu redor está sua orquestra e, atrás dele, o público; o fato de ele ser o único em pé chama a atenção. Encontra-se também numa posição *elevada*, sendo visível tanto aos que estão na sua frente quanto àqueles às suas costas. Para a frente, seus movimentos atuam sobre a orquestra; para trás, sobre o público. Suas instruções propriamente ditas, ele as transmite somente com as mãos, ou, além destas, com o auxílio da batuta. Desperta diferentes vozes para a vida mediante um movimento minúsculo, e cala tudo quanto deseja que permaneça em silêncio. Desfruta, assim, do poder sobre a vida e a morte dessas vozes. A uma ordem sua, uma voz morta há tempos pode ressuscitar. A diversidade dos instrumentos representa a diversidade dos homens. A orquestra é como uma reunião de todos os tipos humanos mais importantes. Sua disposição para obedecer possibilita ao regente transformá-la numa unidade, unidade esta que ele, então, à vista de todos, representa para ela.

A obra que está executando, sempre de natureza complexa, demanda dele muita atenção. Presença de espírito e rapidez estão entre suas qualidades capitais. Cumpre-lhe punir os infratores com a rapidez de um raio. As leis são-lhe passadas às mãos sob a forma de partitura. Os outros também as têm, podendo controlar-lhe a execução, mas somente ele determina, somente ele julga os erros no ato. Que isso aconteça em público, visível a todos em cada detalhe, é algo que confere ao regente uma autoconsciência de um tipo especial. Ele se acostuma a sempre ser *visto*, disso podendo prescindir com dificuldade cada vez maior.

Tanto quanto a obediência da orquestra, também o sentar--se em silêncio do público constitui um propósito do regente. Uma pressão é exercida sobre o público para que ele permaneça imóvel. Anteriormente à presença do regente, as pessoas se falam e se movimentam desordenadamente. A presença dos músicos não incomoda ninguém; mal se lhes dá atenção. Surge, então, o regente. Faz-se silêncio. Ele se posiciona, pigarreia, ergue a batuta: todos se calam e se paralisam. Enquanto ele estiver regendo ninguém pode mover-se. Tão logo termina, devem aplaudir. Toda a vontade de se movimentar que a música desperta e intensifica no público deve ser estancada até o final da execução, para, então, explodir. O regente se curva para as mãos a aplaudi-lo, e retorna ao palco com a frequência que elas desejarem. Está à mercê delas — mas somente delas; é por elas que realmente vive. O que elas assim lhe conferem é a antiga aclamação do vencedor. A grandeza da vitória expressa-se na medida do aplauso. A vitória e a derrota tornam-se a forma a partir da qual sua economia psíquica se organiza.

Ao longo da apresentação, o regente é como um líder [*Führer*] para a multidão presente na sala. Posta-se de pé à testa do público e dá-lhe as costas. É a ele que se obedece, pois é ele quem dá o primeiro passo. Fá-lo, porém, não com os pés, mas com as mãos. O fluxo da música que sua mão produz representa o caminho pelo qual suas pernas avançariam. O amontoado presente à sala é por ele arrebatado. Durante toda a execução de uma obra, o público jamais lhe vê o rosto. O regente é inflexível; nenhum descanso é permitido. O público tem sempre suas costas diante de si, como se ele fosse sua meta. Se ele se virasse uma única vez, o encanto estaria quebrado. O caminho que o público percorre não seria mais um caminho, e, decepcionadas, as pessoas ver-se-iam sentadas numa sala imóvel. Contudo, elas podem ter certeza de que ele não vai se voltar. E isso porque, enquanto elas o seguem, o regente tem à sua frente um pequeno exército de músicos profissionais a dominar. Também aí a mão o auxilia; não, porém, indicando apenas os passos seguintes — como faz para as pessoas na plateia —, mas transmitindo ordens.

O olhar do regente, tão intenso quanto possível, abarca a totalidade da orquestra. Cada um de seus membros sente-se sob a mira de seus olhos, mas, mais ainda, de seus ouvidos. As vozes dos instrumentos são as opiniões e convicções às quais ele presta a máxima atenção. O regente é *onisciente*, pois enquanto os músicos têm diante de si tão somente as suas vozes, ele tem a partitura completa na cabeça ou sobre a estante. Sabe exatamente o que é permitido a cada um fazer a cada instante. E o fato de ele atentar conjuntamente para todos os músicos confere-lhe o aspecto da *onipresença*. Está, por assim dizer, na cabeça de todos. Sabe o que cada um deve fazer, e sabe também o que cada um faz. Ele, a soma viva das leis, atua sobre ambos os lados do mundo moral. Pelo mandamento de suas mãos, indica o que vai acontecer e impede que aconteça o que não deve acontecer. Seu ouvido perscruta o ar à procura do proibido. Assim, para a orquestra, o regente representa de fato a totalidade na obra, tanto em sua simultaneidade quanto em seu desenrolar, e, considerando-se que ao longo da execução o mundo não deve consistir senão na obra, durante esse tempo ele é o soberano do mundo.

A FAMA

À fama saudável tanto faz na boca de quem ela cai. Ela não faz diferença; essencial é tão somente que o *nome* seja *pronunciado*. A indiferença quanto àqueles que o pronunciam, e particularmente a igualdade destes aos olhos do sedento de fama, revela estar nos fenômenos de massa a origem dessa sede. *Seu nome reúne para si uma massa.* Tal nome leva uma vida ávida e própria, uma vida paralela, que pouca relação guarda com aquilo que um homem é de fato.

A massa de que desfrutam os sedentos pela fama compõe-se de sombras, criaturas que nem sequer precisam estar vivas, bastando apenas que sejam capazes de uma única coisa: pronunciar um determinado nome. É desejável que não o digam com frequência, bem como que o digam diante de muitas pessoas — numa comunidade, portanto —, a fim de que muitos o aprendam e se fortaleçam em sua pronúncia. Para o possuidor da fama, contudo o que essas sombras habitualmente fazem — seu tamanho, sua aparência, sua alimentação ou sua obra — é tão indiferente quanto o ar. Enquanto se preocupa com os proprietários das bocas pronunciadoras de seu nome, enquanto as corteja, suborna, estimula ou chicoteia, ele ainda não é famoso. Está apenas treinando os quadros de seu futuro exército de sombras. A fama propriamente dita, ele somente a adquire quando pode se permitir dispensá-los todos, sem com isso perder coisa alguma.

As diferenças entre o *rico*, o *detentor de poder* e o *famoso* poderiam, pois, ser compreendidas da seguinte forma:

O *rico* coleciona amontoados e rebanhos, representados pelo dinheiro. Não lhe importam seres humanos; basta-lhe poder comprar alguns.

O *detentor de poder* coleciona *seres humanos*. Amontoados e rebanhos não significam coisa alguma para ele, a não ser que se façam necessários para a aquisição de homens. Quer, porém, homens *vivos*, que o precedam ou acompanhem na morte. Os mortos do passado e os descendentes do futuro interessam-lhe apenas indiretamente.

O *famoso* coleciona *coros*. Quer apenas ouvi-los pronunciar seu nome. Tanto faz se se trata de coros de vivos, de mortos ou dos que ainda nem nasceram, contanto que sejam grandes e treinados na repetição de seu nome.

A ORDEM DO TEMPO

A *ordem* torna-se essencial a todas as formações políticas de maior porte.

A ordem do *tempo* regula todas as atividades conjuntas dos homens. Poder-se-ia dizer que ela é o mais nobre atributo de toda dominação. Um poder recém-surgido, desejoso de afirmar-se, tem de promover uma reordenação do tempo. É como se este tivesse início com ele; e, mais importante ainda a todo novo poder, é que o tempo não *passe*. A partir de suas pretensões temporais pode-se deduzir a ideia de grandeza que um poder faz de si próprio. Hitler não desejava menos do que um império milenar. O calendário juliano de César durou mais do que isso, e mais longamente ainda vem perdurando a designação do mês nomeado em sua homenagem. Das personagens da história, somente Augusto logrou ter seu nome vinculado de forma *duradoura* a um mês. Outras deram também seus nomes aos meses, mas apenas passageiramente: seus nomes ruíram juntamente com suas estátuas.

Cristo foi quem exerceu a mais grandiosa influência sobre a contagem do tempo, superando o próprio Deus, a partir de cuja criação do mundo os judeus contam o tempo. Os romanos contavam-no tendo por base a fundação de sua cidade, um método que tomaram emprestado aos etruscos e que, aos olhos do mundo, não contribuiu pouco para o portentoso destino de Roma. Muitos conquistadores contentam-se em enfiar seus nomes num ponto qualquer do calendário. Afirma-se que Napoleão nutria esperanças quanto ao 15 de agosto. A vinculação de um nome à repetição regular de uma data exerce uma atração irresistível. O fato de a imensa maioria dos homens desconhecer a origem dessas datas comemorativas parece não prejudicar a força do desejo dos poderosos de eternizar-se dessa maneira. Ninguém conseguiu ainda vincular seu nome a uma estação do ano, mas séries inteiras de séculos foram já reunidas sob o nome de uma única dinastia. A história chinesa conta o tempo segundo tais dinastias: fala-se da era Han ou Tang. Seu esplendor beneficia inclusive dinastias pequenas e deploráveis, as quais seria melhor esquecer. A dinastia transformou-se para os chineses num método abrangente de contagem do tempo, uma eternização mais de famílias do que de indivíduos isolados.

Contudo, a relação dos poderosos com o tempo não se esgota na vaidade de seus nomes. Não se trata simplesmente de rebatizar unidades temporais já existentes, mas da *ordenação* do próprio tempo. A história chinesa principia com uma tal ordenação. O prestígio de seus mais antigos e lendários soberanos repousa em grande parte na eficaz divisão do tempo que lhes é atribuída. Funcionários especiais são empregados para fiscalizá-la. E punidos quando negligenciam seu ofício. Foi somente sob esse seu tempo próprio que os chineses verdadeiramente se reuniram num povo.

Segundo ordenações do tempo deixam-se delimitar sobretudo as civilizações. Sua afirmação resulta da durabilidade de sua transmissão regulada. Elas se desagregam quando ninguém leva adiante sua tradição. Uma civilização acaba quando deixa de levar a sério sua maneira de contar o tempo. Nesse aspecto, não seria inadmissível uma analogia com a vida do indivíduo isolado. Um homem que não quer mais saber qual a sua idade nada mais quer com a vida, e, se não é capaz de sabê-lo, ele deixa de viver. Os períodos de desorientação temporal na existência tanto dos indivíduos quanto na de culturas inteiras são períodos de *vergonha*, os quais se procura abolir tão rapidamente quanto possível.

São evidentes as razões práticas pelas quais a divisão do tempo adquiriu essa importância avassaladora. Ela congrega unidades maiores e assaz dispersas de homens que não podem mais ver-se cara a cara. Num peque no bando, constituído de cinquenta pessoas, cada uma delas sempre sabe o que a outra está fazendo. É-lhes fácil reunir-se para práticas conjuntas. Seu ritmo desenvolve-se em determinados estados de malta. Elas *dançam* sua durabilidade, assim como dançam muitas outras coisas. Já não importa o lapso temporal entre uma malta e outra. E, se importa, ele é facilmente transmissível, pois as pessoas encontram-se próximas umas das outras. A cada ampliação do contexto faz-se mais necessária a preocupação com o tempo certo. Tambores e sinais de fumaça prestam-se aí à transmissão a grande distância.

É sabido que a vida de indivíduos isolados foi utilizada como a primeira forma de unificação temporal de grupos maiores de homens. Os *reis*, cumprindo tal papel ao longo de determinados lapsos de tempo, incorporavam esse tempo para *todos*. Sua morte — fosse ela resultante da diminuição de sua força ou, mais tarde, correspondendo mais exatamente à duração natural de sua vida — marcava sempre um corte no tempo. Os reis *eram* o tempo; entre um e outro, o tempo parava, e procurava-se restringir o mais possível a duração desses períodos intermediários: os interregnos.

A CORTE

Uma corte é concebida sobretudo como um centro, um ponto central em função do qual as pessoas se orientam. A tendência ao movimento ao redor de um centro é bastante antiga, já tendo sido observada também entre os chimpanzés. Originalmente, porém, o próprio centro era móvel. Ele podia surgir aqui ou ali, e deslocava-se juntamente com aqueles que se moviam ao seu redor. Apenas paulatinamente o centro foi se *fixando*. O modelo para tudo quanto não se movia eram as grandes pedras e árvores. Com essas mesmas pedras e árvores erigiram-se, mais tarde, as mais sólidas residências. O que elas tinham de permanente foi sendo cada vez mais enfatizado. A dificuldade de se construir um tal centro, a necessidade de se arrastar pedras por longas distâncias, o número de homens envolvidos nesse trabalho e o próprio tempo que sua construção demandava — tudo isso, enfim, contribuiu para elevar-lhe o prestígio como algo permanente.

Mas esse centro duradouro de um mundo pequeno que, em função dele, transformou-se numa *ordem*, ainda não era uma corte. De uma corte faz parte um núcleo de homens não demasiado pequeno, os quais são cuidadosamente incorporados a ela, como se fossem eles próprios parte da construção. Assim como os espaços, eles são dispostos a distâncias e alturas diversas.

503

Seus deveres são estabelecidos com precisão e minúcia. Cada um deve executar precisamente a sua função, e absolutamente nada além dela. Em determinados momentos, porém, e sem abrir mão do que são ou esquecer o seu lugar, mas muito conscientes de suas limitações, eles se reúnem para homenagear seu soberano.

Tal homenagem consiste em estarem eles *ali*, voltados para seu soberano, reunidos em torno dele, mas não demasiado próximos, ofuscados por ele, temendo-o e esperando tudo dele. Passam sua vida nessa atmosfera singular, na qual se misturam em igual medida o esplendor, o medo e a esperança do favorecimento. Para eles, praticamente nada mais há além disso. Estabeleceram-se no próprio sol, por assim dizer, e, dessa forma, demonstram aos outros que também o sol é habitável.

A postura fascinada dos cortesãos, olhando sempre para o soberano, é a única coisa que eles têm em comum. Nisso eles são todos iguais, do primeiro ao último. Nesse seu olhar fixo e imutável numa única direção eles têm algo de uma massa — mas somente um rudimento dela, e nada mais, pois esse mesmo olhar lembra a cada um o seu dever, diferente do de todos os demais cortesãos.

A postura dos cortesãos deve contagiar os demais súditos. O que os primeiros fazem *constantemente* deve servir de estímulo para que também os últimos o façam *de vez em quando.* Em certas ocasiões — como, por exemplo, quando o rei adentra a cidade —, todos os seus habitantes devem estar à sua espera, como geralmente o fazem os cortesãos no palácio, para, então, com tanto maior entusiasmo, render-lhe de uma só vez a homenagem que lhe deviam havia tanto tempo. A proximidade da corte deve atrair os súditos todos para a capital, onde eles efetivamente se posicionam em grandes círculos concêntricos ao redor do círculo interior dos cortesãos. A capital cresce em torno da corte; suas casas são uma homenagem duradoura a esta. O rei, generoso como lhe cabe ser, retribui com faustosas edificações.

A corte é um bom exemplo de um *cristal de massa*. As pessoas que a compõem possuem funções bastante específicas e creem-se assaz diferentes umas das outras. Para os demais, porém, elas — precisamente como cortesãos — têm todas algo em comum e compõem uma unidade da qual irradia uma postura uniforme.

O TRONO CRESCENTE DO IMPERADOR
DE BIZÂNCIO

O *crescimento súbito* sempre causou uma impressão portentosa nos homens. Mais do que a grandeza física, permanente, mais do que o erguer-se rapidamente de uma cadeira, admira-se a figura pequena que cresce aos olhos dos espectadores, atingindo proporções gigantescas. Tais figuras são conhecidas da mitologia e das lendas de muitos povos. Um emprego consciente dessa mudança de estatura, tendo o poder por propósito, foi registrado na *Bizâncio* do século X. *Liutprando de Cremona*, o enviado de Oto I, legou-nos o seguinte relato de sua recepção pelo imperador bizantino:

> Diante do trono do imperador havia uma árvore de bronze, mas dourada, cujos galhos encontravam-se repletos de pássaros das mais variadas espécies, também estes de bronze dourado, todos eles emitindo o canto característico de sua espécie. O trono do imperador, porém, fora construído com tamanho engenho que, num momento, parecia baixo, no momento seguinte, mais alto e, por fim, elevava-se nas alturas. Leões gigantescos — não sei se de metal ou madeira, mas revestidos de ouro — postavam-se feito guardiões do trono, batendo o rabo no chão e rugindo com as goelas à mostra e a língua em movimento. Nesse salão, portanto, e apoiado em dois eunucos, eu fui conduzido à presença do imperador. Quando entrei, os leões rugiam e os pássaros trinavam, cada um à sua maneira; mas não senti medo ou espanto, uma vez que me informara bem acerca de todas essas coisas com pessoas que as conheciam bem.

Então, tendo me prostrado três vezes, ergui a cabeça e o vi. Anteriormente, vira-o sentado a uma altura moderada; agora, alçava-se quase até o teto do salão, e trajava roupas diferentes das de antes. Não posso compreender como isso se deu, a não ser que o tenham erguido à maneira das árvores dos lagares de vinho. Nessa ocasião, sua boca não pronunciou uma única palavra, pois, ainda que houvesse desejado fazê-lo, a grande distância torná-lo-ia inoportuno. Por intermédio de seus logotetas ou chanceleres, porém, informou-se a respeito da saúde e do bem-estar de meu senhor. Após haver respondido a essas perguntas da forma apropriada, retirei-me a um sinal do intérprete e fui conduzido ao aposento a mim destinado.

Enquanto o enviado se prostra e toca o chão com a cabeça, o trono do imperador eleva-se às alturas. O *rebaixamento* de um é empregado para a *elevação* do outro. A distância entre ambos, reduzida em demasia pela recepção, é restabelecida verticalmente. A artificialidade do canto dos pássaros e do rugido dos leões é sobrepujada pela arte de um trono que se eleva. Tal elevação ilustra o caráter *crescente* do poder: é inequívoca a ameaça que faz ao enviado de um poder estrangeiro.

AS IDEIAS DE GRANDEZA DOS PARALÍTICOS

O que, verdadeiramente, o homem entende por "grandeza"? A palavra é empregada em tantos sentidos que se poderia duvidar da possibilidade de se extrair dela um significado claro. Quanta coisa não foi já chamada de "grande"! As coisas mais opostas e ridículas reúnem-se aí, na vizinhança imediata de feitos sem os quais não se pode conceber uma existência humana digna. Precisamente nessa sua confusão, a palavra *grandeza* expressa algo sem o qual os homens não são mais capazes de viver. Há que se procurar compreendê-la em seus múltiplos sentidos, e talvez seja aconselhável abordar a ideia que fazem da "grandeza" os homens simples, nas mentes dos quais ela figura em sua forma mais palpável e manifesta.

Uma doença bastante disseminada e bem estudada vem a calhar para esse intento. A *paralisia*, em particular em sua forma clássica, distingue-se especialmente pela geração em massa de *ideias de grandeza*. Estas se alternam em variegada sucessão e são facilmente provocáveis por fatores externos. Nem toda paralisia as apresenta, havendo também formas depressivas dessa enfermidade que se caracterizam por ideias de pequenez; em muitos casos, ideias de grandeza e pequenez perseguem-se mutuamente. Mas não se trata aqui de examinar a enfermidade enquanto tal. O que nos interessa é o acúmulo concreto de ideias de grandeza em determinados casos bem conhecidos e descritos. Precisamente a profusão de tais ideias, sua ingenuidade e fácil estimulação — aquilo, pois, que as torna tão incompreensíveis para as pessoas "normais", ou seja, os não paralíticos — propiciam espantosas conclusões acerca da "grandeza". Há que se ter aqui alguma paciência com as enumerações que se seguem. É necessário ouvi-las, tanto quanto possível, na íntegra, antes que se parta para uma investigação do seu sentido. Ambos os doentes dos quais se falará a seguir viveram, aliás, na Alemanha guilhermina, uma circunstância significativa no tocante a muitas de suas concepções.

Um comerciante de meia-idade, levado à clínica de Kräpelin, fez o seguinte relato a respeito de si próprio:

Estivera louco em razão do cansaço e de perseguições, mas agora estava mentalmente curado, somente um pouco nervoso ainda. Sua disposição para o trabalho crescera bastante na clínica, em virtude do bom atendimento, de modo que podia já trabalhar bastante. Por essa razão, entrevia magníficas perspectivas e, como muito em breve receberia alta, estava pensando em montar uma grande fábrica de papel, para a qual um amigo lhe daria o dinheiro necessário. Além disso, Krupp, a quem o amigo conhecia bem, colocara-lhe à disposição uma propriedade nas proximidades de Metz, onde ele se dedicaria à horticultura em grande escala; a região era ainda bastante apropriada para a vinicultura. Ademais, adquiriria quarenta cavalos para o trabalho na lavoura, assim como estabeleceria também um comércio madeireiro que certamente haveria de render-lhe um dinheirinho. À objeção de que todos esses negócios decerto não teriam êxito tão fácil, demandando pesados investimentos, responde, confiante, que, com sua grande capacidade de trabalho, dará conta de tudo; tampouco poderá faltar-lhe dinheiro, dadas as excelentes perspectivas de lucro. Ao mesmo tempo, dá a entender que o imperador se interessa por ele e lhe permitirá retomar o título de nobreza do qual seu avô, por falta de recursos, abrira mão; na realidade, já poderia estar usando-o. Todas essas afirmações, o doente as faz num tom calmo e objetivo, comportando-se naturalmente ao fazê-las.

É fácil incitá-lo a ampliar seus planos. "À sugestão de que também a avicultura poderia ser vantajosa, ele prontamente assegura que, evidentemente, também criará perus, galinhas-d'angola, pavões e pombas, além de cevar gansos e criar faisões."

Inicialmente, sua enfermidade despertara atenção em razão de grandes compras e planos que fizera. Ao ser acolhido na clínica,

> sentia-se bastante disposto para o trabalho e tão bem física e mentalmente como nunca estivera. Queria ali, naquele lugar que o agradava tanto, escrever poesias, o que fazia melhor do que Goethe, Schiller e Heine [...] Queria inventar uma infinidade de máquinas, reformar a clínica, construir uma catedral mais alta que a de Colônia e envolver a clínica toda em vidro blindado. Era um gênio, falava todas as línguas do mundo, moldaria toda uma igreja em ferro fundido, conseguiria do imperador as mais elevadas condecorações, inventaria um remédio para acalmar os loucos,

doaria mil volumes à biblioteca da clínica — em sua maioria, obras de filosofia — e tinha apenas pensamentos divinos. Essas ideias de grandeza alternavam-se constantemente; surgiam num momento para, rapidamente, tornarem a desaparecer [...] O doente falava, escrevia e desenhava sem cessar; encomendava de pronto tudo quanto os anúncios de jornal ofereciam — gêneros alimentícios, vilas, roupas, móveis. Ora era conde, ora tenente-general, ora presenteava o imperador com um regimento completo de artilharia. Prontificou-se também a transferir a clínica para o topo de uma montanha.

Busquemos colocar alguma ordem provisória nessa imensa confusão. Tem-se aí, em primeiro lugar, algo que se poderia chamar de uma *propensão para a altura*: o doente quer construir uma catedral que suplante em altura a de Colônia, assim como quer também transferir a clínica para o topo de uma montanha. Essa altura que ele produz reverte, então, em seu favor. Traduzida em termos das hierarquias humanas, ela se expressa na nobreza de seu avô; ele próprio é um conde; e, na hierarquia militar, é ainda tenente-general. O imperador interessa-se por ele, que pode levá-lo a outorgar condecorações e que o *presenteia* com todo um regimento. Contido aí, tem-se o seu desejo de elevar-se acima do imperador.

Essa mesma necessidade estende-se também para a esfera intelectual: na qualidade de um gênio, ele fala todas as línguas do mundo, como se estas fossem algo como os súditos de um gênio; e os poetas mais famosos que conhece — Goethe, Schiller e Heine —, *ele* os sobrepujará. Tem-se a impressão de que, nessa propensão para a altura, o que importa não é *permanecer* no alto, mas *subir rapidamente até lá*. Uma tal ascensão repentina e veloz verifica-se constantemente; toda ocasião lhe é propícia. Percebe-se, então, que aquilo que se tinha pelo ponto mais alto pode ser facilmente superado. Novos recordes de altura apresentam-se. Não há como evitar a suspeita de que tais recordes de altura são, na realidade, recordes de *crescimento*.

Uma segunda tendência, não menos notável, é a propensão para a *aqui*sição. São mencionados uma fábrica de papel e o comércio de madeira, uma grande horticultura, vinhas e cavalos. Mas a maneira pela qual o estímulo à avicultura é acolhido denuncia o fato de que tal aquisição apresenta ainda traços verdadeiramente arcaicos. Trata-se de um *tornar-se mais* de tudo quanto é possível, particularmente de seres vivos que se multiplicam bastante. Perus, galinhas-d'angola, pavões, pombas, gansos e faisões são enumerados separadamente, como gêneros, e em cada um deles está presente a ideia de que, se criados, pode-se fazê-los multiplicar-se incomensuravelmente. Aí, a aquisição é ainda o que era em sua origem: a estimulação de massas naturais a uma multiplicação que beneficiará aquele que a estimulou.

A terceira tendência é a propensão ao *esbanjamento*. O doente encomenda tudo quanto os anúncios de jornal oferecem — gêneros alimentícios, vilas, roupas e móveis. Se estivesse livre e tivesse mesmo dinheiro, *compraria* todas essas coisas. Não se pode dizer, porém, que ele as *acumularia*. Decerto, procederia com elas da mesma forma liberal como faz com o dinheiro: ele presentearia todo mundo com elas. *Conservar* importa-lhe tão pouco quanto *possuir*. Por certo, vê as coisas que gostaria de comprar sob a forma de montes, mas apenas enquanto não as tem. O caráter fluido da propriedade é-lhe mais importante do que a posse em si. Seu gesto, que parece duplo, é fundamentalmente um só: o do *apanhar* e *jogar fora aos punhados*. Trata-se de um gesto de *grandeza*.

Voltemo-nos agora para um segundo caso, o de um outro comerciante de meia-idade, aliás, mas cuja paralisia exibe uma forma bastante mais *agitada*. Também no seu caso tudo começou com planos grandiosos: subitamente, e sem dispor de recursos, ele comprou um balneário por 35 mil marcos, encomendou 14 mil marcos em champanhe e 16 mil marcos de vinho branco, pretendendo montar um restaurante. Na clínica, tagarela sem parar:

Quer aumentar de tamanho, até pesar 240 quilos; manda colocar barras de ferro nos braços e carrega consigo condecorações pesando 120 quilos; mantém relações com cinquenta negras através de uma máquina de ferro e terá sempre 42 anos de idade; casa-se com uma condessa de dezesseis anos, dona de uma fortuna de 600 milhões, e que recebeu do papa a Rosa da Virtude. Tem cavalos que não comem aveia, além de uma centena de castelos dourados, com cisnes e baleias feitos do material com que são confeccionados os blindados à prova de balas; foi o autor de grandes invenções, construiu para o imperador um castelo de 100 milhões, é íntimo deste, recebeu do grão-duque 124 condecorações e dá meio milhão de presente a todo pobre-diabo. Paralelamente a isso, exibe ideias de perseguição. Tentaram matá-lo cinco vezes e, toda noite, dois baldes de sangue são-lhe sugados das nádegas, razão pela qual vai decapitar os enfermeiros, mandar que cães os despedacem e vai também construir uma guilhotina a vapor.

Aqui, tudo se apresenta de forma mais crua e nítida. Trata-se da nudez do crescimento, do crescimento em si, que se deixa medir pelos 240 quilos que o comerciante quer pesar. Trata-se da *força:* ele manda colocar barras de ferro nos braços. Trata-se da mais pesada e imperecível *distinção:* condecorações de ferro, pesando 120 quilos, as quais ele é forte o suficiente para carregar consigo. E trata-se ainda de *potência* e da paralisação dos anos: para suas cinquenta negras, ele terá sempre 42 anos. A mais virtuosa, rica e jovem das noivas lhe basta. Aveia é muito pouco para seus cavalos. Por certo, os cisnes em seus cem castelos dourados são mulheres também, de todo modo compondo um contraste com suas negras; já as baleias, ele as possui na qualidade da maior criatura existente. Está atento a sua própria invulnerabilidade: com relação às baleias, fala em blindados à prova de balas, mas, no mais, faz também muitas menções a metais. Cem milhões — milhões estes aos quais governa — é o que custa o castelo para o imperador, de cuja intimidade priva em função desses milhões. Pobres-diabos há aos milhões, constituindo cada um deles uma espécie de meio homem, o que provavelmente o leva a presentear cada um com meio milhão. Nessa sua posição elevada, ele naturalmente encontra-se exposto a perseguições. Uma única tentativa de assassinato não pode ser o bastante para uma personalidade tão importante. É seu direito decapitar por seus crimes os enfermeiros que lhe sugam o sangue (por trás, para expressar-lhes a inferioridade) e mandar que cães os despedacem. Mais veloz, porém, que a antiquada malta de cães é a guilhotina a vapor que ele constrói para execuções em massa.

Quanto mais caras as coisas, quanto mais elevado é o preço e quanto mais se fala aí em milhares, tanto mais atraído ele se sente. O dinheiro readquire seu antigo caráter de massa. Ele cresce aos saltos e com a máxima aceleração; logo chega-se ao milhão e, atingidos os milhões, estes passam a desempenhar o papel decisivo. O significado da palavra tem algo de iridescente, pois ela se aplica tanto a homens quanto a unidades monetárias. A característica mais importante da massa — seu *ímpeto de crescimento* — transmitiu-se também ao dinheiro. Quem é grande faz e desfaz em termos de milhões.

Como antes, a aquisição e o esbanjamento constituem o duplo aspecto de um único movimento; comprar e presentear, como tudo o mais, são instrumentos para a expansão desse comerciante. Poder-se-ia designá-los seu *crescimento lateral*, em contraposição àquela propensão para a altura mencionada anteriormente. Para ele, inexiste diferença entre *comprar* e *presentear*; ele recobre os objetos com sua massa de dinheiro até incorporá--los, e recobre as pessoas de dinheiro e objetos até ganhá-las.

De uma maneira ingênua e, por isso mesmo, particularmente convincente, reencontra-se aqui aquela característica tradicional dos reis, que tão bem conhecemos das fábulas e mesmo da história: a magnanimidade. Conta-se acerca de um rei negro da África Ocidental do século XIV que, em peregrinação a Meca, ele teria comprado toda a cidade do Cairo, um feito jamais esquecido. A jactância do comprar é algo bastante difundido até os dias de hoje, assim como, em não menor grau, a do esbanjar também o é. Em termos de manifestações de grandeza, nada mais se permite realmente aos muito contestados reis do dinheiro de nosso tempo do que suas gigantescas doações públicas. Nosso doente desperdiça castelos de 100 milhões e encontra no imperador um solícito receptador.

Suas ideias de grandeza são, por certo, bastante variadas, mas não se tem a impressão de que ele se *metamorfoseia* nelas. Permanece sempre sendo ele mesmo, ainda que pese 240 quilos, case-se com sua condessa da virtude de dezesseis anos ou prive com o imperador. Pelo contrário: tudo quanto, partindo de fora, dele se aproxima é empregado em seu próprio benefício. Ele é o sólido ponto central do universo, o qual conquista comendo e crescendo, sem jamais transformar-se em alguma outra coisa. O caráter cambiante de suas ideias provê-lhe de alimento; seu câmbio e variedade certamente são-lhe importantes — pois ele deseja crescer de todas as maneiras concebíveis —, mas não constituem mais do que uma diversidade de alimentos. Sua variedade engana: é a variedade do apetite, e nada mais.

A multiplicidade de suas ideias de grandeza somente é possível porque ele não se apega a nenhuma delas. Qualquer uma que surja é logo realizada. É natural alterarem-se as metas quando estas são alcançadas com tanta rapidez. Mas como é que o doente não sente resistência alguma a suas ideias? Qualquer palavra que prometa poder e riqueza, possibilidades de expansão individual, basta dizê-la a ele, e ele acreditará ser já realidade tudo quanto ela contém. Tal leviandade parece estar relacionada ao fato de ele sentir a *massa* sempre a seu lado. Sob todos os seus disfarces, a massa está presente para ele, seja na forma dos 600 milhões de seu dote, dos cem castelos dourados ou das cinquenta negras que ele produz com sua máquina de ferro. Mesmo quando se irrita com alguma coisa — como com os enfermeiros, por exemplo —, tem logo à mão uma malta de cães que, a uma ordem sua lança-se sobre eles para despedaçá-los. E quando pensa em decapitações, inventa logo uma guilhotina a vapor, capaz de realizá-las em massa. A massa está sempre a secundá-lo, e não contra ele; e se alguma vez ela, excepcionalmente coloca-se contra ele, trata-se da massa dos já decapitados.

Lembramo-nos ainda como, no caso anterior, todas as empreitadas mostravam-se prontas a florescer para o doente, particularmente as agrícolas. Todas as espécies de aves aguardam tão somente o momento de multiplicar-se para ele, e quando sente vontade de fazer algo pela biblioteca da clínica tem logo à mão milhares de volumes. Todas as formas concebíveis do milhar e do milhão colocam-se à disposição de ambos os doentes, para o comprar e o presentear.

É importante apontar para essa postura positiva da massa, para sua disposição favorável em relação ao paralítico dotado de ideias de grandeza. Ela jamais se opõe a ele; é, verdadeiramente, o material que se prontifica a concretizar-lhe os planos, e o que quer que lhe passe pela cabeça, a massa o realiza para ele. Ser-lhe-ia impossível querer demais, pois o crescimento da massa é tão ilimitado quanto o seu. Ela lhe é incondicionalmente leal, e de uma lealdade que nenhum soberano jamais experimentou da parte de seus súditos. Ver-se-á, mais adiante, que, no *paranoico*, a massa adquire um tom inteiramente diverso: um tom *hostil*. As ideias de grandeza dos paranoicos são, de resto, muito mais contestadas, exibindo a tendência a uma rigidez crescente. Quando a massa hostil predomina, elas se transformam em ideias de perseguição.

Por fim, resumindo e simplificando o que se pode aprender com as ideias de grandeza dos paralíticos, poderíamos dizer que encontramos aí um crescer contínuo e recorrente de dois tipos. Primeiramente da própria *pessoa*; ela quer tornar-se fisicamente maior e mais pesada, não se contentando com o fato de esse crescimento físico ter um fim; toda forma de força de que ela, na condição de um ser individual, se acha dotada deve crescer também. O segundo tipo de crescimento é o dos *milhões*, ao qual pertence tudo quanto — como a própria massa — apresenta a tendência de multiplicar-se aos saltos. Chegando ou partindo, esses milhões passam todos pelas mãos daquele que é grande, segundo o seu desejo e a sua vontade, e dão ouvidos somente a ele.

Na *grandeza* com que sonham os homens, o sentimento do crescimento biológico alia-se ao do crescimento aos saltos, característico da massa. A massa é aí o elemento subalterno; seu *tipo* não importa — qualquer um de seus sucedâneos pode servir ao mesmo propósito.

DOMINAÇÃO E PARANOIA

REIS AFRICANOS

Um exame dos reis africanos exibirá a inter-relação de aspectos e elementos do poder até aqui investigados isoladamente. Tudo nesses reis parece estranho e inabitual. Fica-se tentado, de início, a desdenhá-los como exóticas curiosidades. Muito facilmente, um sentimento de superioridade apossa-se do europeu ao ouvir relatos como os que se seguem. Aconselhável é, porém, ouvi-los com paciência e modéstia, até que se tenha descoberto mais a seu respeito. Não fica bem para um europeu do século XX crer-se acima da barbárie. Os instrumentos de seus detentores de poder podem ser mais eficazes, mas os propósitos destes frequentemente não diferem em nada daqueles dos reis africanos.

Du Chaillu descreveu a morte de um rei e a escolha de seu sucessor no *Gabão*.

Enquanto eu estava no Gabão, o velho rei Glass morreu. A tribo se cansara de seu rei. Ele era tido por um feiticeiro poderoso e mau, o que não era dito abertamente, mas poucos ousariam aproximar-se de sua casa à noite. Quando, por fim, o rei adoeceu, todos pareciam muito tristes. Vários de meus amigos confidenciaram-me, porém, que a cidade inteira esperava que ele morresse, o que, de fato, aconteceu. Certa manhã, fui acordado por gemidos e lamentos em altos brados. Toda a cidade parecia ter se desfeito em lágrimas; o pesar e a lamentação estenderam-se por seis dias. No segundo dia, o velho rei foi sepultado em segredo. Alguns dos homens de maior confiança da tribo levaram-no até um lugar que somente eles conheciam e que foi mantido em segredo ante todos os demais. Ao longo dos dias de luto, os anciãos da aldeia ocuparam-se da escolha de um novo rei. Também esse procedimento é secreto, de forma que somente no sétimo dia eles comunicaram ao povo quando seria coroado o novo rei. O nome deste é mantido em segredo até o fim.

Quis o acaso que a escolha recaísse sobre Njogoni — um amigo meu. Ele provinha de boa família e era querido do povo, de modo que recebeu a maioria dos votos, Não creio que Njogoni nutrisse a mais remota suspeita de que tinha sido o escolhido. Quando, na manhã do sétimo dia, ele passeava pela praia, o povo inteiro precipitou-se sobre ele. Realizaram, então, uma cerimônia que precede a coroação e que há de roubar de todos, a não ser de um homem muito ambicioso, o desejo pelo trono. Circundaram-no numa densa massa e cobriram-no de insultos de um tipo que somente o populacho mais brutal é capaz de conceber. Alguns lhe cuspiam no rosto, socavam-no e pisoteavam-no; outros lhe atiravam coisas nojentas, ao passo que os infelizes que se encontravam mais distantes e só podiam atingir o pobre rapaz com sua voz insultavam a ele, a seu pai, sua mãe, seus irmãos, suas irmãs e seus antepassados, até as mais longínquas gerações. Um estrangeiro não teria apostado um tostão na vida daquele que estava para ser coroado rei.

Em meio a todo o barulho e à luta, captei algumas palavras que me serviram de esclarecimento. De dois em dois minutos, ouvia-se alguém que o socava ou pisoteava com particular violência exclamar: "Você ainda não é nosso rei. Podemos ainda fazer com você o que quisermos. Depois, teremos de te obedecer".

Njogoni comportou-se como um homem e um futuro rei. Permaneceu quieto e suportou todos os insultos com um sorriso nos lábios. Depois de cerca de meia hora, levaram-no até a casa do antigo rei, onde ele teria de sentar-se e, por mais um breve período de tempo, deixar-se insultar pelo povo.

Então, fez-se silêncio. Os velhos levantaram-se e puseram-se a discursar solenemente. O povo repetia-lhes as palavras: "Nós te elegemos agora o nosso rei. Prometemos que te ouviremos e obedeceremos".

Seguiu-se novo silêncio; trouxeram uma cartola, considerada aqui um sinal de realeza, e colocaram-na sobre a cabeça de Njogoni. Vestiram-no com uma túnica vermelha e, a partir de então, ele passou a receber de todos os que o insultavam havia pouco as maiores demonstrações de respeito.

Seguiu-se, então, uma festa, que durou seis dias. O rei — que, juntamente com o posto, assumira também o nome de seu antecessor — tinha de receber os súditos em sua própria casa e não podia ausentar-se. Foram seis dias de uma indescritível comilança, de uma bebedeira bestial e de um tonitruante tumulto comemorativo. Uma infinidade de estranhos provindos das aldeias vizinhas veio render sua homenagem. Todos traziam mais rum, mais vinho de palmeira e comida. Distribuiu-se tudo quanto pudesse contribuir para a animação da atmosfera festiva, e quem quer que chegasse era bem-vindo.

O velho rei Glass fora esquecido, e o pobre do novo rei Glass estava doente de tanto cansaço. Dia e noite, ele tinha de receber as pessoas, e ser gentil com cada um que chegasse.

Por fim, acabou-se o rum; o prazo determinado se esgotara e a paz voltou a reinar. Pela primeira vez, a nova majestade pôde, então, sair e contemplar seu reino.

A sequência dos acontecimentos de massa acima descritos é de extraordinária importância. Tudo principia com a *malta de lamentação* em torno do rei morto, o que se prolonga por seis dias. No sétimo dia, então, assaz repentinamente, dá-se o assalto ao eleito. Todos os sentimentos hostis em relação ao morto manifestam-se somente em seu sucessor. A *massa de acossamento* que se forma ao seu redor é, na realidade, uma *massa de inversão*; não é a ele que ela visa, mas ao morto. As pessoas libertam-se assim do ódio a este último, que tanto tempo governou e do qual, ao final, sentiam apenas medo. O novo governo começa na situação mais temida por todo detentor do poder: seu cerco por parte dos súditos revoltosos, lançando-se perigosamente sobre seu corpo. O rei, porém, mantém-se calmo, pois sabe que se trata de uma hostilidade *deslocada*; ela é representada e não visa realmente a sua pessoa. Não obstante, tudo há de ficar guardado para sempre em sua memória, como um princípio de governo doloroso, uma ameaça a advertir do que pode vir a acontecer a qualquer momento. Aqui, todo rei assume seu posto em meio a uma revolução. Trata-se de uma revolução a posteriori contra um rei já morto; o novo eleito é apenas o alvo aparente dela, na qualidade do futuro representante do rei morto.

A terceira situação fundamental é a da festa, que, assim como o luto que a precede, dura seis dias. A distribuição de comida e bebida, sua fruição conjunta e desenfreada, são expressão da *multiplicação* que se espera que o novo detentor do poder propicie. Tanto quanto no momento de sua posse, também no futuro seu reino deverá transbordar de rum e vinho de palmeira, e todos deverão desfrutar de mais comida do que necessitam. O rei é empossado visando a obtenção de tal multiplicação. A massa festiva, na qualidade do começo propriamente dito de seu governo, *garante* essa multiplicação.

O relato de Du Chaillu tem cem anos de idade. Ele possui a vantagem de contemplar os acontecimentos de fora e de não apresentar-se sobrecarregado de detalhes. Hoje, sabe-se muito mais acerca dos reis africanos. Proveitoso será, pois, examinar também um relato mais recente.

O *rei de Jukun, na Nigéria*, era um ser sagrado cuja vida se desenvolveu dentro de limites rigorosamente observados. Sua tarefa mais nobre não consistia em, na qualidade de guerreiro, conduzir seu povo na batalha ou em distinguir-se pela sábia administração de sua terra. Não importava que fosse uma grande personalidade; era respeitado muito mais pelo fato de ser um reservatório vivo do qual jorravam as forças que asseguravam a fertilidade da terra e a prosperidade das sementes, conferindo, assim, vida e bem-estar ao povo. Serviam à conservação dessas forças as cerimônias que definiam o curso de seu dia e de seus anos.

O rei raramente aparecia em público. Não podia tocar o solo com seu pé desnudo, pois isso traria como consequência o ressecamento dos frutos da terra; tampouco lhe era permitido pegar do chão o que quer que fosse. Em tempos passados, se caía do cavalo era morto. A ninguém era permitido dizer que ele estava doente. Se uma grave enfermidade o acometia, estrangulavam-no em silêncio. Ouvir os gemidos de um rei doente, dizia-se, traria perturbação ao povo. Espirrar, ele podia: quando o rei de Jukun espirrava, os homens presentes batiam nas próprias coxas, em meio a murmúrios de aprovação. Falar de seu "corpo" era considerado coisa indecorosa, tanto quanto transmitir a impressão de que ele possuía um corpo humano comum. Empregava-se para tanto uma palavra especial, específica para a sua pessoa. Tal palavra designava todos os seus atos, mas também o mandamento proveniente de sua boca.

Quando o rei ia fazer sua refeição, funcionários especiais emitiam potentes gritos, enquanto outros golpeavam as próprias coxas uma dúzia de vezes. Tanto no palácio quanto na cidade inteira fazia-se silêncio; interrompiam-se as conversas e todos paravam com seu trabalho. A refeição real era tida por sagrada, e era-lhe servida como a uma divindade, segundo um cerimonial solene. Terminada a refeição, novos gritos e golpes, repetidos por funcionários no pátio externo, anunciavam que o trabalho e as conversas podiam ser retomados.

Se o rei se enraivecia, se apontava o dedo para alguém e batia raivosamente com os pés no chão, tal gesto fazia-se acompanhar das mais terríveis consequências para todo o país. Era imprescindível, então, empregar todos os meios para acalmá-lo a tempo. Sua saliva era sagrada. Os cabelos e as unhas cortadas, ele próprio os preservava num saco e, quando morria, eram enterrados juntamente com ele. Em discursos solenes, chamavam-no "nosso milho da Guiné, nosso amendoim, nosso feijão", numa referência a sua fertilidade. Atribuíam-lhe poder sobre a chuva e os ventos. Uma seca, seguida de colheitas ruins, era prova de uma diminuição de sua força, de modo que, secretamente, estrangulavam-no à noite.

Um novo rei eleito tinha, então, de dar três voltas ao redor de uma colina e, ao fazê-lo, era tratado aos golpes e murros pelos grandes da tribo. Em outra ocasião, posterior, tinha de matar um escravo, ou apenas o feria, ao que, então, algum outro o matava com a lança e a faca reais.

Em sua coroação, o líder da estirpe real dizia-lhe: "Hoje entregamos a ti a casa de teu pai. O mundo inteiro é teu. És nosso milho e nosso feijão, nossos espíritos e nossos deuses. Doravante, não tens pai ou mãe, mas és pai e mãe de todos. Segue os passos de teus antepassados e não faças mal a ninguém, a fim de que teu povo permaneça a teu lado e de que chegues com saúde ao fim de teu governo".

Todos, então, ajoelhavam-se perante o novo soberano, jogando poeira sobre as próprias cabeças e exclamando: "Nossa chuva! Nossa colheita! Nossa riqueza! Nossa felicidade!".

O poder do rei era absoluto, mas cuidava-se para que ele não se tornasse insuportável. Um conselho dos nobres, tendo à testa o abo ou ministro principal, dividia com ele a responsabilidade. Quando o humor do soberano ameaçava prejudicar o país; quando ocorria uma colheita ruim ou qualquer outro infortúnio nacional, podia-se demonstrar-lhe uma falha em seus inúmeros deveres mágicos e, com isso, abafar-lhe a petulância. O abo tinha acesso permanente ao rei; era-lhe permitido adverti-lo e, ausentando-se da corte por um período mais longo de tempo, podia também colocá-lo em sérios apuros.

Nas expedições bélicas, o rei geralmente não tomava parte, mas os despojos todos eram considerados propriedade sua. Não obstante, devolvia um terço ou metade deles ao guerreiro que os havia conseguido, em sinal de reconhecimento e como forma de expressar sua esperança de que, na próxima ocasião, aquele mesmo guerreiro viesse a demonstrar igual coragem.

Em tempos passados, uma vez tendo o rei provado seu valor, ele era morto após sete anos de governo, por ocasião da festa da colheita.

Em sua *História da África* — o primeiro trabalho sério no gênero —, *Westermann* nota a "espantosa uniformidade na estrutura e nas instituições desses impérios", identificando certas características comuns a todos. Vale a pena proceder a uma enumeração e interpretação das mais essenciais dentre elas, sempre levando em conta os conhecimentos adquiridos até aqui.

"O rei possui forças que conferem fertilidade ao solo. Dele depende a prosperidade dos frutos da terra. Com frequência, ele é, ao mesmo tempo, aquele que faz chover." — O rei figura aí como *multiplicador*; trata-se de sua qualidade capital. Poder-se-ia dizer que foi somente em razão dessa qualidade da multiplicação que o reinado estabeleceu-se como instituição. Dele partem ordens de toda sorte, mas a forma mais peculiar de ordem por ele transmitida é a intimação ao crescimento. "És pai e mãe de todos", lê-se no relato sobre Jukun. Isso significa não apenas que ele alimenta a todos, mas também que leva tudo e todos a crescer. Seu poder nesse caso é o da *malta de multiplicação*. Aquilo que cabia a ela, como um todo, produzir, a totalidade de sua substância, transferiu-se para ele — um indivíduo. Por meio de seu comportamento, ele pode garantir uma constância impossível à malta de multiplicação, que se compõe de muitos e está sempre a desagregar-se. Qual um recipiente, claramente delimitado em relação ao exterior, ele encerra em si todas as forças da multiplicação. É seu dever sagrado não permitir que elas escapem. Disso decorrem também as características que se seguem.

"Com o intuito de conservar sua força de crescimento, preservando-a de danos, sua pessoa é cercada de um sem-número de prescrições e proibições que, não raro, tornam-no incapaz de agir." — A preciosidade do rei — que é, na verdade, a preciosidade do conteúdo que ele encerra — conduz a seu *enriquecimento*. Ele é um recipiente cheio até a borda, e nada pode ser derramado.

"Não se pode vê-lo, ou somente em certos momentos. Não lhe é permitido deixar as dependências de seu palácio, ou então ele pode fazê-lo, mas apenas à noite ou em ocasiões especiais. Ele não é visto comendo ou bebendo." — Seu isolamento o protege de tudo quanto possa atuar prejudicialmente sobre ele. Sua raridade significa que ele existe somente para propósitos bastante específicos. Comer e beber, constituindo um apoucamento, não lhe ficam bem, sendo ele um multiplicador. Ele deveria poder viver exclusivamente das forças das quais se encontra carregado.

Decisiva no rei é sua unicidade. O mesmo povo que possui, talvez, muitos deuses, tem *um único* rei. É importante — como se viu — que ele seja isolado. Entre ele e seus súditos cria-se artificialmente uma distância que é mantida por todos os meios. Ele raramente se mostra, ou não o faz jamais, ou ainda somente sob algum tipo de disfarce a ocultar-lhe por completo ou em grande parte. Sua preciosidade é ressaltada de todas as formas, seja pelas coisas preciosas que o vestem ou circundam, seja pelo caráter raro de suas aparições. Protegem-no uma guarda pessoal cegamente devotada e espaços cada vez mais amplos. A ampliação de seu palácio e a criação de espaços cada vez maiores no interior deste servem tanto ao distanciamento quanto à proteção.

Unicidade, isolamento, distância e preciosidade compõem, portanto, um grupo importante de características que podem ser constatadas à primeira vista.

"As manifestações do corpo do rei, a tosse, o espirro, o assoar do nariz, são imitadas ou aplaudidas." — Quando o rei de Monomotapa apresentava uma característica qualquer, boa ou ruim — um defeito físico, uma falta, um vício ou uma virtude —, seus companheiros e criados esforçavam-se por imitá-la. Se o rei era coxo, seus companheiros mancavam. Já com relação à Antiguidade, Estrabão e Diodoro contam que, se o rei da Etiópia tivesse alguma parte de seu corpo amputada, todos os seus cortesãos tinham de sofrer amputação idêntica. Um viajante árabe que visitou a corte de Darfur no início do século passado conta-nos acerca dos deveres dos cortesãos. Quando o sultão pigarreia, como que se preparando para falar, todos emitem um "ts, ts". Quando ele espirra, todos os presentes imitam o grito do geco, o que soa como alguém a incitar o próprio cavalo. Se o sultão cai do cavalo, todos os seus cortesãos têm também de cair de seus cavalos. Quem deixasse de fazê-lo era deitado no chão e surrado, por mais alto que fosse seu posto. Na corte de Uganda, quando o rei ria, riam todos, e quando espirrava, todos espirravam. Se ele tivesse um resfriado, todos afirmavam estar resfriados também, e, se cortava o cabelo, todos faziam o mesmo. Essa imitação dos reis, aliás, não se restringe de modo algum aos africanos. Na corte de Boni, em Celebes, era costume que os cortesãos fizessem tudo o que o rei fazia. Se ele se levantava, todos se levantavam; se se sentava, todos se sentavam; se caía do cavalo, todos caíam também. Se tinha vontade de tomar banho, todos se banhavam com ele. Quem passava era obrigado a entrar na água do jeito que estava, qualquer que fosse a roupa, boa ou ruim, que estivesse usando. — Um missionário francês relata acerca da China que quando o imperador ria, riam também os mandarins. E tão logo parava de rir, também eles paravam. Se o imperador está triste, entristecem-se as feições dos mandarins. É como se seus rostos repousassem sobre molas, as quais o imperador, a seu bel-prazer, pudesse tocar e pôr em movimento.

A *exemplaridade* do rei é universal. Por vezes, as pessoas limitam-se a admirá-lo e venerá-lo. Nada do que ele faz é desprovido de sentido. Vê-se um significado em cada uma de suas manifestações. Às vezes, porém, vai-se mais longe, e sente-se cada manifestação sua como uma *ordem. O* fato de ele espirrar significa: espirrem! O fato de ele cair do cavalo significa: caiam! O rei apresenta-se tão carregado da força do comando que nada provém dele por acaso. Aqui, a ordem passou da palavra para a ação exemplar. Acresce-se a isso o fato de toda a sua existência ter por propósito a multiplicação, que, como já foi dito, é sua *raison d'être.* Assim, todo movimento ou manifestação de sua parte tende a multiplicar-se. Poder-se-ia dizer que, em tais ocasiões, sua corte torna-se uma espécie de malta de multiplicação — se não naquilo que sente interiormente, decerto na sua conduta exterior. Todos fazem a mesma coisa, mas o rei o faz primeiro. A corte, transformada num cristal de massa, encontra assim o caminho de volta a sua origem: a malta de multiplicação.

Também a aclamação e o aplauso deixam-se contemplar como expressões de uma vontade de multiplicação. Determinados movimentos e manifestações tidos por exemplares são fortalecidos pelo aplauso, que lhes enseja a repetição. Somente poucos logram escapar da pressão proveniente de milhares de mãos a aplaudir: a produção daquele que é aplaudido *tem* de multiplicar-se.

"Quando o rei começa a envelhecer, sua força mágica é ameaçada. Ela pode desaparecer ou enfraquecer-se, e pode ser convertida em seu oposto por poderes malignos. Por essa razão, é necessário tirar a vida do rei que está envelhecendo e transferir sua força mágica para seu sucessor." – A pessoa do rei só tem importância enquanto permanecer intacta. Na qualidade de um recipiente intacto, ela é capaz de abrigar as forças da multiplicação. O menor defeito, porém, torna-o suspeito aos olhos de seus súditos. Ele poderia perder algo da substância que lhe é confiada e pôr em perigo o bem-estar de sua gente. A constituição desses impérios é a constituição física do próprio rei. Cumpre-lhe, por assim dizer, responder por sua força e saúde. Um rei que exiba cabelos brancos, cuja visão vai enfraquecendo, um rei que perde os dentes ou torna-se impotente é morto ou tem de cometer suicídio. Ele toma um veneno ou é estrangulado. Dá-se preferência a essas maneiras de morrer, pois não é permitido derramar-lhe o sangue. Por vezes, a duração de seu governo é, de antemão, fixada em um determinado número de anos. O rei de Jukun, como se viu, governava originalmente sete anos. Segundo uma tradição dos bambaras, o próprio rei recém-eleito era quem determinava a extensão de seu governo. "Enrolava-se uma tira de algodão em torno de seu pescoço, e duas pessoas puxavam-lhes as extremidades cada uma para um lado, enquanto o rei retirava de uma cabaça a maior quantidade de seixos que fosse capaz de segurar; os seixos indicavam, então, seus anos de governo, ao final dos quais ele era estrangulado."

Contudo, o que se obtém com a delimitação artificial de seus anos de vida não é apenas a salvação de sua preciosa substância multiplicadora. Também a paixão pela sobrevivência, que poderia assumir perigosas proporções ao longo de seu governo, é, desde o início, atenuada e amansada. O rei sabe quando vai morrer — mais cedo do que muitos de seus súditos. Tem sempre clareza quanto ao momento de sua morte, e precisamente nisso faz-se consideravelmente inferior àqueles a quem governa. Assumindo o governo, ele renuncia à sobrevivência a todo custo. Faz, assim, uma espécie de pacto com seus súditos. A dignidade que obtém é verdadeiramente um fardo. Ele se declara disposto a, decorrido um certo prazo, sacrificar a própria vida.

Os insultos e golpes aos quais se submete antes de assumir o governo constituem um prenúncio daquilo que o aguarda ao final. Assim como nesse momento sujeita-se a tudo, também no futuro submeter-se-á a seu destino. Seu fim é-lhe antecipado. Seja ameaçando-o com a possibilidade de um tal fim ou em razão de este mesmo fim apresentar-se já solenemente estabelecido, a massa de acossamento que se forma antes da sua posse torna-lhe penosamente claro que ele não governará por si próprio. Conta-se acerca do rei dos iorubas que primeiro ele era surrado. Se não suportava a dor com serenidade, era rejeitado. A escolha podia recair sobre um dos príncipes mais pobres, que cuidava calmamente de sua vida e não possuía nenhuma pretensão ao trono: um tal príncipe era, então, chamado e, para seu próprio espanto, maltratado. Antigamente, em Serra Leoa, um rei era, antes da sua proclamação, envolto em correntes e surrado. Lembremo-nos aqui do relato de Du Chaillu acerca da escolha do rei do Gabão.

Entre a morte de um rei e a nomeação de seu sucessor reinava uma total *ausência de leis*. Como se viu, tal situação, dotada

526

ainda de um significado, expressava-se nos maus-tratos impingidos àquele que fora eleito rei. Mas podia voltar-se também contra os fracos e desprotegidos. Entre os mosis de Wagadugu, todos os criminosos eram soltos das prisões após a morte do rei. O assassinato e o saque eram permitidos, e cada um fazia o que bem entendesse. Em Ashanti, os beneficiários desse período de anarquia eram os membros da família real: era-lhes permitido matar e roubar qualquer cidadão. — Em Uganda, procurava-se primeiramente manter em segredo a morte do rei; depois, passados talvez dois dias, extinguia-se o fogo sagrado que ardia à entrada do recinto real, e tinha início, então, uma grande lamentação. Os tambores executavam o ritmo da morte e, assim, o país ficava sabendo do que acontecera. A ninguém, contudo, era permitido falar da morte; dizia-se apenas que o fogo se extinguira. Seguia-se uma selvagem desordem. As pessoas punham-se a roubar umas às outras, de modo que somente os chefes dotados de fortes séquitos podiam sentir-se seguros. Os chefes menores corriam o risco de serem mortos pelos mais fortes, que, ao longo do breve interregno, faziam o que queriam. É claro que, sob tais circunstâncias, os fracos e desamparados eram os que mais sofriam. Com a posse do novo rei, a ordem voltava a reinar. A pessoa do rei é que verdadeiramente a representava.

A *sucessão* nem sempre era claramente regulamentada. E mesmo quando o era, as pessoas somente se atinham às regras se obrigadas a tanto. Uma concepção peculiar de sucessão encontra-se nos estados himas. *Oberg* interpretou-a com perspicácia em seu extraordinário estudo sobre o reino de *Ankole.*

Também ali o rei era obrigado a envenenar-se, tão logo suas mulheres e chefes notavam nele sinais de fraqueza. Atribuía-se a máxima importância a sua força. Aos governantes himas importava que o mais forte dos filhos do rei fosse o sucessor. Uma decisão a respeito só podia ser tomada em combate. Mas, durante a guerra pela sucessão, que era, pois, inevitável, Ankole não podia permanecer oficialmente desprovida de um rei. Passadas as solenidades fúnebres em homenagem ao falecido soberano, tinha lugar em seu curral uma luta entre pastores comuns, e o vencedor era proclamado uma espécie de rei farsesco. Os legítimos irmãos reais assistiam ao combate mas, tão logo decidida a contenda, cada um reunia seus adeptos em torno de si e partia em busca dos tambores reais. Se se cruzavam no caminho, havia luta. Um príncipe com um menor número de adeptos era morto ou fugia para outro país. Todos os ardis bélicos eram permitidos. Um irmão punha-se a espionar para saber do paradeiro do outro e, assim, poder, sob a proteção da noite, aproximar-se sorrateiramente e surpreendê-lo. Apunhalava-o, então, enquanto dormia, ou punha veneno em sua comida. Apelava-se também para a feitiçaria ou para o auxílio provindo do exterior. Cada filho tinha o apoio de sua mãe e sua irmã, que se valiam da magia contra seus inimigos, enquanto buscavam protegê-lo dos espíritos dos mortos. O filho predileto, sobre o qual recaíra a escolha do antigo rei, mantinha-se escondido durante essa guerra.

A guerra pela sucessão podia durar meses; ao longo desse tempo, o país mergulhava no caos. Para proteger-se, cada um recorria a seus parentes. Muito gado era roubado; quem quer que abrigasse algum rancor no coração valia-se da confusão reinante no país para vingar-se de seu inimigo. Somente os grandes chefes, que vigiavam as fronteiras de Ankole, não participavam do conflito, tratando de proteger o país de invasores estrangeiros.

Um após o outro, os príncipes eram mortos ou exilados, até que restava somente um único dos combatentes. O filho predileto do antigo rei abandonava, então, seu esconderijo e media-se com o vitorioso dentre seus irmãos. O objetivo propriamente dito da luta era a posse dos tambores reais. O filho predileto nem sempre ganhava, mas geralmente tinha a seu lado os feiticeiros mais poderosos e um grande número de adeptos. Estando mortos os seus irmãos, o sobrevivente partia com os tambores reais, a mãe e a irmã de volta para a corte. O rei farsesco era morto e o vitorioso proclamado rei.

Assim, os rivais pereciam todos. O sobrevivente, na condição do vitorioso, era considerado o mais forte, e todos se devotavam a ele. É de se supor que o mesmo princípio embasava as guerras de sucessão nos outros Estados himas, onde tais guerras eram igualmente comuns. As pessoas queriam ter por rei o *sobrevivente*. Que ele houvesse matado tantos inimigos conferia-lhe o poder que se desejava que ele tivesse.

Contudo, a luta pela sucessão não era o único meio de impregnar o rei de forças. A sobrevivência fortalecia o novo soberano de outros modos também. No império *Kitara*, que fazia fronteira com o de Ankole ao norte, a luta pela sucessão, mesmo já decidida, era resumida num rito espantoso, por ocasião do coroamento do novo rei. Tal rito foi presenciado pela última vez quando da posse do rei Kabarega, no ano de 1871. Um relato nos informa a respeito.

Entre os príncipes havia sempre garotos, os quais, por serem demasiado jovens, não participavam da luta. Estavam, pois, vivos quando seus irmãos maiores se haviam já aniquilado uns aos outros, à exceção do vencedor. Um desses irmãos mais jovens foi persuadido pelo chefe supremo, que fazia as vezes de uma espécie de regente, de que *ele* fora o rei eleito, com o que todos os demais chefes presentes concordaram. O garoto, porém, sabendo que se tratava de um plano, disse: "Não tentem me enganar. Não sou o rei. Vocês só querem me matar". Teve, no entanto, de sujeitar-se, e foi posto no trono. Os chefes vieram, ofereceram-lhe presentes e prestaram-lhe todas as honras. juntamente com eles, vestido como um simples príncipe, veio Kabarega, o vencedor, aquele a quem cabia ali coroar; de presente, trouxe uma vaca. O regente perguntou-lhe: "Onde está minha vaca?". E Kabarega respondeu: "Eu a trouxe para a pessoa a quem ela pertence: o rei". Considerando tal resposta uma ofensa, o regente golpeou o braço de Kabarega com uma corda, ao que este, então, partiu furioso em busca de seus guerreiros. Vendo-os chegar, o regente disse ao garoto sentado no trono: "Kabarega vem vindo. Lute!". O garoto fez menção de fugir, mas o regente agarrou-o, conduziu-o para o fundo da sala do trono e estrangulou-o. O garoto foi enterrado no próprio edifício do palácio.

A briga entre o regente e o novo soberano fora simulada. O destino do rei-garoto estava já determinado: durante a cerimônia, um rapaz era sempre escolhido e morto, com o intuito de — como se dizia — "enganar a morte". A guerra já estava decidida. Os rivais estavam todos mortos. Contudo, ainda durante a cerimônia, o rei tinha de *sobreviver* a um rapaz que fosse seu irmão, e a vítima era enterrada no aposento mais recôndito do palácio, onde ficavam o trono e os novos tambores reais.

Significado simbólico tinha no império Kitara o *arco* real; quando da coroação, ele tinha de receber cordas novas. Escolhia-se um homem, e este via como uma honra prover tais cordas extraindo-as de seu próprio corpo. Ele mesmo dirigia a operação na qual os tendões eram retirados do lado direito de seu corpo, morrendo em seguida, em consequência da operação. O arco e quatro flechas eram entregues ao rei, que, então, as atirava cada uma na direção de um ponto cardeal, dizendo: "Atiro nas nações para superá-las". A cada flecha, pronunciava os nomes das nações que viviam na direção correspondente. As flechas eram recuperadas, trazidas de volta e guardadas. Ao princípio de cada ano, o rei repetia esse "atirar nas nações".

O mais poderoso império vizinho ao de Kitara era o de *Uganda*, contra o qual estavam sempre em guerra. Neste último, quando um rei chegava ao trono dizia-se que ele havia "comido Uganda" ou "comido os tambores". A posse dos tambores era a marca distintiva do cargo e da autoridade. Havia tambores reais e tambores dos chefes. Cada cargo podia ser identificado pelo ritmo de seus tambores. Nas cerimônias de iniciação, o rei dizia: "Eu sou o rei de Uganda. Viverei mais do que meus antepassados, a fim de governar as nações e esmagar as revoltas".

O primeiro dever do novo soberano era o luto pelo rei morto. Ao final desse período de luto, o rei mandava tocar os tambores. No dia seguinte, tinha lugar uma caçada. Uma gazela era trazida e libertada; o rei tinha de caçá-la. Depois, apanhavam-se dois homens na rua, transeuntes casuais: um era estrangulado; ao outro, presenteava-se com a vida. Na noite desse mesmo dia, o rei ascendia ao velho trono. Pelas mãos de um alto dignitário, prestava o juramento. Dois homens fortes carregavam-no, então, nos ombros, a fim de que o povo pudesse render-lhe sua homenagem.

Em seguida, dois homens com os olhos vendados eram trazidos à presença do rei. Um deles, ele feria levemente com uma flecha e o enviava ao país inimigo, Kitara, como uma espécie de bode expiatório. O outro era libertado e nomeado vigilante da corte interior do rei e guardião de suas mulheres. Esse novo vigilante era levado, então, juntamente com oito prisioneiros, até um local de sacrifícios. Ali, seus olhos eram vendados e, na sua presença, sete dos prisioneiros eram mortos com tacapes; a morte do oitavo, permitia-se que ele assistisse a ela. Dizia-se que essas mortes transmitiam força ao rei, conferindo energia e lealdade ao vigilante.

Passados dois ou três anos de governo, dois outros homens eram novamente levados à presença do rei, que feria um e presenteava ao outro com a vida. O ferido era morto do lado de fora do recinto, junto à entrada principal. O outro era designado auxiliar do vigilante. Sua primeira tarefa após a nomeação consistia em pegar o cadáver do morto e jogá-lo no rio mais próximo.

Também esses homens eram mortos para *fortalecer* o rei. Matava-se para mostrar que seu governo começara, e matava-se também para que ele seguisse sobrevivendo. O rei retirava poder do próprio processo da sobrevivência. Um costume notável, peculiar, talvez, a Uganda, era a apresentação das vítimas aos pares: uma morre, a outra é indultada. O rei exerce simultaneamente o duplo direito que lhe cabe. Da primeira vítima ele retira sua força, mas também o indulto concedido à segunda o beneficia. E isso porque esta última é testemunha do destino que se abateu sobre a primeira; ela própria se fortalece pela sobrevivência, tornando-se, como aquela escolhida para ser indultada, um criado tanto mais fiel do rei.

É de se admirar que, depois de todas essas providências, um

rei de Uganda pudesse ainda morrer. Vidas eram-lhe sacrificadas também em outras ocasiões. A ideia de que a sobrevivência lhe conferia poder conduzira à instituição regular de sacrifícios humanos. Mas tratava-se de uma instituição religiosa, que permaneceu existindo independentemente dos desejos particulares deste ou daquele rei. Paralelamente a isso, havia ainda seus caprichos pessoais e espontâneos, e era próprio do rei que eles fossem perigosos.

Um atributo central do rei africano era seu poder absoluto sobre a vida e a morte. Enorme era o pavor que dele emanava. "És agora Ata; tens o poder sobre a vida e a morte. Mata todos aqueles que afirmam não temer-te." Assim reza a fórmula empregada na investidura do rei de Igara. Ele matava quem queria, e sem informar as razões. Seu humor bastava-lhe como motivo; dele, não tinha de prestar contas a ninguém. Em muitos casos, não se permitia ao rei derramar sangue. O carrasco, que o fazia por ele, era o cargo mais imprescindível na corte. Quer tenha o homem que originalmente detinha o cargo de carrasco enfim se transformado no primeiro-ministro do país, como em Daomé; quer tenha o cargo dado ocupação a centenas de carrascos, formando uma espécie de casta, como ocorreu em Ashanti; ou quer tenham as execuções se restringido a casos esporádicos — a proclamação de sentenças de morte constituiu sempre direito incontestável do rei, e se este simplesmente não exercia tal direito ou deixava de exercê-lo por um longo período de tempo, o resultado era o fim do pavor essencial ante seu poder: o rei passava a não ser mais temido, tornando-se vítima do desprezo.

O rei era visto como um *leão* ou um *leopardo*, seja porque se tinha um tal animal por seu ancestral ou porque compartilhasse de suas características, sem dele descender diretamente. Sua natureza de leão ou leopardo significava que, tal como esses animais, ele tinha de matar. Era correto e apropriado que ele matasse; sua vontade de fazê-lo devia ser-lhe inata. O pavor que emanava desses animais, também ele tinha de disseminá-lo.

O rei de Uganda *comia* sozinho; a ninguém era permitido

vê-lo comer. Uma de suas mulheres tinha de trazer-lhe a comida, mas, durante a refeição, era obrigada a desviar o rosto. "O leão come sozinho", dizia o povo. Se a comida não lhe agradava ou se não era trazida com suficiente rapidez, mandava chamar o culpado e o varava com sua lança. Se, durante a refeição, a criada tossia, era punida com a morte. O rei tinha sempre duas lanças à mão. Se, inadvertidamente, alguém chegasse e o surpreendesse fazendo sua refeição, era morto no ato. O povo dizia então: "Enquanto comia, o leão matou fulano de tal". Os restos de sua comida não podiam ser tocados por pessoa alguma; eram dados a seus cães prediletos.

O rei de Kitara era alimentado por seu cozinheiro. Este trazia-lhe a refeição, enfiava o garfo na carne, espetava um pedaço e o enfiava na boca do rei. O cozinheiro repetia quatro vezes esse movimento e se, por acaso, tocasse os dentes do rei com o garfo, era punido com a morte.

Toda manhã, após a ordenha das vacas, o rei de Kitara sentava-se em seu trono para julgar. Exigia silêncio e se irritava quando alguém falava. A seu lado, postava-se um pajem, ostentando sobre o ombro direito uma pele de leão; a cabeça pendente do animal ocultava a espada de dois gumes do rei, embainhada na pele. Quando o rei queria a espada, estendia a mão, e o pajem a depositava nela, ao que o rei, então, abatia alguém no interior da corte. Também em outras ocasiões ele praticava essa justiça sumária no interior de seus aposentos no palácio. Andava por eles acompanhado do pajem com a espada, e, se algo não lhe agradava, estendia a mão, e era o fim de alguém.

Todas as suas ordens tinham de ser seguidas incondicionalmente. Sobre a inobediência a elas pesava a sanção da morte. A ordem aparece aí em sua forma mais pura e antiga, como a sentença de morte decretada pelo leão contra os animais mais fracos, constantemente sob sua ameaça. Se eram inimigos, deviam, por assim dizer, estar sempre fugindo dele. E, em se tratando de seus súditos, estes eram obrigados a servi-lo. O rei mandava sua gente para onde queria, e, na medida em que obedeciam a ele, eram presenteados com a vida. Na realidade, porém, era sempre um leão que, dependendo de um pretexto ou vontade, matava.

O SULTÃO DE DELHI: MUHAMMAD TUGHLAK

Por um feliz acaso, dispomos hoje de um nítido retrato desse sultão de Delhi, um retrato mais preciso do que aqueles que usualmente se tem dos soberanos orientais. Um famoso viajante árabe, *Ibn Batuta*, que visitou todo o mundo islâmico de sua época, do Marrocos à China, passou sete anos em sua corte e a seu serviço, legando-nos uma vívida descrição do sultão, de seu caráter, sua corte e de suas medidas de governo. Ibn Batuta desfrutou longamente das graças do sultão, passando a viver sob um medo mortal quando caiu em desgraça. Como mandava o costume, ele primeiro granjeara as simpatias do sultão; mais tarde, então, tentou escapar de sua ira levando uma vida ascética.

"De todos os homens, esse rei é o que mais aprecia dar presentes e derramar sangue." Depois das experiências pelas quais passara na corte, Ibn Batuta percebeu com uma clareza restrita a poucos a dupla face do poder — a generosa e a assassina. Tem-se uma prova incontestável da exatidão psicológica de seu relato: a existência de um segundo relato, independente do seu, que se pode comparar a ele. Não muito tempo após a morte do soberano, *Ziau-d din Barani*, um alto funcionário que viveu por mais de dezessete anos na corte de Muhammad, escreveu uma história do período em língua persa, história esta que está entre as melhores obras de seu gênero. Entre muitas outras coisas, encontram-se registradas ali três conversas que o futuro historiador manteve com o próprio sultão e que são absolutamente características do conceito deste sobre seus súditos e o governo. A exposição que se segue apoia-se nessas fontes, e faz farto e abundante uso de citações literais de ambas.

Muhammad Tughlak era um representante da mais alta cultura de sua época. Suas cartas persas e árabes eram considera-

534

das modelos de elegância e seguiram sendo admiradas muito tempo após a sua morte. Sua caligrafia e estilo nada ficavam a dever aos mais famosos mestres dessas artes. Ele possuía imaginação e sabia lidar com as metáforas; conhecia profundamente a poesia persa, tinha uma memória extraordinária e sabia muitos poemas de cor, os quais citava com frequência e bom gosto. Estava também familiarizado com o restante da literatura persa. A matemática e a física, a lógica e a filosofia dos gregos encantavam-no em igual medida. "Os dogmas dos filósofos, a indiferença e dureza de coração, exerceram poderosa influência sobre ele." Mas Muhammad possuía também a curiosidade de um médico: cuidava ele próprio de doentes, se neles um sintoma inabitual de uma doença lhe despertasse o interesse. Nenhum erudito, calígrafo, poeta ou médico era capaz de vencê-lo numa discussão sobre suas áreas de especialidade. Era, ademais, um homem pio: atinha-se rigorosamente aos preceitos de sua religião e não bebia vinho. Era aconselhável aos cortesãos respeitar os períodos de orações; aquele que não o fizesse era severamente punido. Atribuía grande importância à justiça; levava a sério os preceitos não apenas rituais, mas também os morais do islamismo, e esperava o mesmo dos outros. Na guerra, distinguiu-se por sua coragem e iniciativa; falava-se muito de seus feitos bélicos ainda sob o governo de seu pai e do predecessor deste. Não é desimportante apontar para esse caráter multifacetado de sua natureza, pois todas as características e feitos graças aos quais ele se fez sinistro e incompreensível a seus contemporâneos encontravam-se em crassa contradição com essas suas qualidades brilhantes, que eram tão admiradas e que ele sempre conservou.

Que aspecto tinha a corte desse príncipe justo e tão bem-educado? Para se chegar ao interior do palácio tinha-se de atravessar três portões. Diante do primeiro, uma tropa montava guarda, ladeada por trombeteiros e flautistas. Se chegava algum emir ou qualquer outra alta personalidade, eles tocavam seus instrumentos e anunciavam: "Fulano de tal chegou, fulano de tal chegou". Do lado de fora desse primeiro portão havia plataformas, sobre as quais verdugos permaneciam sentados. Quando o sultão ordenava a execução de um homem, a sentença era cumprida diante do portão do palácio. Os cadáveres jaziam ali por três dias. Quem se aproximava do palácio deparava sempre com cadáveres, montes, montanhas deles. Os varredores de rua e os verdugos, aos quais cabia arrastar as vítimas e matá-las, esgotavam-se com seu trabalho árduo e incessante. Entre os segundo e terceiro portões havia um salão de recepção para o público em geral. Diante do terceiro, sentavam-se os "escribas do portão"; sem a permissão do sultão, ninguém podia passar por ele. Sempre que alguém aparecia por ali o escriba anotava: "Fulano de tal veio na primeira hora" ou "na segunda hora", conforme o caso. Após a oração da noite, tais visitas eram relatadas ao sultão. Todo aquele que, tendo ou não apresentado uma justificativa, se ausentara do palácio por três ou mais dias não podia mais adentrá-lo sem uma nova permissão do sultão. Se estivera doente ou tivesse alguma outra justificativa a apresentar, trazia ao sultão um presente condizente com sua posição. Atrás desse terceiro portão ficava o salão de audiências propriamente dito do sultão, o "salão dos mil pilares" — um espaço gigantesco, provido de um teto de madeira maravilhosamente entalhado e adornado com pinturas.

As audiências normalmente aconteciam à tarde, às vezes de manhã cedo. O sultão ficava sentado em seu trono, com as pernas cruzadas uma sobre a outra, sob um baldaquim revestido de branco; atrás de si, tinha uma grande almofada, e duas outras dos lados, servindo de apoio para os braços. Diante dele, em pé, ficava o vizir; atrás deste, os secretários; depois, os camareiros, e assim por diante, segundo a hierarquia da corte.

Enquanto o sultão se sentava, secretários e camareiros gritavam o mais alto possível: "Bismillah! [Em nome de Deus!]". Uma centena de homens armados posta-se à direita, outros cem à esquerda, portando escudos, espadas e arcos. Os demais funcionários e dignitários posicionam-se de ambos os lados do salão. Em seguida, sessenta cavalos ornamentados com os arreios reais são trazidos e dispostos à direita e à esquerda, de modo que o sultão possa vê-los. Depois, cinquenta elefantes adornados com mantas de seda são introduzidos no salão; suas presas, revestidas de ferro, são bastante eficazes na execução dos criminosos. Na nuca de cada elefante encontra-se sentado um condutor, tendo à mão uma espécie de machado de ferro, que emprega para punir e conduzir o animal. Em seu dorso, os elefantes carregam uma espaçosa caixa contendo vinte ou mais soldados, dependendo do tamanho de cada animal. Tais elefantes são treinados para saudar o sultão e curvam-se diante dele. A cada vez que se curvam, os camareiros gritam: "Em nome de Deus!". Também os elefantes são dispostos à esquerda e à direita do salão, atrás das pessoas já de pé ali. Cada pessoa que entra possui um lugar determinado e, chegando aos camareiros, faz sua mesura. Os camareiros, então, dizem: "Em nome de Deus", regulando o volume de seu grito de acordo com a posição hierárquica da pessoa em questão, que se recolhe a seu lugar e jamais o ultrapassa. Se aquele que vem saudar é um dos hindus infiéis, os camareiros lhe dizem: "Deus te guie!".

A entrada do sultão em sua capital foi também alvo de vívida descrição por parte de viajantes árabes.

Quando o sultão retorna de uma viagem, os elefantes são adornados; guarda-sóis são colocados sobre dezesseis deles, alguns feitos de brocado e alguns guarnecidos de joias. Erguem-se pavilhões de madeira de vários andares, cobertos de seda; em cada andar, encontram-se cantoras e dançarinas, maravilhosamente vestidas e adornadas. No meio de cada pavilhão vê-se um grande recipiente de pele repleto de água com melaço. Todos, tanto os estrangeiros quanto os nativos, podem beber, recebendo também folhas de bétele e nozes-de-areca. O chão entre os pavilhões é coberto de seda, na qual pisam os cavalos do sultão. Penduram-se panos de seda nos muros das ruas pelas quais ele passa, desde o portão da cidade até o portão do palácio. À sua frente, marcham os lacaios, vários milhares de seus escravos; atrás, vêm a plebe e os soldados. Em uma de suas entradas na cidade, vi lá em cima, sobre os elefantes, três ou quatro pequenas catapultas arremessando moedas de ouro e prata no meio do povo, desde o momento em que ele entrou na cidade até chegar ao palácio.

Muhammad era particularmente generoso com os estrangeiros. Seu serviço secreto informava-o de imediato sobre cada um que chegava a alguma das cidades fronteiriças de seu império. Seu serviço de correio possuía uma organização modelar; uma distância que os viajantes precisavam de cinquenta dias para cobrir, seus mensageiros, alternando-se a cada terço de milha, percorriam em cinco. Não eram apenas suas cartas que eram transportadas dessa maneira; frutas raras, vindas de Khurasan, chegavam frescas à sua mesa. Acorrentados, traidores da pátria eram deitados sobre macas e transportados sobre a cabeça pelos mensageiros, chegando até ele com a mesma rapidez das cartas e frutas. Os relatos versando sobre estrangeiros na fronteira eram bastante minuciosos: aparência, modo de vestir, número de acompanhantes, escravos, criados e animais, comportamento quando parado, caminhando ou sentado — o que quer que o estrangeiro fizesse era cuidadosamente registrado em todos os detalhes. O sultão ocupava-se a fundo desses relatos. O estrangeiro, por sua vez, tinha de esperar na capital da província fronteiriça até que chegasse a instrução do sultão, determinando se ele podia ou não prosseguir viagem e com que honras deveria ser recebido. Todos eram julgados exclusivamente por seu comportamento. Afinal, de sua origem ou família era difícil obter alguma informação na distante Índia. Muhammad tinha um interesse muito particular por estrangeiros; fazia-os governadores e dignitários. A maioria de seus cortesãos, funcionários, ministros e juízes era composta deles. Por um decreto seu, foi concedido a todos os estrangeiros o título de "reverência". Mandava pagar-lhes grandes somas para seu sustento e, além disso, presenteava-os de todas as formas possíveis. Os estrangeiros espalharam pelo mundo todo sua fama de generoso.

Mais do que dessa fama, porém, falava-se da severidade do sultão. Ele punia grandes e pequenas faltas sem levar em consideração as pessoas dos faltosos — fossem eles homens de erudição, de fé ou de alta posição hierárquica. Todo dia centenas de pessoas eram trazidas acorrentadas, com os pés e as mãos atados, à sua presença. Uns eram executados; outros, torturados; e outros, surrados. Tratava-se de uma disposição particular sua que todos os ocupantes de suas prisões fossem trazidos diariamente até ele, menos às sextas-feiras, dia no qual descansavam, cuidavam de seu asseio e repousavam.

Uma das mais graves acusações contra o sultão era a de ter obrigado os habitantes de Delhi a abandonar a cidade. Acreditava ter motivo para puni-los. Eles costumavam escrever-lhe cartas, xingando-o e insultando-o. Selavam-nas e escreviam: "Ao senhor do mundo; para ser lida apenas por ele, pessoalmente". À noite, jogavam as cartas no salão de audiências. Ao romper-lhes o selo, o sultão nada mais encontrava além de xingamentos e insultos. Decidiu, então, reduzir a cidade a ruínas e, após ter comprado dos habitantes suas casas e edificações, pagando por elas tudo o que valiam, ordenou-lhes que se mudassem para Daulatabad, cidade que queria transformar em sua capital. A população recusou-se, e ele, então, fez anunciar por intermédio de seu arauto que, num prazo de três dias, pessoa alguma poderia mais ser encontrada na cidade. A maioria submeteu-se à ordem, mas alguns se esconderam em suas casas. O sultão mandou que vasculhassem a cidade, à procura daqueles que houvessem ficado. Seus escravos encontraram dois homens na rua: um aleijado e um cego. Ambos foram levados até o sultão, que ordenou que o aleijado fosse catapultado para fora de Delhi, e o cego, arrastado até Daulatabad, o que significava uma viagem de quarenta dias. A caminho, seu corpo despedaçou-se, e tudo quanto chegou dele em Daulatabad foi uma perna. Depois disso, todos abandonaram a cidade, deixando móveis e pertences para trás; Delhi ficou totalmente abandonada. Tão completa era a destruição que não restou um gato, um cão nos edifícios da cidade, nos palácios ou nos arrabaldes.

Uma pessoa de minha confiança contou-me que, uma noite, o sultão subiu ao telhado de seu palácio para olhar a cidade, na qual não se via fogo, fumaça ou luz, e disse: "Agora meu coração está tranquilo e minha ira foi aplacada". Escreveu, então, aos habitantes de outras cidades, ordenando-lhes que se mudassem para Delhi, a fim de povoá-la novamente. O resultado foi tão somente a ruína dessas cidades. Delhi, apesar disso, permaneceu vazia, em razão de seu tamanho gigantesco — trata-se de uma das maiores cidades do mundo. Foi nesse estado que, ao chegar, encontramos a cidade: vazia; à exceção de uns poucos habitantes, quase despovoada.

Essa exasperação do sultão para com seus súditos não foi o produto de um longo governo. Desde o início reinava entre ambos uma tensão que, com o passar dos anos, cresceu ainda mais. A ordem para evacuar Delhi veio já no segundo ano de governo. Sobre o conteúdo das cartas que eram jogadas no salão de audiências, podem-se somente tecer suposições. Alguns indícios, porém, sugerem que elas diziam respeito ao modo como o sultão assumira o poder. Após um governo de apenas quatro anos, Tughlak Schah, o pai de Muhammad, perdera a vida num acidente. Somente uns poucos iniciados sabiam realmente o que se passara. O velho sultão, que retornava de uma expedição, pediu ao filho que erigisse um pavilhão para recebê-lo. Em três dias, o pavilhão fora erguido, construído, como sempre, com madeira, mas de tal forma que, a um empurrão num determinado ponto, ele fatalmente desabaria. Quando, na companhia do filho mais moço, o sultão dirigia-se para o pavilhão, Muhammad pediu permissão para a realização de um desfile de elefantes. A permissão foi-lhe concedida. Os elefantes foram conduzidos de forma a, ao passar, chocarem-se contra aquele ponto crítico da construção de madeira. O pavilhão desabou, enterrando o sultão juntamente com seu filho predileto. Os trabalhos de resgate foram de tal maneira postergados por Muhammad que se tornou tarde demais. Por fim, pai e filho foram encontrados mortos. Muitos afirmaram que o sultão, que se debruçara sobre o filho, respirava ainda, e que teria sido assassinado uma segunda vez, por assim dizer. Muhammad pôde, então, ascender ao trono sem nenhuma resistência, mas sobre as más línguas não tinha poder algum. Desde o princípio, pesava sobre ele a suspeita de ter matado seu pai.

Sob o governo de Muhammad Tughlak, o sultanato de Delhi atingiu sua maior expansão. Mais de duzentos anos se passaram até que — sob Akbar — porções tão grandes da Índia voltassem a se unir sob um único comando. Mas Muhammad absolutamente não estava satisfeito com as cerca de duas dúzias de províncias a ele atribuídas. Queria colocar sob seu comando a totalidade do mundo habitável, e entretinha grandiosos planos que deveriam servir à concretização de seu propósito. Não revelou tais projetos a nenhum de seus conselheiros ou amigos, mas conservou-os para si, assim como sozinho os concebera. O que quer que lhe ocorresse parecia-lhe uma boa ideia. Não alimentava nenhuma espécie de dúvida a seu respeito; sua meta parecia-lhe natural, e os meios que empregava para atingi-la, os únicos corretos.

Os mais ambiciosos dentre seus planos de conquista consistiam em um ataque a Khurasan e ao Iraque e outro à China. Para o primeiro, reuniu-se um exército de 370 mil cavaleiros. Os dignitários das cidades ameaçadas foram subornados com somas gigantescas. O ataque, porém, não chegou a realizar-se, ou fracassou ainda nos preparativos: o exército debandou. Somas que até para Muhammad haviam de ser gigantescas tinham sido desperdiçadas em vão. O outro plano, a conquista da China, deveria concretizar-se mediante a travessia do Himalaia. Cem mil cavaleiros foram enviados para a montanha mais alta, a fim de subjugar todo o maciço e sua população selvagem, assegurando, assim, as passagens para a China. Esse exército sucumbiu inteiro, à exceção de dez homens, que lograram retornar a Delhi e aos quais, decepcionado, o sultão mandou executar.

A conquista do mundo demandava exércitos colossais, e estes, por sua vez, mais e mais dinheiro. É certo que Muhammad dispunha de receitas gigantescas. De todas as partes afluía o tributo dos reis hindus subjugados. De seu pai herdara, entre outras coisas, um reservatório repleto de uma sólida massa de ouro fundido. Logo, porém, o sultão estava em dificuldades financeiras e, para livrar-se delas de um só golpe, procurou, como era de seu feitio, um meio grandioso. Ouvira falar do papel-moeda dos chineses e concebeu o plano de permitir-se fazer algo semelhante com o cobre. Mandou cunhar quantidades enormes de moedas de cobre e, arbitrariamente, equiparou-lhes o valor ao das de prata. Ordenou que tais moedas fossem utilizadas em lugar do ouro e da prata: as pessoas passaram, então, a comprar e vender tudo em cobre. A consequência desse edito foi que a casa de cada hindu transformou-se numa casa da moeda. Os hindus das mais diversas províncias cunharam, por conta própria, milhões de moedas de cobre. Com elas, pagavam seu tributo, compravam cavalos e todo tipo de coisas belas. Príncipes, chefes de aldeias e proprietários de terras enriqueceram-se com essas moedas de cobre, e o Estado empobreceu. Logo, o valor da nova moeda pôs-se a despencar rapidamente, ao passo que as velhas moedas, que se haviam tornado muito raras, tiveram seu antigo valor quadruplicado ou quintuplicado. Por fim, o cobre não valia mais do que um punhado de seixos. Todos passaram a reter suas mercadorias e o comércio paralisou-se por toda parte. Vendo o efeito produzido por seu edito, o sultão, bastante irado, revogou-o, declarando que quem tivesse moedas de cobre deveria trazê-las à câmara do tesouro, onde seriam trocadas pelas antigas. As pessoas recolheram, então, as moedas de cobre de todos os cantos nos quais as haviam desdenhosamente jogado e partiram aos milhares para a câmara do tesouro, recebendo ali ouro e prata por elas. Montanhas de moedas de cobre amontoaram-se em Tughlabakad. O tesouro perdeu grandes somas, e a falta de dinheiro tornou-se aguda. Tão logo pôde avaliar quanto as moedas de cobre haviam custado a seu tesouro, o sultão voltou-se ainda mais contra seus súditos.

Um outro meio de conseguir dinheiro eram os impostos. Já no governo de seus predecessores eles haviam sido muito elevados. Agora, elevavam-se ainda mais, e sua cobrança era de uma crueldade brutal; os camponeses tornaram-se mendigos. Entre os hindus, quem possuía alguma coisa deixava sua terra e ia-se para as matas juntar-se aos rebeldes, dos quais havia grupos, maiores ou menores, por toda parte. O solo jazia inculto, e cada vez menos cereais eram produzidos, o que levou a fome às províncias centrais do império. Um longo período de seca tornou-a geral. A fome estendeu-se por vários anos; famílias desagregaram-se, cidades inteiras não tinham o que comer e milhares de pessoas morreram.

Foi provavelmente essa fome que trouxe consigo a verdadeira guinada no destino do império. As revoltas aumentavam. As províncias foram, uma após a outra, abandonando Delhi. Muhammad corria incessantemente de um lado para o outro, esmagando as revoltas. Sua crueldade cresceu, e ele aniquilou regiões inteiras. Mandou cercar as matas, para onde os revoltosos haviam fugido, e quem quer que fosse encontrado ali — homem, mulher ou criança — era morto. O pavor diante dele era tão grande que, onde quer que o sultão aparecesse, as pessoas submetiam-se, caso já não houvessem fugido. Contudo, mal tendo logrado implantar a paz num lugar, ou fazer dele um deserto, a revolta irrompia já em outra parte do país. Dos governadores que o abandonavam, mandava tirar a pele. Depois, empalhava-os e enviava esses pavorosos bonecos a todas as partes do país, para intimidar a população.

Muhammad não sentia remorso por sua crueldade. Estava convencido da correção de suas medidas. As conversas que teve a respeito com o historiador Zia Barani são tão instrutivas que vale a pena citar alguns trechos delas.

"Vês", disse ele a Barani, "quantas revoltas explodem. Elas não me dão prazer algum, embora eu saiba que as pessoas vão dizer que é meu rigor exagerado que as provoca. Mas nem essas observações nem as revoltas hão de demover-me da aplicação da pena de morte. Tu, que leste muitas obras de história, encontraste em algum lugar que os reis, sob determinadas circunstâncias, aplicam a pena de morte?"

Em resposta, Barani citou uma alta autoridade islâmica, a qual considerava a pena de morte admissível em sete casos. Tudo quanto ultrapassasse esses casos conduziria a distúrbios e revoltas, sendo prejudicial ao país. Tais casos eram: 1) o abandono da verdadeira religião; 2) o assassinato; 3) o adultério praticado por um homem com a mulher de outro; 4) a conspiração contra o rei; 5) o comando de uma revolta; 6) o contato com inimigos do rei e a transmissão a estes de informações; 7) a desobediência capaz de prejudicar o Estado, e *nenhum outro tipo de desobediência*. Acerca de três desses crimes, o próprio profeta havia se manifestado: o abandono da religião, o assassinato de um muçulmano e o adultério com uma mulher casada. A punição aos demais seria antes uma questão da política e do bem governar. Contudo, as autoridades enfatizavam também — afirmou Barani — que os reis nomeiam vizires, aos quais alçam a elevadas dignidades e em cujas mãos depositam a administração de seu império. Tais vizires existiam, pois, para prover os decretos acertados e manter o país em tão boa ordem que o rei é poupado de manchar-se de sangue humano.

Ao que o sultão, então, responde:

As punições sugeridas outrora adequavam-se àquele estágio anterior do mundo. Hoje, é muito maior o número de homens ruins e rebeldes. Eu os castigo a uma mera suspeita ou suposição de seu propósito rebelde e traiçoeiro, e puno com a morte o menor ato de desobediência, E seguirei procedendo assim até morrer, ou até que as pessoas passem a se comportar decentemente, renunciando à rebelião e à desobediência. Não tenho um tal vizir que confeccione regras para impedir que eu derrame sangue. Puno as pessoas porque, de uma só vez, todas elas se tornaram minhas inimigas e opositoras. Propiciei-lhes uma grande riqueza e, a despeito disso, elas não se tornaram amistosas e leais. Conheço bem sua disposição e vejo que estão insatisfeitas, que me são hostis.

Numa conversa posterior, o sultão lamenta não ter, no passado, mandado matar todos aqueles que, à época, causaram-lhe tantos transtornos com suas revoltas. Ainda em outra ocasião — tendo acabado de perder uma de suas cidades mais importantes, aquela mesma para a qual, outrora, ordenara que se mudassem todos os habitantes de Delhi —, manda chamar Barani e pergunta-lhe que remédios os reis do passado teriam empregado em casos semelhantes: seu império estava doente e remédio algum produzia efeito. Barani pondera então que os reis, uma vez tendo reconhecido que não possuíam mais a confiança de seu povo e que se haviam tornado objeto de repulsa, abdicavam, deixando o governo ao mais digno dentre seus filhos. Outros se dedicavam à caça e aos prazeres, deixando os negócios de Estado a cargo de seus vizires e funcionários. Desse modo, contentando-se o povo e não sendo o rei vingativo, a enfermidade do Estado podia ainda ser curada. De todos os males políticos, o maior e mais terrível era um sentimento generalizado de repulsa e uma falta de confiança em todas as camadas da população. O sultão, porém, não se deixou levar por esses corajosos e pouco velados conselhos de Barani. Quando conseguisse regularizar os assuntos de seu império da maneira que desejava, e somente então, confiaria o governo a três pessoas específicas e partiria em peregrinação a Meca. "No momento, porém, estou furioso com meus súditos, e eles estão bravos comigo. Meus sentimentos são-lhes conhecidos, assim como conheço os deles. Todo tipo de tratamento que tento não produz nenhum resultado. Minha cura para os rebeldes, os revoltosos e os insatisfeitos é a espada. Condeno à morte e faço uso da espada visando uma cura pelo sofrimento. Quanto mais as pessoas resistem, mais castigos eu lhes impinjo."

Mas o número das revoltas e a perturbação generalizada de seu império produziram, sim, *um* efeito sobre a índole do sultão. Ele começou a ter escrúpulos — não no que se referia aos amontoados de cadáveres defronte ao palácio e em todas as províncias e cidades que visitava, mas no tocante à legitimidade de sua soberania. Era, como ficou suficientemente claro, um homem pio e legalista, e queria obter para seu cargo real a mais elevada sanção espiritual que o islamismo podia conferir. Em séculos anteriores, os califas da dinastia dos abássidas, residentes em Bagdá, haviam sido a instância competente para tanto. Seu império, porém, já não existia. No ano de 1258, Bagdá fora conquistada pelos mongóis e o último califa, morto. Para Muhammad Tughlak, que ascendera ao trono no ano de 1325 e cujos escrúpulos começaram a manifestar-se por volta de 1340, quando suas províncias começaram a abandoná-lo uma após a outra, não era nada fácil descobrir quem possuía, então, o direito à investidura. Pôs-se, assim, a fazer conscienciosas investigações. Todos os viajantes que chegavam a sua corte provindos dos países islâmicos ocidentais eram minuciosamente inquiridos, até que, por fim, o sultão chegou à conclusão de que o calife do Egito era o "papa" que desejava, iniciando negociações com este. Embaixadores iam e vinham. Em suas cartas ao califa, o sultão permitia-se bajulações tão exageradas que o historiador Barani, embora devesse estar acostumado a isso, não ousou repeti-las. Muhammad, acompanhado de seus mais altos dignitários e teólogos, ia pessoalmente até os portões da cidade receber o enviado do califa, escoltando-o descalço por um trecho do percurso. Mandou retirar seu próprio nome de todas as moedas, substituindo-o pelo do califa. Na oração das sextas-feiras e dos feriados, pronunciava-se o nome do califa. Muhammad, porém, não se contentou apenas com isso. Todos os reis anteriores, não confirmados pelos califas, foram excluídos da oração, e sua soberania declarada inválida. O nome do califa foi inscrito nos edifícios altos, e nenhum outro podia figurar a seu lado. Num diploma solene, que chegou após vários anos de correspondência com o Egito, Muhammad foi, então, com toda a formalidade, nomeado representante do califa na Índia. O documento proporcionou a Muhammad uma tal alegria que ele mandou que os poetas da corte o colocassem em engenhosos versos.

No mais, permaneceu o mesmo até o fim da vida. Seu rigor cresceu com seus fracassos. Não morreu pela mão de um assassino. Após 26 anos de governo, faleceu em consequência de uma febre que apanhara em uma de suas expedições punitivas.

Muhammad Tughlak constitui o mais puro caso de um detentor de poder paranoico. O estranho em sua existência torna-o particularmente instrutivo para um europeu. Tudo nele chama a atenção; pode-se, assim, contemplá-lo melhor em sua totalidade. A rigorosa coerência de sua natureza é evidente.

São várias as massas que atuam em seu espírito: seu exército, seu dinheiro seus cadáveres e a corte à qual se vincula sua capital. Ele as manipula sem cessar; elas se ampliam às custas uma da outra. Dilapida o tesouro com a ruína dos exércitos enormes. Manda para o exílio toda a sua capital. Permanece sozinho na metrópole, subitamente satisfeito. Do telhado do palácio, contempla-a vazia: desfrutou plenamente da felicidade do sobrevivente.

O que quer que faça, sabe preservar para si *uma* de suas massas. Não deixa de matar em circunstância alguma. O amontoado de cadáveres defronte ao palácio é uma instituição permanente. Diariamente, manda que seus prisioneiros se apresentem a ele: na condição de candidatos à execução, eles constituem seu bem mais precioso. No curso de seus 26 anos de governo, os amontoados de cadáveres espalham-se por todas as províncias de seu império. As epidemias e a fome vêm em seu auxílio. Decerto, irrita-lhe a perda em impostos, mas enquanto o número de suas vítimas segue crescendo, nada é capaz de abalar-lhe a autoconsciência.

Para preservar em sua concentração absoluta a força para dar ordens — ordens estas que nada mais são do que sentenças de morte —, ele busca uma instância máxima que a assegure para ele. Deus, em quem acredita como maometano pio, não lhe basta. Ele busca a investidura de seu representante legal.

Historiadores indianos modernos fizeram já a defesa de Muhammad Tughlak. Panegiristas jamais faltaram ao poder. Profissionalmente obcecados por ele, os historiadores costumam explicar tudo valendo-se de categorias como o *tempo*, sob o qual podem facilmente ocultar-se como especialistas, ou a *necessidade*, que em suas mãos pode assumir toda e qualquer forma.

Enfoques assim são o que se pode esperar em relação a casos muito mais próximos de nós do que o de Muhammad Tughlak. Assim, e preventivamente, talvez seja útil pôr a nu os processos do poder num outro homem, um que, para sorte do mundo, o possuía somente em seu delírio.

O CASO SCHREBER. PRIMEIRA PARTE

Um documento que não se poderia desejar mais substancial e fecundo constituem as *Memórias* do antigo juiz-presidente da Corte de Apelação de Dresden, *Schreber*. Era um homem culto e inteligente; seu ofício o educara para as formulações claras. Passara já sete anos internado em clínicas como paranoico, quando decidiu registrar por escrito e em detalhes aquilo que, para o mundo, haveria de parecer o sistema de seu delírio. Suas *Memórias de um doente dos nervos* transformaram-se num livro. Schreber estava tão solidamente convencido da correção e importância da religião que ele mesmo criara que, tendo recebido alta, fê-la publicar. Os meios de expressão linguística de que dispõe para a exposição de um pensamento tão peculiar caem-lhe como uma luva; com eles, é capaz de abarcar o suficiente para que nada de essencial permaneça obscuro. Ele faz a sua defesa e, por sorte, não é um poeta; pode-se, assim, segui-lo por toda parte, estando-se, porém, a salvo dele.

Quero destacar aqui alguns dos traços mais notáveis de seu sistema tanto quanto é possível fazê-lo com brevidade. Parece-me que, por meio desse caso, pode-se chegar bastante próximo da natureza da paranoia. Se outros, examinando-o, chegam

548

talvez a outras conclusões, constituirá isso tão somente uma prova da riqueza dessas *Memórias*.

A pretensão com que Schreber se apresenta faz-se mais nítida onde ele aparentemente a restringe. "Sou, afinal, apenas um ser humano", afirma ele quase no começo de sua obra, "encontrando-me, portanto, preso aos limites do conhecimento humano." Mas não lhe resta dúvida de que ele chegou infinitamente mais próximo da verdade do que todos os demais seres humanos. — E, a seguir, vai-se de imediato para a eternidade. O pensamento nesta impregna-lhe o livro todo; para ele, ela significa mais do que para os homens comuns. Sente-se à vontade nela e a contempla não apenas como algo que lhe é devido, mas como algo que lhe pertence. Em seus cálculos, ele emprega medidas gigantescas de tempo; as experiências que vivencia estendem-se por séculos. Para ele, é "como se algumas noites houvessem durado séculos, de maneira que, nesse espaço de tempo, poder-se-iam muito bem ter se dado as mais profundas modificações com toda a humanidade, com a própria terra e todo o sistema solar". No espaço sideral, ele não se sente menos em casa do que na eternidade. Várias constelações e estrelas isoladas — Cassiopeia, Vega, Capela, as Plêiades — exerceram especial fascínio sobre ele, que se refere a elas como se fossem pontos de ônibus logo virando a esquina. Ao fazê-lo, porém, tem plena consciência da distância real que as separa da terra. Dispõe de conhecimentos de astronomia e não reduz o mundo. O que ocorre é o contrário: os corpos celestes o atraem precisamente por estarem tão distantes. A grandeza do espaço o seduz; ele quer ser tão amplo quanto este, estendendo-se por sua totalidade.

Não se tem, contudo, a impressão de que seja o processo do crescimento que lhe importa; trata-se antes de um *distender-se* do que de um crescer; ele quer a amplidão para fixar-se e afirmar-se nela. O importante é a *posição* em si, e esta jamais é suficientemente elevada e eterna. Para ele, o princípio supremo é a ordem universal. Ele a coloca acima de deus; se este age contrariamente àquela, enfrenta dificuldades. Com frequência, Schreber fala de seu próprio *corpo* humano como se se tratasse de um *corpo celeste*. Da mesma forma como outras pessoas preocupam--se com suas famílias, ele se preocupa com a ordem do sistema planetário. É possível que também a imutabilidade e a durabilidade das constelações — que, efetivamente, são há milênios como as conhecemos — tenham exercido particular atração sobre ele. Uma "posição" entre elas seria uma posição para toda a eternidade.

Esse *sentido de posição* do paranoico é de importância fundamental: trata-se sempre de defender e garantir uma posição elevada. Também com o detentor de poder, e pela própria natureza do poder, não poderia ser de outra forma: o sentimento subjetivo que ele abriga em relação a sua posição não difere em nada daquele do paranoico. Quem pode, cerca-se de soldados e tranca-se numa fortaleza. Schreber, que se sente ameaçado das mais variadas formas, agarra-se firme às estrelas. E isso porque, como se verá, reina no mundo uma grande confusão. A fim de tornar compreensíveis esses perigos, faz-se necessário dizer algo sobre os que habitam o seu mundo.

A *alma* humana, crê Schreber, está contida nos *nervos* do corpo. Ao longo de sua vida, o homem é corpo e alma ao mesmo tempo. Quando morre, porém, o que fica são os nervos, na qualidade de alma. Deus é sempre e unicamente nervo, jamais corpo. É, pois, aparentado à alma humana, mas infinitamente superior a ela, pois o número dos nervos de deus é ilimitado e eles são eternos. Tais nervos possuem, ademais, a capacidade de transformar-se em raios, como por exemplo os do sol e os das estrelas. Deus compraz-se do mundo que criou, mas não interfere diretamente em seus destinos. Terminada a criação, ele se afastou do mundo, mantendo-se agora à distância a maior parte do tempo. Deus nem sequer *pode* aproximar-se demasiado dos homens, pois os nervos dos vivos exercem tamanha atração sobre ele que, aproximando-se, ele não conseguiria mais safar--se e teria sua própria existência ameaçada. Com relação aos vivos, portanto, deus está sempre com um pé atrás, e caso aconteça de ele se deixar atrair para mais perto por uma prece fervorosa ou por um poeta, ele se retirará apressadamente, antes que seja tarde demais.

"Um contato mais regular de deus com as almas humanas só tinha lugar após a morte. Dos cadáveres, deus podia aproximar-se sem perigo, a fim de extrair-lhes os nervos e trazê-los até ele, despertando-os para uma nova vida celestial." Para tanto, contudo, os nervos humanos precisavam ser primeiramente examinados e purificados. Deus só podia fazer uso de nervos humanos puros, pois constitui o destino destes serem anexados a ele e, por fim, "tornarem-se componentes dele próprio, na condição de 'vestíbulos do céu'". Para tanto, fazia-se necessário um complicado processo de purificação, processo este que o próprio Schreber não foi capaz de descrever em detalhes. Tendo, então, as almas passado já por esse processo e subido ao céu, elas esqueciam pouco a pouco quem haviam sido na terra; nem todas, porém, esqueciam-no com a mesma rapidez. Homens importantes, como Goethe ou Bismarck, conservavam ainda sua autoconsciência por séculos, talvez; mas ninguém, nem mesmo o maior dos homens, a preservava para sempre. E isso porque "era o destino de todas as almas *transformarem-se, fundidas a outras, em unidades mais elevadas,* passando desse modo a sentirem-se tão somente componentes de deus – 'vestíbulos do céu'".

A fusão das almas numa *massa* é descrita aí como a mais elevada de todas as bênçãos, o que lembra muitas pinturas cristãs contendo anjos e santos, todos bem juntos uns dos outros como nuvens, e, por vezes, representados efetivamente como nuvens, nas quais somente a observação mais atenta permite reconhecer as cabeças lado a lado. Essa imagem é tão corriqueira que nem sequer se reflete sobre o seu significado. Ela expressa que a bem-aventurança não consiste apenas na proximidade de deus, mas no denso estar junto dos iguais. Mediante a expressão "vestíbulo do céu", intenta-se adensar ainda mais a consistência dessa massa de almas bem-aventuradas: elas realmente transformaram-se em "unidades mais elevadas".

Dos vivos, deus não entende muito. Em capítulos posteriores de suas *Memórias,* Schreber censura-lhe constantemente a incapacidade de compreender os vivos e, de modo mais específico, de julgar corretamente sua atividade mental. Fala da cegueira de deus, a qual repousaria no seu desconhecimento da natureza humana. Ele estaria habituado apenas ao convívio com os cadáveres e evitaria a aproximação demasiada com os vivos. O eterno amor divino existiria, no fundo, somente em relação à criação como um todo. Um ser da perfeição absoluta que lhe atribui a maioria das religiões, deus não é. Do contrário, não se teria deixado induzir a *conspirar* contra homens inocentes, conspiração esta que compunha o cerne propriamente dito da doença de Schreber. Sobre o reino de deus abateu-se uma séria crise, a qual se vincula ao destino pessoal de Schreber.

Trata-se aí de nada menos do que do assassinato de uma alma. Schreber já estivera doente no passado, tendo à época se tratado com o professor Flechsig, psiquiatra de Leipzig. Um ano depois, declarando-o curado, este lhe dera alta e Schreber pôde retomar seu ofício. Ficara muito grato ao psiquiatra, e mais grata ainda ficara sua mulher, "que reverenciava na figura do professor aquele que lhe dera o marido novamente de presente, razão pela qual sua foto permaneceu por anos sobre a mesa onde ela trabalhava". Schreber viveu, então, oito anos saudáveis, felizes e de muito trabalho ao lado da mulher. Durante todo esse tempo, tivera frequentes oportunidades de rever a foto de Flechsig sobre a mesa da esposa, o que, sem que ele o percebesse com clareza, deve tê-lo preocupado bastante. Isso porque, ao novamente adoecer e, como é compreensível, retornar a Flechsig — que já uma vez dera mostras de sua competência —, revelou-se que a figura do psiquiatra assumira dimensões assaz perigosas no espírito de Schreber.

Este, que, como juiz, desfrutava ele próprio de alguma autoridade, talvez culpasse secretamente o psiquiatra pelo fato de ter ficado um ano sob seu poder. Com certeza, odiava-o agora por ter de novo caído em seu poder. Desenvolveu-se em Schreber a convicção de que Flechsig estava lhe assassinando ou roubando a alma. A ideia de que era possível apoderar-se da alma de alguém era — segundo Schreber — antiquíssima e largamente disseminada; desse modo, uma pessoa podia apropriar-se das forças espirituais de outra ou prolongar a própria vida. Por ambição e avidez pelo poder, Flechsig havia selado um complô com deus e tentado persuadi-lo de que a alma de um tal de Schreber não tinha importância. Talvez se tratasse até mesmo — supõe Schreber — de uma antiga rivalidade entre as famílias Schreber e Flechsig. Algum Flechsig pode, de repente, ter pensado que algum membro da família Schreber teria sobrepujado a sua própria em importância. Teria, assim, fomentado uma conspiração com elementos do reino de deus no sentido, por exemplo, de que se negasse aos Schreber a escolha de determinadas profissões que os poderiam colocar em contato mais próximo com deus. Uma tal profissão era a de um médico dos nervos; considerando-se a importância dos nervos, na qualidade da verdadeira substância de que se compunham deus e todas as demais almas, estava claro o poder de que desfrutava um tal médico. O resultado disso era, pois, que nenhum dos Schreber era psiquiatra, ao passo que um Flechsig o era; estava aberto para os conspiradores o caminho para o roubo da alma; Schreber estava em poder do assassino de sua alma.

Talvez seja útil apontar já aqui para o significado dos complôs para os paranoicos. Para eles, as *conjuras ou conspirações* estão na ordem do dia; pode-se ter certeza de que se vai deparar com todo tipo de coisas que, ainda que remotamente, se assemelham a elas. O paranoico sente-se *cercado*. Seu principal inimigo jamais se contentará em atacá-lo sozinho, mas procurará sempre atiçar e, no momento certo, lançar contra ele uma *malta* odiosa. De início, os membros dessa malta mantêm-se escondidos: eles podem estar por toda parte. Fingem-se de inofensivos e inocentes, como se não soubessem do que estão à espreita. Mas a penetrante força espiritual do paranoico logra desmascará-los. Para onde quer que ele se volte encontrará um conjurado. A malta está sempre presente, mesmo que momentaneamente não esteja a ladrar; sua disposição é imutável. Uma vez conquistados pelo inimigo, seus membros permanecem sendo o que são: cães fielmente dedicados. O inimigo pode fazer com eles o que quiser. Mesmo a grande distância, mantém-nos presos à coleira de sua maldade. Ele os dirige como lhe convém. E, de preferência, os escolhe de tal forma que eles ataquem a vítima vindos de todos os lados e em grande superioridade.

Uma vez, pois, que essa conspiração contra Schreber já estava em curso, como se desenrolou de fato a luta contra ele? Quais eram as metas dos conspiradores e que medidas tomaram para atingi-las? Ainda que não fosse a única, a meta mais importante e verdadeira à qual não renunciaram no curso de longos anos era a destruição de seu juízo. Schreber haveria de ser transformado num idiota. O adoecimento de seus nervos deveria ir tão longe a ponto de parecer que ele definitivamente não tinha cura. E o que poderia atingir com mais profundidade um homem dotado de um intelecto como o seu? Sua doença começou com uma torturante insônia. Tudo o que se tentou para combatê-la foi em vão. Desde o princípio — acredita Schreber —, havia a intenção de impedi-lo de dormir e de, pela insônia, provocar-lhe um colapso mental. Como um meio de consegui-lo, um sem-número de *raios* foram lançados sobre ele. De início, provinham do professor Flechsig; depois, porém, também as almas dos mortos cuja purificação ainda não fora concluída — "almas provadas", como Schreber as chama — começaram a se interessar crescentemente por ele, invadindo-o sob a forma de raios. Deus participou pessoalmente dessa operação. Todos esses raios passaram, então, a *falar* com Schreber, mas de maneira que outros não pudessem ouvi-los. Era como uma oração que se faz em silêncio, sem se pronunciar em voz alta as palavras que a compõem. A dolorosa diferença era apenas que as palavras de uma oração dependem da vontade daquele que a faz, ao passo que os raios, que lhe eram impingidos de fora, punham-se a falar o que *eles* queriam.

Eu poderia citar aqui centenas, quando não milhares de nomes que, na qualidade de almas, relacionavam-se comigo [...] Todas essas almas comunicavam-se comigo por meio de "vozes", sem que qualquer uma delas soubesse da presença das demais. Qualquer um poderá avaliar a terrível confusão que se estabeleceu em minha cabeça [...]

Em razão de meu nervosismo sempre crescente e da força de atração por ele intensificada, um número cada vez maior de almas mortas sentia-se atraído por mim, refugian-do-se então em minha cabeça ou em meu corpo. Em numerosos casos, tudo terminava com essas almas, na qualidade de "homúnculos" — minúsculas figurinhas em forma humana, mas com, talvez, uns poucos milímetros de altura —, passando, por fim, a viver uma curta existência em minha cabeça para, então, desaparecer por completo [...] Em um grande número de casos, diziam-me o nome da estrela ou constelação de que tinham vindo, ou "das quais pendiam" [...] Houve noites em que, por fim, as almas pingavam às centenas, quando não aos milhares, sobre minha cabeça, todas sob a forma de "homúnculos". Eu sempre as advertia de que não se aproximassem, pois, em função de experiências anteriores, tinha consciência da força de atração incomensuravelmente intensificada que meus nervos exerciam, mas, a princípio, as almas julgavam uma tão perigosa força de atração absolutamente inacreditável [...]

Na língua das almas, eu me chamava "o vidente", isto é, alguém que vê espíritos, que se relaciona com eles ou com as almas dos mortos. De fato, desde que o mundo existe, dificilmente terá aparecido um caso como o meu, ou seja, o de um homem que tenha estabelecido uma relação contínua não apenas com almas *isoladas*, mas com a totalidade das almas e com a própria onipotência divina.

O caráter de massa desse fenômeno para Schreber é evidente. O espaço sideral encontra-se povoado de almas dos mortos, até as estrelas mais remotas. Todas elas têm seu lugar determinado, o lugar onde moram — nesta ou naquela estrela conhecida. De súbito, graças a sua enfermidade, Schreber torna-se o centro delas. A despeito de suas advertências, elas se aproximam dele em grande quantidade. A atração que ele exerce é irresistível. Poder-se-ia dizer que ele as reúne em torno de si na qualidade de massa, e como se trata do conjunto de todas as almas — como Schreber enfatiza —, elas representam a maior massa que seria possível conceber. O que ocorre, porém, não é simplesmente que elas, na condição de massa, permanecem reunidas ao seu redor, qual um "povo" [*Volk*] em torno de seu "líder" [*Führer*]. Pelo contrário: com elas, dá-se *de imediato* aquilo que só aos poucos, no curso dos anos, experimentam os povos que se amontoam ao redor de um líder — junto dele, tornam-se cada vez *menores*. Tão logo as almas chegam até Schreber, elas encolhem velozmente, até se reduzirem a uns poucos milímetros, evidenciando da forma mais convincente a verdadeira relação entre ambos: comparado a elas, ele é um gigante, ao passo que elas, como criaturinhas minúsculas, esforçam-se por conquistar-lhe as graças. Mas isso ainda não é tudo: o gigante as engole. Elas literalmente o adentram para, então, desaparecerem por completo. Seu efeito sobre elas é aniquilador. Ele as atrai, reúne, reduz e devora. Tudo quanto eram reverte agora em benefício dele, de seu corpo. Não que elas tenham vindo para fazer-lhe algo de bom. Sua intenção era, de fato, hostil; originalmente, haviam sido enviadas para perturbar-lhe o juízo e, assim, arruiná-lo. Ele, porém, cresceu em função precisamente desse perigo. Agora, sabendo já *domá-las*, não é pequeno o orgulho que sente de sua força de atração.

À primeira vista, Schreber poderia, em seu delírio, parecer uma figura de tempos passados, quando a crença nos espíritos era generalizada e as almas dos mortos piavam feito morcegos nos ouvidos dos vivos. É como se ele praticasse o ofício de um xamã, que conhece bem o mundo dos espíritos, sabe colocar-se em contato direto com eles e os põe a serviço de todos os intentos humanos possíveis e imagináveis. Aprecia, aliás, ser chamado de "vidente". Mas o poder de um xamã não vai tão longe quanto o de Schreber. É certo que, por vezes, o xamã abriga os espíritos em si, mas estes não se dissolvem em seu interior; eles conservam sua existência individual, e faz parte do trato que ele

556

tornará a libertá-los. Em Schreber, pelo contrário, os espíritos dissolvem-se por completo e desaparecem, como se jamais houvessem existido por si sós. Seu delírio, sob o disfarce de uma antiga concepção de mundo que pressupõe a existência de espíritos, é, na realidade, o modelo exato do poder *político*, o qual se alimenta e compõe-se da massa. Qualquer tentativa de analisar conceitualmente o poder só poderá causar dano à clareza da visão de Schreber. Nela estão contidos todos os elementos da situação real: a forte e duradoura atração exercida sobre os indivíduos que deverão compor uma massa, sua postura ambígua, seu amansamento mediante a miniaturização daqueles que a compõem, sua dissolução no detentor de poder, cuja pessoa, cujo *corpo* representa o poder político; a grandeza do poderoso, que, assim, tem de *renovar-se* de modo incessante, e, por fim, um último ponto, bastante importante, do qual não se falou ainda: o sentimento do *catastrófico* que a isso se liga, uma ameaça à ordem universal que deriva precisamente dessa inesperada atração a crescer velozmente.

Desse sentimento há abundantes testemunhos nas *Memórias*. As visões de Schreber do fim do mundo possuem algo de grandioso; recorrer-se-á aqui primeiramente a uma passagem diretamente vinculada à força de atração que ele exerce sobre as almas. Estas, pingando em massa sobre ele das estrelas, põem em perigo com seu comportamento os próprios corpos celestes dos quais provêm. O que parece é que as estrelas *compõem-se*, na verdade, dessas mesmas almas, e, quando estas as abandonam em grande número para chegar até Schreber, tudo se dissolve.

"De todas as partes chegavam más notícias, informando que esta ou aquela estrela, esta ou aquela constelação tivera de ser abandonada; dizia-se ora que Vênus logo estaria também inundada ora que todo o sistema solar teria de ser desarticulado, que Cassiopeia — a constelação inteira — logo teria de condensar-se num único sol e que, talvez, somente as Plêiades pudessem ainda ser salvas."

Mas a preocupação de Schreber com a existência dos corpos celestes era apenas *um* aspecto de seu sentimento catastrófico.

Muito mais significativo foi um outro fato, que *deu início* a sua doença. Este não teve relação com as almas dos mortos, com as quais — como se sabe agora — ele se encontrava em contato ininterrupto, mas com seus semelhantes. Estes não mais existiam: *a humanidade inteira perecera.* Schreber via-se a si próprio como o *único* ser humano real que restara. As poucas figuras humanas que seguia vendo — seu médico, os enfermeiros da clínica ou os demais pacientes, por exemplo —, considerava-as mera aparência. Eram "homens feitos às pressas", apresentados a ele apenas para confundi-lo. Chegavam sob a forma de sombras ou imagens, e logo dissolviam-se novamente; naturalmente, ele não os levava a sério. Os seres humanos reais haviam todos sucumbido. *O único ainda vivo era ele.* Tal fato não lhe foi revelado em visões isoladas, tampouco deu lugar a opiniões contrárias: Schreber estava firmemente convencido dele havia anos. Essa sua crença própria matizou todas as suas visões do fim do mundo.

Ele julgava possível que a clínica de Flechsig, e, juntamente com ela, talvez toda a cidade de Leipzig, houvesse sido "alçada" da terra e transferida para um corpo celeste qualquer. As vozes que lhe falavam perguntavam-lhe por vezes se Leipzig continuava em pé. Uma de suas visões conduziu-o, num elevador, até as profundezas da terra. Nessa viagem, ele vivenciou todos os períodos geológicos, até que, subitamente, viu-se numa floresta de carvão-de-pedra. Abandonando temporariamente o elevador, caminhou como que por um cemitério, cruzando os locais onde jazia a população de Leipzig e passando inclusive pelo túmulo de sua própria mulher. — Há que se notar aqui que sua esposa estava viva e o visitava repetidas vezes na clínica.

Das mais diversas maneiras, Schreber pintava para si o quadro de como se dera o fim da humanidade. Considerou a possibilidade de uma diminuição do calor do sol, provocada por um maior afastamento deste e um consequente congelamento de tudo. Pensou em terremotos — foi-lhe informado que o grande terremoto de Lisboa estivera relacionado com um vidente de espíritos, um caso semelhante ao seu. A notícia do aparecimento de um feiticeiro no mundo moderno — precisamente o professor Flechsig — e o repentino desaparecimento dele próprio, Schreber — afinal, uma personalidade amplamente conhecida —, poderia ter disseminado o medo e o pavor entre os homens, destruindo as bases da religião. Um nervosismo e imoralidade gerais teriam, assim, se espalhado, e epidemias devastadoras se abatido sobre a humanidade, dentre elas a lepra e a peste, duas doenças já quase desconhecidas na Europa. Em seu próprio corpo, ele percebia os sintomas da peste. Esta manifestava-se de diversas maneiras: havia a peste azul, a marrom, a branca e a negra.

Enquanto, porém, os homens sucumbiam em consequência de todas essas horríveis epidemias, Schreber foi salvo por raios benevolentes. Segundo ele, tinha-se de diferenciar entre duas espécies distintas de raios: os que "ferem" e os que "abençoam". Os primeiros estavam carregados de venenos de cadáveres ou outra substância pútrida, introduzindo micróbios patogênicos no corpo ou produzindo um outro efeito destrutivo qualquer. Os raios puros, os que "abençoam", curavam os males que os primeiros tinham provocado.

Não se tem a impressão de que tais catástrofes tenham se abatido sobre a humanidade muito contra a vontade de Schreber. Ele, pelo contrário, parece sentir satisfação pelo fato de as hostilidades às quais se via exposto por obra do professor Flechsig terem conduzido a consequências tão monstruosas. A humanidade inteira é castigada e aniquilada pelo fato de alguém se ter permitido *contrariá-lo*. Somente ele, graças aos raios que "abençoam", é salvo dos efeitos das epidemias. Schreber permanece como o único sobrevivente porque isso é o que ele próprio deseja. Quer ser o único a permanecer vivo e de pé em meio a um gigantesco campo de cadáveres, campo este que contém todos os demais seres humanos. Nisso ele se revela não apenas um paranoico; ser o derradeiro ser vivo constitui a mais profunda tendência de todo *detentor de poder* "ideal". Este manda os outros para a morte a fim de ser ele próprio poupado dela: ele desvia a morte de si. Não se trata apenas de a morte dos outros ser-lhe indiferente: tudo o compele a provocá-la em massa. A essa saída ele recorre muito particularmente quando sua soberania sobre os vivos é atacada. Tão logo sinta-se ameaçado, dificilmente poder-se-á ainda aplacar com ponderações racionais a sua paixão por ver *todos* mortos diante de si.

Poder-se-ia objetar que essa abordagem "política" do caso Schreber estaria fora de lugar. Suas visões apocalípticas seriam, antes, de natureza religiosa. Ele não postularia de modo algum a soberania sobre os vivos; o poder de um homem que vê espíritos seria, por natureza, de uma outra espécie. Uma vez que seu delírio *principia* com a ideia de que todos os homens estão mortos, não se poderia atribuir-lhe um interesse por um poder mundano qualquer.

O caráter equivocado dessa objeção não tardará a revelar-se. Encontrar-se-á em Schreber um sistema político que se afigurará sinistramente familiar. Anteriormente à sua exposição, porém, é aconselhável dizer algumas palavras acerca de sua concepção da soberania divina.

Foi o próprio Deus, crê Schreber,

quem determinou a linha geral da política seguida contra mim [...]

No momento que quisesse, Deus estaria em condição de exterminar um homem que lhe fosse incômodo, enviando-lhe uma doença fatal ou um raio [...]

Tão logo se verificasse uma colisão dos interesses divinos com aqueles de indivíduos ou grupos humanos, talvez até mesmo com os da totalidade dos habitantes de um planeta, o instinto de autopreservação de deus, como ocorre com todos os demais seres animados, tinha de manifestar-se. Pense-se, por exemplo, em Sodoma e Gomorra! [...]

Seria inconcebível que deus negasse a um indivíduo qualquer a porção de bem-aventurança que lhe cabe, uma vez que toda multiplicação dos "vestíbulos do céu" serviria apenas para elevar seu próprio poder e fortalecer as medidas defensivas contra os perigos resultantes de sua aproximação da humanidade. Pressupondo-se um comportamento humano em conformidade com a ordem universal, seria absolutamente impossível uma colisão dos interesses de deus com os de indivíduos isolados.

O fato de, a despeito disso, uma tal colisão de interesses se ter verificado no seu caso constituiria um acontecimento único na história mundial, algo que certamente jamais se repetirá. Schreber fala do "restabelecimento da absoluta soberania divina no céu", de "uma espécie de aliança entre a alma de Flechsig e partes de deus" a voltar contra ele suas hostilidades, e julga que a modificação das relações entre os partidos daí decorrente ter-se-ia, fundamentalmente, preservado até o presente. Menciona ainda "as forças colossais a secundar a onipotência divina" e a "desesperançada resistência" de sua parte. Manifesta a suspeita de que "os poderes do professor Flechsig, enquanto administrador de uma província de deus, devem estender-se até a América". O mesmo parece valer para a Inglaterra. Cita um neurologista vienense, que "parece ser uma espécie de administrador dos interesses divinos numa outra província de deus, mais exatamente nas regiões eslavas da Áustria". Entre ele, Schreber, e o professor Flechsig estaria em curso uma luta pela supremacia.

Dessas citações, extraídas de passagens das *Memórias* assaz distantes uma da outra, resulta um quadro absolutamente claro de deus: ele nada mais é do que um detentor de poder. Seu reino possui províncias e partidos. Seus interesses, caracterizados com brevidade e aspereza, direcionam-se para uma elevação de seu poder. Essa, e nenhuma outra, é a razão pela qual ele não privaria homem algum de sua devida porção de bem-aventurança. Pessoas incômodas, ele as afasta do caminho. Não há como negar que, qual uma aranha, esse deus encontra-se postado no centro da teia de sua política. Pequeno é o passo que conduz daí à política própria de Schreber.

Talvez conviesse adiantar que Schreber cresceu em meio à antiga tradição protestante da Saxônia, e contempla com desconfiança os esforços de conversão dos católicos. Sua primeira manifestação com referência aos *alemães* vincula-se à guerra vitoriosa de 1870-1.

Schreber teria recebido indícios relativamente seguros de que o duro inverno de 1870-1 havia sido coisa decidida por deus, com o intuito de voltar a sorte da guerra para o lado dos alemães. Deus teria, ademais, uma certa queda pela língua alemã. Durante sua purificação, as almas aprendem a "língua básica" falada por deus — um alemão algo antiquado, mas vigoroso. Isso não significaria que a bem-aventurança esteja destinada apenas aos alemães. Em todo caso, estes seriam, em tempos recentes — desde a Reforma, ou talvez desde as migrações dos povos —, o povo eleito de deus, de cuja língua ele preferencialmente se serve. No curso da história, povos diversos — na qualidade dos moralmente mais virtuosos — ter-se-iam tornado, um após o outro, os eleitos de deus: primeiro, os judeus antigos; depois, os persas; mais tarde, os greco-romanos; e, por fim, os alemães.

Naturalmente, perigos ameaçam esse povo alemão eleito. Na qualidade do primeiro dentre esses perigos figuram as intrigas dos católicos. Lembremo-nos aqui daquelas centenas, talvez milhares de nomes que Schreber seria capaz de mencionar, todos eles de almas que, na condição de raios, relacionavam-se e falavam com ele. Para muitos dos portadores desses nomes, o interesse religioso estava em primeiro plano; havia entre eles uma grande quantidade de católicos, os quais nutriam esperança num progresso do catolicismo, particularmente na catolicização da Saxônia e de Leipzig; dentre estes estavam o padre St., de Leipzig, "catorze católicos" dessa mesma cidade (presumivelmente uma liga católica), o padre jesuíta S., de Dresden, os cardeais Rampolla, Galimberti e Casati, o próprio papa e, por fim, numerosos monges e freiras. Certa ocasião, sob o comando de um padre, 240 monges beneditinos, "na qualidade de almas, invadiram minha cabeça para ali encontrar o seu fim". Dentre as almas, contudo, encontrava-se também um neurologista vienense, judeu batizado e eslavófilo, que, por intermédio de Schreber, pretendia eslavizar a Alemanha e, ao mesmo tempo, lançar ali as bases da dominação judaica.

O catolicismo, como se vê, figura aí de forma bastante completa. Representam-no não apenas os simples crentes a, em Leipzig, reunir-se em ominosas ligas, mas também toda a hierarquia eclesiástica. Um padre jesuíta é mencionado, evocando assim todo o perigo vinculado ao nome dos jesuítas. Na condição de supremos potentados da Igreja figuram três cardeais, com sonoros nomes italianos, além da própria pessoa do papa. Monges e freiras apresentam-se aos montes. Pululam feito insetos daninhos até mesmo no edifício onde Schreber mora. Numa visão que não mencionei, ele vê a ala feminina da clínica de nervos da universidade ser transformada num convento de freiras e, em outra ocasião, numa capela católica. Nos cômodos sob o telhado da clínica, vê irmãs de caridade sentadas. O que mais impressiona é a procissão dos 240 monges beneditinos sob a condução de um padre. Nenhuma forma de autoexpressão amolda-se melhor ao catolicismo do que a procissão. O grupo fechado de monges representa, na condição de cristal de massa, a totalidade dos católicos. A visão da procissão ativa nos espectadores sua própria crença latente, de modo que eles subitamente sentem vontade de ir juntar-se ao seu final. Assim, o cortejo é acrescido de todos aqueles pelos quais passa, e haveria, na realidade, de ser infinito. Ao engolir essa procissão, Schreber, simbolicamente, dá cabo de todo o catolicismo.

Do agitado período inicial de sua doença, período este que Schreber denomina a época sagrada, destaca-se particularmente, por sua intensidade, um intervalo de cerca de catorze dias — o período do primeiro julgamento divino. Trata-se aí de uma série de visões sucedendo-se dia e noite, visões estas em cuja base encontrava-se "uma ideia geral comum". Em seu cerne, essa ideia era de natureza essencialmente política, ainda que intensificada por um messianismo.

O conflito entre o professor Flechsig e Schreber conduzira a uma crise perigosa à sobrevivência do reino de deus. Por essa razão, não se podia mais deixar a liderança nas mãos do povo alemão — e, em especial, da Alemanha evangélica —, na qualidade do povo eleito. Este poderia até mesmo sair de mãos abanando da ocupação de outros globos — planetas habitados —, caso não surgisse em seu seio um campeão do povo alemão capaz de demonstrar-lhe a permanente dignidade. Tal campeão seria ora o próprio Schreber ora uma outra personalidade designada por ele. Instado pelas vozes, Schreber — segundo relata — citou o nome de alguns homens extraordinários que lhe pareciam adequados a figurar como campeões de uma tal luta. Fazia parte da ideia básica do primeiro julgamento divino o avanço do catolicismo, do judaísmo e do eslavismo. Influência essencial sobre Schreber exerciam também certas ideias relacionadas a tudo quanto ele se tornaria numa futura encarnação de sua alma.

> Foram-me destinados, um após o outro, os papéis [...] de um "discípulo jesuíta em Ossegg", de "prefeito de Klattau", de uma "jovem alsaciana obrigada a defender sua honra contra um oficial francês vitorioso" e, finalmente, "de um príncipe mongol". Em todas essas predições, acreditei identificar uma certa conexão com o quadro geral resultante das demais visões [...] Entendi meu destino futuro como discípulo jesuíta em Ossegg, prefeito de Klattau e como uma jovem alsaciana na situação acima mencionada como predições de que o protestantismo já teria sido ou seria derrotado pelo catolicismo, o mesmo acontecendo com o povo alemão em sua luta contra seus vizinhos latinos e eslavos; por fim, a perspectiva que se me abria de vir a tornar-me um príncipe mongol pareceu-me uma indicação de que, tendo todos os povos arianos se revelado inadequados como esteios do reino de deus, ter-se-ia então de buscar um último refúgio entre povos não arianos.

A "época sagrada" de Schreber coincide com o ano de 1894. Ele ostenta uma queda por informar com precisão lugares e datas. Com relação ao período do "primeiro julgamento divino", ele define datas bastante exatas. Seis anos mais tarde, em 1900, tendo-se já aclarado e estabelecido o seu delírio, pôs-se a escrever suas *Memórias*, que foram publicadas em livro em 1903. Não há como negar que, algumas décadas mais tarde, seu sistema político receberia as mais elevadas honras, tornando-se, sob uma forma algo mais grosseira e menos "culta", o credo de um grande povo. Sob a direção de um "príncipe mongol", tal sistema conduziria à conquista do continente europeu, somente por um triz não chegando a dominar o mundo. As pretensões de Schreber foram, assim, reconhecidas a posteriori por seus desavisados discípulos. Que não esperem de nós o mesmo reconhecimento. Mas a ampla e irrefutável coincidência entre ambos os sistemas há de servir como justificativa para o fato de se ter aqui atribuído tanta importância a um único caso de paranoia. E há ainda muito por dizer.

Em muitos aspectos, Schreber encontra-se bem à frente do século em que viveu. A ocupação de planetas habitados era, naquele momento, inconcebível. Nisso, nenhum povo eleito ficou ainda para trás. Mas os católicos, judeus e eslavos, já ele os viu da mesma forma *pessoal* que caracterizaria o futuro campeão — não nomeado por ele —, ou seja, como *massas* hostis, odiadas pelo simples fato de existirem. Na qualidade de massa, era-lhes inata a tendência ao crescimento progressivo. Ninguém possui um olho mais atento às propriedades da massa do que o paranoico ou — o que dá no mesmo, conforme agora já se há, talvez, de admitir — o detentor de poder. E isso porque *ele*, para designar a ambos com um único e mesmo pronome, ocupa-se tão somente das massas que deseja hostilizar ou dominar, e estas exibem por toda parte o mesmo semblante.

É notável a maneira como Schreber determina suas existências futuras. Das cinco que enumera, somente a primeira, omitida acima, ostenta um caráter não político. As três seguintes colocam-no no centro de posições as mais violentamente conflituosas: na condição de discípulo, ele se imiscui entre os jesuítas; torna-se prefeito de uma cidade situada na floresta da Boêmia, onde alemães e eslavos encontram-se em luta; e, como uma jovem alemã, busca defender a Alsácia de um oficial francês vitorioso — a "honra" da jovem está preocupantemente próxima da "honra racial" dos sucessores de Schreber. Contudo, elucidativa ao máximo é, sem dúvida, sua quinta encarnação, como príncipe mongol. A explicação que dá para tanto parece-se muito com uma desculpa. Schreber envergonha-se dessa existência "não ariana" e a justifica afirmando que os povos arianos teriam falhado. Na realidade, o príncipe mongol que lhe vai pela mente não é senão Gêngis Khan. As pirâmides de crânios dos mongóis o encantaram; seu amor pelos campos de cadáveres já não é estranho ao leitor. Ele aprova essa forma manifesta de acabar com o inimigo aos milhões. Aquele que os liquida a todos não tem mais inimigos, comprazendo-se da vista de seus amontoados indefesos. Aparentemente, Schreber retornou à vida assumindo essas quatro formas de existência ao mesmo tempo. Seu maior êxito, ele o obteve como príncipe mongol.

Desse exame mais pormenorizado de um delírio paranoico, uma conclusão impõe-se até o momento com certeza: nele, o elemento religioso e o político interpenetram-se, ambos são inseparáveis — redentor e soberano do universo são uma *única* pessoa. O apetite pelo poder é o cerne de tudo. A paranoia é, literalmente, uma *doença do poder*. Uma ampla investigação dessa enfermidade conduz a esclarecimentos acerca da natureza do poder que, nessa sua plenitude e clareza, não podem ser obtidos de nenhuma outra forma. Cumpre aqui não se deixar iludir pelo fato de, num caso como o de Schreber, o doente jamais alcançar de fato a posição monstruosa em razão da qual ele se consome. Outros a alcançaram. E muitos deles conseguiram apagar com engenho os vestígios de sua ascensão, mantendo oculto seu sistema já pronto. Outros, ainda, tiveram menos sorte ou muito pouco tempo. O sucesso depende aí, como em tudo o mais, exclusivamente de acasos. A reconstrução desses acasos, se submetidos a uma lei ilusória, denomina-se história. No lugar de cada grande nome da história poderiam estar centenas de outros. O talento e a maldade são características bastante disseminadas na humanidade. Cada ser humano tem seu apetite e, na qualidade de rei, ergue-se sobre campos incomensuráveis de cadáveres de animais. Uma investigação conscienciosa do poder tem de prescindir inteiramente do sucesso como critério. Tanto as propriedades quanto as excrescências do poder devem ser coletadas com cuidado de todas as partes e comparadas. Um homem mentalmente perturbado, que, excluído, desamparado e desprezado, viu seus dias passarem numa clínica pode, pelos conhecimentos que propicia, tornar-se mais importante do que Hitler e Napoleão, iluminando para a humanidade a sua própria maldição e seus senhores.

O CASO SCHREBER. SEGUNDA PARTE

A conspiração que se armou contra Schreber não estava voltada apenas para o assassinato de sua alma e a destruição de seu juízo. Pretendia-se fazer com ele ainda uma outra coisa, quase tão desprezível quanto as anteriores: metamorfosear seu corpo no de uma mulher. Como mulher, ele deveria ser vítima de abuso e, "então, simplesmente abandonado, ou seja, decerto entregue à putrefação". Essa ideia de sua transformação numa mulher preocupou-o incessantemente ao longo dos anos de sua doença. Ele sentia os nervos femininos sendo enviados, sob a forma de raios, para dentro de seu corpo e, lentamente, obtendo a supremacia.

De todas as formas possíveis, Schreber tentou, no início de sua doença, acabar com a própria vida, a fim de escapar a uma tão pavorosa degradação. Todo banho que tomava fazia-se acompanhar da ideia de afogar-se Exigiu que lhe dessem veneno. Mas o desespero de Schreber com sua pretendida transformação em uma mulher não ficou só nisso. Pouco a pouco, foi se formando nele a convicção de que precisamente dessa maneira é que ele garantiria a sobrevivência da humanidade. Afinal, em meio a terríveis catástrofes, os seres humanos haviam todos perecido. Ele, o único que restara, podia, como mulher, trazer ao mundo uma nova estirpe. Como pai de seus filhos concebia tão somente deus. Tinha de conquistar o amor divino. Unir-se a deus era uma grande honra; tornar-se por ele cada vez mais uma mulher, enfeitar-se atraentemente para ele, seduzi-lo de todas as formas possíveis a uma mulher já não lhe parecia — a ele, o barbado ex-juiz presidente da Corte de Apelação — uma vergonha e uma degradação. Desse modo podia, ademais, reagir contra o complô de Flechsig. Conquistaria para si as graças de deus; o todo-poderoso, sentindo-se cada vez mais atraído pela bela mulher que era Schreber, mergulharia numa certa dependência dele. Com tais meios, que pareceriam repulsivos talvez a outras pessoas, Schreber efetivamente conseguiu atrelar deus a sua pessoa. Mas deus não se entregou a esse destino algo ignominioso sem oferecer alguma resistência. Volta e meia ele se afasta de Schreber; decerto seu desejo seria o de libertar-se inteiramente dele. A força de atração de Schreber, porém, tornou-se demasiado grande.

Espalhadas pelas *Memórias*, encontram-se por toda parte afirmações relacionadas a essa questão. À primeira vista, estar-se-ia talvez tentado a caracterizar a ideia de sua metamorfose numa mulher como o cerne mítico do delírio de Schreber. Naturalmente, foi esse o ponto que mais despertou o interesse pelo seu caso. Tentou-se remeter o seu caso em particular, e, posteriormente, a própria paranoia como tal, a disposições homossexuais recalcadas. Equívoco maior seria impensável. *Tudo* pode tornar-se um *ensejo* para a paranoia; essencial, entretanto, é a *estrutura* e o *povoamento* do delírio. Fenômenos relacionados ao poder sempre desempenham aí um papel decisivo. Mesmo no caso de Schreber, no qual muitos elementos talvez corroborem a mencionada interpretação, uma investigação mais minuciosa desse aspecto — que não se planeja fazer aqui — conduziria a dúvidas nada insignificantes. E ainda que se tome por comprovada sua disposição homossexual, mais importante do que ela afigura-se o emprego particular que tal disposição encontra em seu sistema. Schreber sempre sentiu como o elemento central deste o ataque a sua razão. O que quer que tenha pensado e feito, fê-lo como uma defesa contra esse ataque. Com o intuito de *desarmar* deus, quis transformar-se numa mulher. Esse seu ser mulher constituiu adulação, sujeição a deus; do mesmo modo como outros se ajoelham, Schreber ofereceu-se a ele. A fim de atraí-lo para o seu lado, de subjugá-lo, ele o atrai para perto de si com imposturas, prendendo-o, então, com o auxílio de todos os meios de que dispõe.

"Trata-se de uma complicação para a qual não apenas faltam analogias na experiência humana, mas cuja ocorrência jamais foi prevista na ordem universal. Quem, diante de uma tal situação, gostaria de mergulhar em suposições infundadas com relação ao futuro? Certo estou apenas de que jamais se concretizará a destruição de meu juízo planejada por deus. Disso tenho plena consciência há muitos anos, estando, portanto, afastado o perigo central que parecia ameaçar-me nos primeiros anos de minha enfermidade."

Essas palavras encontram-se no último capítulo das *Memórias*. Com a escritura do livro, uma decisiva tranquilização parece ter se implantado em seu autor. O fato de tê-lo escrito até o fim, de outros terem lido o manuscrito e se impressionado com ele, devolveu definitivamente a Schreber a crença em seu juízo. Restava-lhe apenas passar ao contra-ataque, tornando seu sistema acessível a todos mediante a publicação das *Memórias* e convertendo-os — como indubitavelmente esperava — à *sua* crença.

De que forma, mais exatamente, foi conduzida a luta contra o juízo de Schreber? Que inúmeros "raios" o atormentavam, todos falando com ele, disso já sabemos. Mas, falando concretamente, *o que* os raios inimigos queriam destruir de suas faculdades e certezas mentais? *O que* diziam, quando falavam com ele, e contra o que dirigiram efetivamente seu ataque? Vale a pena perseguir ainda um pouco mais esse processo. Schreber defendeu-se de seus inimigos com grande obstinação. A descrição que faz deles e de sua própria defesa é tão detalhada quanto se poderia desejar. É necessário tentar destacá-la do contexto do mundo que ele próprio criou, de seu "delírio" — como se costuma dizer, seguindo uma antiga convenção —, e transpô-la para nossa linguagem mais plana. É inevitável que, ao fazê-lo, algo de sua singularidade se perca.

Em primeiro lugar, ter-se-ia de apontar para sua *coação a pensar*, como ele próprio a designa. Nele só há paz quando está falando em voz alta; quando isso acontece, tudo à sua volta silencia, e Schreber tem a impressão de estar se movendo em meio a cadáveres perambulantes. Todas as demais pessoas, tanto os pacientes quanto os enfermeiros, parecem ter perdido completamente a capacidade de pronunciar uma única palavra sequer. Mas tão logo ele deixa de falar, voltando a fazer silêncio, as vozes manifestam-se dentro dele, forçando-o a uma atividade mental sem descanso.

O propósito das vozes ao fazê-lo é impedi-lo de dormir e ter paz. Elas lhe falam incessantemente, sendo impossível não lhes dar ouvidos ou ignorá-las. Schreber encontra-se exposto a tudo quanto dizem, tendo de ocupar-se a fundo daquilo que é dito. As vozes possuíam métodos diversos, os quais empregavam alternadamente. Um dos preferidos era fazer-lhe perguntas diretas: "No que você está pensando agora?". Schreber não sentia vontade alguma de responder à pergunta. Mas, se ficava quieto, elas respondiam em seu lugar, dizendo, por exemplo: "Ele deveria estar pensando na ordem universal!". Tais respostas, ele as via como "falsificações de pensamentos". Não apenas faziam-lhe perguntas num tom inquisitório, mas queriam também coagi-lo a formular determinados raciocínios. Já as *perguntas* que intentavam penetrar-lhe os segredos estimulavam-no a protestar, que dirá então a resposta que seus pensamentos lhe ditavam. A *pergunta* e a *ordem* (ou instrução) constituíam igualmente uma interferência em sua liberdade individual. Como instrumentos do poder, ambas são bem conhecidas; na condição de juiz, ele próprio já as empregara com frequência.

As provações às quais Schreber era submetido eram bastante variadas e inventivas. Interrogavam-no, impunham-lhe pensamentos, faziam de suas frases e sentenças um catecismo, controlavam cada um de seus pensamentos, não deixando um único passar despercebido; cada palavra era examinada com o intuito de se saber o que ela significava para ele. Sua ausência de segredos para com as vozes era total. Tudo era investigado, tudo trazido à luz. Ele era o objeto de um poder para o qual importava a onisciência. No entanto, embora tivesse de suportar muita coisa, Schreber, na realidade, jamais se entregou. Uma de suas formas de defender-se era exercitar sua *própria* onisciência. Provou para si quão bem sua memória funcionava; aprendeu poemas de cor, contava alto em francês e dizia os nomes de todas as províncias russas e departamentos franceses.

Por conservação de seu juízo, Schreber entendia principalmente a intangibilidade do conteúdo de sua memória; o que havia de mais importante para ele era a inviolabilidade das *palavras.* Para Schreber, não há ruído que não seja uma voz: o mundo está repleto de palavras. Trens, pássaros e barcos a vapor *falam.* Quando ele próprio não pronuncia palavra alguma, quando silencia, as palavras prontamente lhe chegam, provindas dos outros. Entre elas não há nada. A paz na qual pensa, pela qual anseia, não seria senão um *libertar-se das palavras.* Isso, porém, não existe em parte alguma. O que quer que lhe aconteça, é-lhe de imediato comunicado por meio das palavras. Os raios, tanto os prejudiciais quanto os curativos, têm todos o dom da palavra e, exatamente como Schreber, são forçados a empregá-la. "Não esqueça que os raios precisam falar!" É impossível exagerar a importância para o paranoico do significado das palavras. Qual insetos daninhos, elas estão por toda parte, sempre alertas. Reúnem-se numa ordem universal que nada exclui. Talvez a tendência mais extrema da paranoia seja a de pretender apanhar o mundo em sua totalidade por meio das palavras, como se a língua fosse um punho a encerrar o mundo dentro de si.

Trata-se de um punho que jamais torna a se abrir. Mas como logra ele fechar-se? Para se responder a essa pergunta, tem-se de apontar para um vício da *causalidade* que se impõe como um fim em si mesmo e que, em tamanha proporção, somente se encontra nos filósofos. Nada acontece que não tenha uma causa:

tem-se apenas de procurar por ela. E sempre se encontra uma. Tudo quanto é desconhecido é remetido a algo conhecido. Qualquer elemento estranho que se apresente é desmascarado como uma propriedade secreta. Por trás da máscara do novo há sempre o velho — basta que, sem nenhum receio, se veja através da máscara e se arranque esta máscara. A *fundamentação* transforma-se numa paixão que se exerce em relação a todas as coisas. Schreber tem plena consciência desse aspecto da coação que o obriga a pensar. Embora se queixe amargamente dos fenômenos descritos anteriormente, vê nesse vício da fundamentação "uma espécie de compensação pela injustiça cometida contra ele". Dentre as frases inconclusas "lançadas" em seus nervos, encontram-se com especial frequência conjunções ou locuções adverbiais que exprimem uma relação causal: "mas por quê?", "por quê, porque", "por quê, porque eu", "a não ser que". Assim como todas as outras, ele tem de completar também essas frases e, nesse sentido, também elas exercem uma pressão sobre ele.

"Mas elas me obrigam a refletir sobre muitas coisas para as quais os homens, de um modo geral, costumam não atentar, tendo, pois, contribuído para o aprofundamento de meu pensar."

Schreber está inteiramente de acordo com seu vício da fundamentação. Este proporciona-lhe muita alegria; para justificá-lo, encontra argumentos plausíveis. A cargo de deus, ele deixa apenas o ato original da criação. Tudo o mais que há no mundo ele alinhava com uma cadeia de razões de confecção própria, apoderando-se, assim, de tudo.

Mas nem sempre seu vício da fundamentação é tão racional. Ao encontrar um homem que já viu repetidas vezes, reconhece-o de pronto como o "senhor Schneider". Trata-se de um homem que não se disfarça; que se apresenta inofensivamente sob a forma pela qual é já conhecido de todos. Contudo, esse processo simples do reconhecimento não basta para Schreber. Ele quer que haja algo mais por trás disso e somente com dificuldade se acalma, verificando que nada há por trás do senhor Schneider. Schreber está acostumado ao *desmascaramento*; quan-

572

do não há ninguém nem coisa alguma para desmascarar ele fica perdido. O fenômeno do *desmascaramento* é de fundamental importância para o paranoico, e não apenas para ele. Do desmascaramento deriva também o vício da causalidade; todas as razões são buscadas originalmente nas *pessoas*. Cabe perfeitamente aqui uma abordagem mais minuciosa do desmascaramento, de que tanto já se falou nesta investigação.

A tendência a, numa rua, por exemplo, e em meio a muitos rostos estranhos, subitamente descobrir um que pareça conhecido é, decerto, coisa corriqueira. Com frequência, verifica-se, então, que tudo não passou de um equívoco; o suposto conhecido se aproxima, ou caminha-se em sua direção, e descobre-se que se trata de alguém que jamais se viu na vida. Ninguém quebra a cabeça para saber a razão de um tal equívoco. Um traço casualmente semelhante, a postura da cabeça, o jeito de andar ou os cabelos ensejaram a confusão e a esclarecem. Existem épocas, porém, nas quais essas confusões se acumulam. Uma pessoa específica *aparece por toda parte*. Encontra-se defronte aos restaurantes nos quais se pretende entrar ou em animadas esquinas. Ela surge diversas vezes ao longo do dia; trata-se, naturalmente, de alguém que preocupa, alguém que se ama ou — com maior frequência, talvez — se odeia. Sabe-se que essa pessoa mudou-se para outra cidade, para além do oceano, e, não obstante, acredita-se reconhecê-la ali. O equívoco se repete; não é deixado em paz. Está claro que se *quer* encontrar essa pessoa por trás dos rostos de outras. Estas outras são percebidas como uma ilusão a ocultar a pessoa certa. Muitos são os rostos que podem servir a essa ilusão, e por trás de todos eles supõe-se estar aquele rosto em particular. Há nesse processo uma premência que não dá sossego: centenas de rostos são arrancados qual máscaras, a fim de que, por trás deles, surja aquele que importa. Se se tivesse de definir a principal diferença entre aquele rosto específico e as centenas de outros, ter-se-ia de afirmar: estes últimos são *estranhos*; aquele é *familiar*. É como se se pudesse reconhecer somente o familiar. Este, porém, se esconde, tornando necessário procurá-lo em meio ao estranho.

No paranoico, esse fenômeno concentra-se e se acentua. O paranoico sofre de uma atrofia da metamorfose que tem na sua própria pessoa — que é o que há de mais imutável — seu ponto de partida e que, partindo dali, recobre todo o restante do mundo. Até mesmo o efetivamente diverso, ele aprecia percebê-lo como o *mesmo*. Seu *inimigo*, ele o reencontra sob as mais diversas formas. Sempre que retira uma máscara encontra, por trás dela, o inimigo. Em função do segredo que supõe por trás de tudo, em função do desmascaramento, tudo se transforma para ele numa máscara. O paranoico não se deixar enganar: *ele é aquele que vê através das coisas*. O *múltiplo* torna-se *um*. Em razão do crescente enrijecimento de seu sistema, o mundo torna-se pobre, cada vez mais pobre de figuras reconhecidas; o que sobra é somente o que faz parte do jogo de seu delírio. Tudo é, de uma única e mesma maneira, desvendável, e termina por ser desvendado. Por fim, nada mais resta senão ele próprio e aquilo que ele domina.

O que se tem aqui, no nível mais profundo, é o contrário da metamorfose. Pode-se muito bem designar também o processo do desmascaramento como uma *contrametamorfose*. Algo é, obrigatoriamente, remontado a si mesmo, a uma determinada posição ou postura que se deseja que assuma, e que se toma pela verdadeira e genuína. Começa-se como espectador; parte-se da observação das pessoas transformando-se umas nas outras. Talvez se atente por um breve momento para seu jogo com as máscaras, mas sem aprová-lo, sem tirar prazer algum disso. De repente, diz-se: "Parem!", detendo-se assim o breve e variegado processo. "Desmascarem-se!", grita-se, e cada um se apresenta como aquele que de fato é. Seguir transformando-se torna-se proibido. O espetáculo acabou. Viu-se através das máscaras. Esse processo inverso da *contrametamorfose* raramente se verifica em toda a sua pureza porque, na maioria das vezes, apresenta-se matizado pela expectativa da hostilidade. As máscaras pretenderam enganar o paranoico. Sua metamorfose não foi desinteressada. Para ela, o mais importante era o segredo. No que se transformaram ou o que deviam representar era coisa secundária; o principal era que de modo algum pudessem ser reconhecidas. A reação do ameaçado, o arrancar das máscaras, é cortante e hostil; é, por certo, tão violenta e impressionante que facilmente se ignoram as metamorfoses precedentes. As *Memórias* de Schreber conduzem-nos aqui para bem perto do cerne da questão. Ele se recorda do princípio, quando tudo para ele era fluido ainda. No primeiro ano de sua doença, na "época sagrada", Schreber passou uma ou duas semanas numa pequena clínica particular, chamada pelas vozes a "cozinha do diabo". Foi, conforme afirma, o "tempo dos mais desvairados milagres". O que ele viveu ali em termos de metamorfoses e desmascaramentos, muito antes que seu delírio se enrijecesse e clarificasse, é a melhor ilustração concebível para tudo quanto foi exposto acima.

Na maior parte das vezes, passava o dia no salão de convivência, no qual se verificava um constante entrar e sair dos outros supostos pacientes da clínica. Especialmente encarregado da minha vigilância parecia ter sido um enfermeiro, em quem, em função de uma semelhança talvez casual, julguei reconhecer o servente da Corte de Apelação que, ao longo de minha atividade profissional em Dresden, trazia-me os autos em casa. De resto, ele tinha o costume de, vez por outra, vestir minhas próprias roupas. De vez em quando — geralmente à noite — aparecia, na qualidade de suposto diretor médico da clínica, um senhor que, por sua vez, lembrava-me o médico que consultei em Dresden: o dr. O. [...] Ao jardim da clínica, fui uma única vez a passear. Vi, então, algumas damas, dentre elas a senhora do pastor W., de Fr., e minha própria mãe, assim como alguns senhores, dentre os quais se encontrava o conselheiro da Corte de Apelação K., de Dresden, este, aliás, com a cabeça desproporcionalmente aumentada. Em dois ou três casos no máximo, a ocorrência de tais semelhanças era-me compreensível, mas não o fato de quase a totalidade dos pacientes da clínica — várias dezenas de pessoas, portanto — ostentar as mesmas características de pessoas que me haviam sido próximas ao longo da vida.

Na qualidade de pacientes, via "apenas figuras bizarras, dentre elas sujeitos cobertos de fuligem vestindo aventais de linho [...] Um após o outro, eles entravam no salão em completo silêncio, e se afastavam igualmente silentes, sem se aperceberem, conforme parecia, da presença uns dos outros. Durante a sua permanência no salão, isto é, sem que o houvessem deixado, repetidas vezes pude vê-los *trocar de cabeça* e, de repente, enquanto eu os observava, passarem a circular com outra cabeça".

"O número de pacientes que eu via no estábulo", assim chama ele um pátio no qual as pessoas iam tomar um pouco de ar, "e no salão de convivência, às vezes simultaneamente, às vezes um após o outro, era absolutamente desproporcional ao tamanho das dependências da clínica. Estou convencido de que é absolutamente impossível que as quarenta, cinquenta pessoas que, junto comigo, eram compelidas para o estábulo e, ao sinal para o retorno, comprimiam-se rumo à porta do edifício pudessem todas encontrar ali uma cama para dormir [...] Na maior parte do tempo, o térreo *fervilhava* de gente."

Dentre as figuras no estábulo, Schreber lembra-se de um primo de sua mulher, que já em 1887 se matara com um tiro, e do procurador-geral B., que sempre assumia uma postura recurvada, devota, suplicante, por assim dizer, nela mantendo-se imóvel. Reconhece ainda um conselheiro particular, um presidente de uma Corte de Apelação, outro conselheiro de uma Corte de Apelação, um advogado de Leipzig que fora seu amigo na juventude, seu sobrinho Fritz e alguém de Warnemünde que conhecera de passagem no verão. Certa feita, da janela, vê seu sogro no caminho que conduzia até a clínica.

"Aconteceu várias vezes de eu ver uma certa quantidade de pessoas — uma vez havia até mesmo algumas damas entre elas — passar pelo salão de convivência e, depois, entrar nos quartos dos cantos, nos quais deviam desaparecer. Nessas ocasiões, ouvi várias vezes o *estertor* característico, vinculado à dissolução dos 'homens feitos às pressas'."

"Os milagres aconteciam não apenas com relação às figuras humanas, mas também com objetos inanimados. Por mais ceticamente que me comporte agora, pondo à prova minhas memórias, não consigo apagar da lembrança certas impressões, como a da *metamorfose* das roupas que vestiam as pessoas que eu via e da comida em meu prato, enquanto eu comia (a transformação, por exemplo, de carne de porco em vitela e vice-versa)."

Nessa descrição, muita coisa é digna de nota. Schreber vê seres humanos numa quantidade maior do que aquela que efetivamente poderia estar ali, e todos são arrebanhados para um *estábulo*. Junto com eles, ele se sente, conforme expressa a palavra *estábulo*, *degradado a um animal*, o que constitui o mais próximo que ele chega de uma experiência de massa. Mas tampouco no "estábulo" dos pacientes, é claro, ele chega alguma vez a dissolver-se realmente. Contempla o jogo das metamorfoses com exatidão — de maneira crítica, é certo, mas não propriamente com hostilidade. Até mesmo as comidas e as roupas transformam-se umas nas outras. Preocupam-no sobretudo as pessoas que *reconhece*. Cada um que surge é, na realidade, alguma outra pessoa que ele conheceu bem no passado. Schreber cuida para que ninguém lhe seja verdadeiramente estranho. Esses desmascaramentos, porém, ostentam ainda um caráter relativamente benévolo. Com ódio, ele fala apenas do chefe dos enfermeiros, numa passagem não citada aqui. Ele reconhece muitas pessoas, e pessoas as mais variadas; não se verifica aqui ainda nenhum estreitamento ou exclusivismo. Em vez de desmascarar-se, as pessoas vez por outra trocam logo de cabeça — uma espécie mais divertida e generosa de desmascaramento seria quase inconcebível.

Mas as experiências de Schreber raramente exibiam esse caráter travesso e libertador. Uma espécie inteiramente distinta de visão que ele tinha com frequência em sua "época sagrada" conduz-nos diretamente, creio eu, ao cerne da *situação primordial da paranoia*.

A sensação de o indivíduo estar *cercado* por uma *malta de inimigos* que o têm por alvo é uma sensação básica da paranoia. Em sua forma mais pura, ela se manifesta nas visões de olhos: o indivíduo vê *olhos* por toda parte e por todos os lados, olhos que se interessam única e exclusivamente por ele e cujo interesse é absolutamente ameaçador. As criaturas às quais esses olhos pertencem pretendem vingar-se dele, que longa e impunemente fê-las sentir seu poder. Em se tratando de animais, serão aqueles a que ele deu caça implacável; ameaçados de extinção, eles se voltam agora, inesperadamente, contra ele. De forma concludente e inequívoca, essa situação primordial da paranoia pode ser encontrada nas lendas de caçadores de muitos povos.

Nem sempre esses animais preservam a forma que, na qualidade de presa, apresentam aos homens. Transformam-se em criaturas mais perigosas, temidas desde sempre pelo homem, e, aproximando-se bastante dele — enchendo-lhe o quarto, ocupando lhe a cama —, elas intensificam ao máximo o seu medo. O próprio Schreber sentia-se, à noite, atormentado por ursos.

Com frequência, levantava-se da cama e, só de camisa, ficava sentado no chão de seu quarto. Suas mãos, que mantinha firmemente plantadas no assoalho às suas costas, eram então, de tempos em tempos, erguidas pelas figuras em forma de ursos — *ursos pretos*. Via ainda bem perto, à sua volta, outros ursos pretos, maiores e menores, com os olhos em brasa. Sua roupa de cama assumia a forma de "ursos brancos". À noite — estando ele ainda acordado —, gatos com olhos em brasa apareciam nas árvores do jardim da clínica.

Mas essas *maltas animais* não foram as únicas. O principal inimigo de Schreber, o psiquiatra Flechsig, tinha uma maneira particularmente eficaz e perigosa de formar *maltas celestiais* contra ele. Tratava-se de um fenômeno singular ao qual Schreber deu o nome de *partição das almas*.

A alma de Flechsig dividia-se, a fim de ocupar com porções de alma a totalidade da abóbada celeste, de modo que os raios divinos encontravam resistência por toda parte. Toda a extensão do céu parecia coberta de nervos a oferecer um obstáculo mecânico aos raios divinos; era impossível atravessá-los. Tais nervos assemelhavam-se a uma fortaleza sitiada, protegida por valas e fossos do ataque inimigo. Para esse fim, a alma de Flechsig dividira-se numa grande quantidade de partes; ao longo de um certo tempo, seu número variou de quarenta a sessenta, algumas assaz minúsculas.

Aparentemente, outras "almas provadas" começaram, então, a dividir-se, segundo o modelo oferecido por Flechsig; fizeram-se cada vez mais numerosas e viviam apenas para as emboscadas e os ataques, como convém às maltas genuínas. Uma grande parte delas ocupava-se quase exclusivamente de movimentos envolventes, uma manobra que tinha por propósito atacar pela retaguarda os cândidos raios divinos, obrigando-os à rendição. Por fim, o grande número dessas "porções de almas provadas" tornou-se um incômodo para a própria onipotência divina. Certo dia, depois de Schreber haver já conseguido atrair para si boa parte delas, a própria onipotência divina promoveu uma grande batida com o intuito de aniquilá-las.

É possível que, para sua "partição das almas", Schreber tenha tomado por modelo a proliferação das células, que, naturalmente, conhecia. O emprego dos amontoados daí resultantes nas maltas celestiais é uma das construções mais características de seu delírio. Seria impossível expressar com maior clareza o significado das *maltas hostis* para a estrutura da paranoia.

A relação complicada e ambígua de Schreber para com deus, a "política das almas" da qual ele se sentia vítima, não o impediu de experimentar a *onipotência* divina sob a forma de *esplendor* — de fora, por assim dizer, e como algo uno. Ao longo de todos os anos de sua doença, ele teve essa experiência somente por uma breve sucessão de dias e noites: decerto, tinha plena consciência da raridade e preciosidade desse acontecimento.

Deus apareceu numa única noite. A imagem resplandecente de seus raios fez-se visível aos olhos espirituais de Schreber, que jazia acordado na cama. Ao mesmo tempo, ouviu sua língua. Não sob a forma de um silencioso sussurrar, mas ressonando num portentoso baixo, bem defronte às janelas de seu quarto.

No dia seguinte, Schreber viu deus com seus olhos corpóreos. Era o sol; não como este costuma aparecer, mas banhado num mar de raios prateados que cobriam uma sexta ou uma oitava parte do céu. A visão era de uma pompa e grandiosidade tão avassaladoras que ele teve receio de fitá-la continuamente, buscando, então, desviar os olhos da aparição. O sol resplandecente *falou-lhe*.

Schreber experimentou tal esplendor não apenas em deus, mas, por vezes, também em si próprio — o que, considerando-se sua importância e seu íntimo parentesco com deus, não é de se admirar. "Em consequência da afluência em massa de raios, minha cabeça apresentava-se frequentemente circundada por uma luz, tal como o halo de Cristo nas pinturas, mas incomparavelmente mais rico e esplendoroso: a assim chamada coroa de raios."

Schreber, porém, descreveu esse *aspecto sagrado do poder* de forma ainda mais intensa. Em seu período de *imobilidade*, para o qual temos de nos voltar agora, essa exposição atingiu sua plenitude.

A vida exterior que ele levava a essa época era extremamente monótona. Duas vezes por dia, passeava pelo jardim. No mais, ficava o dia inteiro sentado imóvel na cadeira defronte a sua mesa; não ia sequer até a janela. Mesmo no jardim, preferia ficar sentado sempre no mesmo lugar. Essa passividade absoluta, ele a via como um dever religioso, por assim dizer.

As vozes que lhe falavam é que haviam suscitado nele essa ideia. "Nenhum movimento, por mais minúsculo que seja!", diziam-lhe sempre. A explicação que Schreber dava a si próprio para essa demanda era a de que deus não sabia tratar com os vivos. Estava acostumado apenas ao contato com os cadáveres. Assim, foi-lhe imposta a monstruosa exigência de que ele se comportasse constantemente como um cadáver.

Tal imobilidade era uma questão de autopreservação, mas também um dever para com deus: cabia libertá-lo da aflição em que o haviam mergulhado as "almas provadas". "Eu havia percebido que as perdas de raios se intensificavam quando eu me movia muito de um lado para o outro, ou quando uma corrente de ar atravessava meu quarto. Considerando-se o temor sagrado que eu ainda sentia à época pelos raios divinos, e sem ter certeza se realmente havia ou não uma eternidade, se os raios não poderiam ter um fim repentino, julguei ser minha tarefa lutar, no que dependesse de mim, contra todo e qualquer desperdício dos raios." Era mais fácil atrair para baixo as almas provadas e deixá-las dissolver-se por completo em seu corpo, se ele o mantivesse constantemente em repouso. Somente assim era possível restabelecer a soberania absoluta de deus no céu. Schreber impôs-se, então, o inacreditável sacrifício de privar-se durante semanas e meses de qualquer movimento de seu corpo. Sendo a expectativa a de que as almas provadas se dissolvessem sobretudo durante o sono, ele não ousava sequer alterar a posição do corpo na cama, enquanto dormia.

Esse *retesamento* por um período de semanas, meses, é uma das coisas mais espantosas contidas no relato de Schreber. Duas coisas motivam-no a tanto. O fato de, por amor a deus, ele manter-se quieto feito um cadáver soa ainda mais estranho a nossos ouvidos europeus do que já é em si, principalmente em razão de nossa relação puritana com o *cadáver*. Nossos costumes cuidam para que um cadáver seja removido rapidamente. Não se faz muita cerimônia; o fato de sabermos que ele não tardará a se decompor não nos obriga de modo algum a tomar qualquer atitude contra a sua remoção. Adornamos um pouco o cadáver, mal o exibimos e tornamos impossível um posterior acesso a ele. A despeito de toda a pompa que um funeral pode ter, o cadáver em si não aparece; trata-se da cerimônia de seu ocultamento e sua supressão. Para compreender Schreber, é necessário pensar nas múmias dos egípcios, nas quais a personalidade do cadáver é preservada, cuidada e admirada. Por amor a deus, ele se comportou por meses como uma múmia, não como um cadáver. Nesse caso, ele próprio se valeu de uma expressão não muito acertada.

O segundo motivo para sua imobilidade — o receio de um desperdício dos raios divinos —, ele o compartilha com inúmeras culturas espalhadas pelo mundo todo, culturas estas nas quais se desenvolveu uma concepção sagrada do poder. Schreber sente-se a si próprio como um recipiente no qual a essência divina vai pouco a pouco acumulando-se. Cada movimento, por mais minúsculo que seja, pode fazê-lo derramar um pouco dessa essência, razão pela qual não lhe é permitido mover-se. O detentor de poder retém em si o poder de que está carregado, ou porque o sente como uma substância impessoal que poderia escapar-lhe, ou porque uma instância superior espera dele esse comportamento parcimonioso, na condição de um ato de veneração. Lentamente, ele se *retesará* naquela postura que lhe parece a mais propícia para a preservação de sua preciosa substância; todo e qualquer desvio desse comportamento é perigoso e há de enchê-lo de preocupação. Evitar conscienciosamente um tal desvio garante-lhe a existência. Em função de sua igualdade, várias dessas posturas tornaram-se modelares ao longo dos séculos. A estrutura política de muitos povos tem seu cerne na postura rígida e exata prescrita a um *indivíduo*.

Também Schreber cuidou de um povo, que, embora não o tivesse por rei, tinha-lhe por um "santo nacional". Em algum distante corpo celeste, fizera-se, de fato, uma tentativa de criar um novo mundo feito "do espírito de Schreber". Fisicamente, esses novos homens eram de uma estirpe muito menor do que a de nossos homens terrestres. Ainda assim, haviam atingido um respeitável nível cultural e, em conformidade com seu tamanho reduzido, criavam também uma espécie menor de gado. O próprio Schreber, na condição de seu "santo nacional", ter-se-ia tornado para eles objeto de veneração divina, de forma que sua *postura corporal* ser-lhes-ia de alguma importância para sua crença.

Faz-se bastante claro aí o caráter modelar de uma determinada postura, que há de ser entendida de forma assaz concreta e corpórea. Esses homens não são apenas criados a partir de sua substância; da postura de Schreber depende também a sua crença.

* * *

Como se viu, o *juízo* de Schreber teve de suportar os mais refinados perigos no curso de sua enfermidade. Contudo, também as intervenções tendo por alvo o seu *corpo* esquivam-se de toda e qualquer descrição. Quase nenhuma parte de seu corpo foi poupada. Os raios não esqueceram ou ignoraram porção alguma dele; literalmente tudo teve a sua vez. Os efeitos produzidos por suas intervenções manifestavam-se tão súbita e surpreendentemente que ele só podia considerá-los milagres.

Dentre tais fenômenos estavam aqueles vinculados à sua pretendida transformação numa mulher. Estes, ele os aceitara, e não mais lhes impôs resistência alguma. Mas mal se pode acreditar no que, além disso, lhe sucedeu. Um verme foi enviado a seus pulmões. Suas costelas foram temporariamente esmagadas. Em lugar de seu estômago saudável e natural, o já mencionado neurologista vienense implantou-lhe no corpo um "estômago judeu" inferior. As vicissitudes de seu estômago foram bastante variadas. Frequentemente, Schreber teve de viver sem estômago algum, declarando expressamente ao enfermeiro que não podia comer porque não tinha estômago. Quando, a despeito disso, comia, a comida derramava-se por sua cavidade abdominal e pela coxa. Seu esôfago e seus intestinos rasgavam-se ou desapareciam com frequência. Mais de uma vez ele chegou a engolir partes da laringe junto com a comida.

Com o auxílio de "homúnculos" colocados em seus pés tentou-se bombear para fora sua medula espinhal, que, assim, sob a forma de nuvenzinhas, exalava-se pela boca quando de seus passeios pelo jardim. Frequentemente tinha a sensação de que toda a sua abóbada craniana tornara-se mais delgada. Quando tocava piano ou escrevia, tentavam paralisar lhe os dedos. Várias almas assumiam a forma de minúsculas figuras humanas, medindo não mais que um milímetro e fazendo das suas nas mais variadas partes de seu corpo — umas em seu interior, outras em sua superfície exterior. Algumas delas ocupavam-se de abrir e fechar seus olhos: postadas nas sobrancelhas, elas lhe puxavam à vontade as pálpebras para cima e para baixo, com o auxílio de fios finíssimos, semelhantes aos de uma teia de aranha. Por essa época, homúnculos em grande número encontravam-se quase sempre reunidos em sua cabeça. Estes literalmente passeavam por ela, correndo curiosos para onde quer que divisassem novas perturbações. Tais homúnculos participam até mesmo das refeições de Schreber, amiúde servindo-se de minúsculas porções do que ele estava comendo.

Devorando lhe dolorosamente os ossos da região do calcanhar e das nádegas, procuravam impossibilitá-lo de caminhar ou ficar em pé, de sentar-se ou deitar-se. Não o queriam por muito tempo em nenhuma posição ou atividade: quando Schreber caminhava, procuravam obrigá-lo a deitar-se, e, quando estava deitado, a novamente levantar-se. "Que um homem que efetivamente existe *tem*, afinal, *de estar em algum lugar*, isso os raios pareciam não compreender."

Em todos esses fenômenos, talvez se possa constatar um elemento comum: trata-se da *penetração* de seu corpo. O princípio físico da impenetrabilidade do corpo já não se aplica aqui. Assim como Schreber deseja estender-se em todas as direções, atravessando o corpo da terra, assim também tudo o atravessa, pregando nele, e dentro dele, suas peças. Com frequência, ele se refere a si próprio como se fosse um corpo celeste, mas nem sequer de seu corpo habitual e humano ele está seguro. A época de sua expansão, na qual ele anuncia suas pretensões, parece ser também a época de sua penetrabilidade. *Grandeza* e *perseguição* encontram-se nele intimamente ligadas, ambas expressando-se em seu corpo.

Como, porém, a despeito de todos os ataques, ele seguia vivendo, desenvolveu-se nele a convicção de que os raios o *curavam* também. Todas as substâncias impuras em seu corpo eram absorvidas pelos raios. Pôde, assim, permitir-se comer à vontade, mesmo sem estômago. Graças aos raios, surgiam nele os germes das doenças, e graças a esses mesmos raios, eles eram aniquilados.

É, pois, de se suspeitar que todos os ataques contra seu

corpo tinham por meta comprovar lhe a *invulnerabilidade*. Seu corpo deveria demonstrar tudo quanto era capaz de suportar. Quanto mais ele o prejudicava e abalava, tão mais seguro ele ficava.

Schreber começou a duvidar de que fosse mortal. O que era o mais letal dos venenos comparado aos danos que ele suportara? Se caísse na água e se afogasse, a atividade cardíaca e a circulação provavelmente o reanimariam. Se metesse uma bala na cabeça, os órgãos internos e os pedaços de ossos destruídos poderiam ser restabelecidos. Afinal, vivera um longo tempo sem órgãos vitais. Tudo nele tornara a crescer. Tampouco as doenças naturais podiam representar-lhe algum perigo. Após muitas e tormentosas aflições e dúvidas, aquela ânsia veemente pela *invulnerabilidade* transformara-se para ele numa incontestável conquista.

Mostrou-se, no curso desta investigação, de que forma essa ânsia pela invulnerabilidade e o vício da sobrevivência confluem um para o outro. Também nesse aspecto o paranoico revela-se a imagem exata do detentor de poder. A diferença entre eles é somente a de sua posição no mundo exterior. Em sua estrutura interna, eles são idênticos. Pode-se achar o paranoico mais impressionante, porque ele se basta a si mesmo e não se deixa abalar por seu fracasso exterior. A opinião do mundo nada representa para ele; seu delírio sustenta-se sozinho contra toda a humanidade.

"Tudo quanto acontece", afirma Schreber, "guarda relação comigo. Para deus, eu sou o homem propriamente dito, ou transformei-me no único homem em torno do qual tudo gira, ao qual tudo o que acontece tem de ser relacionado e que, portanto, também do seu ponto de vista, deve relacionar todas as coisas a si próprio."

Como se sabe, a ideia de que todos os demais homens teriam perecido, de que Schreber seria efetivamente o único homem — e não apenas o único que importa —, dominou-o por vários anos. Somente aos poucos ela foi dando lugar a uma concepção mais tranquila. Do único homem vivo, ele se transformou no único que conta. Não há como rejeitar a suposição de que, por trás de toda paranoia, bem como de todo poder, encontra-se uma mesma e profunda tendência: o desejo de afastar os outros do caminho, a fim de se ser o único; ou, na formulação mais branda e frequentemente admitida, o desejo de servir-se dos outros a fim de, com seu auxílio, se vir a ser o único.

EPÍLOGO

A DISSOLUÇÃO DO SOBREVIVENTE

Após essa copiosa abordagem de um delírio paranoico que encontrou um único adepto, precisamente o seu criador, cabe aqui refletir acerca do que se aprendeu sobre o poder. E isso porque cada caso isolado, por mais profundos que sejam os esclarecimentos que ofereça, deixa também uma profunda dúvida. Quanto mais se chega a conhecê-lo detalhadamente, tanto mais consciente fica-se de sua singularidade. Flagramo-nos subitamente nutrindo a esperança de que apenas esse único caso seja assim, e todos os demais diferentes. Isso se aplica em particular aos casos de doentes mentais. A inabalável soberba humana agarra-se a seu insucesso exterior. Mesmo que fosse possível demonstrar que cada pensamento na cabeça de um Schreber possui seu equivalente na de um temido detentor de poder, conservar-se-ia sempre a esperança de que, em algum ponto, eles sejam fundamentalmente diferentes. É muito difícil dissolver o respeito pelos "grandes" deste mundo, e incomensurável é a necessidade de veneração do homem.

Mas, por sorte, nossa investigação não se limitou apenas a Schreber. Por mais minuciosa que ela possa parecer a muitos, vários pontos foram apenas superficialmente abordados; outros, que seriam importantes, nem sequer mencionados. A despeito disso, não se há de condenar o leitor por desejar saber desde já, ao final *deste* livro, o que se poderia afirmar com certeza.

Está claro qual das quatro maltas caracteriza o nosso tempo. O poder das grandes religiões de lamentação caminha rumo a seu fim. A multiplicação tomou conta delas, sufocando-as aos poucos. Na produção moderna, o antigo conteúdo da malta de multiplicação experimentou uma intensificação tão gigantesca que, perto dele, todos os demais conteúdos de nossa vida desaparecem. A produção desenrola-se aqui, nesta vida terrena. Sua rapidez e multiplicidade a perder de vista não admitem um só instante de repouso e reflexão. As guerras mais terríveis não foram capazes de sufocá-la. Em todos os campos inimigos, sejam eles de que natureza forem, ela é igualmente eficaz. Se existe uma crença ante a qual os vigorosos povos da terra sucumbem um após o outro, essa crença é a crença na produção, o furor moderno da multiplicação.

O aumento da produção resulta no desejo de se ter um maior número de seres humanos. Quanto mais se produz, mais consumidores parecem necessários. O comércio em si, fosse ele regido inteiramente por uma lei própria, almejaria alcançar todos quantos pudesse — a totalidade dos homens, na verdade. Nesse aspecto, ele se assemelha, ainda que apenas superficialmente, às religiões universais, à cata de todas as almas. A humanidade inteira teria de atingir uma espécie de igualdade ideal: a igualdade dos que podem e querem comprar. Isso, porém, não seria tudo, pois, alcançados todos os homens, e tendo todos eles se transformado em compradores, a produção seguiria desejando crescer. Sua segunda e mais profunda tendência é, então, a propensão a um aumento do número de homens. A produção necessita de *mais* homens: para além da multiplicação dos objetos, ela retorna ao sentido original de toda multiplicação — a dos próprios homens.

Em sua essência mais íntima, a produção é pacífica. As baixas provocadas pela guerra e a destruição são-lhe prejudiciais. Nisso, capitalismo e socialismo não diferem: são as formas gêmeas e em combate de uma única e mesma crença. A produção é a menina dos olhos de ambos. Ela se tornou, por assim dizer, a paixão tanto de um quanto de outro. Sua rivalidade contribuiu para o furioso sucesso da multiplicação. E ambos seguem se tornando cada vez mais parecidos. Percebe-se algo como um crescente respeito mútuo, um respeito relacionado exclusivamente — estar-se-ia tentado a dizer — a esse sucesso de sua produção. Não é mais verdade que queiram destruir-se mutuamente: querem suplantar um ao outro.

Existem hoje vários grandes centros da multiplicação, bastante eficazes e propagando-se velozmente. Encontram-se distribuídos por várias línguas e culturas; nenhum deles é forte o suficiente para arrebatar para si o domínio sobre os demais. Nenhum deles ousa enfrentar sozinho os muitos outros. Salta aos olhos a tendência à formação de enormes massas duplas. Estas se autodenominam de acordo com regiões inteiras do mundo: Leste e Oeste. Abrangem tanta coisa que resta cada vez menos fora de seus domínios, e o que resta parece impotente. A postura rígida dessas massas duplas, sua fascinação uma pela outra, seu armar-se até os dentes, e, muito em breve, até a *lua*, despertaram no mundo um medo apocalíptico: uma guerra entre elas poderia conduzir à aniquilação da humanidade. O que se verifica, porém, é que a tendência à multiplicação tornou-se tão forte que se sobrepôs à propensão para as guerras; estas parecem-lhe tão somente uma incômoda perturbação. A guerra, como um meio para a rápida multiplicação, esgotou-se numa explosão de caráter arcaico na Alemanha do nacional-socialismo e, pode-se crer, acabou-se para sempre.

Todos os países mostram-se hoje propensos a proteger mais sua produção do que seus habitantes. Nada há que seja mais justificado ou conte mais certamente com a aprovação geral. Nosso século produzirá mais bens do que os homens são capazes de consumir. Em lugar da guerra, porém, podem-se colocar outros sistemas de massas duplas. A experiência dos parlamentos comprova que é possível excluir a morte desse mecanismo das duas massas. Da mesma forma, poder-se-ia estabelecer um rodízio de poder mais pacífico e regulado entre as nações. Já em Roma o esporte, na qualidade de um fenômeno de massa, substituiu em grande parte a guerra. Presentemente, ele está em vias de alcançar a mesma importância, desta vez em nível mundial. A guerra encontra-se certamente em extinção, e poder-se-ia prever para breve o seu fim — mas essa conta não pode deixar de fora o sobrevivente.

Nisso tudo, o que nos restou, afinal, das religiões de lamentação? Em meio aos extremos incompreensíveis da aniquilação e da produção que caracterizam a primeira metade deste século, em meio a essa cegueira duplamente implacável atuando ora numa ora noutra direção, as religiões de lamentação, na medida em que se mantiveram organizadas, oferecem-nos um quadro de completo desamparo. Hesitantes ou com simpatia, embora certamente haja exceções, elas distribuem suas bênçãos a tudo o que acontece.

Contudo, sua herança é maior do que se poderia supor. A imagem daquele cuja morte os cristãos lamentam há quase 2 mil anos penetrou na consciência da humanidade desperta. Trata-se de um moribundo, e ele não deve morrer. Com a secularização do mundo, sua divindade perdeu em significado. Queira-se ou não, ele permaneceu, e o fez na qualidade do único homem a sofrer e morrer. Seu passado divino conferiu-lhe, no interior dessa humanidade terrena, uma espécie de imortalidade histórica. Esta fortaleceu-o, e a todos aqueles que se veem nele. Inexiste perseguido, seja qual for o motivo de seu sofrimento, que, em alguma porção de sua alma, não se veja como Cristo. Inimigos mortais, ainda que lutem por algo mau e inumano, sentem ambos a mesma coisa, tão logo se vejam em dificuldades. Conforme o curso dos acontecimentos, a imagem do sofredor à beira da morte migrará de um lado para o outro, e o mais fraco poderá, por fim, sentir-se o melhor. Mas mesmo o mais fraco de todos, que jamais logrou encontrar um sério inimigo, tem participação nessa imagem. Ainda que ele morra por coisa alguma, a própria morte o torna algo especial. Cristo empresta-lhe a malta de lamentação. Em meio ao desvario da multiplicação, que é também uma multiplicação dos homens, o valor do indivíduo não diminuiu, mas aumentou. Os acontecimentos do nosso século parecem afirmar o contrário; mas, na consciência dos homens, eles nada alteraram. O próprio homem, conforme ele vive aqui, foi, pela via de sua alma, valorizado. Justificou-se lhe o desejo da indestrutibilidade. Cada um é, para si mesmo, objeto digno da lamentação. Todo homem está obstinadamente convencido de que não deve morrer. Nesse aspecto, a herança do cristianismo — e, de um modo algo diverso, a do budismo também — é indestrutível.

O que se modificou radicalmente em nossa época foi, porém, a situação do sobrevivente. Poucos, certamente, terão sido aqueles que não concluíram com profunda repugnância a leitura dos capítulos aqui dedicados ao sobrevivente. A intenção foi desentocá-lo de todos os seus esconderijos e apresentá-lo como ele é e sempre foi. Como herói, ele foi glorificado; obedeceu-se a ele qual a um detentor de poder: no fundo, porém, ele foi sempre o mesmo. Em nossa época, junto àqueles para os quais o conceito de humanidade possui grande importância, o sobrevivente viveu seus mais fabulosos triunfos. Ele não se extinguiu nem se extinguirá enquanto não tivermos a força necessária para vê-lo claramente, em todos os seus disfarces e banhado na glória que for. O sobrevivente é o mal hereditário da humanidade, sua maldição e, talvez, sua ruína. Será possível escapar dele no último minuto?

A intensificação de sua atividade no mundo moderno é tão gigantesca que mal ousamos encará-la. Um único homem é capaz de, sem esforço algum, aniquilar boa parte da humanidade. Para tanto, pode servir-se de processos tecnológicos que nem ele próprio compreende. Pode agir em completa segurança; não é sequer necessário que, para realizar tal ato, ele incorra em algum perigo. A oposição entre sua unicidade e o número daqueles que ele aniquila não pode mais ser apreendida numa imagem que faça sentido. Um homem tem hoje a possibilidade de, de um só golpe, sobreviver a mais pessoas do que gerações inteiras do passado. As receitas dos poderosos estão à disposição; não é difícil servir-se delas. As descobertas todas os beneficiam, como se houvessem sido feitas especialmente para eles. Os recursos multiplicaram-se; o número de homens é muito maior e eles se encontram densamente reunidos. Os meios foram multiplicados por mil. A impossibilidade das vítimas de defender-se permaneceu essencialmente a mesma, ainda que não a sua devoção.

Todos os medos de um poder sobrenatural que possa abater-se sobre os homens, punindo-os e destruindo-os, vincularam-se à ideia da "bomba". O indivíduo, porém, pode manipulá-la. Ela está em suas mãos. O detentor de poder é capaz de desencadear devastações que superam todos os flagelos divinos reunidos. O homem roubou seu próprio deus. Agarrou-o e apropriou-se de todo o seu arsenal de medo e infortúnio.

Os mais arrojados sonhos dos poderosos do passado para os quais a sobrevivência tornou-se uma paixão e um vício parecem hoje medíocres. A história, lembrada do nosso ponto de vista, adquire subitamente uma face inofensivamente agradável. Como tudo *demorava* no passado e *quão* pouco havia para destruir num mundo desconhecido! Hoje, não mais que um instante separa a decisão da ação. Pobre Gêngis Khan! Pobre Tamerlão! Pobre Hitler! — lamentáveis aprendizes e principiantes, comparados às possibilidades de que hoje dispomos!

A grande questão hoje — a única, poder-se-ia dizer — diz respeito à possibilidade de se lidar com o sobrevivente, tendo ele atingido proporções tão monstruosas. A especialização e a mobilidade da vida moderna iludem-nos quanto à simplicidade e à concentração dessa questão fundamental. E isso porque a única solução que se apresenta para a apaixonada ânsia de sobreviver — qual seja, a solidão criativa que faça por merecer a imortalidade — constitui, por sua própria natureza, uma solução para poucos.

No combate a esse perigo crescente que todos sentem na carne, há que se tomar em conta um outro fato, um fato novo. O próprio sobrevivente sente medo. Sente-o sempre. E, diante de suas possibilidades, esse medo alçou-se a proporções gigantescas e insuportáveis. Seu triunfo pode ser uma questão de minutos ou horas. Mas a terra não é segura para ninguém, nem mesmo para ele. As novas armas são capazes de atingir qualquer lugar, de modo que ele próprio, esteja onde estiver, pode ser atingido. Sua grandeza e sua invulnerabilidade encontram-se em conflito. Ele próprio se tornou demasiado grande. Hoje, os poderosos tremem *diferentemente* do que no passado, como se fossem iguais aos demais homens. A antiquíssima estrutura do poder, seu cerne — a preservação do poderoso às custas de todos os demais homens —, foi conduzida *ad absurdum* e jaz aos pedaços. O poder é hoje maior, mas mais *fugaz* também do que jamais foi. Ou sobreviveremos todos ou não sobreviverá ninguém.

A fim, todavia, de lidar com o sobrevivente, há que se desvendar sua atividade onde ela parece mais natural. De maneira inconteste e, por isso mesmo, particularmente perigosa, essa atividade intensifica-se na transmissão das ordens. Já se mostrou aqui que a ordem, na forma domesticada sob a qual ela habitualmente se manifesta no convívio humano, nada mais representa do que uma sentença de morte suspensa. Tais sistemas eficazes e agudos de ordens estabeleceram-se por toda parte. Todo aquele que escalou com demasiada rapidez o caminho até o topo, ou quem quer que, de uma maneira ou de outra, tenha obtido para si o comando supremo de um tal sistema, encontra-se, pela própria natureza de sua posição, carregado do medo da ordem e tem de buscar libertar-se desse medo. A ameaça constante da qual ele se serve e que constitui a verdadeira essência desse sistema volta-se, por fim, contra ele próprio. Encontre-se ele efetivamente ameaçado por inimigos ou não, ele abrigará sempre uma sensação de perigo. A ameaça mais perigosa é aquela que provém de sua própria gente, a gente a quem ele sempre dá ordens, que se encontra em sua proximidade imediata e que o conhece bem. O instrumento de sua libertação — ao qual ele recorre não sem hesitar, mas ao qual jamais renuncia por completo — é o súbito ordenar da morte em massa. Ele dá início a uma guerra e manda sua gente para ela, para que mate. Muitos morrerão. Ele não lamentará. O que quer que aparente, há nele uma profunda necessidade de que fileiras inteiras de sua própria gente sejam desbastadas. Para sua libertação do medo da ordem é imprescindível que morram também muitos daqueles que lutam por ele. A floresta do seu medo fez--se demasiado densa, e ele anseia para que ela seja desbastada. Se hesitou demais, já não vê com clareza e pode prejudicar sensivelmente sua própria posição. Seu medo da ordem assume, então, dimensões que conduzem à catástrofe. Mas antes que esta o atinja, antes que atinja seu corpo — que, para ele, incorpora o mundo —, ela conduz à morte de inúmeros outros.

O sistema das ordens é universalmente reconhecido. Mais marcadamente ele se apresenta nos exércitos, mas muitas outras esferas da vida civilizada foram tomadas e matizadas pela ordem. A morte como ameaça é a moeda do poder. Fácil é aí empilhar moeda sobre moeda, acumulando enormes capitais. Quem deseja lidar com o poder tem de encarar a ordem sem receio e encontrar os meios capazes de roubá-la de seu aguilhão.

NOTAS

pp. 35 s. A descrição da haka encontra-se em J. S. Polack, *New Zealand, a Narrative of Travels and Adventure*, Londres, 1838, v. I, pp. 81-4.

p. 42. A "estação de Arafat" foi já alvo de muitas descrições, a mais minuciosa das quais em Gaudefroy-Demombynes, *Le pèlerinage à la Mekke*, Paris, 1923, pp. 241-55.

p. 48. Bechuanas: Dornan, *Pygmies and Bushmen of the Kalahari*, p. 291.

p. 48. Bolokis: Weeks, *Among Congo Cannibals*, p. 261.

p. 49. Pigmeus do Gabão: a canção acerca da caverna dos mortos foi extraída de Trilles, *Les pygmées de la forêt équatoriale*, Paris, 1931.

p. 49. Espíritos auxiliares do xamã dos tchutches: Ohlmarks, *Studien zum Problem des Schamanismus*, p. 176.

pp. 50 s. Visão do xamã esquimó: Rasmussen, *Rasmussens Thulefahrt*, Frankfurt, 1926, pp. 448-9.

p. 50. Os exércitos dos mortos das montanhas escocesas: Carmichael, *Carmina Gaidelica*, v. II, p. 357.

pp. 50 s. A aurora boreal entre os lapões e os índios tlinkits: Hofler, *Kultische Geheimbunde der Germanen*, Frankfurt, 1934, pp. 241-2.

p. 52. A população do ar: Bin Gorion, *Die Sagen der Juden*, v. I, "Von der Urzeit", p. 348.

p. 51. O exército dos demônios entre os persas: Darmesteter, *The Zend-Avesta*, parte p. 49.

pp. 52 s. Caesarius de Heisterbach: uma tradução completa para o inglês do *Dialogus miraculorum* foi publicada sob o título *The Dialogue On Miracles*, Londres, Routledge, 1929. As citações foram extraídas do v. I, pp. 322-3 e p. 328, e v. II, pp. 294-5.

pp. 53 s. Deus e sua corte: Heisterbach, v. II, p. 343.

p. 54. Poema dos gafanhotos: Waley, *The Book of Songs*, Londres, 1937, p. 173.

p. 69. Madame Julhen a seu filho: carta de 2 de agosto de 1791 em: Landauer, *Briefe aus der Französischen Revolution*, v. I, p. 339.

p. 71. Camille Desmoulins a seu pai, Landauer, v. I, p. 144.

p. 72. *Revivals:* bons relatos sobre os *revivals*, particularmente na América, encontram-se no livro de Davenport, *Primitive Traits in Religious Revivals*, Nova York, 1905. Um dos mais famosos pregadores escreveu uma autobiografia: *The Backwoods Preacher. An Auto-biography by Peter Cartwright*, Londres, 1858.

p. 73. As penas do inferno: Davenport, p. 67.

pp. 73 s. O encontro de Cane Ridge: Davenport, pp. 73-7.

p. 74. Convulsões, latidos, risada sagrada: Davenport, pp. 78-81.

pp. 75 s. A descrição, em todas as suas fases, de uma festa entre os papuas constitui o tema de um livro extraordinariamente vívido de André Dupeyrat, *Jours de fête chez les papous*, Paris, 1954.

p. 78 s. Uma festa entre os tupinambás: Jean de Léry, *Le voyage au Bréstl 1556-1558*, nova edição, Paris, Payot, 1927, pp. 223-4.

p. 80. Dança de guerra das mulheres entre os kafirs do Hindu Kush: Crooke, *Things Indian*, p. 124.

p. 80. Dança de guerra das mulheres entre os jivaros: R. Karsten, *Blood Revenge, War and Victory Feasts Among the Jibaro Indians of Eastern Ecuador*, Washington, 1922, p. 24.

pp. 80 s. Mirary em Madagascar: R. Decary, *Moeurs et coutumes des malgaches*, Paris, 1951, pp. 178-9.

p. 84. Jeremias: 25, 33.

pp. 85 s. O sermão de Maomé aos inimigos mortos: a vida de Maomé segundo Ibn Ishak foi publicada em alemão na tradução de Weil, 1864. Esse trabalho foi superado pela moderna tradução inglesa de A. Guillaume, *The Life of Muhammad. A Translation of Ibn Ishaq's Sirat Rasul Allah*, Oxford, 1955. Os relatos sobre o sermão triunfal aos mortos encontram-se às pp. 305-6.

p. 85. O relato de Une: Erman, *Ägypten und ägyptisches Leben im Altertum*, p. 689.

p. 86. Hino de louvor a Ramsés II: Erman, *Die Literatur der Ägypter*, p. 324.

p. 86. A batalha de Kadesh: Erman, *Die Literatur der Ägypter*, p. 333.

p. 86. A vitória de Merenptah sobre os líbios: Erman, *Ägypten und ägyptisches Leben in Albertum*, pp. 710-1.

p. 86. Ramsés III e os líbios: Erman, *Ägypten und ägyptisches Leben in Albertum*, p. 711.

p. 87. A contagem das cabeças entre os assírios: o relevo da época de Assurbanipal encontra-se reproduzido esquematicamente em G. Maspéro, *Au temps de Ramsès et d'Assourbanipal*, p. 370.

p. 95. O fogo nos Vedas: H. Oldenberg, *Die Religion des Veda*, p. 43.

pp. 97 s. A dança do fogo dos navajos: Hambly, *Tribal Dancing and Social Development*, Londres, 1926, pp. 338-9.

p. 99. A incendiária: Kräpelin, *Einführung in die psychiatrische Klinik*, v. II, caso 62, pp. 235-40.

p. 108. Os deuses da tempestade nos Vedas: Macdonell, "Hymns from the Rigveda", pp. 56-7.

p. 113. Plutarco, *Vida de Pompeu*, cap. 11.

p. 122. A partilha da caça: ver E. Lot-Falck, *Les rites de chasse chez les peuples sibériens*. Paris: Gallimard, 1953, pp. 179-83.

pp. 124 ss. A campanha dos taulipangues contra os pischaukos foi extraída de Koch-Grunberg, *Vom Roroima zum Orinoco*, v. II, *Ethnographie*, pp. 102-5.

pp. 130 ss. Maltas de lamentação dos warramungas: Spencer e Gillen, *The Northern Tribes of Central Australia*, Londres, 1904, pp. 516-22.

pp. 139 s. Totens dos australianos. — Além das obras mais antigas de Spencer e Gillen e C. Strehlow, são aqui de particular importância as de Elkin, *The Australian Aborigines*, 1943, e Elkin, "Studies in Australian Totemism", em *Oceania Monographs*, n. 2, 1933.

pp. 140 s. A dança dos búfalos dos mandans: George Catlin, *The North American Indians*, v. I, pp. 143-4.

pp. 149 s. Ungutnika e os cães selvagens: Spencer e Gillen, *The Arunta*, p. 169.

pp. 150 s. A malta de caça e o canguru: *Arunta*, pp. 170-1.

pp. 153 s. O deitar-se sobre o candidato: *Arunta*, pp. 192-3.

pp. 154 ss. Spencer e Gillen, *The Arunta*. Fila indiana: p. 160; girar em círculo: várias menções, p. 273, por exemplo; deitar-se em fileira: p. 280, figura 100; disco dançante: pp. 261-2; duas fileiras, uma defronte da outra: p. 189; quadrado: p. 278; amontoando no chão pp. 286, 290 e 292; provas de fogo: p. 294; galhos em brasa sobre a cabeça: pp. 279 e 289. Circuncisão: p. 219.

pp. 160 ss. Mary Douglas, "The Lele of Kassai", em *African Worlds*, org. Daryll Forde, Oxford University Press, 1954, pp. 1-26.

p. 161. O prestígio da floresta: M. Douglas, em *African Worlds*, p. 4.

pp. 163 ss. Caçada conjunta: M. Douglas, pp. 15-6.

pp. 168 ss. R. Karsten, *Blood Revenge, War and Victory Feasts Among the Jivaro Indians of Eastern Ecuador*, Washington, 1922. Um estudo mais recente é o de M. W. Stirling, *Historical and Ethnographical Material on the Jivaro Indians*, Washington, 1938

pp. 171 ss. Ruth Benedict, *Patterns of Culture*. Boston: Houghton Mifflin, 1934, pp. 57-130. Em tradução alemã: *Urformen der Kultur*, Rowohlts Enzyklopädie, 1955, pp. 48-104.

pp. 171 ss. A invocação da chuva: *Urformen der Kultur*, p. 53.

pp. 175 ss. Daomé: Dalzel, *The History of Dahomey*, 1793. Esse livro antigo e inestimável contém também a primeira descrição minuciosa dos *annual customs*, a festa anual, pp. xx ss. Outras obras sobre Daomé: Burton, *A Mission to Gelele, King of Dahomey*, 2 vols., Londres, 1864; Ellis, *The Ewe-speaking Peoples of the Slave Coast of West Africa*, 1890; Le Hérissé, *L'Ancien royaume du Dahomey*, Paris, 1911; Herskovits, *Dahomey, an ancient West African kingdom*, 2 v., Nova York, 1938.

p. 178. O peregrino espanhol Ibn Jubayr: Ibn Jubayr, *The Travels of Ibn Jubayr*, trad. R. J. C. Broadhurst. Londres: Cape, 1952. Sobre a dilatabilidade de Meca, p. 174.

p. 179. O profeta da luta e da guerra: Goldziher, *Vorlesungen über den Islam*, pp. 22 e 25. "Matai os infiéis": Corão, sura 9, v. 5.

pp. 180 s. Cibele enfurecida: Luciano, *Diálogo dos deuses*, 12º diálogo, na tradução de Wieland.

p. 180. O lamento de Ísis: Erman, *Religion der Ägypter*, p. 39.

pp. 183 ss. Além das *Vorlesungen über den Islam* de Goldziher, foram consultadas para este capítulo as seguintes obras: Gobineau, *Religions et philosophies dans l'Asie Centrale*, 1865, nova edição, Paris, 1957; Donaldson, *The Shiite religion*, Londres, 1933; Von Grunebaum, *Muhammadan festivais*, Londres, 1958; Virolleaud, *Le théâtre persan*, Paris, 1950; Titayna, *La caravane des morts*, Paris, 1930.

pp. 183 s. Os sofrimentos de Hussain: Donaldson, pp. 79-87.

p. 185. As provações da estirpe do profeta: Goldziher, pp. 212-3.

p. 186. Chorar por Hussain: Goldziher, pp. 213-4.

p. 186. O túmulo de Hussain em Kerbela: Donaldson, pp. 88-100.

pp. 187 s. A grande festa dos xiitas: Grunebaum, pp. 85-94.

pp. 188 ss. Duas espécies de irmandades: Gobineau, pp. 334-8.

pp. 190 ss. "O teatro está superlotado": Gobineau, pp. 353-6.

p. 192. "Vai, tu, e salva das chamas": Grunebaum, p. 94.

pp. 193 ss. O dia do sangue: Titayna, *La caravane des morts*, pp. 110-3 citado em De Félice, *Foules en délire*, pp. 170-1.

pp. 200 ss. Stanley, *Sinai and Palestine*, pp. 354-8.

pp. 203 ss. Curzon, *Visits to monasteries in the Levant*, pp. 230-50.

pp. 210 ss. Neste segmento encontram-se reunidos apenas uns poucos capítulos os quais, com uma única exceção, referem-se todos ao mundo moderno. Seria prematuro provê-lo de mais informações, uma vez que o leitor ainda não está familiarizado com as conclusões dos segmentos posteriores deste livro dedicados à investigação do poder. Poder-se-ia, portanto, objetar com razão que o título "Massa e história" é por demais abrangente. A aplicação dos conhecimentos adquiridos acerca da massa e da malta a movimentos históricos de épocas anteriores fica reservada para uma publicação posterior.

pp. 242 ss. O relato que forneço acerca dos acontecimentos com os xosas foi extraído — e algo simplificado — de Theal, *History of South África*, v. III, pp. 198-207. — O missionário alemão Kropf, que testemunhou os acontecimentos, registrou suas impressões num artigo breve, bastante vívido, mas de difícil obtenção: "Die Lügenpropheten des Kaffernlandes", em *Neue Missionsschriften*, 2. ed., n. 11, Berlim, 1891. Katesa Schlosser, em seu livro *Propheten in Afrika*, Braunschweig, 1949, pp. 35-41, dá-nos uma versão sucinta dos acontecimentos, citando todas as passagens mais importantes do artigo de Kropf. A descrição moderna mais detalhada, contendo material inédito, encontra-se no livro de um escritor sul-africano e é desconhecida na Europa: Burton, *Sparks from the Border Anvil*, King Williams' Town, 1950, pp. 1-102.

598

p. 268. Zuckerman, *The Social Life of Monkeys and Apes*, Londres, Kegan Paul, 1932, pp. 57-8.

pp. 270 ss. Zuckerman, pp. 268-9 e 300-4.

p. 286. Gêngis Khan, segundo Wladimirzov, *The Life of Chingis-Khan*. Londres: Routledge, 1930, p. 168.

pp. 288 s. César: Plutarco, *Vida de César*, cap. 15.

pp. 292 s. O banquete fúnebre de Domiciano: Dion, *Römische Geschichte*, epítome do livro LXVII, cap. 9.

pp. 293 ss. O relato encontra-se em Josefo, *História das guerras judaicas*, livro III, cap. 8.

p. 298. "Por fim, restaram o próprio Josefo — seja por uma feliz coincidência ou pela providência divina — e um último companheiro." — Na versão eslava da guerra judaica, que, na opinião de vários estudiosos, baseia-se num texto grego mais antigo, encontra-se, no lugar dessa frase, uma outra que, com franqueza, chama as coisas pelos nomes: "Tendo [Josefo] dito isso, calculou astuciosamente os números e, assim, os enganou a todos". Ver nova tradução inglesa da série Penguin Classics: Josephus, *The Jewish War*, trad. G. A. Williamson, p. 403. Apêndice: "The Slavonic Additions".

p. 304. Muhammad Tughlak: ver capítulo posterior, "O sultão de Delhi"

p. 305. A conquista de Mudkal: Sewell, *A Forgotten Empire*, p. 34.

p. 305 s. Hakim: Wolff, *Die Drusen und ihre Vorläufer*, Leipzig, 1845, p. 286.

pp. 306 ss. Para um panorama sucinto da história dos imperadores mongóis, ver Smith, the *Oxford History of India*, pp. 321-468.

pp. 307 s. O relato dos jesuítas sobre o príncipe Salim foi extraído de Du Jarric, *Akbar and the Jesuits*, trad. C. H. Payne. Londres: Routledge, 1926, p. 182.

p. 309 Shaka: o melhor retrato de Shaka feito por um seu contemporâneo é o do viajante inglês Henry Finn. Seu diário, que já havia sido utilizado com frequência anteriormente, foi, passados mais de cem anos, publicado também em livro: *The Diary of Henry Francis Fynn*, ed. por J. Stuart e D. Mck. Malcolm, Pietermaritzburg, Shuter and Shooter, 1950. A única biografia moderna de valor, a qual, além de todas as fontes escritas, baseia-se também em tradições orais, é a de Ritter, *Shaka Zulu*. Londres: Longmans Green, 1955.

p. 314. O século etrusco: A. Grenier, *Les religions étrusque et romaine*. Paris, 1948, p. 26.

pp. 316 s. O maná nas ilhas Marquesas: Handy, *Polynesian religion*, p. 31.

pp. 317 ss. O matador entre os murngins: Warner, *A Black Civilisation*, Harper and Brothers, 1958, pp. 163-5. Esse livro, cuja primeira edição data de 1937, constitui o estudo mais abrangente e importante feito até hoje sobre uma tribo australiana.

pp. 320. O herói nas ilhas Fidji: Lorimer Fison, *Tales from Old Fiji*, pp. 51-3 e XXI.

pp. 322 ss. A cobra gigante e o herói entre os uitotos: K. Th. Preuss, *Religion und Mythologie der Uitoto*, Gottingen, 1921, v. I, pp. 220-9.

pp. 325 s. Um sobrevivente entre os taulipangues: Koch-Grunberg, *Indianermarchen aus Sudamerika*. Jena: Diederichs, 1921, pp. 109-10.

pp. 327 ss. A origem dos kutenais: Boas, *Kutenai Tales*, n. 74, "The Great Epidemic", pp. 269-70, Washington, 1918.

pp. 329 s. Suicídio em massa entre os ba-ilas: Smith e Dale, *The Ila-speaking Peoples of Northern Rhodesia*, Londres, 1920, v. I, p. 20.

p. 330. Cabres e caraíbas: Humboldt, *Reise in die Äquinoctial-Gegenden des neuen Continents*, v. V, p. 63.

pp. 333 ss. A morte de uma criança índia em Demerara: Roth, *An Inquiry into the Folklore of the Guiana-Indians*, Washington, 1915, p. 155.

pp. 335 ss. O culto aos antepassados entre os zulus — o irmão morto e o irmão vivo: Callaway, *The Religious System of the Amazulu*, 1870, pp. 146-59.

p. 341. O médium do rei em Uganda: N. K. Chadwick, *Poetry and prophecy*, Cambridge, 1942, pp. 36-8.

pp. 342 ss. O culto aos antepassados entre os chineses: Granet, *La civilisation chinoise*, Paris, 1929, pp. 300-2; Henri Maspéro, *La Chine antique*, nova edição, Paris, 1955, pp. 146-55; Jeanne Cuisinier, *Sumangat. L'âme et son culte en Indochine et Indonésie*. Paris: Gallimard, 1951, pp. 74-85.

pp. 346 s. A peste em Atenas: Tucídides, *História da guerra do Peloponeso*, livro II, caps. 47-54.

p. 357. "O ancestral de Gêngis Khan era um lobo cinzento, gerado nas alturas pelo céu e escolhido pelo destino." Com essa frase principia *Die geheime Geschichte der Mongolen*, ed. e trad. Haenisch, Leipzig, 1948.

p. 357. Sob a forma de uma águia, a alma do imperador romano voa rumo ao céu: ver a magnífica descrição da apoteose de um imperador romano — a de Septímio Severo — em Herodianos, *História do Império Romano desde Marco Aurélio*, livro IV, cap. 2.

p. 358. O medo da tempestade entre os mongóis: ver relato de viagem de Rubruk, *Contemporaries of Marco Polo*, ed. Komroff, Londres, 1928, p. 91.

p. 358. Os "fulguratores" dos etruscos: A. Grenier, *Les religions étrusque et romaine*, pp. 18-9.

p. 358. O poder e o raio: Franz Kuhn, *Altchinesische Staatsweisheit*, p. 105. O desaparecimento de Rômulo numa tempestade: Lívio, livro I, 16. A morte de Túlio Hostílio em consequência de um raio: Lívio, I, 31. A morte de um antigo rei de Alba Longa, Rômulo Sílvio, por um raio: Lívio, I, 3.

p. 363. As primeiras perguntas da criança: Jespersen, *Language*, p. 137.

p. 366 s. A mulher do meio-dia interrogando até a morte: *Wendische Sagen*, org. Sieber, Jena, 1925, p. 17.

pp. 291 s. O curandeiro entre os arandas: Spencer e Gillen, *The Arunta*, v. II, pp. 391-420.

p. 370 s. A impenetrabilidade do último Visconti: Decembrio, *Vida de Filippo Maria Visconti*, trad. Funk, Jena, 1913, cap. 43, pp. 29-30.

p. 371 s. O teste de discrição de Cósroes II: *Le livre de la couronne*, atribuído a Gahiz, trad. Ch. Pellat, Paris, 1954, pp. 118-20.

pp. 394 s. *Wukuf* e *ifadha*: ver o já mencionado livro de Gaudefroy-Demombynes, *Le pèlerinage à la Mekke*, Paris, 1923, pp. 235-303.

p. 402. Luciano, *Sobre a deusa síria*, trad. Wieland, v. IV das *Obras completas*, Munique, 1911, pp. 376-7.

p. 402 e s. Skoptsys: o livro mais minucioso, embora algo pesado, sobre os skoptsys é o de Grass, *Die russischen Sekten*, v. II, *Die weißen* Tauben oder Skopzen, Leipzig, 1914. Grass traduziu ainda *Die geheime heilige Schrift der Skopzen*, Leipzig, 1904. Uma obra mais recente, contendo um bom material, é a de Rapaport, *Introduction à la psychopathologie collective. La secte mystique des skoptzy*, Paris, 1948.

p. 404. Assassinos: a literatura mais antiga versando sobre os assassinos foi em boa parte sobrepujada pela obra crítica de Hodgson, *The Order of Assassins*, Haag, 1955.

p. 406. Escravidão sugestionada: Kräpelin, *Psychiatrie*, v. III, p. 723.

p. 408. Os mosquitos falando etc.: todas as citações aqui presentes foram extraídas de Kräpelin, *Psychiatrie*, v. III, pp. 673-4.

pp. 409 ss. Num importante ensaio publicado em *Paideuma*, v. 4, sob o título "Bhrigu no além", Hermann Lommel fornece um resumo dessa viagem contida no Shatapatha-Brahmana, resumo este que utilizei acima. Lommel coletou todos os casos semelhantes da literatura indiana antiga, reuniu-os num volume complementar de *Paideuma*, v. 5, de 1952, e os relacionou com as concepções de outros povos acerca do "mundo invertido" dos mortos. Ainda que eu não o siga inteiramente também na orientação que ele deu à interpretação de seus textos indianos, uma vez que deles extraio outras conclusões, tenho para com seu trabalho uma imensa dívida de gratidão. Das citações que fiz de Lommel, excluí tudo quanto, no presente contexto, parece supérfluo a uma investigação da inversão.

p. 421. Bleek e Lloyd, *Specimens of Bushman Folklore*, Londres, 1911, "Bushman presentiments", pp. 330-9.

p. 429. O mito dos loritjas sobre os tukutitas: C. Strehlow, *Die Aranda- und Loritja-Stämme in Zentral-Australien*, II, pp. 2-3. Ver também Lévy-Bruhl, *La mythologie primitive*, Paris, 1935. Esse importante livro é extraordinariamente estimulante no tocante a muitos aspectos da metamorfose. De uma forma geral, ele se atém ao mundo mítico dos australianos e papuas, apresentando citações bastante detalhadas das melhores obras a esse respeito e deixando que o leitor tire suas próprias conclusões. Pode-se caracterizá-lo como a obra menos problemática de Lévy-Bruhl.

p. 429. "O mestre e seu discípulo": Dirr, *Kaukasische Märchen*, Jena, 1922.

p. 430. Proteu: *Odisseia*, II, 440-60.

p. 432. Histeria: Kräpelin, *Psychiatrie*, v. IV, pp. 1547-706; Bleuler, *Lehrbuch der Psychiatrie*, pp. 392-401; Kretschmer, *Über Hysterie*, 1927.

p. 433. Xamãs: Czaplicka, *Aboriginal Siberia*, 1914; Ohlmarks, *Studien zum Problem des Schamanismus*, 1939; Éliade, *Le chamanisme*, 1951; Findeisen, *Schamanentum*, 1957.

pp. 434 s. Mania e melancolia: Kräpelin, *Psychiatrie*, v. III, *Das manisch-depressive Irresein*, pp. 1183-395; Bleuler, *Lehrbuch der Psychiatrie*, pp. 330-51.

p. 436. T. G. H. Strehlow, *Aranda Traditions*, Melbourne University Press, 1947.

p. 436. O mito do peramele: Strehlow, pp. 7-10.

p. 439. O mito de Lukara: Strehlow, pp. 15-6.

p. 443. "O ancestral como a soma total da essência de vida": Strehlow, p. 17.

p. 444. O ancestral-larva de Mboringka: Strehlow, p. 12.

pp. 450 ss. As percepções enganosas do delirium tremens: Kräpelin, *Psychiatrie*, v. II, pp. 132 ss; Bleuler, *Lehrbuch der Psychiatrie*, pp. 227-8 e p. 233.

p. 458. O estalajadeiro: Kräpelin, *Einführung in die Pshychiatrische Klinik*, v. II, caso 43, pp. 157-61.

pp. 461 s. O delírio do esquizofrênico: Bleuler, *Lehrbuch der Psychiatrie*, pp. 234-5.

pp. 467 s. O burro em pele de tigre: Hertel, *Indische Märchen*, Diederichs, Jena, 1921, pp. 61-2.

p. 505. Liutprando de Cremona, *O livro da vingança*, livro VI, cap. 5.

pp. 507 s. Paralisia clássica: Kräpelin, *Einführung in die Psychiatrische Klinik, vol. li*, caso 26, pp. 93-7.

pp. 510 s. Paralisia agitada: Kräpelin, *Einführung in die Psychiatrische Klinik*, caso 28, pp. 101-2.

pp. 516 ss. *Geschichte Afrikas*, Colônia, 1952, obra de D. Westermann que contém um material verdadeiramente enorme, foi fartamente utilizada aqui para consulta.

p. 516. Morte e eleição de um novo rei no Gabão: Du Chaillu, *Explorations and Adventures in Equatorial Africa*, 1861, pp. 18-20.

p. 519. O rei de Jukun: Meek, *A Sudanese Kingdom*. Londres: Kegan Paul, 1931, pp. 120-77 e 332-53. Referência bastante sucinta em Westermann, pp. 149-50.

p. 522. Características dos reis africanos: Westermann, pp. 34-43.

pp. 523 s. Imitação dos reis. Monomotapa: Westermann, pp. 413-4; Etiópia Diodoro, III, 7, Estrabão, XVII, 2, 3; Darfur: *Travels of an Arab Merchanl in Soudan*, Londres, 1854, p. -18; Uganda, Boni e China: Frazer, *The Dying God*, pp. 39-40.

p. 418. O próprio rei determina a extensão de seu governo: Monteil, *Les bambara du Ségou*, Paris, 1924, p. 305.

p. 526. Eleição e espancamento de um rei entre os iorubas: Westermann, p. 40; em Serra Leoa: id., p. 41.

p. 527. Ausência de leis após a morte do rei. Entre os mosis de Wagadugu: Westermann, p. 185; em Ashanti: id., p. 222; em Uganda: Roscoe, *The Baganda*, Londres, 1911, pp. 103-4.

p. 527. Os estados himas tiveram origem em função da conquista de territórios na região onde hoje é Uganda e na região ao sul desse país. Pastores guerreiros de origem hamítica, chamados himas, vieram do Norte e subjugaram os negros que ali cuidavam da agricultura, transformando-os em servos. Seus reinos estão entre os mais interessantes da África, caracterizando-se por uma rígida divisão em castas entre senhores e escravos.

pp. 527 s. A sucessão em Ankole: Oberg, "The Kingdom of Ankole in Uganda", em *African Political Systems*, org. Fortes e Evans-Pritchard, Oxford University Press, 1954, pp. 121-62. Sobre a sucessão, ver pp. 157-61. Menos conciso, mais antigo, mas digno de ser lido, é o livro de Roscoe, *The Banyankole*, Cambridge, 1923. Sobre o Estado hima meridional, Ruanda, tem-se um excelente trabalho: Maquet, "The Kingdom of Ruanda", em *African Worlds*, org. Daryll Forde, pp. 164-89.

pp. 529 s. O sacrifício de um jovem príncipe por ocasião da coroação do rei de Kitara: Roscoe, *The Bakitara*, Cambridge, 1923, pp. 129-30.

p. 530. O arco do rei de Kitara: Roscoe, *Bakitara*, pp. 133-4. "Atiro nas nações": Roscoe, id., p. 134.

p. 530. Uganda, tambores: Roscoe, *The Baganda*, p. 188.

pp. 530 s. "Viverei mais do que meus antepassados": Roscoe, *The Baganda*, p. 194. Captura de dois transeuntes: Roscoe, id., p. 197. Bode expiatório e vigilante: Roscoe, id., p. 200.

p. 531. O par de vítimas: uma é morta, a outra indultada, Roscoe, p. 210.

p. 532. "És agora Ata": Westermann, *Geschichte Afrikas*, p. 39.

p. 532. O rei de Uganda come sozinho, como um leão: Roscoe, *The Baganda*, p. 207. p.

p. 533. O cozinheiro alimenta o rei de Kitara: Roscoe, *The Bakitara*, p. 103.

p. 533. Justiça sumária: Roscoe, *Bakitara*, pp. 61 e 63.

p. 534. A viagem do árabe Ibn Batuta pela Índia e pela China, adapt. H. v. Mžik, 1911. — Ibn Batuta, *Travels in Asia and Africa* 1325-1354, trad. e sel. H. A. R. Gibb. Londres: Routledge, 1929. As citações foram extraídas dessa edição inglesa.

pp. 534 s. A história de Ziau-d din Barani encontra-se no v. III de Elliot e Dowson, *The History of India as Told by its Own Historians*, 1867-77. Foi também publicada separadamente sob o título *Later Kings of Delhi*, pela editora S. Gupta de Calcutá. As pp. 159-92 tratam de Muhammad Tughlak.

p. 548. Como exemplo de um defensor moderno do sultão pode-se citar o historiador indiano Ishwari Prasad, *L'Inde du VIIᵉ au XVIᵉ siècle* (coleção Histoire du Monde), Paris, 1930, pp. 270-300. Prasad caracteriza-o como um "desafortunado idealista", "indubitavelmente o homem mais capaz da Idade Média".

pp. 548 ss. Dr. jur. Daniel Paul Schreber, *Denkwürdigkeiten eines Nervenkranken*, Leipzig, 1903.*

---

* Em tradução brasileira de Marilene Carone, *Memórias de um doente de nervos*, Rio de Janeiro, Graal, 1984. (N. T.)

BIBLIOGRAFIA

Impossível seria fornecer aqui uma enumeração completa dos livros que, no curso dos anos, influenciaram na escritura desta obra. A escolha da bibliografia que se segue orientou-se segundo três pontos de vista. Primeiramente, encontram-se enumeradas todas aquelas obras das quais foram extraídas citações. Em segundo lugar, registram-se abaixo os livros que foram decisivos na formação do pensamento do autor, aqueles sem os quais ele teria sido privado de determinados conhecimentos. São, em sua maioria, fontes das mais diversas naturezas: míticas, religiosas, históricas, folclóricas, biográficas e psiquiátricas. Dentre estas encontram-se, evidentemente, muitas obras pertencentes ao grupo anterior. Em terceiro lugar, mencionam-se ainda algumas obras mais recentes, as quais oferecem um bom panorama sobre culturas estrangeiras e poderiam ser tão úteis ao leitor quanto o foram para o autor.

ALBERT VON AACHEN. *Geschichte des ersten Kreuzzugs.* Trad. H. Hefele. 2 v. Jena, 1923.

AMMIANUS MARCELLINUS. 3 v. Londres: Loeb Classical Library, 1950.

APPIAN. *Roman history.* 4 v. Londres: Loeb Classical Library, 1933.

ARABSHAH, Ahmed Ibn. *Tamerlane.* Trad. Sanders. Londres, 1936.

BAUMANN, H., Thurnwald, R., e Westermann, D. *Völkerkunde von Afrika.* Essen, 1940.

BENEDICT, Ruth. *Patterns of Culture.* Boston, 1934.

____. *Deutsch als Urformen der Kultur.* Hamburgo, 1955.

BERNIER, F. *Travels in the Moghul Empire 1656-1668.* Londres, 1914.

BEZOLD, F. v. *Zur Geschichte des Hussitentums.* Munique, 1874.

BLAND e BACKHOUSE. *China under the Empress Dowager.* Boston, 1914.

BLEEK e LLOYD. *Specimens of Bushman Folklore.* Londres, 1911.

BLEULER, E. *Lehrbuch der Psychiatrie.* Berlim, 1930.

BOAS, F. *Kutenai Tales.* Washington, 1918.

BOUVAT, L. *L'Empire Mongol (2ème phase).* Paris, 1927.

BRANDT, O. H. *Die Limburger Chronik.* Jena, 1922.

____. *Der große Bauernkrieg.* Jena, 1925.

BROWNE, E. G. *A literary history of Persia.* V. I-IV. Cambridge, 1951.

BRUNEL, R. *Essai sur la confrérie religieuse des aissoua au Maroc.* Paris, 1926.

BRYANT, A. *Olden Times in Zululand and Natal.* Londres, 1929.

605

BÜCHER, K. *Arbeit und Rhythmus*. Leipzig, 1909.

BÜHLER, G. *The Laws of Manu*. Oxford, 1886.

BURCKHARDT, Jacob. *Griechische Kulturgeschichte*. V. I-IV.

———. *Die Kultur der Renaissance in Italien*. [*A cultura do Renascimento na Itália*].

———. *Die Zeit Konstantins des Großen*.

———. *Weltgeschichtliche Betrachtungen*.

BURTON, A. W. *Sparks from the Border Anvil*. King Williams' Town, 1950.

BURTON, Richard. *A Mission to Gelele, King of Dahomey*. Londres, 1864.

BURY, J. B. *History of the Later Roman Empire*. 2 v. Nova edição. Nova York, 1958.

CABEZA DE VACA. *Naufragios y comentarios*. Buenos Aires, 1945.

CALLAWAY, H. *The Religious System of the Amazulu*. Natal, 1870.

CALMEIL, L. F. *De la folie*. 2 v. Paris, 1845.

CARCOPINO, J. *Daily Life in Ancient Rome*. Londres, 1941.

CARTWRIGHT, Peter. *The Backwoods Preacher. An Autobiography*. Londres, 1858.

CASALIS, E. *Les bassoutos*. Paris, 1860.

CASARIUS VON HEISTERBACH. *The dialogue on miracles*. 2 v. Londres, 1929.

CATLIN, George. *The North American Indians*. 2 v. Edimburgo, 1926.

CHADWICK, N. K. *Poetry and Prophecy*. Cambridge, 1942.

CHAMBERLAIN, B. H. *Things Japanese*. Londres, 1902.

CHANTEPIE DE LA SAUSSAYE. *Lehrbuch der Religionsgeschichte*. 2 v. 4. ed. Tubingen, 1925.

CIEZA DE LEÓN. *Crónica del Perú*. Buenos Aires, 1945.

CODRINGTON, R. H. *The Melanesians*. Oxford, 1891.

COHN, Norman. *The Pursuit of the Millenium*. Londres, 1957.

COMMYNES, Ph. de. *Mémoires*. V. I-III. Paris, 1925.

CONSTANTINO VII. *Porphyrogénète, Le Livre des Cérémonies*, Trad. de A. Vogt. V. I e II. Paris, 1935-9.

CONTENAU, G. *La divination chez les assyriens et les babyloniens*. Paris, 1940.

CORTES, Hernando. *Five Letters 1519 to 1526*. Trad. Morris. Londres, 1928.

COXWELL, C. F. *Siberian and Other Folk-tales*. Londres, 1925.

CROOKE, W. *Things Indian*. Londres, 1906.

CUISINIER, Jeanne. *Sumangat. L'Âme et son culte en Indochine et Indonésie*. Paris, 1951.

CUMONT, Franz. *The Mysteries of Mithra*. Nova York, 1956.

———. *Oriental Religions in Roman Paganism*. Nova York, 1956.

CUNHA, Euclides da. *Rebellion in the Backlands* [*Os sertões*]. Trad. Putnam. Chicago, 1944.

CURZON, Robert. Visits *to Monasteries in the Levant*. Londres, 1850.

CZAPLICKA, M. A. *Aboriginal Siberia*. Oxford, 1914.

DALZEL, A. *The History of Dahomey*. Londres, 1793.

DARMESTETER, J. *The Zend-Avesta*. Parte II. Oxford, 1883.

DAVENPORT, F. N. *Primitive Traits in Religious Revivals*. Nova York, 1905.

DECARY, R. *Moeurs et coutumes des malgacbes*. Paris, 1951.

DECEMBRIO, Pier Candido. *Leben des Filippo Maria Visconti*. Trad. Funk. Jena, 1913.

DEPONT e COPPOLANI. *Les confréries religieuses musulmanes*. Algers, 1897.

DHORME, Éd. *Les religions de Babylonie et d'Assyrie Mana*. V. I, II, Paris, 1945.

DÍAZ, Bernal. *Historia verdadeira de la conquista de Nueva España*. Cidade do México, 1950.

DION, Cassius. *Roman History*. 9 v. Londres: Loeb Classical Library, 1955.

DIRR, A. *Kaukasische Märchen*. Jena, 1922.

DONALDSON, D. M. *The Shiite Religion*. Londres, 1933.

DORNAN. *Pygmies and Bushmen of the Kalabari*. Londres, 1925.

DOUGLAS, Mary. "The Lele of Kasai". In: *African Worlds*. Org. Daryll Forde. Oxford, 1954.

DUBOIS, Abbé. *Hindu Manners, Customs and Ceremonies*. Oxford, 1906.

DU CHAILLU. *Explorations and Adventures in Equatorial Africa*. Londres, 1861.

DU JARRIC. *Akbar and the Jesuits*. Trad. Payne. Londres, 1926.

DUMÉZIL, Georges. *Mitra — Varuna*. Paris, 1948.

_____. *Mytbes et dieux des germains*. Paris, 1939.

DUPEYRAT, André. *Jours de fête cbez les papous*. Paris, 1954.

EISLER, R. *Man into wolf*. Londres, 1951.

ÉLIADE, M. *Le chamanisme*. Paris, 1951.

_____. *Traité d'histoire des religions*. Paris, 1953.

ELKIN, A. P. "Studies in Australian Totemism". In: *Oceania Monograpbs* n. 2. Sydney, 1933.

_____. *The Australian aborigines*. Sydney, 1943.

ELLIOT e DOWSON. *The History of India as Told by its Own Historians*. 8 v. Londres, 1867-77.

ELLIS, A. B. the *Ewe-speaking Peoples of the Slave Coast of West Africa*. Londres, 1890.

ERMAN, Ad. *Ägypten und ägyptiscbes Leben im Altertum*. Tubingen, 1885.

_____. *Die agyptiscbe Religion*. Berlim, 1909.

_____. *Die Literatur der Ägypter*. Leipzig, 1923.

EVANS-PRITCHARD. *Witchcraft, Oracles and Magic Among the Azande*. Oxford, 1937.

FÉLICE, Philippe de. *Foules en délire. Extases collectives*. Paris, 1947.

FINDEISEN, H. *Schamanentum*. Stuttgart, 1957.

FISON, Lorimer. *Tales from Old Fiji*. Londres, 1904.

FLORENZ, Karl. *Geschichte der japanischen Literatur*. Leipzig, 1909.

FORDE, Daryll C. *Habitat, Economy and Society*. Londres, 1950.

_____. org. *African Worlds*. Londres, 1954.

FORTES e EVANS-PRITCHARD. *African Political Systems*. Oxford, 1940.

FORTUNE, R. G. *Sorcerers of Dobu.* Londres, 1932.

FOX, George. *The Journal.* Cambridge, 1952.

FRANKE, O. *Studien zur Geschichte der konfuzianischen Dogmas und der chinesischen Staatsreligion.* Hamburgo, 1920.

FRANKE, O. *Geschichte des chinesischen Reiches.* 5 v. Berlim, 1930-52.

FRANKFURT, Henri. *Kingship and the Gods.* Chicago, 1948.

FRAZER, J. G. *The Golden Bough.* V. I-IX. Londres, 1913 ss.

———. *The Fear of the Dead in Primitive Relgion.* V. I, II e tit. Londres, 1933-6.

———. *The Belief in Immortality and the Worship of the Dead.* V. I-II. Londres, 1913-24.

FRIEDLÄNDER, L. *Darstellungen aus der Sittengeschichte Roms.* V. I-IV. Leipzig, 1922.

FROBENIUS, Leo. *Atlantis, Volksmärchen und Volksdichtungen Afrikas.* V. I-XII. Jena, 1921-8.

———. *Kulturgeschichte Afrikas.* Viena, 1933.

FUNG YU-LAN. *A history of Chinese Philosophy.* V. I-II. Princeton, 1952-3.

FYNN. *The Diary of Henry Francis Fynn.* Pietermaritzburg, 1950.

GARCILASO DE LA VEGA. *Comentarios reales.* Buenos Aires, 1942.

GAUDEFROY-DEMOMBYNES, M. *Le pèlerinage à la Mekke.* Paris, 1923.

———. *Les institutions musulmanes.* Paris, 1921.

GESELL, A. *Wolf Child and Human Child.* Londres, 1941.

GOBINEAU. *Religions et philosophies dans l'Asie Centrale.* 1865. Nova edição. Paris, 1957.

GOEJE, De. *Mémoire sur les carmathes du Bahrein.* Leiden, 1886.

GOLDENWEISER, A. *Anthropology.* Nova York, 1946.

GOLDZIHER, J. *Vorlesungen über den Islam.* Heidelberg, 1910.

GORION, Bin. *Die Sagen der Juden* (sobretudo "I — Von der Urzeit"). Frankfurt, 1919.

GRANET, M. *La civilisation chinoise.* Paris, 1929.

———. *La pensée chinoise.* Paris, 1934.

GRASS, K. *Die russischen Sekten.* 2 v. Leipzig, 1907 e 1914.

———. *Die geheime heilige Schrift der Skopzen.* Leipzig, 1904.

GREGOR VON TOURS. *Zehn Bücher Fränkischer Geschichte.* Trad. Giesebrecht. Berlim, 1851.

GRENIER, A. *Les religions étrusque et romaine. Mana.* V. 2, ni. Paris, *1948.*

GREY, G. *Polynesian Mythology.* Londres, 1855.

GROUSSET, R. *L'Empire des steppes.* Paris, 1939.

———. *L'Empire mongol* (1ère *phase*). Paris, 1941.

GRUBE, W. *Religion und Kultus der Chinesen.* Leipzig, 1910.

GRUNEBAUM, Von. *Muhammadan Festivals.* Londres, *1958.*

GUILLAUME, A. *The Life of Muhammad. A Translation of Ibn Isbaq's Sirat Rasul Allab.* Oxford, *1955.*

GUYARD, St. *Un grand maître des assassins au temps de Saladin.* Paris, 1877.

HAENISCH, Erich. *Die geheime Geschichte der Mongolen.* Leipzig, 1948.

HAMBLY, W. D. *Tribal Dancing and Social Development.* Londres, 1946.

HANDY, E. S. C. *Polynesian religion.* Honolulu, 1927.

HARRIS, Sarah. *The Incredible Father Divine.* Londres, 1954.

HECKER, J. C. F. *Die großen Volkskrankheiten des Mittelalters.* 1865.

HEFELE, H. *Alfonso I und Ferrante I von Neapel. Schriften von Caracciolo, Beccadelli und Porzio.* Jena, 1912.

HEPDING, Hugo. *Attis, seine Mythen und sein Kult.* Giessen, 1903.

HERODIAN. *Geschichte des römischen Kaisertums seit Mark Aurel.* Trad alemã Adolf Stahr.

HERODOT. *Neun Bücher der Geschichte.* 2 v. Munique, 1911.

HERSKOVITS, M. J. *Dahomey, an Ancient West African Kingdom.* 2 v. Nova York, 1938.

HERTEL, Joh. *Indische Märchen.* Jena, 1921.

Histoire anonyme de la Première Croisade. Trad. L. Bréhier. Paris, 1924.

Historiae augustae scriptores. 3 v. Londres, Loeb Classical Library, 1930.

HITTI, Ph. K. *History of the Arabs.* Londres, 1951.

HODGSON, M. G. S. *The Order of Assassins.* Haag, 1955.

HÖFLER, O. *Kultische Geheimbünde der Germanen.* Frankfurt, 1939.

HOFMAYR, W. *Die Schilluk.* Modling, 1925.

HUIZINGA, J. *Herbst des Mittelalters.* Munique, 1931.

———. *Homo Ludens.* Hamburgo, 1956.

HUMBOLDT, A. V. *Reise in die Äquinoctial-Gegenden des neuen Continents.* Stuttgart, 1861.

HUTTON, J. H. *Caste in India.* Cambridge, *1946.*

IBN BATUTA. *Die Reise des Arabers. Ibn Batuta durch Indien und China.* Adapt. H. v. Mžik. Hamburgo, 1911.

———. *Travels in Asia and Africa 1325-1354.* Trad. e sel. Gibb. Londres, 1939.

IBN ISHAQ. *The Life of Muhammad.* Trad. G. Guillaume. Oxford, 1955.

IBN JUBAYR. *The Travels of I. fub.* Trad. Broadhurst. Londres, 1952.

IDELER, K. W. *Versuch einer Theorie des religiösen Wahnsinns.* 1ª parte. Halle, 1848.

JAMES, William. *The Varieties of Religious Experience.* Londres, 1911.

JEANMAIRE, H. *Dionysos. Historie du culte de Bacchus.* Paris, 1951.

JEANNE DES ANGES. *Soeur: autobiographie d'une hystérique possédée.* Paris, 1886.

JENSEN, Ad. E. *Hainuwele. Volkserzählungen von der Molukken-Insel Ceram.* Frankfurt, 1939.

———. *Mythus und Kult bei Naturvölkern.* Wiesbaden, 1951.

JESPERSEN, O. *Language, its Nature, Development and Origin.* Londres, *1949.*

JEZOWER, J. *Das Buch der Träume*. Berlim, 1928.

JOSEPHUS, Flavius. *Geschichte des jüdischen Krieges*. Trad. Clementz. Viena, 1923.

_____. *The Jewish War*. Trad. Williamson. Londres, Penguin Ciassics, 1959.

JOSET, P. E. *Les sociétés secrètes des hommes léopards en Afrique noire*. Paris, 1955.

JUNOD, H. A. *The Life of a South African Tribe*. 2 v. Londres, 1927.

JUVAINI. *The History of the World Conqueror*. Trad. do persa J. A. Boyle. 2 v. Manchester, 1958.

KALEWALA. *Das National-Epos der Finnen*. Trad. Schiefner. Munique, 1922.

KARSTEN, R. *Blood Revenge, War, and Victory Feasts Among the Jibaro Indians of Eastern Ecuador*. Washington, 1922.

KAUTILYA. *Arthasbastra*. Trad. R. Shamasastry. Mysore, 1929.

KOCH-GRÜNBERG, Th., *Vom Roroima zum Orinoco*. V. I-V. Stuttgart, 1917-28.

_____. *Zwei Jabre unter den Indianern Nordwest-Brasiliens*. Stuttgart, 1923.

_____. *Indianermärchen aus Südamerika*. Jena, 1921.

KOMROFF, M. *Contemporaries of Marco Polo*. Londres, 1928.

KRÄPELIN, E. *Psychiatrie*. v. I-IV. 8. ed. Leipzig, 1910-5.

_____. *Einführung in die psychiatrische Klinik*. v. II e III. Leipzig, 1921.

KREMER, A. v. *Culturgeschichte des Orients unter den Chalifen*. 2 v. Viena, 1875.

KRETSCHMER, E. *Über Hysterie*. Leipzig, 1927.

_____. *Der sensitive Beziehungswahn*. Berlim, 1918.

KRICKEBERG, W. *Indianermärchen aus Nordamerika*. Jena, 1924.

_____. *Märchen der Azteken und Inkaperuaner, Maya und Muisca*. Jena, 1928.

KROPF, A. *Das Volk der Xosa-Kaffern*. Berlim, 1889.

_____. "Die Lügenpropheten des Kaffernlandes". In *Neue Missionsschriften*. 2. ed. n. 11. Berlim, 1891.

KUHN, F. *Altchinesische Staatsweisheit*. Zurique, 1954.

KUNIKE, H. *Aztekische Märchen nach dem Spanischen des Sahagun*. Berlim, 1922.

LANDA, Fr. D. de. *Relación de las cosas de Yucatán*. Paris, 1864.

LANDAUER, Gustav. *Briefe aus der Französischen Revolution*. 2 v. Frankfurt, 1919.

LANDTMAN, G. *The Origins of the Inequality of the Social Classes*. Londres, 1938.

LANE, E. W. *Manners and Customs of the Modern Egyptians*. Londres, 1895.

LANE-POOLE, St. *A History of Egypt in the Middle Ages*. Londres, 1901.

O'LEARY, De Lacy. *A Short History of the Fatimid Khalifate*. Londres, 1923.

LEENHARDT, M. *Gens de la Grande Terre. — Nouvelle Calédonie*. Paris, 1937.

LEFEBURE, G. *La Grande Peur de 1789*. Paris, 1932.

_____. *La Révolution Française*. Paris, 1957.

_____. *Études sur la Révolution Française*. Paris, 1954.

LEGGE, J. *The Sacred Books of China*. "Part I: The Shu-king". Oxford, 1899.

LE HÉRISSÉ, A. *L'Ancien royaume du Dahomey*. Paris, 1911.

LEIRIS, Michel. *La possession et ses aspects théâtraux chez les éthiopiens de Gondar.* Paris, 1958.

LÉRY, Jean de. *Le voyage au Brésil 1556-1558.* Paris, 1927 [Viagem à terra do Brasil. Belo Horizonte / São Paulo, Itatiaia / Edusp, 1980].

LÉVY-BRUHL, L. *La mythologie primitive.* Paris, 1935.

LEWIS, B. *The Origins of Ismailism.* Cambridge, 1940.

LINDNER, K. *Die fagd der Vorzeit.* Berlim, 1937.

LIUTPRANDO DE CREMONA. *Das Buch der Vergeltung.* Berlim, 1853.

LÍVIO, Tito. *Römische Geschichte.*

LÖFFLER, Kl. *Die Wiedertäufer in Münster.* Jena, 1923.

LÖMMEL, H. *Bhrigu im Jenseits, Paideuma 4.* Bamberg, 1950. Complemento: *Paideuma 5.* Bamberg, 1952.

LOT-FALCK, É. *Les rites de chasse chez les peuples sibériens.* Paris, 1953.

LOWIE, R. H. *Primitive Society.* Londres, 1920.

———. *Primitive Religion.* Londres, 1924.

LUDWIG N. VON BAYERN. *Tagebuch-Aufzeichnungen.* Liechtenstein, 1925.

LUKIAN. *Göttergespräche.* V. II das *Obras completas.* Munique, 1911.

———. *Von der Syrischen Gottin.* V. IV das *Obras completas.* Trad. Wieland. Munique, 1911.

MACDONELL, A. A. "Hymns from the Rigveda". In: *The Heritage of India series.* Calcutá.

MACHIAVELLI, Niccolò. *Gesammelte Schriften.* 5 v. Munique, 1925.

MALINOVSKI, Br. *Magic, Science and Religion.* Nova York, 1955.

MAQUET, J. J. "The Kingdom of Ruanda". In *African Worlds.* Org. Daryll Forde. Londres, 1954.

MARCO POLO. *The Travels of M. P.* Londres, 1939.

MASON, J. A. *The Ancient Civilisations of Peru.* Londres, 1957.

MASPÉRO, Georges. *Au temps de Ramsès et d'Assourbanipal.* Paris, 1927.

MASPÉRO, Henri. *La Chine antique.* Paris, 1955.

———. *Les religions chinoises.* Paris, 1950.

MAS'UDI. *Les prairies d'or.* Texto e trad. Barbier de Meynard e Pavet de Courteille. 9 v. Paris, 1861-77.

MATHIEU, P. F. *Histoire des miraculés et convulsionnaires de Saint-Médard.* Paris, 1864.

MATHIEZ, A. *La Révolution Française.* V. I-III Paris, 1922-7.

MEEK, C. K. *A Sudanese Kingdom.* Londres, 1931.

MEIER, Jos. *Mythen und Erzählungen der Küstenbewohner der Gazelle-Halbinsel (Neupommern).* Munster, 1909.

MISSION, Maximilien. *Le théâtre sacré des Cévennes.* Londres, 1707.

MOONEY, J. *The Ghost-dance Religion.* Washington, 1896.

NADEL, S. F. *A Black Byzantium. The Kingdom of Nupe in Nigeria.* Londres, 1946.

NIHONGI. *Chronicles of Japan.* Trad. W. G. Aston, Londres, 1956.

OBERG, K. "The kingdom of Ankole in Uganda". In: *African Political Systems.* Org. Fortes e Evans-Pritchard. Oxford, 1940.

OHLMARKS, A. *Studien zum Problem des Schamanismus.* Lund, 1939.

D'OHSSON, C. *Histoire des mongols.* 4 v. Haag, 1834-5.

OLDENBERG, H. *Die Religion des Veda.* Stuttgart, 1917.

OLMSTEAD, A. T. *History of the Persian Empire.* Chicago, 1948.

PALLOTTINO, M. *The Etruscans.* Londres, 1955.

PAN-KU. *The History of the Former Han-dynasty.* Trad. Homer H. Dubs. Vols. I-III, 1938-55.

PARIS, Matthew. *Chronicles.* 5 v. Londres, 1851.

PELLAT, Ch. *Le livre de la Couronne, attribué a Ǧabiz.* Paris, 1954.

PELLIOT, P. *Histoire secrète des mongols.* Paris, 1949.

PLUTARCH. *Lebensbeschreibungen.* 6 v. Munique, 1913.

POLACK, J. S. *New Zealand, a Narrative of Travels and Adventure.* 2 v. Londres, 1838.

POLYBIUS. *The Histories.* 6 v. Londres, Loeb Classical Library, 1954.

PORZIO, C. "Die Verschwörung der Barone des Königreichs Neapel gegen Ferrante t". In Hefele, *Alfonso I. und Ferrante I. von Neapel.* Jena, 1912.

PRASAD, Ishwari. *L'Inde du VIIe au XVIe siècle.* Paris, 1930.

PREUSS, K. Th. *Religion und Mytbologie der Uitoto.* 2 v. Gottingen, 1921.

PRITCHARD, J. B. *The Ancient Near East. An Anthology of Text and Pictures.* Princeton, *1958.*

PROCOPIUS. *History of the Wars.* 5 v. *The Anecdota or Secret History.* V. I. Londres: Loeb Classical Library, 1954.

PSELLOS, Michael. *Chronographie ou histoire d'un siecle de Byzance (976-1077)* Trad. Renauld. 2 v. Paris, 1926.

PUECH, H. *Le manichéisme.* Paris, 1949.

RADIN, P. *Primitive man as a Philosopher.* Nova York, 1927.

_____. *Primitive Religion.* Nova York, 1937.

_____. *The Trickster.* Londres, 1956.

RADLOFF, W. *Aus Sibirien.* 2 v. Leipzig, 1884.

RAMBAUD, A. "Le sport et L'Hippodrome à Constantinople. 1871 In: *Études sur l'histoire byzantine.* Paris, 1912.

RAPAPORT, J. *Introduction à la psychopathologie collective. La secte mystique des skoptzy.* Paris, 1948.

RASMUSSEN, Knud. *Rasmussens Thulefahrt.* Frankfurt, 1926.

RATTRAY, R. S. *Ashanti.* Oxford, 1923.

_____. *Religion and Art in Ashanti.* Oxford, 1927.

RECINOS, A., GOETZ, D., e MORLEY, S. G. Popol *Vub. The Sacred Book of the Ancient Quiché Maya.* Londres, 1951.

RITTER, E. A. *Shaka Zulu*. Londres, 1955.

ROEDER, G. *Urkunden zur Religion des alten Ägypten*. Jena, 1915.

ROSCOE, J. *The Baganda*. Londres, 1911.

——. *The Bakitara*. Cambridge, 1923.

——. *The Banyankole*. Cambridge, 1923.

ROTH, W. E. *An Inquiry into the Animism and Folklore of the Guiana-Indians*. Washington, 1915.

RUNCIMAN, St. the *Medieval Manichee*. Cambridge, 1947.

RÜSCH, E. *Die Revolution von Saint Domingue*. Hamburgo, 1930.

SACY, S. de. *Exposé de la religion des druses*. 2 v. Paris, 1836.

SAHAGÚN, Bern de. *Historia general de las cosas de Nueva Espana*. 5 v. Cidade do México, 1938.

——. *Einige Kapitel aus dem Geschichtswerk des Fray Bernardino de Sahagún*. Trad. Eduard Seler. Stuttgart, 1927.

SALIMBENE DE PARMA. *Die Chronik des S. v. P.* Ed. A. Doren. 2 v. Leipzig, 1914.

SANSOM, G. *Japan. A Short Cultural History*. Londres, 1936.

SCHLOSSER, Katesa. *Propheten in Afrika*. Braunschweig, 1949.

SCHMIDT, K. *Histoire et doctrine de la secte des cathares ou albigeois*. 2 v. Paris, 1848-9.

SCHNITZER, J. *Hieronymus Savonarola. Auswahl aus seinen Predigten und Schriften*. Jena, 1928.

SCHREBER, Daniel Paul. *Denkwürdigkeiten eines Nervenkranken*. Leipzig, 1903. [*Memórias de um doente de nervos*. Rio de Janeiro: Graal, 1984.1

SELIGMAN, C. G. e B. C. *The Veddas*. Cambridge, 1911.

SÉNART, É. *Caste in India*. Trad. E. Denison Ross. Londres, 1930.

SEWELL. *A Forgotten Empire* (*Vijayanagar*). Londres, 1900.

SHAPERA, J. *The Khoisan Peoples of South Africa*. Londres, 1930.

——. org. the *Bantu-speaking Tribes of South Africa*. Londres, 1937.

SIGHELE, Sc. *La foule criminelle*. Paris, 1901.

SINGH, T. A. L., e ZINGG, R. *M. Wolf Children and Feral Man*. Denver, 1943.

SJOESTEDT, M. L. *Dieux et héros des celtes*. Paris, 1940.

SMITH, E. W., e DALE, A. M. *The Ila-speaking Peoples of Northern Rhodesia*. 2 v. Londres, 1920.

SMITH, V. A. *The Oxford History of India*. Oxford, 1923.

SPENCER, B., e GILLEN, F. J. *The Arunta*, Londres, 1927.

——. *The Northern Tribes of Central Australia*. Londres, 1904.

SPRENGER e INSTITORIS. *Der Hexenhammer.* Trad. Schmidt. Berlim, 1923.

STÄHLIN, K. *Der Briefechsel Iwans des Schrecklichen mit dem Fürsten Kurbsky* (1564-1579). Leipzig, 1921.

STANLEY, A. P. *Sinai and Palestine*. Londres, 1864.

STEINEN, K. von den. *Unter den Naturvölkern Zentral-Brasiliens*. Berlim, 1894.

STIRLING, M. W. *Historical and ethnographical material on the Jivaro Indians.* Washington, 1938.

STOLL, O. *Suggestion und Hypnotismus in der Völkerpsychologie.* Leipzig, 1904.

STREHLOW, C. *Die Aranda- und Loritja-Stämme in Zentral-Australien.* V. I-III. Frankfurt, 1908-10.

STREHLOW, T. G. H. *Aranda Traditions.* Melbourne, 1947.

SUETON. *Die Zwölf Cusaren.* Trad. A. Stahr. Munique, 1912.

TABARI. *Chronique de Tabari.* Trad. H. Zotenberg. 4 v. Paris, 1867-79.

TACITUS. *Annalen und Historien.* Trad. Bahrdt. 2 v. Munique, 1918.

TALBOT, P. A. *In the Shadow of the Bush.* Londres, 1912.

TAVERNIER, J. B. *Travels in India.* 2 v. Londres, 1925.

TERTULLIAN. *De Spectaculis.* Londres: Loeb Classical Library, 1931.

THEAL, G. McCall. *History of South Africa from 1795-1872* (sobretudo vol. III). Londres, 1927.

THUKYDIDES. *Geschichte des Peloponnesischen Krieges.* Trad. alemã Von Heilmann. 2 v. Munique, 1912.

THURNWALD, R. *Repräsentative Lebensbilder von Naturvölkern.* Berlim, 1931.

TITAYNA. *La caravane des morts.* Paris, 1930.

TREMEARNE, A. J. N. *The Ban of the Bori.* Londres, 1914.

TRILLES, R. P. *Les pygmées de la forêt équatoriale.* Paris, 1931.

TROTTER, W. *The Instincts of the Herd in Peace and War.* Londres, 1919.

TURI. Johann. *Das Buch des Lappen Johann Turi.* Frankfurt, 1912.

TURNER, G. *Samoa.* Londres, 1884.

TYLOR, E. B. *Primitive Culture.* Londres, 1924.

UNGNAD, A. *Die Religionen der Babylonier und Assyrer.* Jena, 1921.

VAILLANT, G. C. *The Aztecs of Mexico.* Londres, 1950.

VEDDER, H. *Die Bergdama.* 2 v. Hamburgo, 1923.

VENDRYÈS, J., TONNELAT, É., e UNBEGAUN, B. O. *Les religions des celtes, de germains e des anciens slaves. Mana.* V. 2, III, Paris, 1948.

VIROLLEAUD, Ch. *Le théâtre persan ou le drame de Kerbéla.* Paris, 1950.

VOLHARDT, E. *Kannibalismus.* Stuttgart, 1939.

WALEY, Arthur. *The Travels of an Alchemist.* Londres, 1931.

———. *The Book of Songs.* Londres, 1937.

———. *The analects of Confucius.* Londres, 1938.

———. *Three Ways of Thought in Ancient China.* Londres, 1939.

———. *The Real Tripitaka.* Londres, 1952.

WALISZEWSKI, K. *Ivan le Terrible.* Paris, 1904.

———. *Peter the Great.* Londres, 1898.

WARNECK, Joh. *Die Religion der Batak.* Göttingen, 1909.

WARNER, W. Ll. *A Black Civilisation*. Nova York, 1958.

WEEKS, J. H. *Among Congo Cannibals*. Londres, 1913.

WEIL, Gustav. *Geschichte der Chalifen*. V. I-III. Mannheim, 1846-51.

Wendische Sagen. Org. Fr. Sieber. Jena, 1925.

WESLEY, John. *The Journal*. Londres, 1836.

WESTERMANN, D. *The Shilluk People*. Berlim, 1912.

———. *Die Kapelle*. Göttingen, 1921.

———. *Geschichte Afrikas*. Colônia, 1952.

WESTERMARCK, E. *Ritual and Relief in Morocco*. 2 v. Londres, 1926.

WILHELM, Richard. *Li Gi. Das Buch der Sitte*. Nova edição. 1958.

———. *Kung Futse. Gespräche*. Jena, 1923.

———. *Mong Dsi*. Jena, 1921.

———. *Frühling und Herbst des Lü Bu We*. Jena, 1928.

WILLIAMS, F. E. *Orokaiva Magic*. Londres, 1928.

———. *The Vailala Madness and the Destruction of Ceremonies*. Port Moresby, 1923.

———. "The Vailala Madness in Retrospect". In *Essays Presented to Ch. G. Seligman*. Londres, 1934.

WINTERNITZ, M. *Geschichte der Indischen Literatur*. 3 v. Leipzig, 1909-22.

WIRZ, Paul. *Die Marind-anim von Holländisch — Süd — Neu-Guinea*. v. I e II. Hamburgo, 1922 e 1925.

WLADIMIRZOV. *The Life of Chingis-Khan*. Londres, 1930.

WOLFF, O. *Geschichte der Mongolen oder Tataren, besonders ihres Vordringens nach Europa*. Breslau, 1872.

WOLFF, Ph. *Die Drusen und ihre Vorläufer*. Leipzig, 1845.

WORSLEY, P. *The Trumpet Shall Sound: a Study of "Cargo" Cults in Melanesia*. Londres, 1957.

ZUCKERMAN, S. *The Social Life of Monkeys and Apes*. Londres, 1932.

ELIAS CANETTI nasceu em 1905 em Ruschuk, na Bulgária, filho de judeus sefardins. Sua família estabeleceu-se na Inglaterra em 1911 e em Viena em 1913. Aí ele obteve, em 1929, um doutorado em química. Em 1938, fugindo do nazismo, trocou Viena por Londres e Zurique. Recebeu em 1972 o prêmio Büchner, em 1975 o prêmio Nelly-Sachs, em 1977 o prêmio Gottfried-Keller e, em 1981, o prêmio Nobel de literatura. Morreu em Zurique, em 1994.

Além da trilogia autobiográfica composta por *A língua absolvida*, *Uma luz em meu ouvido* e *O jogo dos olhos*, já foram publicados no Brasil, entre outros, seu romance *Auto de fé* e os relatos *As vozes de Marrakech*, *Festa sob as bombas* e *Sobre a morte*.

COMPANHIA DE BOLSO

Luiz Felipe de ALENCASTRO (Org.)
História da vida privada no Brasil 2 —
Império: a corte e a modernidade nacional
Jorge AMADO
Capitães da Areia
Mar morto
Carlos Drummond de ANDRADE
Sentimento do mundo
Hannah ARENDT
Homens em tempos sombrios
Origens do totalitarismo
Philippe ARIÈS, Roger CHARTIER (Orgs.)
História da vida privada 3 — Da Renascença
ao Século das Luzes
Karen ARMSTRONG
Em nome de Deus
Uma história de Deus
Jerusalém
Paul AUSTER
O caderno vermelho
Ishmael BEAH
Muito longe de casa
Jurek BECKER
Jakob, o mentiroso
Marshall BERMAN
Tudo que é sólido desmancha no ar
Jean-Claude BERNARDET
Cinema brasileiro: propostas para uma
história
Harold BLOOM
Abaixo as verdades sagradas
David Eliot BRODY, Arnold R. BRODY
As sete maiores descobertas científicas da
história
Bill BUFORD
Entre os vândalos
Jacob BURCKHARDT
A cultura do Renascimento na Itália
Peter BURKE
Cultura popular na Idade Moderna
Italo CALVINO
Os amores difíceis
O barão nas árvores
O cavaleiro inexistente
Fábulas italianas
Um general na biblioteca
Os nossos antepassados
Por que ler os clássicos
O visconde partido ao meio
Elias CANETTI
A consciência das palavras
O jogo dos olhos
A língua absolvida
Uma luz em meu ouvido
Massa e poder

Bernardo CARVALHO
Nove noites
Jorge G. CASTAÑEDA
Che Guevara: a vida em vermelho
Ruy CASTRO
Chega de saudade
Mau humor
Louis-Ferdinand CÉLINE
Viagem ao fim da noite
Sidney CHALHOUB
Visões da liberdade
Jung CHANG
Cisnes selvagens
John CHEEVER
A crônica dos Wapshot
Catherine CLÉMENT
A viagem de Théo
J. M. COETZEE
Infância
Juventude
Joseph CONRAD
Coração das trevas
Nostromo
Mia COUTO
Terra sonâmbula
Alfred W. CROSBY
Imperialismo ecológico
Robert DARNTON
O beijo de Lamourette
Charles DARWIN
A expressão das emoções no homem e nos
animais
Jean DELUMEAU
História do medo no Ocidente
Georges DUBY
Damas do século XII
História da vida privada 2 — Da Europa
feudal à Renascença (Org.)
Idade Média, idade dos homens
Mário FAUSTINO
O homem e sua hora
Meyer FRIEDMAN,
Gerald W. FRIEDLAND
As dez maiores descobertas da medicina
Jostein GAARDER
O dia do Curinga
Maya
Vita brevis
Jostein GAARDER, Victor HELLERN,
Henry NOTAKER
O livro das religiões

Fernando GABEIRA
O que é isso, companheiro?
Luiz Alfredo GARCIA-ROZA
O silêncio da chuva
Eduardo GIANNETTI
Auto-engano
Vícios privados, benefícios públicos?
Edward GIBBON
Declínio e queda do Império Romano
Carlo GINZBURG
Os andarilhos do bem
História noturna
O queijo e os vermes
Marcelo GLEISER
A dança do Universo
O fim da Terra e do Céu
Tomás Antônio GONZAGA
Cartas chilenas
Philip GOUREVITCH
Gostaríamos de informá-lo de que amanhã
seremos mortos com nossas famílias
Milton HATOUM
A cidade ilhada
Cinzas do Norte
Dois irmãos
Relato de um certo Oriente
Um solitário à espreita
Patricia HIGHSMITH
Ripley debaixo d'água
O talentoso Ripley
Eric HOBSBAWM
O novo século
Sobre história
Albert HOURANI
Uma história dos povos árabes
Henry JAMES
Os espólios de Poynton
Retrato de uma senhora
P. D. JAMES
Uma certa justiça
Ismail KADARÉ
Abril despedaçado
Franz KAFKA
O castelo
O processo
John KEEGAN
Uma história da guerra
Amyr KLINK
Cem dias entre céu e mar
Jon KRAKAUER
No ar rarefeito

Milan KUNDERA
A arte do romance
A brincadeira
A identidade
A ignorância
A insustentável leveza do ser
A lentidão
O livro do riso e do esquecimento
Risíveis amores
A valsa dos adeuses
A vida está em outro lugar
Danuza LEÃO
Na sala com Danuza
Primo LEVI
A trégua
Alan LIGHTMAN
Sonhos de Einstein
Gilles LIPOVETSKY
O império do efêmero
Claudio MAGRIS
Danúbio
Naguib MAHFOUZ
Noites das mil e uma noites
Norman MAILER (JORNALISMO LITERÁRIO)
A luta
Janet MALCOLM (JORNALISMO LITERÁRIO)
O jornalista e o assassino
A mulher calada
Javier MARÍAS
Coração tão branco
Ian McEWAN
O jardim de cimento
Sábado
Heitor MEGALE (Org.)
A demanda do Santo Graal
Evaldo Cabral de MELLO
O negócio do Brasil
O nome e o sangue
Luiz Alberto MENDES
Memórias de um sobrevivente
Gita MEHTA
O monge endinheirado, a mulher do bandido
e outras histórias de um rio indiano
Jack MILES
Deus: uma biografia
Vinicius de MORAES
Antologia poética
Livro de sonetos
Nova antologia poética
Orfeu da Conceição
Fernando MORAIS
Olga
Helena MORLEY
Minha vida de menina

Toni MORRISON
Jazz
V. S. NAIPAUL
Uma casa para o sr. Biswas
Friedrich NIETZSCHE
Além do bem e do mal
O Anticristo
Aurora
O caso Wagner
Crepúsculo dos ídolos
Ecce homo
A gaia ciência
Genealogia da moral
Humano, demasiado humano
Humano, demasiado humano, vol. II
O nascimento da tragédia
Adauto NOVAES (Org.)
Ética
Os sentidos da paixão
Michael ONDAATJE
O paciente inglês
Malika OUFKIR, Michèle FITOUSSI
Eu, Malika Oufkir, prisioneira do rei
Amós OZ
A caixa-preta
O mesmo mar
José Paulo PAES (Org.)
Poesia erótica em tradução
Orhan PAMUK
Meu nome é Vermelho
Georges PEREC
A vida: modo de usar
Michelle PERROT (Org.)
*História da vida privada 4 — Da Revolução
Francesa à Primeira Guerra*
Fernando PESSOA
Livro do desassossego
Poesia completa de Alberto Caeiro
Poesia completa de Álvaro de Campos
Poesia completa de Ricardo Reis
Ricardo PIGLIA
Respiração artificial
Décio PIGNATARI (Org.)
Retrato do amor quando jovem
Edgar Allan POE
Histórias extraordinárias
Antoine PROST, Gérard VINCENT (Orgs.)
*História da vida privada 5 — Da Primeira
Guerra a nossos dias*
David REMNICK (JORNALISMO LITERÁRIO)
O rei do mundo
Darcy RIBEIRO
Confissões
O povo brasileiro

Edward RICE
Sir Richard Francis Burton
João do RIO
A alma encantadora das ruas
Philip ROTH
Adeus, Columbus
O avesso da vida
Casei com um comunista
O complexo de Portnoy
Complô contra a América
Homem comum
A humilhação
A marca humana
Pastoral americana
Patrimônio
Operação Shylock
O teatro de Sabbath
Elizabeth ROUDINESCO
Jacques Lacan
Arundhati ROY
O deus das pequenas coisas
Murilo RUBIÃO
Murilo Rubião — Obra completa
Salman RUSHDIE
Haroun e o Mar de histórias
Oriente, Ocidente
O último suspiro do mouro
*Os versos satânicos*Oliver SACKS
Um antropólogo em Marte
Enxaqueca
Tio Tungstênio
Vendo vozes
Carl SAGAN
Bilhões e bilhões
Contato
O mundo assombrado pelos demônios
Edward W. SAID
Cultura e imperialismo
Orientalismo
José SARAMAGO
O Evangelho segundo Jesus Cristo
História do cerco de Lisboa
O homem duplicado
A jangada de pedra
Arthur SCHNITZLER
Breve romance de sonho
Moacyr SCLIAR
O centauro no jardim
A majestade do Xingu
A mulher que escreveu a Bíblia
Amartya SEN
Desenvolvimento como liberdade

Dava SOBEL
Longitude
Susan SONTAG
*Doença como metáfora / AIDS e suas
metáforas*
A vontade radical
Laura de Mello e SOUZA (Org.)
*História da vida privada no Brasil 1 —
Cotidiano e vida privada na América
portuguesa*
Jean STAROBINSKI
Jean-Jacques Rousseau
I. F. STONE
O julgamento de Sócrates
Keith THOMAS
O homem e o mundo natural
Drauzio VARELLA
Estação Carandiru
John UPDIKE
As bruxas de Eastwick
Caetano VELOSO
Verdade tropical

Erico VERISSIMO
Caminhos cruzados
Clarissa
Incidente em Antares
Paul VEYNE (Org.)
*História da vida privada 1 — Do Império
Romano ao ano mil*
XINRAN
As boas mulheres da China
Ian WATT
A ascensão do romance
Raymond WILLIAMS
O campo e a cidade
Edmund WILSON
Os manuscritos do mar Morto
Rumo à estação Finlândia
Edward O. WILSON
Diversidade da vida
Simon WINCHESTER
O professor e o louco

1ª edição Companhia das Letras [1995] 4 reimpressões
1ª edição Companhia de Bolso [2019]

Esta obra foi composta pela Verba Editorial em Janson Text
e impressa pela Gráfica Bartira em ofsete
sobre papel Pólen Soft da Suzano Papel e Celulose

A marca FSC® é a garantia de que a madeira utilizada na fabricação do papel deste livro provém de florestas que foram gerenciadas de maneira ambientalmente correta, socialmente justa e economicamente viável, além de outras fontes de origem controlada.